Reinhard Barth, Friedemann Bedürftig
Taschenlexikon Zweiter Weltkrieg

SERIE PIPER

Zu diesem Buch

Das »Taschenlexikon Zweiter Weltkrieg« dokumentiert – gemeinsam mit seinem politischen Gegenstück, dem »Taschenlexikon Drittes Reich« von Friedemann Bedürftig – die deutschen Schicksalsjahre 1933 bis 1945. Es weist den Weg zu rascher, präziser und umfassender Information, der von der Fülle der Fachpublikationen überwuchert ist. Schlachten, Waffen, Operationen, Tatorte von Kriegsverbrechen, Heerführer und Schauplätze bilden die Stichwörter für faktendichte Überblicke und gebündelte Antworten auf Fragen zu Details und zu den großen Zusammenhängen. Die auf gute Lesbarkeit bedachten Beiträge schlüsseln das komplexe Geschehen der größten militärischen Auseinandersetzung der Weltgeschichte auf und machen die entscheidenden Daten darüber leicht zugänglich.

Reinhard Barth, geboren 1943 in Hamburg, studierte Geschichte, Germanistik und Philosophie. Er betreute zahlreiche historische Werke und verfaßt Beiträge für historische Zeitschriften und Lexika. Er lebt als freier Autor in Hamburg und schrieb das »Taschenlexikon Kreuzzüge«.
Friedemann Bedürftig, geboren 1940 in Breslau, studierte Geschichte und Germanistik und arbeitete als Lexikonredakteur, Verlagslektor und Journalist. Unter anderem Autor der modern konzipierten Nachschlagewerke »Taschenlexikon Karl V.«, »Taschenlexikon Dreißigjähriger Krieg«, »Taschenlexikon Goethe«, »Taschenlexikon Drittes Reich« und »Taschenlexikon Deutschland nach 1945«. Er lebt als freier Autor in Hamburg.

Reinhard Barth,
Friedemann Bedürftig

Taschenlexikon Zweiter Weltkrieg

Mit 29 Karten

Piper München Zürich

Verweisstichwörter sind kursiv gesetzt. Nur im Fall der immer wieder genannten politischen Hauptakteure Churchill, Hitler, Mussolini, Roosevelt, Stalin und Truman wurde auf Kursivschreibung verzichtet, ebenso bei den häufig vorkommenden Begriffen Achsenmächte, Alliierte und Nürnberger Prozeß. Ein Verzeichnis der Abkürzungen findet sich im Anhang.

Die Karten sind entnommen: Raymond Cartier, Der Zweite Weltkrieg, 3 Bände, Serie Piper 281–283, Piper Verlag GmbH, München 1982.

Weitere Taschenlexika in der Serie Piper:
Taschenlexikon Drittes Reich (Friedemann Bedürftig; 2369)
Taschenlexikon Deutschland nach 1945 (Friedemann Bedürftig; 2495)
Taschenlexikon Bismarck (Friedemann Bedürftig; 2593)
Taschenlexikon Dreißigjähriger Krieg (Friedemann Bedürftig; 2668)
Taschenlexikon Goethe (Friedemann Bedürftig; 2669)
Taschenlexikon Kreuzzüge (Reinhard Barth; 2794)
Taschenlexikon Karl V. (Friedemann Bedürftig; 2870)

Originalausgabe
Februar 2000

Umschlag: Büro Hamburg
Stefanie Oberbeck, Katrin Hoffmann
Foto Umschlagvorderseite: Archiv für Kunst und Geschichte, Berlin/Erich Lessing
Foto Umschlagrückseite: Reto Klar (Friedemann Bedürftig)
Satz: Uwe Steffen, München
Druck und Bindung: Clausen & Bosse, Leck
Printed in Germany ISBN 3-492-22496-2

A4 →V2

Aachen
Als westlichste deutsche Großstadt (1940 rund 160000 Einwohner) lag Aachen während der gesamten Kriegszeit im Aktionsbereich der gegnerischen Luftwaffen. Besonders schwere Bombennächte erlebte die Stadt am 13./14.7.1943, zu Weihnachten desselben Jahres und am 11./12.4.1944. Dom, Kaiserpfalz und andere Kulturdenkmäler wurden dabei erheblich in Mitleidenschaft gezogen. Nach Hitlers Willen sollte Aachen als »Wiege des ersten deutschen Reiches« um jeden Preis gehalten werden, doch durchbrachen Anfang Oktober 1944 US-Truppen die deutschen Riegelstellungen am Westwall und setzten mit massiver Luftunterstützung zur Umfassung der Stadt an, deren Bevölkerung weitgehend evakuiert worden war und die von etwa 5000 Mann unter Oberst Wilck verteidigt wurde. Nach 14 Tagen schwerer Straßenkämpfe mußte er am 21.10.1944 die Ruinen der zu 65 % zerstörten Stadt übergeben. Im März 1945 griff der Krieg noch einmal nach Aachen, als ein Kommando des Werwolfs den von den Amerikanern eingesetzten Oberbürgermeister Oppenhoff erschoß.

Abbeville
Ziel der schnellen deutschen Verbände im Frankreichfeldzug war die Kanalküste bei Abbeville, einer nordfranzösischen Stadt am rechten Ufer der Somme nahe ihrer Mündung mit 19500 Einwohnern (1940). Sie wurde in der Nacht vom 20./21.5.1940 nach Luftangriffen von motorisierten Verbänden der Wehrmacht besetzt, die am linken Flußufer einen Brückenkopf bildeten. Während das XIX. Panzerkorps (Guderian) Richtung Boulogne-sur-Mer einschwenkte, um sich an der Einkesselung der alliierten Armeen in Belgien zu beteiligen, übernahm am 28.5. die 51. (bayerische) Infanteriedivision die Verteidigung und Sicherung von Stadt und Brückenkopf. Tags zuvor war ein französischer Gegenangriff angelaufen mit zwei leichten Divisionen, verstärkt durch britische Panzerbrigaden, und der 4. Panzerdivision unter de Gaulle. Sie drangen trotz mangelhafter Panzer- und Artillerieunterstützung am 29.5. bis zu 5 km tief in die deutschen Stellungen ein, mußten das gewonnene Gelände am näch-

sten Tag jedoch im Feuer der 8,8-Flak-Batterien wieder räumen, dem zwei Drittel ihrer Kampfwagen zum Opfer fielen. Die Schlacht von Abbeville war im Frankreichfeldzug der einzige halbwegs erfolgreiche französische Angriff mit zusammengefaßten gepanzerten Verbänden gegen die langgedehnten deutschen Flanken.

Abwehr
Der militärische Nachrichtendienst der Wehrmacht hieß seit 4.2.1938 offiziell Amtsgruppe Abwehr und seit 1939 Amt Ausland/Abwehr im OKW. Die Abwehr entstand 1920 in der Reichswehr; Chef 1933/34 Kapitän z.S. Patzig, seit 1.1.1935 Konteradmiral (1.1.1940 Admiral) *Canaris*; Dienstsitz bis 1943 Berlin, Tirpitzufer 74/75, danach Zossen bei Berlin. Bei Kriegsausbruch gliederte sich die Abwehr in: Zentralabteilung oder Abteilung Z mit Personal- und Finanzverwaltung, Zentralkartei u.a.; Abteilung I Geheimer Meldedienst, aktive militärische Auslandsaufklärung, dazu logistische Dienste wie Funkwesen, Werkstätten und Labors für Geheimfotografie und Dokumentenfälschung; Abteilung II Sabotage und Sonderaufgaben, darunter psychologische Kriegführung; Abteilung III Spionageabwehr, Gegenspionage mit der Gruppe III F Infiltration feindlicher Dienste. Dazu kam die Amtsgruppe Ausland, zuständig für die Sammlung politischer Auslandsnachrichten, Zusammenarbeit mit dem Auswärtigen Amt und Rechtsberatung. Zur Abteilung II gehörte auch die legendäre Spezialtruppe der *Brandenburger*. – Innerhalb des Reiches gehörte zu jedem der sieben Wehrkreise eine Abwehrstelle (Ast), ihre innere Organisation entsprach der der Zentrale. Bei der Truppe war die Abwehr auch durch eigene Abwehroffiziere vertreten. Zu den Geheimdiensten verbündeter Regierungen bestanden offizielle Verbindungen wie in Italien oder Japan; im neutralen Ausland arbeitete die Abwehr vorwiegend unter der Tarnung des diplomatischen Dienstes, im feindlichen Ausland mit Hilfe angeworbener Agenten oder Überläufer (Vertrauens- oder V-Männer). In den besetzten Ländern richteten sich die Aktivitäten nach den politischen und militärischen Erfordernissen. So unterhielt sie in Prag und Brüssel eigene Abwehrstellen. – Das Amt Ausland/Abwehr war nach der Krise um den Heeresoberbefehlshaber *Fritsch* zu einem Zentrum des militäri-

schen Widerstands geworden, dessen Seele *Oster* war. Es glückte ihm lange, die Verschwörer zu tarnen und den Kriegsgegnern Nachrichten zukommen zu lassen. Auch bei der Beschaffung von Sprengstoff für Attentatsversuche half er. Mit Osters Kaltstellung im April 1943 schwanden aber diese Möglichkeiten der Abwehr. Ihr Widerstand erlosch schließlich mit der Entmachtung von Canaris im Februar 1944 und der Übernahme der Abwehr als Militärisches Amt (Amt MIL) durch den rivalisierenden SD im *Reichssicherheitshauptamt*.

»Achse«
Für die militärischen Maßnahmen bei einem Ausscheren Italiens aus dem Bündnis mit Deutschland wurden im OKW schon im Frühjahr 1943 Vorkehrungen getroffen. Eine Woche nach der Kapitulation der deutsch-italienischen Heeresgruppe Afrika legte *Keitel* am 21.5.1943 einen Operationsplan für das italienische Festland und den italienisch besetzten Teil von Südfrankreich vor: Stichwort »Alarich«, nach der Verhaftung *Mussolinis* am 25.7.1943 umbenannt in »Achse«. Der Plan sah vor: 1. Rücknahme der bedrohten Fronten und Räumung insbesondere der Inseln Korsika und Sardinien; 2. »Neutralisierung« der italienischen Streitkräfte; 3. Besetzung der militärischen Befehlszentralen; 4. Beschlagnahme aller italienischen Flugzeuge und Flakgeschütze; 5. Blockierung der italienischen Flotte. Unmittelbar nach dem italienischen Sonderwaffenstillstand vom 3.9. 1943 löste der OB Süd *Kesselring* den Fall »Achse« aus. Während *Rommel* in Norditalien die Truppen des bisherigen Verbündeten gefangennehmen ließ, beschränkte sich Kesselring auf Entwaffnung, die schon in wenigen Tagen abgeschlossen war (Übergabe Roms am 10.9.). Mussolini wurde in einer spektakulären Aktion befreit. Die Verbände der italienischen Kriegsmarine konnten allerdings meist das offene Meer gewinnen und hatten nur einige Verluste durch deutsche Luftangriffe (u.a. Schlachtschiff Roma). Im Gefolge von »Achse« kam es bei der Übernahme italienischer Stützpunkte vor allem in Dalmatien und auf den Inseln des Dodekanes – nicht nur bei Gegenwehr – zu summarischen Erschießungen von Offizieren und auch Mannschaften, ja zu regelrechten Massakern an den entwaffneten Truppen.

Achsenmächte
Nach einem Ausspruch *Mussolinis*, der das enge deutsch-italienische Verhältnis 1936 als »Achse Berlin–Rom« bezeichnet hatte, nannte man im Krieg Deutschland und seine Verbündeten, zunächst nur Italien, später auch Kroatien, Finnland, Rumänien, Japan, die Achsenmächte.

»Adlertag«
Als Deckname für den Beginn der *Luftschlacht um England* am 13.8.1940 wurde nach dem Emblem der Luftwaffe die Codebezeichnung »Adlertag« gewählt. Der dadurch ausgelöste verschärfte Luftkrieg gegen Großbritannien sollte zur Erringung der Luftherrschaft über *Ärmelkanal* und Südengland führen als Voraussetzung für eine Truppenlandung *(»Seelöwe«)*. Gemäß Führerweisung Nr. 17 für die Führung des »Luft- und Seekriegs gegen das englische Mutterland« wurden die Luftflotten 2 (Kesselring) in Holland, Belgien und Nordostfrankreich, 3 (Sperrle) in Nordwestfrankreich und 5 (Stumpff) in Norwegen bereitgestellt. Sie verfügten über insgesamt 2355 Maschinen, die am »Adlertag« bei 34 Verlusten rund 1500 Einsätze gegen die Britischen Inseln flogen. Die RAF verlor 13 Maschinen und 7 Piloten.

Admiral Graf Spee
Eines der ersten im Zuge der Aufrüstung gebauten deutschen Panzerschiffe (im Ausland spöttisch als »Westentaschenschlachtschiffe« bezeichnet) wurde nach dem kaiserlichen Vizeadmiral Maximilian Graf von Spee (1861–1914) benannt, Stapellauf 30.6.1934, in Dienst gestellt 6.1.1936; 12150t, 28,5kn Höchstgeschwindigkeit, 186m lang, 22m breit, 1001 Mann Besatzung, 6×28-cm-Rohre in Drillingstürmen, 8×15-cm- und 6×10,5-cm-Kanonen, 8 Torpedorohre, Reichweite der schweren Artillerie 27,4 km, 2 Bordflugzeuge Arado Ar 196. Der Bau der Admiral Graf Spee verstieß gegen die Bestimmungen des Versailler Vertrags, der den Neubau von Linienschiffen nur mit einer Tonnage von höchstens 10000t gestattete. – Bei der Unterlegenheit der deutschen Kriegsmarine hatten die schweren Überwassereinheiten die Aufgabe, durch Einzelkampf im Handelskrieg die gegnerischen Kräfte zu zersplittern und zu binden.

Daher lief die Admiral Graf Spee unter dem Kommando von Kapitän z.S. Hans Langsdorff am 21.8.1939 von Wilhelmshaven in den Südatlantik aus, wohin schon ihr Troßschiff *Altmark* vorausgefahren war. Bis Anfang Dezember 1939 versenkte die Admiral Graf Spee neun britische Handelsschiffe mit insgesamt 50081 BRT. Am 13.12.1939 stieß ein britischer Kreuzerverband vor der Mündung des Rio de la Plata auf das Panzerschiff, das sich weisungswidrig zum Kampf stellte. Es gelang Langsdorff zwar, die Gegner niederzukämpfen, doch nahm er wegen einiger eigener Treffer und Verluste (36 Tote, 59 Verwundete) nicht die Verfolgung auf, sondern lief zwecks Reparatur Montevideo an. Die uruguayischen Behörden verweigerten jedoch die dafür erforderliche Liegezeit. Langsdorff, verunsichert durch gefälschte Meldungen über starke britische Kräfte vor der Küste, ließ daher die Besatzung von Bord gehen, lief am 17.12. wieder aus und sprengte nach Rücksprache mit Berlin sein Schiff knapp außerhalb der Dreimeilenzone. Drei Tage später nahm er sich das Leben.

Admiral Hipper

Der letzte Führer der deutschen Hochseeflotte im 1. Weltkrieg, Franz Ritter von Hipper (1863–1932), war Namenspatron eines Schweren Kreuzers der Kriegsmarine, Stapellauf 6.2.1937, in Dienst gestellt 29.4.1939; 18000t, 202,8m lang, 21,3m breit, Höchstgeschwindigkeit 32kn, 1380 Mann Besatzung, 8×20,3-cm-Rohre, 12×10,5-cm-Flak, zahlreiche kleinere Fla-Kanonen, 12 Torpedorohre, 3 Bordflugzeuge Arado Ar 196. Vom Kriegsausbruch wurde die nicht kriegsbereite Admiral Hipper in der Ostsee überrascht und konnte erst am Unternehmen *»Weserübung«* teilnehmen. Ende November 1940 ging sie zum Kreuzerkrieg im Atlantik in See, durchbrach die Dänemarkstraße und erreichte den Hafen von Brest. Nach Deutschland zurückgekehrt, schaltete sie sich seit März 1942 in den Geleitzugkrieg ein. Von Februar 1943 bis März 1944 war der Kreuzer außer Dienst, fungierte danach als Ausbildungsschiff in der Ostsee und nahm gegen Kriegsende an der Rettung von Flüchtlingen aus dem Osten teil. Am 3.5.1945 von britischen Bombern im Kieler Dock schwer getroffen, wurde das Schiff in die Heikendorfer Bucht geschleppt und gesprengt.

Admiral Scheer

Der letzte Chef der deutschen Seekriegsleitung im 1. Weltkrieg, Admiral Reinhard Scheer (1863–1928), war Namenspatron eines der Panzerschiffe der Kriegsmarine im 2. Weltkrieg; Stapellauf 1.4.1933, in Dienst gestellt 12.11.1934; 15900t, 186m lang, 21m breit, 29kn Höchstgeschwindigkeit, bis zu 1150 Mann Besatzung, 6×28-cm-Rohre, 8×15-cm-, 6×10,5-cm-Kanonen, zahlreiche kleinere Fla-Geschütze, 8 Torpedorohre, 2 Bordflugzeuge Arado Ar196; seit 1940 Schwerer Kreuzer. Schon im *Spanischen Bürgerkrieg* vor der iberischen Küste eingesetzt, griff die Admiral Scheer seit 23.10.1940 unter Kommandant Kapitän z.S. Krancke in den Handelskrieg ein und kehrte nach Versenkung von 17 Handelsschiffen (113232BRT) am 1.4.1941 nach Kiel zurück. Danach beteiligte sich der Schwere Kreuzer am Kampf gegen alliierte Geleitzüge im Nordmeer, wurde seit Ende 1944 zur Beschießung von Landzielen im Osten herangezogen und übernahm Rettungsfahrten für Ostflüchtlinge. Am 9.4.1945 kenterte die Admiral Scheer nach Bombentreffern im Kieler Hafen.

Afrikafeldzug

Bei Kriegseintritt Italiens an der Seite Deutschlands am 10.6. 1940 stand in der italienischen Kolonie Libyen eine italienische Heeresgruppe (Graziani) mit insgesamt 153000 Mann. Sie verfügten über 339 leichte Panzer, 1441 Geschütze, 135 Jagdmaschinen, 110 Bomber und 45 Schlachtflugzeuge. Trotz des zum Teil veralteten Geräts rechnete sich *Mussolini* gegen die schwachen britischen Kräfte in Ägypten (31000 Mann unter O'Connor) gute Chancen aus und eröffnete ohne Abstimmung mit Berlin am 13.9.1940 seinen »Parallelkrieg« in Nordafrika. Die italienische Offensive über die libysch-ägyptische Grenze blieb nach Einnahme von Sidi Barrani schon am 19.9. liegen. Anfang Dezember 1940 gingen die Briten zum Gegenangriff über, überrannten ein italienisches Korps, eroberten am 11.12. Sidi Barrani zurück und überschritten am 2.1.1941 bei Sollum die Grenze nach Libyen, wo sie nach stürmischem Vormarsch am 8.2. vor El Agheila zur Sicherung des Nachschubs anhielten. Die Festung *Tobruk* war am 21.1., *Benghasi* am 6.2. gefallen. O'Connors Beute: 130000 Gefangene, 408 Panzer und 1290 Geschütze

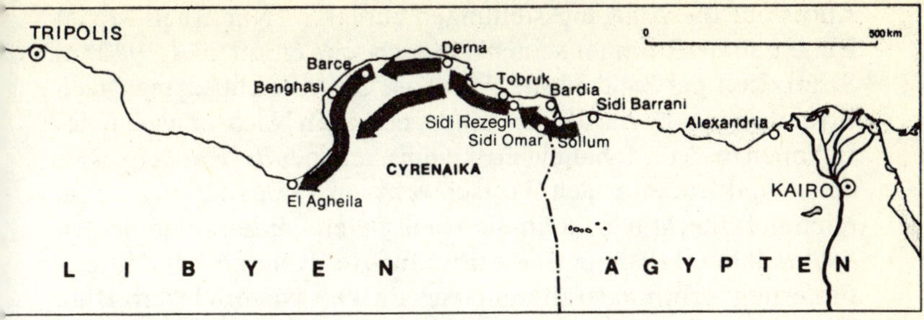

Der Vorstoß Wavells in der Cyrenaika (9.12.1940–9.2.1941)

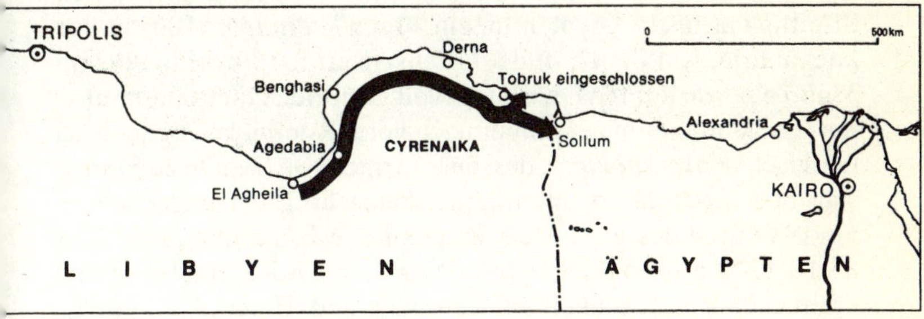

Der Vorstoß Rommels in der Cyrenaika (24.3.–12.4.1941)

bei eigenen Verlusten von 558 Gefallenen und 1373 Verwundeten. Deutsche Hilfsangebote hatte Mussolini anfänglich entrüstet zurückgewiesen. »Wenn sie erst einmal bei uns Fuß fassen, kommen wir nicht mehr los von ihnen«, begründete er gegenüber *Badoglio* diese Politik. Nun zwang ihn die Lage, Hitler um Hilfe zu bitten, der einen deutschen »Sperrverband« aus der 5. leichten Division und der 15. Panzerdivision unter General *Rommel* entsandte. Luftunterstützung leistete das nach Sizilien verlegte X. Fliegerkorps. Das so formierte *Deutsche Afrika-Korps* traf Mitte Februar 1941 in Libyen ein und unternahm entgegen der vorgesehenen bloßen »Sperrfunktion« am 22.3. einen Aufklärungsvorstoß gegen die britischen Stellungen bei El Agheila, aus dem sich eine umfassende Gegenoffensive entwickelte. Zwar konnte Rommel Tobruk nicht nehmen, doch drang er bis Bardia vor und schnitt die Festung so von allen Landverbindungen ab. Britische Gegenstöße scheiterten im Mai und Juni, erst ein dritter im November 1941 hatte Erfolg und warf das Deutsche Afrika-

Korps auf die Ausgangsstellungen zurück. – Nur einen Monat Ruhe gönnte Rommel seinen Truppen, ehe er am 23.1.1942 im Schutz heftiger Sandstürme erneut zur Offensive überging. Nach Erreichen von Derna am 3.2. mußte er wegen Nachschubschwierigkeiten bis Mai anhalten, griff dann aber über *Bir Hacheim* wieder an und eroberte nach Westschwenk am 21.6. Tobruk, wo ihm reich gefüllte Magazine in die Hand fielen. Hitler belohnte den listenreich taktierenden »Wüstenfuchs« Rommel durch Beförderung zum Generalfeldmarschall. Die Nachricht erreichte ihn über Funk auf dem weiteren Vormarsch mit der inzwischen zur deutsch-italienischen Panzerarmee Afrika angewachsenen Streitmacht nach Ägypten hinein. Bei *El Alamein*, 100 km vor Alexandria, war die Kraft der Offensive erschöpft, denn die von *Malta* aus von der RAF wirkungsvoll gestörten Nachschubtransporte brachten immer weniger nach vorn. Rommels Gegner hieß inzwischen *Montgomery*, dessen 8. Armee von Stunde zu Stunde stärker wurde, da vor allem amerikanische Lieferungen ungehindert durch das Rote Meer und den *Suezkanal* dampften. Am 23.10.1942 griffen die Briten in Abwesenheit Rommels mit fast dreifacher Überlegenheit an Menschen und Material an, durchbrachen am 2.11. die deutsch-italienischen Linien, machten 30 000 Gefangene und nahmen die Verfolgung der zurückgehenden Achsentruppen auf. Sie gerieten bald in eine Zange, da am 7./8.11. in Marokko und Algerien im Rahmen des Unternehmens *»Torch«* amerikanische Truppen landeten und auf das französische Tunesien vorstießen. Bis dorthin zog sich der zurückgekehrte Rommel mit seiner Heeresgruppe Afrika zurück (Aufgabe von Tripolis 23.1.1943) und konnte noch einige Abwehrerfolge erzielen. Nach seiner Abberufung Mitte März hielt sein Nachfolger Generaloberst v. *Arnim* den Brückenkopf Tunesien, dessen Räumung Hitler untersagt hatte, noch einige Wochen, ehe er am 13.5.1943 die Waffen strecken mußte; 157 000 deutsche und 86 700 italienische Soldaten gingen in Gefangenschaft. – Die Bilanz des Afrikafeldzugs: 18 594 Deutsche gefallen und 3400 vermißt, 13 748 Italiener gefallen und 8821 vermißt, Verluste der Alliierten: 47 580 Tote und 24 134 Vermißte. Die Materialverluste der Achsenmächte hatten schwindelerregende Höhen erreicht, im Verkehr mit Libyen gingen 36 % der Schiffstonnage, im Verkehr mit Tunesien sogar 57 % verloren.

Afrika-Korps →Deutsches Afrika-Korps

Aktion »Reinhard«
Tarnbezeichnung für die Ermordung der Juden im *Generalgouvernement* 1942/43, benannt nach *Heydrich*.

»Alarich« →»Achse«

Alexander, Sir Harold
* Grafschaft Tyrone (Nordirland) 10.12.1891, † London 16.6.1969
Im 1. Weltkrieg Bataillonskommandeur, war Alexander, Zögling der Militärakademie Sandhurst, nach Verwendung im Kolonialdienst 1940 als Generalmajor Divisionskommandeur. Er leitete die Evakuierung des Kessels von *Dünkirchen* und erhielt am 3.3.1942 den Oberbefehl über die britischen Streitkräfte in Birma. Im August 1942 wurde er als Nachfolger *Auchinlecks* OB Mittelost und plante mit *Montgomery* den Gegenschlag in Nordafrika, der in der Schlacht bei *El Alamein* die Kriegswende brachte. Als OB der 18. Heeresgruppe (seit 18.2.1943) war Alexander Stellvertreter *Eisenhowers*, mit dem er die Landungen auf Sizilien (Juli 1943) und auf dem italienischen Festland (September 1943) leitete. Sein Vormarsch nach Norden mit Truppen vieler Länder (neben Briten vor allem Brasilianer, Neuseeländer, Polen, Griechen, Australier) stockte mehrmals, u.a. vor *Monte Cassino*, weil er Kräfte zur Vorbereitung der *Invasion* abgeben mußte. Nach Einnahme von Rom (4.6.1944) zum Feldmarschall ernannt, erhielt Alexander den Oberbefehl über die britischen Streitkräfte im Mittelmeerraum und konnte am 29.4.1945 die Kapitulation der deutschen Heeresgruppe C in Italien entgegennehmen. 1952–54 war er Verteidigungsminister.

Alliierte
Schon im 1. Weltkrieg wurde von den Gegnern Deutschlands zusammenfassend als von »den Alliierten« (Verbündeten) gesprochen, und auch im 2. Weltkrieg bezeichneten sich so zunächst die Westmächte, ihre Streitkräfte firmierten als »allied forces«. Später wurde der Begriff auf alle Gegner der *Achsenmächte*, ins-

besondere auf die »Großen Drei« USA, Großbritannien und Sowjetunion, übertragen.

Alltag im Krieg

Ein Krieg bleibt nicht ohne Auswirkungen auf das Alltagsleben. Von einem Tag auf den anderen mußten im 2. Weltkrieg Millionen von Menschen ihr Denken und ihr Verhalten ändern. Angst beherrschte das Lebensgefühl – Angst in den Bombennächten, Angst vor dem Verlust der Angehörigen, Angst auf der Flucht vor der näherrückenden Front, Angst vor der Willkür des siegreichen Gegners. Und viele in Deutschland hatten sogar Angst vor dem Sieg der »eigenen« Seite, vor weiterer politischer und rassischer Verfolgung. Der Krieg erfaßte alle Lebensbereiche, er richtete sich nicht nur gegen die militärischen, sondern genauso gegen die wirtschaftlichen und selbst die psychischen Ressourcen. Er brachte Erschütterungen des moralischen und sozialen Gefüges, ethische Prinzipien und gesellschaftliche Orientierungen kamen ins Wanken. – Mit Rationierung von Lebensmitteln und anderen Gütern reagierten nahezu alle Staaten bei Kriegseintritt. Die deutschen Behörden zeigten sich anfangs darauf wegen des politisch längst einkalkulierten Kriegsrisikos noch am besten vorbereitet. Der Agrarmarkt, im Reichsnährstand erfaßt, stand bereits unter fester staatlicher Kontrolle, auch hatte man aus den Versorgungskrisen des 1. Weltkriegs Lehren gezogen. Bei Beginn der Feindseligkeiten hatte das Reich 6 Mio. t Getreide und 600 000 t Fett eingelagert, aus der Sowjetunion kamen zudem in den ersten beiden Kriegsjahren umfangreiche Importe. Der totalitäre Staat setzte seine Organisationen zur Güterverteilung und zur Ausschöpfung der letzten Reserven ein. Die Pimpfe der HJ sammelten Altpapier, Buntmetall, Korken und »Spinnstoffe«, die NS-Frauenschaft betreute auf den Bahnhöfen durchreisende Landser, die Deutsche Arbeitsfront übernahm die Ausgabe von *Lebensmittelkarten*, die Schiffe ihres Freizeitwerks KdF dienten als Lazarette, das Nationalsozialistische Kraftfahrkorps wurde für Transportaufgaben herangezogen, der *Luftschutz* war seit 1935 systematisch gefördert und geübt worden. Schwieriger stellte sich die Lage in anderen Ländern dar, wo man sich auf einen militärischen Konflikt weniger gründlich eingestellt hatte. In Japan etwa garantierte der Staat nur eine tägliche

Reisportion, von Juni 1943 an nur noch viermal pro Woche. Sonst blieb die Ernährung dem einzelnen überlassen. Im besetzten Rußland und auf dem Balkan überschwemmten hungrige Städter die bäuerlichen Gebiete, im eingeschlossenen *Leningrad* verhungerte ein Großteil der Bevölkerung. In Großbritannien förderten die Behörden die Anlage von privaten Gemüsegärten, öffentliche Parks wurden zu Rübenfeldern umgewandelt. Wer mehr oder besser essen wollte, mußte sich zu einem Vielfachen der Vorkriegspreise auf dem allenthalben blühenden Schwarzmarkt eindecken. Man versuchte, Substitute zu finden, Ersatzkaffee aus Gerste, Zichorien oder Eicheln, Ersatzkuchen aus Kartoffeln und Mohrrüben, Ersatzmarmelade aus Steckrüben. Die Umstellung und Verschlechterung der Ernährung steigerte Krankenziffern und Kindersterblichkeit, führte zu Gewichtsverlust und Leistungsminderung. Die japanische Propaganda versuchte, dem auch noch Positives abzugewinnen, »yase gaman«, Macht durch Magerkeit, lautete ihre zynische Parole. – Luxusgüter verschwanden mit zunehmender Kriegsdauer ganz. Kosmetische Artikel, Musikinstrumente, Schmuckerzeugnisse waren kaum mehr zu haben, andere Produkte wie Bücher, Blumen, Regenschirme, Ledererzeugnisse gab es selten und nur in begrenzter Menge. Haushaltsgeräte wurden rar, da Metall fast nur noch Rüstungsbetrieben zugeteilt wurde. In Deutschland riefen die Behörden schon seit April 1940 zur »Metallspende« auf, man demontierte eiserne Einfriedungen, sammelte in Sportvereinen Pokale, schmolz Kirchenglocken ein. Das Deutsche Reich führte zuerst auch die Rationierung von Textilien ein, die »Reichskleiderkarte« enthielt 100 Abschnitte, die beim Einkauf abzugeben waren: zum Beispiel Rock 20, Sommermantel 35 Punkte. Während man in den Ländern des Westens der Materialknappheit mit modischen Tricks begegnete, setzten die japanischen Behörden auf Einheitskleidung: Der traditionelle Kimono wich dem »Patriotenkostüm«, einem an den Knöcheln zusammengebundenen Overall. – Unproblematisch war die Brennstoffversorgung in kohle- oder ölreichen Ländern wie Großbritannien oder USA, in der Sowjetunion dagegen kam es vor allem im ersten Kriegswinter zu einer Kältekatastrophe. Im Deutschen Reich regelte ein ausgeklügeltes Bezugssystem die Belieferung mit Hausbrand – auch noch in den Ruinen der zerbombten

Städte. Zunehmend galten Einschränkungen für den privaten Personenverkehr. Autobenzin wurde nur in kleinsten Rationen und zu (kriegs)wichtigen Zwecken abgegeben. – Mit der Umstellung auf Kriegsproduktion gingen eine Vermehrung der Arbeitszeit und eine Verminderung der Freizeitmöglichkeiten einher. In Großbritannien stieg die Wochenarbeitszeit auf 54 Stunden, jeder Bürger zwischen 18 und 60 mußte sich zusätzlich für Zivildienste zur Verfügung halten, das Streikrecht wurde ausgesetzt. In den USA galt wieder die 48-Stunden-Woche, durch Überstunden wurde in vielen Betrieben zu Tag-und-Nacht-Produktion übergegangen, die Gewerkschaften gaben einige Rechte preis. In Rußland war der 12–15-Stunden-Tag die Regel; es wurden zahlreiche Todesfälle durch Erschöpfung gemeldet. Japan kannte überhaupt keine Arbeitszeitbegrenzung, Arbeitspflicht galt bereits vom zwölften Lebensjahr an. In Deutschland blieben drastische Erhöhungen zunächst aus, u.a. wegen der massenhaften Beschäftigung von *Zwangsarbeitern*, erst Anfang 1943 brachten die Mobilisierungsmaßnahmen nach Proklamierung des *totalen Krieges* eine Erhöhung der Arbeitszeit in der Rüstungsindustrie auf zwölf Stunden und mehr. – Der radikale Wertewandel wurde am deutlichsten sichtbar in der massenhaften Einbeziehung der Frau in die Arbeitswelt. In der UdSSR betraf das vorwiegend die Landwirtschaft, in Japan dagegen wurde die weibliche Landbevölkerung zu Hunderttausenden für die Arbeit in den Industriezentren rekrutiert, zum Teil sogar zum Einsatz unter Tage in den Bergwerken – bei halbem Männerlohn. Großbritannien stellte eine 75 000 Frauen starke »Women's Land Army« auf. Im Deutschen Reich kämpften an der »Heimatfront« Millionen Frauen und Mädchen bei den Verkehrsbetrieben, der Post, in feinmechanischen Werkstätten, Munitionsfabriken oder als *Wehrmachthelferinnen* (sogar bei der Flak). Dennoch blieb auch auf diesem Gebiet die Entwicklung gegenüber dem Ausland zurück. Der Grund dafür lag in der offiziellen Hausfrau-und-Mutter-Ideologie, von der vor allem Hitler sich nicht trennen mochte. – Von Arbeit und Sorge um das Nötigste in Anspruch genommen, war für Zerstreuung und Erholung immer weniger Zeit, obwohl überall, selbst im Deutschland der Luftangriffe, ein gewisses Freizeitangebot gepflegt wurde. Ausgerechnet die Saison 1939/40 wurde das Rekordjahr des deutschen

Films, die Zahl der Kinobesucher erreichte die Milliardengrenze. Scheinbar völlig unpolitische Revue- und Ausstattungsfilme sollten von der harten Realität ablenken und das Volk bei Laune halten. Anfangs profitierten davon auch Theater, Varietés und Kabaretts. Anders in Japan: Dort wurde der Kinobesuch reglementiert, 3000 Teesalons schlossen, Zehntausende von Geishas wurden zu Fabrik- oder Büroarbeit herangezogen. Urlaubsreisen wurden in allen Ländern beschränkt, zumal viele traditionelle Erholungsgebiete in den Küstenregionen zu militärischen Sperrgebieten erklärt waren. Papierknappheit brachte Einbußen im Zeitschriften- und Buchhandel. Der propagandistisch wichtige Rundfunk fand so wachsende Aufmerksamkeit. Sendungen wie in Deutschland das »Wunschkonzert«, bei dem Grüße zwischen Heimat und Front ausgetauscht werden konnten, hatten viele Millionen Hörer. Wie hoch die Wirkung des Rundfunks von den deutschen Machthabern eingeschätzt wurde, spiegelte sich in den drakonischen Strafen, die auf das Abhören von »Feindsendern« standen. – Der Kriegsalltag mit seinen Entbehrungen und Leiden überdauerte den Krieg, in Deutschland wurde er nach dem Ende der Feindseligkeiten fast noch härter. In dem zerstörten, mit Flüchtlingen überfüllten Land herrschte blanke Not, die im Winter 1946/47 dramatische Formen annahm. Es dauerte Jahre, ehe von einer Normalisierung gesprochen werden konnte, und doch ging es, jedenfalls im Westen des Landes (dank amerikanischer Hilfe), rascher, als angesichts der ungeheuren Kriegsschäden zu erwarten gewesen wäre.

Alpenfestung

Daß sowjetische und nicht amerikanische Truppen 1945 zuerst Berlin erreichten, lag an einem Propagandagespenst, das Hitler in die Welt setzen ließ: In einer »Alpenfestung« werde er ausharren, bis die »widernatürliche Koalition« der Westmächte mit der kommunistischen Sowjetunion zerbräche. Das veranlaßte *Eisenhower* Ende März 1945 zum Eindrehen mit dem Gros seiner Kräfte nach Süden, während er seine anderen Verbände nur bis zur Linie Erfurt–Leipzig vorgehen ließ. Die Alpenfestung, in die sich nach Hitlers Willen die in Norditalien kämpfende deutsche Heeresgruppe C zurückziehen sollte, erwies sich als der »komplette Unfug«, als den sie der Generalstabschef der Luftwaffe Koller bezeichnete. Eine solche »Endkampfstellung« war schon wegen der fehlenden logistischen Vorbereitung völlig illusorisch, außerdem fehlten längst die Kräfte zu einer erfolgversprechenden Verteidigung. Daß die Alliierten nach der nicht mehr für möglich gehaltenen Überraschung durch die *Ardennenoffensive* dennoch zeitweilig an eine Alpenfestung glaubten, lag an der gemeldeten fieberhaften Verlegung deutscher Stäbe (u.a. Teile des OKW und des *Reichssicherheitshauptamts*) nach Süden.

Altmark

Bei Kriegsbeginn operierte das deutsche Panzerschiff *Admiral Graf Spee* im Atlantik, versorgt vom 14367 BRT großen Troßschiff Altmark. Dieses war kaum bewaffnet und brachte nach dem Verlust des Panzerschiffs am Rio de la Plata (Dezember 1939) dessen englische Gefangene nach Europa. Es durchbrach die britische Blockade und erreichte norwegische Gewässer, in denen es von der britischen Luftaufklärung erfaßt wurde. Sofort nahmen britische Zerstörer die Verfolgung auf und versuchten, die Altmark mit einem Schuß vor den Bug zu stoppen, konnten aber deren Einlaufen in den Jössingfjord nicht verhindern. Ohne Rücksicht auf die norwegischen Hoheitsrechte folgte der Zerstörer Cossack, ging in der Nacht längsseits der auf Grund gelaufenen Altmark, die von britischen Soldaten geentert wurde. Sie befreiten 303 Gefangene, wobei sieben deutsche Matrosen im Kampf fielen und einer über Bord ging. – Die deutsche Presse bauschte das britische Kommandounternehmen zum »Altmark-Zwischenfall« auf, und Hitler ordnete wegen des Vorfalls, der ihm britische Absichten auf Norwegen zu signalisieren schien, die Beschleunigung des Unternehmens *»Weserübung«* an. Die Altmark wurde im März in Uckermark umbenannt und übernahm Versorgungsaufträge im Pazifik, wo sie am 30.11.1942 vor Yokohama nach einer Explosion sank; 53 Menschen kamen dabei ums Leben.

Ambrosio, Vittorio

* Turin 28.7.1879, † Alassio (Ligurien) 20.11.1958

Nach Karriere als Stabsoffizier übernahm Ambrosio als General bei Kriegseintritt Italiens (10.6.1940) den Oberbefehl über die

2. Armee, die er auch im *Balkanfeldzug* führte. Er stieg im Januar 1942 zum Generalstabschef des Heeres und am 31.1.1943 zum Chef des *Comando Supremo* auf und war damit ranghöchster italienischer Offizier. Hitler und die Wehrmachtführung mißtrauten Ambrosio, der aus seinem Abscheu gegen die deutschen Besatzungspraktiken kaum einen Hehl machte und Distanz zum Verbündeten wahrte. Er spielte daher bei der Aushandlung des italienischen Sonderwaffenstillstands mit den Alliierten ebenso eine Schlüsselrolle wie beim Sturz *Mussolinis* (25.7.1943) und floh am 9.9.1943 mit dem König nach Bari, wo er vorübergehend Kriegsminister der Regierung *Badoglio* war. Danach zum Generalinspekteur des Heeres zurückgestuft, erhielt Ambrosio im Juli 1944 »aus Altersgründen« seinen Abschied.

Amphibische Streitkräfte
Auf dem europäischen, vor allem aber auf dem pazifischen Kriegsschauplatz spielten Truppenlandungen über See eine entscheidende Rolle. Während der Aufbau entsprechender amphibischer Streitkräfte aus Verbänden aller drei Waffengattungen deutscherseits in Ansätzen steckenblieb (nennenswerte Kräfteballung nur in Vorbereitung des Unternehmens *»Seelöwe«*), schufen vor allem die Westmächte riesige Landungsflotten, die beim *Inselspringen* im Pazifik große Erfolge errangen, aber auch bei den Großlandungen in Nordafrika *(»Torch«)* und Europa (u.a. bei *Anzio*, beim Unternehmen *»Dragoon«* und während der *Invasion*). Die dabei eingesetzten Spezialschiffe reichten von großen Truppentransportern über Panzerlandungsschiffe und Unterstützungsfahrzeuge bis hin zu kleinen Landungsbooten, von denen allein die US-Marine 60513 Stück bauen ließ. Sie operierten meist unter dem Schirm von Trägerflugzeugen, gesichert von Schlachtschiffen, Kreuzern und Zerstörern.

Amsterdam
Vom Krieg wurde sie weniger getroffen als von der harten Besatzungszeit, die erst am 4.5.1945 endete: Amsterdam, die Hauptstadt der Niederlande mit etwa 760000 Einwohnern (1940), wurde nach der Kapitulation des Landes (14.5.1940) von deutschen Truppen besetzt und wegen des starken jüdischen Bevölkerungsanteils (zirka 5 %) zu einem Schwerpunkt der *Juden-*

verfolgung. Gegen erste Deportationen im Frühjahr 1941 protestierte die holländische Bevölkerung mit einem Generalstreik, der mit Waffengewalt gebrochen wurde. Die eigentlichen Verfolgungen begannen am 14.7.1942 und wurden bis in den September 1944 fortgesetzt. Die Opfer wurden zunächst ins Lager Westerbork verschleppt, dann in die *Vernichtungslager* im besetzten Polen verbracht und dort ermordet. Fast die gesamte Judenschaft Amsterdams wurde ausgelöscht. Mit dem Tagebuch des Mädchens Anne Frank, die mit ihrer Familie zwei Jahre im Versteck in der Prinsengracht ausharrte, ehe auch sie die Häscher faßten, blieb ein erschütterndes Zeugnis von den Leiden der Gejagten erhalten.

Antifa
Mit der marxistischen Verkürzung der Geschichte als einer bloßen Abfolge von Klassenkämpfen war eine Bewegung wie der Nationalsozialismus nicht zu erklären. Die kommunistische Propaganda konnte sie daher nur als eine Spielart des Faschismus verstehen, also als letzte Krise des Kapitalismus, der nach der Überwindung Nazideutschlands zusammenbrechen werde. Zur Beschleunigung dieses Prozesses müßten nur die »antifaschistischen« Kräfte gestärkt werden. Damit begannen Politinstruktoren der Roten Armee und kommunistische deutsche Emigranten bereits in den Gefangenenlagern in der UdSSR seit 1941, indem sie die Insassen in Antifaschismus, kurz Antifa genannt, schulten und sogenannte Antifa-Aktivs aufbauten. Zur Flankierung diente die Gründung des *Nationalkomitees Freies Deutschland*. – Die Umerziehung sollte die Gefangenen vom verbrecherischen Charakter des Hitler-Staats überzeugen und sie für die Sache der »Werktätigen« gewinnen. In eigens gegründeten Antifa-Schulen, in Lagerversammlungen und Gruppenarbeit wurde die Geschichte der KPdSU, marxistische Theorie, politische Ökonomie u.a. gelehrt und damit die völlige Verkennung der rassistischen Fundierung des Nationalsozialismus verankert. Nicht nur deswegen, sondern auch wegen der dogmatischen Ausrichtung der »Belehrung« verfehlte sie weithin ihre Zielgruppe. Nur wenige ließen sich angesichts der schrecklichen Lebensbedingungen in den Lagern von der »Überlegenheit des Sozialismus« überzeugen, und auch die Bekehrten lösten sich zumeist bald

wieder, wenn sie die stalinistische Praxis durchschauten. Vor allem bei den Kapitulationsgefangenen spielte bei der Abwehr der Indoktrination auch die Enttäuschung eine Rolle, daß die bei Waffenstreckung oftmals versprochene baldige Heimkehr ausblieb. Die Privilegierung der Aktivisten, die als »Nachschlagfresser« und »Kaschköppe« (russisch kasch = Brei) beschimpft wurden und oft Kameraden denunzierten, untergrub obendrein die Glaubwürdigkeit der auf Spruchbändern und in Wandzeitungen verkündeten Parolen.

»Anton«
Südfrankreich war nach dem Waffenstillstand von *Compiègne* (22.6.1940) unbesetzt geblieben, die Gefahr einer alliierten Landung war daher gerade hier groß. Für den Fall einer solchen Bedrohung wurde unter der Codebezeichnung »Anton« am 29.5. 1942 von der Wehrmacht ein Plan für die Besetzung des von *Vichy* kontrollierten Gebiets ausgearbeitet und am 10./11.11. 1942, nach Landung der Westalliierten in Nordafrika, ausgelöst: Die 1. Armee (Blaskowitz) und eine Armeegruppe überschritten die Demarkationslinie, rückten Richtung Mittelmeerküste vor und ließen nur Toulon unbesetzt, das erst am 27.11. im Rahmen des Unternehmens *»Lila«* vom II. SS-Panzerkorps eingenommen wurde; die französische Waffenstillstandsarmee leistete keinen Widerstand und wurde Ende November aufgelöst. Zwar protestierte *Pétain*, den Hitler brieflich unterrichtet hatte, gegen das Vorgehen der Wehrmacht, doch fand das in Berlin keinen Widerhall. Die ursprünglich vorgesehene Beteiligung italienischer Verbände an der Aktion unterblieb.

Antonescu, Ion
* Piteşti 15.6.1882, † Gefängnis Jilava 1.6.1946 (hingerichtet)
Nach steiler politischer und militärischer Karriere in den 30er Jahren wurde der rumänische Nationalist und Förderer der faschistischen »Eisernen Garde« Antonescu am 4.9.1940 zum Regierungschef in Bukarest ernannt. Er zwang König Karl II. zur Abdankung, errichtete nach deutschem und italienischem Vorbild eine persönliche Diktatur als Conducator (Führer) und führte sein Land an die Seite der Achsenmächte. Schon im Oktober 1940 akzeptierte er die Besetzung kriegswichtiger Regio-

nen Rumäniens (u.a. Erdölgebiet bei Ploieşti) durch die deutsche 16. Panzerdivision und schloß sich nach einem Besuch in Berlin (12.6.1941) dem deutschen Angriff auf die Sowjetunion an, weil er auf Rückgewinnung der auf deutschen Druck an die Sowjetunion abgetretenen Nordbukowina hoffte. Er geriet aber in den Strudel der deutschen Niederlage, büßte bis 1943 zwei Drittel seiner Verbände (27 Divisionen und Brigaden) ein und fiel in die Hand der Sowjets, die ihn an die rumänischen Behörden auslieferten. Ein Volkstribunal verurteilte ihn zum Tod.

Antwerpen
Einer der wichtigsten westeuropäischen Umschlagplätze war die nordbelgische Hafenstadt Antwerpen an der Schelde (1940 rund 270000 Einwohner). Sie wurde am 18.5.1940 von Verbänden der deutschen Heeresgruppe B (v. Bock) eingenommen und war während der Vorbereitung des Unternehmens *»Seelöwe«* im September 1940 Ziel britischer Bombenangriffe. Schon am 4.9.1944 von der 2. britischen Armee erobert, blieb der Hafen noch bis November 1944 blockiert, da er im Bereich deutscher Batterien auf der Insel Walcheren lag. Sie konnten schließlich durch Kommandounternehmen und Luftangriffe ausgeschaltet werden; über Antwerpen lief fortan der Hauptnachschub für die vorrückenden alliierten Armeen. Die Stadt wurde daher immer wieder mit Flugbomben vom Typ *V1* und *V2*-Raketen angegriffen, die schwere Schäden verursachten und viele Opfer forderten, ohne daß der alliierte Nachschub nennenswert hätte behindert werden können. Eine Rückeroberung, wie sie in der *Ardennenoffensive* angestrebt wurde, erwies sich als völlig illusorisch.

Anzio
Das westitalienische Hafenstädtchen Anzio (1940 etwa 7000 Einwohner) rückte am 22.1.1944 ins Rampenlicht der Geschichte, als hier und beim Nachbarort Nettuno, etwa 50 km südlich von Rom, das VI. US-Korps (Lucas) mit vier amerikanischen und zwei britischen Divisionen hinter den deutschen Linien landete. Es sollte Bewegung in den alliierten Vormarsch bringen, der vor *Monte Cassino* stockte. Innerhalb einer Woche waren 69000 Mann mit 237 Panzern und 50 Geschützen an Land, versäumten es aber, den Überraschungseffekt auszu-

nutzen. So konnten sie zwar einen stabilen Brückenkopf bilden, den Gegenangriffe der deutschen 14. Armee (Mackensen) nicht mehr einzudrücken vermochten, doch der gewünschte Effekt: Abschneiden der rückwärtigen deutschen Verbindungen, blieb aus. *Churchill* sprach von der Landung eines gestrandeten »Wals« statt der vorgesehenen »Wildkatze«. Erst im Zuge einer allgemeinen deutschen Rückzugsbewegung gelang am 23.5. 1944 der Ausbruch aus dem Brückenkopf.

Arado
Potsdam-Babelsberg war der Hauptsitz der Firma Arado, die in ihren Werften in Brandenburg und Warnemünde seit 1925 eine Reihe von Schul- und Schwimmerflugzeugen baute. Unter den letzteren war die zweisitzige, in insgesamt 526 Exemplaren gebaute Ar 196 (Erstflug 1938), die als Patrouillenmaschine an den Küsten des Atlantiks, des Schwarzen Meeres, der Adria und Ägäis und als katapultfähiges Bordflugzeug auf Schlachtschiffen und Schweren Kreuzern diente. 1941 stieg erstmals die zweimotorige Ar 232 auf, ein Kampfzonentransporter, der wegen seines geländegängigen Fahrwerks den Spitznamen »Tausendfüßler« erhielt. Luftfahrtgeschichte aber schrieb Arado mit dem ersten Strahlbomber der Welt, der Ar 234 *Hecht*.

Ardeatinische Höhlen
Am 23.3.1944 wurden bei einem Bombenanschlag italienischer Widerstandskämpfer in der Via Rasella in Rom 33 deutsche Soldaten und 8 italienische Zivilisten getötet. Als Repressalie ließ der deutsche Polizeichef der Stadt, SS-Obersturmbannführer Herbert Kappler, 335 italienische Geiseln in den Ardeatinischen Höhlen (Fosse Ardeatine) am Stadtrand erschießen. Es sollten möglichst Personen sein, die ohnedies in den Gefängnissen auf die Vollstreckung der gegen sie verhängten Todesstrafe warteten. Da so aber die geforderte Opferzahl nicht zu erreichen gewesen war, befanden sich unter den Erschossenen auch wahllos aufgegriffene Zivilisten, darunter auch Frauen und sogar zwei Kinder. Kappler wurde dafür 1948 zum Tod verurteilt und schließlich zu lebenslanger Haft begnadigt. Aus ihr entkam er 1977 nach Deutschland, wo er wenig später starb. Einer seiner Mittäter, der 1913 geborene SS-Obersturmbannführer Erich Priebke, wurde

erst 1995 in Argentinien aufgespürt und im Jahr darauf an Italien ausgeliefert; ein Militärgericht verurteilte ihn am 22.7.1997 zu 15 Jahren Haft.

Ardennenoffensive

Wie schon am 10.5.1940 brach im Morgengrauen des 16.12. 1944 aus den Wäldern der Ardennen eine deutsche Offensive los, die den nun amerikanischen Gegner völlig überrumpelte. Die US-Armeen waren nach dem Ausbruch aus dem Landekopf der *Invasion* in hohem Tempo nach Frankreich hinein vorgestoßen und hatten nach dem Fall von Paris (25.8.1944) immer weniger Widerstand gefunden, vor allem weil die US-Luftwaffe den Himmel über den Kampfräumen nach Belieben beherrschte, so daß deutsche Truppenbewegungen und Nachschubtransporte fast nur noch nachts möglich waren. Die Offensivkraft der Wehrmacht schien endgültig gebrochen zu sein. Diese Gewißheit hatte zu Versäumnissen der amerikanischen Feindaufklärung geführt, der der umfangreiche deutsche Aufmarsch zwischen Hohem Venn und Nordluxemburg entgangen war. Bereitgestellt hatte die Wehrmacht für die Offensive mit der Tarnbezeichnung *»Wacht am Rhein«* im Norden die 6. SS-Panzerarmee (Dietrich), die den eigentlichen Stoß Richtung *Antwerpen* führen sollte, im Mittelabschnitt die 5. Panzerarmee (v. Manteuffel) zum Flankenschutz und die 7. Armee (Brandenberger) zur Abwehr von Angriffen aus Südwesten. Die Luftsicherung hatte das Luftkommando West (Schmid) übernommen, dem dafür rund 1500 Jäger, 260 Bomber und 40 Aufklärer zur Verfügung standen. Hitler selbst führte die Ardennenoffensive von seinem Hauptquartier »Adlerhorst« aus, so daß *Model* als eigentlich zuständiger OB der Heeresgruppe B kaum Spielraum hatte. – Trotz der Überraschung des Gegners und des schlechten Wetters, das die alliierten Luftstreitkräfte am Boden hielt, geriet der deutsche Angriff im Norden schon nach 10 km ins Stocken. Man hatte die nach Hitlers Ansicht »in der Defensive hilflosen« Amerikaner unterschätzt und litt unter logistischen Problemen. Im Mittelabschnitt gelang immerhin die Einschließung von *Bastogne*, und die 2. Panzerdivision drang bis Dinant vor. Im Norden wäre der Kampfgruppe *Peiper* um ein Haar dann doch am 17.12. der Durchbruch gelungen, wenn sie nicht Treibstoffmangel kurz vor Erreichen eines

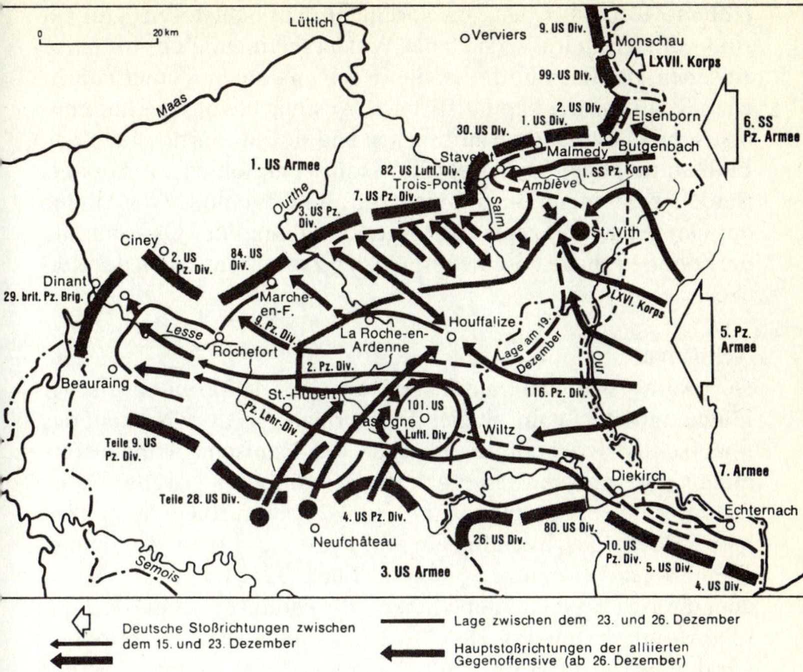

Die Ardennenoffensive und der alliierte Gegenangriff (Dezember 1944)

amerikanischen Benzindepots zum Stehen gebracht hätte. Bei diesem Vorstoß soll es bei *Malmedy* zu Massakern an gefangengenommenen GIs gekommen sein, ein Gerücht, das die Erbitterung auf beiden Seiten und die Verluste steigerte. Nach einer Woche klarte der Himmel auf, und die amerikanischen Gegenmaßnahmen begannen zu greifen. Manteuffel mußte die Panzerspitzen zurücknehmen, und am 26.12. hatte die 4. US-Panzerdivision Bastogne wieder freigekämpft. Zwar dauerte es noch bis zum 16.1.1945, bis der Frontbogen wieder eingedrückt war, doch Hitlers Weigerung, die Armeen in die *Westwall*-Stellung zurückzunehmen, verschliß letzte Reserven. Die Ardennenoffensive hatte auf deutscher Seite 17200 Tote, 16000 Gefangene und 34000 Verwundete gefordert, die Amerikaner verloren 30000 Tote und Vermißte, fast 50000 GIs wurden verwundet. –

Hitlers Motive für den von vornherein aussichtslosen Kraftakt sind militärisch im Versuch der Wiedergewinnung der Initiative zu sehen, politisch hoffte er, die in seinen Augen »widernatürliche« Koalition der kapitalistischen Westmächte mit der kommunistischen Sowjetunion aufbrechen und sich als Partner für einen Endkampf gegen den Bolschewismus empfehlen zu können. Beide Rechnungen gingen nicht auf, im Gegenteil: Die Allianz der Gegner wurde zementiert, die Entblößung der Ostfront und die hohen Verluste beschleunigten den Zusammenbruch des Reiches.

Ark Royal
Der Name war Programm: Als am 13.4.1937 ein britischer Flugzeugträger vom Stapel lief, erhielt er den Namen des Flaggschiffs jener Flotte, die 1588 die spanische Armada vernichtend geschlagen hatte: Ark Royal (Königliche Arche). Seine Daten: in Dienst gestellt 16.11.1938, 22000 t, 208 m lang, 28 m breit, Höchstgeschwindigkeit 30,7 kn, 1575 Mann Besatzung, 16×11,4-cm-Geschütze, 64×4-cm-Flak, 72 Flugzeuge. Nachdem die Ark Royal im September 1939 nach Angriff durch deutsche Bomber vom Typ He 111 fälschlich als versenkt gemeldet worden war, operierte sie mit wenig Erfolg im Atlantik und vor Norwegen. Ihren Torpedobombern gelang dann aber Ende Mai 1941 die entscheidende Beschädigung der Ruderanlage der *Bismarck*. Danach zum Geleitschutz von Mittelmeertransporten eingesetzt, kam das Ende der Ark Royal am 13.11.1941, als sie 30 km vor Gibraltar von Torpedos des deutschen U 81 (Guggenberger) getroffen wurde. Ein Feuer brach aus, so daß der Träger am folgenden Morgen sank. Bis auf einen Mann wurde die gesamte Besatzung gerettet.

Armée secrète (Geheimarmee) →Résistance

Ärmelkanal
Zwischen dem europäischen Festland und den Britischen Inseln verläuft eine Meerenge, die das meistbefahrene Seegebiet der Welt ist und wegen ihrer Gestalt als »Ärmelkanal«, »Der Kanal« oder »Englischer Kanal« bezeichnet wird. Zunächst abseits der Kampfhandlungen, rückte der Ärmelkanal mit Gewinnung der

nordfranzösischen Küste durch die Wehrmacht 1940 ins strategische Blickfeld. Zum einen mußte die deutsche Kriegsmarine darauf bedacht sein, durch ihn Verbindung mit den Häfen an der Atlantikküste und mit den von dort aus operierenden Seestreitkräften zu halten, zum anderen konnte ein Sieg über Großbritannien nur durch Landung in Südengland erreicht werden. Hitler ließ daher nach Scheitern seiner Verständigungsbemühungen mit London den Plan *»Seelöwe«* ausarbeiten, zu dessen Gelingen allerdings die Luftherrschaft über dem Ärmelkanal Voraussetzung war. In der *Luftschlacht um England* scheiterte aber auch dies, so daß Hitler nun durch Zielwechsel und Eroberung von ganz Europa Großbritannien niederringen wollte. – War eine deutsche Landung in England damit zwar auf absehbare Zeit illusorisch, so mußte andererseits die Wehrmacht stets mit einer *Invasion* in Frankreich über die Meerenge hinweg rechnen, wie der Angriff gegen *Dieppe* 1942 bewies. Die Küste wurde daher im Rahmen des *Atlantikwalls* besonders massiv befestigt, Luft- und Seepatrouillen überwachten das Gebiet, das aber weitgehend von der RAF und später auch von der US-Luftwaffe beherrscht wurde. Dennoch gelang im Februar 1942 der *Kanaldurchbruch* schwerer deutscher Überwassereinheiten. Die Kanalinseln blieben bis Kriegsende in deutscher Hand. Im Herbst 1944 verlor der Ärmelkanal angesichts des alliierten Vormarsches fast jede militärische Bedeutung, da deutsche Luftwaffe wie Kriegsmarine inzwischen zu schwach waren, den gegnerischen Nachschubverkehr über die Meeresstraße nennenswert zu stören.

Armia Krajowa →Heimatarmee

Arnheim

Den idyllischen Codenamen »Handelsgärtnerei« *(»Market Garden«)* gab das britische Oberkommando einem Luftlandeunternehmen, mit dem der britischen 2. Armee (Montgomery) im September 1944 der Sprung über den Rhein ermöglicht und der Weg über Südholland ins Ruhrgebiet geöffnet werden sollte. Der entscheidende Durchbruch sollte in und um Arnheim, der 90 000-Einwohner-Hauptstadt der niederländischen Provinz Gelderland, erzwungen werden. Am 17./18.9. wurde die britische

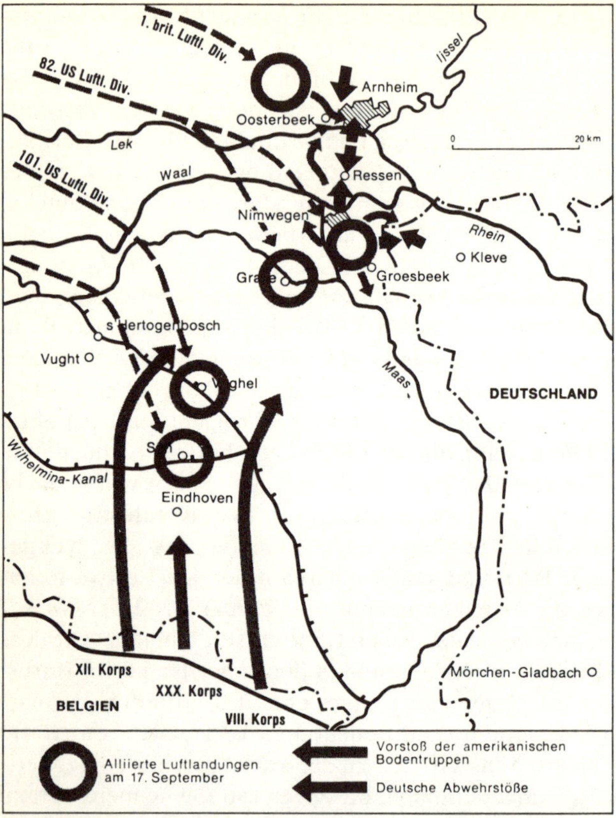

Die Kämpfe um Nimwegen und Arnheim (September 1944)

1. Luftlandedivision (Urquart) am rechten Rheinufer abgesetzt, die vor allem die Brücke von Arnheim nehmen sollte, damit das von Süden herankommende britische XXX. Korps mit seinen Panzern über den Fluß setzen könnte. Die britischen Fallschirmjäger gerieten jedoch sofort in schweres Abwehrfeuer, da sich im Raum Arnheim unbemerkt von der britischen Aufklärung gerade das II. SS-Panzerkorps (Bittrich) versammelt hatte. Zudem blieb der Nachschub wegen schlechten Wetters weitgehend aus, und eine Entsatzlandung am linken Ufer bei Driel durch die 1. polnische Luftlandebrigade am 21.9. vermochte sich nicht zu entfal-

ten. In der Nacht des 25./26.9. befahl Urquart daher den Resten seiner Division den Ausbruch, doch gelang dieser nur noch rund 2400 Mann, 7700 blieben verwundet zurück oder gerieten in Gefangenschaft, die Deutschen verloren insgesamt 3300 Mann. Der Fehlschlag des britischen Unternehmens war vor allem auf schwerwiegende Mängel in der Zusammenarbeit der alliierten Stäbe zurückzuführen.

Arras

Der schnelle deutsche Vormarsch im *Frankreichfeldzug* geriet am 20.5.1940 bei einer Stadt ins Stocken, die schon im 1. Weltkrieg hart umkämpft gewesen war: Arras an der Scarpe im Artois, eine Industriestadt mit 31 500 Einwohnern (1939). Luftangriffe blieben zunächst ohne Erfolg, und am 21.5. kam es sogar zu einer ernsten Krise, als die Briten mit zwei Divisionen unter General Franklyn von Arras aus in die nur 40 km tiefe deutsche Flanke stießen. Die Lage rettete die deutsche 7. Panzerdivision unter *Rommel*, der allerdings um ein Haar in Gefangenschaft geraten wäre. Die Briten räumten die Stadt. Die Krise bei Arras vertiefte im deutschen Oberkommando die »Flankenangst« und führte letztlich zu Hitlers Haltbefehl für die Panzerspitzen am 24.5., wodurch das »Wunder von *Dünkirchen*« möglich wurde.

Athen

Die auf der Halbinsel Attika gelegene griechische Hauptstadt Athen hatte 1940 etwa 425 000 Einwohner. Als *Mussolini* mit seinem Angriff auf Griechenland am 28.10.1940 ohne Abstimmung mit Berlin seinen »Parallelkrieg« begann, fielen die ersten Bomben auf Industriebetriebe und auf den Flughafen von Athen. In Piräus, dem Hafen der Stadt, landeten am 3.11.1940 britische Truppen, so daß Hitler die deutsche Südflanke bedroht sah; der *Balkanfeldzug* sollte dies abwenden. Im Zuge der entsprechenden Operationen wurde Athen mehrfach von der deutschen Luftwaffe angegriffen, am 27.4.1941 von deutschen Truppen besetzt und danach der italienischen 11. Armee übergeben. Im September 1943, nach dem italienischen Sonderwaffenstillstand, entwaffneten deutsche Truppen die Italiener und hielten Athen dann noch ein gutes Jahr, ehe sie vor dem britischen III. Korps Anfang Oktober 1944 abziehen mußten. Damit war der Krieg für die

Stadt jedoch noch nicht vorüber, denn kommunistische Partisanen der ELAS (Griechische Volksbefreiungsarmee) lieferten sich wochenlang heftige Straßenkämpfe mit den von den Briten unterstützten Regierungstruppen. Erst am 11.1.1945 brachte *Churchill* vor Ort ein Abkommen zwischen den verfeindeten Gruppen zustande und erreichte die Räumung der Hauptstadt durch die ELAS.

Atlantik-Charta

Am 14.8.1941 beschlossen *Churchill* und *Roosevelt* bei einer Zusammenkunft auf dem britischen Schlachtschiff *Prince of Wales*, das vor der amerikanischen Küste kreuzte, eine Erklärung über die Grundsätze der Kriegs- und Nachkriegspolitik Großbritanniens und der USA. Unter anderem sprachen sie sich für einen Verzicht auf Annexionen, Anerkennung des Selbstbestimmungsrechts der Völker bei der Wahl ihrer Regierungsformen und bei der Regelung territorialer Streitigkeiten, freien und gleichen Zugang zu den Rohstoffen der Erde, Freiheit der Meere und eine Entmilitarisierung aller Aggressorstaaten aus. Von allen gegen die Achsenmächte kriegführenden Staaten anerkannt, bildete die Atlantik-Charta die Grundlage für die *Vereinten Nationen.*

Atlantikfestungen

Nach der *Invasion* und dem Rückzug der Wehrmacht in Frankreich blieben 1944/45 einige französische Hafenstädte und Inseln in deutscher Hand und wurden zu Atlantikfestungen erklärt. Die wichtigsten waren *Saint Nazaire*, *La Rochelle*, Royan, Le Verdon, Lorient, die Kanalinseln, *Dünkirchen*. Die Alliierten hielten sich zunächst nicht mit ihrer Bekämpfung auf, sondern riegelten die deutschen Stützpunkte nur von der Landseite ab. Das Rote Kreuz erreichte in einigen Fällen die Evakuierung eines Teils der miteingeschlossenen Zivilbevölkerung, ehe der Endkampf um die über See und aus der Luft versorgten Festungen begann. Er wurde vielfach äußerst erbittert geführt, da Hitler gegen jede militärische Vernunft ausdrücklich angeordnet hatte, die Städte »bis zum letzten Mann« zu halten.

Atlantikschlacht
Die Kriegsbegeisterung war 1939 in der Wehrmacht nicht sonderlich groß, in der Kriegsmarine aber löste die britische Kriegserklärung (3.9.1939) geradezu Bestürzung aus. Der erreichte Rüstungsstand ließ ein erfolgreiches Bestehen des Konflikts mit der stärksten Seemacht der Erde als völlig illusorisch erscheinen. Wenn später doch Siegeshoffnung keimte, dann wegen der unerwartet raschen Kriegsentwicklung zugunsten Deutschlands. Zunächst aber war das große Wort der deutschen Propaganda von der »Atlantikschlacht« reine Schönfärberei, denn einer direkten Konfrontation gingen sowohl die U-Boote wie die Überwassereinheiten aus dem Wege. Sie operierten dabei so geschickt, daß trotz anfangs bloß 23 hochseefähigen U-Booten erhebliche Versenkungsziffern erreicht wurden. Deutschen Kriegsschiffen, Hilfskreuzern und Fliegern fielen bis März 1940 insgesamt 1,3 Mio. BRT alliierten Schiffsraums im Atlantik zum Opfer. Nach einer Pause wegen des Unternehmens *»Weserübung«* gewann die deutsche Kriegsmarine mit den französischen Atlantikhäfen seit Mitte 1940 zudem eine erheblich günstigere Ausgangsbasis für ihren Krieg gegen die britischen Nachschublinien aus den Kolonien und den USA. Auch die nun einsetzende Unterstützung durch italienische U-Boote, die Konzentration der britischen Kräfte gegen die befürchtete Landung *»Seelöwe«* und der Wegfall des französischen Gegners machten sich im Atlantik bemerkbar. Bis März 1941 verlor die britische Flotte weitere 3,3 Mio. BRT Schiffsraum. – Im nächsten Halbjahr machte sich schon die amerikanische Hilfe für die Royal Navy bemerkbar, die deutschen Erfolge sanken, die eigenen Bootsverluste stiegen bedenklich. Mit Kriegseintritt der USA änderte sich das noch einmal vorübergehend, weil die US-Navy sich zunächst auf den *Pazifikkrieg* konzentrierte und ihre Handelsschiffe vor der Ostküste nur unzureichend schützte. Deutsche Unternehmen wie *»Paukenschlag«* trugen daher ihren Namen zu Recht. Hinzu kamen Katastrophen wie das Schicksal von *PQ 17* bei der Versorgung der Sowjetunion mit westlichen Nachschubgütern. Allein im Juni 1942 sanken 600 000 BRT und im November 1942 sogar 650 000 BRT alliierten Schiffsraums durch Feindeinwirkung. Bei mehr Unterstützung durch Hitler, der aber die Entscheidung zu Lande im *Rußlandfeldzug* suchte, wäre ein Sieg in

der Atlantikschlacht für die Kriegsmarine durchaus in greifbare Nähe gerückt. So aber mehrten sich die Krisenzeichen: Nach Verlust der *Bismarck* Ende Mai 1941 hatte der Kampf über Wasser deutscherseits wegen der immer besseren Luftaufklärung der Alliierten stark eingeschränkt werden müssen, im Februar 1942 stellte ihn die Kriegsmarine mit dem *Kanaldurchbruch* ganz ein. Noch stiegen zwar die U-Boot-Erfolge, doch verloren auch sie im Frühjahr 1943 für die Alliierten ihre Schrecken, als das Geleitzugsystem, die Schließung der »Luftlücke« über See und die Modernisierung des *Radars* zu dramatisch steigenden deutschen Bootsverlusten führten. Im Mai 1943 ordnete *Dönitz* daher eine Pause in der Atlantikschlacht an. – Nach Wiederaufnahme der Kampfhandlungen im September 1943 wurde rasch offenbar, daß der Tonnagekrieg für die Kriegsmarine nicht mehr zu gewinnen war. Selbst ohne eigene Bootsverluste hätte sie mit dem rasanten Neubau von Schiffsraum in den USA nicht mithalten können. Tatsächlich aber waren obendrein die Verluste horrend, die U-Boote wurden immer häufiger zu stählernen Särgen für die Besatzungen, neue, modernere Boote kamen zu spät, die als *»Wunderwaffen«* gerühmten Kleinkampfmittel der Kriegsmarine erzielten kaum Wirkung. Nach der *Invasion* gelangen nur noch Nadelstiche gegen den Strom von Nachschub, der sich über den Atlantik nach Europa ergoß und den unaufhaltsamen Vormarsch der alliierten Heere speiste. Die Niederlage zur See war zum einen auf die Materialüberlegenheit der Westmächte zurückzuführen, zum anderen aber auch auf ihren Einbruch in den deutschen Funkschlüssel *(»Ultra«)*, wodurch viele Geleitzüge noch rechtzeitig hatten umgeleitet werden können.

Atlantikwall

Mit Ende der *Blitzkriegs*-Phase 1941/42 mußte sich das OKW mit Verteidigungsüberlegungen befassen. Seit dem Kriegseintritt der USA nämlich wuchs die Gefahr von alliierten Kommando- und Landeunternehmen an den deutsch besetzten Küsten vom Nordkap bis zur Biskaya. Der dafür am 14.12.1941 ins Auge gefaßte »zweite Westwall« sollte insbesondere die Küsten des Atlantiks und des *Ärmelkanals* schützen. Für diesen Abschnitt verlangte Hitler in einer Lagebesprechung vom 13.8. 1942 wenige Tage vor der ersten britischen Versuchslandung bei

Dieppe den Bau von 15000 Kampfständen und Bunkern und übertrug die Ausführung der Arbeiten der *Organisation Todt*, für die Anfang 1944 über 125000 *Zwangsarbeiter* schufteten. Sie verbauten bis zur *Invasion* 17,3 Mio. t Beton und 1,2 Mio. t Stahl in 12000 Bunkeranlagen und Geschützständen. Da man annahm, eine alliierte Landung würde auf jeden Fall an der engsten Stelle des Kanals, an der Straße von Dover, erfolgen, war dort die von der deutschen Propaganda zum uneinnehmbaren »Atlantikwall« aufgeblasene Befestigungslinie besonders stark ausgebaut, also ausgerechnet dort, wo 1944 kein einziger alliierter Soldat an Land ging. – Die Breschen im Wall um die »Festung Europa« (Goebbels) waren breit. Materialmangel, unklare Zuständigkeiten, veraltete Geschütze aus Beutebeständen, überalterte Besatzungen, Munitionsknappheit und Probleme beim Nachschub wegen der alliierten Luftherrschaft ließen den militärischen Wert des Atlantikwalls gegen Null sinken. Daran änderten auch die energischen Maßnahmen *Rommels* wenig, der seit Ende 1943 Inspekteur der Küstenverteidigung war und sogar seine Truppen zu Bauarbeiten heranzog: Gegen Luftlandungen ließ er baumlange Stangen (»Rommelspargel«) in den Boden rammen, am Strand Eisenigel und Auflaufblöcke verlegen, im unmittelbaren Küstenwasser verminte Vorstrandhindernisse verankern. Seine Sorge, eine Invasion sei allenfalls in den ersten 48 Stunden zurückzuschlagen oder gar nicht mehr, sollte sich als berechtigt erweisen: Am 6.6.1944 durchbrachen die Alliierten an vier von fünf Landeständen den Atlantikwall schon am ersten Tag und rollten ihn nach Ausbruch aus dem Landekopf überall von hinten auf. Seine über 4000 km von der spanischen Grenze bis nach Jütland verstreuten Ruinen, die Sprengungsversuchen weitgehend widerstanden haben, zeugen noch heute von dem absurden Versuch, Europa ringsum zu befestigen.

Atombombe

Im Dezember 1938 gelang den deutschen Wissenschaftlern Otto Hahn (1879–1968) und Fritz Straßmann (1902–1980) die erste Kernspaltung, indem sie Uran mit Neutronen »beschossen«. Dabei waren Urankerne in Bariumkerne zerfallen, hatten Energie und weitere Neutronen freigesetzt, die bei genügend spaltbarem Material eine selbstlaufende Kettenreaktion von Kernspaltungen auslösen würden. Der deutsche Emigrant *Einstein* warnte in einem Schreiben vom 2.8.1939 an US-Präsident *Roosevelt* vor einer deutschen Atombomben-Entwicklung und brachte damit das gigantische amerikanische Projekt zum Bau solcher Bomben (Kernwaffen) in Gang. Die Warnungen erwiesen sich allerdings als unnötig, denn die deutschen Forscher verfügten zwar über das erforderliche Know-how, ihnen standen aber weder die entsprechenden Industriekapazitäten zur Verfügung, noch erhielten sie politische Förderung. Hitler sah in der Atomphysik »jüdisches Blendwerk«, favorisierte die Entwicklung von Flugbomben (*V1*) und Raketen (*V2*) und unternahm nichts zur Bündelung der diversen Kernforschungsprojekte. So arbeiteten Stellen des Postministeriums, der SS und der Kaiser-Wilhelm-Gesellschaft eher gegen- als miteinander, und so blieb es beim Bau von Versuchsreaktoren. Ein Uranbrenner in Kummersdorf fiel 1945 den Sowjets, ein weiterer in Haigerloch den US-Truppen in die Hände. – Inzwischen war in den USA am 2.12.1942 in einem Atommeiler in Chicago die erste Kettenreaktion geglückt, die die Hoffnung nährte, mit der neuen Waffe Hitler-Deutschland bezwingen zu können. Doch schon 1943 kam es zum Zielwechsel gegen Japan, weil man aus Angst vor dem hohen deutschen Entwicklungsstand mit einem eventuellen Blindgänger keine Hinweise geben wollte und der Sieg in Europa ohnedies nur noch eine Frage der Zeit war. Das galt zwar wenig später auch für den *Pazifikkrieg*, doch wurde nach dem Testerfolg bei Alamogordo (New Mexico) am 16.7.1945 von US-Präsident *Truman* der Einsatz der Bombe dennoch angeordnet, weil man extrem hohe Verluste bei einer Invasion Japans befürchtete und den so aufwendig produzierten Trumpf gegenüber der Sowjetunion um jeden Preis ausspielen wollte. Die Städte *Hiroshima* (6.8.1945) und *Nagasaki* (9.8.1945) wurden Opfer der ersten Atombombenabwürfe. – Die Sprengkraft der Bombe wird im Vergleich zu herkömmlichem Sprengstoff in Kilotonnen (KT) = 1000 t Trinitrotoluol (TNT) oder Megatonnen (MT) = 1 Mio. t TNT angegeben. Die Zerstörungen durch die Explosion werden zu 50 % von der Druckwelle, zu 35 % durch Hitze und zu 15 % durch Radioaktivität ausgelöst. Es entsteht ein Atompilz, in dessen Zentrum ungeheure Drücke und Temperaturen bis zu 20 Mio. °C herrschen. Die radioaktive Verseuchung kann durch den sogenannten Fallout weit über das eigentliche Explosionsgebiet hinausreichen und noch nach Jahren vor allem durch Auslösung von Krebserkrankungen Opfer fordern.

Auchinleck, Claude John Eyre

* Aldershot (bei London) 21.6.1884, † Marrakesch (Marokko) 23.3.1981

Nach Ausbildung in der Militärakademie Sandhurst und Kolonialdienst zum General (1938) aufgestiegen, übernahm Auchinleck 1940 den Oberbefehl über das britische Expeditionskorps in Norwegen, kommandierte nach dessen Scheitern (Juni 1940) in Südengland und wurde am 5.7.1941 OB Mittlerer Osten und damit oberster Gegner *Rommels* im *Afrikafeldzug*. Die schweren Rückschläge aber im Sommer 1942 – Verlust *Tobruks*, Vorstoß der Deutschen bis *El Alamein* – führten am 8.8.1942 zu seiner Ablösung und Abschiebung nach Indien und Pakistan. Hier mußte der 1946 zum Feldmarschall beförderte und geadelte Auchinleck noch 1947 die Auflösung der britischen Indienarmee einleiten, ehe er im selben Jahr in Ruhestand ging.

Augsburg

Obwohl sich schon am 17.4.1942 ein britischer Luftangriff mit zwölf *Lancaster*-Bombern (sieben gingen verloren) gegen die bayerische Großstadt Augsburg (1940 rund 185 000 Einwohner) richtete, wuchs die Bedrohung aus der Luft erst seit Sommer 1943, als mit der *Lightning* ein Langstreckenbegleitjäger für die Bomberstaffeln zur Verfügung stand. Nach einem amerikanischen Tagesangriff am 20.12.1943 gegen Industriebetriebe wie die MAN-Werke folgte in der Nacht vom 25./26.12.1943 ein britischer Luftschlag mit 528 Maschinen, die 1726 t Bomben warfen. Wie wenig die deutsche Jagdabwehr zum Schutz von Städten wie Augsburg tun konnte, wurde offenbar, als am 16.4.1944 das Zerstörergeschwader 76 mit 46 Me 110 gegen amerikanische Einflüge aufstieg: Nur 17 Maschinen, von denen zehn hatten notlanden müssen, kehrten zurück, die US-Luftwaffe verlor dabei nur fünf Bomber. Als die 7. US-Armee am 28.4.1945 in Augsburg einrückte, waren 12 500 Wohnungen völlig und 32 000 teilweise zerstört.

Auschwitz

Im Rahmen der *Judenverfolgung* errichtete die SS im deutsch besetzten Polen eine Reihe von Vernichtungslagern, von denen das bei Auschwitz (polnisch Oświęcim; bei Krakau) im Mai–Juli 1940 gegründete das bei weitem größte war. Das Stammlager (Auschwitz I) und das Lager Monowitz (Auschwitz III) dienten als KZ, deren Häftlinge wie die der etwa 40 Nebenlager für die hierher ausgelagerten deutschen Industriebetriebe als billige *Zwangsarbeiter* eingesetzt wurden. Birkenau (Auschwitz II) war eine reine Todesfabrik, in die Deportationszüge einfuhren, deren Insassen an einer Rampe größtenteils sofort in die Gaskammern geschickt oder aber zum kleineren Teil für die Arbeitslager aussortiert wurden. Von Mitte 1941, als die Massenmorde begannen, bis Ende Oktober 1944, als die SS die Vergasungsanlagen aufgab und zerstören ließ, sind mindestens 1 Mio. Menschen in Auschwitz ermordet worden, 500 000 weitere erlagen den Haftbedingungen, Folter und Menschenversuchen zu medizinischen Zwecken. Selbst als das Lager in die Reichweite alliierter Bomber geriet und sein Zweck in Washington und London durchaus bekannt war, lehnten die USA eine direkte Bombardierung ab, da den Häftlingen mit einem schnellen Sieg am besten geholfen sei, auf den man alle Kräfte zu konzentrieren habe. Am 27.1.1945 erreichte die Rote Armee das evakuierte Lager, in dem noch 7600 Überlebende vegetierten. Der Tag der Befreiung von Auschwitz ist seit 1996 in Deutschland Gedenktag für die Opfer des Nationalsozialismus.

Avranches

Für »*D-Day* + 20«, also für den 26.6.1944, hatten die US-Stäbe das Erreichen der Sée geplant, an deren Mündung die französische Kleinstadt Avranches als Tor zur Bretagne den Übergang sperrte. Doch erst am 18.7. (D-Day + 42) war der Verkehrsknotenpunkt Saint-Lô erobert, von wo aus die 3. US-Armee (Patton) eine Woche später zur Hauptoffensive »Cobra« antrat. Nach massiver Luftvorbereitung, die Avranches völlig verwüstete, gelang den Amerikanern gegen die deutsche 7. Armee (Hausser) am 30.7. die Einnahme der Stadt und die Rettung der Brücke über die Sée, so daß sie zwei Tage später (D-Day + 55) weiträumig nach Südwesten durchbrechen konnten. Trotz einer von Hitler persönlich konzipierten Operation zum Abschneiden der US-Verbände durch die deutsche 5. Panzerarmee (Eberbach) konnten sich Pattons Truppen unter einem dichten Luftschirm entfalten. Damit war die *Invasions*-Schlacht für die Wehrmacht endgültig verloren.

Babi Jar
Zehn Tage nach der Eroberung der ukrainischen Hauptstadt Kiew durch deutsche Truppen wurden am 29./30.9.1941 die Juden der Stadt zur »Umsiedlung« zusammengetrieben und von einem Sonderkommando der *Einsatzgruppe* C in der nahe gelegenen Schlucht Babi Jar erschossen. 33 771 Männer, Frauen und Kinder fielen der Aktion im Rahmen der *Judenverfolgung* zum Opfer.

Bach-Zelewski, Erich von dem
* Lauenburg i. Pom. 1.3.1899, † München 8.3.1972
Im November 1941, kurz nach Beginn des Rußlandfeldzugs, zum SS-Obergruppenführer und General der Polizei befördert, zeichnete sich der schon bei der Röhm-Affäre 1934 als besonders brutal aufgefallene Bach-Zelewski als *Himmlers* Sonderbeauftragter bei der »Bandenbekämpfung« im Osten aus, worunter vor allem Maßnahmen der *Judenverfolgung* zu verstehen waren. Die dabei entwickelten mörderischen Methoden zur »Abschreckung« von Partisanen wandte er auch im Herbst 1944 bei der Niederschlagung des *Warschauer Aufstands* an, was ihm die Auszeichnung mit dem Ritterkreuz einbrachte. Nach dem Krieg der Auslieferung an die Sowjetunion entgangen, weil er sich als Zeuge der Anklage in Nürnberg zur Verfügung stellte, wurde Bach-Zelewski zwar mehrfach verurteilt (u.a. wegen Mordes 1934), aber nie wegen der Judenerschießungen.

Bader, Sir Douglas
* London 21.12.1910, † ebd. 2.12.1982
Er ging als »beinloses Wunder« in die Luftkriegsgeschichte ein: Der britische Jagdflieger Bader hatte schon als 20jähriger bei einem Flugunfall beide Beine verloren und doch mit Hilfe von Prothesen wieder Flugfähigkeit erreicht. Bei Kriegsausbruch zur RAF eingezogen, zeichnete sich Bader als Staffelkapitän in der *Luftschlacht um England* aus und geriet nach 22 anerkannten Abschüssen bei einer Notlandung am 9.8.1941 in deutsche Gefangenschaft. Weil dabei seine Prothesen beschädigt worden waren, informierte die Luftwaffe die RAF darüber und bot sicheres Geleit für eine Maschine mit Ersatzprothesen an. Am 19.8. warf daher eine *Blenheim* im Tiefflug über dem Flieger-

horst Saint-Omer die benötigten künstlichen Beine ab. Weder diese großzügige Geste noch seine Behinderung hielten Bader allerdings von Fluchtversuchen ab, so daß er schließlich in dem als ausbruchsicher geltenden *Colditz* untergebracht wurde, wo er das Kriegsende erlebte. Für seine vorbildliche Haltung wurde er in den Adelsstand erhoben.

Badoglio, Pietro
* Grazzano Monteferrato (heute Grazzano Badoglio; bei Asti, Piemont) 28.9.1871, † ebd. 1.11.1956
Italiens Kriegseintritt an der Seite Deutschlands am 10.6.1940 bezeichnete er als »Selbstmord«, und auch die Eröffnung eines italienischen »Parallelkriegs« durch Angriff auf Griechenland *(Balkanfeldzug)* kritisierte er: Badoglio, seit 1925 Generalstabschef, seit 1926 Marschall und bei Kriegsbeginn Chef des italienischen Oberkommandos, konnte sich nicht durchsetzen, wurde sogar für das Desaster auf dem Balkan verantwortlich gemacht und am 6.12.1940 von *Mussolini* entlassen. Obwohl lange Mitträger des faschistischen Imperialismus, begann er bei sich verschlechternder Kriegslage gegen den »Duce« zu intrigieren. Nach dessen Sturz am 25.7.1943 übernahm er die Regierungsgeschäfte und handelte mit den Alliierten einen Sonderwaffenstillstand aus. Bei Anlaufen der deutschen Gegenmaßnahmen im Rahmen des Unternehmens *»Achse«* setzte sich Badoglio mit dem König ins bereits befreite Brindisi ab. Seine lange Komplizenschaft mit Mussolini führte dann aber auf Druck von antifaschistischen Parteien am 9.6.1944 zu seinem Rücktritt; 1947 rehabilitiert.

Baedeker-Angriffe
Mit dem von Luftmarschall *Harris*, dem OB des britischen Bomber Command, entwickelten »area bombing« (Teppichbombardements) eskalierte der Luftkrieg 1942 weiter. Als bei einem Nachtangriff am 28./29.3.1942 die kulturhistorisch einmalige Altstadt *Lübecks* in Flammen aufging, ordnete Hitler »Vergeltungsschläge« auf vergleichbare britische Städte an; nach dem bekannten Reiseführer nannte man die Bombardements bei der Luftwaffe »Baedeker-Angriffe«. Im April belegten jeweils 60–70 deutsche Kampfflugzeuge die Städte Bath, Exeter, York

und Norwich mit Bomben, Anfang Juni und nochmals Anfang November traf es insgesamt viermal die Bischofsstadt Canterbury. Mit insgesamt abgeworfenen 3200 t Bomben hielten sich die Schäden allerdings in Grenzen; die RAF warf im gleichen Zeitraum über 50 000 t Bomben über dem Reichsgebiet ab.

Balkanfeldzug
Die militärischen Erfolge der Wehrmacht im Sommer 1940 weckten den Ehrgeiz *Mussolinis*, der sich ohnehin von Hitler immer wieder übergangen fühlte. Ohne Absprache mit Berlin ließ er daher am 28.10.1940 vom 1939 annektierten Albanien aus eine Armee nach Griechenland einfallen und kündigte markig an, er werde dem Gegner »das Genick brechen«. Immerhin bot er acht Divisionen (155 000 Mann) auf, darunter eine Panzer- und eine Gebirgs-(Alpini-)Division sowie das 4. Fliegerkorps mit 187 Maschinen. Die Griechen waren materialmäßig zunächst unterlegen, konnten jedoch leichter personelle Verstärkungen heranführen und nach erstem Zurückweichen am 3.11. den am weitesten vorgedrungenen linken Flügel der italienischen 11. Armee zurückwerfen. In Piräus gingen gleichzeitig britische Truppen an Land, die nach Vertreibung aus Frankreich hier erstmals wieder auf dem europäischen Kontinent Fuß faßten und die Südwestflanke der Achsenmächte bedrohten. Hitler entschloß sich daher zum Angriff auf Griechenland und befahl am 12.11.1940 Vorbereitungen zur Inbesitznahme des griechischen Festlands nördlich der Ägäis von Bulgarien aus. – Die Lage der Italiener verschlechterte sich unterdessen weiter: Trotz Verdopplung der Streitkräfte zur Heeresgruppe Albanien mußten sie sich am 14.11. ganz von griechischem Territorium zurückziehen, und auch der am Jahresende mit dem Oberbefehl betraute Marschall Cavallero konnte die Initiative nicht wiedergewinnen. Hinzu kam die katastrophale Entwicklung im *Afrikafeldzug*, so daß Hitler Truppen in die »befreundeten« Staaten Rumänien und Bulgarien einrücken ließ. Aber auch die Briten verstärkten ihr Engagement in Griechenland, wo schließlich über 60 000 Mann aus England, Australien, Neuseeland, Palästina und Zypern standen. Vorübergehend konnte Hitler Jugoslawien an sich binden, doch als am 27.3.1941 die deutschfreundliche Führung in Belgrad gestürzt worden war, bezog er auch Jugoslawien in die An-

Der Balkanfeldzug (Oktober 1940 bis Mai 1941)

griffspläne *»Marita«* ein. Am 6.4.1941 um 5.15 Uhr griff die deutsche 12. Armee (List) aus Bulgarien heraus Griechenland und die 2. Armee (Weichs) aus Österreich und Ungarn heraus Jugoslawien an. Der italienische Krieg gegen Griechenland weitete sich zum Balkanfeldzug. – Es wurde noch einmal ein *Blitzkrieg*, denn den schnellen deutschen Panzertruppen und der Übermacht der Luftwaffe hatten die personell zwar viel stärkeren Armeen Jugoslawiens und die durch den Kampf gegen die Italiener gebundenen Griechen wenig entgegenzusetzen. Bombenangriffe auf *Belgrad* durch die Luftflotte 4 (Löhr) forderten ungeheure Opfer unter der Zivilbevölkerung (allein am Angriffstag 1500), im Feuer der deutschen Geschütze und Panzer lösten sich ganze gegnerische Verbände auf, vor allem solche mit hohem kroatischem Anteil. Schon elf Tage nach Angriffsbeginn kapitulierte die jugoslawische Armee. Am selben Tag durchbrach das deutsche XVIII. Korps die britische Riegelstellung am Olymp, nachdem schon am 9.4. Saloniki nach Durchbrechung der Metaxas-Linie, einer Kette von Befestigungen längs der griechisch-bulgarischen Grenze, genommen worden war. Aus London kam nun der Befehl zur Räumung Griechenlands, die sich unter großen Schwierigkeiten wegen ständiger deutscher Luftangriffe auf Schiffe und Häfen vollzog. Am 23.4. kapitulierte die griechische Epirus-Armee, am 27.4. rückten deutsche Truppen in *Athen* ein, und am 30.4. war die Besetzung des griechischen Festlands einschließlich Peloponnes und damit der Feldzug abgeschlossen. *Kreta* wurde einen Monat später mit einer Luftlandung genommen. – Im Balkanfeldzug verlor die Wehrmacht 11 500 Mann an Gefallenen (2560), Vermißten und Verwundeten, 16 100 Briten kehrten nicht mehr heim, 344 000 Serben und 223 000 Griechen gerieten in deutsche Gefangenschaft. Die RAF büßte 209, die Luftwaffe 158 Maschinen ein. Entscheidender freilich für den weiteren Kriegsverlauf war der Zeitverlust; der längst geplante *Rußlandfeldzug* verzögerte sich um mehrere Wochen.

Banzai

Die japanische Infanterie machte es den Piloten ihrer Luftwaffe nach: Deren *Kamikaze*-Einsätzen entsprachen die sogenannten Banzai-Angriffe, bei denen in ohnedies aussichtslosen Lagen die Soldaten mit dem Schrei »Banzai!«, sonst ein Hochruf auf den

Kaiser, aus der Deckung ins gegnerische Feuer stürmten. Nach den Prinzipien der Samurai nämlich war Gefangennahme schwerste Schmach, so daß viele japanische Soldaten den sicheren Tod in solchen Selbstmord-Angriffen vorzogen. Zu Massen-Banzai-Angriffen kam es u.a. im Endkampf um *Okinawa*.

Baranów

Am 29.7.1944 erreichte die Rote Armee nach Zerschlagung der deutschen Heeresgruppe Mitte (Busch, später Model) die Weichsel und konnte den Fluß nordöstlich von Krakau bei dem polnischen Ort Baranów sogar überschreiten. Bis zum 4.8. errichtete sie auf einer Länge von 50 km und in einer Tiefe von 30 km einen Brückenkopf, den die deutschen Verteidiger nicht wieder eindrücken konnten. Er wurde planmäßig verstärkt und am 12.1. 1945 Ausgangspunkt einer Offensive der 1. Ukrainischen Front (Konjew) Richtung Oberschlesien, der sich einen Tag später im Norden die 1. (Schukow) und 2. Weißrussische Front (Rokossowski) anschlossen. Konjew durchbrach aus dem Baranów-Brückenkopf heraus ohne Mühe die schwache Abwehr des deutschen XXIV. Panzerkorps und erreichte bereits am 18.1. Krakau. Am 27.1. befreiten Einheiten seiner Front das Vernichtungslager *Auschwitz*, während *Schukows* Armeen wenig später die Oder nördlich von Breslau überschritten.

»Barbarossa«

Einen Zweifrontenkrieg hatte Hitler immer abgelehnt. Als sich aber Großbritannien im Sommer 1940 zu keiner Verständigung bereit zeigte und auch nicht in der *Luftschlacht um England* niederzuringen war, befahl Hitler die Vorbereitung eines Angriffs auf die verbündete Sowjetunion mit der Begründung: »Ist aber Rußland zerschlagen, dann ist Englands letzte Hoffnung getilgt.« An einem Sieg über die Rote Armee zweifelten nicht einmal mehr die, die noch vor wenigen Monaten vor dem Frankreichfeldzug gewarnt hatten, denn gerade dieser schien die Unüberwindlichkeit der Wehrmacht zu belegen. Hinzu kam das Desaster, das die sowjetischen Truppen im *Winterkrieg* gegen Finnland erlebt hatten und das zu einer verhängnisvollen Unterschätzung ihrer Kampfkraft auf eigenem Territorium führte. – Nach ersten Planungen schon im Spätsommer 1940 erging am

18.12.1940 die »Weisung Nr. 21 Fall Barbarossa«, so die Codebezeichnung für den ins Auge gefaßten *Rußlandfeldzug*. Der Name erinnerte bewußt an den Kreuzzug des Stauferkaisers im 12. Jahrhundert, denn auch im Kampf gegen das »soziale Verbrechertum« des Kommunismus sah Hitler einen Kreuzzug zur Rettung des Abendlands. Daß Kaiser Friedrich I. bei seinem Zug zur Befreiung Jerusalems umgekommen war, kümmerte die Planer im OKW nicht. Sie wollten weisungsgemäß mit schnellen Panzerraids die »Masse des russischen Heeres« vernichten und dazu spätestens im Mai 1941 zum Angriff antreten. Den Termin durchkreuzte der *Balkanfeldzug*, die Strategie litt unter einem Zielkonflikt zwischen Hitler und der Generalität, die einen geballten Vorstoß auf Moskau wünschte, während der Diktator mit Leningrad als »Brutstätte des Bolschewismus« und der Ukraine als Kornkammer zur Versorgung andere Prioritäten setzte.

Barbarossa-Gerichtsbarkeitserlaß
Über das OKW verfügte Hitler am 13.5.1941, daß die Aburteilung von »feindlichen Zivilpersonen« im Gebiet »Barbarossa«, also in den von deutschen Truppen im *Rußlandfeldzug* zu besetzenden Teilen der Sowjetunion, der Militärgerichtsbarkeit entzogen und örtlichen Truppenführern zu überlassen sei. Der Erlaß stieß im Offizierkorps zwar auf Kritik, in vielen Fällen aber wurde er dennoch zum Freibrief für Ausschreitungen und für die ausdrücklich von Hitler vorgesehenen »kollektiven Gewaltmaßnahmen«, worunter das Niederbrennen ganzer Dörfer und summarische Hinrichtungen bei »heimtückischen« Angriffen zu verstehen waren.

Bastogne
Am Verkehrsknoten der Nationalstraßen nach Namur, Lüttich und Luxemburg liegt das belgische Städtchen Bastogne (1940 rund 4500 Einwohner). Es befand sich bei der *Ardennenoffensive* im Dezember 1944 im Angriffskorridor der deutschen 5. Panzerarmee (v. Manteuffel), deren 26. Volksgrenadierdivision und 15. Panzerdivision die Stadt seit 19.12. einschlossen. Vorher aber war es den Amerikanern gelungen, Verstärkungen unter General McAuliffe nach Bastogne zu werfen, die sich zäh verteidigten und alle Kapitulationsforderungen zurückwiesen. McAuliffe

wies deutschen Parlamentären mit dem berühmt gewordenen »Nuts!« (etwa: »Quatsch!«) barsch die Tür, was Bastogne den Spitznamen »Nuts City« einbrachte. Nach Wetterbesserung konnte die US-Luftwaffe die Verteidiger versorgen und am 27.12. Einheiten der 3. US-Armee (Patton) zur weiteren Verstärkung absetzen. Bis 12.1.1945 tobten die Kämpfe um Bastogne, 4400 GIs fielen, die Wehrmacht verlor fast 10000 Mann an Gefallenen, Verwundeten und Gefangenen, 500 Zivilisten kamen ums Leben. Die alliierte Propaganda bauschte die Schlacht zu einem »Verdun der Ardennen« auf (bei Verdun waren im 1. Weltkrieg 700000 Soldaten beider Seiten gefallen).

Bataan
Eine Verteidigung der philippinischen Hauptstadt Manila gegen die seit 10.12.1941 anrückenden Japaner schien US-General *MacArthur* aussichtslos, und er beschloß, sich mit 20000 GIs und 60000 philippinischen Soldaten auf die gebirgige, malariaverseuchte, etwa 50 km breite und 80 km lange Halbinsel Bataan im Nordwesten der Manilabucht zurückzuziehen; 25000 Zivilisten, darunter Staatspräsident Manuel Luis Quezón, schlossen sich an. Die schwierige Versorgungslage, Krankheiten und die Abberufung MacArthurs am 23.2.1942 ließen die Hoffnung sinken, so daß die ebenfalls durch Malaria geschwächten Japaner allmählich in die amerikanischen Stellungen eindringen und am 9.4. die Kapitulation der verbliebenen 76000 Verteidiger entgegennehmen konnten. Ihr Weg in die Gefangenschaft machte als »Todesmarsch von Bataan« Kriegsgeschichte: 7000 Gefangene starben unterwegs, 15000 weitere in den nächsten drei Jahren im berüchtigten Camp O'Donnell. Letzte US-Bastion nach dem Fall von Bataan war *Corregidor*. Bataan war erst am 28.2.1945 wieder in amerikanischer Hand.

»Battle of Berlin«
Im Herbst/Winter 1943/44 flog die RAF 16 Großangriffe mit 9111 Bombereinsätzen gegen die Reichshauptstadt und warf dabei 27000 t Bomben ab. 9,5 km^2 Stadtfläche, vor allem in Zooviertel und Innenstadt, wurden völlig zerstört, 68000 Häuser vernichtet, 400000 Menschen obdachlos. Mit dieser »Battle of Berlin«, wie die Flächenbombardements in der britischen Propa-

ganda genannt wurden, wollte Luftmarschall *Harris* die Stadt »von einem Ende zum anderen« zerschlagen und die Kriegsentscheidung allein mit Hilfe der strategischen Bomberwaffe bis »spätestens 1. April« herbeiführen. Im Rückblick aber erscheint die Schlacht als Niederlage der RAF, die 500 Bomber und 3000 Mann verlor, während sich die Berliner Bevölkerung unter dem Eindruck des »Luftterrors« eher fester an die NS-Führung anschloß. Die deutsche Kriegsproduktion wurde durch die ungezielten Abwürfe in keiner Weise getroffen.

Battle of Britain →Luftschlacht um England

Baumbach, Werner

* Cloppenburg 27.12.1916, † bei Buenos Aires 20.10.1953

Er weigere sich, schrieb er am 19.1.1945 seinem OB *Göring*, als »Marionettenfigur« herumzulaufen: Baumbach, der erfolgreichste Kampfflieger des Krieges, war empört über die Inkompetenz in der Luftwaffenführung. Jeder andere wäre bei solchen Äußerungen degradiert, wo nicht in KZ-Haft genommen worden. Baumbach aber, seit 5.1.1945 Oberst, blieb als einer der prominentesten Piloten unbehelligt. Der seit 1936 bei der Luftwaffe dienende Flieger hatte sich auf die Bekämpfung von Schiffszielen spezialisiert und es auf über 300 000 BRT versenkten feindlichen Schiffsraums gebracht. Zu seinen Opfern gehörten auch waffenstarrende Kriegsschiffe wie der Kreuzer, den er am 19.4.1940 im Rahmen des Unternehmens *»Weserübung«* vor Norwegen versenkte – eine Aktion, die erstmals auf ihn und seine *Ju 88* aufmerksam machte. Der hochdekorierte Baumbach ging nach Kriegsende als Berater nach Argentinien, wo er bei einem Testflug ums Leben kam.

Bayeux

In den schweren Kämpfen während der *Invasion* wurden fast alle französischen Ortschaften im frontnahen Gebiet zerstört, nur eine nicht: Das im Calvados gelegene Bayeux mit seinen 7500 Einwohnern (1940) blieb fast völlig verschont, weil die Alliierten die Infrastruktur für den eigenen Vormarsch nutzen wollten und die Stadt schon am 7.6.1944, einen Tag nach der Landung, kampflos besetzen konnten. Hier betrat de *Gaulle* am 16.6.1944 erstmals seit 1940 wieder französischen Boden, hielt eine Ansprache und setzte einen Generalkommissar ein, ehe die Angloamerikaner eine Militärregierung etablieren konnten. Er schuf damit einen Präzedenzfall für ganz Frankreich, wo in rückeroberten Gebieten künftig sofort französische Behörden die Verwaltung übernahmen.

Bazooka

Seit 1933 entwickelte die US-Army eine tragbare, nur 6,58 kg schwere Panzerabwehrwaffe, die rückstoßfrei Raketen mit Hohlladung verschoß. Die nach einem exotischen Musikinstrument Bazooka genannte, 1,15 m lange Waffe war zerlegbar und kam erstmals Ende 1942 in Nordafrika zum Einsatz; ihre Raketen durchschlugen Stahl bis zu 12,7 cm Stärke. Insgesamt wurden 460 000 Stück für die amerikanische Infanterie gebaut. Die Wehrmacht ließ sich von der Bazooka zur Konstruktion des *Panzerschrecks* anregen.

Beaufighter

Wegen seiner geräuscharmen Triebwerke erhielt er bei den Japanern den ehrfurchtsvollen Spitznamen »Flüsternder Tod«: Der schwere britische Nachtjäger und Torpedobomber Beaufighter tauchte im Pazifik zwar nur in wenigen hundert Exemplaren auf, doch erwarb er sich mit seiner Bewaffnung von 2×20-mm-Bugkanonen und 6×7,7-mm-MG in den Tragflächen sowie Raketen, darunter zur Bekämpfung von Schiffszielen, hohen Respekt. Nach dem Erstflug vom 17.7.1939 erreichte der Zweisitzer während der *Luftschlacht um England* Frontreife und spielte dann als Jagdbomber über dem Mittelmeer und im *Afrikafeldzug* eine Schlüsselrolle. Bis 1945 wurden von der bis zu 520 km/h schnellen Maschine 5562 Stück gebaut, einzelne Exemplare flogen bis 1960 bei der RAF.

Beck, Ludwig

* Biebrich (heute zu Wiesbaden) 29.6.1880, † Berlin 20.7.1944
Seit 1898 beim Heer, im 1. Weltkrieg Generalstabsoffizier, wurde Beck in der Reichswehr 1931 Generalmajor und 1933 Chef des Truppenamts, eine Dienststellung, die 1935 in Chef des Generalstabs des Heeres umbenannt wurde. Zunächst war er ein-

verstanden mit Hitlers Aufrüstung, ging dann aber auf Distanz und opponierte 1938 offen gegen die aggressive Politik gegenüber der Tschechoslowakei. Da er jedoch bei der Generalität wenig Unterstützung fand, reichte er am 18.9.1938 seinen Rücktritt ein, den er am 1.10. zugleich mit der Ernennung zum Generaloberst erhielt. Trotz seiner politischen Isolierung in der Zeit der großen Erfolge Hitlers konnte Beck Fühlung halten zu einflußreichen Kreisen der Wehrmacht, der Wirtschaft und der Politik. Er wurde einer der aktivsten Verschwörer des *Zwanzigsten Juli* und sollte nach Hitlers Tod Staatsoberhaupt werden. Als der Putsch zusammenbrach, versuchte sich Beck das Leben zu nehmen, verwundete sich aber nur und wurde auf Befehl von *Fromm* erschossen.

Bedingungslose Kapitulation
Im Januar 1943 stimmten in *Casablanca* US-Präsident *Roosevelt* und der britische Premierminister *Churchill* ihr weiteres militärisches und politisches Vorgehen gegen die Achsenmächte ab. Am 24.1.1943 verkündete Roosevelt, Ziel der alliierten Kriegführung sei die »bedingungslose Kapitulation« (Unconditional Surrender) der Gegner, also nicht nur die militärische Übergabe, sondern auch die staatlich-politische Kapitulation. Eine ähnliche Forderung hatte es in der Geschichte nur einmal am Ende des amerikanischen Bürgerkriegs 1865 gegeben, als es freilich um die Aufgabe der angemaßten Staatlichkeit der Föderierten ging. Daß ein jahrhundertealter Staat, ja eine einstige Großmacht zur Selbstaufgabe gezwungen werden sollte, war ohne Beispiel. *Stalin*, der wegen des Endkampfs um *Stalingrad* an der Konferenz nicht hatte teilnehmen können, stimmte diesem Kriegsziel am 1.5.1943 ausdrücklich zu, wich aber bei der Eroberung der deutschen Satellitenstaaten Rumänien, Bulgarien u.a. ebenso davon ab wie die Westmächte beim Ausscheiden Italiens aus dem Krieg. Diesen Ländern wurde begrenzte politische Selbstbestimmung eingeräumt. – Dem Deutschen Reich gegenüber aber blieb die Forderung uneingeschränkt gültig, die Regierung *Dönitz* fand allerdings ein Schlupfloch gegenüber den Westmächten: Die Alliierten hatten die bloß militärische Waffenstreckung von einzelnen Wehrmachteinheiten ausdrücklich vorgesehen, so daß am 2.5.1945 die Heeresgruppe C in Oberitalien, am 5.5. die

deutschen Streitkräfte in Nordwestdeutschland, Westholland und Dänemark sowie am 6.5. die Heeresgruppe G in Süddeutschland und Österreich die Feindseligkeiten einstellen konnten, noch ehe die in Reims (durch *Jodl*) und Berlin-Karlshorst (durch *Keitel*) unterzeichnete bedingungslose Kapitulation am 8.5. um 23.01 Uhr in Kraft trat. Damit hatte Dönitz wichtige Tage gewonnen, in denen er noch fast 1,8 Mio. Soldaten und über 1 Mio. Zivilisten vor der Roten Armee hinter die anglo-amerikanischen Linien retten konnte. Vollendet war die bedingungslose Kapitulation schließlich mit der Verhaftung der Reichsregierung am 23.5. und der sogenannten Juni-Deklaration vom 5.6.1945, mit der die Siegermächte die gesamte »höchste Autorität hinsichtlich Deutschlands« übernahmen. – Die alliierte Strategie des »total victory« erwies sich als höchst problematisch, weil sie Volk und NS-Führung fester aneinander band und die Lage des deutschen Widerstands entscheidend verschlechterte. Die NS-Propaganda schlachtete die Forderung nach bedingungsloser Übergabe zu Durchhalteparolen aus und begründete damit das Konzept des *totalen Kriegs*. Auch Japan gegenüber gab es Schwierigkeiten, da nur der Kaiser die Waffenstreckung mit der nötigen Autorität anordnen konnte. Schließlich mußten die Alliierten auch hier einen Kompromiß eingehen und der Beibehaltung der Monarchie zustimmen, ehe Japan am 2.9.1945 aufgab. Dem Land wären bei flexibleren Kapitulationsbedingungen wohl die Opfer der beiden *Atombomben* erspart geblieben.

Beketowka

Unter den zahlreichen sowjetischen Lagern für deutsche Kriegsgefangene erlangte Beketowka südwestlich von *Stalingrad* traurige Berühmtheit. Hierher wurden nach dem Untergang der deutschen 6. Armee im Februar 1943 die noch gehfähigen, beim Flugplatz Gumrak gefangengenommenen Landser in Marsch gesetzt. Viele der völlig erschöpften Soldaten blieben unterwegs liegen und erfroren, weitere starben nach der Ankunft an Entkräftung und mangels medizinischer Betreuung. Auch als sich die Verhältnisse etwas besserten, sank die Sterblichkeit kaum, so daß das bald entvölkerte Lager seit Sommer 1943 mit Gefangenen der deutschen Heeresgruppe Mitte belegt wurde. 1945 kamen Kapitulationsgefangene hinzu. Ihre Chancen auf Heimkehr waren deutlich gewachsen, von ihren Vorgängern aber ruhen mindestens 82000 in den Massengräbern von Beketowka.

Belgorod

Im Zuge der deutschen Herbstoffensive nahmen Einheiten der 6. Armee am 24.10.1941 die russische Stadt Belgorod (1939 rund 37000 Einwohner) und stießen weiter nach Osten vor. Nach der sowjetischen Gegenoffensive wurde die Front jedoch wieder zurückgenommen und Belgorod in die deutsche Winterstellung bis April 1942 einbezogen. Von hier aus trat die deutsche 6. Armee (Paulus) im Rahmen des Unternehmens *»Blau«* im Sommer 1942 zum Angriff Richtung *Stalingrad* an, wo sie unterging. Beim Gegenschlag konnte die Rote Armee Belgorod schon am 9.2.1943 zurückerobern. Am 21.3. aber besetzte das II. SS-Panzerkorps (Hausser) die Stadt erneut. Sie blieb bis zur Panzerschlacht bei *Kursk* im Juli 1943 in deutscher Hand, als aus dem Raum Belgorod die rechte deutsche Zange gegen die sowjetische Woronesch- (Watutin) und Steppenfront (Konjew) angesetzt wurde. Bei deren Gegenangriff Mitte Juli auf die deutsche 4. Panzerarmee (Hoth) wurde Belgorod am 5.8. endgültig befreit.

Belgrad

Noch schwerer als im Jahr zuvor *Rotterdam* traf es am 6.4.1941 die jugoslawische Hauptstadt Belgrad (1940 rund 410000 Einwohner): In fünf Wellen griffen insgesamt 484 Maschinen der deutschen Luftflotte 4 *(Löhr)* zum Auftakt des *Balkanfeldzugs* Verkehrsnetz, Flughafen und Regierungsviertel der Stadt an und konnten das gegnerische Nachrichtenwesen erfolgreich stören, aber um den Preis von über 1500 Opfern unter der Zivilbevölkerung. Am 11.4. erreichten deutsche Panzerspitzen Belgrad, wo am 17.4. die jugoslawische Kapitulation unterzeichnet wurde und wo später der deutsche OB Südost sein Hauptquartier hatte. Die zunehmende Partisanentätigkeit machte dennoch vor der Stadt nicht halt; die deutschen Besatzer reagierten mit verschärftem Gegenterror: Kam bei Anschlägen ein Deutscher um, wurden Geiseln nach einer »Sühnequote« von 1:100 (später halbiert) erschossen, zunächst nach einem Befehl vom 20.12.1941 »Kommunisten, Zigeuner, Juden, Verbrecher und dergleichen«, später auch Personen des öffentlichen Lebens und sonstige Mißliebige. Deutschen Erschießungskommandos fielen nach eigenen Angaben allein in den ersten acht Monaten der Besatzung 11 164 Menschen zum Opfer. Für solche Verbrechen wurde nach dem Krieg u.a. der Chef der Militärverwaltung, SS-Gruppenführer Turnér, hingerichtet. Belgrad wurde am 15.10.1944 von sowjetischen Truppen und *Tito*-Partisanen eingeschlossen und nach fünftägigen Kämpfen erobert.

Bełżec
Nationalsozialistisches Vernichtungslager an der südöstlichen Grenze des Distrikts Lublin im Generalgouvernement. Zwischen März und Dezember 1942 wurden in Bełżec im Rahmen der *Judenverfolgung* mindestens 400 000 Menschen ermordet.

Benghasi
Fünfmal wechselte im *Afrikafeldzug* die Hauptstadt der libyschen Provinz Cyrenaika den Besitzer: Benghasi (1940 rund 65 000 Einwohner) am Ostufer der Großen Syrte war für die Briten das Tor nach Tripolitanien, für die deutsch-italienischen Truppen das Sprungbrett Richtung *Tobruk* und Ägypten. Am 6.2.1941 konnte die britische Western Desert Force (O'Connor) die Stadt den Italienern entreißen, mußte sie aber nach Eingreifen des *Deutschen Afrika-Korps* schon am 4.4. wieder räumen. Ende des Jahres zog sich *Rommel* erneut aus Benghasi zurück, um einer Einschließung zu entgehen, kehrte aber bereits am 28.1.1942 wieder und war erst nach der Niederlage von *El Alamein* gezwungen, die schwer geprüfte Stadt am 20.11.1942 endgültig aufzugeben.

Bergen-Belsen
Mitte 1943 wurde beim Ort Belsen (bei Bergen in der Lüneburger Heide nördlich von Celle) ein *Konzentrationslager* für ursprünglich 10 000 Häftlinge errichtet. Durch Evakuierungen der Lager im Westen und Osten beim Zusammenbruch des Reiches *(Todesmärsche)* erhöhte sich die Zahl der Insassen beträchtlich. Bis Mitte April 1945 waren in Bergen-Belsen über 35 000 Menschen ums Leben.gekommen. Bei der Übergabe an die Briten (15.4.1945) befanden sich noch 60 000 Häftlinge im Lager, von

denen in den nächsten Wochen noch 13 000 an Entkräftung und Seuchen starben.

Berger, Gottlob

* Gorstetten 16.7.1896, † Stuttgart 5.1.1975

Der einstige Offizier und Turnlehrer Berger wurde zum eigentlichen Begründer der *Waffen-SS*. Nach Eintritt in SA und SS (1934) war er Chef des Ergänzungsamtes im SS-Hauptamt geworden, das er seit 15.8.1940 leitete. Weil die Waffen-SS keine Wehrpflichtigen anwerben konnte, kam Berger auf die Idee, im Ausland lebende Deutsche ohne deutsche Staatsangehörigkeit (Volksdeutsche) zu rekrutieren, die wiederum der Wehrmacht entzogen waren. Als weiteres Reservoir entdeckte er die besetzten west- und nordeuropäischen Länder, in denen er Freiwilligenverbände bildete. Seit Juni 1942 war Berger Staatssekretär im Ministerium für die besetzten Ostgebiete und erhielt im September 1944 den Auftrag, den Aufstand in der *Slowakei* niederzuschlagen. Danach am 1.10.1944 zum Leiter des Kriegsgefangenenwesens ernannt, konnte Berger die massiven Mißstände in den Lagern nicht mehr beheben, derentwegen er am 14.4.1949 in Nürnberg zu 25 Jahren Freiheitsentzug verurteilt wurde. Die Strafe wurde am 31.1.1951 auf 10 Jahre ermäßigt und am 16.12. desselben Jahres ganz erlassen.

Berlin

Der strategische Luftkrieg der Alliierten hatte zwei Ziele: die Wirtschaftskraft Deutschlands und die Moral der Zivilbevölkerung. Beide Ziele wurden verfehlt, was besonders deutlich wurde am Beispiel Berlins. In insgesamt 363 Bombenangriffen warfen amerikanische und britische Maschinen über 45 000 t Bomben auf die Reichshauptstadt mit ihren 4,3 Mio. Einwohnern (1939), von denen 50 000 dabei umkamen; über 1 Mio. Menschen verließen die Stadt bis 1945 wegen der ununterbrochenen Luftangriffe. Der Durchhaltewille der verbliebenen Einwohner aber wurde ebensowenig getroffen wie die industrielle Produktion der Stadt. Zwar gab es wie an den Wohngebäuden erhebliche Bombenschäden in den Fabriken, doch rechtzeitige Auslagerung kriegswichtiger Betriebe und unterirdische Fertigung hielten die Produktion aufrecht, ja steigerten sie bis 1944 erheblich. Vor allem *Harris*, Chef des britischen Bomber Command, hatte gehofft, durch vernichtende Schläge gegen das Machtzentrum des Dritten Reiches in der *»Battle of Berlin«* den Gegner kapitulationsreif bomben zu können. Er erreichte das Gegenteil, da er der NS-Propaganda Material für ihre Hetze lieferte und die Erbitterung der Menschen wegen des gnadenlosen Krieges gegen Frauen und Kinder nur steigerte. – Gewonnen werden mußte die Schlacht um Berlin am Boden, und diese Aufgabe fiel der Roten Armee zu, die im Januar/Februar 1945 die Oder erreicht hatte und am 16.4. mit 2,5 Mio. Mann, 41600 Geschützen, 6250 Panzern und 7500 Flugzeugen zur »Berliner Operation«, der Schlußoffensive des Krieges, antrat. Die Verteidiger an der Oderfront waren vielfach unterlegen und hatten vor allem materialmäßig nur wenig, womit sie den sowjetischen Vormarsch hätten bremsen können. Dennoch verloren die Russen beim Durchbruch auf Berlin 33000 und im Kampf um die Stadt noch einmal 20000 Soldaten. Den Rand von Berlin erreichten sie am 21.4. und kämpften sich dann straßenweise gegen die rund 100000 Verteidiger (davon die Hälfte *Volkssturm*) ins Zentrum vor, wo Hitler im Führerbunker unter der Reichskanzlei die Abwehr leitete, ehe er sich am 30.4. das Leben nahm. Seine und die von der Propaganda verbreitete Hoffnung auf Entsatz durch die deutsche 12. Armee (Wenck) erwies sich als irreal, denn schon am 25.4. hatte die Rote Armee die Stadt eingeschlossen und bei *Torgau* erstmals Fühlung mit den entgegenkommenden Verbänden der 1. US-Armee (Hodges) gewonnen. Wenn sich die Straßenkämpfe in Berlin weit über eine Woche hinzogen, dann wegen der Unbrauchbarkeit der Panzerwaffe im städtischen Gelände, wegen der Gegenwehr der von der Propaganda fanatisierten Verteidiger, wegen der von langer Hand vorbereiteten Abwehrstellungen und wegen der über 400 Befestigungen mit ihren Flakständen, die in die Erdkämpfe eingriffen. Am Tag von Hitlers Selbstmord hißten dann aber Rotarmisten auf dem zerschossenen Reichstagsgebäude die Rote Fahne, zwei Tage später ließ General Weidling, letzter Kampfkommandant von Berlin, das Feuer einstellen und unterschrieb die Kapitulationsurkunde. Die Rote Armee hatte 1,8 Mio. Artilleriegranaten in Berlin verschossen und die ohnehin schwer getroffene Stadt durch weitere Luftangriffe verwüstet, darunter einer am 25.4. mit fast 1500 Maschinen.

»Bernhard«
Die Nationalsozialisten versuchten sich auch als Geldfälscher: »Bernhard« war der Deckname für eine Anfang 1940 gestartete großangelegte Aktion des *Reichssicherheitshauptamts* zur Produktion falscher Pfundnoten. Das Ziel, die britische Währung zu ruinieren, wurde nur in Ansätzen erreicht; immerhin funktionierten in einigen Fällen die Finanzierung von Agenten (u.a. *Cicero*) und der Ankauf wichtiger ausländischer Waren und Geräte mit den im Reich hergestellten »Blüten«. Bei Kriegsende wurde ein Teil der Falsifikate im Toplitzsee (Österreich) versenkt.

Bewährungseinheit
Wie schon in der *Waffen-SS* (bei der Sturmbrigade *Dirlewanger*) entstand auch in der Wehrmacht die Idee, Straftäter zur Bewährung im Kampf heranzuziehen. Es handelte sich dabei um Kriminelle, aber auch um »politisch Unzuverlässige«, die mit Erlaß vom 21.12.1940 zur »Bewährungstruppe 500« zusammengefaßt wurden. Daraus entstand im Herbst 1941 das Infanterie-Ersatz-Bataillon 500, das im Generalgouvernement eingesetzt und später zum Regiment erweitert wurde. Daneben wurde im Sommer 1941 ebenfalls aus »Bewährungssoldaten« das Infanteriebataillon z.b.V. 500 gebildet, das in Südrußland kämpfte. Beide Einheiten hatten in den Abwehrschlachten 1945 schwere Verluste. Bekannter als sie wurde die am 6.10.1942 aufgestellte Afrika-Brigade 999, die ebenfalls aus Sträflingen bestand und bis zur Division erweitert wurde. Das Gros der »999er« ging im Frühjahr 1943 in Afrika in alliierte Gefangenschaft, aus Resten und Neuzugängen entstanden 23 Festungsbataillone, die in Rußland, Griechenland und Jugoslawien zum Einsatz kamen. Einige wurden wie das I. Bataillon auf der Krim völlig vernichtet, andere gerieten dezimiert bei der Kapitulation in russische, ein einziges in amerikanische Gefangenschaft.

Bezugsschein
Die unumgängliche Verknappung von Konsumgütern im Krieg versuchen die meisten Staaten möglichst gleich zu verteilen. Dazu wird ein System von Bezugsscheinen eingeführt, bei dem Waren in bestimmter Menge nur unter Vorlage eines Berechtigungsausweises abgegeben werden. Das betraf im Deutschen

Reich zuerst Lebensmittel, für die entsprechende Karten schon am 28.8.1939 eingeführt wurden, wobei es für werdende und stillende Mütter, Nacht- und Schwerarbeiter Zulagen gab. Bald kamen Gaststätten- und Reisemarken hinzu sowie eine Reichskleiderkarte für den Kauf von »Spinnstoffwaren«. Andere Waren wie Kohle oder Delikatessen wurde mittels Kundenlisten in den entsprechenden Geschäften rationiert. Mit der immer weiter ausgedehnten Bezugsscheinpflicht wollte man auch Preissteigerungen entgegenwirken. *Zwangsarbeiter*, Juden und die Bewohner der besetzten Gebiete erhielten geringere Zuteilungen oder gar keinen Bezugsschein (z. B. keine Kleiderkarte).

Białystok

Eine der wichtigsten Städte in Ostpolen war 1939 Białystok mit seinen knapp 100 000 Einwohnern. Es wurde gemäß geheimem Zusatzprotokoll im *Deutsch-Sowjetischen Nichtangriffsvertrag* vom 23.8.1939 im *Polenfeldzug* am Tag des sowjetischen Einmarsches (17.9.) von der Roten Armee besetzt. Sie erlitt hier schon zu Beginn des *Rußlandfeldzugs* schwere Verluste, als sich die Angriffszange der deutschen Panzergruppen 2 und 3 östlich der Stadt schloß und 328 000 Russen in Gefangenschaft gerieten. Białystok selbst fiel am 28.6.1941. Drei Jahre und einen Monat später eroberte die sowjetische 3. Armee (Gorbatow) die Stadt zurück.

»Big Week«

Das ursprüngliche Ziel des strategischen Luftkriegs der Westalliierten war verfehlt: Von Kriegsmüdigkeit der Deutschen konnte auch Ende 1943 nicht die Rede sein. Die Amerikaner setzten daher eine stärkere Konzentration auf die Ausschaltung der deutschen Rüstungsindustrie durch. Ein geballter Schlag sollte den Auftakt bilden: Am 20.2.1944 eröffnete die US-Luftwaffe mit 940 Bombern und 700 Jägern, dem bisher größten Angriffsverband, die »Big Week« (große Woche) der Angriffe auf zwölf Rüstungszentren von Flugzeugwerften in Ostdeutschland bis zu den Kugellagerfabriken in *Schweinfurt*. Die RAF unterstützte die Operation im sogenannten Double-blow-Verfahren durch nächtliche Angriffe der schon am Tage von den Amerikanern getroffenen Areale sowie mit Flächenbombardements gegen deutsche Großstädte. Die Hauptlast aber trugen die US-Luftflotten in England (8.) und Italien (15.), die bis zum 26.2. 1944 auf insgesamt 3800 Bombereinsätze kamen. 226 Viermotorige und 28 Jagdmaschinen kehrten nicht zurück, die US Air Force verlor 2600 Mann. Die deutsche Flugzeugproduktion aber sank nur vorübergehend und erreichte bald wieder Rekordhöhen durch Verlagerung der Herstellung in weniger gefährdete Gebiete und in unterirdische Anlagen.

Bir Hacheim

Zum wiederholten Male setzte *Rommel* Ende Mai 1942 zum Sturm auf *Tobruk* an, wobei ihm das Wüstenfort Bir Hacheim (arab. Hundebrunnen) südlich von *Ghasala* im Wege lag. Bei der geplanten Umgehung dieser südlichsten »Box« der britischen Front mußte das Fort ausgeschaltet werden, dessen starke Besatzung sonst eine ständige Bedrohung des Nachschubs bedeutet

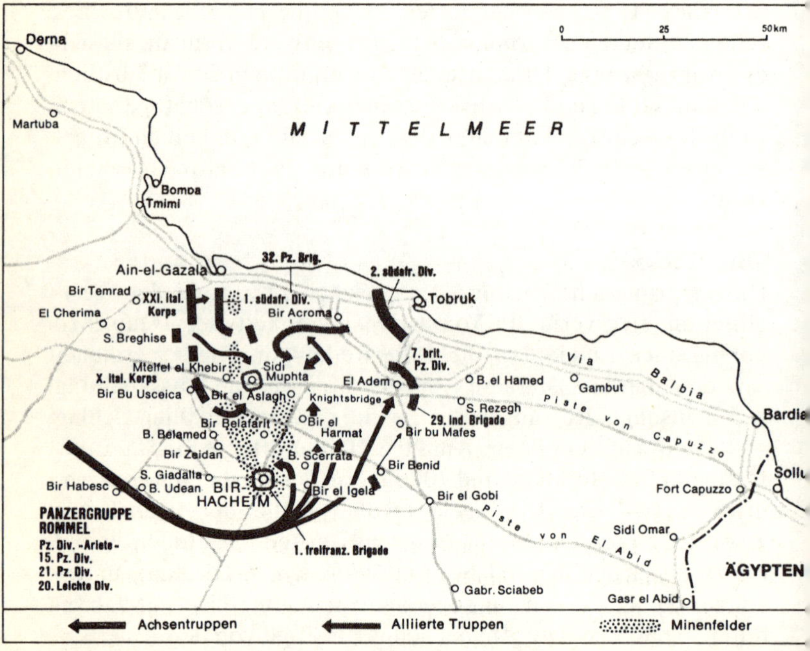

Die Schlacht von Bir Hacheim (Mai bis Juni 1942)

hätte. Als Verteidiger hatte sich in Bir Hacheim mit der 1. freifranzösischen Brigade der erste größere französische Kampfverband nach dem Zusammenbruch Frankreichs festgesetzt. Er verfügte über 3500 Mann, darunter 400 Soldaten der jüdischen Brigade Palästina, und konnte die am 26.5.1942 einsetzenden Angriffe der italienischen Panzerdivision »Ariete« im Schutz tiefgestaffelter Minenfelder von den 1200 Kampfständen der Festung aus abweisen. Deutschen Einheiten gelang zwar in den nächsten Tagen die Isolierung von Bir Hacheim, doch die Verteidiger gaben nicht auf. Rommel mußte Stukas und Bomber anfordern, die vom 2. bis 9.6. in über 1300 Einsätzen die Festung umpflügten. Zwei Tage lang hielten die Franzosen dem danach einsetzenden erneuten Sturm stand, ehe die Überlebenden in der Nacht zum 11.6. ausbrachen. Ein Drittel der alliierten Soldaten war gefallen oder vermißt, weitere 300 waren verwundet. Rommels Truppen hatten fast ebenso hohe Verluste und obendrein 14 Tage Zeit verloren, in der sich der Gegner vor Tobruk neu formieren konnte.

Bismarck

Nach dem ersten deutschen Reichskanzler Otto von Bismarck (1815–1898) benannte die Kriegsmarine ihr modernstes und größtes Schlachtschiff, das am 14.2.1939 im Beisein Hitlers vom Stapel lief und am 24.8.1940 in Dienst gestellt wurde; 49 947 t Maximalverdrängung, 251 m lang, 36 m breit, 29 kn Höchstgeschwindigkeit, bis 2200 Mann Besatzung, 8×38-cm-Rohre für 798-kg-Granaten, 12×15-cm-Geschütze, 16×10,5-cm-Flak, 28 kleinere Fla-Kanonen, 6 Bordflugzeuge Arado Ar 196. – Am 18.5.1941 übernahm Admiral *Lütjens* die Führung eines nur aus der Bismarck und dem Schweren Kreuzer *Prinz Eugen* bestehenden Verbands und lief mit ihm in die Nordsee aus. Ziel des Unternehmens mit der Codebezeichnung *»Rheinübung«* waren der Durchbruch in den Atlantik und die Bindung starker britischer Kräfte zur Entlastung der Mittelmeertransporte. Teile der britischen Home Fleet erwarteten den Verband an der Dänemarkstraße, wo es am 24.5. zu einem kurzen Gefecht mit den Schlachtschiffen *Hood* und *Prince of Wales* kam, bei dem die Hood innerhalb von fünf Minuten sank (1416 Tote, nur drei Gerettete) und die Prince of Wales schwere Treffer erhielt. Auch die

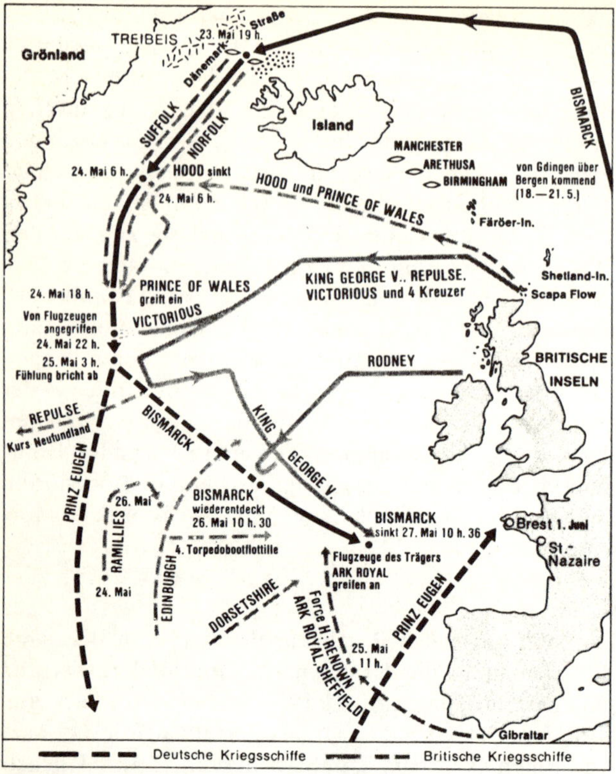

Die Jagd auf die Bismarck (Mai 1941)

Bismarck war beschädigt, doch verkannte Lütjens das Ausmaß und setzte den Raid in den Atlantik mit verminderter Fahrt in südöstlicher Richtung fort; die Prinz Eugen entließ er. Die breite Ölspur der Bismarck erleichterte der Royal Navy die Verfolgung mit schließlich 5 Schlachtschiffen, 2 Flugzeugträgern, 9 Kreuzern und 18 Zerstörern. Von Flugbooten am 26.5. gesichtet, wurde die Bismarck von Torpedojägern angegriffen, die die Ruderanlage des Schlachtschiffs zerstörten, so daß es sich zum Endkampf stellen mußte. Gegen nächtliche Zerstörerattacken konnte sich die Bismarck noch behaupten, doch am Morgen des 27.5. sah sie sich einer erdrückenden Übermacht gegenüber: Die

Schlachtschiffe King George V und Rodney sowie die Kreuzer Norfolk und Dorsetshire eröffneten um 8.48 Uhr das Feuer, das aus dem deutschen Schlachtschiff bis 10 Uhr eine rauchende Ruine machte. Lütjens ordnete die Selbstversenkung an, obwohl das Schiff im Innern noch völlig intakt war. 2106 Seeleute, unter ihnen Lütjens mit seinem Stab, kamen um, als die Bismarck um 10.26 Uhr bei 48°10' Nord und 16°12' West sank; 115 Besatzungsmitglieder wurden gerettet. Die Kriegsmarine setzte in der Folgezeit keine Großkampfschiffe mehr im *Zufuhrkrieg* ein.

Bittrich, Wilhelm

* Wernigerode 26.2.1894, † Münsing (Starnberger See) 18.4.1979

Im 1. Weltkrieg Jagdflieger, setzte Bittrich nach dem Krieg seine militärische Karriere zunächst beim Freikorps »von Hülsen« fort, ehe er 1923 von der Reichswehr übernommen wurde. Politisch stand er immer rechts, fand am 1.12.1932 zur NSDAP und trat am 15.7.1933 in die SS ein. Bei Kriegsbeginn kommandierte er ein Bataillon und seit 1.12.1940 das Regiment »Deutschland«, mit dem er in den Rußlandfeldzug zog. Als SS-Brigadeführer übernahm er am 1.5.1942 die 8. SS-Kavalleriedivision »Florian Geyer« und am 15.2.1943 die 9. SS-Panzerdivision »Hohenstaufen«. Der hochdekorierte SS-Obergruppenführer und General der Waffen-SS (seit 1.8.1944) hatte mit dem von ihm seit 17.7.1944 geführten II. SS-Panzerkorps entscheidenden Anteil an der Abwehr der britischen Luftlandung bei *Arnheim*.

Blaskowitz, Johannes

* Peterswalde (Ostpreußen) 10.7.1883, † Nürnberg 5.2.1948

Er protestierte offen gegen die Ausschreitungen der SS in Polen und fiel daher bei Hitler in Ungnade: Blaskowitz war ein Offizier in preußisch-soldatischer Tradition, hatte es im 1. Weltkrieg zum Hauptmann gebracht und war nach Karriere in der Reichswehr am 1.8.1936 zum General der Infanterie befördert worden. Seinen Protest äußerte er als OB Ost, einen Posten, den er nach erfolgreichem Einsatz mit der 8. Armee im *Polenfeldzug* übernommen hatte. Hitler löste Blaskowitz zwar nicht ab, doch entzog er der Wehrmacht mit der Zeit immer mehr Kompetenzen in Verwaltung und Justiz in den besetzten Gebieten. Der unbequeme Mahner wurde fortan nicht mehr befördert, obwohl er sich mit der 9. Armee im *Frankreichfeldzug* auszeichnete. Er wurde OB der 1. Armee im besetzten Frankreich und machte dort den Rückzug nach der *Invasion* mit. Zeitweilig kaltgestellt, wurde Blaskowitz am 28.1.1945 OB der Heeresgruppe H in den Niederlanden, wo er im Kontakt zu den Alliierten die Versorgung der Bevölkerung sicherzustellen suchte. Er wurde dennoch in Nürnberg (im Prozeß gegen das OKW) angeklagt, entzog sich aber dem Verfahren durch Sprung in den Treppenschacht des Gerichtsgebäudes.

»Blau«

Die deutsche Sommeroffensive 1942 an der Ostfront trug den Decknamen »Blau«. Angesichts des drohenden Zweifrontenkriegs nach Kriegseintritt der USA im Dezember 1941 und der Gefährdung der deutschen Ölversorgung verlangte Hitler die Eroberung der Ölfelder im nördlichen *Kaukasus* und ihre Abschirmung durch eine Verteidigungsstellung am Don zwischen Kursk und *Stalingrad*. Zu diesem Zweck wurde die Heeresgruppe Süd geteilt: Heeresgruppe A (List) mit Stoßrichtung Kaukasus, Heeresgruppe B (v. Bock, seit 15.7. v. Weichs) für den Aufbau der Donstellung und – als zusätzliche Aufgabe – die Eroberung Stalingrads. Diese Ausweitung des Auftrags über die ursprünglich bloße Flankensicherung hinaus bedeutete, daß die Heeresgruppe B schließlich sogar die Hauptlast des Kampfes bei zunehmender Zersplitterung der Kräfte zu tragen hatte. – »Blau« (am 30.6. in »Braunschweig« umbenannt) begann am 28.6. aus dem Raum Kursk mit der 2. Armee (v. Weichs), der 4. Panzerarmee (Hoth) und der 2. ungarischen Armee (Jány) mit drei Panzer-, drei Panzergrenadier- und elf Infanteriedivisionen sowie zehn ungarischen Divisionen gegen die sowjetische Brjansker Front (seit 7.7. Woronesch-Front). Am 30.6. folgte der Angriff der deutschen 6. Armee (Paulus) aus dem Raum *Belgorod*. Obwohl Hitler die Operationen behinderte, in dem er am 13.7. Stalingrad als Hauptangriffsziel festlegte und am 17.7. die 4. Panzerarmee zur Unterstützung der Heeresgruppe A im Kaukasus abzog, erreichte die Heeresgruppe A am 21.8. mit dem *Elbrus* den Kamm des Kaukasus und die Heeresgruppe B zwei Tage später die Wolga nördlich von Stalingrad. Es gelang jedoch nicht,

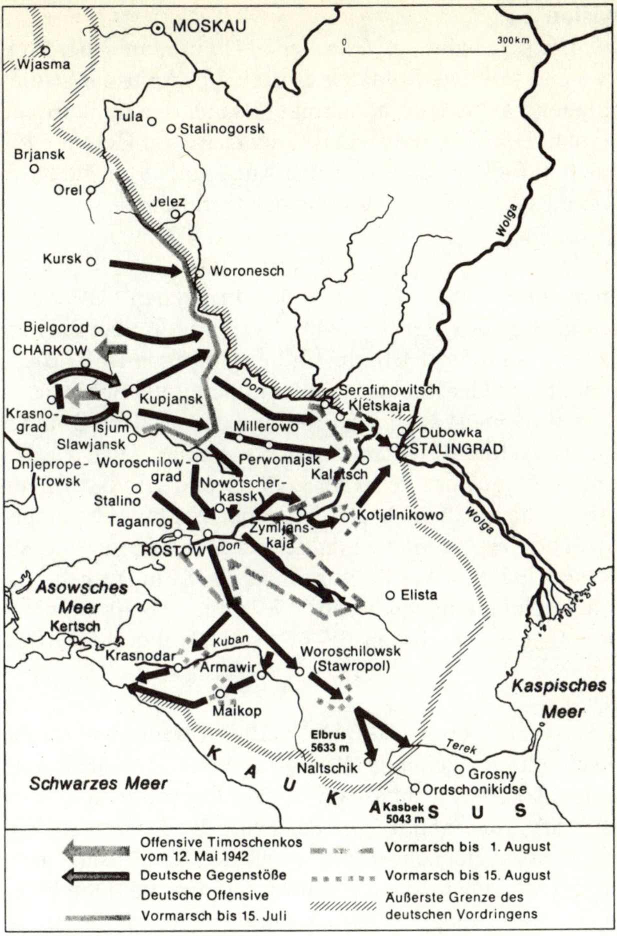

Der Vorstoß der deutschen Truppen gegen Stalingrad und Kaukasus (Fall »Blau«)

größere Verbände des Gegners einzukesseln. So blieb »Blau« ein Sieg, mit dem wenig anzufangen war, und keines der beiden angestrebten Ziele, weder die Einnahme der Ölfelder von Baku noch die Eroberung von Stalingrad, wurde erreicht.

Blaue Division

Am *Rußlandfeldzug* nahm seit Oktober 1941 ein spanischer Freiwilligenverband teil. Die Soldaten durften zur Wehrmachtsuniform die blauen Falange-Hemden tragen, daher der Name Blaue Division (span. División Azul). Das Gros kehrte im Herbst 1943 nach Spanien zurück. Nach offiziellen Angaben verlor die Division insgesamt 12 736 Mann, davon 6386 Gefallene.

Blenheim

Nach einem glorreichen Ereignis der britischen Militärgeschichte, dem Sieg des Herzogs von Marlborough über Bayern und Franzosen beim Dorf Blindheim bei Dillingen (brit. Blenheim; die deutsche Geschichtsschreibung nennt als Schlachtort Höchstädt a. d. Donau) am 13.8.1704 war der mittlere Bomber der Bristol Aircraft Ltd. benannt, der bis Anfang 1942 zu den wichtigsten Frontmustern der RAF gehörte und von Norwegen bis Nordafrika hauptsächlich als taktischer Tagbomber eingesetzt wurde. Die Version Mk IV L hatte drei Mann Besatzung, sie verfügte über eine Reichweite von max. 3138 km, trug bis zu 454 kg Bombenzuladung und besaß 5×7,7-mm-MG als Abwehrbewaffnung. Insgesamt wurden 3297 Bristol Blenheim gefertigt.

Blitzkriege

In der NS-Propaganda war »Blitzkrieg« die Bezeichnung für die rasch Entscheidung suchende Kampfmethode der deutschen Wehrmacht in der Anfangsphase des 2. Weltkriegs, demonstriert im *Polenfeldzug*, im *Frankreichfeldzug* und im *Balkanfeldzug*. Zur Blitzkriegstrategie gehörten überraschender Einsatz massierter Panzerverbände mit starker Luftunterstützung, Durchbrechen der Front und zügiges Vordringen in die Tiefe des Raumes, um den Gegner zu lähmen, zu überflügeln und einzuschließen.

Blockade

Im Seekrieg bedeutet Blockade die Absperrung feindlicher Häfen und Unterbrechung ihrer Zufahrtswege durch Seestreitkräfte. Nach der Genfer Konvention ist eine Blockade, deren Ziel die ökonomische Schwächung oder gar Aushungerung des Gegners ist, völkerrechtlich zulässig. Allerdings muß sie dem blockierten Land und den betroffenen neutralen Handelspartnern gegenüber bekanntgemacht werden. Bereits im 1. Weltkrieg war von den Ententemächten eine Blockade gegen Deutschland verhängt worden. Sie hatte Erfolg, weil die deutsche Abwehr nur auf küstennahe Maßnahmen eingerichtet war und weil die geplante Gewinnung von Atlantikhäfen nicht gelang. Im 2. Weltkrieg lagen die Verhältnisse für die deutsche Seite günstiger; die sofort nach der Versenkung des Passagierschiffs Athenia (3.9.1939) einsetzende britische Blockade blieb zunächst wenig effektiv. Im Gegenzug erklärte die deutsche Seekriegsleitung am 14.8.1940 das Seegebiet um die Britischen Inseln zum »Operationsgebiet«. Zu Kriegsbeginn befanden sich 330 größere deutsche Handelsschiffe im Ausland, 76 durchbrachen den Blockadering, 54 gingen durch Aufbringung oder Selbstversenkung verloren, 200 erreichten neutrale Häfen. Bis es den Alliierten 1943/44 gelang, eine lückenlose Seeüberwachung zu etablieren, gingen noch zahlreiche Seetransporte mit wertvollen Rohstoffen auf sogenannten Blockadebrechern zwischen Europa und Japan hin und her.

Blohm & Voß

Der traditionsreichen Schiffswerft von Blohm & Voß in Hamburg wurde 1933 eine Flugzeugabteilung angegliedert, die nach eigenen Entwürfen vor allem Flugboote baute. Bekanntestes Boot war die dreimotorige Bv 138, leicht erkennbar an ihren Knickflügeln und dem MG-Turm im Rumpfbug; Motorenleistung in der C-Version (seit 1941) 3×880 PS; Operationsbereich 4000 km; 5 Mann Besatzung. Bei der Truppe wurde das zur Seeaufklärung eingesetzte Flugboot »Fliegender Holzschuh« genannt. – Vornehmlich zu Transportzwecken diente das sechsmotorige Großraumflugboot Bv 222 *Wiking*. – Die als Heeresaufklärer konzipierte Bv 141 (Erstflug 25.2.1938), ein unkonventionelles Flugzeug mit einer Vollsichtkabine neben dem Rumpf an der Tragfläche, was der Besatzung optimale Sichtverhältnisse bot, kam über das Erprobungsstadium nicht hinaus.

Blücher

Der deutsche Schwere Kreuzer Blücher war nach dem preußischen Feldmarschall Gebhard Leberecht Fürst Blücher (1742–1819), dem legendären »Marschall Vorwärts« der Befreiungskriege, benannt; Stapellauf 8.6.1937, in Dienst gestellt 20.9.1939; 18000 t, Länge 205,9 m, Breite 21,3 m, Höchstgeschwindigkeit 32,5 kn, bis 1600 Mann Besatzung; Bewaffnung: 8×20,3 cm, 12×10,5 cm, zahlreiche kleinere Fla-Geschütze, 12 Torpedorohre, 3 Bordflugzeuge Arado Ar 196. Die Blücher machte bis April 1940 Probe- und Ausbildungsfahrten und nahm am 9.4.1940 als Führerschiff der Kriegsschiffgruppe 5 am Unternehmen *»Weserübung«* teil. Ihr erster Kampfeinsatz war auch ihr letzter: Noch am selben Tag wurde sie beim Einlaufen in den Oslofjord bei Döbrak Opfer norwegischer Küstenartillerie und Torpedobatterien. 125 Seeleute und 195 Heeressoldaten kamen ums Leben, gerettet wurden insgesamt 1965 Mann.

Bock, Fedor von

* Küstrin 3.12.1880, † Lensahn (bei Oldenburg/Holstein) 5.5.1945

Im 1. Weltkrieg Bataillonskommandeur und Generalstabsoffizier, wurde Bock in die Reichswehr übernommen und 1929 Generalmajor. Bis zum Generaloberst (15.3.1938) befördert, führte Bock den deutschen Einmarsch in Österreich, war OB der Heeresgruppe Nord im *Polenfeldzug* und befehligte im *Frankreichfeldzug* die Heeresgruppe B zunächst gegen die Niederlande und Belgien, dann beim Vorstoß zur Loire. Am 19.7.1940 wurde er zum Generalfeldmarschall ernannt. Im *Rußlandfeldzug* trug Bocks Heeresgruppe Mitte die Hauptlast des Angriffs. In der Winterkrise vor *Moskau* wurde er am 18.12.1941 abgelöst. Am 16.1.1942 übernahm Bock die Heeresgruppe Süd. Hier stellte er sich gegen Hitlers Plan, *Stalingrad* und *Kaukasus* zugleich anzugreifen, und wurde am 15.7.1942 verabschiedet. Obwohl Gegner der nationalsozialistischen Judenpolitik (nach den Ausschreitungen vom 9.11.1938, der sogenannten Reichskristallnacht, stellte er im Kreise von Generälen die Frage, ob man »dieses Schwein, den Goebbels, nicht aufhängen« könne), war er doch zu aktivem Handeln nicht bereit, versagte sich auch während seiner Zeit als OB Mitte allen Umsturzplänen seines Mitarbeiters *Tresckow*. Bei Kriegsende stellte sich Bock der Regierung *Dönitz* zur Verfügung; er kam bei einem Tieffliegerangriff ums Leben.

»Bodenplatte«

In Verbindung mit den Plänen für die *Ardennenoffensive* liefen auch Vorbereitungen für einen Großangriff der deutschen Luftwaffe auf alliierte Flugfelder hinter der Westfront. »Bodenplatte«, so der Deckname des Unternehmens, war gedacht zur Ausschaltung der taktischen angloamerikanischen Luftstreitkräfte am Boden. Fünf Jagdgeschwader, die eigentlich im Spätherbst 1944 einen »großen Schlag« gegen amerikanische Tageseinflüge hatten führen sollen, wurden nach Westen verlegt. Insgesamt zog das Luftwaffenkommando West (Generalleutnant Schmid) 33 Jagd- und Schlachtgruppen mit etwa 800 Me 109 und Fw 190 auf Absprunghäfen zwischen Oldenburg und Odenwald zusammen; dazu kamen noch die düsengetriebenen »Blitzbomber« Me 262 Schwalbe vom KG 51; die Gesamtzahl der einsatzbereiten Maschinen wird mit 1035 angegeben. »Bodenplatte« verzögerte sich wegen Schlechtwetters bis zum Neujahrsmorgen 1945. Aus Geheimhaltungsgründen wurden die Piloten erst unmittelbar vor dem Start in die jeweiligen Angriffsziele, Flugbasen in Südholland, Belgien und Nordfrankreich, eingewiesen. Pfadfinderflugzeuge lotsten die Geschwader bei absoluter Funkstille über die Linien. Der Überraschungsschlag gelang; insgesamt 439 alliierte Maschinen wurden als zerstört gemeldet (der Wehrmachtbericht nannte sogar 579). An der alliierten Luftherrschaft vermochte das freilich nichts zu ändern, die Materialeinbußen waren rasch wieder ersetzt. Schwerer wogen die deutschen Verluste: 277 Maschinen kehrten nicht zurück: die meisten von ihnen Opfer der eigenen Flak, die von dem Unternehmen nicht unterrichtet worden war.

Bór-Komorowski, Tadeusz

* bei Trembowla (heute Terebowlja, Gebiet Ternopol) 1.6.1895, † Grove Farm (Buckinghamshire) 24.8.1966

Im 1. Weltkrieg Kavallerieoffizier im österreichischen Heer, wurde Graf Komorowski 1933 Oberst in der polnischen Armee, 1938/39 Kommandeur der Kavallerieschule Graudenz. Im Polenfeldzug befehligte er eine Kavalleriebrigade bei Lublin, löste seine Einheit nach der polnischen Kapitulation auf und organisierte zusammen mit anderen Offizieren eine »private« Untergrundbewegung in Südwestpolen. Unter dem Tarnnamen »Bór«

(= Wald), den er auch nach dem Krieg beibehielt, übernahm er für den Bereich Krakau das Kommando über bewaffnete Widerstandseinheiten, die Anfang 1942 in der *Heimatarmee* aufgingen. Im Mai 1940 zum General befördert, wurde Bór-Komorowski am 30.6.1943 OB der Heimatarmee und brachte die Untergrundtruppen bis Mitte 1944 auf rund 360 000 Mann. Mit ihnen glaubte er einer Eroberung der polnischen Hauptstadt durch die Rote Armee zuvorkommen zu können und löste am 1.8.1944 in Absprache mit der Londoner Exilregierung den *Warschauer Aufstand* aus. Nach dessen Fehlschlag mußte er am 2.10. 1944 vor den deutschen Truppen (SS-Obergruppenführer v. d. *Bach-Zelewski*) kapitulieren und ging in Gefangenschaft. Nach dem Krieg war Bór-Komorowski Oberbefehlshaber aller polnischen Streitkräfte im Westen und 1947–49 Ministerpräsident der polnischen Exilregierung.

Bormann, Martin
* Halberstadt 16.7.1900, † Berlin 2.5.1945
Bereits vor dem Krieg hatte sich Bormann, seit 1933 Stabsleiter beim Führerstellvertreter *Heß*, als Vermögensverwalter Hitlers und Bauherr des Führergeländes auf dem Obersalzberg (Berghof) unersetzlich gemacht. Bormann, ein klassischer Mann des Apparats, mit unermüdlichem Fleiß und gutem Gedächtnis ausgestattet, baute seine Stellung nach Kriegsbeginn weiter aus. Nach dem Englandflug von Heß (Mai 1941) erhielt er dessen Kompetenzen. Als »Braune Eminenz« bestimmte er nach Hitlers Weisungen über alle wesentlichen innenpolitischen Bereiche durch Beherrschung der Staatspartei und ihrer Gliederungen. Von *Goebbels* wurde er verächtlich »General der Fernschreiber« genannt. Wenn sich auch Bormann nicht in militärische Belange einmischte, war der polizeistaatliche Alltag im Krieg dennoch geprägt von seinen Verordnungen, die meist in verschärfter Form Befehle Hitlers weitergaben. Zum Diktator führte schließlich nur noch der Weg über den »Sekretär des Führers«, wie sich Bormann seit 12.4.1943 nennen durfte. Nach dem Selbstmord Hitlers versuchte er vergeblich den Ausbruch aus dem umkämpften Berlin. Jahrelang blieb er verschollen. Im Nürnberger Prozeß gegen die Hauptkriegsverbrecher wurde er in Abwesenheit zum Tod verurteilt. Nachdem sein Skelett Anfang der 70er Jahre an

der Berliner Invalidenbrücke mit deutlichen Spuren des Freitods durch Zyankali gefunden worden war, wurde Bormann am 11.4. 1973 amtlich für tot erklärt.

Bradley, Omar Nelson

* Clark (Missouri) 12.2.1893, † New York 8.4.1981
Seine Weltkriegskarriere begann der Berufsoffizier Bradley, der zusammen mit *Eisenhower* und *Marshall* Kadett in West Point gewesen war, im Februar 1943 als Korpskommandeur in Nordwestafrika. Mit dem II. AK, das zur 7. US-Armee gehörte, landete er am 10.7.1943 auf *Sizilien*; anschließend wurde er nach London zur Vorbereitung des Unternehmens *»Overlord«* versetzt, der Landung der Anglo-Amerikaner in der Normandie. Bei der *Invasion* am 6.6.1944 führte er die 1. US-Armee, die bei Saint-Lô am 26.7. den entscheidenden Durchbruch erzielte und den Weg nach Paris frei machte. Mitte August 1944 übernahm Bradley die Führung der 12. Heeresgruppe (1. und 3., später auch 7. US-Armee) in Nordfrankreich, die bei der *Ardennenoffensive* im Zentrum der deutschen Angriffe stand und mit der Gewinnung des Brückenkopfes von *Remagen* den Endkampf auf deutschem Boden einleitete. Im Juli 1945 begleitete Bradley als militärischer Berater den US-Präsidenten *Truman* auf der Potsdamer Konferenz. Zur gleichen Zeit übernahm er die Leitung der Veteranenversorgung und der Wiedereingliederung von 15 Mio. GIs ins Zivilleben. Am 21.4.1947 wurde er Nachfolger Eisenhowers als Generalstabschef des Heeres und am 1.8.1949 Chef des Combined Chiefs of Staff Comittee. In dieser Funktion wirkte der Fünf-Sterne-General u.a. mit an den Planungen im Koreakrieg.

Brandenburger

Für Sondereinsätze (Sabotage im feindlichen Hinterland und ähnliches) schuf sich die *Abwehr* eine Spezialtruppe, die Bau-Lehr-Kompanie z.b.V. 800, die am 16.10.1939 Garnison in Brandenburg (Havel) bezog, was ihr den Namen Brandenburger eintrug. In der Folgezeit wurde die Einheit auf Regiments-, schließlich sogar Divisionsstärke gebracht. Die Unterstellung unter die Abwehr wurde 1943 aufgehoben, und im Herbst 1944 erfolgte die Umwandlung in eine Panzergrenadierdivision, die bis 30.4.1945 mit der Panzergrenadierdivision »Großdeutschland«

und der Führerbegleitdivision das Panzerkorps »Großdeutschland« bildete. Damit waren die Brandenburger, die sich bei verschiedenen Kommandounternehmen (u.a. beim Angriff im Westen 1940) einen legendären Ruf erworben hatten, gegen Kriegsende zu einer normalen Kampftruppe geworden.

Brauchitsch, Walther von
* Berlin 4.10.1881, † Hamburg 18.10.1948
Der General Brauchitsch rückte in der Fritsch-Krise (Februar 1938) ins Licht der deutschen Öffentlichkeit, als er von Hitler zum Nachfolger des durch eine Intrige zu Fall gebrachten OB des Heeres v. *Fritsch* ernannt wurde. Hitler hatte Brauchitsch bei Scheidung und neuer Eheschließung großzügige finanzielle Unterstützung gewährt und ihn sich dadurch verpflichtet, so daß der ohnehin unpolitische und vorsichtige Soldat keinen Widerspruch gegen die von ihm durchaus kritisch gesehene Kriegspolitik wagte. Im Offizierskorps war Brauchitsch daher wenig geachtet, auch die »Blitzsiege« in Polen, Frankreich und auf dem Balkan, die das Heer erfocht und die Brauchitsch den Titel eines Generalfeldmarschalls (19.7.1940) eintrugen, änderten wenig daran. Hitler mischte sich zunehmend in die Operationsführung ein, machte Brauchitsch zum Sündenbock für die Winterkrise vor Moskau, entließ ihn am 19.12.1941 und übernahm selbst den Oberbefehl über das Heer. Brauchitsch wurde bei Kriegsende von den Alliierten in Haft genommen, starb aber vor der Eröffnung eines gegen ihn geplanten Militärgerichtsverfahrens.

Braun, Wernher von
* Wirsitz (bei Bromberg) 23.2.1912, † Alexandria (Virginia) 16.6.1977
Der deutsche Ingenieur Braun, seit Oktober 1932 beim Heereswaffenamt, wurde schon mit 25 Jahren Leiter der Raketenversuchsanstalt des Heeres in Peenemünde. 1938 gelang die Fertigstellung eines ersten Prototyps der späteren ballistischen Fernrakete A 4, die unter dem Propagandanamen *V2* (V = Vergeltung) am 3.10.1942 erstmals erfolgreich erprobt wurde. Mehr an Raumfahrt als an Waffentechnik interessiert, geriet Braun zeitweilig in den Verdacht der Illoyalität. Am 14.3.1944 wurde er verhaftet, jedoch auf Intervention von *Speer* wieder freigelassen.

Im März 1945 räumte Braun Peenemünde und ging mit seinem Team (zirka 100 Techniker) in amerikanische Gefangenschaft. In den USA setzte er nach dem Krieg seine Arbeit fort: 1959 wurde er Mitarbeiter der NASA, 1970 deren Chefplaner.

Breslau

Vor dem Krieg zählte Breslau, die Hauptstadt Niederschlesiens am Oberlauf der Oder, 630000 Einwohner. Da die Stadt bis 1945 von Luftangriffen nahezu völlig verschont blieb, wurde sie Zuflucht zahlreicher Menschen aus den »Luftnotgebieten«, wodurch ihre Bewohnerzahl auf fast eine Million anschwoll. Auch zahlreiche Unternehmen und Behörden hatten ihre Sitze hierher verlegt. Bei Näherrücken der Roten Armee wurde Breslau zur »Festung« erklärt; als einer der wesentlichen Pfeiler in der deutschen Verteidigung sollte es um jeden Preis gehalten werden. Nach Beginn der sowjetischen Winteroffensive aus den Weichselbrückenköpfen *(Baranów)* am 12.1.1945 wurde die Zivilbevölkerung in aller Eile evakuiert. Am 8.2. begannen die sowjetische 6. Armee (Gluzdowski) von Norden und die 5. Gardearmee (Schadow) mit der Einkreisung von Breslau, die am 15.2. abgeschlossen war. Dennoch verteidigte Generalmajor v. Ahlfen (später General der Infanterie Niehoff) die Stadt mit geringen Kräften weiter gegen eine erdrückende Übermacht. Die Kämpfe gingen bis zum 6.5.1945. In ihrem Verlauf wurde Breslau zu 68 % zerstört.

Brest

Die französische Hafenstadt Brest im Departement Finistère mit 79000 Einwohnern (1939) wurde am 19.6.1940 von der deutschen Heeresgruppe B (v. Bock) besetzt. Die Eroberer fanden die Marinebasis weitgehend geräumt vor; die meisten Kriegs- und Handelsschiffe waren ausgelaufen. Das Schlachtschiff *Richelieu* hatte sich mit den Kadetten der Marineakademie nach Dakar abgesetzt, auch das Gold der Bank von Frankreich hatte noch rechtzeitig von Brest aus verschifft werden können. Die deutsche Kriegsmarine machte aus Brest eine U-Boot-Basis. 1941/42 fanden die Großkampfschiffe *Gneisenau, Scharnhorst* und *Prinz Eugen* hier Unterschlupf, was bis zum *Kanaldurchbruch* beinahe tägliche Luftangriffe der RAF auf Brest nach sich zog. Nach dem alliierten Durchbruch bei *Avranches* Anfang August 1944 richteten sich Teile der deutschen 2. Fallschirmdivision (Ramcke) sowie Marine- und Luftwaffeneinheiten, insgesamt 29000 Mann, in Brest zur Verteidigung ein. Die Stadt wurde zur Festung erklärt und erlitt bis zur Einstellung des letzten Widerstands am 19.9.1944 verheerende Luftangriffe.

Brest-Litowsk
Der deutschen Öffentlichkeit war Brest-Litowsk, eine polnische Stadt (heute Brest, Weißrußland) am westlichen Bug mit rund 50000 Einwohnern (1939), aus dem 1. Weltkrieg als Ort des Friedensschlusses zwischen Rußland und den Mittelmächten (3.3.1918) bekannt. Brest-Litowsk wurde im *Polenfeldzug* am 16.9.1939 vom deutschen XIX. Panzerkorps genommen und das polnische Heer westlich des Bug eingeschlossen. Nach der polnischen Kapitulation wurde Brest-Litowsk den Sowjets überlassen. Im *Rußlandfeldzug* konnte es erst am 28.6.1941 nach heftiger Gegenwehr vor allem der Zitadelle vom deutschen XII. AK (Schroth) und der Panzergruppe 2 erneut erobert werden. Am 28.7.1944 gelang der sowjetischen 1. Weißrussischen Front (Rokossowski) nach dem Zusammenbruch der deutschen Heeresgruppe Mitte die Rückeroberung.

Brettheim
Bei Brettheim, einem Dorf südwestlich von Rothenburg ob der Tauber, wurden beim Herannahen amerikanischer Truppen am 7.4.1945 Hitlerjungen aus dem Wehrertüchtigungslager Gebsattel zur Feindbeobachtung eingesetzt. Dorfbewohner, die weiteren Widerstand für unnütz hielten, entwaffneten die Jungen und jagten sie teilweise unter Schlägen weg. Darauf verurteilte ein Standgericht einen der beteiligten Erwachsenen zum Tod. Als sich Ortsgruppenleiter und Bürgermeister von Brettheim weigerten, das Urteil zu unterschreiben, wurden auch sie von einem Standgericht am 10.4.1945 zum Tod verurteilt und zusammen mit dem vorherigen Opfer hingerichtet. Nach dem Krieg befaßten sich mehrere Gerichte mit dem Fall, die Mitglieder des Standgerichts wurden zunächst mangels Beweisen freigesprochen, der Vorsitzende erhielt jedoch später eine Gefängnisstrafe von drei Jahren und sechs Monaten.

British Broadcasting Corporation (BBC)
Die staatliche britische Rundfunkgesellschaft British Broadcasting Corporation war im Krieg wichtigstes Instrument der britischen psychologischen Kriegführung, mit dem man hoffte, der NS-Propaganda weltweit entgegentreten zu können. Der Sender arbeitete eng mit der britischen Regierung zusammen: der Home Service für das Inland insbesondere mit dem neugegründeten Informationsministerium, die fremdsprachigen Dienste mit dem Foreign Office und dessen Political Intelligence Department. Von 4889 bei Kriegsbeginn wuchs die Zahl der festangestellten Mitarbeiter auf 11 479 im April 1945. Bei der Neuordnung des Rundfunkwesens in den westlichen Besatzungszonen Deutschlands griffen die Besatzungsbehörden auf das Organisationsmodell der BBC zurück. – Das Ziel der BBC-Propaganda bestand in der Vermittlung neuer Leitbilder für politisches Verhalten, in der Erschütterung des Vertrauens in die nationalsozialistische politische und militärische Führung und in der Motivation zum Umsturz. Obwohl die BBC bei ihren deutschen Hörern als glaubwürdig galt und entsprechend von den deutschen Überwachungsorganen als besonders gefährlich eingestuft wurde, läßt sich ihre Wirkung in bezug auf die Zielsetzung kaum bestimmen, da es wegen des offiziellen Abhörverbots keine Erkenntnisse darüber gibt, wie viele Menschen tatsächlich erreicht wurden.

British Expeditionary Forces (BEF)
Nach der Kriegserklärung vom 3.9.1939 sandte die britische Regierung ein Hilfskorps nach Frankreich, die British Expeditionary Forces. Die BEF bestanden zunächst aus 394 000 Mann, ausschließlich gut ausgebildeten Berufssoldaten, wenn auch ohne Kampferfahrung, gegliedert in drei AKs von insgesamt neun Divisionen. Der OB der britischen Truppen, General Gort, hatte sein Hauptquartier in *Arras*, er war dem französischen OB *Gamelin* unterstellt. Die Ausstattung mit Panzerfahrzeugen war dürftig, insgesamt besaßen die BEF nur 300 Panzer, die meisten davon waren veraltete Tanks Mk VI, der neue schwere Mk II Matilda war erst in wenigen Exemplaren geliefert. Erst die am 17.5. 1940 nachgeführte 1. britische Panzerdivision ließ sich ungefähr mit dem entsprechenden deutschen Verband vergleichen. Zu-

sätzlich zu den Heereseinheiten hatte die RAF eine Advanced Air Striking Force (AASF) über den Kanal geschickt. Ihr Rückgrat bildeten mittlere *Blenheim*-Bomber und Jäger vom Typ *Hurricane*. Weiter gehörte zur AASF eine taktische Bombergruppe mit 160 leichten Fairey Battle, von denen die meisten bei Verzweiflungsangriffen gegen Maasbrücken geopfert wurden. Gemäß dem *Dijle-Plan* rückten die BEF nordwärts nach Belgien vor, mußten sich aber nach dem deutschen Panzerdurchbruch im Süden Richtung Kanalküste zurückziehen. Ein Versuch, den Korridor bei Arras nach Süden zu durchstoßen, scheiterte. Hitlers Haltbefehl für die deutschen Panzer vom 24.5. verschaffte den abgekämpften Truppen der BEF eine Atempause, in der die Evakuierung aus dem Kessel von *Dünkirchen* bewerkstelligt wurde. Bis 3.6. setzten rund 225 000 Soldaten unter Verlust des gesamten Materials nach England über.

Brjansk

Im Rahmen der Offensive der deutschen Heeresgruppe Mitte (v. Bock) gegen Moskau (Unternehmen *»Taifun«*) entwickelte sich vom 2. bis 20.10.1941 bei der russischen Gebietshauptstadt Brjansk und bei *Wjasma* eine Doppelschlacht, in der mehrere sowjetische Armeen untergingen, bei Brjansk vor allem Teile der 3. und das Gros der 13. und 50. Armee. Insgesamt 673 000 Gefangene wurden eingebracht. Den Vorstoß bei Brjansk trug die Panzergruppe 2 (während der Offensive in 2. Panzerarmee umbenannt) unter Generaloberst *Guderian*. Nach der deutschen Niederlage bei *Kursk* im Juli/August 1943 mußte die deutsche 9. Armee die Stadt aufgeben. Am 17.9.1943 wurde Brjansk von der sowjetischen 11. Armee erobert.

Bruneval

Bei Bruneval, einem französischen Dorf an der normannischen Steilküste etwa 20 km nordwestlich von Le Havre, war eine deutsche Radarstellung mit einem neu ententwickelten »Würzburg«-*Funkmeß*-Gerät eingerichtet, die in der Nacht vom 27./28.2.1942 Ziel eines britischen Kommandounternehmens (Operation »Biting«) wurde. 119 Mann, darunter sieben Elektronikfachleute, angeführt von Major Frost, sprangen an Fallschirmen aus zwölf Whitley-Bombern hinter der Stellung ab. Ein deutscher MG-Posten wurde außer Gefecht gesetzt und das Quartier der Bedienungsmannschaft gestürmt. Währenddesen photographierten die Techniker das Ortungsgerät mit der neuartigen Parabolantenne, bauten wichtige Einzelteile aus und sprengten den Rest. Anschließend kämpften sich die Briten den Weg zum Strand frei und wurden im Schutz mehrerer Kriegsschiffe von einem Landungsboot aufgenommen. Ihre Verluste betrugen fünf Mann. Das Unternehmen hatte schwerwiegende Folgen für den weiteren Verlauf des Luftkriegs: Da ermittelt werden konnte, auf welcher Wellenlänge »Würzburg« arbeitete, ließen sich entsprechende Störverfahren *(»Window«)* entwickeln, die die deutsche Radarabwehr lahmlegten. Das war vor allem beim Großangriff auf Hamburg Ende Juli 1943 *(»Gomorrha«)* der Fall.

Buchenwald
Nationalsozialistisches *Konzentrationslager* auf dem Ettersberg bei Weimar mit insgesamt 136 Außenstellen in Mitteldeutschland und im Reichsgebiet. In Buchenwald wurden zwischen 1937 und dem Kriegsende rund 240000 Menschen aus 32 Nationen inhaftiert, von denen 43000 den Tod fanden. Am 11.4. 1945 wurde das Lager von den Amerikanern befreit.

Bücker-Flugzeugbau
Das 1933 von Carl Clemens Bücker in Berlin gegründete Flugzeugwerk Bücker-Flugzeugbau machte sich in den 30er Jahren international einen Namen mit Schul- und Übungsflugzeugen. Zu den Modellen Bü 131 Jungmann (für die Anfängerausbildung) und Bü 133 Jungmeister (für die Kunstflugschulung) kam seit 1940 als dritter Standardtrainer die zweisitzige Bü 181 Bestmann hinzu, ein Tiefdecker mit verglaster Kabine, der auch als Schleppflugzeug für Lastensegler und als Kuriermaschine eingesetzt wurde. Von diesem Typ wurden allein im Hauptwerk Berlin-Rangsdorf bis 1944 mindestens 5900 Stück gebaut, dazu nochmals 708 Exemplare bei den Fokker-Werken im besetzten Holland.

Budapest
Budapest, die Hauptstadt Ungarns mit 1,12 Mio. Einwohnern (1941), wurde nach Jahren relativer Ruhe im Frühjahr 1944 zu

einem der Brennpunkte des Krieges. Als die ungarische Regierung *Horthy* versuchte, zu einem Waffenstillstand mit der UdSSR zu kommen, besetzten am 19.3.1944 deutsche Truppen unter Generalfeldmarschall v. *Weichs* die Stadt. Ihnen folgte das Sonderkommando *Eichmann*, das sofort mit dem Abtransport der ungarischen Juden nach *Auschwitz* begann. Im Juli 1944 war Budapest Ziel amerikanischer Bombenangriffe von Italien aus. Beim Vorrücken der Roten Armee im September/Oktober sahen sich die Verteidiger, zwei deutsche und zwei ungarische Armeen sowie die deutsche 2. Panzerarmee, einer vielfachen Übermacht gegenüber. Die sowjetischen Angriffskräfte umfaßten die 3. Ukrainische (Tolbuchin) und die 2. Ukrainische Front (Malinowski), zu denen nach der rumänischen Kapitulation und Kriegserklärung an das Deutsche Reich auch rumänische Einheiten (14 Divisionen) gehörten, sowie die aus Südpolen angreifende 4. Ukrainische Front (Petrow). Am 8.12.1944 begann die Offensive zur Einschließung, die trotz zeitweise erfolgreicher deutscher Gegenangriffe bis zum 26.12. vollendet war. Die ungarische Marionettenregierung *Szalási* setzte sich nach Österreich ab. Zwar gelangen bei Ausfällen beziehungsweise einem Entsatzvorstoß des IV. SS-Panzerkorps am 27.1.1945 örtlich Einbrüche in die sowjetische Front, doch blieb die Gesamtlage unverändert. Die Verteidiger unter dem Wehrmachtbefehlshaber und Kommandierenden General des IX. SS-Gebirgskorps Pfeffer-Wildenbruch hielten die Stadt noch bis zum 11.2.1945. 138000 Mann gingen in sowjetische Gefangenschaft. Bei den Kämpfen um Budapest kamen mehr als 20000 Zivilisten ums Leben.

Budjonny, Semjon Michailowitsch

* Kosjurin (Gebiet Rostow) 25.4.1883, † Moskau 27.10.1973

Der Reitergeneral Budjonny, ein Held des russischen Bürgerkriegs 1919–21, wurde 1935 sowjetischer Marschall und 1937 OB des Moskauer Militärbezirks, zugleich Mitglied des Zentralkomitees der KPdSU. Gegen Ende des finnisch-sowjetischen *Winterkriegs* übernahm er den Oberbefehl an der Nordfront und nach Beginn des deutschen Angriffs am 12.7. 1941 den Oberbefehl im Südwestabschnitt der sowjetischen Front. Noch während der Kesselschlacht von Kiew wurde er durch *Timoschenko* ersetzt und mit dem Oberbefehl über die Reservefront betraut. Auf diesem Posten hatte Budjonny schwere Niederlagen hinzunehmen, u.a. die Vernichtung seiner 24. und 32. Armee bei *Wjasma*. Am 10.10.1941 von *Schukow* abgelöst, konnte er auch als OB der Nordkaukasusfront (seit 28.7.1942) nicht an seine früheren Erfolge anknüpfen und wurde im September 1942 abberufen. 1946 wurde er Mitglied des Präsidiums des Obersten Sowjets, 1953 Inspekteur der Kavallerie.

Bund Deutscher Offiziere (BDO)
95 deutsche Offiziere gründeten am 11./12.9.1943 im Gefangenenlager Lunjowo bei Moskau den Bund Deutscher Offiziere als »antifaschistische« Organisation. Die Initiatoren hofften, durch Kooperation mit den Sowjets einen Beitrag für die Erhaltung des Deutschen Reiches nach der zu erwartenden Niederlage leisten zu können. Die enge Zusammenarbeit mit dem im selben Jahr entstandenen *Nationalkomitee Freies Deutschland* wurde in der Person des BDO-Präsidenten General v. *Seydlitz-Kurzbach* dokumentiert, der zugleich Vizepräsident beim NKFD war. Zu den Förderern gehörte der bei Stalingrad in Gefangenschaft geratene Generalfeldmarschall *Paulus*. Der BDO rief in Flugblättern und Radiosendungen die deutschen Soldaten zum Überlaufen und zum Kampf gegen die Hitler-Diktatur auf. Nennenswerten Erfolg hatten diese Appelle nicht, auch auf die sowjetische Deutschlandpolitik vermochte der BDO keinen Einfluß zu gewinnen. Nach Übernahme der anglo-amerikanischen Forderungen nach *bedingungsloser Kapitulation* durch die Sowjetunion, wie sie in der Konferenz von *Teheran* formuliert worden war, schrumpfte der Handlungsspielraum des BDO zusehends. Zugleich mit dem NKFD wurde der Offiziersbund am 2.11.1945 aufgelöst.

Busch, Ernst
* Steele (heute zu Essen) 6.7.1885, † Gefangenenlager Aldershot (bei London) 17.7.1945
Nach Karriere in der Reichswehr und der Wehrmacht war Busch, ein unpolitischer Soldat, bei Beginn des 2. Weltkriegs Kommandierender General des VIII. AK. Am 19.7.1940 wurde er Generaloberst, am 1.2.1943 Generalfeldmarschall. Seit Oktober 1943

führte er die Heeresgruppe Mitte im *Rußlandfeldzug*, die im Sommer 1944 von der Roten Armee nahezu völlig vernichtet wurde. Die Schuld an dem Desaster wurde Busch zugeschoben, er wurde am 28.6.1944 abgelöst und fand erst im März 1945 wieder Verwendung als OB Nordwest. Busch starb in britischer Gefangenschaft.

Bzura
In der Schlacht an der Bzura, einem Fluß in Polen, der nördlich von Lodz entspringt und unterhalb von Warschau in die Weichsel mündet, entschied sich der *Polenfeldzug*. Die polnischen Armeen »Posen« (Kutrzeba) und »Pommerellen« (Bortnowski) waren dort von den deutschen Angriffskeilen eingeschlossen worden. Vom 9. bis 12.9.1939 unternahmen sie starke Ausbruchsversuche und versuchten die deutsche 8. Armee (Blaskowitz) in der Flanke zu fassen. Der OB der deutschen Heeresgruppe Süd, v. *Rundstedt*, warf daraufhin das XV. AK und das XVI. Panzerkorps in den Rücken der Armee »Pommerellen«. Währenddessen blockierte die deutsche 8. Armee den Ausbruch nach Süden, wobei sich vor allem die 30. Infanteriedivision des Generalmajors Kurt von Briesen (»Papa Briesen«, 1883–1941) auszeichnete. Nach Scheitern weiterer Ausbruchsversuche mußten die Polen am 19.9.1939 bei Kutno kapitulieren, 170000 Mann gingen in deutsche Gefangenschaft.

Canaris, Wilhelm
* Aplerbeck (heute zu Dortmund) 1.1.1887, † KZ Flossenbürg 9.4.1945
Der konservative Marineoffizier Canaris wurde am 1.1.1935 als Konteradmiral Chef der Abwehrabteilung im Kriegsministerium (März 1938 umbenannt in Amt Ausland/Abwehr). Er baute die allgemein *Abwehr* genannte Abteilung zu einem erfolgreichen Nachrichtendienst und Instrument der Gegenspionage aus. Nach der Affäre um den Heeresoberbefehlshaber v. *Fritsch* und der Entmachtung der Wehrmachtführung (Februar 1938) ging Canaris auf Distanz zur Kriegspolitik Hitlers. Die Abwehr wurde zu einem Zentrum des Widerstands vor allem um den Chef der Zentralabteilung, *Oster*. Dies forderte wiederum den Argwohn der SS heraus, die Canaris überwachen ließ. Im Frühjahr 1943 wurden einige seiner engsten Mitarbeiter verhaftet. Durch Übernahme der Abwehr ins *Reichssicherheitshauptamt* im Februar 1944 verlor Canaris jeden Einfluß. Nach dem mißglückten Attentat vom 20.7.1944 wurde er drei Tage später verhaftet. Zwar war ihm keine Beteiligung an dem Anschlag nachzuweisen, dennoch blieb er inhaftiert und wurde nach einem hastigen Standgerichtsverfahren im KZ Flossenbürg kurz vor Kriegsende gehängt.

Cap Arkona
Bei Evakuierung des KZ *Neuengamme* Ende April 1945 wurden etwa 5000 Häftlinge an Bord des Passagierdampfers Cap Arkona gebracht, der in der Lübecker Bucht ankerte. In den überfüllten Räumen starben wegen mangelhafter Versorgung oder an Mißhandlung durch das Wachpersonal viele von ihnen. Am 3.5. flog die britische Luftwaffe Angriffe auf »feindliche Schiffsansammlungen« in der Ostsee. Dabei wurden die Cap Arkona und der neben ihr ankernde Frachter Thielbek mit zirka 2800 Häftlingen in den Laderäumen bombardiert. Einem Teil der Wachmannschaften gelang die Flucht von den brennenden Schiffen, nur 500 Menschen überlebten das Inferno.

Casablanca
Casablanca, die Hafenstadt in Marokko mit 260 000 Einwohnern (1940), war nach der französischen Kapitulation 1940 einer der

wichtigsten Stützpunkte *Vichy*-Frankreichs am Atlantik. Sechs Divisionen, je eine Jagd- und Bombergruppe sowie starke Marinekräfte, darunter das Schlachtschiff Jean Bart, waren hier stationiert. Beim Unternehmen *»Torch«* war Casablanca Ziel der amerikanischen Task Force West (Hewitt/Patton), die bei der Landung auf unerwartet heftigen Widerstand stieß. Die dreitägige Schlacht von Casablanca (8.–10.11.1942) kostete die Franzosen rund 1000 Tote und Vermißte sowie mindestens ebenso viele Verwundete; sieben Überwassereinheiten und fünf U-Boote wurden von amerikanischen Schiffsgeschützen und Trägerflugzeugen versenkt.

Casablanca-Konferenz

Zur Abstimmung der gemeinsamen Strategie im Kampf gegen Deutschland und seine Verbündeten fand vom 14. bis 25.1.1943 in der marokkanischen Hafenstadt *Casablanca* ein Treffen der Regierungschefs der USA *(Roosevelt)* und Großbritanniens *(Churchill)* statt; hinzugezogen waren die Stabschefs, *Stalin* war wegen der Schlacht um *Stalingrad* unabkömmlich. Die Westalliierten bekräftigten ihre Absicht, Hitler-Deutschland zuerst zu bezwingen (»Germany first«). Vereinbart wurde, nach Eroberung Tunesiens im Sommer 1943 zunächst auf Sizilien zu landen (Operation *»Husky«*). Die Eröffnung der *Zweiten Front* in Frankreich wurde dafür zurückgestellt. An die Luftstreitkräfte erging die Direktive zum strategischen Bombenkrieg gegen Deutschland, dabei sollten die Briten die Nacht-, die Amerikaner die Tagesangriffe übernehmen. Als weitere Hauptziele wurden die Sicherung der Seewege und die Unterstützung der UdSSR mit Kriegsmaterial gefordert. Eher am Rande kam es – auf eine Initiative Roosevelts hin – zu einer Verständigung über das Kriegsziel der *bedingungslosen Kapitulation* (Unconditional Surrender) der Achsenmächte.

Cash-and-carry-Klausel

Nach dem amerikanischen Neutralitätsgesetz vom 31.8.1935 war die Lieferung kriegswichtiger Güter an Kriegführende ausgeschlossen. Diese Regelung wurde 1937 durch die Cash-and-carry-Klausel (bezahlen und abholen) präzisiert. Künftig galt sie nur noch für Waffen, während andere Waren bei Barzahlung und

Abholung durch Schiffe des Käufers geliefert werden durften. Nach dem *Polenfeldzug* wurde die Klausel am 4.11.1939 auch auf Waffen und Munition ausgedehnt, so daß vor allem Seemächte wie Großbritannien und Frankreich amerikanische Rüstungsgüter beziehen konnten. Am 11.3.1941 wurde sie durch das *Leih- und Pachtgesetz* für solche Länder gegenstandslos, deren Verteidigung der US-Präsident für die Sicherheit der USA als lebenswichtig ansah.

»Catapult«
Um zu verhindern, daß Frankreichs Kriegsflotte nach dem Waffenstillstand von *Compiègne* in deutsche Hände fiel, beschloß das britische Kriegskabinett die Operation »Catapult«. Am 3.7. 1940 besetzten britische Soldaten die französischen Kriegsschiffe, die in Portsmouth und Plymouth lagen. In Alexandria wurde der französische Befehlshaber gezwungen, seinen Schiffskanonen die Verschlüsse ausbauen zu lassen. Ähnlich verfuhren die Briten in Martinique. In den Kriegshäfen *Dakar* und *Mers el-Kebir* bei Oran stießen sie jedoch auf Widerstand. Es entspannen sich regelrechte Seeschlachten, bei denen die im Hafen liegenden Schiffe von Flugzeugen torpediert und von starken englischen Geschwadern zusammengeschossen wurden.

»Cerberus«
Deckname für den *Kanaldurchbruch* schwerer deutscher Überwassereinheiten (Schlachtschiffe Scharnhorst und Gneisenau, Schwerer Kreuzer Prinz Eugen) am 12.2.1942.

Chamberlain, Neville
* Edgbaston (heute zu Birmingham) 18.3.1869, † Heckfield (bei Reading) 9.11.1940
Der konservative britische Politiker Chamberlain, seit 28.5.1937 Premierminister, versuchte mit seiner »Appeasement-Politik« die europäischen Spannungen zu verringern. Seine Zugeständnisse an Hitler (u.a. auf der Münchener Konferenz September 1938) waren jedoch nicht geeignet, den Diktator von weiteren Forderungen abzuhalten, und führten darüber hinaus zu tiefer Irritation in der Sowjetunion über die Haltung der Westmächte. Obwohl Chamberlain nach der deutschen Annexion der Tsche-

chei *(Protektorat Böhmen und Mähren)* im März 1939 demonstrativ seinen Beschwichtigungskurs aufgab, kam der Schwenk zu spät, um Hitlers Kriegspläne zu bremsen und die Verständigung Berlin–Moskau zu verhindern. Die zunächst folgenlose britische Kriegserklärung (3.9.1939) nach dem deutschen Einmarsch in Polen sowie die Überrumpelung Großbritanniens durch die deutsche Besetzung von Dänemark und Norwegen (9.4.1940) ließen die Kritik an Chamberlain anwachsen. Am Tag des deutschen Angriffs im Westen (10.5.1940) wurde er durch *Churchill* abgelöst.

Charkow

Der Verkehrsknotenpunkt Charkow, mit rund 450 000 Einwohnern (1940) zweitgrößte Stadt der Ukraine, stand im 2. Weltkrieg mehrmals im Zentrum heftigster Kämpfe. Im Zuge der Schlacht um *Moskau* wurde Charkow am 24.10.1941 von Verbänden der deutschen 6. Armee (v. Reichenau) genommen und während der sowjetischen Winteroffensive trotz eines Einbruchs südlich der Stadt bei Isjum gehalten. Am 12.5.1942 setzte die sowjetische Südwestfront (Timoschenko) mit fünf Armeen zur Rückeroberung an und stieß dabei auf die deutsche 6. Armee (Paulus) und die Gruppe Kleist (17. Armee und 1. Panzerarmee). Den deutschen Kräften gelangen erfolgreiche Gegenangriffe (Unternehmen »Fridericus I.«) auf die Flanken des Frontbogens, und da *Stalin* sich weigerte, die Offensive abzubrechen, konnten die deutschen Verbände starke sowjetische Kräfte einschließen, 240 000 Gefangene wurden eingebracht. – Nach der Katastrophe von *Stalingrad* bahnte sich im Frühjahr 1943 auch bei Charkow ein Desaster für die Wehrmacht an: Die Woronesch-Front (Golikow) ging über den Don, die Südwestfront (Watutin) stieß auf den Donez vor, und die Südfront (Jeremenko, seit 2.2.1943 Malinowski) warf die deutsche Heeresgruppe Don (später Süd/ v. Manstein) zurück. In dieser Situation gab der Kommandierende General des II. SS-Panzerkorps *Hausser* am 16.2. die Stadt befehlswidrig auf. Dank der beweglichen Kampfführung Mansteins gelang es der deutschen 4. Panzerarmee (Hoth) am 12.3., Charkow erneut zu nehmen. Im Rahmen der sowjetischen Gegenoffensive nach der Schlacht im Kursker Bogen *(»Zitadelle«)* ging die Stadt im August 1943 dann endgültig verloren.

– Während der hin- und herwogenden Kämpfe um Charkow im Februar/März 1943 kamen Tausende von Einwohnern um. Nach sowjetischen Dokumenten sollen Angehörige der 2. SS-Panzerdivision »Das Reich« und der 3. SS-Panzerdivision »Totenkopf« in Charkow zahlreiche Kriegsverbrechen (Erschießung und Folterung von Zivilisten und Kriegsgefangenen) verübt haben.

Chełmno
Polnischer Name der Stadt Culm mit dem nationalsozialistischen Vernichtungslager *Kulmhof.*

Cherbourg
Die Stadt Cherbourg auf der Halbinsel *Cotentin* mit rund 40 000 Einwohnern (1940) war einer der wichtigsten Kriegshäfen Frankreichs. Cherbourg wurde im Frankreichfeldzug am 18.6. 1940 von der 7. Panzerdivision (Rommel) besetzt, nachdem sich zuvor noch 30 630 Mann des britischen Expeditionskorps auf dem Seeweg hatten retten können. – Bei der alliierten *Invasion* am 6.6.1944 sollte Cherbourg als erster natürlicher Hafen an der Normandie-Front möglichst rasch vom VII. US-Korps (Collins) genommen werden. Das verhinderten zirka 21 000 deutsche Marine-, Heeres- und Luftwaffensoldaten unter Generalleutnant v. Schlieben, die den amerikanischen Truppen einen zähen Abwehrkampf lieferten. Erst am 26.6. gaben die Verteidiger auf. Am 15.7. lief das erste alliierte Transportschiff ein. Besondere Bedeutung für die alliierte Treibstoffversorgung erhielt Cherbourg als Endpunkt der untermeerischen Pipeline »Pluto« von England durch den Ärmelkanal.

Chindits
In Birma operierte 1943/44 eine britische Spezialeinheit, die Chindits, deren Name von einem birmanischen mythologischen Fabeltier stammte, einem Pagodenwächter in Gestalt eines unbesiegbaren Löwen. Gegründet war die Truppe, etwa 3000 Mann, ursprünglich unter der Bezeichnung Long Range Penetration Group (LRP, Eingreiftruppe mit großer Reichweite), von Generalmajor Orde Charles Wingate als 77. indische Brigade Ende 1942. Sie sollte weiträumigen Guerillakrieg im Rücken des Gegners führen. Bei den Chindits dienten Engländer, Inder,

Gurkhas und Angehörige birmanischer Bergvölker. – Das erste Chindits-Unternehmen (8.2.–24.3.1943) richtete sich über mehrere hundert Kilometer gegen Ziele im Irawadital südlich von Katha, mußte aber nach Erreichen des Operationsgebiets abgebrochen werden. Das zweite, ein Jahr später, sollte die Offensive der amerikanisch-chinesischen Armee (Stilwell) gegen Myitkyna nordwestlich von Katha am Irawadi unterstützen. 12000 Mann wurden teils mit Lastenseglern und per Fallschirm am 5.3.1944 ins Zielgebiet rund um den Indawgyisee gebracht, teils marschierten sie von Ledo (5.2.1944) südwärts. Bei dem Unternehmen kam Wingate am 24.3. ums Leben. Den Chindits gelang an vielen Stellen, den japanischen Nachschub zu unterbrechen. Dennoch mußten die meisten im Juni/Juli 1944 erschöpft ausgeflogen werden.

Cholm

Die russische Stadt Cholm an der Lowat mit rund 6000 Einwohnern (1940), rund 80 km westlich des Seligersees, lag im Winter 1941/42 im Verteidigungsbereich der deutschen 16. Armee (Busch). Bei einer Offensive der sowjetischen Nordwestfront (Kurotschkin) südlich des Ilmensees im Januar 1942 wurden bei *Demjansk* (8.2.) und Cholm (21.1.) die deutschen Verteidiger eingeschlossen. In Cholm stellte Generalmajor Scherer aus Teilen der 123. und 218. Infanteriedivision, Gebirgsjägern, dänischen Freiwilligen, Marine- und Luftwaffenangehörigen eine später nach ihm benannte Kampfgruppe von rund 6000 Mann auf, die, nur aus der Luft versorgt, praktisch ohne jede Artillerie allen Angriffen weit überlegener sowjetischer Kräfte standhielt, bis sie Anfang Mai 1942 entsetzt werden konnte. Cholm wurde im Februar 1944 wieder von der Roten Armee besetzt.

Choltitz, Dietrich von

* Schloß Wiese (bei Neustadt, Oberschlesien) 9.11.1894,
† Baden-Baden 4.11.1966

Bei Kriegsbeginn Kommandeur des III. Bataillons des 16. Infanterieregiments, stieg Choltitz bis Sommer 1944 zum Kommandierenden General des LXXXIV. AK an der Invasionsfront auf. Hitler ernannte den als unpolitisch und loyal geltenden Offizier am 7.8.1944 zum Wehrmachtbefehlshaber Groß-Paris, zu dem außer der Stadt auch das Departement Seine und Teile der Departements Seine-et-Oise sowie Seine-et-Marne gehörten. Auf diesem Posten verstand es Choltitz, der inzwischen den Krieg als verloren ansah, die Zerstörungsbefehle Hitlers für die französische Hauptstadt zu sabotieren. Er konnte Paris, das die Alliierten am 24.8. erreichten, planmäßig räumen, unterzeichnete am 28.8. die Übergabe vor *Leclerc* und ging in französische Gefangenschaft, aus der er 1947 entlassen wurde.

Churchill, Sir Winston

* Blenheim Palace (Oxfordshire) 30.11.1874, † London 24.1.1965

Seit 1900 politisch aktiv, war Churchill ausgerechnet in der Zeit von Hitlers Aufstieg (1929–39) ohne Amt und Einfluß. Er warnte unermüdlich vor Hitler und lehnte die Appeasement-Politik *Chamberlains* ab. Als deren Scheitern offenkundig wurde, führte öffentlicher Druck im September 1939 zur Aufnahme Churchills ins Kriegskabinett als Marineminister. Am Tag des deutschen Angriffs im Westen (10.5.1940) löste er Chamberlain als Regierungschef ab. Er bildete ein »Kabinett der nationalen Konzentration« mit Beteiligung der Labour Party und kündigte der Bevölkerung »Blut, Mühsal, Tränen, Schweiß« an. In der *Luftschlacht um England* wurde sein »Victory«-Zeichen zum Symbol britischen Durchhaltewillens. Trotz grundsätzlich antikommunistischer Haltung verbündete er sich nach dem deutschen Angriff mit der Sowjetunion, konnte aber seine Vorstellungen auf den Konferenzen von *Teheran* und *Jalta* nicht in allen Punkten durchsetzen. Er warnte gegen Kriegsende Roosevelt vergeblich vor dem immer größer werdenden Einfluß *Stalins*. Als kleinerer Partner zwischen USA und UdSSR vermochte er jedoch nicht zu verhindern, daß die Sowjetunion bis zur Elbe vorrückte. Auch die europäische Nachkriegsordnung konnte Churchill nur noch in Ansätzen mitgestalten: Eine Wahlniederlage im Juli 1945 brachte ihn um weitere Mitwirkung am *Potsdamer Abkommen*. 1951–55 nochmals Premierminister, blieb ihm nur, weiter an der Liquidation des Empire mitzuwirken, das er hatte retten wollen.

Ciano, Galeazzo, Graf von Cortellazzo

* Livorno 18.3.1903, † Verona 11.1.1944 (hingerichtet)

Der italienische Politiker und Jurist Ciano, seit 1930 Schwiegersohn *Mussolinis*, war seit 9.6.1936 Außenminister. Zunächst mit Mussolinis imperialistischer Politik und seiner Anlehnung an das Deutsche Reich einverstanden, ging er jedoch mit wachsender Kriegsgefahr immer mehr auf Distanz zum »Achsen«-Partner und suchte Italien aus seiner Satellitenrolle zu befreien. Das führte zur Entfremdung von Mussolini und zu Cianos Ablösung im Februar 1943. Beteiligt am Sturz des »Duce« (25.7.1943), wurde Ciano von deutschen Truppen interniert und wenig später an die Regierung in Salò ausgeliefert, die ihn nach einem Sondergerichtsverfahren erschießen ließ.

Cicero

Cicero war der Deckname für Elyesa Bazna (* 1904, † München 23.12.1970), der 1943/44 als Spion in deutschen Diensten wirkte. Der gebürtige Albaner war Kammerdiener des britischen Botschafters in Ankara. Aus dem Tresor seines Arbeitgebers entwendete er zirka 300 Dokumente, deren Kopien er an die deutsche Botschaft lieferte. Die Schriftstücke waren von unterschiedlichem nachrichtendienstlichen Wert; sie gaben u.a. Aufschluß über die britische Nahostpolitik, vor allem über Versuche, die Türkei ins alliierte Lager zu ziehen. Am wichtigsten jedoch waren Hinweise auf die bevorstehende Landung der Alliierten auf dem deutsch besetzten europäischen Kontinent. Wegen der Rivalitäten der verschiedenen Nachrichtendienste in Berlin und ihres Argwohns Cicero gegenüber blieben die Erkenntnisse jedoch weitgehend ungenutzt. Im Frühjahr 1944 flog der Spionagefall auf. Der Kammerdiener konnte fliehen, am »Lohn«, den er bereits kassiert hatte, zirka 300 000 Pfund, sollte er allerdings wenig Freude haben: Zwei Drittel waren von den deutschen Auftraggebern in gefälschten Noten aus der Aktion *»Bernhard«* gezahlt worden. In der Nachkriegszeit wurde Ciceros Geschichte beliebter Stoff für Sensationspresse und Agentenfilme.

Clark, Mark Wayne

* Madison Barracks (New York) 1.5.1896, † Charleston (South Carolina) 17.4.1984

Der Berufsoffizier Clark war seit 1940 Instrukteur an einer Offiziersschule. 1941 zum Brigadegeneral ernannt, wurde er nach Kriegseintritt der USA mit den Vorbereitungen der alliierten Landung in Nordafrika betraut. Beim Unternehmen *»Torch«* (8.11.1942) war Clark Stellvertreter *Eisenhowers*. Am 13.11. 1942 erhielt er den Oberbefehl über die 5. US-Armee, mit der er bei *Salerno* (9.9.1943) und *Anzio* (Januar 1944) landete. Nach dem Einzug in Rom (4.6.1944) wurde Clark im Dezember 1944 OB der 15. Heeresgruppe und konnte am 2.5.1945 die deutsche Kapitulation in Italien entgegennehmen. Er kommandierte anschließend die amerikanischen Besatzungstruppen in Österreich und trat als Hochkommissar erfolgreich den sowjetischen Reparationsforderungen entgegen.

Colditz

Das Jagdschloß von Colditz, einer sächsischen Kleinstadt an der Zwickauer Mulde, diente in den 30er Jahren als Kreisführerschule der NSDAP und wurde nach Kriegsbeginn zu einem Lager für besondere Kriegsgefangene (Prominente, Ausbrecher, »deutschfeindliche Elemente« u.a.) ausgebaut (Offizierslager/ Oflag IVC). Durchschnittlich war die Haftanstalt mit 500 Mann, gegliedert in Nationalitäten, belegt, die trotz mancher Konflikte sich in einem einig waren: im ständigen Planen von Fluchtversuchen aus dem als »ausbruchsicher« eingestuften Schloß. Insgesamt gelang 130 Gefangenen zu fliehen, doch wurden anschließend die meisten gefaßt. Durch Überbelegung (zeitweise 1500 Mann) verschlimmerten sich die ohnehin harten Haftbedingungen gegen Kriegsende noch weiter. Am 15.4.1945 erreichten amerikanische Truppen Colditz. Erlebnisse der Häftlinge, vor allem der Ausbrecher unter ihnen, gaben nach dem Krieg Stoff für zahlreiche Romane und Filme.

»Collar«

»Collar« (engl. Kragen) war die Codebezeichnung für Operationen der britischen Mittelmeerflotte Ende November 1940, die zur Seeschlacht bei Kap Teulada an der Südspitze Sardiniens führten. Am 26.11. gingen mehrere italienische Zerstörerflottillen, drei Kreuzer und die Schlachtschiffe Vittorio Veneto und Giulio Cesare in See, um einen von Westen kommenden britischen Konvoi abzufangen. Sie trafen auf einen britischen Verband unter Vizeadmiral Somerville (Schlachtschiffe Renown und Ramillies sowie fünf Kreuzer und mehrere Zerstörer), der einen von Osten kommenden Geleitzug sicherte. Im folgenden etwa einstündigen Gefecht bekam der britische Kreuzer Berwick einen Treffer, ein italienischer Zerstörer wurde schwer beschädigt. Im unklaren über die Stärke seiner Gegner, brach der italienische Flottenchef Admiral Campioni daraufhin die Schlacht ab. Die britische Mittelmeerflotte konnte die Konvoifahrten des Unternehmens »Collar« planmäßig zu Ende führen.

Comando Supremo
Das Oberkommando der italienischen Streitkräfte unter dem vom König mit der militärischen und politischen Führung des Krieges beauftragten Obersten Befehlshaber *Mussolini* trug die Bezeichnung Comando Supremo. Capo (vergleichbar etwa dem Chef/OKW) des Comando Supremo waren nach Italiens Kriegseintritt (10.6.1940): Marschall *Badoglio* (bis 6.12.1940), Marschall Cavallero (bis 30.1.1943), Armeegeneral *Ambrosio* (bis 26.7.1943). Zur Bildung eines gemeinsamen Oberkommandos, wie es die Alliierten besaßen, kam es bei den Achsenmächten nicht. Folge waren, vor allem beim engen Zusammenwirken von deutschen und italienischen Truppen in Nordafrika, oft groteske Kompetenzrangeleien.

Combined Chiefs of Staff Committee (CCS)
Auf der Arcadia-Konferenz in Washington am 14.1.1942 wurde aus den Stabschefs aller Teilstreitkräfte der USA und Großbritanniens ein gemeinsamer Stab gebildet, der seinen Sitz in Washington nahm. Direkt der politischen Führung beider Mächte, also *Roosevelt* und *Churchill*, unterstellt, nahmen die Combined Chiefs of Staff an den politischen Gipfelkonferenzen teil und setzten deren Beschlüsse zur Kriegführung in militärische Organisations- und Operationspläne um. Neben der strategischen Planung gehörten zu ihren Aufgaben die Verteilung von Truppen auf die einzelnen Kriegsschauplätze, das Nachschubwesen, Einsatz und Kontrolle der Nachrichtendienste, die Rüstungssteuerung und die Regelung der Verwaltung in den besetzten Gebieten.

Compiègne
Im Wald von Compiègne nordöstlich von Paris hatte am 9.11. 1918 eine deutsche Delegation unter Matthias Erzberger die harten alliierten Waffenstillstandsbedingungen entgegennehmen müssen, die zum Versailler Vertrag führten. Den Salonwagen des Marschalls Foch, in dem seinerzeit die Verhandlungen geführt worden waren, ließ Hitler während des *Frankreichfeldzugs* nach Compiègne bringen, um dort am 21.6.1940 einer französischen Delegation die deutschen Bedingungen für einen Waffenstillstand verkünden zu lassen, der am nächsten Tag von *Keitel* und dem französischen Armeegeneral Huntziger unterzeichnet wurde. Der historische Eisenbahnwagen wurde nach Berlin gebracht, die im Wald von Compiègne errichtete Gedenkstätte für den französischen Sieg von 1918 wurde zerstört.

Condor
Condor war der Beiname des Langstreckenflugzeugs und Fernaufklärers FW 200 der Firma *Focke-Wulf* in Bremen. 1936 als viermotoriges Verkehrsflugzeug für die Lufthansa konstruiert, gelang der Condor am 10.8.1938 der erste Nonstopflug Berlin–New York. Ab 1940 wurde sie für militärische Zwecke umkonstruiert und als schwerer Patrouillenbomber zur Geleitzugbekämpfung über dem Atlantik eingesetzt. Außerdem diente die Condor als Transporter und in einer Spezialausführung mit gepanzertem Fallschirmsessel und Notausstieg als Hitlers persönliche Reisemaschine. Daten der 200 C-3: 4×1200 PS, max. 360 km/h, 4400 km Reichweite, bis 2100 kg Bombenzuladung, 1×20-mm-Kanone, 3×13-mm- und 2×7,9-mm-MG als Abwehrbewaffnung, 7–8 Mann Besatzung.

»Coronet«
Nach den Plänen der amerikanischen Militärs sollte der Krieg gegen Japan durch eine Invasion der japanischen Hauptinsel Hondo abgeschlossen werden. Die Codebezeichnung des Unternehmens lautete »Coronet« (engl. Diadem). Die 1. US-Armee (Hodges) sollte den rechten, die 8. (Eichelberger) den linken Flügel bilden. Während die Marines der 1. Armee direkt auf Tokio vorgehen sollten, war eine Einkreisung der Hauptstadt durch Panzerkräfte der 8. Armee geplant, die zugleich den Hafen Yoko-

hama nehmen sollten. Als Termin für das Unternehmen war der 1.3.1946 ins Auge gefaßt. Durch den Abwurf der *Atombombe* und die darauf folgende Kapitulation Japans wurde »Coronet« hinfällig.

Corregidor

Zweimal stand während des Krieges im Pazifik die philippinische Inselfestung Corregidor in der Bucht von Manila im Zentrum heftigster Kämpfe. Nach dem Fall der Halbinsel *Bataan* (9.4.1942) war Corregidor die letzte amerikanische Bastion auf den Philippinen. 15 000 GIs und Philippinos unter Generalleutnant Jonathan Wainwright hielten sich hier unter schwerem Beschuß noch bis zum 6.5., dann mußten sie kapitulieren. – Noch während der Schlacht von Manila im Februar/März 1945 machten sich die Amerikaner an die Rückeroberung des wegen seiner Lage strategisch wichtigen Corregidor. Nach massiver Luftvorbereitung landeten am 16.2. zwei Bataillone, denen rasch Verstärkungen folgten. Die japanische Besatzung, rund 4000 Mann, verteidigte sich hartnäckig in den Tunnels und Kasematten. Als ihr die Munition ausging, sprengte sie sich selbst in die Luft. Der letzte Widerstand erlosch am 26.2., nur 26 Gefangene (nach anderen Quellen 19) fielen den US-Truppen in die Hände.

Cotentin

Im Südosten der Halbinsel Cotentin an der Nordwestküste der Normandie landeten beim Unternehmen »Overlord« am 6.6. 1944 die alliierten Truppen und errichteten die von den Sowjets seit langem angemahnte *Zweite Front* auf dem europäischen Kontinent. Zwar weiteten die Alliierten in wenigen Tagen ihre Brückenköpfe aus, doch dauerte es bis zum 19.7., ehe die Halbinsel ganz in ihrer Hand war. Auch der Ausbruch ins französische Hinterland *(Avranches)* verzögerte sich. Erst am 1.8., zu einem Zeitpunkt also, als man längst an der Loire und vor Paris hatte stehen wollen, setzten sich die anglo-amerikanischen Truppen in Marsch.

Coventry

Die britische Industriestadt Coventry in den Midlands südöstlich von Birmingham mit 213 000 Einwohnern (1938) war während der *Luftschlacht um England* in der Nacht vom 14./15.11.1940 Ziel eines verheerenden deutschen Luftangriffs. Von der Luftabwehr kaum behindert, warfen insgesamt 449 deutsche Bomber 500 t Spreng- und 30 t Brandbomben auf Coventry. Die Altstadt mit der gotischen Kathedrale ging in Flammen auf, 554 Menschen fanden den Tod, 865 wurden verletzt, die Industrieproduktion der Rüstungsfabriken jedoch sank nur vorübergehend. Coventry wurde zum Inbegriff des Flächenbombardements ohne Rücksicht auf die Zivilbevölkerung. Ihrerseits nahmen es die Alliierten zum Muster für ihren Bombenkrieg gegen die deutschen Städte.

»Crusader«
»Crusader« (engl. Kreuzfahrer) war die Codebezeichnung für den britischen Entsatzvorstoß auf *Tobruk* im November/Dezember 1941 mit dem XIII. und XXX. Korps der 8. Armee (Cunningham) gegen die deutsch-italienischen Truppen *Rommels*. Am 18.11.1941 überschritten die britischen Truppen mit 724 Tanks die libysch-ägyptische Grenze, kamen aber nur im Abschnitt der 7. Panzerbrigade auf Sidi Rezegh vor den Toren Tobruks planmäßig voran. Die 4. und die 22. Panzerbrigade wurden von den deutschen und italienischen Verbänden gestoppt. In der verlustreichen »Schlacht am Totensonntag« (23.11.1941) scheiterte der erste Ansturm von »Crusader«. Der britische OB *Auchinleck* ersetzte daraufhin Cunningham durch Ritchie. In Verfolgung seines Sieges zog Rommel fast alle Kräfte zum Gegenstoß nach Osten zusammen. Das gab der Besatzung im belagerten Tobruk Gelegenheit auszubrechen. Nun im Rücken bedroht und bei britischer Luftherrschaft (1076 Maschinen gegenüber 120 deutschen und 200 italienischen) ohne ausreichenden Nachschub, mußte das erschöpfte *Deutsche Afrika-Korps* am 7.12. den Kampf abbrechen und die Cyrenaika räumen. Beim Unternehmen »Crusader« verloren die Achsentruppen 33 000 Mann, die Briten 18 000.

Cunningham, Andrew Browne
* Dublin 7.1.1883, † London 12.6.1963
Seit 1899 im Marinedienst, war Cunningham bei Kriegsausbruch OB der britischen Mittelmeerflotte. Ihm gelang am 7.7.

1940 ein Abkommen mit dem in Alexandria vom Waffenstillstand überraschten französischen Geschwader, das sich internieren ließ. Am 21.11.1940 glückte ihm der Trägerangriff auf *Tarent*, der die Hälfte der italienischen Schlachtflotte lahmlegte. Mit dem Sieg in der Seeschlacht von *Matapan* am 28./29.3.1941 sicherte er dauerhaft die britische Seeherrschaft im Mittelmeer. Im Mai 1942 wechselte Cunningham zur britischen Marinedelegation in Washington, wo er an den Planungen zum Unternehmen *»Torch«* mitarbeitete. Bei der Landung in Nordafrika am 7./8.11.1942 führte er den Deckungsverband. Am 21.1.1943 zum Flottenadmiral ernannt, befehligte Cunningham die alliierten Seestreitkräfte bei der Landung auf Sizilien (Juli 1943). Im Oktober 1943 folgte die Ernennung zum Chef des Admiralstabs.

Cunningham, John Henry Dacres
* Georgetown (Britisch-Guayana) 13.4.1886, † London 12.12.1962
Nicht verwandt mit A. B. *Cunningham*, war Konteradmiral Cunningham seit 1938 Befehlshaber des 1. Kreuzergeschwaders. Am 1.4.1941 wurde er als 4. Lord der Admiralität Chef der Nachschubabteilung im Marineministerium. Im November 1942 erhielt er den Oberbefehl über das britische Levante-Geschwader und im Oktober 1943 über die alliierten Seestreitkräfte im Mittelmeer. Er leitete u.a. die Landungen bei *Anzio* (Januar 1944) und in Südfrankreich (*»Dragoon«*, 15.8.1944).

Curtiss P-36, P-40
Ab 1936 wurde die französische Luftwaffe mit Jagdeinsitzern vom Typ P-36 der amerikanischen Firma Curtiss-Wright ausgerüstet (die Exportversion hieß Curtiss H 75 Hawk). Das Nachfolgemuster P-40 Warhawk stand 1941 als einziger US-Jäger in größerer Stückzahl zur Verfügung (bei der RAF flog er unter den Namen Tomahawk und Kittyhawk). Bis 1944 wurden rund 14000 P-40 verschiedener Versionen gebaut. Technische Daten der P-40 N: 4×12,7-mm-MG als starre Bewaffnung, Gehänge für 3×227-kg-Bomben, Höchstgeschwindigkeit 543 km/h.

Curzon-Linie

Bei der interalliierten Konferenz in Spa 1920 schlug der britische Außenminister George Nathaniel Curzon (1859–1929) eine Demarkationslinie zwischen dem neuen Polen und dem bolschewistischen Rußland vor, die von Dünaburg über Wilna, Grodno, Brest, dann dem Bug folgend und Galizien durchschneidend bis Przemyśl reichten sollte. Polen lehnte die Curzon-Linie nach dem Sieg über die Rote Armee (August 1920) ab und erreichte im Vertrag von Riga 1921 eine rund 250 km weiter östlich verlaufende Grenzziehung, so daß große Teile Weißrußlands und der Ukraine polnisch wurden. Im geheimen Zusatzprotokoll zum *Deutsch-Sowjetischen Nichtangriffsvertrag* vom 23.8.1939 wurde die Curzon-Linie als Orientierung für die Aufteilung Polens benutzt, die am 28.9.1939 endgültig festgelegte deutsch-sowjetische Demarkationslinie entsprach ihr weitgehend. Gegen den erbitterten Protest der polnischen Exilregierung galt die Curzon-Linie auch bei der Konferenz von *Jalta* (Februar 1945) als polnische Ostgrenze. Polen wurde mit den deutschen Gebieten östlich der Oder-Neiße-Linie entschädigt.

Cyrenaika

Die Cyrenaika, eine Landschaft und Provinz im Nordosten der italienischen Kolonie Libyen, war Hauptschauplatz des *Afrikafeldzugs* und wechselte mehrfach den Besitzer: Zunächst eroberten die Briten nach dem Fehlschlag der italienischen Offensive gegen Ägypten bis 8.2.1941 die gesamte Region. Durch das Eingreifen des *Deutschen Afrika-Korps* (Rommel) konnte sie mit Ausnahme *Tobruks* im März/April 1941 zurückgewonnen werden. Im Januar 1942 ging sie nach dem britischen Unternehmen *»Crusader«* erneut verloren. Im Mai/Juni 1942 stießen die deutsch-italienischen Truppen wieder vor, nahmen diesmal auch Tobruk und drangen in Ägypten ein. Nach der Niederlage von *El Alamein* im November 1942 mußten sie dann schrittweise die Cyrenaika und schließlich ganz Libyen räumen.

Dachau
Erstes offizielles, im März 1933 errichtetes nationalsozialistisches *Konzentrationslager* bei München.

Dakar
Im Flottenstützpunkt Dakar in Westafrika lagen französische Seestreitkräfte, die sich nach dem Zusammenbruch Frankreichs weigerten, sich dem britischen Oberbefehl zu unterstellen. Zu ihnen gehörte u.a. das Schlachtschiff Richelieu. Sie wurden am 8.7.1940 von Torpedoflugzeugen des britischen Trägers Hermes angegriffen. Im September 1940 folgte im Rahmen des Unternehmens »Menace« unter dem Schutz starker britischer Seestreitkräfte ein Landungsversuch freifranzösischer Truppen unter Führung de *Gaulles*. Doch der französische Kommandant Boisson blieb standhaft und ließ die Küstenbatterien das Feuer eröffnen. In die Kämpfe, die vom 23. bis 25.9. dauerten, griffen auch britische Trägerflugzeuge (sechs Verluste) und *Vichy*-treue französische Seestreitkräfte ein, die nach dem Überfall von *Mers el-Kebir* nicht zum Überlaufen zu bewegen waren. Die britischen Kriegsschiffe erhielten teilweise schwere Treffer, das Schlachtschiff Resolution wurde von einem französischen U-Boot torpediert. Daraufhin ließ *Churchill* das Unternehmen abbrechen, was für de Gaulles Sache einen herben Rückschlag bedeutete.

Daladier, Édouard
* Carpentras (bei Avignon) 18.6.1884, † Paris 10.10.1970
Seit 1919 als Abgeordneter der Radikalsozialistischen Partei Mitglied der Nationalversammlung, war Daladier mehrfach Minister und Ministerpräsident. Im April 1938 bildete er sein 3. Kabinett. Auf der Münchener Konferenz *(Münchener Abkommen)* im September 1938 stimmten Daladier und der britische Premier *Chamberlain* der Abtretung des Sudetenlands an Deutschland zu. Die daran geknüpften Hoffnungen auf Entspannung sollten sich nicht erfüllen. Nach dem Zusammenbruch Frankreichs (Juni 1940) wurde Daladier auf Anordnung der *Vichy*-Regierung verhaftet, 1943 ins Reich deportiert und 1945 von den Alliierten befreit. Nach dem Krieg war er 1947–54 Präsident der Linksrepublikanischen Sammlungsbewegung und 1953–58 Bürgermeister von Avignon.

Danzig
1919 war die alte Hansestadt Danzig an der Ostsee, mit 260000 Einwohnern (1939) im eigentlichen Stadtgebiet, ohne Abstimmung vom Reich abgetrennt und als Freistaat unter die Aufsicht des Völkerbunds gestellt worden. Für Außen- und Verteidigungspolitik war Polen zuständig. Die prekäre Situation der Stadt wurde durch die nationalsozialistische Agitation seit 1933 planmäßig verschärft. 1939 spielte sie Hitler zum Kriegsgrund hoch. Mit der Beschießung der Westerplatte am 1.9.1939 durch das deutsche Linienschiff *Schleswig-Holstein* begann hier der 2. Weltkrieg. Danzig wurde noch am selben Tag dem Reich angegliedert und im Oktober mit Westpreußen, Posen, Bromberg und dem ostpreußischen Regierungsbezirk Marienwerder zum Reichsgau Danzig-Westpreußen vereinigt. – Danzig war mehrmals Ziel alliierter Luftangriffe, so am 11.7.1942 und am 9.10. 1943, die bereits erhebliche Verwüstungen anrichteten. Schwerste Schäden aber trug die Stadt in den erbitterten Kämpfen bis zur Einnahme Danzigs durch die sowjetische 2. Stoßarmee (30.3. 1945) davon.

Darlan, François
* Nérac (Lot-et-Garonne) 7.8.1881, † Algier 24.12.1942
Der Admiral und Politiker Darlan war seit 1.1.1937 OB der französischen Kriegsmarine. Bei der sich abzeichnenden Niederlage seines Landes wurde er am 16.6.1940 Marineminister im Kabinett *Pétain*, als dessen »Kronprinz« er galt. Seine Weigerung, die französische Kriegsflotte britischer Kontrolle zu unterstellen, löste die britischen Präventivschläge von *Mers el-Kebir* und *Dakar* aus. Darlans Vorbehalte gegen die Politik Londons und seine Bereitschaft zur Kollaboration mit der deutschen Besatzungsmacht wurden dadurch nur bestärkt. Nach der Entlassung *Lavals* im Dezember 1940 war er als stellvertretender Ministerpräsident, Innen- und Außenminister der eigentliche starke Mann in *Vichy*. Unter dem Eindruck des amerikanischen Kriegseintritts (7.12.1941) schlug er eine undurchsichtige Schaukelpolitik ein, die ihn schließlich auch die deutsche Unterstützung kostete. Laval wurde am 17.4.1942 zurückberufen, Darlan verlor alle politischen Ämter, wurde aber OB der Vichy-Streitkräfte. Bei der Landung der Alliierten in Nordafrika am 8.11.1942 be-

fand er sich zufällig in Algier. In geheimem Einverständnis mit Pétain, handelte er einen Waffenstillstand aus und ging mit den französischen Verbänden am 19.11. zu den Alliierten über. Darlan fiel dem Attentat eines monarchistischen Fanatikers und Anhängers von de *Gaulle* zum Opfer.

D-Day

D-Day (Decision-Day = Tag der Entscheidung) war im Sprachgebrauch der alliierten Generalstäbler die Kurzbezeichnung für den Stichtag eines größeren militärischen Unternehmens. Es wurde insbesondere gebraucht für den 6.6.1944, den Tag, mit dem die *Invasion* in der Normandie begann.

Degrelle, Léon

* Bouillon (Prov. Luxemburg) 15.6.1906, † Málaga 31.3.1994

Der belgische Politiker und Offizier Degrelle war Mitbegründer der »Christus Rex«-Bewegung, die er aus zunächst religiösen Anfängen zu einer faschistisch-autoritären Gruppierung entwickelte. Beim deutschen Angriff im Westen am 10.5.1940 aus Sicherheitsgründen verhaftet und in Südfrankreich interniert, kehrte Degrelle nach der belgischen Kapitulation zurück und gründete die Wallonische Legion (später SS-Panzerdivision »Wallonie«), die im *Rußlandfeldzug* eingesetzt wurde. Degrelle wurde der höchstdekorierte Ausländer in der Wehrmacht. Bei Kriegsende gelang ihm die Flucht nach Spanien. Am 14.12.1945 wurde er von einem belgischen Kriegsgericht in Abwesenheit zum Tod verurteilt, Auslieferungsanträge blieben jedoch erfolglos.

Delmer, Denis Sefton

* Berlin 24.5.1904, † Lamarsh (Suffolk) 5.9.1979

Der britische Journalist arbeitete seit 1928 für den »Daily Express«, er begleitete als Kriegsberichterstatter den *Polen-* und den *Frankreichfeldzug*. 1941 übernahm Delmer im Auftrag des Foreign Office die gesamte Organisation und Leitung der britischen »schwarzen Propaganda« für die Medien Rundfunk und Flugblatt. (»Schwarz« meint dabei eine Propaganda, die vorgibt, aus einer anderen Quelle als der tatsächlichen zu stammen.) Vor allem Delmers berühmte Geheimsender »Gustav Siegfried Eins«

und *Soldatensender Calais* entwickelten sich zum Alptraum der deutschen Überwachungsorgane. Nach dem Krieg war Delmer wiederum für den »Daily Express« journalistisch tätig; als Korrespondent des »Spiegel« nahm er kritisch Stellung zur deutschen Nachkriegspolitik.

Demjansk
Die russische Stadt Demjansk zwischen Ilmen- und Seligersee auf den Waldaihöhen östlich des Flusses Pola fiel im *Rußlandfeldzug* Ende September 1941 in deutsche Hand. Während der sowjetischen Winteroffensive wurden hier das deutsche II. AK (v. Brockdorff-Ahlefeldt) und Teile des X. AK, zusammen sechs Divisionen mit fast 100000 Mann, am 18.1.1942 vom Vorstoß der sowjetischen 3. Stoßarmee und der 34. Armee überrascht. Der Ring um Demjansk schloß sich am 8.2. Die Verteidiger des Kessels mußten nun ausschließlich auf dem Luftweg versorgt werden. Sie hielten sich trotz starken sowjetischen Drucks bis zum 28.4.1942, als es der deutschen 16. Armee gelang, einen schmalen Korridor nach Demjansk freizukämpfen. Der schließlich erfolgreiche Entsatz sollte wenig später fatale Folgen haben: Die in *Stalingrad* eingeschlossene deutsche 6. Armee glaubte man auf ähnliche Weise versorgen und entsetzen zu können wie die Truppen im Kessel von Demjansk. Im Februar 1943 wurde Demjansk von der Roten Armee zurückerobert.

Deportation
Die meist völkerrechtswidrige Zwangsverschickung und Umsiedlung von Menschen wurde von den deutschen Behörden im Krieg vor allem im Rahmen der *Judenverfolgung* und des Einsatzes von *Zwangsarbeitern* angewandt; in der Sowjetunion war sie Praxis, um »unzuverlässige« Bevölkerungsgruppen (Kosaken, Wolgadeutsche u.a.) aus den militärischen Operationsgebieten zu entfernen. Auch während der Vertreibung der deutschen Bevölkerung aus den Ostgebieten kam es nach dem Krieg zu Deportationsmaßnahmen.

Deutsch-Britisches Flottenabkommen
Am 18.6.1935 schlossen das Deutsche Reich und Großbritannien ein Abkommen zur Begrenzung der Flottenrüstung. Nach

diesem Abkommen sollte bei den Überwasserstreitkräften ein Verhältnis von deutscher zu britischer Tonnage von 35:100, bei den U-Booten Parität gewahrt werden. Als Großbritannien mit der Garantieerklärung für Polen seine bisherige auf Ausgleich mit Deutschland bedachte Politik aufgab, kündigte Hitler am 28.4.1939 das Abkommen, das die deutsche Seerüstung nachhaltig gehemmt hatte.

Deutsche Reichsbahn

Das Transportunternehmen Deutsche Reichsbahn (DR) befand sich seit 1937 in unmittelbarer Reichsverwaltung. Die DR spielte eine zentrale Rolle bei der *Endlösung*: Seit Herbst 1941 wurden in Eisenbahnwaggons über 3 Mio. Menschen in die *Vernichtungslager* transportiert. Eine gerichtliche Ahndung blieb nach dem Krieg aus: Reichsverkehrsminister Julius Dorpmüller starb schon 1945, und der vermutlich Hauptverantwortliche für die Todestransporte, Staatssekretär im Reichsverkehrsministerium Albert Ganzenmüller, floh 1947 nach Argentinien. Nach seiner Rückkehr wurde er 1973 vor Gericht gestellt, das Verfahren wurde 1977 wegen Verhandlungsunfähigkeit des Angeklagten eingestellt.

Deutsches Afrika-Korps (DAK)

Deutsches Afrika-Korps war seit dem 21.2.1941 die Bezeichnung aller deutschen Truppen in Libyen. Anlaß für deren Entsendung war *Mussolinis* Hilferuf im Dezember 1940 gewesen, als die italienische Offensive in Nordafrika zusammengebrochen war. Befehlshaber des DAK wurde Generalleutnant *Rommel*. Er verfügte zunächst über die sogenannte 5. leichte Division, die anfangs nur Brigadestärke hatte. Im März 1941 kam die 15. Panzerdivision hinzu. Volle Korpsstärke erreichte das DAK erst im Herbst 1941, nachdem die 5. leichte Division zur 21. Panzerdivision umgegliedert und aus dem Divisionsstab z.b.V. Afrika die 90. leichte Division gebildet worden war. Nach Bildung der deutsch-italienischen Panzerarmee Afrika, deren OB Rommel wurde, übernahm Generalleutnant Ludwig Crüwell das DAK. Ihm folgten am 29.5.1942 General der Panzertruppen Nehring, am 13.11.1942 General der Panzertruppen Fehn, am 1.3.1943 General der Panzertruppen Cramer. Dieser kapitulierte am 13.5.1943 mit dem DAK und ging in alliierte Gefangenschaft.

Deutschland
Die Deutschland war der »Panzerkreuzer A«, um dessen Bau in der Weimarer Republik heftig gestritten worden war. Am 19.5. 1931 lief das Panzerschiff vom Stapel, am 1.4.1933 wurde es in Dienst gestellt; 15 900 t, Länge 186 m, Breite 20,7 m, bis 950 Mann Besatzung, max. 28 kn; Bewaffnung: 6×28 cm, 8×15 cm, 6×10,5-cm-Flak, zahlreiche kleinere Fla-Geschütze, 8 Torpedorohre, 2 Bordflugzeuge Arado Ar 196. Die Deutschland wurde im *Spanischen Bürgerkrieg* 1936/37 bei der internationalen Seekontrolle eingesetzt; dabei wurde sie in Ibiza am 29.5.1937 von republikanischen Flugzeugen angegriffen (31 Tote). Bei Kriegsbeginn befand sich das Schiff im Atlantik und nahm am 26.9.1939 den Handelskrieg auf, wobei ihm drei Schiffe mit 11 925 BRT zum Opfer fielen. Nach seiner Rückkehr am 11.11. 1939 wurde – angeblich wegen Hitlers Sorge, es könnte eines Tages eine Schlagzeile geben: »Deutschland untergegangen« – der Name in Schwerer Kreuzer *Lützow* geändert; damit hoffte man auch den Verkauf des neuen Kreuzers Lützow an die UdSSR zu verschleiern.

Deutsch-Sowjetischer Nichtangriffsvertrag
Seit dem *Münchener Abkommen* der Westmächte mit den faschistischen Diktatoren (30.9.1938) war *Stalin* von tiefem Mißtrauen gegenüber Großbritannien und Frankreich erfüllt; wegen des Aderlasses der »großen Säuberungen« in der Führungsschicht seines Reiches fand er sich zudem in keiner Weise auf einen militärischen Konflikt vorbereitet. Darum verließ er die Front, die die westlichen Demokratien gegen Hitler aufbauen wollten, und nahm – trotz vorangegangenen jahrelangen Propagandakriegs, in dem er und Hitler einander wechselseitig als »jüdisch-bolschewistischen Todfeind« beziehungsweise »faschistischen Totengräber der Arbeiterklasse« tituliert hatten – das deutsche Verhandlungsangebot an. Der am 23.8.1939 in Moskau abgeschlossene Deutsch-Sowjetische Nichtangriffsvertrag verschaffte der Sowjetunion den dringend benötigten Zeitgewinn und dem Deutschen Reich die Sicherheit, beim Angriff auf Polen

nicht gestört zu werden. Die deutsche Seite profitierte zudem von sowjetischen Rohstoff- und Lebensmittellieferungen. Bestandteil des Vertrags war ein geheimes Zusatzprotokoll, in dem die Vertragspartner ihre Interessensphären u.a. in den baltischen Staaten, in Bessarabien und Finnland abgrenzten und eine Teilung Polens entlang der *Curzon-Linie* vereinbarten.

Deuxième Bureau

Als zweite (frz. deuxième) Abteilung des Generalstabs nannte sich der französische militärische Nachrichtendienst Deuxième Bureau. Die geheime Nachrichtenbeschaffung und Auslandsspionage für das Deuxième Bureau war im Service de Renseignement (SR) unter Oberst Rivet zusammengefaßt; für Spionageabwehr und Gegenspionage war eine zweite Sektion (SCR) zuständig. Der SR unterhielt in verschiedenen Grenzstädten und in Nordafrika Außenstellen. Nach Kriegsbeginn arbeitete das Spitzenbüro beim Generalstab direkt dem OB der Streitkräfte und dem Verteidigungsminister zu. Über die deutschen Angriffspläne im Westen lieferte der Nachrichtendienst durchaus präzise Informationen, nur zog das Oberkommando daraus keine Konsequenzen. Durch die Waffenstillstandsbedingungen vom 22.6.1940 wurde das Deuxième Bureau zur Auflösung gezwungen, es arbeitete jedoch in der unbesetzten Zone Frankreichs innerhalb und außerhalb der Vichy-Armee unter verschiedenen Tarnungen weiter. Seine Agenten beteiligten sich an der Organisation des Widerstands und versorgten die Nachrichtennetze der *Résistance* mit Informationen. Nach der alliierten Landung in Nordafrika (8.11.1942) baute Rivet das Deuxième Bureau in Algier wieder auf. Es schloß sich im November 1943 mit dem gaullistischen Geheimdienst zusammen.

DFS 230

Seit den frühen 30er Jahren war das Deutsche Forschungsinstitut für Segelflug in Griesheim bei Darmstadt mit der Konstruktion größerer Segelflugzeuge für den Lastentransport beschäftigt. Der Kampfsegler, der dort entwickelt wurde, bekam nach den Anfangsbuchstaben des Instituts die Bezeichnung DFS 230. Bau und Erprobung des neuartigen Fluggeräts konnten bis zu seinem ersten Einsatz gegen das belgische Fort *Eben Emael* im Mai 1940 geheimgehalten werden. Ein Jahr später folgte ein neuer Einsatz beim Unternehmen *»Merkur«* gegen Kreta. Technische Daten: Spannweite 22 m, Länge 11,24 m, Fluggewicht (Pilot und 9 Soldaten) 1,1 t. Die DFS 230 konnte dank ihres geringen Gewichts auch von einmotorigen Maschinen geschleppt werden. Im operativen Einsatz landete sie gewöhnlich auf einer Kufe, die unter dem stoffbespannten Stahlrohrrumpf angebracht war.

Dienstverpflichtung
Durch Verordnung vom 22.6.1938 wurde im Deutschen Reich eine Dienstverpflichtung für Arbeiter und Angestellte eingeführt, um sie zu Aufgaben von besonderer staatspolitischer Bedeutung heranziehen zu können. Anlaß für die Verordnung war der Ausbau der militärischen Befestigungsanlagen an der Westgrenze des Reiches *(Westwall)*. Die Dienstverpflichtung wurde in der Folge als ein ständiges Instrument zur Aufrechterhaltung eines hohen Beschäftigungsstandes in der Rüstungsindustrie und zur Lenkung des Arbeitseinsatzes benutzt. Seit dem Januar 1943 galt sie im Rahmen der Reichsverteidigung auch für Frauen zwischen 17 und 45 Jahren.

Dieppe
Die nordfranzösische Hafenstadt Dieppe an der Kanalküste wurde im *Frankreichfeldzug* am 13.6.1940 von deutschen Truppen erobert. In der Folgezeit wurde der Hafen für das Unternehmen *»Seelöwe«* ausgerüstet und die Küste später in den Ausbau des *Atlantikwalls* einbezogen. – Gegen Dieppe richtete sich am 19.8.1942 die britische Landeoperation *»Jubilee«*, als Vorübung zur geplanten Invasion des europäischen Festlands. Zunächst unbemerkt, wurden im Morgengrauen 6086 Mann der kanadischen 2. Division (Roberts) und zweier britischer Kommandos mit 28 Panzern an Land gesetzt. Während die Briten westlich von Dieppe die Batterien von Varengeville und östlich die deutschen Stellungen bei Berneval angriffen, ging das Gros der Kanadier etwas später frontal gegen die Stadt vor. Die Angreifer konnten nur an der westlichen Flanke Erfolge verzeichnen, überall sonst trafen sie auf massive Gegenwehr, die sich noch verstärkte, als am Vormittag deutsche Jäger und Jagdbomber die Luftherrschaft über Dieppe erlangten. Gegen Mittag wurde zum Rückzug ge-

blasen. Diesen konnten nur noch zwei Fünftel der Angreifer antreten: Unter den 4350 Personalausfällen waren 1179 Gefallene und 2190 Gefangene, die RAF verlor 106 Flugzeuge, die Navy 33 Landungsfahrzeuge. Die deutschen Verluste betrugen 311 Gefallene und 280 Verwundete, die Luftwaffe büßte 48 Maschinen ein. Die Westalliierten gewannen aus der gescheiterten Landungsoperation wichtige Aufschlüsse, vor allem den Aufwand betreffend, der bei der geplanten Invasion nötig sein würde. Außerdem ließ sich mit Dieppe gegen die sowjetischen Forderungen nach rascher Errichtung einer *Zweiten Front* argumentieren.

Dietl, Eduard
* Bad Aibling (Oberbayern) 21.7.1890, † bei Hartberg (Steiermark) 23.6.1944
Der Gebirgsjägergeneral Dietl wurde im April/Mai 1940 als »Held von Narvik« populär, das er mit Gebirgsjägern und Matrosen im Norwegenfeldzug gegen mehrfache Übermacht verteidigte. Seit 15.1.1942 führte er die 20. deutsche (Lappland-) Armee im *Rußlandfeldzug*. Am 1.6.1942 wurde er zum Generaloberst ernannt. Dietl kam bei einem Flugzeugabsturz ums Leben.

Dietrich, Joseph (»Sepp«)
* Hawangen (Oberbayern) 28.5.1892, † Ludwigsburg 21.4.1966
Der Berufssoldat Dietrich kam nach dem 1. Weltkrieg im bayerischen Polizeidienst unter. 1928 trat er der NSDAP bei. Am 17.3.1933 stellte er die SS-Stabswache Berlin auf, Kern der *Leibstandarte-SS »Adolf Hitler«* (LAH), deren Kommandeur er bis 1943 war. Mit der Leibstandarte, später 1. SS-Panzerdivision LAH, nahm er an den Feldzügen im Westen, auf dem Balkan und in Rußland teil. Vom 27.7.1943 bis 24.10.1944 war er Kommandierender General des 1. SS-Panzerkorps und danach bis Kriegsende OB der 6. SS-Panzerarmee. Nach dem Krieg wurde er wegen Ausschreitungen seiner Einheiten während der Ardennenoffensive bei *Malmedy* gegen amerikanische Gefangene vor ein Militärgericht gestellt. Er erhielt am 16.7.1946 eine lebenslange Haftstrafe, wurde 1950 zu 25 Jahren begnadigt und 1955 amnestiert. Ein deutsches Gericht verurteilte ihn am 14.5.1957

wegen der von ihm geleiteten Erschießungen von SA-Führern beim sogenannten Röhm-Putsch (30.6./1.7.1934) zu 18 Monaten Haft. Im Februar 1959 kam er endgültig frei.

Dijle-Plan

Noch bis zum Beginn des deutschen Angriffs im Westen (10.5. 1940) galt im französischen Oberkommando die Annahme, daß ein deutscher Vormarsch nicht anders als im 1. Weltkrieg ablaufen könnte: Durchmarsch durch Belgien unter Verletzung der belgischen Neutralität, Schwenk mit starkem rechtem Flügel zur Umfassung der alliierten Streitkräfte im Artois und in Flandern, wie seinerzeit im Schlieffen-Plan vorgesehen. Dem wollte man mit einer Offensive frontal begegnen. Die Planung, nach dem belgischen Fluß Dijle (frz. Dyle) benannt, an dem französische und britische Verbände Stellung beziehen sollten, wurde am 24.10.1939 offiziell beschlossen. – Die Operationen liefen am 10.5.1940 nach der belgischen Bitte um Beistand planmäßig an, die französische 7. Armee drang bis Bergen-op-Zoom vor. Dann aber wurde der Dijle-Plan zur gigantischen Falle, als sich herausstellte, daß der deutsche Hauptschlag gar nicht durch die Ebenen Nordbelgiens, sondern im Süden durch die angeblich völlig unwegsamen Ardennen geführt wurde. Die vorgeschobenen alliierten Armeen gerieten in die Zange. Der Rückzugsbefehl kam zu spät, die abgeschnittenen alliierten Truppen zogen sich auf *Dünkirchen* zurück.

Dirlewanger, Oskar

* Würzburg 26.9.1895, † Altshausen (bei Friedrichshafen) 19.6.1945

Der promovierte Jurist Dirlewanger ging wegen einer Vorstrafe 1937 freiwillig zur Legion Condor und nahm am *Spanischen Bürgerkrieg* teil. 1939 wurde er Obersturmführer der Waffen-SS. Über seinen Freund *Berger* gelang es ihm, *Himmler* für seine Idee zu erwärmen, eine Einheit von Scharfschützen aus verurteilten Wilddieben aufzustellen, deren »Schießkünste nicht brachliegen« dürften. Am 1.9.1940 wurde das Sonderbataillon Dirlewanger aufgestellt, das zum Teil mit Berufsverbrechern aufgefüllt und zur Sturmbrigade erweitert wurde. Bei der Niederschlagung des *Warschauer Aufstands* zeichnete sich diese Truppe durch besonders brutale Kampfführung aus. Dirlewanger konnte sich nach Verwundung im Februar 1945 nach Westen absetzen, während sein Verband in sowjetische Gefangenschaft geriet.

Displaced Persons (DP)
Displaced Persons war die alliierte Sammelbezeichnung für nach Deutschland verschleppte ausländische *Zwangsarbeiter* und nichtdeutsche Flüchtlinge und *Hilfswillige*, die mit der Wehrmacht vor der Roten Armee nach Westen gezogen waren; ihre Gesamtzahl betrug rund 8,5 Mio. Viele DP, zum Beispiel die *Kosaken*, wurden ausgeliefert und zwangsweise in ihre Heimat gebracht, andere verblieben als heimat- und/oder staatenlose Ausländer in den Westzonen oder erhielten in anderen Ländern Zuzugsgenehmigung.

Dnjepr
Mit 2200 km Länge von der Quelle südlich der Waldaihöhen bis zur Mündung ins Schwarze Meer ist der Dnjepr heute drittgrößter Strom Europas und Transportschlagader der Ukraine. Im 2. Weltkrieg war der Dnjepr im Mittellauf von Orscha bis zur Einmündung des Pripjet Teil der Stalin-Linie. Im *Rußlandfeldzug* wurde er von der deutschen Heeresgruppe Mitte am 10.7. 1941 bei Mogilew zuerst überschritten. Die Einschließung starker sowjetischer Kräfte östlich von Kiew am 25.8.1941 ermöglichte dann auch der Heeresgruppe Süd (v. Rundstedt), Anfang September den Dnjepr in ganzer Länge zu überqueren. – Beim Vormarsch der Roten Armee nach der deutschen Niederlage am Kursker Bogen *(»Zitadelle«)* im Sommer 1943 plante die Wehrmacht ihrerseits die Errichtung einer Verteidigungslinie am Dnjepr. Hitler genehmigte jedoch nur abschnittsweise die Rücknahme der Truppen auf den strategisch günstigen Flußlauf. So konnte eine optimale Dnjeprstellung nicht vorbereitet werden. Der sowjetischen Offensive, vorgetragen von sechs Fronten (Heeresgruppen) mit rund 2,6 Mio. Mann, 51 000 Geschützen, 2400 Panzern und 2850 Flugzeugen, konnten die kaum halb so starken deutschen Heeresgruppen Süd (v. Manstein) und A (v. Kleist) nicht lange standhalten. Bis 30.9.1943 war der ganze Unterlauf des Dnjepr von Gomel bis Saporoschje von den Angreifern erreicht und nördlich von Kiew sowie südlich von Kre-

mentschug bereits überschritten. Bei Mogilew, südlich von Kiew und im Mündungsgebiet von Nikopol bis Cherson hielt die Dnjeprfront noch über die Jahreswende 1943/44.

Do 17 →Fliegender Bleistift

Do 217
Das deutsche zweimotorige schwere Kampfflugzeug der *Dornier-Werke* Do 217 war eine vergrößerte Weiterentwicklung der Do 17 *Fliegender Bleistift.* Das erste Baumuster flog im August 1938. Seit Ende 1940 wurde die Do 217 auch als Aufklärer, Lenkwaffenträger und Nachtjäger eingesetzt. Technische Daten der Bauserie M (1942): 2×1750 PS, Höchstgeschwindigkeit 515 km/h, 1×15-mm-, 2×13-mm- und 3×7,92-mm-MG als bewegliche Abwehrbewaffnung, Bombenlast 3,7 t, damit Reichweite 1550 km, 4 Mann Besatzung. Insgesamt 1730 Do 217 wurden im 2. Weltkrieg gebaut.

Dohnányi, Hans von
* Wien 1.1.1902, † KZ Sachsenhausen 8. oder 9.4.1945
Der Jurist Dohnányi war seit Mai 1933 persönlicher Referent von Justizminister Gürtner. Als Gegner des nationalsozialistischen Unrechtsstaats hielt er seit Februar 1938 Kontakte zum militärischen Widerstand. Zur *Abwehr* versetzt, leitete Dohnányi in der Zentralabteilung *Osters* das politische Referat und konnte so wertvolle Informationen sammeln. Diese fielen der Gestapo in die Hände, als sie Dohnányi am 5.4.1943 verhaftete; ein Schweizer Kontaktmann, der in Devisenmanipulationen verwickelt war, hatte ihn belastet. Zum Prozeß aber kam es nicht. Dohnányi wurde nach einem improvisierten Standgerichtsverfahren gehängt.

Donau
Als Nachschubstraße spielte die Donau, mit 2850 km zweitlängster Strom Europas, eine bedeutende Rolle im 2. Weltkrieg. Am Tag vor dem deutschen Angriff auf Jugoslawien und Griechenland (6.4.1941) wurde ein britisches Sabotageunternehmen zur Sperrung der Donau am Eisernen Tor bei Orsava durch die Wachsamkeit der deutschen Abwehr vereitelt. Nach Beginn des

Rußlandfeldzugs diente der Fluß als Transportweg für den Nachschub des Ostheeres und in Gegenrichtung für die Lieferungen rumänischen Erdöls. Die Kriegsmarine entsandte 1942–44 zahlreiche Einheiten (U-, Schnell- und Minenräumboote) über die Donau ins Schwarze Meer. Durch Minenwürfe britischer Flugzeuge wurde seit Sommer 1943 der Schiffsverkehr erheblich behindert. Erst die Bildung eines deutschen Minenräumdienstes im Juli 1944 ließ die Schäden wieder abnehmen. Dadurch konnten sich beim deutschen Rückzug viele Schiffe der Kriegsmarine über die Donau retten. Ihrerseits verminten danach ab Oktober 1944 die deutschen Flußstreitkräfte die Donau, was den sowjetischen Vormarsch jedoch nicht nennenswert aufhielt.

Donezbecken
Auf das Donezbecken, ein bedeutendes Industrierevier am Unterlauf des südrussischen Steppenflusses Donez, zielte der erste Stoß der deutschen Sommeroffensive *»Blau«* Ende Juni 1942. Bis Mitte Juli war das Gebiet mit seinen reichen Kohle- und Erzvorkommen in deutscher Hand. Nach der Katastrophe von *Stalingrad* begann die Rückeroberung aber schon Anfang Februar 1943, als die sowjetische Süd- (Malinowski) und Südwestfront (Watutin) den Donez erreichten und am 14.2. Rostow nahmen.

Dönitz, Karl
* Grünau (bei Berlin) 16.9.1891, † Aumühle (bei Hamburg) 24.12.1980
Der Marineoffizier Dönitz wurde nach zahlreichen Kommandos und Stabsstellungen am 1.1.1936 Führer der U-Boote und baute diese Waffe gemäß *Deutsch-Britischem Flottenabkommen* auf. Sein taktisches Konzept zog die Lehren aus dem 1. Weltkrieg. Damals hatte sich Dönitz als U-Boot-Kapitän mit den Bewachern der großen Konvois herumschlagen müssen und war nie recht zum Schuß gekommen, Als Befehlshaber der U-Boote (seit 12.9.1939) stellte er Masse gegen Masse. Der Angriff im geschlossenen Rudel feierte im Herbst 1941 die ersten Triumphe. Zeitweise kam die britische Versorgung über See fast zum Erliegen. 1943 wurde Dönitz – inzwischen Großadmiral – Nachfolger von *Raeder* als OB der Kriegsmarine. Wegen steigender Verluste mußte er wenig später die *Atlantikschlacht* abbrechen,

unterstützte aber weiter Hitlers Kriegführung – bis hin zur Verurteilung der Attentäter vom 20.7.1944 als »ehrvergessene« Offiziere. Hitler bestimmte den loyalen Soldaten testamentarisch zum Nachfolger als Reichspräsident. Die von Hitler gewünschte unbeirrte Fortführung des Kampfes blieb Dönitz jedoch schuldig, vielmehr bemühte er sich, durch Teilkapitulation nach Westen möglichst viele Soldaten und Flüchtlinge vor der Roten Armee zu retten. Nach der *bedingungslosen Kapitulation* wurde Dönitz mitsamt seiner »Geschäftsführenden Reichsregierung« am 23.5.1945 in Flensburg verhaftet. Im Nürnberger Prozeß erhielt er wegen »Verbrechen gegen den Frieden« eine Haftstrafe von zehn Jahren, die er in Spandau verbüßte.

Doolittle-Raid
Nach dem japanischen Überfall auf die US-Pazifikflotte in *Pearl Harbor* (7.12.1941) suchte man in Amerika nach einem Mittel zur Vergeltung. Die Admiralität entwickelte einen Plan zur Bombardierung Japans von Flugzeugträgern aus. Allerdings war nur möglich, Bombenflugzeuge von einem Träger starten zu lassen, aber nicht, sie auch dorthin wieder zurückkehren zu lassen. Es blieb eine kombinierte Operation: Start möglichst nahe Japan, Bombenwurf ohne Jagdschutz über Japan, Landung in China. Unter Oberstleutnant James H. Doolittle (1896–1993) wurde in Florida eine 80 Mann starke Sondereinheit mit 16 B-25 Mitchell aufgestellt und trainiert und am 12.4.1942 von Kalifornien auf dem US-Träger Hornet unter Admiral Halsey mit vier Kreuzern, acht Zerstörern und zwei Versorgern in Marsch gesetzt. Am 18.4. stieg Doolittle mit seinen Bombern auf. Der Angriff gelang, am hellen Mittag erschienen 13 Mitchell über Tokio und bombardierten militärische und industrielle Einrichtungen. Dennoch gingen beim Doolittle-Raid alle US-Bomber verloren: Einer landete in Wladiwostok, wo die Besatzung von den Sowjets interniert wurde, elf Besatzungen sprangen per Fallschirm über China ab, vier machten Bruchlandungen. Fünf Mann gerieten in japanische Gefangenschaft und wurden zum Tod verurteilt.

Dora
Das deutsche Eisenbahngeschütz Dora wurde seit 1937 von der Firma Krupp entwickelt, der erste Übungsschuß fand am 19.9.

1941 statt; Kaliber 80 cm, Granatengewicht 7,1 t bei 250 kg Sprengstoff, Mündungsgeschwindigkeit 720 m/sek, Rohrlänge 32,48 m, Gesamtgewicht 1350 t, 3 Schuß pro Stunde, Schußweite normal 37 km, bei vergrößerter Treibladung bis max. 48 km, Bedienungsmannschaft einschließlich Sicherungstruppen 4400 Mann. Anfang 1942 war das erste Geschütz einsatzbereit. Es kam bei der Beschießung von *Sewastopol* im Juni 1942 zum Einsatz – mit wenig Erfolg, da die Abschüsse oft weit neben dem Ziel lagen. An die Leningrad-Front verlegt, kam das Geschütz dort aber nicht mehr zum Schuß. Ein weiteres Dora-Geschütz wurde zwar fertiggestellt, blieb aber ohne Bedienungsmannschaft.

Dornier-Werke GmbH
Die Dornier-Flugzeugfabriken in Friedrichshafen (Bodensee) waren in der Zwischenkriegszeit führend im Bau von Atlantik-Flugbooten (u.a. die zweimotorigen Ganzmetallflugboote der Wal-Serie, die viermotorige Do 26, das zwölfmotorige »Flugschiff« Do X). Militärischen Zwecken (Seeaufklärung und Seenotrettung) dienten die Do 18 mit zwei Motoren in Tandemanordnung und die dreimotorige Do 24. In großen Stückzahlen bauten die Dornier-Werke während des Krieges die zweimotorigen Kampfflugzeuge Do 17 *Fliegender Bleistift* und *Do 217*. Nicht mehr zum Einsatz kam der Jagdeinsitzer Do 335 Pfeil (Erstflug 1943), mit 765 km/h schnellstes deutsches Kolbenflugzeug des Krieges.

Dortmund
Dortmund, die größte Stadt Westfalens mit rund 540 000 Einwohnern (1940), war als Zentrum eines industriellen Ballungsraums (Kohle, Stahl, Maschinen u.a.) während des Krieges eines der Hauptziele der alliierten Luftoffensive. Schwere Angriffe trafen die Stadt u.a. am 14./15.4.1942 (278 t Bomben), am 4./5.5.1943 (1436 t), am 24.5.1943 (2042 t), am 11./12.11.1944 (1122 t) und am 29.11.1944 (1618 t). Die schwersten Verwüstungen aber richtete die RAF an, als sie am 12.3.1945 mit 1107 Maschinen 4851 t Bomben über Dortmund abwarf. Die Straßenkämpfe bei Eroberung der Stadt durch die 9. US-Armee (Simpson) am 12./13.4.1945 brachten weitere Zerstörungen, so

daß schließlich rund zwei Drittel aller Wohnungen vernichtet waren.

Douglas, Sir William Sholto
* Oxford 23.12.1893, † Northampton 29.10.1969
Der spätere britische Luftmarschall (Januar 1946) begann seine Laufbahn 1915 im Royal Flying Corps in Frankreich. 1938 wurde er Air Vice Marshal (Generalleutnant) und Assistent beim Chef des britischen Luftstabes. Im November 1940 trat er die Nachfolge *Dowdings* als Chef des Fighter Command an. 1943 wurde er zum OB der britischen Luftstreitkräfte im Nahen Osten und 1944 zum Chef des Küstenkommandos der RAF ernannt. Dieses führte er erfolgreich gegen die deutschen U-Boote im Atlantik und bei der Sicherung der Invasion in der Normandie (Juni 1944). Nach der deutschen Kapitulation wurde Douglas im Juni 1945 OB der RAF in der britischen Besatzungszone in Deutschland. 1946 folgte er *Montgomery* auf dem Posten des Militärgouverneurs und britischen Vertreters im Alliierten Kontrollrat.

Dowding, Sir Hugh Caswall
* Moffat (Dumfries) 24.4.1892, † Tunbridge Wells (Kent) 15.2.1970
Zunächst Artillerieoffizier, trat Dowding 1914 zum Royal Flying Corps über. 1915 war er Staffelführer in Frankreich und bei Kriegsende bereits Brigadegeneral. 1936 übernahm er als OB das neugegründete Fighter Command der RAF. Er trieb die Entwicklung der *Hurricane* und der *Spitfire* sowie den Ausbau der Radarstationen zur Frühwarnung energisch voran. Seine Taktik, die Staffeln nur »dosiert«, also in der jeweils erforderlichen Zahl einzusetzen, sicherte 1940 letztlich den Sieg in der *Luftschlacht um England.* Der Dank dafür blieb aus: Anhänger des »Einsatzes in Massen« drängten ihn am 25.11.1940 von seinem Posten. 1942 ließ er sich in den Ruhestand versetzen.

»Dragoon«
»Dragoon« (engl. Dragoner) war der Deckname für die Landung alliierter Truppen in Südfrankreich am 15.8.1944 zur Flankierung der *Invasion* in der Normandie. Gemäß dem Operationsentwurf »Anvil« wurden für das Unternehmen die 7. US-Armee

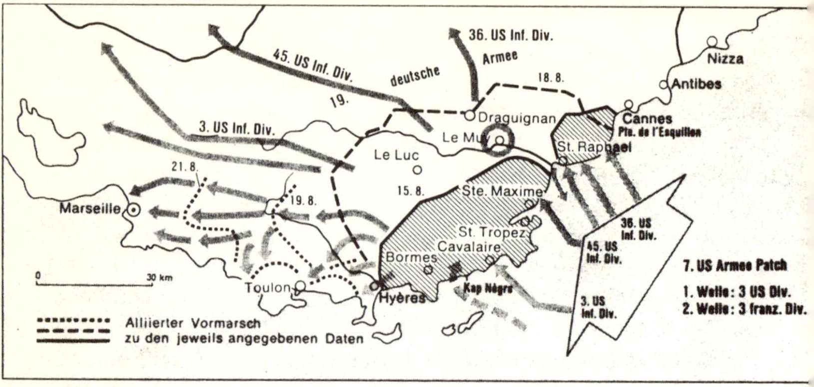

Die alliierte Landung in der Provence (Operation »Dragoon«, 15.8.1944)

(Patch) mit dem VI. US-Korps und dem II. (frei)französischen Korps unter de *Lattre de Tassigny* bereitgestellt. Die Landungsflotte bestand aus 2000 Fahrzeugen, davon 500 Kriegsschiffe. Für den Luftschirm sorgten 1900 Maschinen. Die deutsche Abwehr, bestehend aus der 19. Armee (Wiese) und der 11. Panzerdivision (die noch herangeführt werden mußte), hatte dem wenig entgegenzusetzen; sie war zermürbt durch ständige Bombenangriffe seit April 1944 und geschwächt durch die Abgabe von Truppen an die Invasionsfront, zudem litt sie unter Nachschubmangel, den Hiobsbotschaften von allen Fronten, Sabotageakten der *Résistance* und ungeeignetem Personal. – Im Morgengrauen des »J-Day« (15.8.) eröffneten die alliierten Schiffe das Feuer auf die Küste zwischen Hyères und Cannes, im Hinterland wurde die 1. US-Luftlandedivision abgesetzt. Am Abend waren bei Saint-Tropez und bei Saint-Raphaël zwei Brückenköpfe mit 6000 Mann gebildet. Die alliierte Luftherrschaft behinderte das Heranführen von deutschen Reserven, insbesondere den Marsch der 11. Panzerdivision. Am dritten Tag waren die Landeköpfe weit ausgedehnt und bereits 87 000 Mann mit 12 250 Fahrzeugen auf dem Vormarsch. Mit dem Fall von Toulon (23.8.) und Marseille (28.8.) war »Dragoon« erfolgreich abgeschlossen. Die Vereinigung mit den aus Westen kommenden Invasionsarmeen erfolgte, früher als geplant, am 12.9.1944 bei Langres in Nordburgund.

Drancy
1941 wurde nordwestlich von Paris das Polizeihaftlager Drancy errichtet, das zugleich als Haft- und Durchgangslager für Juden diente *(Judenverfolgung)*. Zunächst unter französischer Leitung, wurde es seit 1942 vom deutschen SD geführt, die Wachmannschaften stammten zumeist aus der *Vichy*-Gendarmerie. Bis zum 31.7.1944 wurden über Drancy fast 90 000 Menschen in die *Vernichtungslager* deportiert.

Dreimächtepakt
Am 27.9.1940 schlossen Japan, Italien und das Deutsche Reich eine Vereinbarung über die jeweiligen Interessensphären und über gegenseitige Unterstützung mit »allen politischen, wirtschaftlichen und militärischen« Mitteln im Falle eines fremden Angriffs. Der Dreimächtepakt war vor allem gegen die USA gerichtet, ihm traten 1940/41 Ungarn, Rumänien, die Slowakei, Bulgarien und vorübergehend Jugoslawien (später Kroatien) bei, die Sowjetunion blieb fern. Trotz der Erweiterung durch ein Militärabkommen (18.1.1942) und wirtschaftlicher Abmachungen (2.6.1942) blieb der Dreimächtepakt wenig wirksam, da Japan sich nicht am deutsch-sowjetischen Krieg beteiligte. Nach dem italienischen Sonderwaffenstillstand (September 1943) verlor er jede Bedeutung.

Dresden
Die einstige sächsische Residenzstadt Dresden an der Elbe mit rund 630 000 Einwohnern (1940), wegen ihrer Schönheit und reichen Kunstschätze als »Elb-Florenz« gerühmt, wurde am 13./14.2.1945 Opfer eines kombinierten Großangriffs der RAF und der US Air Force. In mehreren Wellen warfen insgesamt 1323 Flugzeuge 3749 t Bomben ab, die 13 km^2 Fläche, darunter die historische Altstadt mit architektonischen Kostbarkeiten wie Zwinger, Schloß und Hofkirche, total zerstörten. Militärische Ziele von Bedeutung gab es in der Stadt nicht, sie war unverteidigt, obendrein zum Zeitpunkt des Angriffs mit Flüchtlingen aus Schlesien überfüllt. Daher neben den gewaltigen Zerstörungen auch die ungeheure Zahl von Todesopfern: Bis zum 6.5.1945 waren 39 773 Tote identifiziert; zahllose Leichen namenloser Opfer waren zuvor auf riesigen Rosten verbrannt oder in Mas-

sengräbern beigesetzt worden, amtliche Schätzungen sprachen von 135 000 Toten, inzwischen jedoch wurden die abschließenden Zahlen auf 40 000 bis 60 000 Opfer korrigiert. Dresden wurde noch mehrmals, am 15.2., am 2.3. und am 17.4., bombardiert, bis es am 8.5.1945 von der sowjetischen 5. Gardearmee (Schadow) eingenommen wurde. Neben *Coventry* und *Hiroshima* ist es zum Inbegriff des sinnlosen Luftterrors im 2. Weltkrieg geworden.

Drôle de guerre
Französische Bezeichnung für den *Sitzkrieg* in der Zeit zwischen Kriegserklärung an das Deutsche Reich und Beginn des deutschen Angriffs im Westen (drôle de guerre = komischer Krieg).

Duisburg
Als Hauptumschlagplatz des Ruhrgebiets und Industriemetropole (Kohlebergbau, Hüttenindustrie, Schiffbau, Chemie u.a.) war Duisburg, am rechten Rheinufer beiderseits der Einmündung der Ruhr gelegen, mit 435 000 Einwohnern (1940), eines der bevorzugten Ziele alliierter Luftangriffe. Die Zerstörungen begannen schon 1941, u.a. warfen am 12./13.6.1941 britische Maschinen 445 t Bomben ab. Im Jahre 1942 folgten schwere Angriffe am 1./2.6. (1235 t Bomben), am 21./22.7. (577 t) und am 6./7.9. (439 t). 1943 legten 577 britische Bomber am 12./13.5. die gesamte Altstadt von Duisburg in Schutt und Asche, 96 000 Menschen verloren ihr Obdach. Die schwersten Schäden erlitt die Stadt am 22.5.1944, als 2000 t Bomben abgeworfen wurden, und am 14./15.10.1944, als die doppelte Menge im Rahmen eines Tausend-Bomber-Angriffs fiel. Es folgten bis Ende 1944 noch zahlreiche weitere Großangriffe. Im April 1945 wurde Duisburg in die Kämpfe um den *Ruhrkessel* einbezogen, dadurch kamen zu den Bombenschäden noch Zerstörungen durch Artilleriebeschuß. Am 12.4.1945 wurde Duisburg von Einheiten der 9. US-Armee (Simpson) besetzt.

Dulles, Allen Welsh
* Watertown (New York) 7.4.1893, † Washington (D.C.) 29.1.1969
Der amerikanische Diplomat, Bruder des späteren US-Außen-

ministers John Foster Dulles, spielte im 2. Weltkrieg eine Schlüsselrolle als Leiter des US-Nachrichtendienstes in Europa 1942–45 mit Sitz in Bern. Er unterhielt Verbindung zu deutschen Widerstandskreisen und vermittelte über SS-Obergruppenführer *Wolff* die vorzeitige deutsche Kapitulation in Italien. Nach dem Krieg wurde Dulles 1953 Chef der CIA. Als dieser hatte er das Scheitern der Kuba-Invasion in der Schweinebucht 1961 zu verantworten und mußte seinen Posten räumen.

Dünkirchen
Die nordfranzösische Hafenstadt Dünkirchen (frz. Dunkerque) am Ärmelkanal unweit der belgischen Grenze war in der ersten Phase des deutschen Westfeldzugs der Endpunkt des Rückzugs für die französische 1. Armee und die *British Expeditionary Forces*, die sich in einem Kessel bei Dünkirchen zusammengedrängt fanden, nachdem ein letzter Durchbruchsversuch zur Somme bei *Arras* gescheitert war. Hitler aber ließ am 24.5.1940 den stürmischen Vormarsch seiner Panzerdivisionen anhalten und gab damit Briten und Franzosen die Chance, den Kessel zu stabilisieren und die Evakuierungsaktion *»Dynamo«* in Gang zu bringen. Die deutsche Luftwaffe vermochte trotz der Versprechungen ihres OB *Göring* die Einschiffung von insgesamt 215 000 britischen und 123 000 französischen Soldaten nach England nicht zu verhindern. Dem deutschen X. AK (Hansen), das am 6.6.1940 schließlich die Stadt nahm, fiel zwar das gesamte Kriegsmaterial der Evakuierten in die Hände, gefangennehmen konnte es aber nur noch 40 000 Mann der französischen Nachhut. – Dünkirchen war in den folgenden Jahren Stützpunkt der deutschen Kriegsmarine und Festung des *Atlantikwalls*. Nach der Invasion der Alliierten 1944 hielt es sich bis Kriegsende.

Düsseldorf
Die deutsche Verwaltungs- und Industriemetropole Düsseldorf mit 542 000 Einwohnern (1939), im Vorfeld des Ruhrgebiets am Niederrhein gelegen, gehörte zu den Hauptzielen der alliierten Luftoffensive gegen Deutschland. Schon 1941 begannen schwere Angriffe, u.a. am 27./28.12. luden 96 RAF-Maschinen 126 t Bomben auf die Stadt ab. Bei weiteren Bombardements am 10./11.9.1942 kamen 44 Menschen ums Leben, 40 000 wurden

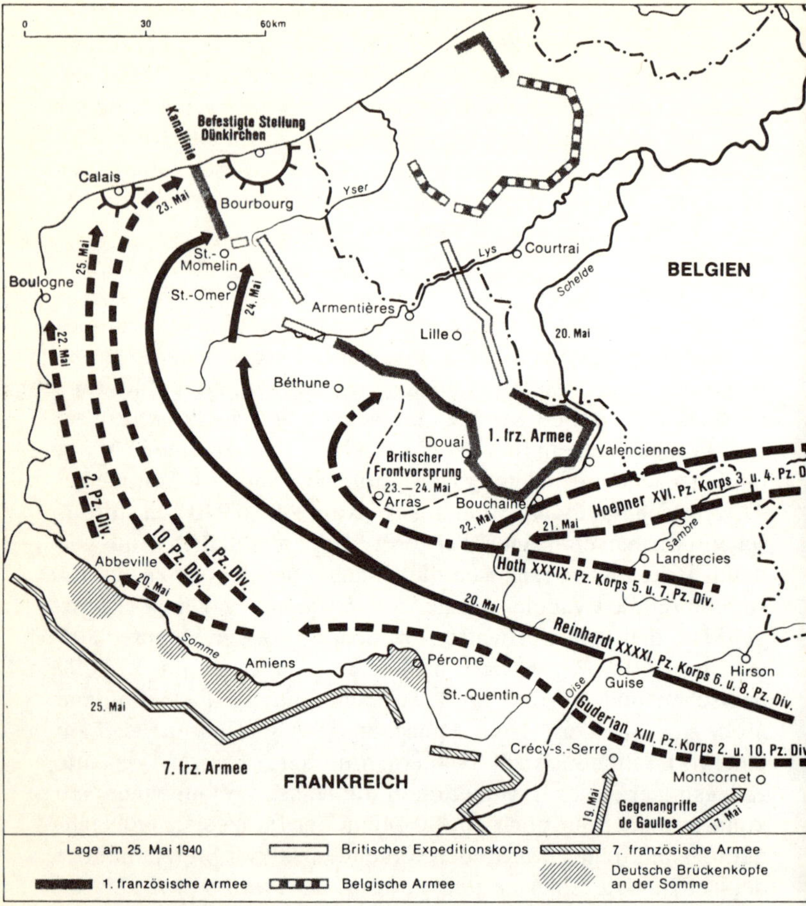

Der Vorstoß der deutschen Panzerdivisionen auf Dünkirchen (20.–24.5.1940)

obdachlos. Von 1943 an gab es fast täglich Fliegeralarme, meist wegen überfliegender Verbände, nicht selten aber auch wegen schwerer Großangriffe gegen Düsseldorf selbst. So wurden zum Beispiel am 25./26.5. und am 11./12.6. 1943 jeweils fast 2000t Bomben geworfen. Das Zerstörungspotential wuchs mit der Zahl viermotoriger Bomber: Beim Angriff vom 4.11.1943 luden

527 RAF-Maschinen 2234 t Bomben ab. Der Höhepunkt kam am 2./3.11.1944, als 992 Flugzeuge mit dem Abwurf von nahezu 4500 t Bomben einen Feuersturm entfesselten. Nach dem Zusammenbruch des *Ruhrkessel*s wurde Düsseldorf, das in Straßenkämpfen weitere Zerstörungen erlitten hatte (Gesamtverlust: 86 500 Wohnungen = 51 %), am 17.4.1945 von Einheiten der 1. US-Armee (Hodges) genommen.

»Dynamo«

»Dynamo« war die Codebezeichnung für die Evakuierung der bei *Dünkirchen* eingeschlossenen alliierten Truppen Ende Mai/Anfang Juni 1940. Bei dem vom britischen Admiral Ramsay geleiteten Unternehmen gelang es, 338 000 Soldaten, darunter 123 000 Franzosen, nach England zu transportieren, allerdings unter Zurücklassung ihres gesamten Materials. Die von *Göring* angekündigte Verhinderung von »Dynamo« aus der Luft erwies sich als unmöglich; schlechtes Wetter mit niedriger Wolkendecke und die Rauchfahnen der riesigen Brände behinderten eine wirksame Bekämpfung der Einschiffungen, am sandigen Strand und im Wasser war die Wirkung der Bomben gering, außerdem leisteten die Jagdflieger der RAF erbitterten Widerstand. Nur 270 Fahrzeuge der Evakuierungsflotte gingen verloren (davon 235 durch Luftangriffe). Die alliierten Verluste blieben mit rund 7000 Toten relativ gering. Die Rettung von nahezu 85 % der nach Frankreich entsandten *British Expeditionary Forces* ermöglichte Großbritannien den Neuaufbau von Streitkräften zur Fortführung des Krieges zunächst an den Rändern Europas und schließlich wieder auf dem Kontinent.

Eagle

Der britische Flugzeugträger Eagle entstand 1920–23 aus einem ursprünglich für Chile bestimmten Linienschiffneubau; 22 600 t, 24 kn, 203,3 m lang, 32 m breit, 748 Mann Besatzung; Bewaffnung: 9×15,2 cm, 6×10,2 cm, 16×4 cm, 21 Flugzeuge. Die Eagle nahm nach Kriegsausbruch unter Kapitän Mackintosh Sicherungsaufgaben im Mittelmeer wahr. Am 9.7.1940 wurde sie von italienischen Bombern beschädigt, am 11.8.1942 südlich der Balearen von U 73 (Kapitänleutnant Rosenbaum) versenkt; dabei fanden 260 Mann den Tod.

Eben Emael

Das belgische Sperrfort Eben Emael zwischen Lüttich und Maastricht am Albertkanal, 1932–35 zur Sicherung von drei Brücken errichtet, galt nach Lage, Befestigung und Bewaffnung als uneinnehmbar. Über dem dreistöckigen Befestigungswerk erhoben sich eine Panzerkuppel, deren 2×12-cm-Geschütze 16 km Reichweite hatten, sowie zwei Panzerkuppeln mit je 2×7,5 cm und 11 km Reichweite. In vier Kasematten standen je 3×7,5-cm-Kanonen. Die 40 m hohen Steilwände des Forts wurden von 6-cm-Pak und MG aus Bunkern geschützt. Als Besatzung waren 1200 Mann vorgesehen, tatsächlich hielten sich Anfang Mai 1940 jedoch nur 650 Soldaten unter dem Kommando von Major Jottrand in Eben Emael auf. – Im deutschen Plan *»Gelb«* für den Feldzug im Westen 1940 hatten die Ausschaltung von Eben Emael und der blitzartige Zugriff auf die Brücken über Maas und Albertkanal oberste Dringlichkeit. Die Fallschirmtruppe stellte die Sturmabteilung unter Hauptmann Koch bereit, die aus vier Sturmgruppen bestand, darunter die Gruppe »Granit« mit 84 Fallschirmpionieren der 7. Luftlandedivision. Ihr Transportmittel war der bis dahin streng geheime Kampfsegler *DFS 230*. Am frühen Morgen des 10.5.1940 wurden die Segler von elf Ju 52 bis vor das Ziel geschleppt. Zwei mußten notlanden, die anderen schwebten um 5.25 Uhr auf das Dach der Kampfanlage. – Gegen einen lautlosen Überfall aus der Luft gab es auf der Festung kaum Vorkehrungen. Die Fla-Stellungen wurden in den ersten zehn Minuten ausgeschaltet, die Kuppeln mit neuartigen Hohlladungen neutralisiert. Den Belgiern gelang es nicht, die kleine Sturmtruppe vom Dach der Festung zu vertreiben, andererseits vermochte diese zunächst auch nicht ins Fort hineinzukommen. Am folgenden Tage rückte mit den Angriffsspitzen des XVI. Panzerkorps (Hoepner) das Pionierbataillon 51 (Oberstleutnant Mikosch) an. Der Festungsgraben wurde mit Schlauchbooten überquert, gegen Mittag drangen die Pioniere von außen in Eben Emael ein, das von seinen Verteidigern aufgegeben wurde. 24 Mann waren gefallen, 59 verwundet. Die Verluste der Angreifer betrugen 6 Gefallene und 20 Verletzte.

Edertalsperre
Die Bombardierung von Talsperren, um Überschwemmungen zu erzeugen und die Wasserwirtschaft nachhaltig zu stören, war von britischer Seite schon vor dem Krieg geplant worden. Aber erst die Entwicklung von Rotationsbomben während des Krieges machte solche Angriffe auch tatsächlich möglich. – In der Nacht des 16./17.5.1943 warfen drei britische *Lancaster* 3-t-Spezialbomben in die Edertalsperre. Die Detonationen rissen ein 70 m langes und 22 m tiefes Loch in die Staumauer. Eine riesige Flutwelle schoß zu Tal, 2009 Menschen ertranken. In derselben Nacht wurden auch Sorpe- und *Möhnetalsperre* angegriffen. Zur erwarteten Katastrophe kam es jedoch nicht, da die Sorpetalsperre hielt und die Überschwemmungen nicht weiträumig genug ausfielen.

»Eiche«
Unter dem Decknamen »Eiche« lief seit 1.8.1943 die Planung für die Befreiung des eine Woche zuvor gestürzten und verhafteten italienischen Staatschefs *Mussolini.* Anfang September 1943 lagen Nachrichten vor, der »Duce« werde im Sporthotel Campo Imperatore auf dem Gran Sasso in den Abruzzen gefangengehalten. Der für »Eiche« zuständige Kommandierende General des XI. Fliegerkorps Student löste daraufhin für den Nachmittag des 12.9. das Unternehmen aus. Die Talstation der Drahtseilbahn zum Gran Sasso wurde besetzt, während eine Fallschirmjägerkompanie zur gleichen Zeit mit Lastenseglern vor dem Sporthotel einschwebte. Bei diesem Kommando befand sich auch eine Gruppe von SS-Leuten unter Hauptsturmführer *Skorzeny*, der sich später, obwohl eigentlich nur Statist, als »Mussolini-Befreier« bejubeln ließ. Die Karabinieri-Wachmannschaft ergab

sich ohne Gegenwehr. Der »Duce« bestieg einen Fieseler Storch und wurde – nach einem halsbrecherischen Flug ins Tal – anschließend über Wien und München ins Führerhauptquartier »Wolfsschanze« bei Rastenburg geflogen. Am 15.9.1943 übernahm er wieder die »oberste Leitung des Faschismus in Italien«.

Eichmann, Adolf
* Solingen 19.3.1906, † Ramle (bei Tel Aviv) 1.6.1962 (hingerichtet)
An ihm wurde der Begriff des Schreibtischtäters entwickelt, des Bürokraten, der kein Verbrechen persönlich begeht, aber mit schlichter Verwaltungstätigkeit der Organisator millionenfachen Mordes wird: Eichmann, in Österreich aufgewachsen, Mitglied der SS seit 1932, trat 1934 als SS-Scharführer ins »Judenreferat« im SS-Hauptamt ein. Im August 1938 wurde er Leiter der »Zentralstelle für jüdische Auswanderung« in Wien, Oktober 1939 der »Reichszentrale für die jüdische Auswanderung« in Berlin. Seit Dezember 1939 war Eichmann im Referat IVD4 des *Reichssicherheitshauptamts* für »Auswanderung und Räumung« zuständig, dann im Referat IVB4 für »Judenangelegenheiten und Räumung«. Aus der »Auswanderung« (z.B. nach Palästina) wurde jedoch bald Deportation in die im Osten eroberten Gebiete und schließlich in der äußersten Konsequenz der nationalsozialistischen *Judenverfolgung* die Ermordung der jüdischen Bürger im deutschen Machtbereich. Eichmanns Dienststelle organisierte die Verschleppung von insgesamt etwa 3 Mio. Menschen in die Vernichtungslager. Nach dem Krieg nach Argentinien geflohen, wurde Eichmann dort vom israelischen Geheimdienst aufgespürt und im Mai 1960 nach Israel entführt. Das Bezirksgericht Jerusalem verurteilte ihn nach einem Prozeß, an dem die Weltöffentlichkeit lebhaft Anteil nahm, am 11.12.1961 zum Tod.

Eicke, Theodor
* Hampont (bei Nancy) 17.10.1892, † Orelka (Ostfront) 26.2.1943 (Flugzeugabsturz)
Nach Dienst bei der Polizei und als Sicherheitskommissar in einem Industriebetrieb wurde Eicke, mit *Himmler* befreundet, im Sommer 1933 Kommandant des KZ *Dachau* und im Juli 1934

»Inspekteur der Konzentrationslager«. Eickes KZ-Wachmannschaften, die sogenannten *Totenkopfverbände*, wurden nach dem *Polenfeldzug* Kerntruppe der Waffen-SS-Division »Totenkopf«, die Eicke, zuletzt im Rang eines SS-Obergruppenführers, befehligte. Die Truppe heftete militärischen Ruhm an ihre Fahnen (u.a. in den Kämpfen südlich des Ilmensees Herbst 1942 und bei der Rückeroberung *Charkows* März 1943), war aber auch wegen besonderer Härte gegen Gefangene und Zivilisten berüchtigt.

Einsatzgruppen

Schon beim Einmarsch in Österreich (März 1938), in der Tschechoslowakei (September 1938 und März 1939) sowie im *Polenfeldzug* waren mobile Einheiten des Chefs der Sicherheitspolizei und des SD beteiligt, die »in eigener Verantwortung« bei militärischen Operationen des Heeres »Exekutivmaßnahmen« gegenüber der Zivilbevölkerung trafen. Für den *Rußlandfeldzug* wurden vier Einsatzgruppen mit je vier bis fünf Sonderkommandos aufgestellt. Insgesamt rund 3000 Mann stark, wurden sie den Heeresgruppen und der 11. Armee zugeteilt. Offiziell lautete ihr Auftrag, »Banden« und »reichsfeindliche Elemente« zu bekämpfen. Tatsächlich aber fungierten sie als Instrument der nationalsozialistischen *Judenverfolgung*. Die Einsatzgruppen ermordeten insgesamt rund 900 000 sowjetische Juden, wobei die Opfer zunächst meist erschossen, später auch in Spezialfahrzeugen, sogenannten »S-Wagen«, vergast wurden.

Einstein, Albert

* Ulm 14.3.1879, † Princeton (New Jersey) 18.4.1955

Der Physiker Einstein, Begründer der Relativitätstheorie und damit des modernen physikalischen Weltbilds (Nobelpreis 1921), war als Jude und Pazifist in Deutschland zunehmenden Anfeindungen ausgesetzt. Er emigrierte nach Hitlers Machtergreifung 1933 und erwarb die amerikanische Staatsbürgerschaft. Die bahnbrechende Entdeckung der Kernspaltung durch Otto Hahn im Dezember 1938, mit der die Entwicklung von Nuklearwaffen in Deutschland in den Bereich des Möglichen rückte, veranlaßte Einstein, den US-Präsidenten *Roosevelt* zum beschleunigten Bau einer eigenen *Atombombe* aufzufordern. Auf diese Weise trug Einstein wesentlich zum Aufbau des *Man-*

hattan Project bei. Nach dem Krieg kämpfte er vergeblich gegen die Fortsetzung der atomaren Rüstung.

Eisenhower, Dwight D.
* Denison (Texas) 14.10.1890, † Washington (D.C.) 28.3.1969
Der Berufssoldat Eisenhower war bei Kriegsausbruch Chef des Stabes von General *MacArthur* auf den Philippinen. 1941 wurde er General. Als Chef der Operationsabteilung des Generalstabs (bis 26.6.1942) nahm er entscheidend Einfluß auf die Pläne zum Eingreifen der USA auf dem europäischen Kriegsschauplatz. Am 25.6.1942 zum OB der US-Truppen in Europa ernannt, leitete er die Landungen in Nordafrika (8.11.1942), auf Sizilien (9.7. 1943) und auf dem italienischen Festland (3.9. 1943). Bei der Invasion in der Normandie (6.6.1944) führte er den Oberbefehl über die alliierten Streitkräfte. Eisenhower bevorzugte methodisches Vorgehen unter Ausnutzung der Materialüberlegenheit; das draufgängerische Vorgehen seines britischen Stellvertreters *Montgomery* lehnte er ab. Am 7.5.1945 nahm er in seinem Hauptquartier in Reims die *bedingungslose Kapitulation* entgegen. Danach war er bis November 1945 OB der amerikanischen Besatzungstruppen in Deutschland. Eisenhower wurde später Generalstabschef der US-Streitkräfte,war 1950–52 OB der NATO und 1953–61 Präsident der USA.

Eismeer (Nördliches Eismeer) →Nordpolarmeer

El Alamein
Im *Afrikafeldzug* kam nach der Eroberung *Tobruks* Ende Juni 1942 der Vormarsch der deutsch-italienischen Panzerarmee Afrika (Rommel) bei El Alamein, einem Dorf in Nordägypten, knapp 100 km südwestlich Alexandria, zum Stehen. Der britischen 8. Armee (Auchinleck) war es gelungen, hier in der Enge zwischen Küste und der unpassierbaren Kattarasenke eine stabile Auffangstellung zu bilden. Durchbruchsversuche des *Deutschen Afrika-Korps* scheiterten ebenso wie ein Flankenangriff der italienischen Division »Ariete«. Nach einem britischen Gegenangriff am 11.7.1942 mußte *Rommel* zur Verteidigung übergehen Am 13.8. löste *Montgomery* den OB ab. Da die Nachschubsituation für die Deutschen immer schlechter wurde – von

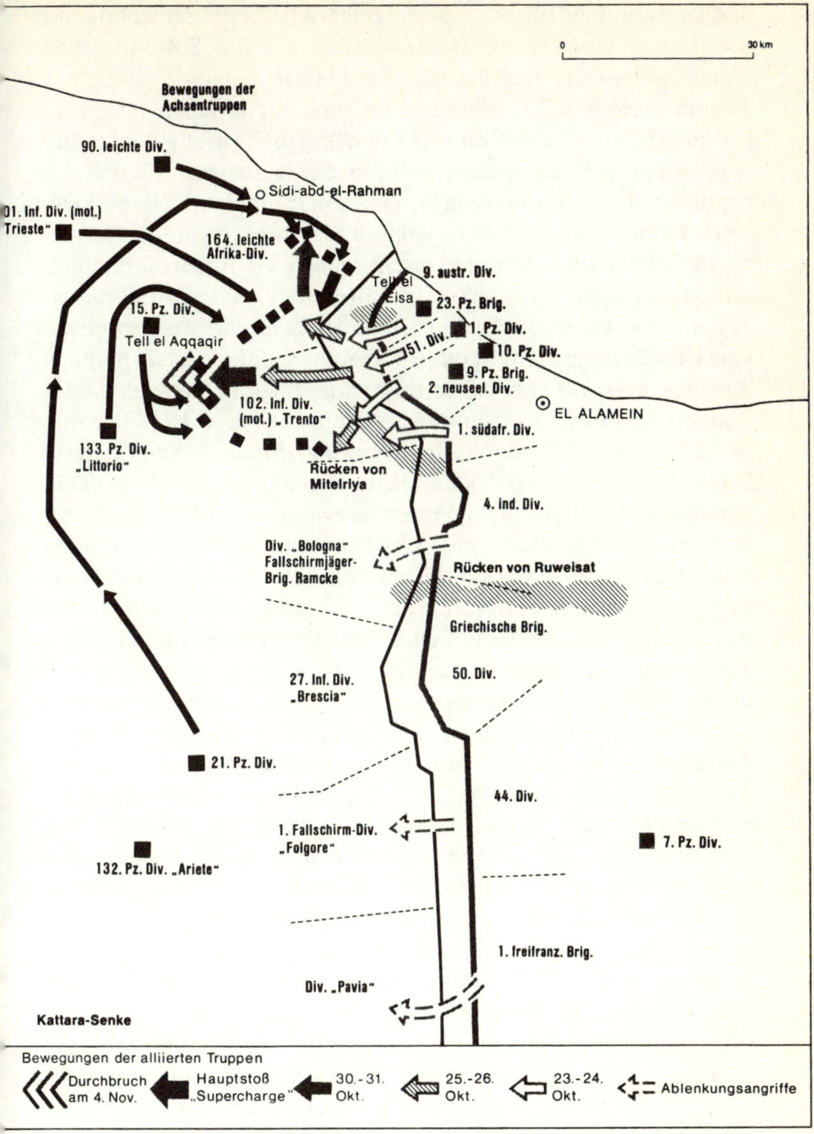

Die Schlacht von El Alamein (Oktober/November 1942)

den Lieferungen für die Panzerarmee Afrika gingen schon auf See im August 1942 über 30 % verloren, auf dem 2000-km-Weg von Tripolis oder auch auf der nur 600 km langen Strecke von Tobruk wurden die Landtransporte zunehmend Opfer britischer Luftangriffe –, suchte Rommel Ende August/ Anfang September eine schnelle Entscheidung mit der Schlacht von Alam Halfa südlich von El Alamein, erlitt aber auch hier eine Niederlage. Jetzt konnten sich alle Anstrengungen nur noch darauf beschränken, einen britischen Durchbruch zu verhindern. Auf einer Länge von 50 km wurden tief gestaffelte Minenfelder (»Teufelsgärten«) angelegt, die Panzerverbände bezogen Reservestellungen im rückwärtigen Gebiet. – Rommel befand sich nicht in Afrika – er war wegen einer Erkrankung nach Deutschland geflogen –, als die Entscheidungsschlacht am 23.10.1942 begann. Die britische 8. Armee trat mit 195 000 Mann, 1029 Panzern, 880 Flugzeugen, 1400 Pak und 1200 Geschützen zum Angriff an. Die deutsch-italienischen Verteidiger verfügten demgegenüber nur über 96 000 Mann mit 530 Panzern, 362 einsatzbereiten Flugzeugen, 750 Pak und 470 Geschützen. Der Hauptstoß erfolgte nicht wie erwartet im Süden, sondern im Norden, an der Nahtstelle zwischen der italienischen Division »Trento« und der deutschen 164. Division. Am 24.10. erlitt Rommels Stellvertreter, General der Panzertruppen Stumme, bei einem Frontbesuch einen Herzanfall und wurde erst zwei Tage später tot geborgen. Als Rommel am 25.10. zurückkehrte, fand er bereits eine bedrohliche Lage vor. An zwei Abschnitten waren den Briten Einbrüche gelungen. Zwar verschaffte ein Angriff der deutschen 21. Panzerdivision kurzzeitig Entlastung, dann aber setzten Sprit- und Munitionsmangel die Schlagkraft und Beweglichkeit der deutsch-italienischen Truppen bedrohlich herab. Zudem wurden ihre Stellungen systematisch von Bombenangriffen zerschlagen. Am 2.11. brach die Front am Kidneyrücken zusammen. Rommel befahl daraufhin den Rückzug, dessen Beginn sich durch Hitlers Einspruch bis zum 4.11. verzögerte. Dadurch erlitten vor allem das Deutsche Afrika-Korps und das italienische XX. Korps noch schwere Verluste. In der Folge zog sich die Panzerarmee Afrika, immer verfolgt von den Briten, aus der *Cyrenaika* und schließlich auch aus ganz Tripolitanien zurück.

Elbrus
Ihren Einsatz im Kaukasus nutzte eine Gruppe von deutschen Gebirgsjägern zu einer sportlichen Extratour. Sie bestiegen während der Sommeroffensive *»Blau«* am 21.8.1942 den höchsten Gipfel dieses Gebirges, den 5642 m hohen Elbrus, und zogen dort die Reichskriegsflagge auf. Militärisch war das Unternehmen ohne Bedeutung, es markiert aber unfreiwillig einen Gipfel- und Wendepunkt des Krieges im Osten, denn es gelang schon nicht mehr, den Gegner von den anderen Höhen des Kaukasus zu vertreiben.

Elefant
Der deutsche Jagdpanzer Elefant (früherer Name Ferdinand) war mit einer 8,8-cm-Pak bestückt; Gewicht 68 t, Panzerung bis 200 mm, 6 Mann Besatzung, zwei Maybach-Motoren von je 320 PS, Höchstgeschwindigkeit auf der Straße 35 km/h, im Gelände 15 km/h, Fahrbereich 70 km, Treibstoffverbrauch 1375 l auf 100 km. Der schwerfällige Riese kam erstmals im Juli 1943 beim Unternehmen *»Zitadelle«* im Kursker Bogen zum Einsatz. Insgesamt wurden 90 Stück gebaut.

Elsaß-Lothringen
Durch den Versailler Vertrag war das ehemalige Reichsland Elsaß-Lothringen ohne Abstimmung Frankreich zugesprochen, das in den 20er und 30er Jahren, wie zuvor Deutschland, sich mit einer starken elsässischen Autonomiebewegung auseinanderzusetzen hatte. Trotz der wiederholten Versicherungen Hitlers seit 1933, um den »jahrhundertealten Zankapfel« nicht mehr streiten zu wollen, wurde das Gebiet nach dem *Frankreichfeldzug* 1940 unter Protest der *Vichy*-Regierung de facto wieder ins Deutsche Reich eingegliedert. Elsaß-Lothringen wurde einbezogen ins Programm der nationalsozialistischen *Judenverfolgung*, in Natzweiler (Struthof) entstand ein *Konzentrationslager*. Das Gebiet wurde ab November 1944 von amerikanischen und französischen Truppen zurückerobert; Metz fiel am 22., Straßburg am 23.11.1944. Bis Ende März hielten deutsche Truppen noch einen schmalen Streifen des Ostelsaß.

Emden

Mit dem Bau des Leichten Kreuzers Emden begann die Erneuerung der deutschen Flotte nach dem 1. Weltkrieg; Stapellauf 7.1. 1925, in Dienst gestellt 15.10.1925; 6690 t, Länge 155 m, Breite 14,3 m, max. 29 kn, Besatzung bis zu 636 Mann; Bewaffnung: 8×15 cm, 3×8,8-cm-Flak, zahlreiche kleinere Fla-Geschütze. Bis 1939 Schulkreuzer, nahm die Emden im April 1940 am Unternehmen *»Weserübung«* teil. 1941 wurde sie erneut dem Ausbildungsverband zugeteilt, 1944 zu Minenunternehmen im Skagerrak eingesetzt. Seit Anfang 1945 half die Emden bei der Rettung deutscher Ostflüchtlinge. Am 3.5.1945 erhielt sie in Kiel schwere Bombentreffer und wurde in der Heikendorfer Bucht gesprengt.

Endlösung

Für die systematische *Judenverfolgung* im deutschen Machtbereich, insbesondere die Ermordung der jüdischen Bevölkerung durch die *Einsatzgruppen* und in den *Vernichtungslagern*, wurde von den nationalsozialistischen Machthabern der verschleiernde Begriff »Endlösung« gebraucht. Erste Belege dafür finden sich im Vorfeld des *Rußlandfeldzugs*. Auf der *Wannsee-Konferenz* (20.1.1942) von Vertretern der Ministerien und der Reichsbehörden mit SD-Chef *Heydrich* bekam er endgültig seinen mörderischen Sinn. Der »Endlösung« fielen etwa 5 Mio. Menschen zum Opfer.

»Enigma«

1937 führte die deutsche Wehrmacht den Chiffrierautomaten »Enigma« (griech. Rätsel) ein. Dieser verschlüsselte durch fünf elektrisch verbundene Walzen Befehle und Nachrichten und wechselte laut Dienstanweisung alle 48 Stunden den Code. Der Adressat empfing die Signale über ein synchrongeschaltetes Gerät und »übersetzte« sie mit Hilfe des jeweils verabredeten Schlüssels. Dem britischen Geheimdienst gelang im Frühjahr 1940 mit dem *»Ultra«*-Rechner der Einbruch in das »Enigma«-System. Bis Kriegsende blieb das den Deutschen verborgen. Die Alliierten besaßen so einen unschätzbaren Vorsprung in der Aufklärung der gegnerischen Absichten.

»Enola Gay«

Die B-29 *Superfortress*, mit der US-Oberst Paul Tibbets am 6.8.1945 die Uranbombe *»Little Boy«* über *Hiroshima* ins Ziel brachte, hieß »Enola Gay«. Es handelte sich dabei um den Mädchennamen der Mutter des Piloten. Zur Besatzung gehörten 13 Mann, darunter Kapitän William Parsons, der für den Zusammenbau der Bombe während des Fluges zuständig war. Um 2.07 Uhr Ortszeit von Tinian aufgestiegen, erreichte die »Enola Gay« das Zielgebiet kurz nach 8 Uhr, stieg auf 10000 m und klinkte um 8.15 Uhr den nuklearen Sprengsatz mitten über der Stadt aus. Als nach 45 Sekunden die Detonation erfolgte, befand sich das Flugzeug bereits rund 18 km vom Punkt Null entfernt, so daß die Wissenschaftler an Bord ohne Gefahr die Zerstörung von Hiroshima beobachten konnten.

Enterprise

Der Flugzeugträger Enterprise entstand im Rahmen des Bauprogramms, mit dem sich die USA nach 1929 eine schlagkräftige Trägerflotte schufen; Stapellauf 3.10.1936, in Dienst gestellt 12.5.1938; 19900 t (voll ausgerüstet 25500 t), 246 m lang, 26 m breit, 34 kn, 4 Katapulte für max. 100 Flugzeuge, 8×12,7-cm-Flak, zahlreiche kleinere Rohre, 2200 Mann Besatzung. Als die Japaner am 7.12.1941 *Pearl Harbor* überfielen, befand sich die Enterprise gerade auf See und entging so dem Bombardement. Sie wurde zu den ersten amerikanischen Gegenschlägen eingesetzt, u.a. beim *Doolittle-Raid* gegen Tokio (April 1942). Bei *Midway* (Juni 1942) versenkten Maschinen der Enterprise die japanischen Träger Hiryu, Akagi und Kaga sowie den Kreuzer Mikuma. Es folgten Einsätze während der Landungen auf *Guadalcanal* und den östlichen Salomoninseln. 1943/44 war die Enterprise an den Angriffen auf Tarawa, Kwajalein, Truk, Neuguinea und Saipan beteiligt. Im *Leytegolf* konnten ihre Flugzeuge am 24.10.1944 das japanische Riesenschlachtschiff *Musashi* versenken. Im Frühjahr 1945 deckte die Enterprise die Landungen auf *Iwo Jima* und *Okinawa*. Dabei erhielt sie zwei *Kamikaze*-Treffer. Der Träger wurde 1950 eingemottet und 1958 abgewrackt.

Ersatzheer

Die Ausbildungs- und Ergänzungstruppenteile für die im Fronteinsatz stehenden Verbände des deutschen Feldheeres waren im Ersatzheer zusammengefaßt. Bei der Mobilmachung am 26.8. 1939 wurde in Berlin aus Teilen des Allgemeinen Heeresamtes (AHA) eine Abteilung »Befehlshaber des Ersatzheeres« (BdE) im OKW gebildet. Diese Dienststelle entwickelte sich während des Krieges zu einem Zentrum des militärischen Widerstands gegen die nationalsozialistische Herrschaft. Geplant war, die Truppen des Ersatzheeres, zu deren Aufgabenbereich auch die Niederschlagung innerer Unruhen gehörte *(»Walküre«)*, nach einem Attentat auf Hitler gegen SS und Partei marschieren zu lassen. Das Gebäude des BdE in der Bendlerstraße in Berlin fungierte am 20.7.1944 tatsächlich als Befehlszentrale der Verschwörer; hier begann aber auch mit den Erschießungen *Stauffenbergs* und anderer noch am selben Tag der Rachefeldzug des Regimes.

Essen

Essen, die größte Stadt des Ruhrgebiets mit 665 000 Einwohnern (1940), war wegen der im Stadtgebiet und in der Umgebung angesiedelten Industrieanlagen, vor allem der Rüstungsfabriken der Krupp-Werke, eines der bevorzugten Ziele alliierter Luftangriffe. Bei den ersten größeren Einflügen britischer Bomber (25./26.3., 10./11.4., 2./3.6. und 8./9.6.1942) fielen jeweils zwischen 200 und 300 t Bomben. Am 5.3.1943 eröffnete die RAF mit einem Großangriff auf Essen die »Luftschlacht über der Ruhr«. Die Bomber flogen dabei nicht wie sonst in breiter Front, sondern als langgestreckter Strom an; dirigiert wurden sie von zwei Sendern, die von England aus auf einem »Oboe«-Leitstrahl Navigationshilfe gaben. Das Bombardement vernichtete die Innenstadtviertel von Essen, 3016 Häuser waren zerstört, 2050 schwer und 17 000 leicht beschädigt. Unter der Zivilbevölkerung gab es 397 Tote und 1440 Verwundete. Weitere schwere Angriffe mit bis zu 4500 t Bomben trafen die Stadt am 27./28.5. und am 25./26.7.1943; ebenso am 23./24.10., am 28./29.11. und am 12./13.12.1944. Die Industrieproduktion ging währenddessen weiter, erst in den letzten Kriegsmonaten konnte sie empfindlich gestört werden. Am 11.3.1945 fielen über 5800 t Bomben auf

Essen. Einheiten der 9. US-Armee (Simpson) rückten am 10.4. 1945 in eine Stadt ein, in der rund 100000 Wohnungen (50,5 %) zerstört waren.

Eule

Eule (auch Uhu) war der Beiname des Nahaufklärers Focke-Wulf Fw 189; 2×465-PS, Abwehrbewaffnung 6×7,92-mm-MG. Die Maschine mit der unorthodoxen Doppelrumpfkonstruktion fand im Ostfeldzug auch Verwendung zum Erdkampf und zur Nachtjagd. Insgesamt wurden 846 Stück gebaut.

Exeter

Der britische Schwere Kreuzer Exeter lief am 18.7.1929 vom Stapel, zwei Jahre später wurde er in Dienst gestellt; 8400 t, 32 kn, 175 m lang, 17,67 m breit, 6×20,3 cm, 4×10,2-cm-Flak, 6 Torpedorohre, 1 Bordflugzeug. Dem südamerikanischen Geschwader (Kommodore Harwood) zugeteilt, machte die Exeter nach Kriegsbeginn im Südatlantik Jagd auf die *Admiral Graf Spee*. Im Gefecht mit dem deutschen Panzerschiff vor der Mündung des Rio de la Plata am 13.12.1939 wurde sie schwer beschädigt und mußte den Kampf abbrechen. 61 Mann waren gefallen, 23 verletzt. Auf den Falklandinseln wurde das Schiff vorläufig instandgesetzt, eine gründliche Überholung erfuhr es in Portsmouth ab Februar 1940. Nach Beginn des Pazifikkrieges wurde die Exeter in den Kreuzerverband eingereiht, den Admiral Doormann zur Verteidigung Niederländisch-Ostindiens führte. In der Schlacht in der *Javasee* (27.2.1942) wurde sie erneut schwer beschädigt, konnte aber nach Batavia entkommen. Als sie von dort unter dem Schutz von zwei Zerstörern Richtung Ceylon auslief, wurde sie am 1.3. von vier japanischen Kreuzern und mehreren Zerstörern gestellt. Im folgenden Gefecht, an dem sich auch japanische Trägerflugzeuge beteiligten, wurde die Exeter mit beiden Zerstörern versenkt; 600 Mann überlebten den Untergang.

Falaise

Die Gegend um Falaise, eine Kleinstadt etwa 40 km südlich von Caen, war während der *Invasion* im August 1944 Schauplatz schwerer Kämpfe. Rund 120000 Mann der 7. deutschen Armee (Hausser) und der 5. Panzerarmee wurden durch die bei *Avranches* am 1.8. durchgebrochene 3. US-Panzerarmee (Patton), das von Süden herankommende VII. US-Korps (Collins) und die längs Orne und Dives von Norden vorstoßenden Verbände der britischen 2. Armee (Dempsey) auf engstem Raum zwischen Falaise und Argentan zusammengedrängt. Am 16.8. befahl der OB der Heeresgruppe B, Generalfeldmarschall v. *Kluge*, den Rückzug. Trotz pausenloser Luftangriffe gelang die Rückführung von etwa der Hälfte der Truppen durch einen engen Schlauch. Als sich am 20.8. der Kessel endgültig schloß, saßen 50000 deutsche Soldaten in der Falle. Dennoch konnten dank schlechten Wetters, das die alliierte Flugtätigkeit einschränkte, noch einmal 5000 Mann entkommen, darunter der Armeeoberbefehlshaber Hausser. Die Kesselschlacht von Falaise bedeutete das Ende des organisierten deutschen Widerstands an der Invasionsfront.

Falkenhausen, Alexander von

* Blumenthal (bei Neisse, Oberschlesien) 29.10.1878,
† Nassau (Lahn) 31.7.1966

Der Berufsoffizier Falkenhausen gewann erste militärische Erfahrungen bei der Chinaexpedition der europäischen Mächte 1900/01. Nach dem Ausscheiden aus dem aktiven Dienst war er 1934–39 Militärberater in China bei Tschiangkaischek. Falkenhausen wurde 1939 reaktiviert und im folgenden Jahr im Rang eines Generals zum Militärbefehlshaber Belgien-Nordfrankreich ernannt. Er vertrat eine harte, aber korrekte Linie bei der Behandlung der Zivilbevölkerung. Obwohl Gegner der SS, vermochte er die brutale nationalsozialistische Besatzungspolitik nicht zu verhindern. Nach dem 20.7.1944 wurde Falkenhausen der Verbindung zu den Verschwörern verdächtigt und bis Kriegsende im KZ Dachau festgehalten. Das Militärgericht in Lüttich verurteilte ihn 1951 zu 12 Jahren Zwangsarbeit. Durch Gnadenerlaß kam er schon nach 16 Tagen wieder frei.

Falkenhorst, Nikolaus von
* Breslau 17.1.1885, † Holzminden 18.6.1968
Bei Kriegsbeginn Kommandierender General des XXI. AK, nahm Falkenhorst bei der Heeresgruppe Nord am *Polenfeldzug* teil. Seit Februar 1940 war er an den Planungen für das Unternehmen *»Weserübung«* beteiligt, das am 9.4.1940 unter seiner Leitung begann. Nach Einsätzen im *Rußlandfeldzug* wurde Falkenhausen am 1.2.1942 Wehrmachtbefehlshaber Norwegen. Wegen Widerstands gegen die Politik des Reichskommissars Josef Terboven wurde er am 18.12.1944 abgelöst. Ein britisches Militärgericht sprach ihn am 2.8.1946 schuldig der Erschießung von Angehörigen britischer Kommandounternehmen und verurteilte ihn zum Tod. Auf dem Gnadenwege wurde die Strafe in 20 Jahre Haft umgewandelt und Falkenhorst 1953 vorzeitig freigelassen.

»Fat Man«
»Fat Man« (Dicker Mann) war der Spitzname der *Atombombe*, die am 9.8.1945 von US-Major Charles W. Sweeney mit einer B-29 Superfortress über *Nagasaki* abgeworfen wurde. Mit 22 kt Sprengwirkung war »Fat Man« zwar deutlich stärker als die Hiroshima-Bombe *»Little Boy«*, doch war ihre Wirkung wegen der örtlichen Gegebenheiten (trennende Hügelkette) geringer.

Feldgericht
Zur Rechtsfindung und Rechtsprechung in der kämpfenden Truppe gab es in der deutschen Wehrmacht das Institut des Feldgerichts. Es bestand zumeist aus einem Militärjustizbeamten als Leiter der Verhandlung und zwei militärischen Beisitzern. In vereinfachten und verkürzten Verfahren wurden Delikte wie »Feigheit vor dem Feind«, »Wehrkraftzersetzung« oder Fahnenflucht abgeurteilt. Von Kriegsbeginn bis 31.1.1945 verhängten Feldgerichte 14 338 Todesurteile gegen Wehrmachtangehörige, 8996 wurden vollstreckt. In der letzten Kriegsphase kam es zur Bildung sogenannter fliegender Feldgerichte, die im allgemeinen Zusammenbruch noch Kampfmoral und Disziplin aufrechterhalten sollten. Sie fällten weitere zahllose Todesurteile.

Feldhaubitzen

Die leichte Feldhaubitze L/28 mit 10,5-cm-Kaliber war von der Firma Rheinmetall 1928/29 entwickelt worden, wurde jedoch erst 1935 Standardhaubitze der entstehenden deutschen Wehrmacht. Das Geschütz mit Spreizlafette wog 1985 kg, hatte eine Schußweite von 10675 m und konnte 6–8 Granaten/min abfeuern. Die verbesserte Version M L/28 brachte es auf 12325 m Schußweite. – Die schwere Feldhaubitze L/29,6, die 1926–30 bei Krupp und Rheinmetall entstand und 1933/34 im Heer eingeführt wurde, hatte ein Kaliber von 15 cm. Sie wog in Feuerstellung 5512 kg und hatte eine Schußweite von 13325 m. Bei Kriegsausbruch verfügte das Heer über 4845 leichte und 2049 schwere Feldhaubitzen, ihre Zahl erhöhte sich bis zum Sommer 1941 auf 7076 bzw. 2867 Stück.

Feldpost

Der Brief- und Paketverkehr zwischen Front und Heimat wurde von der Feldpost bewältigt. In 400 Postämtern auf Divisionsebene bearbeiteten 12000 Mann durchschnittlich 25 Mio. (portofreie) Sendungen täglich; insgesamt beförderte die Feldpost 40 Mrd. Sendungen. Feldpostprüfstellen (F.P.P.) zensierten das Postgut stichprobenartig; man hoffte, auf diese Weise Einblick in die Stimmung in der Truppe zu gewinnen.

»Felix«

Unter dem Decknamen »Felix« liefen Pläne zur Eroberung des britischen Flottenstützpunkts *Gibraltar* an der Südspitze der Iberischen Halbinsel durch deutsche Land- und Seestreitkräfte. Ohne Zustimmung Spaniens glaubte man jedoch ein solches Unternehmen nicht durchführen zu können. Bei seinem Treffen mit dem spanischen Diktator *Franco* am 23.10.1940 in *Hendaye* besprach Hitler den ersten Operationsentwurf. Als sich Spanien jedoch am 7.12.1940 gegen einen Kriegseintritt entschied, ließ Hitler den Plan fallen.

Fieseler Flugzeugbau GmbH

Der ehemalige Kunstflieger Gerhard Fieseler (1896–1987) gründete 1934 eine Flugzeugfirma mit Hauptsitz in Kassel. Hier entstanden u.a. das erste Kurzstart- und Langsamflugzeug der

Welt, die Fi 156 *Storch* (Erstflug 1936), und die raketengetriebene Flügelbombe Fi 103 Kirschkern, die unter der Bezeichnung *V 1* Schlagzeilen machte.

Finnisch-Sowjetischer Krieg 1939/40 →Winterkrieg

Flak

Flak ist das Kurzwort für Flugabwehrkanone. Die wichtigsten von der Wehrmacht zur Flugabwehr eingesetzten Geschütze waren: 2-cm-Flak 30, ein vollautomatischer Rückstoßlader; Gewicht 770 kg, Feuergeschwindigkeit 120 Schuß/min, Schußweite 4800 m, Schußhöhe 3700 m; Bewegung mit Sonderanhänger, die besonders wirkungsvolle Vierling-Version 38 auch auf Selbstfahrlafette. – 3,7-cm-Flak 18, seit 1930 von Rheinmetall entwickelt und 1935 bei der Truppe eingeführt; Gewicht 3560 kg, Feuergeschwindigkeit 80 Schuß/min, Schußweite 6500 m, Schußhöhe 4800 m. Nachfolgemodelle brachten es bis auf 240 Schuß/min. – 8,8-cm-Flak 18, seit 1928 von Krupp entwickelt, 1933 ins Heer eingeführt und als »Acht-acht« eines der bekanntesten Geschütze des Krieges; Gewicht 5150 kg, Schußweite 14 860 m, Schußhöhe 10 600 m, Rohrlänge 4,93 m. Die 8,8-cm-Flak verschoß 15–20 Sprenggranaten/min von 9 kg Gewicht bei einer Mündungsgeschwindigkeit von 820 m/sek. Für den Erdeinsatz gab es Panzergranaten, die noch auf 1000 m Panzerungen von 106 mm durchschlugen. Insgesamt waren 10 950 dieser Flakgeschütze im August 1944 im Einsatz, im Oktober 1944 betrug ihr Munitionsverbrauch 3,2 Mio. Schuß. Eine Weiterentwicklung, die 8,8-cm-Flak 41 von Rheinmetall, erzielte eine Schußweite von 20 km, eine Schußhöhe von 14 860 m und eine Feuergeschwindigkeit von 20–25 Schuß/min. – 10,5-cm-Flak 39, ein ursprünglich für die Kriegsmarine entwickeltes schweres Fla-Geschütz, meist ortsfest oder als Eisenbahn-Flak verwendet; Gewicht 10 240 kg in Feuerstellung, 17 700 m Schußweite, 12 800 m Schußhöhe, 12–15 Schuß/min. – 12,8-cm-Flak 40, seit 1936 von Rheinmetall entwickelte schwere Flak, die 1941 eingeführt wurde; Gewicht 18 000 kg in Feuerstellung, 10–12 Schuß/min, 20 900 m Schußweite, 14 800 m Schußhöhe.

Flakhelfer
Nach der Verordnung zur »Heranziehung von Schülern zum Kriegshilfseinsatz der deutschen Jugend in der Luftwaffe« vom 26.1.1943 wurden in einer ersten Auswahl 11503 Flakhelfer (offizielle Bezeichnung: Luftwaffenhelfer) schulklassenweise eingezogen und zum Teil kaserniert. Sie erhielten regelmäßig Unterricht, der aber zunehmend eingeschränkt wurde und schließlich ganz ausfiel. Die Flakhelfer ersetzten Flaksoldaten, die für die Front gebraucht wurden. Die Formel: 100 Flakhelfer für 70 Soldaten erwies sich bald als Fehlrechnung; die Jungen kämpften fanatischer als die desillusionierten Landser. Die Flakhelfer übernahmen sämtliche Funktionen selbst an schweren Flugabwehrkanonen vom Richtschützen bis zum Geschützführer und erhielten dafür 50 Pfennig Tagessold. Im Juni 1944 betrug ihre Zahl bereits 56000. Offiziell Mitglieder der HJ, hatten sie keinen Kombattantenstatus, was bei Gefangennahme dazu führen konnte, daß sie wie Partisanen behandelt wurden. Diese Gefahr wuchs, als die Flakhelfer in der letzten Kriegsphase auch zum Erdkampf herangezogen wurden. Ihre Verluste sind nicht bekannt, doch lassen Berichte von zahlreichen Volltreffern in Flakstellungen hohe Opferzahlen vermuten.

Fleißiges Lieschen →Hochdruckpumpe

Fliegende Festung →Flying Fortress

Fliegender Bleistift
Der deutsche mittlere Bomber und Fernaufklärer Dornier Do 17 mit dem Beinamen Fliegender Bleistift entstand aus einem zivilen Prototyp für den Postdienst der Lufthansa, der ab 1935 zur Militärmaschine umkonstruiert wurde. Die ersten Serienmuster kamen 1937/38 zu den Kampfgeschwadern und wurden im Spanischen Bürgerkrieg erprobt. Bei Kriegsausbruch 1939 bildeten 371 Do 17 zusammen mit Maschinen vom Typ He 111 den Kern der deutschen Bomberflotte. Technische Daten der letzten Standardserie Do 17 Z: 2×1000-PS-Bramo-Sternmotoren, max. 425 km/h, bis zu 8×7,92-mm-MG und 1000 kg Bombenzuladung, 4 Mann Besatzung. Wegen hoher Verluste in der *Luft-*

schlacht um England wurde Ende 1940 die Fertigung der Z-Serie zugunsten der *Do 217* eingestellt.

Flossenbürg
Nationalsozialistisches *Konzentrationslager* bei Weiden in der Oberpfalz.

Flying Fortress
Flying Fortress (Fliegende Festung) war der Beiname des amerikanischen Langstreckenbombers Boeing B-17. Von England, später auch von Nordafrika und Italien aus operierend, bildete die B-17 seit Anfang 1943 das Rückgrat der strategischen US-Bomberoffensive gegen Deutschland. 1944 waren 4574 Maschinen dieses Typs im Einsatz. Robust und zuverlässig, leicht steuerbar und oft auch mit schweren Beschädigungen noch flugfähig, waren die Flying Fortresses bei der Truppe besonders beliebt. Die am meisten gebaute Version B-17G ging im Juli 1943 in Serie: 4×1200-PS-Sternmotoren Wright Cyclone, max. 438 km/h in 9150 m Höhe, Reichweite 2980 km, 13×12,7-mm-MG als bewegliche Abwehrbewaffnung, Bombenzuladung bis 4880 kg, Startgewicht knapp 33 t, 11 Mann Besatzung.

Focke-Wulf Flugzeugbau GmbH
1924 gründeten Heinrich Focke und Georg Wulf in Bremen die Flugzeugwerke Focke-Wulf. Unter anderem entstand hier 1937 der erste verwendungsfähige Hubschrauber der Welt, die Fw 61. Andere zivile Entwicklungen wurden in den 30er Jahren von der Luftwaffe übernommen. Hierzu zählten die zweimotorige Reisemaschine Fw 58 Weihe, die als Mehrzwecktrainer, Kurierflugzeug sowie als Sanitätsmaschine verwendet wurde, und die viermotorige Fw 200 *Condor* (Erstflug 1937), die als Langstrecken-Passagierflugzeug geplant war, dann als Fernaufklärer diente. Von vornherein für militärische Zwecke entwickelt waren der Nahaufklärer Fw 189 *Eule* (Erstflug 1938) und das Jagdflugzeug *Fw 190,* das ab 1941 als zweiter Standardjäger der Luftwaffe neben die Me 109 trat.

Forces Françaises de l'Intérieur →Résistance

Forces Françaises Libres (FFL)
Nach Absprache mit *Churchill* wurden ab 7.8.1940 von de *Gaulle* bewaffnete Verbände rekrutiert, die unter dem Namen Forces Françaises Libres auf alliierter Seite gegen Deutschland kämpften. Zu ihnen gehörten vor allem aus Norwegen evakuierte Expeditionstruppen (u.a. Angehörige der *Fremdenlegion*), Soldaten, die sich während des *Frankreichfeldzugs* vom Kontinent hatten retten können, Überläufer und in den französischen Kolonien ausgehobene Einheiten. Unter beliebten Truppenführern wie *Leclerc* oder *Koenig* nahmen die FFL, im Juni 1942 insgesamt etwa 70 000 Mann, an den Kämpfen in Nordafrika (u.a. *Bir Hacheim*), Syrien und Ostafrika teil. Danach bildeten sie den Kern der (frei)französischen 2. Panzer- und der 1. Infanteriedivision, die mit der französischen 1. Armee (Lattre de Tassigny) an der Befreiung Frankreichs mitwirkten.

Fosse Ardeatine →Ardeatinische Höhlen

Franco Bahamonde, Francisco
* El Ferrol (bei La Coruña) 4.12.1892, † Madrid 20.11.1975
Der spanische General Franco machte sich nach seinem Sieg im Bürgerkrieg 1936–39 zum Diktator und etablierte ein klerikalfaschistisches Regime. Gegenüber seinen ehemaligen Helfern und Bundesgenossen Hitler und *Mussolini* wahrte er nach Ausbruch des 2. Weltkriegs Distanz. Ein Treffen mit Hitler in *Hendaye* am 23.10.1940 blieb ohne das gewünschte Ergebnis. Franco stellte lediglich den Freiwilligenverband *»Blaue Division«* für den *Rußlandfeldzug* zur Verfügung, den Eintritt Spaniens in den Krieg an der Seite der Achsenmächte verweigerte er. Bis Kriegsende hielt Franco seine Neutralitätspolitik durch, danach ging er auf prowestlichen Kurs und verfügte die Wiedereinführung der Monarchie nach seinem Tod.

Franc-tireurs et Partisans (FTP) →Résistance

Frank, Hans
* Karlsruhe 23.5.1900, † Nürnberg 16.10.1946 (hingerichtet)
Der Jurist Frank gehörte der NSDAP seit Oktober 1923 an. 1928 gründete er den Nationalsozialistischen Rechtswahrerbund, seit

1934 war er Reichsminister ohne Geschäftsbereich. Er wurde nach dem *Polenfeldzug* Generalgouverneur für die besetzten Gebiete, residierte als »ungekrönter König von Polen« in der Krakauer Burg und machte sich durch brutale Verfolgung der polnischen Führungsschicht und Ausplünderung seines Herrschaftsbereichs verhaßt; über 1 Mio. Zwangsarbeiter ließ er für die deutsche Rüstungsindustrie rekrutieren. Andererseits wandte er sich ab 1942 in öffentlichen Stellungnahmen gegen polizeistaatliche Willkür im Reich. Daraufhin aller Parteiämter enthoben, blieb Frank dennoch Generalgouverneur und verfuhr in seinem Herrschaftsbereich in der gewohnten Weise. Bei Kriegsende floh er in den Westen. Dort wurde er am 6.5.1945 von US-Truppen verhaftet und in Nürnberg angeklagt. Als einziger der 21 vor Gericht gestellten Hauptkriegsverbrecher bekannte sich Frank schuldig und übernahm die Verantwortung für seine Taten. Kurz vor der Hinrichtung konvertierte er zum Katholizismus.

Frankfurt am Main
Frankfurt, die größte Stadt Hessens mit 553 000 Einwohnern (1940), war seit August 1941 Ziel britischer Bombenangriffe. Die Altstadt ging am 22.3.1944 unter, als 816 Maschinen 3116 t Bomben auf Frankfurt warfen. Unersetzliche Kulturdenkmäler wie Römer, Goethehaus und Dom wurden zerstört. Nach weiteren Angriffen – u.a. 25.9. und 5.11.1944 mit 2018 t Bomben – waren bei Kriegsende 80 600 Wohnungen (45 %) vernichtet. Am 29.3.1945 zogen Einheiten des VIII. US-Korps (Middleton) in die Stadt ein.

Frankreichfeldzug (Westfeldzug)
Am 3.9.1939 erklärte Frankreich zusammen mit Großbritannien Deutschland den Krieg. Es war jedoch schlecht vorbereitet und unternahm während des *Polenfeldzugs* nur wenige örtlich begrenzte Vorstöße. Danach blieb es überhaupt untätig. Zeitgenossen spotteten über den »drôle de guerre«, den »komischen Krieg«, sprachen auch vom »*Sitzkrieg*«. Währenddessen liefen die deutschen Vorbereitungen für den Fall »Gelb«, den Angriff im Westen. Nach ersten Planungen, die wie Neuauflagen des Schlieffen-Plans anmuteten (Schwergewicht auf dem rechten Flügel), setzte sich eine Konzeption durch, die General v. *Man-*

stein in Zusammenarbeit mit dem Panzerexperten *Guderian* entworfen hatte. Sie wurde am 24.2.1940 vom OKH als neue Aufmarschanweisung vorgelegt. Manstein rechnete mit einem feindlichen Vorrücken durch Belgien, wie es im sogenannten *Dijle-Plan* für den Fall einer deutschen Invasion vorgesehen war. Dieser Macht gedachte er nun nicht in gleicher Weise die Masse der deutschen Streitkräfte gegenüberzustellen, sondern konzentrierte sie im Mittelabschnitt. Ihr Vorstoß sollte mit Schwerpunkt südlich von Namur gegen Somme und Kanalküste zielen und damit als *»Sichelschnitt«* in den Rücken der alliierten Armeen in Belgien, die so lange vom deutschen rechten Flügel festgehalten würden; danach sollten Umgruppierung und Vormarsch aller Kräfte nach Süden und Zerschlagung der übrigen alliierten Verbände erfolgen. – Dementsprechend sah der deutsche Aufmarsch bei Angriffsbeginn so aus: Im Norden Heeresgruppe B (v. Bock) gegen die niederländische Armee (Winkelman), die belgische Armee (König Leopold III.) und die französische Heeresgruppe 1 (Billotte) mit dem britischen Expeditionskorps (Lord Gort), das heißt 29 deutsche gegen rund 60 alliierte Divisionen. Im Mittelabschnitt Heeresgruppe A (v. Rundstedt) mit starken Panzerverbänden gegen die 9. und 2. französische Armee, das heißt 45 deutsche gegen 18 französische Divisionen. Im Süden, im *Westwall* und an der Oberrheinfront, die Heeresgruppe C (v. Leeb) gegen die französischen Heeresgruppen 2 (Prételat) und 3 (Besson), das heißt 19 deutsche gegen 27 französische Divisionen. Die Sicherung in der Luft übernahmen die deutschen Luftflotten 2 und 3 mit 2288 Maschinen gegen 1604 französische und 581 britische Flugzeuge. 2445 deutschen Panzern standen 3373 alliierte gegenüber, jedoch waren diese auf die Divisionen verteilt und wurden nicht in geschlossenen Verbänden eingesetzt. – Der Feldzug nahm den geplanten Verlauf. Nach Luftlandungen in der »Festung Holland« und verheerendem Luftangriff auf *Rotterdam* brach der niederländische Widerstand am 14.5. zusammen (2890 Tote, 29 Vermißte, 6899 Verwundete). Am 16.5. durchbrach die Heeresgruppe B die Dijle-Stellung, am 17. fiel Brüssel. Im Mittelabschnitt vollzog sich der Vorstoß der deutschen Panzer durch die für unwegsam gehaltenen Ardennen in atemberaubender Geschwindigkeit. Das massive Eingreifen der deutschen Luftwaffe zur Unterstützung des

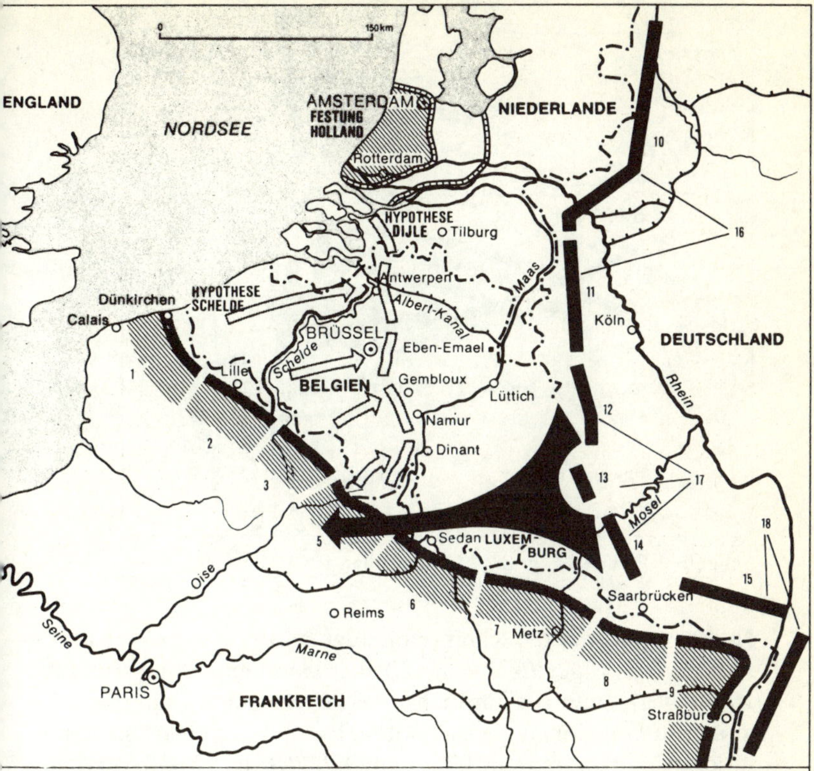

1 7. Armee (Giraud)
1 leichte mech. Div.
2 Inf. Div. (mot.)
4 Inf. Div.

2 1. Armee (Blanchard)
2 leichte mech. Div.
3 Inf. Div. (mot.)
7 Inf. Div.

3 Britisches Expeditionskorps (Gort)
9 Inf. Div.
1 Pz. Brig.

4 Allgemeine Reserven
1 Inf. Div. (mot.)
1 Inf. Div.
3 Pz. Div.

5 9. Armee (Corap)
1 Inf. Div. (mot.)
2 leichte Kav. Div.
1 Kav. Brig.
6 Inf. Div.

6 2. Armee (Huntziger)
2 leichte Kav. Div.
1 Kav. Brig.
6 Inf. Div.

7 3. Armee (Condé)
1 leichte Kav. Div.
1 Brig. Spahis
11 Inf. Div.
1 brit. Inf. Div.

8 4. Armee (Requin)
7 Inf. Div.
1 poln. Inf. Div.

9 5. Armee (Bourret)
9 Divisionen

10 18. Armee (Küchler)
1 Pz. Div.
1 Kav. Div.
6 Inf. Div.

11 6. Armee (Reichenau)
2 Pz. Div.
13 Inf. Div.

12 4. Armee (Kluge)
9 Inf. Div.
2 Pz. Div.

13 12. Armee (List)
mit Pz. Gruppe Kleist
5 Pz. Div.
11 Inf. Div.
3 mot. Div.

14 16. Armee (Busch)
18 Divisionen

15 1. Armee (Witzleben)
19 Inf. Div.

16 Heeresgruppe B (Bock)
einschl. Reserven
29 Div.

17 Heeresgruppe A (Rundstedt)
einschl. Reserven
45 Div.

18 Heeresgruppe C (Leeb)
einschl. Reserven
29 Div.

Aufmarsch der deutschen und britisch-französischen Truppen am Vorabend des Westfeldzugs (Mai 1940)

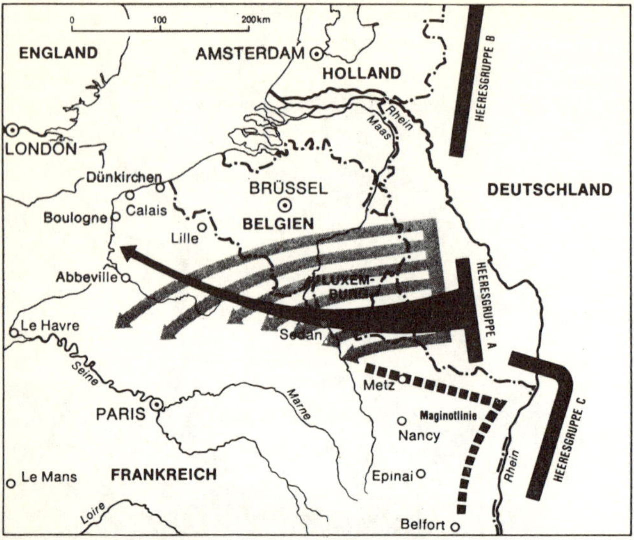

Schlieffen-Plan 1914 (grau), Manstein-Plan 1940 (schwarz)

Heeres untergrub die Kampfmoral der französischen Verbände. Am 19. war *Abbeville* und am 20. die Sommemündung erreicht. Damit waren nun alle nördlich des »Sichelschnitts« kämpfenden alliierten Divisionen abgeschnitten. Die belgische Armee kapitulierte am 28.5. mit 500000 Mann (7500 Tote, 15850 Verwundete). Die britischen und französischen Verbände wurden im Raum *Dünkirchen* zusammengedrängt. Ein Haltebefehl Hitlers an die deutschen Panzer (24.5.) verschaffte ihnen eine Atempause; 338226 Briten und Franzosen konnten aus dem Kessel von Dünkirchen entkommen. – Am 5.6. begann die zweite Operationsphase, Fall *»Rot«*, der eigentliche Frankreichfeldzug. Die Heeresgruppe B erreichte am 9.6. die untere Seine, am 11.6. verließ die französische Regierung Paris, das am 14.6. von deutschen Truppen besetzt wurde. Am 16.6. durchbrach die Heeresgruppe C die *Maginot-Linie*. Einen Tag später erreichten deutsche Panzer die Schweizer Grenze und schnitten die Masse des französischen Heeres am Oberrhein von ihren rückwärtigen Verbindungen ab. Seit dem 10.6. befand sich auch Italien im Kriegszustand mit den Alliierten; sein Angriff an der Alpenfront blieb allerdings erfolglos. – Ein von Großbritannien unterbreiteter Vorschlag einer Union mit Frankreich war am 16.6. von der französischen Regierung abgelehnt worden, das Kabinett *Reynaud* war zurückgetreten und Marschall *Pétain* neuer Regierungschef geworden. Er suchte am 17.6. um Waffenstillstand nach. Dieser wurde am 22.6. in *Compiègne* geschlossen (mit Italien am 24.6. in Rom). – Die französischen Verluste betrugen 92 000 Tote und 200 000 Verwundete, die Wehrmacht hatte 27 074 Tote, 18 383 Vermißte und 111 034 Verwundete. Die britische Armee verlor 68 111 Mann, 1,9 Mio. alliierte Soldaten gingen in Gefangenschaft. Frankreich wurde von deutschen Truppen bis zur Linie westlich und nördlich von Genf–Dole–Tours–Mont-de-Marsan–spanische Grenze besetzt. Die Regierung Pétain bezog Quartier in *Vichy*. Bereits am 18.6.1940 hatte General de *Gaulle* von London aus zur Fortsetzung des Kampfes gegen Deutschland aufgerufen. Er gründete später eine Exilregierung. Hitler aber, von seiner Umgebung als »größter Feldherr aller Zeiten« gefeiert, schien mit dem Sieg über Frankreich die Hegemonie über Kontinentaleuropa errungen zu haben.

Freiburg im Breisgau

Die Universitätsstadt Freiburg in Südbaden mit 110 000 Einwohnern (1939) wurde am Tag des deutschen Angriffs im Westen (10.5.1940) Opfer eines Luftangriffs, bei dem 57 Zivilisten, darunter 22 Kinder und 13 Frauen, ums Leben kamen und über 100 verletzt wurden. Die Angreifer, drei He 111 vom KG 51 aus Landsberg am Lech, hatten eigentlich Dijon bombardieren sollen, sich aber im Gewitter über dem Schwarzwald verflogen und Freiburg für das Ausweichziel Dole-Tavaux gehalten. Die nationalsozialistische Propaganda gab den Fehlwurf als alliierten »Terrorangriff auf eine offene deutsche Stadt« aus und rechtfertigte künftig deutsche Angriffe als »Vergeltung«. Erst viele Jahre nach Kriegsende wurden die wahren Zusammenhänge aufgedeckt. Am 27./28.11.1944 erlebte Freiburg einen Angriff britischer Bomber, bei dem 3000 Menschen getötet und der größte Teil der Altstadt vernichtet wurden. Am 22.4.1945 besetzten Einheiten der französischen 1. Armee (Lattre de Tassigny) die Stadt.

Freifranzosen

Nach der Niederlage Frankreichs organisierten de *Gaulle* und seine Anhänger von Großbritannien und den französischen Kolonien aus den Kampf gegen Deutschland. Das von de Gaulle gegründete Nationalkomitee der Freien Franzosen wurde am 28.6.1940 von der britischen Regierung anerkannt. Gemeinsam mit den *Forces Françaises Libres* fochten die Freifranzosen an der Seite der Westalliierten. Als Vorsitzender des Nationalkomitees wurde de Gaulle 1944 Chef der provisorischen Regierung (bis 1946) in Paris.

Freiwilligen-Verbände

In der deutschen Wehrmacht dienten zahlreiche Freiwillige aus deutsch besetzten oder verbündeten Ländern. 1941 betrug ihre Zahl bereits etwa 200 000 Mann, zum größten Teil handelte es sich dabei um russische Gefangene. Im Winter 1941/42 begann die Aufstellung geschlossener Einheiten vor allem zur Partisanenbekämpfung. Die Kampftruppen aus »Ostfreiwilligen« wurden 1943, weil man bei wankender Ostfront um ihre Zuverlässigkeit fürchtete, auf den Balkan und nach Frankreich verlegt. Kurz vor Kriegsende dienten etwa 600 000 Mann in Heer, Luftwaffe und SS; dazu kamen noch Kosaken-Einheiten und unbewaffnetes Personal, insgesamt rund 1 Mio. Mann. Zu diesen Freiwilligen-Verbänden gehörten die spanische *»Blaue Division«* ebenso wie die *Wlassow*-Armee als letzte größere Einheit. Die *Waffen-SS* warb schon früh um Freiwillige aus Europa. 1940 wurde als erster von schließlich 21 Freiwilligen-Verbänden die Division »Wiking« gebildet. Sie bestand noch aus verschiedenen Nationalitäten: Dänen, Holländer, Norweger, Finnen. Rein nationale Einheiten dagegen waren die bald danach aufgestellte belgische Sturmbrigade (später Division) »Wallonie«, die französische »Charlemagne«, die skandinavische »Nordland«, die kroatische »Handschar«. Motto der Freiwilligenwerbung war der Kampf gegen den Bolschewismus und für ein »freies« Europa. Die SS-Führung verband damit großgermanische Utopien, die aber bald aufgegeben wurden. Schließlich nahm die Waffen-SS sogar mit der albanischen »Skanderbeg« muslimische Kämpfer auf. In der Spätphase des Krieges kamen – teilweise gezwungen – noch lettische, estnische, ukrainische, italienische und auch turkmenische, tatarische und indische Einheiten hinzu.

Fremdarbeiter
Beschönigende offizielle Bezeichnung für die *Zwangsarbeiter*, die während des Krieges in den deutsch besetzten Gebieten zunächst angeworben und dann später gewaltsam rekrutiert wurden.

Fremdenlegion
Die Fremdenlegion (frz. Légion étrangère), ein Verband des französischen Heeres, der sich vorwiegend aus Ausländern und Staatenlosen zusammensetzt, wurde 1831 von »Bürgerkönig« Louis Philippe zur Eroberung Algeriens ins Leben gerufen. Die Fremdenlegion kämpfte seitdem in allen Teilen des französischen Kolonialreichs und wird auch heute noch zu Aufgaben im Ausland eingesetzt (z.B. im Golfkrieg 1991). – Im September 1939 umfaßte die Fremdenlegion zwei Kavallerie- und sechs Infanterieregimenter, dazu kamen Pioniere sowie Außenposten in der Sahara. Nach dem Sieg über Frankreich verlangte die Reichsregierung die Repatriierung aller deutschen Legionäre. Diese etwa 2000 Mann wurden in der Wehrmacht im Infanterieregiment 361 zusammengefaßt und in Nordafrika gegen die britische 8. Armee eingesetzt. Auf der Gegenseite wurde die 13. Halbbrigade der Fremdenlegion, die mit dem alliierten Expeditionskorps in Norwegen gekämpft, dort vorübergehend den Erzhafen Narvik besetzt und sich kurz vor der französischen Niederlage nach Großbritannien abgesetzt hatte, zur ersten Kerntruppe der freifranzösischen Streitkräfte. Sie diente später u.a. in Syrien und Libyen, wo sie sich bei *Bir Hacheim* auszeichnete. Teile der Fremdenlegion kämpften ab November 1942 in Tunesien, andere beteiligten sich am Vormarsch der französischen 1. Armee (Lattre de Tassigny) bis an den Rhein und in die Alpen. Die Fremdenlegion verlor insgesamt 9071 Gefallene und Vermißte. Nach dem Krieg füllte sie ihre Ränge mit deutschen Gefangenen auf; in den 50er Jahren bestand die Truppe zeitweilig bis zu 70 % aus Deutschen.

Freyberg, Sir Bernard Cyril
* Richmond (Surrey) 21.3.1889, † Windsor 28.3.1963
Der britisch-neuseeländische General Freyberg, Baron von Wellington und Munstead, kommandierte seit November 1939 die neuseeländischen Expeditionsstreitkräfte, die in Griechenland, später auch in Nordafrika und Italien eingesetzt waren. Im Mai 1941 organisierte er die – vergebliche – Verteidigung *Kretas*. 1946–52 war er Generalgouverneur von Neuseeland.

Frick, Wilhelm
* Alsenz (bei Rockenhausen, Pfalz) 12.3.1877, † Nürnberg 16.10.1946 (hingerichtet)
Der Politiker und Jurist Frick, Teilnehmer am Hitler-Putsch 1923, ebnete als Innenminister in Thüringen ab 1930 der NSDAP den Weg zur Macht. Er wurde 1933 Reichsinnenminister. In dieser Funktion war er mitverantwortlich für die Rassengesetzgebung und Maßnahmen zur »Sicherung der Einheit von Partei und Staat«. Im August 1943 wurde Frick zum Reichsprotektor für Böhmen und Mähren ernannt, sein Wirken blieb jedoch eher repräsentativ, da die wahre Macht von seinem Stellvertreter Karl Hermann Frank ausgeübt wurde. Im Nürnberger Prozeß gegen die Hauptkriegsverbrecher wurde Frick am 1.10.1946 zum Tod verurteilt.

Fritsch, Werner Freiherr von
* Benrath (heute zu Düsseldorf) 4.8.1880, † Praga (bei Warschau) 22.9.1939
Der Berufsoffizier Fritsch war als Chef der Heeresleitung (seit 1.2.1934) und als OB des Heeres (seit 2.5.1935) maßgeblich an der massiven Aufrüstung Deutschlands beteiligt; 1936 wurde er zum Generaloberst ernannt. Er wandte sich jedoch im November 1937 gegen die Offensivpläne Hitlers *(Hoßbach-Niederschrift)*. Dadurch fiel er in Ungnade und wurde Ende Januar/Anfang Februar 1938 wegen angeblicher homosexueller Beziehungen aus seiner Stellung entfernt. Obwohl in einem Ehrengerichtsverfahren völlig rehabilitiert, erlangte er seine frühere Position nicht wieder. Fritsch wurde Chef des Artillerieregiments 12, an dessen Spitze er im *Polenfeldzug* fiel. Seine von den Militärs mehr oder weniger gleichgültig hingenommene Entmachtung,

die als »Fritsch-Krise« in die Geschichte einging, bedeutete einen Markstein auf Hitlers Weg in den Krieg.

Fromm, Friedrich

* Berlin 8.10.1888, † Brandenburg 12.3.1945

Seit 1.4.1939 General der Artillerie (am 19.7.1940 dann zum Generaloberst ernannt), wurde Fromm mit Kriegsbeginn Chef der Heeresrüstung und Befehlshaber des *Ersatzheeres*. Diese Position machte ihn für die Männer des militärischen Widerstands interessant, die ihn in ihre Pläne einweihten. Zwar lehnte Fromm ein Attentat grundsätzlich ab, gab andererseits seine Kenntnisse davon aber auch nicht weiter. Als am Abend des 20.7.1944 das Scheitern des Putsches abzusehen war, stellte er sich gegen die Verschwörer, die seine Dienststelle in der Berliner Bendlerstraße als Hauptquartier benutzten. Er ließ *Stauffenberg* ohne Befehl standrechtlich erschießen und gab *Beck* Gelegenheit zum Selbstmord. Seine eigene Verstrickung in die Umsturzpläne konnte er damit nicht verschleiern. Schon am nächsten Tag wurde Fromm auf Befehl *Himmlers* verhaftet und einige Monate später wegen »Feigheit« erschossen.

Funk, Walther

* Trakehnen (Ostpreußen) 18.8.1890, † Düsseldorf 31.5.1960

Der deutsche Politiker Funk, Wirtschaftsberater Hitlers und seit 1938 Reichswirtschaftsminister, war maßgeblich beteiligt an der *Judenverfolgung* auf wirtschaftlichem Gebiet (Arisierung) und an der Ausplünderung der besetzten Gebiete im Krieg. Mit dem Generalbevollmächtigten für den Arbeitseinsatz, *Sauckel*, regelte er den Einsatz der *Zwangsarbeiter*. Im Nürnberger Prozeß gegen die Hauptkriegsverbrecher wurde Funk am 1.10.1946 zu lebenslanger Haft verurteilt; 1957 entließ man ihn wegen Krankheit aus dem Spandauer Gefängnis.

Funkmeß

Funkmeß war in Deutschland die Bezeichnung für Ortungs- und Feuerleitverfahren mittels elektromagnetischer Wellen; im englischen Sprachraum wurde die Abkürzung *Radar* gebraucht. Die deutschen Forschungen konzentrierten sich seit 1934 zunächst auf ein 50-cm-Feuerleitgerät für Kriegsschiffe (Tarnname »Seetakt«*)*. Es kam 1937 in die Erprobung und blieb den ganzen Krieg hindurch im Einsatz. Das Gegenstück bei der Flak hieß »Würzburg«; es war seit 1940 serienreif. Würzburg-Geräte wurden in Verbindung mit dem Frühwarngerät »Freya« bei der bodengeleiteten Nachtjagd eingesetzt. Bordeigene Funkmessung für Nachtjäger wurde 1942 mit dem »Lichtenstein«-Gerät ermöglicht; dem entsprach bei der Marine das Funkmeß-Gerät »Hohentwiel«. Britischen Kommandotruppen gelang es beim Raid gegen *Bruneval* im Februar 1941, ein Würzburg-Gerät abzubauen und nach England zu bringen, das Lichtenstein-Radar fiel der RAF in die Hände, als am 9.5.1943 eine Nachtjäger-Besatzung mit ihrer Ju 88 nach Schottland desertierte. Da festgestellt werden konnte, mit welchen Wellen die Geräte arbeiteten, waren sie fortan mit Stanniolstreifen in passender Länge leicht zu stören *(Window)*. Dagegen entwickelte die Flak Entstörgeräte, für die Nachtjagd wurde im Herbst 1943 ein neues Weitwinkel-Lichtenstein eingeführt. Gegen das britische »Rotterdam«-Gerät, das erste operationsreife Bordsichtradar, wurde für die deutsche Nachtjagd und U-Boot-Waffe ein passives Ortungsverfahren (»Naxos«) ersonnen. Ende 1944 hatte die deutsche Hochfrequenztechnik mindestens alliierten Standard erreicht; Neuentwicklungen wie das 9-cm-Nachtjagdradar »Berlin« oder das Ortungs- und Zielsystem der Flak »Egerland« kamen zu spät zum Einsatz.

Fw 190

Der Jagdeinsitzer und Jagdbomber der Firma *Focke-Wulf* mit der Typenbezeichnung Fw 190 (Erstflug 1.6.1939) war das einzige neue Frontmuster auf deutscher Seite, das noch während des Krieges in die Massenfertigung ging. Insgesamt wurden 20051 Maschinen gebaut, davon rund ein Drittel Jagdbomber und Schlachtflugzeuge. Das erste Serienmuster kam im Sommer 1941 an der Kanalküste zur Fronterprobung und zeigte sich der britischen *Spitfire* beim Luftkampf klar überlegen. In verschiedenen Versionen wurde die Fw 190 später auch als Jagdbomber, Schlachtflugzeug, Nachtjäger sowie als gepanzerter Sturmjäger speziell zur Bekämpfung viermotoriger US-Bomberverbände eingesetzt. Bekannteste Version war die Fw 190 A-4: ein 1700-PS-Motor, Höchstgeschwindigkeit 634 km/h in 5500 m Höhe,

Steiggeschwindigkeit 720 m/min, Bewaffnung 4×20-mm-MK und 2×7,9-mm-MG. Weiterentwicklungen, etwa die Baureihe D, brachten es auf eine Motorleistung von 2240 PS und eine Höchstgeschwindigkeit von 705 km/h in 11 300 m Höhe.

Galland, Adolf
* Westerholt (bei Recklinghausen) 19.3.1912, † Remagen 9.2.1996
1932 in die Reichswehr eingetreten, diente Galland seit 1935 beim Jagdgeschwader »Richthofen«. Er nahm mit der Legion Condor am *Spanischen Bürgerkrieg* teil und wurde seit 1940 als Geschwaderkommodore über Frankreich und Großbritannien eingesetzt. Von Dezember 1941 bis Januar 1945 war Galland General der Jagdflieger, danach Kommodore des Jagdverbandes 44, der die Me 262 *Schwalbe* erprobte. Nach dem Krieg betätigte er sich als Militärberater in Argentinien, nach 1954 als Geschäftsmann in der Bundesrepublik.

Gamelin, Maurice-Gustave
* Paris 20.9.1872, † ebd. 18.4.1958
Seit 1931 Chef des französischen Generalstabs, 1935 Generalinspekteur des Heeres und Vizepräsident des Obersten Kriegsrats, wurde Gamelin im September 1939 OB der alliierten Streitkräfte in Frankreich. Unter dem überwältigenden Eindruck krasser Führungsfehler in den ersten Wochen des *Frankreichfeldzugs* wurde er am 19.5.1940 durch General *Weygand* abgelöst. Die Enttäuschung seiner Landsleute verfolgte ihn weiter, im September 1940 wurde er verhaftet und zwei Jahre später im sogenannten Prozeß von Riom als Verantwortlicher für die militärische Niederlage Frankreichs angeklagt (zu einer Verurteilung kam es wegen Einspruchs der deutschen Besatzungsmacht jedoch nicht). Bis April 1943 blieb er in französischer Haft, danach wurde er an Deutschland ausgeliefert und bis Kriegsende in Gefangenschaft gehalten.

Gamma
Der 140 t schwere 42-cm-Mörser mit der Bezeichnung Gamma, den die Firma Krupp 1906 entwickelt hatte und von dem es nur ein Exemplar gab, hatte nach dem Ende des 1. Weltkriegs den Alliierten übergeben werden sollen. Er wurde jedoch bei der Inspektion des Schießplatzes Meppen übersehen. 1936/37 reaktivierte man ihn zu Schußversuchen mit Spezialgranaten. Im Dezember 1939 ging der Koloß, der zum Transport zehn Eisenbahnwaggons brauchte, an die Truppe. Er kam im Sommer 1942

gegen die Seefestung *Sewastopol* und im September 1944 beim *Warschauer Aufstand* zum Einsatz. Rohrlänge 6,72 m, 8 Schuß/h, Granatgewicht 1020 kg, Schußweite 14,2 km, 235 Mann Bedienung.

Gaulle, Charles de

* Lille 22.11.1890, † Colombey-les-deux-Églises (bei Chaumont, Haute-Marne) 9.1.1970

Der französische Berufsoffizier de Gaulle, 1932–37 Generalsekretär des Nationalen Verteidigungsrats, hatte früh die Bedeutung von Panzer- und Luftwaffe für einen künftigen Krieg erkannt. Bei den konservativen französischen Militärs stieß er mit seinen Vorstellungen allerdings auf taube Ohren. Erst als der massive deutsche Panzervorstoß beim Angriff im Westen *(Frankreichfeldzug)* die Berechtigung von de Gaulles Warnungen erwies, ließ man ihn am 17.5. mit der 4. französischen Panzerdivision einen geballten Stoß gegen *Guderians* weitgedehnte Flanke führen. Die Aktion kam zu spät, um am Verlauf des Feldzugs noch etwas zu ändern, drang auch nicht vollständig durch, wurde aber zum Ausgangspunkt für de Gaulles militärische und politische Karriere. Er wurde am 6.6. zum Unterstaatssekretär im Kriegsministerium der Regierung *Reynaud* berufen. Befehlswidrig setzte er sich am 17.6. nach London ab und rief einen Tag später in einer Rundfunkrede alle Franzosen dazu auf, den Widerstand auch nach der Niederlage fortzusetzen. Das Todesurteil, das in *Vichy* im Juli 1940 über ihn gesprochen wurde, blieb wirkungslos. De Gaulle wurde im Londoner Exil zur Seele der *Résistance*, er überspielte seine Rivalen *Darlan* und *Giraud*, wurde Chef des Französischen Komitees der Nationalen Befreiung und im Juni 1943 Chef der Londoner Exilregierung, aus der im Mai 1944 die Provisorische Regierung der Französischen Republik hervorging. Am 25.8.1944 hielt er triumphalen Einzug ins befreite Paris, wurde als Ministerpräsident bestätigt und zum provisorischen Staatsoberhaupt gewählt. Nach seinem Rücktritt im Januar 1946 gründete er die Sammelbewegung RPF. 1958 zum ersten Präsidenten der ganz auf ihn zugeschnittenen 5. Republik gewählt, beendete er den Algerienkonflikt, führte Frankreich aus der NATO und bewirkte zusammen mit Adenauer die deutsch-französische Aussöhnung.

Geheime Staatspolizei
Die Geheime Staatspolizei, abgekürzt Gestapo, war ein bedeutender Bestandteil im System der nationalsozialistischen Herrschaft, sie hatte die Aufgabe, »alle staatsgefährlichen Bestrebungen im gesamten Staatsgebiet zu erforschen und zu bekämpfen«. In enger Verflechtung mit SD und Sicherheitspolizei (ehemals Kripo) errichtete die Gestapo ein umfassendes Überwachungssystem für Regimegegner, Juden, Marxisten, Freimaurer, Homosexuelle und so weiter. Im September 1942 bekam sie zusätzlich Exekutivrechte, sie konnte Schutzhaft verhängen, in KZ einweisen und »sonderbehandeln« (= hinrichten).

Gehlen, Reinhard
* Erfurt 3.4.1902, † Berg (bei Starnberg) 8.6.1979
General Gehlen war 1942–45 Abteilungsleiter Fremde Heere Ost – so die Bezeichnung für die militärische Aufklärung vor allem in der Sowjetunion und auf dem Balkan. Gehlens Einschätzungen trafen nicht immer zu, besonders deutlich erwies sich das bei der sowjetischen Gegenoffensive im November 1942 bei *Stalingrad*, die er keineswegs kommen sah. Nach dem Krieg stellte er seine Spionageorganisation der amerikanischen Besatzungsmacht zur Verfügung. Aus der »Organisation Gehlen« wurde 1956 der Bundesnachrichtendienst (BND), dessen Leitung Gehlen bis 1968 innehatte.

»Gelb«
Seit dem 19.10.1939 trugen die Pläne für den deutschen Angriff im Westen den Decknamen »Gelb«. Sie wurden mehrfach geändert (29.10., 20.11., 28.12.), schließlich mit Führerweisung Nr. 10 vom 19.1.1940 und Aufmarschweisung vom 30.1. bestätigt. Von Anfang an sahen die Planungen einen Aufmarsch in drei Heeresgruppen vor, nur sollte der Schwerpunkt bei der Heeresgruppe B im Norden liegen, deren weit ausholende Flügelbewegung von der Heeresgruppe A im Zentrum gedeckt werden sollte; die Heeresgruppe C war als Sicherung der Oberrheinfront vorgesehen. Erst der Mechelen-Zwischenfall (bei der Notlandung eines deutschen Kurierflugzeugs nahe Mechelen in Belgien gerieten Teile des deutschen Plans den Belgiern in die Hände) brachte den Durchbruch für eine neue Konzeption, die *Manstein*

ausgearbeitet hatte: Massierung der Kräfte (vor allem Panzer) bei der Heeresgruppe A, deren Vorstoß durch die Ardennen bis zur Kanalküste und Abschneiden der nach Belgien vorrückenden alliierten Armeen. Der rasche Erfolg im *Frankreichfeldzug* seit 10.5.1940 war nicht zuletzt auf diese Neufassung von »Gelb« zurückzuführen.

Geleitzug-System

Schon im 1. Weltkrieg hatte man Handels-, Transport- und/oder Versorgungsschiffe zu größeren Verbänden zusammengefaßt und von Kriegsschiffen sichern lassen. Bei Ausbruch des 2. Weltkriegs führte die britische Admiralität das Geleitzug-System sofort wieder ein, wobei zunächst Zerstörer, Geleitboote und bewaffnete Trawler die Sicherung übernahmen; später kamen speziell für Geleitzugaufgaben gebaute Flugzeugträger, Fregatten und Korvetten (Escort Groups) dazu. Seit 1942 wurden wichtige Geleitzüge auch durch Deckungsgruppen (Support Groups) geschützt, bestehend aus Flugzeugträgern, Kreuzern, Zerstörern und gelegentlich auch Schlachtschiffen, die abgesetzt operierten. Das Geleitzug-System wurde im Lauf des Krieges von allen anderen Seemächten übernommen.

Generalgouvernement

In den deutsch besetzten polnischen Gebieten wurde am 26.10. 1939 das sogenannte Generalgouvernement eingerichtet, bestehend aus den Distrikten Krakau, Radom, Warschau und Lublin, seit August 1941 gehörte auch Lemberg dazu. Im Generalgouvernement lebten auf einer Fläche von 142 000 km^2 rund 12 Mio. Einwohner. Generalgouverneur war *Frank*. Er plünderte das Gebiet rücksichtslos aus. Im Generalgouvernement wurden *Zwangsarbeiter* rekrutiert, es diente als Aufnahmeland für die zirka 1,2 Mio. Polen, die aus den zum Reich geschlagenen polnischen Gebieten (Danzig-Westpreußen, Warthegau) vertrieben worden waren, außerdem errichtete hier die SS im Zuge der *Judenverfolgung* Gettos und Vernichtungslager. Rund 3 Mio. polnische Juden und fast ebenso viele Polen wurden während des Krieges im Generalgouvernement ermordet oder fielen Terror und Not zum Opfer.

Generalplan Ost

Unter dem Namen »Generalplan Ost – rechtliche, wirtschaftliche und räumliche Grundlagen des Ostaufbaus« wurde im April 1942 im Planungsstab des Reichskommissars für die Festigung des deutschen Volkstums ein Programm für die deutsche Besatzungspolitik im Osten entworfen, das von seinem Auftraggeber *Himmler* überarbeitet und am 12.6.1942 abgezeichnet wurde. Der Generalplan Ost sah die Abdrängung von über 30 Mio. Menschen aus Polen, dem Baltikum und den westlichen Gebieten der Sowjetunion nach Sibirien und das Vorschieben der deutschen »Volkstumsgrenze« um 1000 km nach Osten vor; die verbliebenen »slawischen Untermenschen« sollten als Arbeitssklaven für die »germanischen« Siedler eingesetzt werden. Angesichts der sich rasch verschlechternden Kriegslage unterblieb eine Verwirklichung dieser Vorhaben, doch wurden bereits erste Werbekampagnen zum Beispiel in den Niederlanden für den »germanischen Landdienst im Osten« oder unter den Südtirolern für die Besiedlung der Krim gestartet.

Genfer Abkommen

Genfer Abkommen (oder Konventionen) lautet die Bezeichnung für vier in Genf geschlossene internationale Verträge: 1. zum Schutz der Soldaten im Landkrieg (22.8.1864); 2. wesentliche Erweiterung nach Hineinnahme von Regelungen für den Seekrieg (6.7.1906); 3. Vereinbarungen über die Behandlung von Soldaten in Gefangenschaft (27.7.1929); 4. Schutz der Kriegsopfer (12.8.1949). Die bis zum Krieg in Kraft gesetzten Genfer Abkommen wurden von fast allen kriegführenden Parteien verletzt, am meisten aber durch das Deutsche Reich im Ostfeldzug, der von Anfang an als »Weltanschauungskrieg« geplant war. Dabei diente der Umstand, daß die UdSSR sich von allen »zaristischen« Verträgen losgesagt und auch das 3. Genfer Abkommen nicht unterzeichnet hatte, als willkommener Vorwand für Völkerrechtsverletzungen.

Gerstein, Kurt

* Münster (Westf.) 11.8.1905, † Paris 23.7.1945

Der Ingenieur Gerstein, NSDAP-Mitglied seit 1933, wurde 1936 wegen Zugehörigkeit zur Bekennenden Kirche mehrfach verhaftet und bald aus der Partei ausgeschlossen. Nach Kriegsbeginn meldete er sich freiwillig zur *Waffen-SS*, um Einblick in den nationalsozialistischen Herrschaftsapparat zu gewinnen. Im November 1941 wurde er als Entseuchungsexperte zum SS-Führungshauptamt versetzt und mit der Beschaffung des Blausäurepräparats Zyklon B beauftragt. Im Vernichtungslager *Bełżec* wurde er Zeuge von Massentötungen im Rahmen der *Judenverfolgung*. Über Kontakte zu niederländischen Widerstandsgruppen versuchte Gerstein das Ausland zu informieren, fand aber für seine ungeheuerlichen Aussagen kaum Glauben. Nach Kriegsende stellte er sich den Franzosen und schrieb in der Haft seine Erfahrungen nieder. Der »Gerstein-Bericht« über die millionenfachen Morde in den Gaskammern blieb wegen mancher Ungenauigkeiten lange umstritten, ist aber inzwischen in allen wesentlichen Punkten als wahrheitsgetreu anerkannt. Die Umstände von Gersteins Tod in französischer Haft sind ungeklärt. Offiziell beging er Selbstmord, möglicherweise wurde er aber auch Opfer der Rache von SS-Kameraden, die im selben Gefängnis einsaßen.

Gestapo

Kurzwort für →**Ge**heime **Sta**ats**po**lizei.

Ghasala

Die libysche Ortschaft Ghasala an der Küstenstraße Via Balbia, 60 km westlich von *Tobruk*, wechselte während des *Afrikafeldzugs* mehrfach den Besitzer. Zunächst versuchte hier das *Deutsche Afrika-Korps* Mitte Dezember 1941 den Vormarsch der britischen 8. Armee (Ritchie) zu stoppen, mußte sich aber nach wenigen Tagen bis in die Auffangstellung bei El Agheila zurückziehen. Im Januar/Februar 1942 gelang *Rommel* ein Gegenstoß bis an die Ghasala-Front, wo allerdings die Offensivkraft seiner Verbände erschöpft war. Die inzwischen stark befestigte Linie Ghasala–*Bir Hacheim* hielt im Mai 1942 auch einem Angriff italienischer Truppen stand. Rommel vermochte jedoch im Juni im Süden die britischen Stellungen mit dem Deutschen Afrika-Korps und der italienischen Division »Ariete« zu umgehen. Der drohenden Einschließung von Ghasala entzogen sich die britischen und südafrikanischen Verteidiger in letzter Minute durch ein Ausweichen über die Via Balbia nach Tobruk.

Gibraltar

Gibraltar, der britische Flottenstützpunkt an der Südspitze Spaniens mit 5 km^2 und 19300 Einwohnern (1939), besaß im 2. Weltkrieg große seestrategische Bedeutung. Die Meerenge zwischen Europa und Afrika war von hier aus optimal zu kontrollieren. Bereits vor dem Krieg waren in der deutschen Führung Überlegungen zu einer Eroberung Gibraltars angestellt worden. Unter dem Decknamen *»Felix«* wurden diese nach dem Ausscheiden Frankreichs aus dem Krieg (Juni 1940) wiederbelebt. In der Konferenz von *Hendaye* (23.10.1940) versuchte Hitler dem spanischen Diktator *Franco* das Unternehmen schmackhaft zu machen. Als Spanien aber am 7.12.1940 endgültig den Kriegseintritt verweigerte, ließ Hitler die Planungen einstellen.

Gigant

Der Großraumtransporter Messerschmitt Me 323 mit dem Beinamen Gigant war mit 8 m Höhe, 28 m Länge, einer Spannweite von 55 m und einem Startgewicht von 43 t das größte Landflugzeug seiner Zeit. Es beförderte 22 t Nutzlast (= ein Panzer IV oder eine 8,8-cm-Flak oder 130 voll ausgerüstete Soldaten); 6 Motoren mit je 990 PS verliehen dem »fliegenden Güterwagen« eine Geschwindigkeit von 170–220 km/h. Bewaffnung 5×13-mm-MG, bei Einsätzen als Flakkreuzer bis zu 16 MG. Ausgangsmodell war der Transportgleiter Me 321, der mit Raketenhilfe gestartet und von drei Me 110 geschleppt wurde – ein Verfahren, das sich als sehr unfallträchtig erwies. Von beiden Versionen wurden insgesamt 201 Exemplare gebaut.

Gleiwitz

Die deutsche Großstadt Gleiwitz im oberschlesischen Industrierevier mit 120000 Einwohnern (1940) war Schauplatz der ersten Kriegshandlung des 2. Weltkriegs. Am Abend des 31.8.1939 besetzte ein als »polnische Insurgenten« getarntes SS-Kommando den dortigen Reichssender, unterbrach das Programm und ließ einen polnischen Aufruf gegen Deutschland verlesen, wobei im Hintergrund Gefechtslärm simuliert wurde. Als »Beweis« für die

Provokation ließen die SS-Leute am Ort des Überfalls einen getöteten KZ-Häftling in polnischer Uniform zurück. Der Inspirator des Unternehmens, SD-Chef *Heydrich*, beabsichtigte damit vor der Weltöffentlichkeit einen Beweis für die polnischen Grenzübergriffe zu erbringen, mit dem der am folgenden Tag beginnende deutsche *Polenfeldzug* dann wie ein Akt der Notwehr aussehen sollte. Der Propagandacoup schlug jedoch weitgehend fehl, da kaum jemand den »Überfall« mitbekam: Der Sender Gleiwitz strahlte zur fraglichen Zeit nur ein Regionalprogramm aus.

Glorious
1917 als Schlachtkreuzer in Dienst gestellt, wurde die Glorious 1924–30 zum Flugzeugträger umgebaut; 22500t, 31kn, 239,6m lang, 30,5m breit, bis zu 1380 Mann Besatzung, Bewaffnung: 16×12 cm, 48 Flugzeuge. Die Glorious übernahm im April 1940 die Luftsicherung bei der Landung britischer Truppen in Norwegen. Als das Unternehmen nach den alliierten Niederlagen in Belgien und Nordfrankreich Anfang Juni 1940 abgebrochen wurde, beteiligte sich die Glorious an der Evakuierung der Expeditionsstreitkräfte. Beim Abmarsch traf sie am 8.6.1940 auf die deutschen Schlachtschiffe *Scharnhorst* und *Gneisenau* und sank nach kurzem Gefecht westlich von Narvik. Von der Besatzung wurden nur 43 Mann gerettet, 1229 Seeleute, unter ihnen der Kapitän D'Ogly-Hughes, fielen.

Gneisenau
Nach dem preußischen Feldherrn August Graf Neidhardt von Gneisenau (1760–1831) war das zweite deutsche Schlachtschiff benannt, mit dessen Bau nach dem *Deutsch-Britischen Flottenabkommen* (Juni 1935) begonnen wurde. Stapellauf 8.12.1936, in Dienst gestellt 21.5.1938; 31850t, 234,9m lang, 30m breit, 31kn; 1840 Mann Besatzung; Bewaffnung: 9×28cm, 12×15cm, 14×10,5-cm-Flak, zahlreiche kleinere Rohre, 6 Torpedorohre, Katapulte für 4 Bordflugzeuge. Die Gneisenau war von Mai 1939 bis März 1941 Flaggschiff des Flottenchefs und operierte nach Kriegsbeginn zunächst in der Nordsee, nahm dann mit dem Schwesterschiff *Scharnhorst* an einem Vorstoß in den Nordatlantik teil. Es folgten Einsätze beim Unternehmen »Nord-

mark« gegen britische Geleite nach Norwegen und beim Unternehmen *»Weserübung«*, bei dem die Gneisenau am 9.4.1940 einen schweren Treffer vom britischen Schlachtkreuzer *Renown* erhielt und beim Rückmarsch in die Ostsee von einer Mine beschädigt wurde. Im Juni 1940 konnte sie jedoch wieder am Unternehmen *»Juno«* gegen britische Truppentransporte aus Norwegen teilnehmen, wobei u.a die Versenkung zweier britischer Zerstörer und des Trägers *Glorious* gelang. Wegen erneuten Minentreffers bis Dezember 1940 in Reparatur, brach die Gneisenau im Januar 1941 zum Handelskrieg in den Atlantik durch (Unternehmen »Berlin«) und erreichte nach zahlreichen Erfolgen (allein insgesamt 66 300 BRT) am 22.3.1941 Brest. Dort erlitt das Schiff mehrfach Bombentreffer, konnte aber im Februar 1942 beim *Kanaldurchbruch* in Sicherheit gebracht werden. Bombentreffer im Kieler Hafen setzten die Gneisenau wenig später außer Gefecht, sie wurde nach *Gotenhafen* (Gdingen) geschleppt und abgerüstet. Bei herankommender Front ließ sie die Kriegsmarine im März 1945 als Blockschiff versenken. Nach Hebung durch polnische Firmen wurde die Gneisenau 1947–51 abgewrackt.

Goebbels, Joseph

* Rheydt (heute zu Mönchengladbach) 29.10.1897, † Berlin 1.5.1945

Er gehörte zum engsten Führungskreis um Hitler, dem er sklavisch ergeben war und dessen Ideologie und Politik er mit den von ihm gleichgeschalteten und gelenkten Medien virtuos »verkaufte«: Goebbels, ein schmächtiger, körperbehinderter (Klumpfuß) Literat mit einer ungewöhnlichen Rednergabe, entwickelte als Reichspropagandaleiter der NSDAP (seit 1930) und als Minister für Volksaufklärung (seit 13.3.1933) einen fast religiösen Führerkult, trieb fanatisch die *Judenverfolgung* voran und bereitete die außenpolitischen Aktionen Hitlers klimatisch in Presse und Rundfunk vor. So schürte er seit Frühjahr 1939 antipolnische Ressentiments durch Meldungen über erfundene oder aufgebauschte polnische Ausschreitungen gegen »Volksdeutsche« und stellte die deutsche Aggression als einen Akt der Selbstverteidigung dar. Der Krieg wirkte auf seine Energien durchaus befeuernd. Während andere Paladine, etwa der genußsüchtige, eitle *Göring*, und auch der »Führer« selbst mehr und mehr der Öffentlichkeit fernblieben, drängte sich Goebbels erst recht ins Rampenlicht, auch und gerade, als die militärischen Mißerfolge des Reiches sich häuften. Den Gipfel erreichte er dabei in seiner Ausschlachtung der Katastrophe von Stalingrad in der Sportpalastrede vom 18.2.1943 und seinem Aufruf zum *totalen Krieg*. Mit Hetze und einer ausgeklügelten Strategie der (Ver-)Tröstungen auf Wunderwaffen und neue geniale Schachzüge des »Führers« hielt er die Hoffnungen auf den »Endsieg« wach und sorgte andererseits, vor allem mit Hilfe des Films, für Ablenkung von Not und Elend des *Alltags im Krieg*. Zwei Tage nach dem Attentat auf Hitler (20.7.1944) zum Generalbevollmächtigten für den totalen Kriegseinsatz ernannt, besuchte Goebbels die zerbombten Städte und die bröckelnden Fronten und prophezeite unablässig die Kriegswende. Über die persönlichen Konsequenzen einer Niederlage keinen Moment im Zweifel (»Vor allem in der Judenfrage sind wir ja so festgelegt, daß es für uns kein Entrinnen gibt«, hatte er bereits im März 1943 seinem Tagebuch anvertraut), ließ er dennoch bis in den klar erkennbaren Untergang keinen Moment im Einsatz nach. Der letzte Akt in der Karriere des Propagandagenies vollzog sich in der gespenstischen Bunkerwelt tief unter den Trümmern der Reichskanzlei in Berlin. Der zum Selbstmord entschlossene Hitler ernannte Goebbels am 29.4.1945 zum Reichskanzler. Der plante noch, während sein Meister am folgenden Tag aus dem Leben schied, mit den Sowjets Verhandlungen anzufangen, und hörte damit erst auf, als ihm bedeutet wurde, daß Kapitulation erwartet werde und nichts sonst. Am 1.5. ließ Goebbels erst vom Bunkerarzt seine Kinder vergiften und dann sich und seine Frau von SS-Leuten erschießen.

Gomel

Im *Rußlandfeldzug* wurden nördlich der Stadt Gomel (im östlichen Weißrußland, 1940 rund 145 000 Einwohner) im August 1941 die sowjetische 21. Armee (Jefremow) und Teile der 5. Armee (Potapow) durch die deutsche 2. Armee (v. Weichs) und die Panzergruppe 2 (Guderian) zerschlagen. 78 000 Mann gingen in Gefangenschaft, 144 Panzer und 700 Geschütze wurden erbeutet. – Im Oktober 1944 geriet Gomel erneut ins Kriegsgeschehen, als die sowjetische 1. Weißrussische Front (Rokossowski) am 16.10. den *Dnjepr* überschritt und am 10.11. mit den Armeen 48, 65 und 61 aus dem Brückenkopf Lojew heraus die deutsche Front südwestlich der Stadt durchbrach. Am 26.11. war Gomel nach erbitterten Straßenkämpfen wieder in sowjetischer Hand.

»Gomorrha«

In der biblischen Überlieferung ist Gomorrha die Stadt, die Gott wegen ihrer »himmelschreienden Sünden« vernichtet. Diesen Namen fanden die Planer des britischen Bomber Command passend als Codebezeichnung für den Luftangriff auf Hamburg im Sommer 1943. Mit »Gomorrha« sollte nach dem Willen von Luftmarschall *Harris* die Millionenstadt an der Elbe »ausgelöscht« werden (Tagesbefehl vom 24.7.1943). Dazu setzte er bei den drei schwersten Nachtangriffen (24./25., 27./28. und 29./30.7.) 2353 schwere Bomber ein, die 7196 t Bomben abwarfen, bei Tage flog zudem die US-Luftwaffe Punktangriffe auf Industrieziele. Die Bombenlast, insgesamt rund 9000 t, konnte fast ungehindert ins Ziel gebracht werden, weil die deutsche Abwehr durch den Abwurf von Stanniolstreifen (*»Window«*-Verfahren) nahezu blind war. Im Feuersturm von »Gomorrha«, verstärkt noch durch trockene und heiße Witterung, starben über 30 000 Menschen.

Göring, Hermann

* Rosenheim 12.1.1893, † Nürnberg 15.10.1946

Im Staat Hitlers war er unangefochten die Nummer 2 nach dem »Führer«: Göring vereinigte auf sich eine beeindruckende Ämterfülle. Er war u.a. Reichsminister für die Luftfahrt, Reichsforst- und Reichsjägermeister, OB der Luftwaffe, Beauftragter für den Vierjahresplan. 1938 wurde er zum Generalfeldmarschall, 1940 zum Reichsmarschall ernannt. Das Vertrauen, das Hitler in ihn setzte, rechtfertigte Göring nach Kriegsausbruch jedoch allenfalls noch als Motor der immer brutaleren und schließlich mörderischen *Judenverfolgung*. Als militärischer Führer erlitt sein Nimbus nach den Triumphen der *Blitzkriege* schon bei den Kämpfen um *Dünkirchen* Einbußen und ging durch die Niederlage in der *Luftschlacht um England* und durch das nicht eingehaltene Versprechen, die im Winter 1942/43 in *Stalingrad* eingeschlossene deutsche 6. Armee (Paulus) aus der Luft zu versorgen, vollends verloren. Göring gab sich mehr und mehr dem Wohlleben hin, ließ Europas Kunstsammlungen plündern und galt schließlich selbst bei Hitler nicht mehr viel, der ihn für das Versagen der Reichsverteidigung gegen die alliierten Bomberströme verantwortlich machte. Als Göring in den letzten Kriegstagen mit den Anglo-Amerikanern in Verhandlungen treten wollte, stieß ihn Hitler testamentarisch aus der Partei aus. In Nürnberg vor Gericht gestellt, konnte sich Göring trotz geschickter Verteidigung nicht von der Mitverantwortung für die Verbrechen des Dritten Reiches befreien. Er entging der Vollstreckung des Todesurteils jedoch durch Giftselbstmord (ungeklärt blieb, wie die Kapsel in die Zelle geschmuggelt wurde).

Gort, John Standish, Viscount
* London 10.7.1886, † ebd. 31.3.1946
Der Berufsoffizier Gort, Absolvent der Militärakademie Sandhurst und Teilnehmer am 1. Weltkrieg, wurde im November 1939 zum OB der *British Expeditionary Forces* in Frankreich ernannt, wo er Ende Mai 1940 den erfolgreichen Rückzug der britischen und einiger französischer Truppen aus dem Kessel von *Dünkirchen* leitete. Am 20.7.1940 zum Generalinspekteur des Heeres ernannt, übernahm Gort im folgenden Jahr den Oberbefehl in *Gibraltar* und leitete ab Mai 1942 die Verteidigung der von deutsch-italienischen Luftangriffen heimgesuchten Insel *Malta*. Im letzten Kriegsjahr fungierte Gort als Hochkommissar für Palästina und Transjordanien.

Gotenhafen
Nach dem *Polenfeldzug* wurde die polnische Hafenstadt Gdingen (rund 90 000 Einwohner) dem Reichsgau Danzig-Westpreußen zugeschlagen und in Gotenhafen umbenannt. Der bis dahin mit *Danzig* konkurrierende Umschlagplatz erhielt eine gemeinsame Hafenverwaltung mit der Gauhauptstadt und wurde Reichskriegshafen. Als solcher war Gotenhafen in der zweiten Kriegshälfte mehrfach Ziel alliierter Bombenangriffe, u.a. am 9.10.1943, als 378 amerikanische Maschinen bei 28 Verlusten die Hafenanlagen zertrümmerten, und am 18./19.12.1944, als

britische Viermotorige 824 t Bomben über dem Stadtgebiet abluden. Am 28.3.1945 nahm die sowjetische 70. Armee (Popow) Gotenhafen ein.

Graf Spee →Admiral Graf Spee

Graf Zeppelin
Nach dem Luftschiffpionier Ferdinand Graf von Zeppelin (1838–1917) war der unvollendet gebliebene deutsche Flugzeugträger benannt; Stapellauf 8.12.1938; 31 367 t, 262,5 m lang, 36,2 m breit, max. 34 kn, etwa 1700 Mann Besatzung zuzüglich fliegendes Personal für zuletzt geplante 30 Stuka Ju 87 D und 12 Jäger Me 109 G; Bewaffnung 16×15 cm, 12×10,5-cm-Flak sowie bis zu 50 kleinere Fla-Rohre. Schon 1934 waren erste Entwürfe für die Graf Zeppelin entstanden, doch wurde die Fertigstellung vor allem durch die primär kontinentalstrategische Konzeption Hitlers nachhaltig behindert. 1940 erging ein Baustopp, obwohl die Arbeiten fast abgeschlossen waren. Die Graf Zeppelin wurde von Kiel nach *Gotenhafen* geschleppt, wo sie als Depot diente. Im Sommer 1942 zum Weiterbau nach Kiel zurückverlegt, kam am 30.1.1943 ein erneuter Stopp im Zusammenhang mit Hitlers Verdikt gegen die schweren Überwassereinheiten. Die Graf Zeppelin wurde nach Stettin geschleppt und am 25.4.1945 vor der anrückenden Roten Armee geflutet und auf Grund gesetzt. Nach Kriegsende plante die sowjetische Marine den Träger in eigener Regie weiterzubauen; während des Transports nach Leningrad 1946/47 lief das Schiff jedoch im Finnischen Meerbusen auf eine Mine und wurde schwer beschädigt. Ein Weiterbau kam danach nicht mehr in Frage, das Schiff wurde 1948 abgewrackt.

Grand Slam
Für Präzisionsangriffe gegen Brücken, Tunnels, U-Boot-Bunker und ähnlich massive Einzelobjekte erfanden britische Ingenieure Spezialbomben mit dem Namen Grand Slam (Großer Knall), auch als »Erdbebenbomben« bekannt. Eine erste »kleine« 6-t-Version wurde seit Juni 1944 von den *Lancaster*-Bombern der RAF-Sonderstaffel 617 gegen Ziele im Invasionsraum eingesetzt, später gegen das deutsche Schlachtschiff *Tirpitz*. Die letz-

te Version, mit 10t und fast 8m Länge die größte Fliegerbombe des Krieges, stand erst seit März 1945 zur Verfügung, mit ihr wurde am 14.3. ein Eisenbahnviadukt bei Bielefeld zum Einsturz gebracht. Eines der letzten Opfer von insgesamt 41 abgeworfenen Grand-Slam-Bomben war der Schwere Kreuzer *Lützow*, der am 16.4.1945 in Swinemünde außer Gefecht gesetzt wurde.

Graziani, Rodolfo, Marchese de Neghelli
* Filettino (Prov. Frosinone) 11.8.1882, † Rom 11.1.1955
Der Berufsoffizier Graziani erwarb sich militärische Meriten als Kommandeur der Kolonialtruppen in Libyen und Befehlshaber im Krieg gegen Abessinien (1935/36). Im Mai 1936 wurde er zum Marschall von Italien ernannt. Seit Juli 1940 OB der italienischen Truppen in Nordafrika, wurde er für die schweren Niederlagen gegen die Briten verantwortlich gemacht und im März 1941 abberufen. Er zog sich auf seinen Landsitz zurück, erschien aber nach der Gründung des faschistisch-republikanischen Staates von *Salò* im September 1943 wieder auf der politischen Bühne. Er übernahm das Amt des Kriegsministers. Am 29./30.4.1945 unterzeichnete er die Kapitulation seiner nur noch schwachen Streitkräfte vor den Alliierten. Wegen Hochverrats vor Gericht gestellt, wurde Graziani 1950 zu 19 Jahren Gefängnis verurteilt, aber schon bald begnadigt.

Greif
Bei der Truppe hieß er »Reichsfeuerzeug«: Der Fernbomber Heinkel He 177 mit dem Beinamen Greif, Erstflug 19.11.1939, der einzige strategische Bomber, den die Luftwaffe besaß, war wegen seiner vielen Triebwerksbrände gefürchtet. Die ersten Serienmuster, mit denen man die sowjetische Rüstungsindustrie im Ural lahmzulegen hoffte, kamen seit Herbst 1943 zum Einsatz; im Sommer 1944 jedoch wurde der Großteil aller 1094 gefertigten Maschinen wegen Spritmangels stillgelegt und verschrottet. Daten der letzten Einsatzserie He 177 A-5: 2×2950 PS, max. 472 km/h, 5000 km Reichweite mit 2 Hs-129- oder FX-1400-Lenkwaffen als Außenlast, 6 Mann Besatzung, 2×20-mm-Kanonen, 2×13-mm-MG, je 1×13-mm- und 1×7,9-mm-MG als Abwehrbewaffnung.

»Greif«
Die *Ardennenoffensive* im Dezember 1944 wurde von einem bizarren Kommandounternehmen unter SS-Obersturmbannführer *Skorzeny* begleitet. Idee dieser Aktion mit dem Decknamen »Greif« war, eine Truppe möglichst gut englisch sprechender Soldaten in US-Uniformen mit Beutewaffen und -fahrzeugen ins Hinterland der amerikanischen Front zu bringen, die dort Brücken sichern und durch widersprüchliche Anweisungen, Versetzung von Wegweisern und ähnliches Verwirrung beim Gegner stiften sollten. Insgesamt wurden 3300 Mann zusammengezogen, die jedoch zum Teil wegen ungenügender Eignung wieder entlassen werden mußten. Nur ein kleiner Teil konnte nach Angriffsbeginn (16.12.1944) in die Einsatzgebiete einsickern. Der Effekt war trotz anfänglicher Desorientierung beim Gegner gering, schürte aber eine Art »Fünfte-Kolonnen«-Hysterie, die anfällig machte für Propagandaerfindungen wie zum Beispiel die *Alpenfestung*.

Greim, Robert Ritter von
* Bayreuth 22.6.1892, † Salzburg 24.5.1945
Der spätere deutsche Generalfeldmarschall (28.4.1945) Greim war im 1. Weltkrieg Flugzeugführer, 1924–27 organisierte er in Kanton den Aufbau der chinesischen Luftwaffe. 1935 wurde Greim Kommandeur des Jagdgeschwaders »Richthofen«, 1938 Generalmajor im Reichsluftfahrtministerium. Als General der Flieger (1940) leitete er seit April 1942 das Luftwaffenkommando Ost. Im April 1945 flog er, zusammen mit Hanna *Reitsch*, in das eingeschlossene Berlin ein – Hitler hatte ihn als Nachfolger des »Verräters« *Göring* ausersehen. Der neue OB der Luftwaffe fand jedoch keine Gelegenheit mehr, sein Amt wirkungsvoll auszuüben. Zwar gelang seiner Pilotin Reitsch auch noch der Flug aus Berlin heraus. Aber kurze Zeit später nahmen die Amerikaner Greim gefangen. Aus Furcht vor einer Auslieferung an die Sowjets beging er in der Haft Selbstmord.

Gretschko, Andrei Antonowitsch
* Golodajewka (bei Taganrog, Gebiet Rostow) 17.10.1903,
† Moskau 26.4.1976
Bei Beginn des Krieges mit Deutschland war Gretschko Kom-

mandeur der 34. Kavalleriedivision. Im Winter 1942 erhielt er die Führung des V. Kavalleriekorps. Mit der 47. Armee, die er seit 8.9.1942 führte, wurde er im Raum Noworossisk eingesetzt. Am 5.1.1943 übernahm er den Oberbefehl über die 56. Armee, mit der er am 12.2. Krasnodar zurückeroberte. Am 15.12.1943 wurde Gretschko OB der 1. Gardearmee. In ihrem Verband eroberte er, mittlerweile zum Generaloberst ernannt, Stry und Drogobytsch in Südostgalizien und kämpfte bei Kriegsende im tschechoslowakischen Karpatenraum. Seine Nachkriegskarriere führte ihn nach Deutschland. Gretschko wurde nach *Stalins* Tod (5.3.1953) OB der sowjetischen Streitkräfte in Deutschland, mit denen er den Volksaufstand in der DDR vom 17.6.1953 niederwarf. Er löste 1960 Marschall *Konjew* als OB der Warschauer-Pakt-Truppen ab und wurde nach dem Tod *Malinowskis* am 12.4.1967 sowjetischer Verteidigungsminister.

»Grüne Linie«

Ursprünglich hieß der Abwehrriegel »Goten-Stellung«, aber aus »Rücksicht auf die italienische Bevölkerung« wurde er umbenannt: Die »Grüne Linie« war die nördlichste deutsche Verteidigungsstellung in Italien. Sie zog sich über den ganzen Stiefelschaft von der Küste des Tyrrhenischen Meeres nördlich von Pisa an Lucca und Pistoia vorbei über den Kamm des Apennin bis an die Adria zwischen Pesaro und Rimini. Nach Aufgabe kleinerer Sperrstellungen am Trasimenischen See und am Arno wurde sie im August 1944 von der deutschen 14. Armee (Lemelsen) und der 10. Armee (v. Vietinghoff) bezogen. Die Alliierten erreichten die »Grüne Linie« Ende August und griffen sie im Osten mit der britischen 8. Armee (Leese) an. Zwar gelang ein Durchbruch, doch blieb die Offensive am Gemmano- und Corianorücken 10 km nördlich liegen, und es dauerte bis Mitte September, ehe der Vormarsch auf Rimini (21.9.) fortgesetzt werden konnte. Die Briten kamen bis zur Winterpause Anfang Januar 1945 noch bis Ravenna, während die 5. US-Armee (Clark) nach Überwindung der »Grünen Linie« 50 km vor Bologna zum Halten gezwungen wurde. Hier erstarrte die Front, und erst im April 1945, unmittelbar vor der deutschen Kapitulation in Italien, gelang es den Alliierten, in die Poebene durchzubrechen.

Guadalcanal

Im Mai 1942 besetzten die Japaner Guadalcanal, die zweitgrößte Insel (6475 km^2) der britisch-australischen Salomonen. Nach der Schlacht bei *Midway* verlagerte sich der Schwerpunkt des Fernostkriegs im Sommer 1942 in den Südwestpazifik. Damit rückte auch Guadalcanal in den Brennpunkt der Auseinandersetzungen, denn von hier und von der vorgelagerten Insel Tulagi aus bedrohten die Japaner die Seewege zwischen Australien und den USA. Die Insel wurde daher vom *Combined Chiefs of Staff Committee* zum vorrangigen Offensivziel bestimmt, was zu einer der härtesten Abnutzungsschlachten des Krieges führte: Im Schutz von zwei Trägergruppen landeten am 7.8.1942 rund 11000 Mann der 1. US-Marinedivision (Vandegrift) an der Nordostküste und eroberten nahezu kampflos das Flugfeld bei Lunga Point, später als Henderson Field bekannt geworden. Die 2000 Japaner, zumeist Bauarbeiter, zogen sich in den Dschungel zurück. Inzwischen besetzte eine zweite Gruppe von 6000 Marines die Insel Tulagi. Die japanische 8. Flotte setzte unverzüglich eine

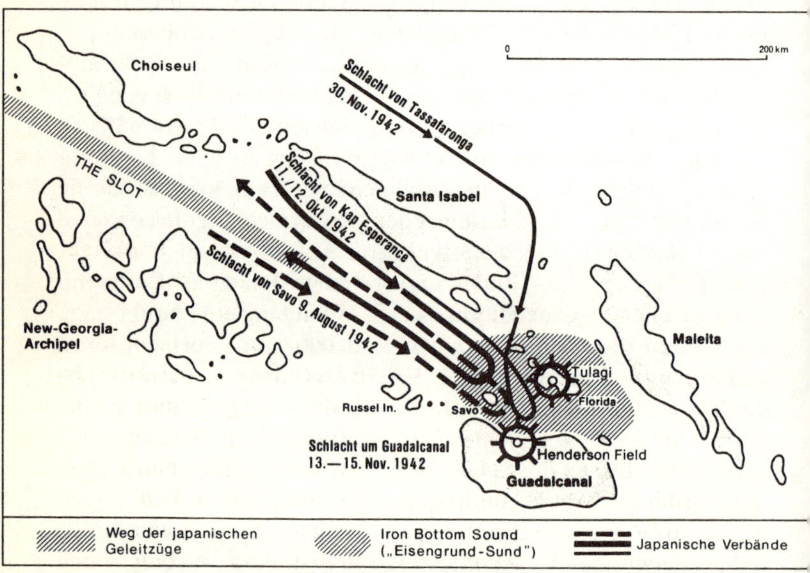

Das Ringen um Guadalcanal (August bis November 1942)

Kampfgruppe von sieben Kreuzern unter Vizeadmiral Mikawa gegen den amerikanischen Landekopf auf Guadalcanal in Marsch und erfocht in der Nacht vom 8./9.8. bei der Insel Savo einen Seesieg über eine alliierte Unterstützungsgruppe unter dem britischen Vizeadmiral Crutchley. Die Marines sahen sich in der Folgezeit zunehmenden Angriffen inzwischen angelandeter japanischer Verstärkungen ausgesetzt, konnten Henderson Field jedoch weiter befestigen und ausbauen. Es kam zu mehreren schweren Seegefechten, u.a. am 11./12.10. bei Kap Esperance, am 26.10. bei den Santa-Cruz-Inseln und vom 13. bis 15.11. vor Savo. Schließlich standen zu Lande 22000 Japaner gegen 23000 GIs. Bei einem Angriff am 23.10.1942 kam die japanische 2. Infanteriedivision bis auf wenige hundert Meter an das amerikanische Flugfeld heran, mußte aber wegen des mörderischen Abwehrfeuers aufgeben. Es gelang auch in der Folge nicht mehr, die Marines zu vertreiben, zumal die erschöpften Truppen gegen Jahresende ausgewechselt und auf 50000 Mann aufgestockt wurden. Am 8.2.1943 verließen die überlebenden Japaner die Insel. Insgesamt waren 15000 Mann im Kampf gefallen und 9000 durch Krankheit hingerafft worden. Auf seiten der Amerikaner betrugen die Verluste 1752 Gefallene und 4200 Verwundete.

Guam

Bereits am vierten Tag des Pazifikkriegs (10.12.1941) wurde Guam, die größte (549 km²) und südlichste Insel der *Marianen* im mittleren Pazifik, von den Japanern besetzt und wie Saipan und Tinian schwer befestigt. Nach dreiwöchiger Kampagne wurde Guam im August 1944 vom amerikanischen III. Amphibischen Korps (Geiger) erobert. Insgesamt 54900 Mann wurden an Land gebracht, 1435 GIs fielen, 5646 wurden verwundet. Fast alle der rund 19000 japanischen Verteidiger kamen bei den Kämpfen um oder begingen Harakiri. Einige wenige versteckten sich im Dschungel, einer von ihnen gab erst 1972 auf. Die Insel spielte in der Folge eine bedeutende Rolle im strategischen Luftkrieg der Amerikaner. Von Guam aus starteten die B-29 *Superfortress* der 21. Luftflotte (LeMay) zu ihren Flügen gegen das japanische Mutterland.

Guderian, Heinz
* Culm (bei Bromberg) 17.6.1888, † Schwangau (bei Füssen) 14.5.1954
Seit 1919 bei der Reichswehr und 1933 zum Oberst ernannt, widmete sich Guderian dem Aufbau einer modernen Panzerwaffe. Der »schnelle Heinz« – so sein Spitzname – plädierte für einen Einsatz der Panzer in selbständigen Verbänden, nicht als Begleiter der Infanterie. Sein Konzept brachte er auf eine Formel, die volkstümlich werden sollte: »Klotzen, nicht kleckern!« Nach einer Reihe rascher Beförderungen wurde Guderian 1938 General der Panzertruppen und 1940 Generaloberst. Die von ihm geführten Panzerverbände waren am Verlauf der *Blitzkriege* gegen Polen und Frankreich entscheidend beteiligt. Nach Differenzen mit Hitler über den Einsatz der Panzertruppen während des *Rußlandfeldzugs* wurde Guderian Weihnachten 1941 zur Führerreserve versetzt. Im März 1943 zum Generalinspekteur der Panzertruppen ernannt, versah er nach dem Umsturzversuch vom 20.7.1944 die Geschäfte des Chefs des Generalstabs des Heeres. Als Mitglied des Ehrenhofs des Heeres, der nach dem *Zwanzigsten Juli 1944* eingerichtet wurde, beteiligte er sich an der Auslieferung Hunderter von Soldaten an den Volksgerichtshof. Nachdem er Anfang 1945 für einen Waffenstillstand mit den Westmächten eingetreten war, wurde er am 28.3.1945 von Hitler entlassen. Am 10.5.1945 geriet Guderian in Tirol in amerikanische Gefangenschaft, aus der er im Juni 1948 entlassen wurde.

Gurkhas
Die Gurkhas waren nepalesische Söldner, die Großbritannien nach dem Protektoratsvertrag von 1860 für seine eigene und die indische Armee aus den örtlichen Stämmen rekrutierte. Die Gebirgskrieger aus dem Himalaja galten als zäh und genügsam und kämpften in vielen Teilen des Empire, im 1. Weltkrieg auch in den Schützengräben der Champagne. Im 2. Weltkrieg dienten etwa 50 000 Gurkhas in der indischen Armee und zirka 10 000 in britischen Divisionen, u.a. waren sie in Nordafrika, Italien, Malaya und bei den *Chindits* in Birma im Einsatz. Nach der indischen Unabhängigkeit 1947 verblieben vier der zehn Gurkha-Regimenter bei der britischen Armee. Beim Falklandkrieg 1982 lebte ihr Mythos noch einmal auf.

»Gustav-Linie«

Nach der alliierten Landung bei *Salerno* (9.9.1943) wurde von der Organisation *Todt* und italienischen Arbeitsbataillonen in fieberhafter Eile eine deutsche Verteidigungsstellung in Mittelitalien als Riegel vor Rom errichtet. Die »Gustav-Linie« – so die Codebezeichnung – zog sich von der Mündung des Garigliano ins Tyrrhenische Meer flußaufwärts über den *Monte Cassino* bis ins Quellgebiet des Rapido in fast 2000 m Höhe und dann nach Roccaraso über den Kamm des Apennin bis Casoli und zur Adria hin. Ende Dezember 1943 wurde sie von der deutschen 10. Armee (v. Vietinghoff) bezogen, die von den Höhen herab dem an Feuerkraft und Luftwaffe zehnfach überlegenen Gegner eine über vier Monate dauernde Abwehrschlacht lieferte. Vor allem auf die Sperrstellung bei Cassino vor dem Lirital konzentrierten sich die Kämpfe. Der Versuch der Alliierten, durch die Landung bei *Anzio* (22.1.1944) den Abwehrriegel von hinten her aufzurollen, scheiterte. Erst Mitte Mai 1944 gab die Linie nach, und der Weg nach Rom war frei.

Halder, Franz

* Würzburg 30.6.1884, † Aschau i. Chiemgau 2.4.1972

Bereits im 1. Weltkrieg Generalstabsoffizier, stieg Halder in der Wehrmacht bis zum Generalstabschef des Heeres auf: Er löste am 1.9.1938 den aus Opposition zu Hitler zurückgetretenen *Beck* ab. Als national und konservativ eingestellter Offizier teilte Halder zwar anfänglich nicht Hitlers Kriegspläne; doch dann plante und leitete er mit »unermüdlicher Arbeitskraft« die Feldzüge in Polen, Frankreich, auf dem Balkan und in Rußland. Nachdem Hitler Ende 1941 den Oberbefehl des Heeres unmittelbar übernommen hatte, geriet der Generalstabschef mit ihm über strategische Fragen immer mehr in Gegensatz. Wegen seines Widerspruchs gegen die Entscheidung, von der übrigen Front Truppen nach Stalingrad zu verlegen, wurde Halder am 24.9. 1942 entlassen. Er unterhielt seit 1938 lose Verbindungen zu militärischen Widerstandskreisen, lehnte aber eine aktive Teilnahme an den Umsturzplänen ab. Trotzdem wurde er nach dem 20.7.1944 verhaftet, kam ins KZ und wurde erst von den Amerikanern befreit.

Halfajapaß

Bei den Soldaten des *Deutschen Afrika-Korps* hieß er »Höllenfeuer-Paß«: Der Halfajapaß, eine 35 km lange Höhenstraße (etwa 200 m) über der Bucht von Sollum im libysch-ägyptischen Grenzgebiet, wurde im *Afrikafeldzug* heiß umkämpft. Nach der deutschen Eroberung am 25.4.1941 stellte er eine Schlüsselstellung dar, die den Zugang zum belagerten *Tobruk* sperrte. Britische Angriffe bei den Unternehmen »Brevity« und »Battleaxe« (Mai bzw. Juni 1941) scheiterten. Während des Unternehmens *»Crusader«* umging dann das britische XXX. Korps den Riegel. Dieser fiel aber erst am 17.1.1942, nachdem die deutsch-italienische Besatzung (vor allem das I. Bataillon des Schützenregiments 104/Major Bach) wochenlang Angriffe neuseeländischer und indischer Truppen abgewehrt hatte. Im Juni 1942 kam die Höhe beim Vormarsch nach Ägypten kampflos erneut in deutsche Hand, mußte aber nach der Niederlage bei *El Alamein* am 11.11.1942 endgültig aufgegeben werden.

Half-track

Im amerikanischen Heer wurde im September 1940 der Half-track, ein Halbkettenfahrzeug, eingeführt, das auf der Basis des französischen Mannschaftstransporters Citroën-Kégresse entwickelt worden war. Angetrieben von einem kräftigen 12-Zylinder-Reihenmotor von 127, später 147 PS, erreichte das geländegängige Mehrzweckfahrzeug max. 72 km/h und bewährte sich mit unterschiedlichen Aufbauten als Träger für Granatwerfer, Pak-Wagen, Selbstfahrlafette, Flaksicherungsfahrzeug mit 12,7-mm-Vierlings-MG. Insgesamt wurden 41 169 Exemplare gebaut. Häufigste Version war der 10-t-Standardschützenpanzer M3A2 für 13 Mann einschließlich Fahrer: 6,32 m lang, 2,22 m breit, 2,26 m hoch, bis 12 mm Panzerung, Bewaffnung: 1×12,7-mm- und 2×7,62-mm-MG sowie Infanteriewaffen, selbstdichtende Benzintanks, bis 346 km Fahrbereich.

Halifax

Nach der *Lancaster* war der schwere Bomber Halifax der britischen Firma Handley Page Hauptträger des nächtlichen Bombenkriegs gegen die deutschen Städte. Erstflug war am 25.10. 1939, ein Jahr später kamen die ersten Bomber zur Truppe. Insgesamt wurden 6176 Stück gebaut. Die Version B.Mk.VI erreichte mit 4×1800 PS max. 470 km/h, hatte 3200 km Reichweite bei einer maximalen Bombenzuladung von 6550 kg, war mit 2×7,7-mm-Vierlings-MG in Drehtürmen sowie 1×7,7-mm-MG als Abwehrbewaffnung ausgerüstet und hatte 7 Mann Besatzung.

Halsey jr., William Frederick

* Elizabeth (New Jersey) 30.10.1882, † Fishers Island (Connecticut) 16.8.1959

Er war Amerikas populärster Seeoffizier: Halsey, bereits im 1. Weltkrieg im Einsatz bei der Bekämpfung deutscher U-Boote im Atlantik, war bei Beginn des 2. Weltkriegs in Fernost Befehlshaber einer Trägergruppe, die dem Überfall Japans auf Pearl Harbor (7.12.1941) entging. Von seinen Trägern stiegen die Maschinen zum legendären *Doolittle-Raid* auf (April 1942). Im Oktober 1942 übernahm er das Kommando im Kampf um die Salomonen und löste sich mit Admiral *Spruance* seit Juni 1944 in der Führung der zentralpazifischen Seestreitkräfte ab. Er leitete die

Angriffe auf die Palauinseln, die Philippinen, die Luftschlacht über Formosa und die Seeschlacht im *Leytegolf* (Oktober 1944) – die er durch ungeduldige Führung um ein Haar verdarb. In den letzten Kriegsmonaten dirigierte Halsey die Trägerraids gegen die japanischen Hauptinseln, vor allem gegen die Werften in Kure und Tokio, und bereitete eine Invasion (Operationen *»Coronet«* und »Olympic«) vor. Auf seinem Flaggschiff, der *Missouri*, wurde am 2.9.1945 die Kapitulation Japans unterzeichnet.

Hamburg

Die Hafenstadt Hamburg an der Elbe war mit rund 1,7 Mio. Einwohnern (1940) die zweitgrößte Stadt des »Altreichs«. Als bedeutender Industriestandort (Werften, Petrochemie, Asbest, Düngemittel, Fette u.a.) und größter Umschlagplatz des deutschen Seehandels gehörte Hamburg zu den Zielen, die von britischen, später auch amerikanischen Bombern immer wieder angeflogen wurden. Nach ersten Angriffen im Juni 1940 folgten im Oktober 1940, März, Mai und Oktober 1941 weitere Bombardierungen. In der Nacht vom 3./4.3.1943 flog die RAF einen ersten Großangriff mit 344 Maschinen, die bei zehn Verlusten 913 t Bomben warfen. Doch auch das war nur ein Vorspiel. In der letzten Juliwoche 1943 zerstörten beim Unternehmen *»Gomorrha«* 9000 t Minen, Spreng- und Brandbomben das Stadtgebiet (über 30 000 Tote). Auch dieser schwerste aller Angriffe, die je eine deutsche Stadt trafen, vermochte die industrielle Kapazität nur kurz zu lähmen, die meisten Hamburger Betriebe setzten bald ihre Produktion fort. Deshalb erschienen auch die alliierten Bomberströme wieder über der Stadt. Zuletzt warfen am 30.3. die 8. US-Luftflotte 1103 t und am 8./9.4.1945 die RAF 1491 t Bomben. Insgesamt 55 000 Hamburger fielen dem Luftkrieg zum Opfer. In den letzten Kriegstagen sollte Hamburg laut Führerbefehl noch als »Festung« verteidigt werden. Dazu kam es jedoch nicht. Bei Herannahen britischer Truppen verbot Gauleiter Karl Kaufmann (1900–1969) die Zerstörung der Versorgungseinrichtungen und übergab die Stadt am 3.5.1945 kampflos.

Hannover

Als wichtiger Verkehrsknoten und Industriestandort war Hannover, die Hauptstadt der gleichnamigen preußischen Provinz mit

471 000 Einwohnern (1940), eines der Hauptziele der alliierten Bomberoffensive gegen Deutschland. Nach schwächeren Angriffen (u.a. 19./20.7. und 14./15.8.1941) warfen in der Nacht vom 27./28.9.1943 fast 600 britische Maschinen 2196 t Bomben auf Hannover, 14 Tage später setzten sie mit 1667 t Bomben das Zerstörungswerk fort, das 250 000 Menschen obdachlos machte, die Produktionsanlagen etwa der Reifenindustrie jedoch kaum beschädigte. Erst nach vielen weiteren Angriffen (u.a. am 5./6.1. 1945 mit 2365 t Bomben) sank auch die industrielle Leistung der Stadt: 61 % der Anlagen wurden zerstört, 33 % aller Betriebe vernichtet und über 50 % beschädigt. Am 10.4.1945 wurde Hannover von Einheiten der 9. US-Armee (Simpson) eingenommen.

Harris, Sir Arthur Travers

* Cheltenham (Gloucestershire) 13.4.1892, † Goring (Oxfordshire) 5.4.1984

Sein erklärtes Ziel war die »Zermürbung der Moral des deutschen Volkes«: Der spätere britische Luftmarschall (1.1.1946) Harris war im 1. Weltkrieg Kommodore eines Nachtfliegergeschwaders. 1937 wurde er Kommandeur der 4. Bomber-Group, 1940 rückte er zum stellvertretenden OB der RAF auf und wurde 1942 zum Chef des britischen Bomberkommandos ernannt. Er ordnete den »1000-Bomber-Schlag« gegen *Köln* an und verschärfte durch die fast völlige Vernichtung u.a. *Hamburgs* den Luftkrieg, der in der Zerstörung *Dresdens* gipfelte. Als »Bomber-Harris« wurde er in Deutschland zur Schreckfigur, aber auch auf seiten der Alliierten gab es kritische Stimmen gegen seine Strategie. Man warf ihm »Vergeudung von Menschen und Material« vor und überging ihn bei Kriegsende zunächst bei der Verteilung militärischer Auszeichnungen. Erst spät (1953) erfolgte die Ernennung zum Baron.

Hartmann, Erich

* Weissach (Württemberg) 19.4.1922, † Weil im Schönbuch (bei Tübingen) 20.9.1993

Mit 352 offiziell anerkannten Abschüssen galt er als »erfolgreichster Jagdflieger der Welt«: Hartmann, der sich 1940 zur Luftwaffe gemeldet hatte, kam 1942 mit dem Jagdgeschwader 52 an die Ostfront. Dort erwarb er durch Draufgängertum und

Geschick schnell Ansehen. Die deutsche Propaganda feierte ihn als »As«. 1945 geriet Hartmann in sowjetische Gefangenschaft. Nach seiner Rückkehr 1955 trat er in die Bundeswehr ein und wurde Kommodore des Jagdgeschwaders »Richthofen«. Am 26.7.1967 erhielt Hartmann die Beförderung zum Oberst und am 30.9.1970 auf eigenen Wunsch den Abschied.

Hausser, Paul

* Brandenburg (Havel) 7.10.1880, † Ludwigsburg 21.12.1972
Nach dem 1. Weltkrieg Mitglied des Stahlhelms, trat Hausser 1933 bei der Übernahme des völkischen Wehrverbandes in die SA zu deren »Konkurrenz«, der SS, über. Er war maßgeblich beteiligt am Aufbau der SS-Verfügungstruppe, aus der nach Kriegsbeginn die *Waffen-SS* entstand. Mit ihren Verbänden kämpfte er in Frankreich und Rußland. Im Januar 1945 wurde Hausser – inzwischen Generaloberst der Waffen-SS und SS-Oberstgruppenführer – OB der Heeresgruppe G, jedoch kurz vor Kriegsende von Hitler seines Postens enthoben. Nach US-Gefangenschaft bis 1949 vertrat Hausser als Vorsitzender der Hilfsgemeinschaft auf Gegenseitigkeit (HIAG) die Veteranen der Waffen-SS, die er weitgehend vergeblich als »vierten Wehrmachtteil« zu rehabilitieren suchte.

Havre, Le

Die französische Hafenstadt Le Havre in der Normandie (Departement Seine-Maritime) am Nordufer der Seinemündung mit 164000 Einwohnern (1940) war Hauptnachschubhafen für die *British Expeditionary Forces* (BEF) im *Frankreichfeldzug*. Am 13.6.1940 erreichten Einheiten des deutschen XV. Panzerkorps (Hoth) die Stadt. Die zuvor durch Stuka-Angriffe beschädigten Hafenanlagen wurden instand gesetzt. Von Le Havre aus sicherte in der Folgezeit die Kriegsmarine Küstenkonvois und überwachte die Schiffsbewegungen im Ärmelkanal. Sie stationierte in Le Havre mehrere Zerstörer und ließ durch die *Organisation Todt* mächtige Schnellboot-Bunker bauen. Auch in die Befestigungskette des *Atlantikwalls* war Le Havre einbezogen Nach der Landung der Anglo-Amerikaner in der Normandie flogen am 14.6.1944 325 britische Bomber mit 1800t Bomben einen Großangriff auf den Hafen und versenkten dabei fast die gesamte deutsche Torpedo- und Schnellbootflotte im Invasionsraum. Nach einem weiteren Flächenbombardement mit fast 5000 t Bomben am 10.9.1944 griff das britische I. Korps von Land her die »Festung« Le Havre an und erzwang am 12.9. die Übergabe. 3000 deutsche Soldaten gingen in Gefangenschaft.

He 111

Die He 111, von der Firma *Heinkel* 1934 als Weiterentwicklung des Postflugzeugs He 70 konzipiert, wurde zum zahlenmäßig wichtigsten Standardbomber der Luftwaffe. 1939–44 wurden 5656 Exemplare der Baureihen P und H gebaut. Auch als Pfadfinder, Torpedoflugzeuge, Reisemaschinen und Transporter fanden die Maschinen Verwendung, vom Juli 1944 bis Januar 1945 sogar als Abschußplattform für die *V1* bei England-Einsätzen. Eine fünfmotorige Version namens »Zwilling« schleppte im Osten den Großraumlastensegler Me 321. Daten der Bomberversion H-3: 2×1200-PS-Motoren, Höchstgeschwindigkeit 415 km/h in 5000 m Höhe, 5 Mann Besatzung, Bombenzuladung bis 2000 kg; Bewaffnung: 1×20-mm-Kanone, 5×7,9-mm-MG. – Die Kampfgruppe 88 der Legion Condor erprobte den Horizontalbomber mit der charakteristischen, als »Gewächshaus« apostrophierten Vollsichtkanzel im *Spanischen Bürgerkrieg*. Bei Beginn des 2. Weltkriegs stellten 789 He 111 zwei Drittel aller zweimotorigen Bomber. Bei der *Luftschlacht um England* erlitten die Geschwader so schwere Verluste, daß sie ab Herbst 1940 nicht mehr bei Tage und ein Jahr später auch bei Nacht nicht mehr im Westen eingesetzt wurden. Im Osten dagegen blieben sie, obwohl sie bereits 1942 aus der Produktion hatten genommen werden sollen, noch weit über dieses Datum hinaus unentbehrlich als Unterstützung der Kampfverbände und mehr und mehr auch als Helfer bei der Luftversorgung.

Hecht

Die legendäre Me 262 *Schwalbe* war nicht das einzige Düsenflugzeug der Luftwaffe: 1941 begann die Firma Arado mit der Entwicklung eines Fotoaufklärers mit dem Beinamen Hecht, der mindestens 700 km/h schnell sein und 1500 km Reichweite haben sollte. Das Flugzeug erhielt zwei Strahlturbinen Jumo 109. Im Sommer 1944 operierte ein Versuchsverband mit drei Maschinen hinter der alliierten Invasionsfront. Anfang 1945 waren drei Staffeln im Westen sowie ein Sonderkommando in Norditalien mit dem Fernaufklärer Ar 234 B-1 ausgerüstet. Bekannt wurde eine Weiterentwicklung, die Bomberversion B-2. Sie kam im Oktober 1944 zur Truppe und flog während der *Ardennenoffensive* sowie bei den Kämpfen um *Remagen* zum Einsatz. Daten der Version B-2: Bombenlast 1000 kg, Bewaffnung 2×MG 151/20 starr nach hinten im Rumpf; 2×900 kp Schub durch Strahlturbinen Jumo 004B oder BMW 003, Fluggewicht 9 t, Höchstgeschwindigkeit 745 km/h, 1100 km Reichweite. Eine vierstrahlige Version Ar 234 C erreichte Geschwindigkeiten bis zu 880 km/h, sie kam jedoch über das Erprobungsstadium nicht hinaus.

Heimatarmee

Anfang 1942 schlossen sich im deutsch besetzten Polen verschiedene polnische Widerstandsgruppen zu einer bewaffneten Untergrundorganisation, der Heimatarmee (Armia Krajowa), zusammen. Zunächst geführt von General Stefan Rowecki, der 1943 hingerichtet wurde, erreichte die Heimatarmee unter General *Bór-Komorowski* bis 1944 eine Stärke von rund 360 000 Mann. Sie war damit die mit Abstand größte Kampfvereinigung des polnischen Widerstands, nur die Kommunisten blieben ihr fern (*Stalin* sah sie als Hort der bürgerlichen Reaktion an). Der Kampf der Heimatarmee, zunächst vor allem Fluchthilfe, Ausbildung und Information, später Sabotage, Partisanentätigkeit und direkter Angriff auf die Besatzer, band zunehmend deutsche Sicherungskräfte. Trotz des traditionellen polnischen Antisemitismus stellte die Heimatarmee jüdischen Organisationen ihr Nachrichtennetz und – in bescheidenem Rahmen – auch Waffen zur Verfügung, von ihr stammten auch die ersten Nachrichten über die Vernichtungslager der nationalsozialistischen *Judenverfolgung*, die 1942 nach London gefunkt wurden. Als die Rote Armee im Sommer 1944 in Polen eindrang und damit die Chancen auf eine erfolgreiche Erhebung gegen die deutsche Fremdherrschaft stiegen, machte die Heimatarmee in großem Umfang mobil. Ihre Führung wollte vor allem der Befreiung der Hauptstadt durch die Sowjets zuvorkommen und löste am 1.8.1944 den *Warschauer Aufstand* aus. Es wurde ihre letzte Schlacht, da die Rote Armee, die bereits die östliche Vorstadt Praga erreicht hatte, keine Hilfe leistete und auch westliche Hilfsflüge behinderte, so daß die Heimatarmee am 2.10.1944 kapitulieren mußte.

Heimatfront →Alltag im Krieg

Heinkel AG

Professor Ernst Heinkel (1888–1958), der sich bereits während des 1. Weltkriegs als Konstrukteur von Marineflugzeugen einen Namen gemacht hatte, gründete 1922 in Warnemünde ein Flugzeugwerk, dessen Hauptverwaltung später nach Rostock-Marienehe umsiedelte. Für die Erstausstattung der Luftwaffe stellte Heinkel u.a. den Jagdeinsitzer He 51, die Aufklärer He 45 und He 46 sowie die Seeflugzeuge He 59 und He 60. Vor Kriegsausbruch entwickelte Heinkel noch das Mehrzweck-Schwimmerflugzeug He 115 mit 3350 km Reichweite und 327 km/h Höchstgeschwindigkeit. Die *He 111*, auch sie noch eine Vorkriegsentwicklung, wurde zum Standardbomber der Luftwaffe. 1936/37 errichtete Heinkel aus Mitteln des OKL ein neues Zweigwerk in Oranienburg bei Berlin. Im November 1939 begann die Flugerprobung des Fernbombers He 177 *Greif*, der an seinen leicht entflammbaren Doppeltriebwerken scheiterte. Der Serienbau des zweimotorigen Nachtjägers He 219 mit dem Beinamen Uhu (Erstflug November 1942) mußte im November 1943 zugunsten der *Ju 88* wieder eingestellt werden. Pionierarbeit leistete Heinkel auf dem Gebiet des Raketen- und Strahlantriebs. Am 20.6. 1939 startete das erste Raketenflugzeug der Welt, die He 176, und zwei Monate später (24.8.) die He 178, das erste Düsenflugzeug der Luftfahrtgeschichte. Beide aber fanden ebensowenig Anklang beim Reichsluftfahrtministerium wie die He 280, die erste zweistrahlige Düsenmaschine (Erstflug 2.4.1941). Der gegen Kriegsende in kürzester Frist bis zur Frontreife entwickelte einstrahlige »Volksjäger« He 162 mit dem Beinamen Salamander kam nicht mehr zum Einsatz.

Heinrici, Gotthard

* Gumbinnen (Ostpreußen) 25.12.1886, † Freiburg i. Br. 10.12.1971

Am 1.2.1940 mit der Führung des VII. AK, am 9.4.1940 des XII. AK betraut und am 20.4.1940 zum General der Infanterie ernannt, nahm Heinrici bei der 1. Armee am *Frankreichfeldzug* teil. Als Kommandierender General des XXXXIII. AK blieb er nach der französischen Kapitulation an der Kanalküste. In den Jahren 1941–44 folgten Kommandos bei der Heeresgruppe Mitte und als OB der 4. Armee und der 1. Panzerarmee im Osten. Als Nachfolger *Himmlers* übernahm er am 21.3.1945 die Heeresgruppe Weichsel. Auf Heinrici ging die sogenannte »Schlittenfahrt«-Taktik zurück: Er ließ vor dem Feuerschlag, der jedem sowjetischen Großangriff voranging, die vordersten Linien räumen, so daß der Schlag ins Leere ging, und griff seinerseits die danach vorgehenden russischen Einheiten an. Mit dieser Taktik erzielte er einige erstaunliche Erfolge, besonders im April 1945 bei den *Seelower Höhen.*

Helgoland

Die Felseninsel Helgoland in der Deutschen Bucht, Teil der preußischen Provinz Schleswig-Holstein, 45 km vor der Küste, mit 2700 Einwohnern (1939), war 1890 durch Tausch gegen die Insel Sansibar (Indischer Ozean) an Deutschland gekommen. Die (bis 1947 noch) 5,9 km^2 große Insel wurde wegen der strategisch günstigen Lage zum Flottenstützpunkt ausgebaut. 1918 mußten die militärischen Anlagen geschleift werden, im Zuge der Aufrüstung nach 1933 errichtete die Kriegsmarine jedoch wieder U-Boot-Bunker, Flakstellungen, Funkmeßstationen und Munitionsdepots auf Helgoland, das daher mehrfach Ziel britischer Luftangriffe war. Die Schäden blieben jedoch zunächst gering. Erst am 18.4.1945 verwüstete ein Großangriff mit 4994 t Bomben die Insel. Am 14.5.1945 landeten britische Truppen. Die Bevölkerung wurde evakuiert. In der Folgezeit diente Helgoland der RAF als Bombenübungsgelände. Mit einer Großsprengung am 18.4.1947 sollte es schließlich ganz verschwinden. Das gelang jedoch nicht; nur ein Teil der Südost-Steilküste stürzte ein. Am 1.4.1952 wurde Helgoland an die Bundesrepublik Deutschland zurückgegeben.

Hellcat

Der amerikanische Jagdeinsitzer Grumman F6F mit dem Beinamen Hellcat, Erstflug 26.6.1942, löste seit Sommer 1943 die Grumman *Wildcat* ab. Die Neuentwicklung zeigte sich den japanischen *Zero-Sen*-Jägern überlegen. Trägergestützte Hellcats schossen bei den See-Luft-Schlachten im Pazifik insgesamt 5000 Feindmaschinen ab. 12272 Exemplare wurden ausgeliefert, davon gingen 2112 an die britische Marineluftwaffe. Daten der F6F-5: 1×1200 PS, max. 621 km/h in 5200 m Höhe, 6×12,7-mm-MG.

Helldiver
Der amerikanische Marinebomber Curtiss SB2C mit dem Beinamen Helldiver, ein zweisitziges Sturzkampfflugzeug, hatte seinen ersten Einsatz am 11.11.1943 bei einem Angriff auf den Hafen Rabaul im Pazifikkrieg. Danach waren Maschinen dieses Typs an jeder bedeutenden See- und Landungsoperation der Amerikaner beteiligt. Daten der letzten Baureihe SB2C-4: 1×1900-PS-Sternmotor Wright Cyclone, max. 471 km/h in 5100 m Höhe, Reichweite 3080 km; Bewaffnung: 2×20-mm- und 1×12,7-mm-MG, bis zu 450 kg Bomben oder ein Torpedo im Rumpf. Insgesamt wurden 7200 Helldiver gebaut.

Hendaye
Im französischen Atlantik-Seebad Hendaye nahe der spanischen Grenze traf sich Hitler am 23.10.1940 mit *Franco*, um Spanien zum Kriegseintritt auf seiten des Deutschen Reiches zu bewegen. Da Hitler jedoch nicht bereit war, Zusagen für eine Ausdehnung des spanischen Kolonialreichs in Nordafrika auf französische Kosten zu machen, lehnte Franco nach geschicktem Hinhalten im Dezember 1940 das deutsche Ersuchen ab. Hitler faßte später seine Enttäuschung über die Abfuhr durch den Diktatorkollegen in die Worte: Lieber lasse er sich drei oder vier Zähne ohne Betäubung ziehen, als noch einmal mit jemand wie Franco zu verhandeln.

Henschel Flugzeugwerke GmbH
Als Tochtergesellschaft der Kasseler Lokomotivfabrik Henschel & Sohn wurden 1933 in Berlin-Joachimsthal die Henschel Flugzeugwerke gegründet. Seit 1934 befand sich das Hauptwerk mit Flugplatz in Schönefeld bei Berlin. Henschel entwickelte 1935/36 in Anlehnung an die amerikanische Curtiss Hawk II das erste serienmäßige deutsche Sturzkampfflugzeug, die Hs 123.

Im *Spanischen Bürgerkrieg* wurde der Ganzmetall-Doppeldecker als Schlachtflugzeug getestet. In dieser Rolle war er noch bis Sommer 1944 bei den Schlachtfliegerverbänden im Einsatz. Daten: 1×880-PS-Motor, Höchstgeschwindigkeit 340 km/h in 1200 m Höhe; Bewaffnung: 2×7,9-mm-MG, 2×20-mm-Kanonen, 4×50-kg-Bomben oder Behälter für Splitterbomben unter den Tragflächen. – Der zweisitzige Hochdecker Hs 126 (Erstflug August 1936) war bei Kriegsbeginn Standardmuster der Aufklärungsstaffeln; 1942 wurde er stufenweise durch die Fw 189 *Eule* abgelöst. – Die Hs 129 (Erstflug Anfang 1939) war als gepanzertes Erdkampfflugzeug konzipiert. Ihr Debüt im Afrikafeldzug geriet jedoch zum Debakel: Die Gnome-Rhône-Sternmotoren reagierten außerordentlich empfindlich auf Wüstenstaub. Besser bewährte sich die Hs 129, ausgerüstet mit großkalibrigen Rohrwaffen, im Osten als Panzerjäger, was ihr den Spitznamen »Fliegender Büchsenöffner« eintrug. Daten der Version Hs 129 B-2: 2×700-PS-Motoren, Höchstgeschwindigkeit 430 km/h in 4200 m Höhe; Standardbewaffnung: 2×20-mm-Kanonen und 2×7,9-mm-MG in der Rumpfunterseite sowie Gehänge für zwei 50-kg-Bomben.

»Herkules«

Die Planungen für eine am 29./30.4.1942 zwischen Hitler und *Mussolini* vereinbarte Eroberung der britischen Insel *Malta* liefen unter dem Decknamen »Herkules«. Das Unternehmen, mit dem der »unsinkbare britische Flugzeugträger« zwischen Sizilien und Libyen beseitigt werden sollte, war für Juli 1942 vorgesehen. Eine deutsche Fallschirmjägerdivision des XI. Fliegerkorps (Student) und die italienische Luftlandedivision »Folgore« mit insgesamt 30 000 Mann standen bereit. Sie sollten mit Lufttransportern auf der Insel abgesetzt werden, die beherrschenden Höhen um die maltesische Hauptstadt Valletta nehmen, alle Abwehrkräfte binden und so die Landung von 70 000 weiteren Soldaten auf dem Seeweg ermöglichen. Nach den bitteren Erfahrungen beim Unternehmen *»Merkur«* gegen *Kreta* ging Hitler jedoch nur zögernd auf den Plan einer Luftlandung ein. Er hatte wenig Vertrauen in die Einsatzbereitschaft der Italiener, und als *Rommel* nach dem Fall *Tobruks* (21.6.1942) voreilig versicherte, den Vorstoß zum Nil auch ohne vorherige Eroberung Maltas bewerkstelligen zu können, nahm Hitler das als Anlaß, »Merkur« abzublasen.

Hermes

Der britische Flugzeugträger Hermes, am 18.2.1924 in Dienst gestellt, 10 850 t, 25 kn, Bewaffnung: 7×14 cm, 4×10,2 cm, 15 Flugzeuge, gehörte im Herbst 1939 zu einer der acht britisch-französischen Kampfgruppen, die Jagd auf die *Admiral Graf Spee* machten. Ein Jahr später war die Hermes auch an der ergebnislosen Suche nach der *Admiral Scheer* im Südatlantik beteiligt. Zuvor hatte sie am 8.7.1940 an der Aktion gegen *Dakar* teilgenommen. Danach der British Eastern Fleet zugeteilt, operierte der Träger vor Ostafrika. Sein Ende kam am 9.4.1942: Beim Vorstoß einer japanischen Trägerflotte (Nagumo) gegen Ceylon wurde die Hermes (Kapitän Onslow) von Sturzkampfbombern angegriffen und versenkt.

Heß, Rudolf

* Alexandria (Ägypten) 26.4.1894, † Berlin 17.8.1987

Parteimitglied der NSDAP seit 1920, wurde Heß nach dem mißglückten Putsch im November 1923 Hitlers Privatsekretär, beteiligt an der Abfassung von »Mein Kampf«. Über mehrere Stellungen in der Partei gelangte er im April 1933 auf den Posten eines »Stellvertreters des Führers«. Als Parteichef und Leiter der Parteikanzlei hatte er Ministerrang, de facto aber wenig Einfluß, da ihn Stabsleiter *Bormann* bald aus dem Machtzentrum zu drängen wußte. Am 10.5.1941 flog Heß mit einer Me 110 nach Schottland und sprang mit dem Fallschirm ab, um auf eigene Faust Friedensverhandlungen einzuleiten. Hitler ließ ihn für geisteskrank erklären, die Briten nahmen ihn in Haft. Im Nürnberger Prozeß gegen die Hauptkriegsverbrecher wurde Heß zu lebenslanger Haft verurteilt. Seit 1966 war er einziger Häftling im Gefängnis Spandau, Begnadigungsgesuche scheiterten immer wieder am Veto der Sowjets. Heß nahm sich schließlich in der Haft das Leben.

Heydrich, Reinhard

* Halle (Saale) 7.3.1904, † Prag 4.6.1942

Als »Oberverdachtschöpfer« war er sogar bei den eigenen Leuten gefürchtet: Heydrich, der den Sicherheitsdienst der NSDAP aufbaute und 1936 Chef der Sicherheitspolizei und 1939 des *Reichssicherheitshauptamtes* wurde, war im Gegensatz zu seinem Chef *Himmler* und zu Hitler kein Ideologe, sondern der typische Machtmanager, der ohne innere Beteiligung die Politik des nationalsozialistischen Regimes, vor allem im Rahmen der *Judenverfolgung* (20.1.1942 *Wannsee-Konferenz* unter seinem Vorsitz über die Vernichtung des europäischen Judentums), exekutierte. Er wurde im September 1941 als SS-Obergruppenführer und General der Polizei Stellvertretender Reichsprotektor in Böhmen und Mähren. Mit polizeistaatlichen Methoden, zugleich aber auch mit Maßnahmen zur wirtschaftlichen Gesundung befriedete er das für die Kriegsindustrie wichtige Gebiet. Das relativ positive Erscheinungsbild der deutschen Herrschaft im Protektorat führte zum Entschluß der tschechischen Exilregierung in London, Heydrich zu beseitigen: Am 27.5.1942 verübten per Fallschirm abgesetzte Agenten einen Bombenanschlag auf ihn, bei dem er tödlich verwundet wurde. Zur Vergeltung vernichtete die SS am 10.6.1942 das Dorf *Lidice*.

Hilfskreuzer

Unter Hilfskreuzern verstand man seit der Haager Friedenskonferenz von 1907 bewaffnete Handelsschiffe, die in die Kriegsmarine eingereiht waren und deren Besatzung aus Soldaten bestand. Tarnung und Täuschung war erlaubt, die Schiffe durften fremde Flaggen und falsche Namen führen und ihre Kanonen hinter Lukendeckeln und Persennigen verstecken – solange sie niemandem etwas taten. Begannen sie jedoch Kampfhandlungen, mußte die Kriegsflagge gezeigt werden und die Besatzung Uniform tragen. Bereits im 1. Weltkrieg hatte das Deutsche Reich Hilfskreuzer eingesetzt, zuerst ehemalige Passagierdampfer, die zwar sehr schnell waren, aber viel zu auffällig und teuer im Unterhalt. Sie wurden abgelöst von kleineren Frachtdampfern. Auch ein Segelschiff war dabei, der Seeadler des bekannten »Seeteufels« Felix Graf von Luckner. – Im 2. Weltkrieg fuhren elf Hilfskreuzer unter deutscher Flagge. Sie trugen nach Verlust des Schlachtschiffs *Bismarck* die Hauptlast im überseeischen *Zufuhrkrieg* über Wasser und operierten außer im Eismeer auf allen Weltmeeren. Ihnen gelang die Versenkung von insgesamt 138

Schiffen mit 857533 BRT. Den Rekord erzielte Pinguin oder Schiff 33 – so die offizielle Marinebezeichnung – mit 32 Schiffen und 150000 BRT. Die Schiffe wurden sorgfältig auf ihre Einsätze vorbereitet; einige waren auch länger als ein Jahr unterwegs. Bewaffnet mit 15-, 10,5- und 6-cm-Geschützen, Fla-Waffen, Torpedos und Bordflugzeugen, waren die Hilfskreuzer so stark, daß sie es, wenn auch nicht in der Panzerung, so doch an Feuerkraft mit einem Leichten Kreuzer aufnehmen konnten. Hilfskreuzer Kormoran brachte es auch tatsächlich fertig, am 19.11.1941 den australischen Kreuzer Sydney zu versenken. Er selbst wurde dabei aber auch so schwer beschädigt, daß die Besatzung das Schiff aufgeben mußte. Wachsende Reichweite, Stärke und Überlegenheit der alliierten Luftwaffen sowie vor allem die Einführung des *Radars* schränkten die Entfaltungsmöglichkeiten der Hilfskreuzer bald ein. Mit dem Untergang von Schiff 28 – Michel – am 17.10.1943 im Pazifik endete der Kampf der deutschen Hilfskreuzer.

Hilfswillige

Bezeichnung für »fremdvölkische« Helfer der Wehrmacht, Polizei oder SS, vor allem Russen, Ukrainer, Polen, Balten u.a. Die Hilfswilligen (im Landserjargon »Hiwis«) wurden im allgemeinen nicht bei der kämpfenden Truppe, sondern zu zivilen und polizeilichen Aufgaben eingesetzt, auch und gerade bei den Mordaktionen der *Einsatzgruppen*.

Himmelbett

Bei der deutschen Luftwaffe hieß das System der straff gelenkten dunklen Nachtjagd »Himmelbett«, im Gegensatz zur hellen Nachtjagd und zur späteren *»Wilde-Sau«*-Taktik. Jägerleitoffiziere führten die einzelnen Maschinen durch Sprechfunk vom Boden aus und dirigierten sie mit Hilfe von *Funkmeß*-Geräten (»Freya« oder »Würzburg«) an den Feind heran. Im Winter 1941/42 wurde ein Gürtel von Himmelbett-Stellungen, die *Kammhuber-Linie*, angelegt, die von der Deutschen Bucht bis Belgien reichte. Das System bewährte sich, solange die britischen Nachtbomber einzeln auf breiter Front ins Reichsgebiet ein- und ausflogen. Als die RAF im Frühjahr 1942 dazu übergingen, die Bomber in Form eines Stromes zusammenzufassen, mußte das aufwendige, aber etwas schematische »Himmelbett« durch flexiblere Leitverfahren ersetzt werden.

Himmler, Heinrich

* München 7.10.1900, † in einem Gefangenenlager bei Lüneburg 23.5.1945

Der Diplomlandwirt Himmler nahm als Mitglied des Freikorps »Reichskriegsflagge« teil am Hitlerputsch 1923. Er trat 1925 in die NSDAP ein und verwirklichte sich nach der »Machtergreifung« als Herr über einen ständig wachsenden Polizeiapparat wie auch als Schöpfer der SS, die sich unter seiner Leitung von einer kleinen Leibwache Hitlers zum mächtigen Männerbund auswuchs, vor dem Europa zitterte. Als »Reichskommissar für die Festigung des deutschen Volkstums« war Himmler verantwortlich für die Umsiedlungspolitik in den besetzten Gebieten. Mit dem Wirtschafts-Verwaltungshauptamt der SS schuf er sich eine gigantische Behörde zur Kontrolle und Lenkung von SS-eigenen Betrieben, die durch Ausbeutung von *Zwangsarbeitern* und KZ-Häftlingen enorme Beträge in die SS-Kassen brachten. Himmlers Rang in der nationalsozialistischen Hierarchie resultierte aber vor allem aus seiner Rolle als Organisator der *Endlösung*, des Völkermords an den Juden, den er mit einer schauerlichen Mischung aus Korrektheit und Gnadenlosigkeit betrieb. Hitler machte ihn zum Dank für seine bedingungslose Treue 1943 zum Nachfolger *Fricks* als Innenminister und nach dem fehlgeschlagenen Attentat vom 20.7.1944 zum Befehlshaber des Ersatzheeres. Himmlers Stern begann erst zu sinken, als er sich im Dezember 1944 auch noch ins Geschäft der Generalität drängte und den Oberbefehl über eine Heeresgruppe (Oberrhein, später Weichsel) übernahm – wobei er prompt scheiterte. In den letzten Kriegstagen versuchte er Kontakte zu den Anglo-Amerikanern herzustellen. Als Hitler davon erfuhr, stieß er ihn testamentarisch aus der Partei aus und enthob ihn aller Ämter. Nach Kriegsende wollte Himmler mit falschen Papieren (als »Feldwebel Hitzinger«) untertauchen, wurde aber von britischen Soldaten festgenommen und beging Selbstmord.

Hirohito

* Tokio 29.4.1901, † ebd. 7.1.1989

Der 124. Tenno, Hirohito, bestieg 1926 den japanischen Kaiserthron. Nominell OB der Streitkräfte, verlor er seit 1931 zusehends an Einfluß auf Verteidigungs- und Außenpolitik und ließ die Militärs gewähren. Erst als sich 1944 die Niederlage im Kampf gegen die Anglo-Amerikaner abzeichnete, begann er auf Maßnahmen zur Beendigung des Konflikts zu dringen, kam jedoch vorerst gegen die Mehrheit der Kriegspartei im Kabinett nicht an. Nach den Katastrophen von *Hiroshima* und *Nagasaki* im August 1945 gelang es ihm, die unbelehrbaren Durchhaltekrieger in der Regierung zu entmachten und eine Besetzung Japans zu verhindern. 1948 wurde Hirohito vom Internationalen Gerichtshof in Tokio von der Anklage, Kriegsverbrechen begangen zu haben, freigesprochen. Er blieb weiter Staatsoberhaupt, nach der Verfassung von 1947 aber auf reine Repräsentativfunktionen beschränkt.

Hiroshima

Die japanische Hafenstadt Hiroshima mit knapp 400000 Einwohnern (1941) war bis 1945 von amerikanischen Bombenangriffen verschont geblieben. Wahrscheinlich deshalb wurde sie als Ziel für den Abwurf der am 16.7.1945 erstmals erfolgreich getesteten *Atombombe* ausgewählt, da ein bis dahin unzerstörtes Stadtgebiet nach der Explosion genaue Aufschlüsse über die Wirkung versprach. – Ein Bomberkommando unter Oberst Paul Tibbets begann auf der Insel Tinian mit dem Training für den Abwurf der A-Bombe, der am 5.8.1945 für den kommenden Morgen angeordnet wurde. Tibbets selbst flog die B-29 mit dem Namen *»Enola Gay«*, die am 6.8. um 8.15 Uhr den Uransprengsatz *»Little Boy«* über Hiroshima ausklinkte. Die Stadt, in der zahlreiche Menschen gerade zu ihren Arbeitsstätten eilten, wurde vollkommen überrascht; der nur mit wenigen Begleitern anfliegende Bomber war kaum als Bedrohung aufgefaßt worden. Der Tod von Hiroshima kam in mehreren Wellen: Nach einem Lichtblitz von blindmachender Helligkeit folgte eine Hitzewelle, die in der Nähe des Explosionsherdes Menschen förmlich verdampfen ließ und noch in über 3 km Entfernung schwere Verbrennungen verursachte. Die anschließende Druckwelle fachte die aufflammenden Brände weiter an, blies Häuser und Autos weg, wirbelte Menschen zu Boden oder gegen Mauern und drückte noch in 12 km Entfernung alle Scheiben ein. Besonders mörderisch war die letzte, die radioaktive Welle, deren tödliche Wirkung sich in größerem Abstand mit Verzögerung entfaltete. Sie zerstörte das Immunsystem der Opfer, verbrannte die Haut und erzeugte schwere Stoffwechselkrankheiten. Bei der Explosion und in den folgenden Wochen kamen mindestens 92 000 Menschen um (andere Angaben sprechen von bis zu 200 000 Opfern). Hiroshima wurde zu über 80 % zerstört. – Nach dem Untergang der Stadt setzten Friedensbemühungen der Partei um den Kaiser *Hirohito* ein. Sie wandten sich jedoch zunächst an Moskau, das hinhaltend reagierte und, statt zu vermitteln, Japan am 8.8. den Krieg erklärte. So kam es zu einem weiteren Atombombenabwurf der Amerikaner auf *Nagasaki* am 9.8., dem in den folgenden Tagen der Zusammenbruch Japans folgte.

Hitler, Adolf

* Braunau am Inn (Oberösterreich) 20.4.1889, † Berlin 30.4.1945

Eine der erstaunlichsten Karrieren der Weltgeschichte: Vom namenlosen Gefreiten des 1. Weltkriegs stieg Hitler zum »Führer« des »Großdeutschen Reiches« und Herrn über Europa auf. Nach der Ernennung zum Reichskanzler am 30.1.1933 vollzog sich der Umbau des Staates in raschen Schritten: 23.3.1933 Ermächtigungsgesetz und Beseitigung des parlamentarischen Systems, 30.6./1.7.1934 Ausschaltung der innerparteilichen Opposition durch Mordaktion während der Röhm-Affäre (83 Opfer, meist hohe SA-Führer), 2.8.1934 Ernennung zum »Führer und Reichskanzler« und damit Vollendung der persönlichen Diktatur, Aufrüstung und Revision der Friedensbedingungen von Versailles, 1935 Wiedereinführung der Wehrpflicht und *Deutsch-Britisches Flottenabkommen*, 1936 Besetzung der entmilitarisierten Zone des Rheinlands, 1938 Angliederung Österreichs und des Sudetenlands. – Hitler forcierte seinen Lebensplan auf zwei ideologischen Hauptachsen: Rasse und Raum. Seit den Pogromen der sogenannten Reichskristallnacht (November 1938) beschleunigten etliche Erlasse die Ächtung und Entrechtung der Juden, und infolge der lange duldenden britischen Appeasement-Politik glaubte er, seine außenpolitischen Nahziele – u.a. »Zerschlagung der Tschechoslowakei« – rascher ansteuern zu können, als in der *Hoßbach-Niederschrift* veranschlagt. Nach den überlieferten Selbstaussagen scheinen zudem auch alle Unternehmungen Hitlers seit 1938 unter dem Diktat der Lebensuhr gestanden zu haben; er war überzeugt, krank zu sein und nicht mehr viel Zeit zu haben. Nach dem Einmarsch in Prag (März 1939) schaffte der *Deutsch-Sowjetische Nichtangriffsvertrag* mit geheimem Zusatzprotokoll über die Aufteilung Ostmitteleuropas (August 1939) die vermeintlich glückverheißende strategische Ausgangslage. Der Weg war frei für den Einfall in Polen, wobei Hitler fest mit dem Stillhalten der Westmächte rechnete – was sich als Fehlkalkulation erweisen sollte: Am 3.9.1939 erklärten Großbritannien und Frankreich dem Deutschen Reich den Krieg. – Als militärischer Führer war Hitler eine zwiespältige Erscheinung. Er konnte unkonventionell denken und war kühnen Operationsplänen geöffnet, so hinsichtlich des Angriffs durch die Ardennen im Mai 1940 *(Frankreichfeldzug)*. Auch förderte er mit Sinn für moderne Technik den kombinierten Bewegungskrieg von Land- und Luftwaffe und verblüffte seine Mitarbeiter immer wieder mit einem enormen militärtechnischen Fachwissen. Erst als die Gegner gleichzogen, später an Menschen und Material weit überlegen wurden, verkehrten sich die Vorzüge zu Schwächen. Jetzt fehlte dem Autodidakten die Denkschulung des Generalstäblers. Da er aber erfahrenen Rat nicht annahm (weil der immer bedachtsam und pessimistisch ausfiel und durch die stürmischen Erfolge der Vorkriegszeit und der ersten Kriegsmonate genug widerlegt war), häuften sich nun die Fehler. Alles selber entscheidend, degradierte Hitler seine Feldmarschälle zu Handlangern. »Das bißchen operative Führung kann jeder machen«, lautete sein abschätziges Wort über die Generalität. In der Not der Abwehrschlachten kehrte er zu den Methoden von 1914–18 zurück: Stellungskrieg, Halten um jeden Preis. Angesichts überdehnter Fronten und mangelnder Reserven beschleunigte dieses Rezept den Untergang. – Im Schatten des Weltanschauungskriegs im Osten (seit Juni 1941) ließ Hitler seine wiederholten Drohungen gegenüber den Juden wahr werden. Das furchtbarste Ausrottungsprogramm der Weltgeschichte begleitete die Jahre 1941–45, in denen Rassenwahn und Lebensraum-Utopie zeitlich und räumlich ineinanderliefen. Inmitten millionenfachen Todes anderer blieb der Urheber trotz mehrerer geplanter und ausgeführter Attentate nahezu unversehrt, riß statt dessen zuletzt noch die Verschwörer des *Zwanzigsten Juli* rachedurstig ins eigene Verderben. Hitler starb in den Trümmern dessen, was einmal seine Weltmetropole »Germania« hätte werden sollen, von eigener Hand, nachdem er zuvor in einer gespenstischen Bunkerszene seine Geliebte Eva Braun geheiratet hatte.

»Hitlerjugend«
Kriegsgefangene Amerikaner und Briten wollten ihren Augen nicht trauen, wenn sie die Kindergesichter vorbeifahrender Panzerbesatzungen sahen: In der 12. SS-Panzerdivision »Hitlerjugend«, die in den Kämpfen an der Invasionsfront im Juni 1944 zum ersten Mal eingesetzt wurde, dienten tatsächlich 16- bis 18jährige Hitlerjungen, und der grimmige Kampfgeist, den sie zeigten, strafte alle Witze der alliierten Propaganda (die »Baby-Division« sollte als taktisches Zeichen eine Milchflasche führen usw.) Lügen. Die Aufstellung einer Eliteeinheit aus Jugendlichen ging zurück auf eine Idee von Reichsjugendführer Artur Axmann. Seit dem Sommer 1943 wurden über 10000 Freiwillige, zum Teil aus Wehrertüchtigungslagern der HJ rekrutiert, vom Stammpersonal der Leibstandarte-SS »Adolf Hitler« ausgebildet. Die Division unter Führung von Brigadeführer Kurt Meyer (genannt Panzermeyer) verblutete bei den Kämpfen im Westen bis auf geringe Reste. Eine neue SS-Division »Hitlerjugend« wurde in der *Ardennenoffensive* und bei Einsätzen in Ungarn weitgehend aufgerieben.

Hitler-Stalin-Pakt →Deutsch-Sowjetischer Nichtangriffsvertrag

Hochdruckpumpe
Neben den V-Waffen gab es eine weitere deutsche Spezialwaffe für den Fernbeschuß, die Hochdruckpumpe (HDP), auch »Fleißiges Lieschen« oder »Tausendfüßler« genannt. Sie bestand aus einem bis zu 124 m langen Rohrsystem, bestehend aus Rohrteilen von 4–5 m Länge, mit einem Gesamtgewicht von 76 t. An den Seiten der Rohrteile befanden sich Kammern mit Treibsätzen,

die Geschosse von 140 kg Gewicht bei 25 kg Sprengladung auf eine Mündungsgeschwindigkeit von 1500 m/sek beschleunigen sollten. Damit erhoffte man Schußweiten bis 160 km zu erzielen. Bei Erprobungen ergaben sich jedoch immer neue technische Schwierigkeiten. Die Hochdruckpumpe kam schließlich in einer wesentlich reduzierten Version (Gewicht 28 t, Schußweite 42,5 km) im Dezember 1944 zum Einsatz. Bis zum 22.2.1945 verschossen die beiden einzigen fertiggestellten Anlagen mit geringer Wirkung insgesamt 157 Granaten gegen Luxemburg und Antwerpen.

Hodges, Courtney
* Perry (Georgia) 5.1.1887, † San Antonio (Texas) 15.1.1966
Der amerikanische General Hodges, Kriegsteilnehmer des 1. Weltkriegs (1917/18 in Frankreich), war 1939 Kommandant der Infanterieschule. Er nahm als Stellvertreter *Bradleys* mit der 1. US-Armee an der Invasion in der Normandie (Juni 1944) teil und wurde am 1.8.1944 selbst OB dieser Armee, die er in der Schlacht von *Falaise*, bei der Einnahme Lüttichs im September 1944 und Aachens im darauffolgenden Monat führte. Hodges' Armee hatte Mitte Dezember 1944 die volle Wucht der *Ardennenoffensive* auszuhalten, doch gelang es dem Befehlshaber, die Krise zu meistern und die Initiative zurückzugewinnen. Er stieß zum Rhein vor und trug durch die Eroberung der Brücke von *Remagen* (7.3.1945) wesentlich zur Beschleunigung des alliierten Vormarsches bei. Soldaten seiner 1. Armee waren es auch, die bei *Torgau* Rotarmisten der 1. Ukrainischen Front die Hand reichten. 1947 wurde Hodges in den Ruhestand versetzt.

Hoepner, Erich
* Frankfurt (Oder) 14.9.1886, † Berlin 8.8.1944 (hingerichtet)
Für den erfahrenen Troupier Hoepner (Teilnahme am *Polen-* und *Frankreichfeldzug*, Juli 1940 Ernennung zum Generaloberst, seit 17.2.1941 OB der Panzergruppe 4 bzw. der 4. Panzerarmee) kam das Erlebnis, das ihn zum Gegner des Nationalsozialismus machte, während des *Rußlandfeldzugs*: Als er Anfang Januar 1942 dem stark gefährdeten rechten Flügel seiner Armee im Raum westlich von Moskau den Rückzug befahl, stieß ihn Hitler »wegen Feigheit und Ungehorsam« aus der Wehrmacht aus.

Hoepner nahm danach Kontakt zu den Widerstandskreisen um General *Olbricht* auf und erklärte sich bereit, nach erfolgreichem Attentat OB im Heimatkriegsgebiet zu werden. Am 20.7.1944 wurde er nach Scheitern des Putsches in der Bendlerstraße verhaftet, am 8.8.1944 vom Volksgerichtshof zum Tod verurteilt und noch am selben Tag in Berlin-Plötzensee gehängt.

Hongkong

Die britische Kronkolonie Hongkong an der Südküste Chinas mit 1013 km² und rund 1,5 Mio. Einwohnern (1940) war schon seit 1938 durch japanische Truppen, die gegen China Krieg führten, weitgehend abgeriegelt. Gleich nach Beginn des Pazifikkriegs griffen die Japaner am 8.12.1941 von der Landseite aus an. Die britisch-kanadischen Verteidiger zogen sich auf die Insel Victoria zurück, wo sie am Weihnachtsabend 1941 kapitulierten. Während der bis Kriegsende andauernden japanischen Okkupation galten die europäischen Einwohner von Hongkong als Gefangene, der Handelshafen verödete. Am 30.8.1945 wurde Hongkong an die Briten übergeben, die ihre Kolonialverwaltung erneut etablierten. Gemäß Vertrag mit Peking endete diese 1997.

Hood

Der britische Schlachtkreuzer Hood galt bei Kriegsbeginn als das mächtigste Kriegsschiff der Welt: Stapellauf 22.8.1918, Indienststellung 5.3.1920, 41 200 t, 31 kn, 262,2 m lang, 31,7 m breit, bis 1500 Mann Besatzung; Bewaffnung: 8×38,1 cm, 12×14 cm, 8×10,2-cm-Flak, 16×4-cm-Fla-Rohre. Im Spätherbst 1939 nahm die Hood an der ergebnislosen Jagd auf die deutschen Schlachtschiffe *Scharnhorst* und *Gneisenau* teil und wurde dann zur Konvoisicherung u.a. nach Australien eingesetzt. Beim britischen Überfall auf die französische Flotte in *Mers el-Kebir* am 3.7.1940 gehörte die Hood zu den Angreifern. In Erwartung einer deutschen Invasion wurde sie nach Rosyth zurückverlegt und später zur Kontrolle u.a. der Dänemarkstraße zwischen Grönland und Island eingesetzt. Dort traf sie zusammen mit dem Schlachtschiff *Prince of Wales* am 24.5.1941 auf das deutsche Schlachtschiff *Bismarck* und den Schweren Kreuzer *Prinz Eugen*. Das Gefecht am frühen Morgen dauerte nur fünf Minuten, dann wurde die Hood von einer Vollsalve der Bismarck getroffen und explodierte. Sie riß 1321 Mann und 91 Offiziere, darunter den Chef des britischen Schlachtkreuzergeschwaders, Vizadmiral Holland, mit sich in die Tiefe; nur drei Mann konnten gerettet werden.

Horthy, Miklós
* Kenderes (Bez. Szolnok) 18.6.1868, † Estoril (bei Lissabon) 9.2.1957
Seine Karriere begann noch zu Zeiten der österreichisch-ungarischen Doppelmonarchie: Horthy (Nikolaus Horthy von Nagybánya) war 1909–14 Flügeladjutant bei Kaiser Franz Joseph I., 1918 wurde er zum Konteradmiral ernannt. 1919 kämpfte er gegen den sozialistischen Umsturz in Ungarn, 1920 wurde er dort »Reichsverweser«. Zunächst nur provisorisches Staatsoberhaupt, übernahm Horthy allmählich die gesamte Macht und baute eine Art faschistischer Diktatur auf. Seine Anlehnung an Deutschland zog Ungarn mit in den Strudel der deutschen Kriegspolitik; ungarische Truppen nahmen am *Rußlandfeldzug* teil. Horthys späterer Versuch, sich aus der Abhängigkeit zu befreien, schlug fehl: Als im März 1944 Nachrichten von geheimen Friedensverhandlungen durchsickerten, besetzten deutsche Truppen das Land. Horthy wurde am 16.10.1944 von SS-Einheiten verhaftet, kam aber nach dem Abzug der Wehrmacht frei und ging angesichts der Bolschewisierung Ungarns ins Exil.

Hoßbach-Niederschrift
Friedrich Hoßbach (1894–1980) war vom 3.8.1934 bis zum 28.1.1938 Abteilungsleiter im Personalamt des Heeres und damit Adjutant der Wehrmacht bei Hitler. In dieser Eigenschaft fertigte er am 5.11.1937 die sogenannte Hoßbach-Niederschrift an, die eine Besprechung Hitlers mit Reichsaußenminister Konstantin von Neurath, Reichskriegsminister Werner von Blomberg und den OBs der drei Wehrmachtteile, v. *Fritsch*, *Raeder* und *Göring*, protokollierte. Hitler hatte dabei seinen »unabänderlichen Entschluß« verkündet, spätestens 1943–45 die »deutsche Raumfrage« mit Gewalt zu lösen. Hoßbachs Papier wurde nach dem Krieg im Nürnberger Prozeß ein wesentliches Beweisstück für die Anklage im Punkt »Planung eines Angriffskrieges«.

Hoth, Hermann
* Neuruppin 12.4.1885, † Goslar 25.1.1971
Soldat seit 1904, klomm Hoth auf der militärischen Stufenleiter zu Reichswehrzeiten bis zum Generalmajor und in der Wehrmacht bis zum Generaloberst (1940) empor. Als Kommandierender General des XV. AK nahm er am Polen- und am Frankreichfeldzug teil. Das Korps wurde im November 1940 zur Panzergruppe 3 erweitert und beim Angriff auf die Sowjetunion eingesetzt. Am 5.10.1941 wurde Hoth OB der 17. Armee und am 1.6.1942 der 4. Panzerarmee, mit der er im Dezember 1942 vergeblich versuchte, die in Stalingrad eingeschlossene 6. Armee zu entsetzen. Bei den Kämpfen in der Ukraine im Herbst 1943 wurde Hoths Armee am 3.11. vom Gegner durchbrochen, so daß es nicht gelang, Kiew zu halten. Hitler enthob Hoth daraufhin wegen »Defätismus« seines Postens und rief ihn erst im April 1945 wieder zur Truppe, allerdings nur auf den bedeutungslosen Posten eines »Befehlshabers Erzgebirge«. Im OKW-Prozeß wurde Hoth zu 15 Jahren Haft verurteilt, 1954 jedoch begnadigt und aus dem Gefängnis entlassen.

Hudson
Er lieferte sich das erste Luftgefecht mit einem deutschen Flugzeug: Ein britischer Küstenbomber und U-Boot-Jäger Lockheed A 28/29 Hudson schoß am 4.9.1939 ein Do-18-Flugboot über der Nordsee ab. Die Hudson wurde 1938 aufgrund einer britischen Anforderung in den USA als militärische Version des Verkehrsflugzeugs Lockheed L 14 entwickelt; Erstflug 10.12.1938. Daten der Baureihe Mk III: 2×1200-PS-Motoren, Höchstgeschwindigkeit 410 km/h in 1500 m Höhe, Reichweite 3700 km, 4 Mann Besatzung, Bombenzuladung 340 kg oder 4 Wasserbomben, Bewaffnung 7×7,7-mm-MG. Insgesamt wurden bis zum Frühjahr 1943 2940 Hudson in 6 Baureihen hergestellt.

Hurricane
Die Hurricane der britischen Firma Hawker Aircraft, Erstflug 6.11.1935, war der erste moderne Jagdeindecker der RAF, mit ihr ging die Ära der Doppeldecker beim Fighter Command zu Ende. Hurricanes wurden die Gegner der Luftwaffe in der Anfangsphase der *Luftschlacht um England*, als die modernere *Spitfire*

noch nicht in ausreichenden Stückzahlen zur Verfügung stand. Sie kamen auf allen Kriegsschauplätzen zum Einsatz, ab 1941 auch als Begleitschutzmaschinen für Geleitzüge (mit Katapulten von Frachtschiffen aus gestartet). Insgesamt wurden 14 533 Exemplare gebaut, davon erhielt die Sowjetunion 2952. Daten der Jagdbomberversion II B: 1×1280-PS-Motor Rolls-Royce Merlin XX, Höchstgeschwindigkeit 547 km/h in 6400 m Höhe, Reichweite 770 km, 12×7,7-mm-MG in den Tragflächen, Gehänge für 2×122-kg-Bomben.

»Husky«
Die Planungen für die alliierten Landungsoperationen auf *Sizilien* liefen unter dem Namen »Husky« (starker Mann). Beschlossen auf der *Casablanca-Konferenz* im Januar 1943, entsprach »Husky« ganz der »Strategie der Peripherie« *Churchills*, der sich damit gegen den amerikanischen Wunsch durchsetzte, die *Zweite Front* in Nordfrankreich zu errichten. Das Unternehmen verzögerte sich allerdings wegen des unerwartet langsamen Vormarsches in Tunesien und wegen britisch-amerikanischer Differenzen bezüglich der Führung. Man einigte sich schließlich auf eine Doppellandung: An der Südostspitze Siziliens zwischen der Halbinsel von Pachino und dem Hafen von Syrakus sollten die Briten unter *Montgomery* Fuß fassen, möglichst schnell die dahinterliegenden Höhen nehmen und Häfen für den Nachschub sichern, während die Amerikaner unter *Patton* den Golf von Gela als Angriffsziel zugewiesen bekamen. Aus symbolischen Gründen wurde ihnen ein französisches Bataillon zugeteilt. Insgesamt waren für die erste Welle 160 000 Mann mit 24 000 Fahrzeugen, 600 Panzern und 1800 Geschützen vorgesehen. Ihnen gegenüber standen 200 000 Mann der italienischen 6. Armee und die deutsche Panzerdivision »Hermann Göring« sowie die 15. Panzergrenadierdivision. Der Kampfwert der italienischen Verbände war gering, zur See und in der Luft hatten die Verteidiger der Invasionsstreitmacht überhaupt nichts entgegenzusetzen. Nach wochenlangen vorbereitenden Luftangriffen lief »Husky« am 10.7.1943 an. Fünf Wochen später war ganz Sizilien in der Hand der Alliierten.

»Hydra«

Unter der Codebezeichnung »Hydra« liefen die Planungen für den britischen Luftraid gegen *Peenemünde* in der Nacht vom 17./18.8.1943. Für das Unternehmen wurden 598 viermotorige Lancaster- und Halifax-Bomber mit 4000 Mann Besatzung aufgeboten, die in drei Wellen die Raketenversuchsanstalt des Heeres vernichten sollten. Zu »Hydra« gehörte auch ein Ablenkungsangriff mit *Mosquito*-Bombern gegen *Berlin*, der die deutsche Luftabwehr erfolgreich täuschte. Immerhin gelangen dieser noch der Abschuß von 40 und die Beschädigung von 32 Bombern der dritten Welle. Das knapp zweistündige Bombardement richtete beträchtlichen Schaden an, doch nicht an den wesentlichen Versuchseinrichtungen, die sich rechtzeitig hatten einnebeln können. 733 Menschen kamen ums Leben. »Hydra« verzögerte die Weiterentwicklung der *V2* um zwei Monate, da aus Sorge vor weiteren Angriffen die Produktion in besser geschützte Gebiete *(»Mittelbau«)* verlegt wurde.

»Ichi-Go«

Am 17.4.1944 begann die letzte japanische Landoffensive in China. Die Codebezeichnung des Unternehmens lautete »Ichi-Go« (Nummer 1), Ziele waren die Ausschaltung der amerikanischen Luftbasen im Westen und Süden sowie die Herstellung einer Landverbindung von Hankau nach Kanton und zur indochinesischen Grenze. Für »Ichi-Go« setzte OB Okamura vier Armeen in Marsch. Sie vertrieben die 14. US-Luftflotte (Chennault) von den meisten Stützpunkten: Tschangsha (18.6.), Henyang (8.8.), Lingling (4.9.), Kweilin (10.11.), Liautschu (11.11.) und Nanning (24.11.). Die chinesische Verteidigung brach zusammen, der Angriff von General *Stilwell* in Nordbirma mußte abgeblasen werden, in Tschungking und Kunming brach Panik aus. Der Erfolg zu Lande nützte jedoch wenig, da sich die Lage Japans im Pazifik inzwischen dramatisch verschlechtert hatte. Ende 1944 wurde »Ichi-Go« daher eingestellt.

I.G. Farben

Das Kürzel I.G. Farben stand für **I**nteressen**g**emeinschaft Farbenindustrie AG. Der 1925 gegründete Konzern vereinigte die bedeutendsten deutschen Chemieunternehmen: BASF, Bayer, Hoechst, Agfa u.a. Die Unternehmensgruppe war eng mit dem nationalsozialistischen Machtapparat verflochten, sie spielte eine führende Rolle bei der Durchführung des Vierjahresplans von 1936 sowie bei der Aufstellung der Pläne (um 1941) zu einer europäischen Nachkriegsordnung unter deutscher Herrschaft. Mit ihren Produkten (Stickstoff, synthetischer Kautschuk, Treibstoff) war die I.G. Farben unentbehrlich für die Kriegführung; umgekehrt profitierte sie vom Krieg, indem sie sich große Teile der chemischen Industrie der besetzten Länder einverleibte oder unter ihre Kontrolle brachte. Dazu gehörte auch die Ausbeutung der *Zwangsarbeiter*, Mitte 1943 stellten diese rund 40 % der Gesamtbelegschaft. Ebenso war die I.G. Farben in die Vernichtungsmaschinerie der *Endlösung* eingebunden: In *Auschwitz* kamen beim Bau eines riesigen Hydrierwerks mehr als 25 000 Arbeitskräfte aus dem KZ ums Leben. Und eine von der I.G. Farben kontrollierte Firma, die DEGESCH in Frankfurt am Main, lieferte das Blausäurepräparat Zyklon B, mit dem die Massentötungen in den Gaskammern vorgenommen wurden. Nach dem

Krieg verfügten die Westalliierten die Entflechtung des Konzerns, gegen die führenden Funktionäre wurde vor dem Internationalen Militärgerichtshof in Nürnberg Anklage erhoben. Der Prozeß endete im Juli 1948 mit Freiheitsstrafen für 13 leitende Angestellte, die jedoch nach kurzer Haftzeit begnadigt wurden.

Iljuschin Il-2 →Sturmowik

Inselspringen
Was nach methodischem Vorgehen aussah, nämlich die Art und Weise, wie die Amerikaner bei ihrer Offensive im Pazifik sich Angriffsziele herauspickten, die erobert werden konnten, und andere, bei denen der Erfolg zweifelhaft war, erst einmal ausließen, war materiellen und zeitlichen Zwängen geschuldet. Den Amerikanern standen die Mittel für eine direkte und massive Konfrontation oder gar den Angriff auf das japanische Mutterland vorerst nicht zur Verfügung. Über diese Mängel half die Strategie des Inselspringens hinweg. Sie wurde bei Vorstößen gegen die Salomonen und die Gilbertinseln 1942/43 erprobt. Die Landungen erfolgten im allgemeinen nach massiver Feuervorbereitung durch Luftangriffe und Schiffsartillerie, wobei sich besonders die alten Schlachtschiffe bewährten, die in *Pearl Harbor* inzwischen gehoben worden waren. Das Inselspringen wurde fortgesetzt, auch als die amerikanische Rüstungsproduktion auf Hochtouren lief und längst genügend schwimmendes Material für direktes Vorgehen bereitstand. Die letzten Stationen waren *Iwo Jima* und *Okinawa* im Frühjahr/Sommer 1945; danach hätte der Sprung auf die japanischen Hauptinseln kommen müssen *(»Coronet«)*, der aber nach Einsatz der *Atombombe* und der Kapitulation Japans nicht mehr nötig war.

Intelligenz-Aktion
Nach dem *Polenfeldzug* machten auf Weisung Hitlers und *Himmlers Einsatzgruppen* und volksdeutsche Milizen Jagd auf polnische Intellektuelle. Bis zum 20.11.1939 fielen diesem mit der Tarnbezeichnung »Intelligenz-Aktion« versehenen Ausrottungsfeldzug rund 60000 Ärzte, Anwälte, Beamte, Lehrer, ehemalige Offiziere und einflußreiche Kaufleute zum Opfer. Vorher

schon war die Liquidierung von Geistlichen, Adligen und Juden angelaufen.

Internationales Komitee vom Roten Kreuz (IKRK)
Während des Krieges bemühte sich das Internationale Komitee vom Roten Kreuz gemäß dem *Genfer Abkommen*, das Los der Gefangenen in aller Welt zu erleichtern, auch in Staaten wie Japan und der UdSSR, die die Vereinbarungen über die Behandlung der Kriegsgefangenen nicht unterzeichnet hatten. Das IKRK schuf Möglichkeiten der brieflichen Kontaktaufnahme mit den Angehörigen, Delegationen besuchten 8000 Gefangenenlager und regelten den Austausch von Verwundeten und Gefangenen, Besuche in 50 Ländern galten Zivilinternierten. Es gelang aber nicht, die deutschen *Konzentrationslager* in das Programm einzubeziehen, lediglich *Theresienstadt* wurde den IKRK-Mitarbeitern als »Mustergetto« vorgeführt. Besonderen Erfolg hatten die Helfer vom Roten Kreuz mit der Hungerhilfe für Griechenland seit Winter 1941/42; täglich wurden im ganzen Land 800 000 Portionen Essen verteilt. Durch diese und viele andere humanitäre Unternehmungen schwoll die bis dahin kleine Genfer Organisation personell und finanziell bedeutend an. Sie wuchs von 360 Mitarbeitern im Dezember 1933 auf 3373 im Dezember 1944, das Budget vergrößerte sich von 130 000 Franken (1939) auf 43 Mio. (Ende 1945).

International Military Tribunal (IMT)
Bezeichnung für den international besetzten Gerichtshof, der 1945/46 die Hauptkriegsverbrecher in den *Nürnberger Prozessen* aburteilte.

Internierungsräume
Nach der Teilkapitulation in Nord- und Nordwestdeutschland (5.5.1945) verzichtete die britische 21. Heeresgruppe darauf, Gefangenenlager einzurichten, und wies den deutschen Verbänden statt dessen Internierungsräume zu. Es gab deren 5: in Ostfriesland von der Küste bis zum Ems-Jade-Kanal (rund 180 000 Mann), auf der »Cuxhaven-Peninsula«, dem Bereich von Cuxhaven bis Stade, nordöstlich begrenzt durch die Elbmündung (260 000 Mann), im südwestlichen Schleswig-Holstein zwi-

schen Husum und Brunsbüttelkoog (410 000 Mann), im Bereich der Kieler Bucht von Neustadt bis etwa Kiel (569 000 Mann) sowie auf der Insel Nordstrand (der Waffen-SS vorbehalten).

Invasion
Seit 1942 von *Stalin* gefordert, kam die Errichtung einer *Zweiten Front* in Frankreich im Juni 1944 zustande. Mit 4126 Landungsfahrzeugen und 2316 Transportflugzeugen, unter dem Schutz einer Armada von Schlachtschiffen, Kreuzern und Zerstörern, setzten die Alliierten gemäß der *Overlord*-Planung am *D-Day*, dem 6.6.1944, über den Kanal und landeten in der Normandie. Eine Invasion war von der deutschen Führung lange erwartet worden, nur gingen die Vermutungen eher Richtung Straße von Dover als Normandie. Die Verteidiger wurden daher fast völlig überrascht, als im ersten Morgenlicht Fallschirmjäger im normannischen Hinterland niedergingen und wenig später ein Bombenhagel die Küstenbefestigungen umpflügte. Ihm folgte um 5.50 Uhr ein Feuerschlag aus den Rohren der Deckungsflotte, ehe um 6.30 Uhr die erste Welle der Landungstruppen das Ufer erreichte. Schon am ersten Tag flogen die alliierten Luftwaffen 14 674 Einsätze, denen nur 319 deutsche gegenüberstanden, und errangen sofort die Luftherrschaft. In fünf Tagen erreichten mit Hilfe der künstlichen »*Mulberry*«-Häfen 326 000 alliierte Soldaten mit 104 000 t Nachschub und 54 000 Fahrzeugen das Festland. – Die Alliierten hatten fünf Landeköpfe an der Küste vorgesehen: »Utah« nördlich von Carentan auf der Halbinsel Cotentin für das VIII. US-Korps (Collins), »Omaha« 15 km östlich davon für das V. US-Korps (Gerow), »Gold« nordöstlich Bayeux für das britische XXX. Korps (Bucknall), »Juno« direkt östlich anschließend für die kanadischen Verbände des britischen 1. Korps (Crocker) und »Sword« nördlich von Caen für dessen britische Einheiten. Zwar stabilisierten sich die Landeköpfe rasch, doch wurden die Tagesziele nirgendwo erreicht, da Gegenmaßnahmen der verteidigenden deutschen 7. (Dollmann) und 15. Armee (Salmuth) einsetzten. Als unfreiwilliger Verbündeter der Alliierten erwies sich allerdings Hitler, der lange die Zuführung von Verstärkungen verweigerte, weil er weiter an eine »Hauptlandung« bei Calais glaubte. Nach Plan sollte *Cherbourg* mit dem wichtigen Hafen noch am ersten Tag der Invasion ge-

nommen werden; das gelang jedoch erst drei Wochen später. Der Durchbruch ins französische Hinterland war für den 27.6. vorgesehen, glückte aber erst am 1.8. bei *Avranches*. Bis dahin hatte die Schlacht auf deutscher Seite 114 000 Gefallene und 41 000 Gefangene gekostet, die Alliierten hatten 122 000 Mann verloren. In der Kesselschlacht von *Falaise* (16.–20.8.) rieben die Alliierten die letzten deutschen Verbände auf, die ihnen noch den Weg ins Innere Frankreichs hätten verlegen können. Nach dem Fall von Paris (25.8.) war man wieder im Plan (D-Day + 90). – Inzwischen war (am 15.8.) die Invasion in Nordfrankreich durch eine weitere Landung im Süden, an der französischen Mittelmeerküste (»Dragoon«), flankiert worden, so daß die deutschen Truppen Gefahr liefen, in die Zange zu geraten, und sich deswegen zurückzogen. Am 11.9. trafen sich die aus Südfrankreich heranrückenden alliierten Verbände und die von der Normandie kommende Invasionsarmee bei Dijon, am selben Tag erreichten amerikanische Truppen bei Trier erstmals die Reichsgrenze.

Iwo Jima

Im Frühjahr 1945 war das *Inselspringen* schon nahe bis an die Küsten Japans gelangt: Die als nächstes Ziel der Landungsoperationen ausersehene Vulkaninsel Iwo Jima, 20 km^2 groß, wurde zum japanischen Mutterland gerechnet. Nach einem 72tägigen Bombardement ging am 19.2.1945 das V. Amphibische Korps (Smith) mit drei Marineinfanteriedivisionen im Südwesten von Iwo Jima an Land. Die Japaner, 22 000 Mann unter Generalleutnant Kuribayashi, eröffneten 20 Minuten nach der Landung das Feuer aus gut gesicherten Geschützständen und MG-Nestern. Zwar konnte sich der Landekopf halten, doch dauerte es bis zum 23.2., ehe mit dem Suribachimassiv an der Südspitze der Insel die größte Gefahr im Rücken der Amerikaner ausgeschaltet war. Hier entstand eines der berühmtesten Photos des Weltkriegs: die Hissung des Sternenbanners auf dem Gipfel – die heroische Szene wurde allerdings vom Photographen nach Ende der Kämpfe arrangiert. Unter massiver Luftdeckung schoben sich die GIs nach Norden vor, eroberten die beiden Flugplätze, kamen aber nur meterweise gegen die ortskundigen Verteidiger in den verzweigten Bunkerstellungen voran. Am 9.3. waren die überlebenden Japaner im nordwestlichen Gebirge auf engstem Raum zusammengedrängt, die Kämpfe um die feuerspeienden Befestigungen (von den Marines »Fleischwolf« getauft) steigerten sich von Tag zu Tag. Es kam zu selbstmörderischen *Banzai*-Angriffen der Eingeschlossenen, vielfach wurden unterirdische Kampfstände samt Besatzung mit Bergepanzern und Bulldozern zusammengewalzt. Am 16.3. endete der organisierte Widerstand, zehn Tage später waren auch die letzten Bastionen in amerikanischer Hand. Von den Verteidigern lebten nur noch 216 Mann, die in Gefangenschaft gingen, alle übrigen waren gefallen. Die amerikanischen Verluste betrugen 6821 Tote und 17 272 Verwundete.

Jalta

Im Badeort Jalta auf der Krim trafen sich vom 4. bis 11.2.1945 die Regierungschefs von Großbritannien *(Churchill)*, der UdSSR *(Stalin)* und der USA *(Roosevelt)* unter Beteiligung ihrer Außenminister, um über eine gemeinsame Strategie für die Endphase des Krieges und über die Neugestaltung Europas zu beraten. In Jalta wurde u.a. beschlossen: Aufteilung des besiegten Deutschlands in vier Besatzungszonen (erstmals wurde eine französische Zone geplant), Koordinierung der Besatzungspolitik in einem »Alliierten Kontrollrat«, Entmilitarisierung und Entnazifizierung Deutschlands, Aburteilung der Kriegsverbrecher, Erhebung von Reparationen, Westverschiebung Polens (ohne genaue Grenzziehung), Anerkennung der kommunistischen provisorischen Regierung in Polen (die vorgesehene Hineinnahme von Mitgliedern der Londoner Exilregierung war reine Kosmetik), Einberufung einer Konferenz nach San Francisco zur Gründung der *Vereinten Nationen*, Eintritt der UdSSR in den Krieg gegen Japan nach der deutschen Kapitulation. Über die Westgrenze Polens konnte keine Einigung erzielt werden. In einem geheimen Zusatzdokument wurden Stalin für die Teilnahme am Krieg gegen Japan territoriale Zugewinne versprochen. Mit den in Jalta gefaßten Beschlüssen der »Großen Drei« war de facto die sowjetische Politik der Bolschewisierung Ost- und Südosteuropas sanktioniert.

Jasenovac

Kroatien als Parteigänger des Reiches unterhielt 1941–45 in eigener Regie *Konzentrationslager*, deren größtes Jasenovac an der Save, zirka 100 km südlich von Zagreb, war. Es bestand aus einem Komplex von Einzellagern sowie einem Frauenlager, das weiter entfernt bei Stara Gradiška lag. Kroatische Sicherheitspolizei stellte die Wachmannschaften, viele von ihnen gehörten der faschistischen Ustascha-Organisation an. Nach neueren Schätzungen kamen in Jasenovac 60 000–80 000 Menschen ums Leben. Die Zahl der jüdischen Opfer lag zwischen 20 000 und 25 000, die meisten starben vor dem August 1942, als die Deportationen kroatischer Juden nach Auschwitz begannen. Im April 1945 rückten die kommunistischen Partisanen auf das Lager vor. Um alle Spuren der Verbrechen zu verwischen, sprengte die

Ustascha alle Gebäude und Einrichtungen und tötete die meisten Insassen. Am 23./24.4. wurde Stara Gradiska, am 2.5. Jasenovac selbst befreit. Das Thema »KZs in Kroatien« wurde einer weiteren Öffentlichkeit ins Gedächtnis gerufen, als Argentinien 1998 Dinko Sakić, den stellvertretenden Lagerleiter von Jasenovac, an Kroatien auslieferte, wo er im Oktober 1999 zu 20jähriger Haft verurteilt wurde.

Javasee

Die Javasee zwischen den Inseln Borneo und Java war vom 27.2. bis 1.3.1942 Schauplatz einer dreitägigen Seeschlacht zwischen japanischen und alliierten Überwassereinheiten. Nachdem sich schon kaiserliche Truppen auf den Inseln Sumatra und Bali festgesetzt hatten, stand eine Landung auf Java unmittelbar bevor. Am 27.2. versuchte ein kombinierter alliierter Flottenverband aus 5 Kreuzern und 11 Zerstörern unter dem holländischen Konteradmiral Doormann die japanische Invasionsflotte (über 100 Transportschiffe) abzufangen, die von 4 Kreuzern und 14 Zerstörern gesichert wurde. In einer Serie von nächtlichen Feuergefechten wurde Doormanns Geschwader, das ohne Luftaufklärung operierte, dezimiert: Als erstes Opfer mußte der britische Kreuzer *Exeter* beschädigt ablaufen. Wenig später gingen zwei Zerstörer verloren, ein weiterer lief auf eine Mine. Am zweiten Tag der Schlacht traf es die niederländischen Kreuzer Java und de Ruyter. 24 Stunden später sanken der amerikanische Kreuzer Houston und der australische Kreuzer Perth in der Sundastraße. Dort ging auch die Exeter im Feuer japanischer Kreuzer und Zerstörer unter, mit ihr zwei Begleitzerstörer. Nach dem Sieg der Japaner in der Seeschlacht war der Weg zur Eroberung Javas frei. Am 9.3. kapitulierten die letzten niederländischen und britischen Truppen (rund 60000 Mann).

Jeep

Dem VW-Kübelwagen der Wehrmacht entsprach bei der US Army der Jeep, nur war er etwas schwerer und stärker motorisiert als sein deutsches Pendant und wurde in Stückzahlen gefertigt, mit denen die deutschen Fabriken nicht konkurrieren konnten: Rund 600000 Jeeps rollten während des Krieges vom Band (und nur 50000 VW-Kübel). Offiziell hieß das Gefährt General Purpose Vehicle (Allzweckfahrzeug), der Militärslang machte aus den Anfangsbuchstaben G und P in phonetischer Wiedergabe »Jeep«. Grundlage des robusten Geländewagens war ein Farmerauto der Firma Willys Overland in Toledo (Ohio), bereits in der Ursprungsversion mit Allradantrieb. Der wassergekühlte 54-PS-Vierzylindermotor verlieh dem Jeep eine Höchstgeschwindigkeit von 105 km/h. Auch nach dem Krieg blieb der Jeep Standardmodell der US-Army; zivile Weiterentwicklungen erfreuen noch heute die Liebhaber kraftvoller Geländefahrzeuge.

Jeremenko, Andrei Iwanowitsch

* Markowa (Gebiet Lugansk) 14.10.1892, † Moskau 19.11.1970

1913 in die Zarenarmee eingetreten, ging Jeremenko im russischen Bürgerkrieg zu den Kommunisten über und diente sich in der Roten Armee hoch. Zur Zeit des deutschen Angriffs auf die Sowjetunion (Juni 1941) befand er sich als OB der 1. Rotbannerarmee im Fernen Osten. Am 12.8.1941 übernahm er die Brjansker Front (= Heeresgruppe), die im Oktober von der deutschen 2. Panzerarmee (Guderian) zerschlagen wurde, wobei Jeremenko schwere Verwundungen erlitt. Genesen erhielt er am 25.12.1941 den Oberbefehl über die 4. Stoßarmee. Im August 1942 wurde er OB der Stalingrad-Front, die die Hauptlast der Kämpfe um die Wolgametropole trug und maßgeblich Anteil hatte an der Einschließung der deutschen 6. Armee (Paulus). Abgelöst von *Malinowski*, übernahm Jeremenko den Oberbefehl über die selbständig operierende Küstenarmee und sicherte die Rückeroberung der *Krim* (Mai 1944). Im Juli 1944 zum OB der 2. Baltischen Front und zum Armeegeneral ernannt, gelang ihm die Einnahme Rigas im Oktober 1944. Im März 1945 löste er Armeegeneral Petrow als OB der 4. Ukrainischen Front ab. Der hochdekorierte Soldat war nach dem Krieg Befehlshaber in verschiedenen Militärbezirken; 1955 erreichte er mit dem Marschalltitel die Krönung seiner Laufbahn.

Jeschonnek, Hans

* Hohensalza (bei Bromberg) 9.4.1899, † Goldap (Ostpreußen) 18.8.1943

Bereits an der heimlichen Luftrüstung der Reichswehr beteiligt, wurde Jeschonnek als Generalstabschef der Luftwaffe (seit 1.2. 1939) eine zentrale Figur in den militärischen Planungen des Reiches. Am 19.7.1940 folgte die Ernennung zum General der Flieger, am 1.4.1942 die zum Generaloberst. Nach der Katastrophe von Stalingrad und den schweren Bombenangriffen auf die deutschen Städte, insbesondere Hamburg (Ende Juli 1943), forderte er einen massiven Ausbau der Jagdabwehr. Als dieser von Hitler abgelehnt wurde, nahm sich Jeschonnek im Hauptquartier der Luftwaffe das Leben.

Jodl, Alfred

* Würzburg 10.5.1890, † Nürnberg 16.10.1946 (hingerichtet)
Der Artillerieoffizier des 1. Weltkriegs Jodl stieg in der Reichswehr rasch auf und wurde 1938 als Chef des Wehrmachtführungsamtes (8.8.1940 in Wehrmachtführungsstab umbenannt) engster militärischer Berater Hitlers, dessen »Genie« er bewunderte. Nach dem *Frankreichfeldzug* zum General der Artillerie (19.7.1940), schließlich auch zum Generaloberst (30.1.1944) ernannt, war Jodl an allen militärischen Planungen beteiligt. Er widersprach Hitler zuweilen, jedoch nur aus sachlichen, nie aus moralischen oder politischen Gründen. Am 7.7. 1945 mußte Jodl die *bedingungslose Kapitulation* in Reims unterzeichnen. Er wurde am 23.5.1945 mit der Regierung *Dönitz* verhaftet, in Nürnberg vor Gericht gestellt, am 1.10.1946 in allen Anklagepunkten schuldig gesprochen und zum Tod verurteilt.

Josef Stalin

Der sowjetische schwere Panzerkampfwagen Josef Stalin (JS) war als Nachfolger des *Kliment Woroschilow (KWI)* konzipiert. Erste Entwicklungen begannen 1941, zwei Jahre später war der Panzer serienreif. Gegenüber dem KW I besaß er eine stärkere Panzerung (160 mm); da aber der gleiche 550-PS-Dieselmotor eingebaut wurde, sanken Geschwindigkeit (37 km/h) und Fahrbereich (150 km) des neuen Modells. Bewaffnet war der JS I mit einer 8,5-cm-Kanone L/51,5 und drei MG. 1944 wurden 2350 Exemplare einer verbesserten Version JS II mit einer 12,2-cm-Kanone L/43 gebaut. Im gleichen Jahr begann die Serienfertigung des noch stärkeren JS III (Panzerung 200 mm). JS II wie JS III trugen zusätzlich ein 12,7-mm-Fla-MG auf dem

Turm. Vom JS gab es außerdem eine Jagdpanzer-Version mit 12,2-cm-Kanone und ein Sturmgeschütz mit 15,2-cm-Haubitze.

Joyce, William

* New York 24.4.1906, † London 3.1.1946 (hingerichtet)
Eine der schärfsten Waffen im Propagandakrieg des Deutschen Reiches gegen England war der Ire Joyce. Er war 1921 zum Studium nach England eingereist und hatte sich den britischen Faschisten um Oswald Mosley angeschlossen. Als dieser 1937 bei den Wahlen ein Fiasko erlitt, trennte sich Joyce von ihm. Sein Idol hieß jetzt Hitler. Er verschaffte sich einen britischen Paß und fuhr im August 1939, wenige Tage vor Kriegsausbruch, nach Berlin. Beim deutschen Runkfunk erhielt er eine Anstellung. Hochbegabt, ehrgeizig und bienenfleißig, machte der Englandhasser rasch Karriere. Seine Sendungen, in denen er geschickt Spionageberichte verarbeitete, erreichten in England zeitweilig Einschaltquoten von 50 %, was nicht zuletzt auf den näselnden, bemüht kultivierten Oxford-Tonfall seiner Stimme zurückzuführen war, der ihm den Spitznamen »Lord Haw-Haw« einbrachte. Nach dem Untergang des Dritten Reiches irrte er als Flüchtling in Norddeutschland umher und wurde am 28.5.1945 von einer britischen Streife bei Flensburg gefaßt. Der erschwindelte britische Paß wurde ihm zum Verhängnis. Die britische Justiz leitete daraus die Berechtigung ab, ihn als Hochverräter vor Gericht zu stellen. Am 19.9. wurde Joyce zum Tod verurteilt. Die Hinrichtung erfolgte am 3.1.1946. Zuvor hatte Joyce noch eine Abschiedsbotschaft verfaßt. Sie schloß mit den Worten: »Ich bin stolz darauf, für meine Ideale zu sterben.« BBC brachte den Text in den Nachrichten – die letzte Rundfunksendung von Lord Haw-Haw.

Ju 52

»Tante Ju« oder »Eiserne Anna« hieß sie bei den Soldaten: Die Ju 52, ein Transportflugzeug der Firma *Junkers*, Erstflug 13.10. 1930, erwarb sich einen legendären Ruf als robustes, an allen Fronten und bei jedem Wetter einsetzbares Arbeitspferd. Ursprünglich als einmotoriges Frachtflugzeug geplant, wurde die Ju 52 auf Anregung der Lufthansa zu einer dreimotorigen Passagiermaschine weiterentwickelt. Sie war für 15–17 Passagiere eingerichtet und serienmäßig mit BMW-132-Sternmotoren ausgerüstet. Die militärische Version des Wellblechflugzeugs trug bis zu 18 voll ausgerüstete Soldaten, 14 Bahren oder 2t Fracht im Kastenrumpf. Als »Mädchen für alles« schleppte sie Lastensegler, diente als Sanitätsflugzeug, Seetransporter (mit Schwimmern ausgerüstet) und fliegender Minensucher (mit einer Magnetspule unter dem Rumpf). Militärische Premiere hatte die Ju 52 im *Spanischen Bürgerkrieg*: 20 Maschinen transportierten bei Pendelflügen im August 1936 rund 10 000 Mann der Afrika-Armee von Spanisch-Marokko aufs Festland. Beim Aufbau der Fallschirmtruppe bildete die Ju 52 das Rückgrat der Transportgeschwader; im großen Stil machte die Luftwaffe beim Angriff auf Norwegen und auf Holland 1940 von den Transportflugzeugen Gebrauch, ebenso beim Unternehmen *»Merkur«* gegen Kreta 1941. Es folgten Einsätze in Rußland und Nordafrika; bei den Luftbrückeneinsätzen von *Demjansk*, *Stalingrad* und Tunis trugen die Ju-52-Transporter die Hauptlast. Insgesamt wurden 2084 Exemplare während des Krieges gebaut. Daten der Ju 52/3m g7e: 3×830 PS, max. 290 km/h, 11 t Abfluggewicht, 3 Mann Besatzung; Bewaffnung 1×13-mm-MG im offenen Drehstand auf dem Rumpfrücken und 2×7,9-mm-MG in den Rumpffenstern. Zur Verteidigung trugen viele Ju 52 im Frontgebiet ein zusätzliches MG in einer Plexiglashaube auf dem Dach des Führerraums. Das half jedoch selten, die trägen Maschinen hatten kaum Möglichkeiten, Angriffen auszuweichen, und wurden in großer Zahl abgeschossen. Im April 1945 gab es noch ganze 130 einsatzklare Flugzeuge. Nach dem Krieg wurde die »Tante Ju« u.a. in Frankreich und Spanien weitergebaut, in manchen Ländern versah sie Transportaufgaben noch bis in die 80er Jahre.

Ju 87 →Stuka

Ju 88

Das zweimotorige Kampfflugzeug der Firma *Junkers* mit der Bezeichnung Ju 88 (Erstflug 21.12.1936) war nicht nur der modernste Standardbomber der Luftwaffe, sondern auch ihr vielseitigstes Baumuster. Die Ju 88 wurde in 60 Varianten und 40 verschiedenen Waffenversionen gebaut, u.a. als Pfadfinder,

Ballonzerstörer, Torpedoflugzeug, Fernaufklärer, Panzerjäger, Erdkampfflugzeug, Trainer und Kurierflugzeug. Eine Baureihe als Zerstörer gewann seit 1943 zunehmende Bedeutung in der Nachtjagd, sogar als unbemannte fliegende Bombe im *Mistel*-Gespann fand die Ju 88 Verwendung. Insgesamt produzierte Junkers 14980 Exemplare, deren Masse mit dem Reihenmotor Jumo-211/213 ausgerüstet war; spätere Varianten hatten einen luftgekühlten BMW-801-Sternmotor. Als mittlerer Horizontal- und Sturzbomber mit 4 Mann Besatzung kam die Ju 88 Anfang 1939 in die Truppenerprobung, maßgebliche Großserie wurde seit Mitte 1940 die Baureihe A-4: 2×1400 PS, 12 t Abfluggewicht, 1×13-mm- und mindestens 5×7,9-mm-MG als Abwehrbewaffnung, bis 3000 kg Bombenzuladung, max. 472 km/h in 5300 m Höhe, 2730 km Reichweite.

Ju 188

Ab 1941 beschäftigte sich die Firma *Junkers* mit einer Weiterentwicklung des Kampfflugzeugs *Ju 88*. Die erste Bomberreihe unter der Bezeichnung Ju 188 E mit 2×1700-PS-Doppelsternmotoren BMW 801 kam im Mai 1943 zur Truppenerprobung; max. 494 km/h in 6000 m Höhe, 20-mm-Kanone und 3×13-mm-MG als Abwehrbewaffnung, 3000 kg Bombenlast, Abfluggewicht 15 t. Als zweite Bomberserie kam einige Monate später die 30 km/h schnellere Ju 188 A mit 2×1775-PS-Reihentriebwerken dazu. Die Ju 188 zeichnete sich durch ihre vielseitigen Verwendungsmöglichkeiten als Torpedobomber, Höhenaufklärer und Nachtjäger aus. Bis Sommer 1944 wurden insgesamt 1016 Maschinen gebaut.

»Jubilee«

Unter dem Decknamen »Jubilee« (ursprünglich »Rutter«) liefen seit April 1942 die Vorbereitungen für den britisch-kanadischen Raid gegen die französische Hafenstadt *Dieppe* an der Kanalküste. Der Invasionsversuch sollte Aufschlüsse über die deutsche Verteidigungstaktik im Falle einer Großlandung bringen und begrenzte militärische Aufträge erfüllen. Politisch war »Jubilee« als Beschwichtigungsgeste gegenüber der Sowjetunion gedacht, die ungeduldig auf die Eröffnung einer *Zweiten Front* in Europa wartete. Bereitgestellt wurden als Landungstruppen

6096 Mann der 4. und 6. Brigade der 2. kanadischen Division (Roberts) mit 30 Panzern und des 3. und 4. Kommandos der Royal Navy unter dem Schutz von 8 Zerstörern, 2 Kanonen- und 16 Vorpostenbooten, 7 U-Jägern, 20 Artillerieträgern und kleineren Einheiten; die Landungsflotte umfaßte 191 Schiffe und Boote. Ursprünglich für den 4.7.1942 vorgesehen, wurde das Unternehmen wegen schlechten Wetters verschoben und fand erst am 18./19.8.1942 statt.

Judenverfolgung

Die »Lösung der Judenfrage« hatte immer zu Hitlers Zielen gehört; bis 1939 war damit das schrittweise Herausdrängen der Juden aus ihren bürgerlichen Stellungen und schließlich aus dem Reichsgebiet selbst gemeint. Für diese Politik stehen der Boykott jüdischer Geschäfte im April 1933, die Nürnberger Gesetze von 1935, die Ausweisungen polnischer Juden im Oktober 1938, die Pogrome der »Reichskristallnacht« vom November desselben Jahres, die Arisierungen (Übernahme jüdischer Wirtschaftsbetriebe durch Deutsche) sowie zahllose bürokratische Schikanen und Berufsverbote. Als Folge der Drangsalierungen waren bei Kriegsbeginn von den über 500000 Juden, die Anfang 1933 in Deutschland lebten, zirka 260000 emigriert. Die Auswanderung gestaltete sich keineswegs problemlos, da die nationalsozialistischen Machthaber den Juden vor der Ausreise noch große Teile ihres Vermögens abnahmen; dergestalt verarmte Menschen waren aber viele Länder nicht bereit aufzunehmen. – Der Krieg brachte neue, verschärfende Elemente in die Judenverfolgung. Erstens wurden die Juden von Hitler als Urheber des Krieges hingestellt, der Kampf gegen sie erlaubte jetzt alle Mittel. Zweitens brachten der rasche Vormarsch der deutschen Armeen und die Eroberung weiter Teile Europas Millionen von Juden unter deutsche Herrschaft; das vom Nationalsozialismus beschworene »Judenproblem« potenzierte sich also erst einmal. Drittens boten sich im Osten, in Polen, Rußland und im Baltikum, Möglichkeiten, einigermaßen unbemerkt und ungestört den inzwischen beschlossenen Massenmord ins Werk zu setzen. Wann der Befehl zur Vernichtung der Juden erging, ist nicht mehr exakt festzustellen; ein schriftliches Dokument aus Hitlers Hand ist nicht erhalten. Verheimlichung und Tarnung kennzeichneten das Unternehmen von Beginn an. Selbst bei den mit der *»Endlösung«* schließlich Beauftragten gab es unterschiedliche Auffassungen über die Ziele, die angestrebt waren. SS-Obergruppenführer *Heydrich* etwa gedachte mit einem System des abgestuften Terrors die Juden »reif« zur Auswanderung zu machen. Dementsprechend beschäftigten sich seine Mitarbeiter 1939 und 1940 mit Plänen, im besetzten Polen halbautonome Reservate für Juden zu bilden oder diese nach der französischen Kolonie Madagaskar zu schicken. Im Herbst 1940 wurden die ersten »geschlossenen Wohnbezirke« für Juden u.a. in Warschau, Lodz, Lublin, Lemberg errichtet. Diese Großgettos, in denen wegen Überfüllung und mangelnder Versorgung Seuchen und Unterernährung herrschten, wurden zur Vorstufe einer allgemeinen Zusammenfassung der Juden im deutschen Machtbereich. Hier kam es auch zu ersten Massenexekutionen der *Einsatzgruppen*. Diese mobilen Kommandos wurden nach Beginn des *Rußlandfeldzugs* im Mai 1941 zu den ersten Trägern der nationalsozialistischen Ausrottungspolitik im Osten. Die Zahl ihrer Opfer bis Ende 1941 wird auf rund 500 000 Menschen geschätzt. Die bald einsetzende Partisanenbewegung diente den Einsatzgruppen als willkommener Vorwand für ihre Mordaktionen. – Um die »seelischen Belastungen« der Täter bei den Massenerschießungen zu verringern, wurden um die Jahreswende 1941/42 die ersten Gaswagen eingeführt, in denen man die Juden mittels der Auspuffgase des Motors tötete. – Auf der sogenannten *Wannsee-Konferenz*, zu der Heydrich die Vertreter der für die Durchführung nötigen Behörden zum 20.1.1942 nach Berlin einlud, wurde das Programm der Judenvernichtung festgelegt. Mit den Deportationen der Juden aus dem Reichsgebiet hatte man bereits im Oktober 1941 begonnen. Bis dahin hatten sich die Lebensbedingungen der Juden in Deutschland immer weiter verschlechtert. Mit dem Judenstern gekennzeichnet, diffamiert, schikaniert, ihres Vermögens beraubt, aus ihren Wohnungen vertrieben und als Arbeitssklaven ausgenutzt, lebten sie als rechtlose Parias. Von den Anfang 1941 noch zirka 180 000 Juden im »Altreich« wurden am 1.9.1944 nur noch 14 574 registriert. Auch danach gingen noch zahlreiche Transporte in den Osten. – Gemäß Heydrichs Ankündigung auf der Wannsee-Konferenz wurde »Europa von Westen nach Osten durchgekämmt«. In verschiedenen besetzten Ländern gab es Verzögerungen oder gar Widerstand (so vor allem in Bulgarien, Dänemark, den Niederlanden und Italien), aber nur selten gelang es, die Juden allgemein vor dem Zugriff der Gestapo zu bewahren. Einsprüche oder Sabotageversuche deutscher Militärbefehlshaber gegen die Judenrazzien blieben auf Ausnahmen beschränkt (General v. Falkenhausen in Belgien, General v. Stülpnagel in Paris), die Regel war eher Mithilfe oder wenigstens Duldung. In *Auschwitz* (50 km westlich von Krakau) wurde das erste Vernichtungslager geschaffen. Es handelte sich um eine ehemalige österreichische Artilleriekaserne, in der seit Mai–Juli 1940 ein Schutzhaftlager existierte. Diesem KZ wurde in 3 km Entfernung ein Lager angegliedert (Auschwitz II, Birkenau). Der Lagerkommandant Rudolf Höß ließ dort ein Bauernhaus für Vergasungen umbauen und begann mit Probevergasungen. Inzwischen waren in einem anderen Lager im besetzten Polen, in *Kulmhof* (bei Culm) im Reichsgau Wartheland, die Vorbereitungen für Massenvergasungen abgeschlossen. Von Dezember 1941 an wurden hier Juden aus dem Warthegau und dem Getto Lodz ermordet, bis März 1943 insgesamt 145 000 und 1944 noch einmal vermutlich mindestens 25 000. Dabei setzte man Kohlenmonoxyd in Gaskammern ein. In Auschwitz dagegen entschied man sich für das Blausäurepräparat Zyklon B. Ende 1941 nahm die Vergasungsanstalt in Auschwitz-Birkenau den Betrieb auf. Seit Anfang 1942 trafen laufend größere Transportzüge mit Juden ein, zunächst aus den benachbarten Gebieten, dann aus weiter entfernten europäischen Ländern. Die Gesamtzahl der in Auschwitz getöteten Juden ist mangels Registrierung nicht bekannt. Der ehemalige Kommandant Höß sprach im Nürnberger Prozeß zunächst von 2,5 Mio., später von 1,3 Mio. Opfern. – Die mit der Judenverfolgung Beauftragten erkannten bald, daß für die Vernichtung der europäischen Juden Kulmhof und Auschwitz nicht ausreichen würden. Im Frühjahr/Sommer 1942 wurden drei weitere Vernichtungslager eingerichtet: *Treblinka* (nordöstlich von Warschau), *Bełżec* und *Sobibór* (beide im Distrikt Lublin). Die »Umsiedlung« der Juden (hauptsächlich aus dem Generalgouvernement) lief unter dem Decknamen Aktion »Reinhard« (nach dem Ende Mai 1942 einem Attentat zum Opfer gefallenen Reinhard Heydrich). Die Tötungsmethode war in allen Lagern überwiegend die Vergasung mit Monoxyd aus Kfz- bzw. Panzermotoren. Dabei versuchte man, die Todgeweihten möglichst lange über ihr Schicksal im unklaren zu lassen; die Gaskammern wurden als Bäder oder Desinfektionsräume, das Entkleiden der Opfer als hygienische Maßnahme ausgegeben. Die persönliche Habe sowie alles, was an den Leichen noch irgend verwertbar schien (Haare, Goldzähne), wurde gesammelt und den Wirtschaftsbetrieben der SS zur Verfügung gestellt. Der Leiter der Aktion, SS- und Polizeiführer Odilo Globocnik, gab 1943 den Gesamtwert der Gegenstände mit 180 Mio. RM an. Ende 1942 konnte der größte Teil der jüdischen Bevölkerung des Generalgouvernements (zirka 2 Mio.) als ermordet gelten; man beschloß, die Lager aufzulösen. Um alle Spuren zu beseitigen, wurden in »Enterdungsaktionen« die in Massengräbern verscharrten Leichen ausgegraben und in Tag- und Nachtarbeit verbrannt. In dieser Spätphase der Aktion »Reinhard« kam es zu Häftlingsaufständen in Treblinka und Sobibór und zum *Warschauer Getto-Aufstand*, der im Mai 1943 durch Einheiten unter SS-Brigadeführer *Stroop* niedergeschlagen wurde. Im November 1943 war »Reinhard« abgeschlossen. Daneben und danach fanden weitere Vernichtungsaktionen statt, die zumeist Juden betrafen, die in kriegswichtigen Betrieben arbeiteten und in Lagern in der Nähe dieser SS-eigenen oder privaten Produktionsstätten lebten. Sie wurden seit November 1943 im KZ *Majdanek* (bei Lublin) und in den Lagern Poniatowo und Trawniki erschossen. – Die genaue Zahl der im nationalsozialistischen Herrschaftsbereich umgebrachten Juden läßt sich nicht feststellen. Schätzungen sprechen von rund 5 Mio.

Junkers AG

Professor Hugo Junkers (1859–1935) leistete im 1. Weltkrieg bahnbrechende Arbeit als Konstrukteur des ersten Ganzmetallflugzeugs mit freitragenden Flügeln. Die von ihm 1919/24 in Dessau gegründeten Flugzeug- und Motorenwerke wurden 1939 vom Reich übernommen. In Großserien produzierte die Junkers AG zwei Standardmuster der Luftwaffe, den als *Stuka* bekanntgewordenen Sturzkampfbomber Ju 87 und das zweimotorige Kampfflugzeug *Ju 88* (weiterentwickelt zur *Ju 188*), sowie den legendären dreimotorigen Transporter *Ju 52* (»Tante Ju«), ursprünglich ein ziviles Verkehrsflugzeug. – Das schwere

Kampfflugzeug Ju 86 (Erstflug 1936) war bei Kriegsausbruch bereits veraltet, es überlebte aber in einer Sondervariante als Höhenaufklärer mit Druckkabine, 2×950-PS-Spezialtriebwerken und auf 26 m verbreiterter Spannweite. Der viermotorige Langstreckentransporter Ju 290 mit einer maximalen Reichweite von 5950 km flog um die Jahreswende 1942/43 verlustreiche Einsätze nach *Stalingrad*, Ju-290-Patrouillenbomber unternahmen Erkundungsflüge bis dicht vor New York. – Die hochgezüchtete Ju 288, die als »Bomber B« hohe Priorität im Entwicklungsprogramm der deutschen Luftrüstung besaß, wurde nie frontreif. Ein ähnliches Schicksal war auch dem sechsstrahligen Düsenbomber Ju 287 beschieden. Erst nach Kriegsende wurden in Dessau, nun unter sowjetischer Aufsicht, mehrere Prototypen fertiggestellt. Noch bis 1961 verfolgte man dort die Idee, mit der Ju 287 als Basis eine ostdeutsche Flugzeugproduktion aufzubauen.

»Juno«

Am 4.6.1940 liefen die Schlachtschiffe *Gneisenau* und *Scharnhorst*, der Schwere Kreuzer *Admiral Hipper*, vier Zerstörer und zwei Torpedoboote zu einem Raid gegen alliierte Basen und Nachschublinien in Norwegen aus. Ziel des Unternehmens mit dem Decknamen »Juno« war, *Dietls* Gebirgsjäger in *Narvik* zu entlasten und die vom deutschen Vormarsch in Frankreich verunsicherten Alliierten zum Abzug zu zwingen. Der geplante Angriff auf die britische Basis Harstad unterblieb jedoch wegen unklarer Feindlage. Dafür waren Aktionen gegen den Nachschub erfolgreich. Es gelangen die Versenkung von drei Frachtschiffen, zwei Zerstörern und am 8.6. die Vernichtung des Flugzeugträgers *Glorious*, wobei Scharnhorst einen schweren Torpedotreffer hinnehmen mußte. Der Flottenchef Admiral Marschall brach »Juno« ab und ließ am 9.6. in Trondheim einlaufen, ehe britische Gegenmaßnahmen zum Tragen kommen konnten.

Kalavrita

Die griechische Ortschaft Kalavrita in den Bergen des nördlichen Peloponnes wurde im Dezember 1943 Schauplatz eines Kriegsverbrechens. Partisanen hatten hier eine deutsche Aufklärungseinheit (78 Mann) gefangengenommen. Als die deutsche 117. Jägerdivision gegen sie in Marsch gesetzt wurde, erschossen die Partisanen ihre Geiseln. Die deutschen Truppen brannten am 13.12.1943 zur Vergeltung Kalavrita nieder und erschossen die männlichen Einwohner vom 13. Lebensjahr an. 511 Opfer wurden gezählt, Kälte und Hunger sowie anschließende »Sühnemaßnahmen« in den umliegenden Ortschaften forderten weitere Opfer, so daß sich die Zahl der Toten auf insgesamt 696 erhöhte. Materielle Wiedergutmachung blieb nach dem Krieg ebenso aus wie eine Bestrafung der überlebenden Täter.

Kaltenbrunner, Ernst

* Ried im Innkreis (Oberösterreich) 4.10.1903, † Nürnberg 6.10.1946 (hingerichtet)

Der Jurist Kaltenbrunner, ein Zwei-Meter-Mann mit Schmissen im Gesicht, war als Leiter der österreichischen SS maßgeblich beteiligt an den polizeilichen Maßnahmen vor und während des Anschlusses Österreichs im März 1938. Er baute die Gestapo in der nunmehrigen Ostmark auf und wurde bei Kriegsbeginn Höherer SS- und Polizeiführer Donau. Als Nachfolger *Heydrichs* kam Kaltenbrunner am 30.1.1943 auf den Chefposten des *Reichssicherheitshauptamts*, der Sicherheitspolizei und des SD. Er war damit einer der Hauptverantwortlichen für den Völkermord im Rahmen der *Judenverfolgung*. Im Mai 1945 nahm ihn eine amerikanische Streife fest. Kaltenbrunner wurde in Nürnberg vor das Internationale Militärtribunal gestellt und am 1.10. 1946 zum Tod verurteilt.

Kamikaze

Ausgehend von Erfolgen in der Schlacht von *Leyte* (am 25.10.1944 hatten japanische Selbstmordpiloten einen US-Träger versenkt) wurde im Herbst 1944 ein Sonderangriffskorps der japanischen Marineluftwaffe gegründet, dessen Piloten sich mit voller Bombenlast auf feindliche Schiffe stürzten. Die Formation erhielt den Namen Kamikaze (Götterwind); das bezog sich auf einen Taifun, der Japan im Jahr 1281 vor einer mongolischen Flotteninvasion gerettet hatte. Für den Kamikaze-Kampf wurden spezielle Waffen entwickelt wie die bemannte *Ohka*-Bombe oder die von vornherein als Einwegbomber gebaute Nakajima K-115 Tsurugi (jap. Säbel), die allerdings nicht mehr zum Fronteinsatz kam. Bei den Piloten handelte es sich um Freiwillige, in der Mehrzahl fanatisierte Schüler und Studenten, die innerhalb einer Woche in ihre Aufgabe eingewiesen wurden. Vor dem Start verabschiedete man die Todgeweihten mit einem Heldenritual. Hauptziel aller Kamikaze-Flieger waren die alliierten Träger, die sich in zentralen Aufzügen und Flugdecks besonders verheerend treffen ließen. Die Angriffstaktik erreichte während der Schlacht um *Okinawa* (März bis Juni 1945) ihren Höhepunkt; ganze Wellen von Kamikaze-Bombern stürzten sich auf die amerikanische Invasionsflotte und versenkten um den Preis von 903 Maschinen 16 Schiffe, darunter 11 Zerstörer; weitere 185 Schiffe, darunter 7 Träger, wurden beschädigt. Gesamtbilanz aller Kamikaze-Einsätze: 1228 Totalverluste einschließlich Begleitjäger, 34 Kriegsschiffe versenkt, 288 beschädigt, darunter nach amerikanischen Angaben 36 Träger, 15 Schlachtschiffe, 15 Kreuzer und 87 Zerstörer. Als die alliierte Invasion des Mutterlands drohte, standen ganze Selbstaufopferungsgeschwader bereit, deren Einsatz dann aber unterblieb. Am Tag der Kapitulation (15.8.1945) bat der Schöpfer und Kommandeur des Kamikaze-Korps, Admiral Kakijivo, die Familien seiner geopferten Piloten um Verzeihung und beging Selbstmord.

Kammhuber-Linie

Nach dem Luftwaffengeneral Josef Kammhuber (1886–1986) war eine Kette von Scheinwerfern und Flakbatterien benannt, die von Sylt bis zur Scheldemündung reichte und eine Tiefe von 25 km besaß. Die Kammhuber-Linie wurde seit Sommer 1940 für die Nachtjagd aufgebaut; bereits im Oktober 1940 standen auch »Würzburg«-Geräte zur Früherfassung anfliegender Feindflugzeuge zur Verfügung. Hinter der Linie waren die Nachtjäger in Luftbereitschaftszonen stationiert. Nach Einführung des *Himmelbett*-Verfahrens (1941/42) konnten sie auch in der nicht von den Scheinwerfern erfaßten dunklen Zone vor der Kammhuber-Linie operieren.

Kanaldurchbruch
Von einer »Demütigung, wie sie unsere Seeherrschaft seit dem 17. Jahrhundert nicht erfahren hat«, sprach die britische Presse, die deutsche Propaganda dagegen jubelte: »Deutsche Kriegsschiffe klopfen an Englands Haustür«: Am 11./12.2.1942 glückte Unternehmen »Cerberus«, die Rückführung der deutschen Schlachtschiffe *Scharnhorst* und *Gneisenau* sowie des Schweren Kreuzers *Prinz Eugen* von *Brest* durch den Ärmelkanal in die Heimat. Die britische Aufklärung hatte seit langem mit einer derartigen Operation gerechnet, konnte zunächst aber erfolgreich getäuscht werden. So wurde der von 6 Zerstörern, 14 Torpedobooten und zahlreichen kleineren Schiffen sowie 176 Maschinen der Luftflotte 3 gesicherte Verband (Befehlshaber: Vizeadmiral Ciliax) erst sehr spät vor Le Touquet erfaßt und angegriffen. Vergeblich blieben jedoch sowohl die Attacken zur See mit Zerstörern und Schnellbooten als auch massive Luftangriffe. Die Briten verloren 17 Jäger, 15 Bomber, 6 Torpedobomber und 3 Zerstörer. Scharnhorst konnte nach zwei Minentreffern ebenso wie die einmal getroffene Gneisenau und der unbeschädigte Kreuzer ohne Probleme Wilhelmshaven und die Elbe erreichen. Im Propagandagetöse über das verwegene Husarenstück ging allerdings unter, daß mit dem Kanaldurchbruch auch ein Verzicht auf künftige Einsätze schwerer Einheiten im überseeischen *Zufuhrkrieg* verbunden war.

Kapitulation (der deutschen Wehrmacht) →Bedingungslose Kapitulation

Kassel
Als bedeutender Industriestandort (u.a. *Fieseler*-Werke) war Kassel, die Hauptstadt der preußischen Provinz Hessen-Nassau mit 216000 Einwohnern (1940), häufiges Ziel der alliierten Bomber: Ein erster schwerer Luftangriff traf die Stadt am 27./28.8.1942, als 222 britische Maschinen bei 30 Verlusten 513t Bomben abwarfen. Fast völlig verwüstet wurde der Stadtkern durch zwei Großangriffe am 4. und 22.10.1943, dabei fielen 1544 bzw. 1824t Bomben und entfachten vernichtende Feuerstürme. Es folgten zahlreiche weitere Angriffe, besonders schwere am 22.9. und am 2.10.1944, die Kassel endgültig in

einen Trümmerhaufen verwandelten. Am 4.4.1945 besetzten Einheiten der 1. US-Armee (Hodges) die Stadt.

Kate

Japans erfolgreichster Torpedobomber: Auf das Konto von Kate – so der alliierte Codename für den Marinebomber Nakajima B5N – gingen die Vernichtung der US-Pazifikflotte in Pearl Harbor (7.12.1941) und die spätere Versenkung der US-Träger *Yorktown*, *Lexington*, Wasp und Hornet. Der zwei- bis dreisitzige Ganzmetalltiefdecker (Erstflug Januar 1937) war bei seiner Indienststellung das modernste Trägerflugzeug der Welt (mechanisch faltbare Flügel, Fowlerklappen, einziehbares Fahrwerk). Daten der verbesserten Hauptversion B5N2 von 1939: 1×1000 PS und max. 378 km/h in 3600 m Höhe, Reichweite 1730 km, 1×800-kg-Torpedo unter dem Rumpf. Die Kate blieb bis 1944 im Einsatz, bei *Kamikaze*-Unternehmen wurden auch später noch einzelne Exemplare gesichtet.

Katjuscha

Salvengeschütz der sowjetischen Raketenartillerie, bei den deutschen Soldaten als *Stalinorgel* bekannt und gefürchtet.

Katyn

In einem Wald bei der russischen Ortschaft Katyn, 20 km westlich von Smolensk, entdeckten im Frühjahr 1943 deutsche Soldaten Massengräber mit über 4000 Leichen polnischer Offiziere, die im September 1939 in Ostpolen in sowjetische Gefangenschaft geraten waren. Die Ermordung der Offiziere wurde nach wissenschaftlichen Untersuchungen auf den Zeitraum April/Mai 1940 datiert und der sowjetische Geheimdienst NKWD dafür verantwortlich gemacht. Die Sowjets dagegen behaupteten, Katyn sei ein deutsches Verbrechen, und hielten diese Lesart noch im Nürnberger Prozeß aufrecht. Der Anklagepunkt »Katyn« wurde dort allerdings abgesetzt. Nach 1987 angestellte Untersuchungen verschiedener polnischer und sowjetischer Historikerkommissionen erbrachten zweifelsfreie Beweise dafür, daß die Polen im Frühjahr 1940 tatsächlich vom NKWD ermordet worden waren. Erstmals im Frühjahr 1990 räumte die sowjetische Regierung offiziell die Schuld am Verbrechen von Katyn ein.

Kaukasus
Als Teil des deutschen Angriffsplans *»Blau«* im Sommer 1942 befahl Hitler mit Weisung Nr. 45 am 23.7.1942 parallel zum Vorstoß auf *Stalingrad* den Angriff über *Rostow* und den Westkaukasus zur Ostküste des Schwarzen Meeres und zu den Ölfeldern von Baku und Grosny durch die Heeresgruppe A (List). Am 26.7. lief die Offensive erfolgreich an (9.8. Einnahme von Maikop, 21.8. Hissung der Reichskriegsflagge auf dem Elbrus), geriet jedoch wegen der wachsenden Nachschubschwierigkeiten ins Stocken, was zur Ablösung *Lists* durch v. *Kleist* (22.11.) führte. Die krisenhafte Entwicklung bei Stalingrad zwang Hitler am 28.12., den Befehl zum Rückzug in den *Kuban-Brückenkopf* zu geben. Die Kaukasus-Offensive hatte sich als verlustreicher Fehlschlag erwiesen; durch Schwächung des Angriffskeils gegen die Wolga trug sie außerdem maßgeblich zur Katastrophe von Stalingrad bei.

Keitel, Wilhelm
* Helmscherode (heute zu Bad Gandersheim) 22.9.1882,
† Nürnberg 16.10.1946 (hingerichtet)
Der Artillerie- und Generalstabsoffizier des 1. Weltkriegs Keitel wurde am 1.10.1935 Chef des Wehrmachtamtes im Reichskriegsministerium und am 4.2.1938 Chef des neugebildeten OKW. In dieser Position war er an allen militärischen Planungen für den Krieg maßgeblich beteiligt. Seine Funktionen dabei waren dabei aber weniger operativer als administrativer Art: Völkerrechtswidrige Anordnungen wie der *Kommissar-Befehl* oder der *Nacht-und-Nebel-Erlaß* tragen seine Unterschrift. In eingeweihten Kreisen hatte er den Spitznamen »Lakaitel« – das kennzeichnete ihn als Hitlers willfährigen Erfüllungsgehilfen, der nach dem Sieg über Frankreich den Diktator als »Genie« und »größten Feldherrn aller Zeiten« feierte. Mit dieser unkritischen Haltung verstrickte der am 19.7.1940 zum Generalfeldmarschall ernannte Keitel die Wehrmacht in die nationalsozialistische Gewaltpolitik. Er mußte am 8.5.1945 die *bedingungslose Kapitulation* unterzeichnen. Am 13.5.1945 verhaftet, wurde er in Nürnberg vor das Internationale Militärtribunal gestellt und am 1.10.1946 zum Tod durch den Strang verurteilt. Seine Bitte, den Tod nicht durch den Strang, sondern

als Soldat durch Erschießen zu erleiden, lehnte das Gericht ab.

Kempei Tai

Der militärische Abwehrdienst hieß in Japan Kempei Tai. Zu seinen Aufgaben gehörte die Bekämpfung von Subversion, Sabotage und Spionage im Kriegsgebiet sowie in den besetzten und annektierten Ländern. Während des Krieges weitete der Kempei Tai in Konkurrenz zur Gegenspionage des Innen- und Justizministeriums seinen Aktionsbereich auch innerhalb Japans aus; Enttarnung und Verhaftung des deutschen Sowjetspions *Sorge* gingen auf sein Konto. Hauptsächlich aber agierten die zirka 70 000 Kempei-Tai-Leute in den besetzten Gebieten, wo sie sich wegen ihrer brutalen Verhör- und Haftmethoden einen Ruf als »japanische Gestapo« erwarben. Zahlreiche Mitglieder des Kempei Tai wurden nach dem Krieg von alliierten Gerichten zu Tod oder Zwangsarbeit verurteilt.

Kesselring, Albert

* Marktsteft (bei Kitzingen) 30.11.1885, † Bad Nauheim 16.7.1960

Der Artillerieoffizier des 1. Weltkriegs Kesselring übernahm 1933 die Leitung des getarnten Luftwaffenverwaltungsamts. Nach Übergang zur offenen Luftrüstung wurde er am 5.6.1936 Generalstabschef der Luftwaffe und erhielt als General der Flieger am 1.1.1938 den Oberbefehl über die Luftflotte 1, mit der er am *Polenfeldzug* teilnahm. Seit Januar 1940 kommandierte Kesselring die Luftflotte 2, führte sie im *Frankreichfeldzug* (Ernennung zum Generalfeldmarschall 19.7.1940), während der *Luftschlacht um England* und bis Dezember 1941 auch in Rußland. Er wurde danach OB Süd mit der schwierigen Aufgabe der Kooperation mit dem italienischen *Comando Supremo* und dem eigenwilligen *Rommel* in Nordafrika. Im September 1943 übernahm Kesselring den Oberbefehl im gesamten Mittelmeerraum und im März 1943, kurz vor Kriegsende, den Oberbefehl im Westen. Am 1.5.1945 von den Amerikanern gefangengenommen, wurde Kesselring an die Briten ausgeliefert und in Venedig vor ein Militärgericht gestellt. Er wurde für das Massaker in den *Ardeatinischen Höhlen*, die in seinem ehemaligen

Verantwortungsbereich lagen, mitverantwortlich gemacht. Das Gericht fällte am 6.5.1947 ein Todesurteil, das zu lebenslanger Haft, später zu einer Gefängnisstrafe von 20 Jahren umgewandelt wurde. Im Juli 1952 wurde Kesselring vorzeitig freigelassen.

Kiel

Als Reichskriegshafen am Ostseeausgang des Kaiser-Wilhelm-Kanals und Schiffbauzentrum war Kiel, die Hauptstadt der preußischen Provinz Schleswig-Holstein mit 274 000 Einwohnern (1940), eines der Hauptziele der alliierten Luftangriffe. Besonders schwer getroffen wurde die Stadt am 16./17.8.1944 mit 900 t Bomben. Zehn Tage später fielen 1921 t und am 15./16.9.1944 1448 t Bomben. Kurz vor Kriegsende flogen am 3.4.1945 noch einmal rund 700 Maschinen der 8. US-Luftflotte die Stadt an und warfen 2200 t Bomben. Bilanz des Zerstörungswerks: Bei insgesamt 90 Angriffen wurden 58 % (44 700) der Wohnungen zerstört und im Hafen zahlreiche Schiffe beschädigt oder versenkt, darunter die *Admiral Hipper*, die *Admiral Scheer* und die *Emden*.

Kiew

Bei Kiew, der Hauptstadt der Ukraine am rechten Ufer des mittleren Dnjepr mit 850 000 Einwohnern (1940), fand im *Rußlandfeldzug* eine Kesselschlacht gewaltigen Ausmaßes statt: Anfang September 1941 überschritten die deutsche 6. Armee (v. Reichenau) im Norden und die deutsche 17. Armee (v. Stülpnagel) im Süden den Dnjepr beiderseits von Kiew, während die Panzergruppe 2 (Guderian) nach Süden schwenkte und Kiew vom Rücken her bedrohte. Die Panzergruppe 1 (v. Kleist) stieß zugleich von Krementschug Guderians Verband entgegen. Am 12.9. trafen die deutschen Panzerkeile bei Lochwiza zusammen, der Ring schloß sich östlich von Kiew um vier sowjetische Armeen. Bis zum 26.9. wurden 665 000 Rotarmisten gefangengenommen, 884 Panzer und 3718 Geschütze erbeutet. Kiew wurde Sitz des deutschen Reichskommissars Ukraine *Koch*, der von hier aus die Ausplünderung des Landes organisierte. Im Herbst 1943 rückte die Rote Armee wieder heran, am 3.11. durchbrach die 1. Ukrainische Front (Watutin) aus Brückenköpfen nördlich

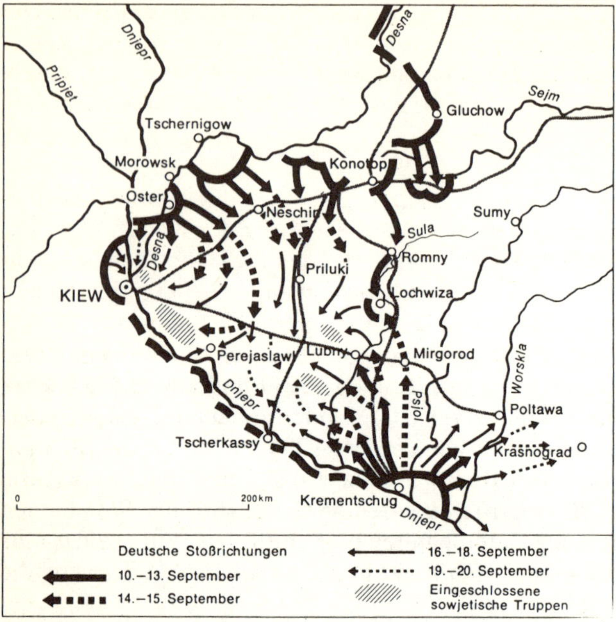

Die Kesselschlacht von Kiew (September 1941)

von Kiew die Front der deutschen 4. Panzerarmee (Hoth) und eroberte die Stadt am 6.11. zurück.

King, Ernest Joseph
* Lorain (Ohio) 23.11.1878, † Portsmouth (New Hampshire) 25.6.1956
Der spätere amerikanische Flottenadmiral (Ernennung im Dezember 1944) King machte seine ersten militärischen Erfahrungen als Kadett im Krieg gegen Spanien 1898. Im 1. Weltkrieg diente er beim Stab der Atlantikflotte, bei Ausbruch des 2. Weltkriegs kommandierte er die Aufklärungsstreitkräfte im Atlantik. 1941 wurde King OB der Atlantikflotte und leitete die Operationen gegen die deutschen U-Boote im noch nicht erklärten Krieg. Nach Kriegseintritt der USA zum Flottenchef ernannt, führte er die amerikanischen Seestreitkräfte von seinem Hauptquartier in Washington aus. In dieser Position wurde er zur Schlüsselfigur der amerikanischen Seekriegführung. Daß die USA schon sieben

Monate nach der Katastrophe von *Pearl Harbor* im Pazifik zur Gegenoffensive übergehen konnten, hatten sie nicht zuletzt Kings organisatorischem Geschick zu verdanken. 1945 gab er sein Amt an *Nimitz* ab.

»Kirschkern«
Deckname des Flugkörpers Fieseler Fi 103, bekannter als *V1*.

Kleist, Ewald von
* Braunfels (bei Wetzlar) 8.8.1881, † Lager Wladimirowka Oktober 1954
Der Generalstabsoffizier des 1. Weltkriegs Kleist stand dem Nationalsozialismus kritisch gegenüber; als Befehlshaber im »Wehrgau« Schlesien (seit 1933) trug er scharfe Auseinandersetzungen mit der SA-Führung aus. Im Gefolge der *Fritsch*-Krise am 28.2.1938 verabschiedet, wurde er dennoch vor Kriegsausbruch reaktiviert und befehligte im *Polenfeldzug* das XXII. AK. Er erhielt im *Westfeldzug* wie im *Balkanfeldzug* eine eigene Panzergruppe, mit der er u.a. Belgrad eroberte. Auch in Rußland führte er Panzerverbände, bevor er am 22.11.1942 zum OB der Heeresgruppe A ernannt wurde (Ernennung zum Generalfeldmarschall 1.2.1943). Es gelang Kleist, die Heeresgruppe nach der Katastrophe von *Stalingrad* intakt vom *Kaukasus* zurückzunehmen. Gleichwohl fiel er bei Hitler, der ihn für den Verlust der Krim verantwortlich machte, in Ungnade. Am 30.3.1944 wurde er entlassen. Nach Kriegsende lieferten die Amerikaner Kleist an Jugoslawien aus, wo er am 4.8.1948 zu 15 Jahren Zwangsarbeit verurteilt, im Jahr darauf aber an die Sowjets weitergegeben wurde. Er starb in einem Lager für Kriegsverbrecher.

Kliment Woroschilow
Der 1925–34 als Volkskommissar für Krieg und Marine amtierende Bürgerkriegsgeneral *Woroschilow* war Namensgeber für den sowjetischen schweren Kampfpanzer, der seit 1939 in Großserie gebaut wurde. Die erste Version, Kliment Woroschilow (KW) I, wog 43,5 t, war 6,75 m lang, 3,32 m breit und 2,71 m hoch, hatte 5 Mann Besatzung und war mit einer 7,62-cm-Kanone L/30,5 und 3 MG bewaffnet; mit einem 550-PS-Dieselmotor erreichte sie 35 km/h. Die Panzerung betrug bis zu 90 mm

und stieg bei späteren Modellen auf 130 mm an. Der mit dem gleichen Fahrgestell ausgestattete KW II war ein schwerfälliger Artilleriepanzer, der in einem hohen Turmaufbau mit senkrechten Wänden eine 15,2-cm-Haubitze trug. Sein Gewicht wuchs auf 52 t, entsprechend sank die Geschwindigkeit des 3,25 m hohen Fahrzeugs auf 26 km/h, der Fahrbereich auf 250 km. Insgesamt wurden 10 300 KW-Panzer gebaut; Nachfolger wurden die Kampfwagen vom Typ *Josef Stalin*.

Kluge, Hans Günther von

* Posen 30.10.1882, † bei Metz 18.8.1944
Der militärische Widerstand setzte auf ihn große Hoffnungen, aber der »kluge Hans« – so sein Spitzname – enttäuschte sie: Kluge, ein Generalstabsoffizier des 1. Weltkriegs, der im *Polen-* und *Frankreichfeldzug* die 4. Armee (Ernennung zum Generalfeldmarschall 19.7.1940), im *Rußlandfeldzug* die Heeresgruppe Mitte führte, erhielt am 7.7.1944 den Oberbefehl über das Westheer und übernahm nach *Rommels* Verwundung am 17.7. auch die Heeresgruppe B. Durch seinen Mitarbeiter *Tresckow* seit langem in die Pläne der Verschwörer des *Zwanzigsten Juli* eingeweiht, verweigerte er sich dennoch am Tag des Attentats einer Teilnahme am Umsturz. Er hatte aber bereits den Verdacht der Gestapo erregt und wurde am 17.8.1944 seines Kommandos enthoben. Auf der Fahrt nach Deutschland nahm Kluge Gift. In einem Abschiedsbrief an Hitler betonte er seine unwandelbare Treue, forderte zugleich aber die Beendigung des Krieges.

Koch, Erich

* Elberfeld (heute zu Wuppertal) 19.6.1896, † Wartenburg i. Ostpr. (heute Barczewo) 12.11.1986
Selbst in Kreisen der NSDAP galt er als äußerst unbeherrscht und brutal: Der nationalsozialistische Politiker Koch, 1928 Gauleiter und 1933 Oberpräsident von Ostpreußen, wurde nach Kriegsausbruch Reichsverteidigungskommissar und 1942 Reichskommissar Ukraine. Er entfaltete dort ein Terrorregiment, das zuweilen sogar bei der SS auf Widerstand stieß und die zunächst deutschfreundliche Bevölkerung zu Scharen den Partisanen in die Arme trieb. Koch ließ Zigtausende zur Zwangsarbeit ins Reich deportieren und war verantwortlich für zahllose Trans-

porte von Juden in die Vernichtungslager. 1944 kehrte er nach Ostpreußen zurück, wo er den Volkssturm gegen die Rote Armee organisierte. Bei Kriegsende untergetaucht, wurde er erst Ende Mai 1949 von britischer Militärpolizei aufgegriffen, am 14.2. 1950 an Polen ausgeliefert und dort 1959 wegen Beihilfe zum Mord an mindestens 400000 Polen (die Verbrechen in der Ukraine blieben unberücksichtigt) zum Tod verurteilt. Eine Hinrichtung unterblieb aber wegen Unzurechnungsfähigkeit des Angeklagten.

Koenig, Pierre
* Caen 10.10.1898, † Neuilly-sur-Seine (bei Paris) 2.9.1970
Der französische Kolonialoffizier Koenig nahm 1940 mit der 13. Halbbrigade der *Fremdenlegion* an der Expedition nach Norwegen teil und zeichnete sich dort als Hauptmann bei den Kämpfen um Namsos aus. Auf dem Umweg über Brest kam die Einheit Ende Juni 1940 nach Großbritannien, wo sie sich de *Gaulle* anschloß und zum Kern der neuen *Forces Françaises Libres (FFL)* wurde. Am 1.7.1940 zum Bataillonskommandeur ernannt, war Koenig an der mißglückten Unternehmung gegen *Dakar* beteiligt. Nach Kommandos in Ostafrika und Syrien folgten Einsätze in Nordafrika. Bekannt wurde Koenig als Verteidiger des Wüstenforts *Bir Hacheim*, wo er im Mai 1942 *Rommels* Offensive »Theseus« 14 Tage lang aufhielt. Als stellvertretender Generalstabschef hatte er 1943 in Algerien die Aufgabe, die traditionsreiche Nordafrika-Armee mit den FFL zum gemeinsamen Kampf gegen die Achsenmächte zu verschmelzen. Als beinah noch schwierigeres Unterfangen erwies sich die Vereinigung der verschiedenen bewaffneten Gruppierungen der *Résistance* in den Forces Françaises de l'Intérieur (FFI), die Koenig seit April 1944 von London aus zu bewerkstelligen hatte. Nach der Befreiung Frankreichs war Koenig im Rang eines Armeegenerals Militärgouverneur von Paris und 1945–49 OB der französischen Besatzungstruppen in Deutschland.

Kollaboration
In den Ländern, die von den deutschen Heeren erobert wurden, fanden Truppen und Besatzungsbehörden unterschiedliche Aufnahme: Widerstand gab es genauso wie Zusammenarbeit (Kol-

laboration). Auf letzteres setzte die französische Regierung in *Vichy* (durch das Regierungsprogramm *Pétains* vom 11.10.1940 kam das Wort »Kollaboration« auch zuerst in den Sprachgebrauch). Um Frankreich das Überleben in einem deutsch beherrschten Europa zu sichern und es zugleich aus dem Krieg herauszuhalten, war die Regierung zu erheblichen Zugeständnissen bereit – bis hin zur Mithilfe bei der *Judenverfolgung*. – In anderen Ländern machten faschistische Gruppen gemeinsame Sache mit den Deutschen: der belgische Vlaamsch Nationaal Verbund, die Nationaal-Socialistische Beweging *Musserts* in den Niederlanden oder die Nasjonal Samling des Norwegers *Qisling*, dessen Name zum Begriff für jede Art von eigennützigem und verräterischem Kontakt mit dem Feind wurde. In Jugoslawien kam es durch die kroatische Ustascha zu quasi staatlicher Kollaboration, ähnlich wie bei den Pfeilkreuzlern in Ungarn. Kollaboration gab es auch im besetzten Italien nach 1943. Zudem strömten, solange die Wehrmacht siegte, aus vielen Staaten Freiwillige in die *Waffen-SS* oder waren bereit, sich als *Hilfswillige* bei den Besatzern zu verdingen. *Kosaken*-Regimenter beteiligten sich am Kampf gegen Stalin, General *Wlassow* vermochte sogar eine russische »Volksbefreiungsarmee« unter den deutschen Fahnen aufzustellen. Auch für die Mordaktionen im Osten fand die SS unter den von *Stalin* drangsalierten Völkern des Baltikums willige Helfer. – Dem Rückzug der deutschen Truppen 1943/44 folgten alsbald blutige Abrechnungen durch die lokalen Widerstandsbewegungen. Tatsächliche und vermeintliche Kollaborateure wurden zu Hunderttausenden erschlagen oder nach hastig durchgeführten Prozessen hingerichtet. Am gründlichsten verfuhr dabei die französische *Résistance*. Ihr Aufräumen unter den Helfern der deutschen Besatzung forderte mehr Opfer, als die Kriegshandlungen in Frankreich zuvor gekostet hatten.

Köln

Als eine der bedeutendsten Industrie- und Handelsstädte des Deutschen Reiches gehörte Köln mit 770 000 Einwohnern (1940) zu den Hauptzielen der alliierten Luftoffensive. Nach kleineren Angriffen 1941 führte das britische Bomber Command am 30./31.5.1942 den ersten Tausend-Bomber-Schlag gegen

Köln *(»Millenium«)*, der 19370 Wohnungen und 1505 Gewerbebetriebe vernichtete. Es folgten zahlreiche ähnlich schwere Angriffe, u.a. am 29.6., 4.7. und 9.7.1943 mit jeweils rund 1700t Bomben. Ende Oktober 1944 luden bei drei Tagesangriffen 1899 britische Maschinen 9019t Bomben über Köln ab. Insgesamt wurden 76% des Wohnraums zerstört, zahlreiche unersetzliche Kulturdenkmäler vernichtet oder schwer beschädigt, wie der weltberühmte Dom. Am 7.3.1945 besetzte das VII. Korps (Collins) der 1. US-Armee die Stadt.

Komet

Bei der Truppe hieß das kleine, plumpe Flugzeug »Kraftei«: Der Raketenjäger Messerschmitt Me 163 mit dem Beinamen Komet war 2,7m hoch und 5,69m lang und hatte nur Stummelflügel. Aber ein 750-kp-Walter-Raketenantriebswerk gab bereits den Versuchsmustern (Oktober 1941) eine Geschwindigkeit von 1002km/h. Die Serienvariante Me 163 B-1 kam erstmals im Mai 1944 zum Einsatz; sie erreichte bis zu 880km/h, stieg in 2min 40sek auf 9150m, hatte eine Dienstgipfelhöhe von 15200m und bei 8min Flugdauer einen Aktionsradius von 100km; Bewaffnung: 2×30-mm-Kanonen in den Flügelwurzeln, zusätzlich 5-cm-R4M-Raketen. Insgesamt wurden 364 Versuchs- und Serienmuster gebaut. Der Raketenantrieb arbeitete mit einem heißen Gemisch aus Wasserstoffsuperoxyd und Methylalkohol. Nach dem Start wurde das Fahrgestell abgeworfen, der Pilot mußte sein Flugzeug auf Kufen zu Boden bringen, was mit zahlreichen tödlichen Unfällen endete.

Kommando 99

»99« war die Telefonnummer eines ehemaligen Pferdestalls auf dem Gelände des KZ *Buchenwald*. Als der Stall zu einer Hinrichtungsstätte für »politisch unerwünschte« sowjetische Kriegsgefangene umgebaut wurde, bekam die dort tätige Exekutionseinheit die Tarnbezeichnung Kommando 99. Den Opfern gegenüber gab man beim Eintreten in den Stall vor, lediglich eine ärztliche Untersuchung vornehmen zu wollen. Die Rotarmisten wurden einzeln in einen Raum geführt, der als Ärztezimmer hergerichtet war, und an eine Meßlatte gestellt. Aus einem kleinen, abgedunkelten Raum hinter der Latte schoß ein SS-Mann dem Gefangenen ins Genick, während Lautsprechermusik im »Wartezimmer« das Schußgeräusch übertönte. Zwei Häftlinge zogen den Toten in eine benachbarte Leichenkammer. Im KZ Buchenwald wurden auf diese Weise mindestens 7000 sowjetische Gefangene umgebracht. Ähnliches ereignete sich in fast allen anderen KZs; dort wurden auch Gas, tödliche Injektionen u.a. Methoden eingesetzt. Die meisten Opfer (rund 18 000 russische Gefangene) gab es in *Sachsenhausen*.

Kommandobefehl

Im Wehrmachtbericht vom 7.10.1942 ließ Hitler bekanntgeben, daß »in Zukunft sämtliche Terror- und Sabotagetrupps der Briten und ihrer Helfershelfer ... rücksichtslos im Kampf niedergemacht« würden. Am 18.10.1942 folgte eine entsprechende Anordnung, die als Kommandobefehl bekannt wurde. Sie war gemünzt auf die britischen *Kommandounternehmen*, die im Jahr 1942 mit Aktionen gegen *Bruneval* (27./28.2.) und *Saint-Nazaire* (28.3.) nachgerade einen Höhepunkt erreicht hatten. Der Befehl verlangte die Überstellung von gefangenen Kommandosoldaten an den SD, der ihre Erschießung veranlaßte; jede militärische Verwahrung wurde untersagt. Erste Anwendung fand er bereits am 11.12.1942, als in Bordeaux zwei Mitglieder eines britischen Kommandos, das einen Handstreich auf den Hafen unternommen hatte, nach ihrer Festnahme ohne weiteres erschossen wurden.

Kommandounternehmen

Zum Erscheinungsbild des 2. Weltkriegs gehörte eine Fülle von handstreichartigen Aktionen gegen Versorgungs-, Transport- und militärische Einrichtungen im Hinterland des Gegners, verübt von sogenannten Kommandos, die sich keineswegs immer als Soldaten zu erkennen gaben bzw. sogar in der Uniform des Gegners auftraten und Beutefahrzeuge benutzten. Auf deutscher Seite kam für solche Kommandounternehmen vor allem die Truppe der *Brandenburger* in Frage, auf britischer Verbände wie Special Air Service (SAS), Special Boat Service (SBS), Popski's Private Army (PPA), Long Range Desert Group. Spektakuläre Raids gelangen den Briten 1942 gegen *Bruneval* und *Saint-Nazaire* und 1943 gegen die Schwerwasserfabrik Norsk Hydro in

Norwegen, den Deutschen 1940 bei Beginn des Feldzugs im Westen und 1941 am Vorabend des Balkanfeldzugs.

Kommissarbefehl

Am 6.6.1941 erließ Hitler »Richtlinien für die Behandlung politischer Kommissare«. Danach sollte die Truppenführung im *Rußlandfeldzug* verpflichtet sein, ohne Rücksicht auf völkerrechtliche Bestimmungen die Politkommissare der Roten Armee als die »Urheber barbarisch asiatischer Kampfmethoden« bei Gefangennahme von den übrigen Sowjetsoldaten zu trennen und sofort zu erschießen; im rückwärtigen Gebiet ergriffene waren dem SD zu übergeben. Wenn auch in der Praxis wenig befolgt, gilt der Kommissarbefehl doch als deutliches Beispiel für die Verrohung und Brutalisierung der nationalsozialistischen Politik im Krieg gegen die Sowjetunion.

Königsberg

Lange vom Krieg verschont, wurde Königsberg, die Hauptstadt Ostpreußens mit 372 000 Einwohnern (1940), erst im Spätsommer 1944 Ziel der alliierten Luftoffensive: Am 26./27. und 29./30.8.1944 legten britische Bomben die Innenstadt mit Dom, Schloß und Speicherbauten in Trümmer. Am 26.1.1945 begann dann die Beschießung der Stadt durch die 3. Weißrussische Front (Tschernjachowski). Königsberg wurde von der deutschen Führung zur Festung erklärt und hielt noch mehrere Monate. Am 9.4.1945 kapitulierten die Verteidiger unter General Lasch, der dafür in Abwesenheit zum Tod verurteilt und dessen Familie in Sippenhaft genommen wurde. Die schwer zerstörte Stadt wurde nach dem Krieg Hauptstadt des sowjetisch verwalteten Gebiets Kaliningrad.

Königstiger

Deutscher schwerer Panzerkampfwagen VII, →Tiger II.

Konjew, Iwan Stepanowitsch

* Lodeino (Gebiet Kirow) 28.12.1897, † Moskau 21.5.1973

Der spätere sowjetische Marschall Konjew (Ernennung 20.2. 1944) war bei Kriegsbeginn Generalleutnant. Am 11.9.1941 wurde er zum Armeegeneral befördert und erhielt den Oberbefehl über die Westfront, im Oktober 1941 bei der Schlacht um *Moskau* über die Kalininfront. Nach weiteren Befehlshaberstellen (August 1942 Westfront, März 1943 Nordwestfront) befehligte Konjew in der Schlacht von *Kursk* im Juli 1943 die Steppenfront, die den südlichen deutschen Panzerkeil bei Prochorowka zurückschlug. Er wechselte im Mai 1944 zur 1. Ukrainischen Front, eroberte am 27.7.1944 *Lemberg* und erreichte am 29.7. die Weichsel. Beim Endkampf ums Reich spielte Konjew eine bedeutende Rolle. Seine Truppen traten am 12.1.1945 aus dem Brückenkopf bei *Baranów* zur Großoffensive an, nahmen schon eine Woche später Krakau und waren Ende Februar die Herren über Schlesien. Am 16.4.1945 eröffnete Konjew von Süden her die Schlacht um *Berlin*, stieß bis *Torgau* an der Elbe vor, wo am 25.4. die erste Begegnung mit den US-Truppen stattfand, und griff die deutsche Heeresgruppe Mitte in Böhmen an. Am 9.5.1945 zogen Einheiten seiner Front (= Heeresgruppe) in Prag ein. Nach dem Krieg klomm Konjew auf der Karriereleiter weiter: 1946 OB der sowjetischen Landstreitkräfte, 1955 OB aller Warschauer-Pakt-Streitkräfte. 1961 folgte ein Einbruch: Nach einem Konflikt mit Nikita Chruschtschow wurde er auf den Posten eines OB der Heeresgruppe Deutschland abgeschoben.

Konzentrationslager (KZ)

Sofort nach der »Machtergreifung« (30.1.1933) wurden von der SA zahlreiche »Schutzhaftlager« zur Internierung politischer Gegner eingerichtet. Im Zuge der Konsolidierung des nationalsozialistischen Staates wurden diese »wilden« KZ durch offizielle Lager in SS-Regie abgelöst, in denen staatlich organisierter Terror den wahllosen der Frühzeit ersetzte. Die bekanntesten KZs im Reichsgebiet waren bis in die erste Kriegsphase: *Buchenwald* auf dem Ettersberg bei Weimar, *Dachau* bei München, Esterwegen (Emslandlager), *Flossenbürg* in der Oberpfalz, Groß-Rosen bei Striegau (Niederschlesien), *Mauthausen* bei Linz (Österreich), *Neuengamme* östlich von Hamburg, Oranienburg (später *Sachsenhausen*) in Brandenburg, Ravensbrück nördlich von Fürstenberg/Havel, *Stutthof* bei Danzig und *Natzweiler* im Elsaß. – Ursprünglich gedacht als Umerziehungslager (aus denen man nach guter Führung auch entlassen werden konnte), wandelten sich die KZ im Lauf der Zeit, vor allem nach Kriegsausbruch, zu Instrumenten einer aggressiven Rassen- und Bevölkerungspolitik. Neben vermeintlichen und tatsächlichen Regimegegnern wurden auch Homosexuelle, Mitglieder religiöser Gemeinschaften, sogenannte Arbeitsscheue, Zigeuner, Kriegsgefangene und Juden auf Dauer eingeliefert und zur Sklavenarbeit gezwungen, wobei die Lebensverhältnisse in den Lagern so beschaffen waren, daß ein Großteil der Insassen an Seuchen, Hunger, Entkräftung oder Mißhandlungen zugrunde ging. Höchste Perfektion erreichte das System der »Vernichtung durch Arbeit« in den Lagern *Auschwitz* und *Majdanek* im besetzten Polen, wo das KZ mit einem *Vernichtungslager* kombiniert war. Die Häftlinge wurden am Lagereingang sortiert in »arbeitsfähige« und »nicht arbeitsfähige«. Letztere verschwanden sofort in den Gaskammern, die übrigen folgten ihnen, sobald ihre Arbeitsleistungen nachließen. Die Gesamtzahl der Häftlinge in deutschen KZ wird auf 7,2 Mio. geschätzt, von denen bei Kriegsende noch zirka 500 000 am Leben waren.

Korallensee
In der Korallensee, dem Teil des südwestlichen Pazifiks zwischen Nordostaustralien, Neuen Hebriden, Salomonen und Neuguinea, kam es Anfang Mai 1942 zur ersten See-Luft-Schlacht der Geschichte. Japanische Verbände, eine Gruppe mit den Flugzeugträgern Zuikaku und Shokaku sowie 2 Kreuzern und 6 Zerstörern und eine Invasionsflotte mit dem kleinen Träger Shoho, 3 Kreuzern und 7 Zerstörern, waren aufgebrochen, um mit einer Landung auf Neuguinea (Hauptziel: Port Moresby) ein Sprungbrett für den Angriff auf Australien zu gewinnen. Der amerikanischen Aufklärung war der Aufmarsch nicht entgangen. Admiral *Nimitz*, OB der US-Pazifikflotte, schickte den Japanern einen Flottenverband unter Konteradmiral Fletcher mit den Trägern *Yorktown* und *Lexington*, 5 Kreuzern und 9 Zerstörern entgegen, dazu stießen die Task Force 11 (Fitch) und 44 (Crace). Nach ersten Gefechten am 7.5., bei denen die Shoho vor Port Moresby versenkt wurde, entbrannte am 8.5. »über den Horizont hinweg« auf eine Gefechtsentfernung von 200 sm die Trägerschlacht. Die Amerikaner verloren die Lexington, die Yorktown wurde schwer beschädigt. Ähnliche Verluste kassierten die Japaner: Die Shokaku schleppte sich brennend aus dem Kampfgebiet, die Zui-

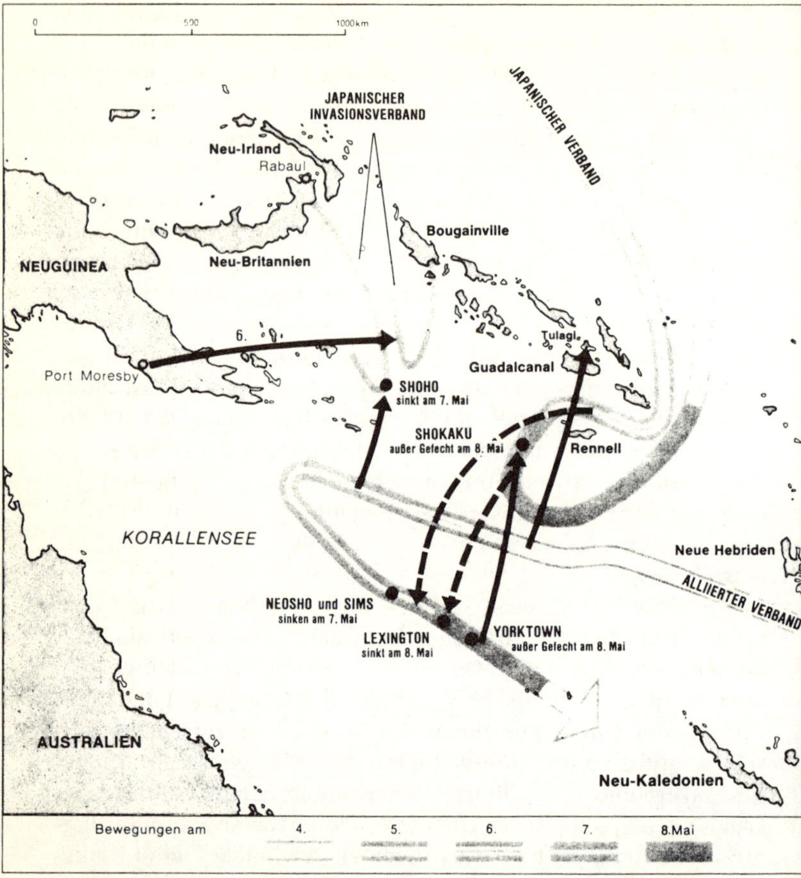

Die Schlacht in der Korallensee (Mai 1942)

kaku verlor einen Großteil ihrer Flugzeugbesatzungen. Der Angriff auf Port Moresby wurde abgeblasen, und schwerwiegender noch: Die in der Korallensee ausgefallenen Träger fehlten den Japanern in der Schlacht von *Midway* im folgenden Monat.

Kosaken

In der Zarenzeit privilegiert als Grenz- und Wachverbände, verloren die Kosaken, die Nachfahren kriegerischer Reiterstämme im Südosten des europäischen und im Südwesten des asiatischen Rußland, nach der Oktoberrevolution ihre Sonderstellung und standen der bolschewistischen Herrschaft meist feindlich gegenüber. Die deutschen Truppen wurden im *Rußlandfeldzug* daher als Befreier begrüßt; Kosaken stellten sich in großer Zahl als Hilfswillige und auch Soldaten der Wehrmacht zur Verfügung. Das aus Kosakenregimentern gebildete XIV. Kosaken-Kavallerie-Korps der SS unter Führung des deutschen Generals Pannwitz stand bei Kriegsende in Nordjugoslawien. Um die Truppe nicht den Sowjets in die Hände fallen zu lassen, ließ Pannwitz sie samt dem Troß mit vielen Frauen und Kindern nach Kärnten weitermarschieren. Aber die Briten, auf die er gehofft hatte, enttäuschten ihn: Am 28.5.1945 wurden die Kosaken der Roten Armee übergeben, wobei es zu Massakern, Massenselbstmord und Übergriffen britischer Soldaten kam. Die Sowjets ließen fast alle Offiziere hinrichten, die Unteroffiziere und Mannschaften, sofern sie die »Repatriierung« überlebten, verschwanden in sibirischen Arbeits- und Straflagern.

»Kraftei« →Komet

Kragujevac
Die Stadt Kragujevac in Serbien wurde am 20.10.1941 Schauplatz eines Kriegsverbrechens der deutschen Wehrmacht: Als Vergeltung für die Ermordung deutscher Soldaten durch Partisanen wurden alle in Kragujevac verbliebenen männlichen Einwohner zwischen 16 und 60 Jahren, rund 2300 Personen, erschossen.

Kreta
Die griechische Mittelmeerinsel am Südrand der Ägäis mit 8379 km^2 und rund 430000 Einwohnern (1939) wurde gegen Ende des *Balkanfeldzugs* Zufluchtsort des griechischen Königs Georg II. mit seiner Regierung sowie britischer Truppen, die sich vom Festland zurückgezogen hatten. Unter dem Kommando des neuseeländischen Generals *Freyberg* setzten die Briten die Insel in Verteidigungszustand. Wegen der strategischen Bedeutung Kretas beschloß die deutsche Führung einen Angriff, beginnend mit einer Luftlandung (Unternehmen *»Merkur«*). Der Auf-

klärung war allerdings entgangen, in welcher Stärke der Gegner die Insel besetzt hielt, die Planungen gingen von max. 15000 Mann aus, tatsächlich jedoch befanden sich 32382 britische und 10258 griechische Soldaten in gut getarnten Stellungen auf Kreta. Entsprechend katastrophal ließ sich »Merkur« am Morgen des 20.5.1941 an. Die 15000 Mann der 7. Fallschirmdivision des XI. Fliegerkorps (General Student) gerieten zum Teil in mörderisches Abwehrfeuer und konnten zunächst nirgends die gesteckten Ziele, vor allem Flugfelder für Nachschub und Verstärkungen, erreichen. Auch die Vereinigung der Landeköpfe gelang nicht, da auch die Hilfe über See ausfiel: Zwar hatten die Briten keinen Luftschirm über der Insel, aber ihre Kriegsschiffe waren zur Stelle. Eine erste deutsche Motorseglerstaffel wurde in der Nacht vom 21./22.5. von der britischen Force D gestellt und zersprengt. Weiteren Staffeln erging es erst besser, als die Luftwaffe in rollendem Einsatz die britischen Seestreitkräfte vertrieb. Mit dem Eintreffen des Nachschubs stabilisierte sich die Lage der Fallschirm- und Gebirgsjäger auf Kreta. Malemes mit Flugplatz war schon am zweiten Tag genommen worden, am 27.5. fiel die Hauptstadt Chania, tags darauf der Hafen in der Sudabucht. Rethymnon ergab sich am 29.5. 17000 Verteidiger konnten noch in Sicherheit gebracht werden, ehe am 31.5. der Widerstand erlosch. Die Verluste auf beiden Seiten waren erheblich: auf seiten der Briten und ihrer Verbündeten 17754 Mann an Gefallenen und Gefangenen, auf seiten der Angreifer 3725 Tote und Vermißte, 2643 Mann wurden verwundet. Der hohe Blutzoll, den das Unternehmen gefordert hatte, ließ Hitler weitere Luftlandungen mißtrauisch betrachten. So unterblieb denn auch *»Herkules«*, die im folgenden Jahr geplante Landung auf der noch weit wichtigeren Insel Malta.

Kriegsgefangene
Fast 20 Mio. Soldaten gerieten 1939–45 in Europa in Kriegsgefangenschaft. Ihr Schicksal war trotz der Regelungen in den *Genfer Abkommen* je nach Zeitpunkt der Gefangennahme und je nach Gewahrsamsmacht unterschiedlich. – Die Behandlung der in deutschem Gewahrsam befindlichen westalliierten Kriegsgefangenen entsprach im wesentlichen den internationalen Vereinbarungen, wenn man von Ausnahmen absieht: So waren zum

Beispiel nach dem *Kommandobefehl* Angehörige der Kommandotrupps zu erschießen und notgelandete »Terrorflieger« der Lynchjustiz der Bevölkerung zu überlassen. Darüber hinaus befahl Hitler in einigen Fällen Repressalien, die gegenüber Kriegsgefangenen in der Regel verboten waren (u.a. im *Kugelerlaß* die Erschießung wiederergriffener flüchtiger Kriegsgefangener). Gegen alle Grundsätze des Völkerrechts jedoch verstieß die Behandlung der sowjetischen Kriegsgefangenen. Ursache war einmal, daß Hitler sich wegen der fehlenden russischen Unterschrift unter das Genfer Abkommen selbst nicht daran gebunden fühlte, zum anderen die Einstufung des Kampfes im Osten als »Krieg zweier Weltanschauungen«. Zu Hunderttausenden mußten entkräftete, verwundete und kranke Rotarmisten nach den großen Kesselschlachten unversorgt auf freiem Feld kampieren, was zu Massensterben führte. Es setzte sich auf den endlosen Transporten in die Sammellager fort und endete auch dort nicht, da die Versorgung mangelhaft blieb. Erst als sich in der Rüstungsindustrie und in der Landwirtschaft Arbeitskräftemangel bemerkbar machte, änderte sich die Lage wenigstens für die noch arbeitsfähigen Gefangenen. Insgesamt kamen von 5,4 Mio. in deutsche Hand gefallenen Sowjetsoldaten mindestens 2,5 Mio. ums Leben. – Die Behandlung deutscher Kriegsgefangener im Gewahrsam der Westalliierten entsprach im wesentlichen den völkerrechtlichen Vereinbarungen. Allerdings nahmen Übergriffe und Unkorrektheiten in der Endphase des Krieges und nach der Kapitulation zu, meist als Reaktion auf das Bekanntwerden von nationalsozialistischen Verbrechen. Der häufige Vorwurf mangelhafter Versorgung und Unterbringung kann in dieser Allgemeinheit jedoch nicht aufrechterhalten werden. Untersuchungen ergaben, daß diese Verhältnisse sich durchweg auf die Zeit kurz vor und nach der Kapitulation beziehen, als Amerikaner und Briten rund 4 Mio. deutsche Kriegsgefangene einbrachten, deren Versorgung und Unterbringung erhebliche Schwierigkeiten bereitete *(Rheinwiesenlager)*. Mit der Entlassung der Kriegsgefangenen begannen die westlichen Alliierten schon kurze Zeit nach der Kapitulation, bis Ende 1948 waren bis auf verurteilte Kriegsverbrecher alle deutschen Kriegsgefangenen, die sich im Gewahrsam der Westmächte befunden hatten, auf freiem Fuß. – Wie das Schicksal der Rotarmisten in deutscher Gefangenschaft, war das der deutschen Soldaten in sowjetischer Hand katastrophal. In einem Land, dessen Bevölkerung selbst am Rand des Hungertodes lebte, konnten die Gefangenen nie ausreichend versorgt werden. Von den 1941/42 gefangenen Landsern kamen über 90 % ums Leben, und selbst von den 1945 eingebrachten Kapitulationsgefangenen starb noch ein Viertel vor der Entlassung. Die UdSSR gab jedoch vorerst nur arbeitsunfähige Gefangene frei. Die übrigen mußten zum Teil bis 1955 warten, wobei unterschiedslos Kriegsverbrecher und technische Experten, die man noch brauchte, zu langjährigen Lagerstrafen verurteilt wurden. Von insgesamt 3,06 Mio. in sowjetische Gefangenschaft geratenen deutschen Soldaten kehrten 1 094 250 nicht zurück.

Kriegshilfsdienst
Mit Erlaß vom 29.7.1941 wurde eine zusätzliche Arbeitspflicht als halbjährige Verlängerung des Reichsarbeitsdienstes zunächst für weibliche Jugendliche eingeführt. Offiziell waren insbesondere soziale Tätigkeiten und allenfalls Bürodienst vorgesehen, doch arbeiteten 1942/43 von den rund 50 000 zum Kriegshilfsdienst eingezogenen Frauen über die Hälfte in der Rüstungsindustrie. Als Kriegshilfsdienst galt später auch der Dienst als *Flakhelfer*.

Kriegssonderstrafrecht
Die Justiz stellte sich auf den Krieg ein: Durch Verschärfung von Strafandrohungen, zahllose Erlasse und neue Gesetze wurde bereits seit 1938 ein Kriegssonderstrafrecht geschaffen. Es betraf insbesondere die Wehrkraftzersetzung (17.8.1938), das Abhören ausländischer Sender (1.9.1939), Plünderung und kriminelle Ausnutzung u.a. der Verdunklung (Verordnung gegen Volksschädlinge 5.9.1939), Wehrmittelbeschädigung und Störung kriegswichtiger Betriebe (25.11.1939), Gewalttaten mit der Waffe (5.12.1939) sowie Vorschriften zur Sicherstellung der Versorgung von Bevölkerung und Truppe (4.9.1939 und 26.11. 1941). Durch immer weitere Verschärfung der fraglichen Bestimmungen war schließlich mit Verordnung vom 5.5.1944 praktisch jede Straftat mit der Todesstrafe bedroht.

Kriegsverbrechen

Nach der Definition im Nürnberger Prozeß, die auf der Haager Landkriegsordnung beruhte, galten als Kriegsverbrechen Verletzungen des Kriegsrechts, wie Ermordung, Mißhandlung oder Verschleppung der Zivilbevölkerung oder von Kriegsgefangenen, Geiseltötung, Raub, mutwillige Zerstörung oder Verwüstung ohne militärische Notwendigkeit. Die Strafjustiz der Siegermächte brachte zahlreiche deutsche Kriegsverbrechen ans Licht, spektakuläre Einzelaktionen *(Le Paradis, Oradour, Lidice)*, systematische Verbrechen (Plünderung besetzter Gebiete, Verpflichtungen zu Zwangsarbeit, Verschleppung, Vertreibungen und Massenmord) sowie die hinter den Kriegsverbrechen stehende Ideologie. Zwar versuchten die Militärs in der Regel, die herkömmlichen Kriegsgesetze einzuhalten, jedoch blieb ihr Einfluß beschränkt, da Hitlers Kriegführung von vornherein mehr als das rein militärische Besiegen des Gegners einschloß und auf totalitäre Herrschaft in den besetzten Gebieten und Vernichtung ethnischer Gruppen (Juden) wie politischer Gegner (Bolschewisten, Oberschicht in Polen usw.) abzielte, wofür meist *Himmlers* SS eingesetzt wurde. Da die Gegenseite solchen Absichten mit Mitteln begegnete, die im Völkerrecht verpönt waren (Partisanenkampf), geriet das Kriegsbild völlig ins Wanken. Daher duldeten die Truppenführer das Wirken der *Einsatzgruppen* im Glauben, es gehe um die Befriedung des Raumes hinter der Front, und gerieten so in den Strudel von Gewalt und Gegengewalt. Nach dem Krieg gab es Stimmen, die Bestrafung von Kriegverbrechen auch auf der Siegerseite forderten, z.B. die Morde von *Katyn*, der Bombenterror gegen die deutsche Zivilbevölkerung, die Zerstörung von *Hiroshima* und *Nagasaki*.

Kriegswirtschaft

Trotz der von Anfang an auf Krieg hin angelegten nationalsozialistischen Politik war die Wirtschaft 1939 nicht ausreichend vorbereitet. Zwar verfügte sie über einen hohen Rüstungsstand, aber der reichte nur für *Blitzkriege*, nicht für längere, materialaufwendige Auseinandersetzungen. Auch die Schaffung eines Ministeriums für Bewaffnung und Munition unter *Todt* (17.3.1940) änderte daran noch nichts. Deutschland hielt über zwei Jahre an der Strategie der Breitenrüstung (Materialüberlegenheit) fest, der Ausstoß an Waffen und Munition war Anfang 1942 noch genauso hoch wie bei Kriegsbeginn. Die zivile Produktion wurde kaum eingeschränkt, es kam auch nicht zu einer vollständigen Ausschöpfung des weiblichen Arbeitsmarktes. Erst mit *Speer* trat 1942 ein Mann an die Spitze des Rüstungsministeriums, der für die Zentralisierung der Produktion, die Standardisierung von Bauteilen, den koordinierten Einsatz von *Zwangsarbeitern* bei der Massenfertigung u.a. sorgte. Unter seiner Leitung verdreifachte sich die deutsche Rüstungsproduktion bis Mitte 1944, ehe alliierte Luftangriffe und Rohstoffknappheit aufgrund von Gebietsverlusten zu wachsenden Einbrüchen führten.

Krim

Die Halbinsel Krim an der Nordküste des Schwarzen Meeres mit 26000 km^2 und 1,1 Mio. Einwohnern (1939) wurde im Herbst 1941 Kriegsschauplatz: Nach der Eroberung der *Ukraine* und der Zerschlagung starker sowjetischer Kräfte am Asowschen Meer erzwang die deutsche 11. Armee (v. Manstein) zwischen 24.9. und 27.10.1941 den Zugang zur Krim durch die Enge von Perekop. Bis 16.11. war die Halbinsel bis auf die eingeschlossene Seefestung *Sewastopol* in deutscher Hand. Rückeroberungsversuche der Roten Armee durch Landungen bei Feodossija und Kertsch (Ende Dezember 1941) sowie bei Jewpatorija (5.1.1942) scheiterten, ein sowjetischer Brückenkopf bei Kertsch wurde im Mai 1942 zerschlagen. Am 1.7.1942 gelangen die Erstürmung *Sewastopols* und die Gefangennahme der überlebenden rund 100000 Verteidiger. Über die Straße von Kertsch konnten Ende 1942/Anfang 1943 Teile der vom *Kaukasus* zurückgehenden deutschen Heeresgruppe A (v. Kleist) auf die Krim überführt werden. Im Verlauf des sowjetischen Vormarschs erlitt die auf der Krim abgeschnittene deutsche 17. Armee schwere Verluste, da die Räumung der Halbinsel von Hitler viel zu spät (8.5.1944) genehmigt wurde.

Kuban-Brückenkopf

Auf der Tamanhalbinsel am Ostufer des Schwarzen/Asowschen Meeres bezog die deutsche 17. Armee (Ruoff, später Jaenecke) eine Stellung, die sie vom 31.1. bis 9.10.1943 halten konnte, den sogenannten Kuban-Brückenkopf (nach dem dort mündenden

Fluß Kuban). Über den Brückenkopf, der die Straße von Kertsch sicherte, konnten große Teile der deutschen Heeresgruppe A (v. Kleist) rückgeführt werden, nachdem der Vorstoß zum *Kaukasus* gescheitert war. Im September/Oktober 1943 gelangten so noch 239 669 Soldaten, 16 311 Verwundete, 27 456 Zivilisten sowie 115 477 t Wehrmachtsgut (vor allem Munition), 21 230 Kfz, 74 Panzer, 1815 Geschütze und 74 657 Pferde auf die Krim. Transportmaschinen flogen außerdem 15 661 Mann aus.

Küchler, Georg

* Philippsruhe (bei Hanau a. M.) 30.5.1881, † Garmisch-Partenkirchen 25.5.1968

Der Generalstabsoffizier des 1. Weltkriegs Küchler führte im *Polenfeldzug* die 3. Armee bei der Heeresgruppe Nord und erhielt am 5.11.1939 den Oberbefehl über die 18. Armee, nachdem er vorübergehend wegen seiner Proteste gegen die Morde der *Einsatzgruppen* und der SS in Polen suspendiert worden war. Im Westfeldzug nahm er am 14.5.1940 die Kapitulation der Niederlande entgegen und zog am 14.6.1940 in Paris ein. Im *Rußlandfeldzug* führte Küchler, inzwischen (19.7.1940) zum Generaloberst ernannt, wieder die 18. Armee, ehe er am 17.1.1942 OB der Heeesgruppe Nord wurde (seit 30.6.1942 als Generalfeldmarschall). Mitte Januar 1944 befahl er angesichts wachsender sowjetischer Überlegenheit einen Rückzug auf Stellungen zwischen Newa und Wolchow. Daraufhin wurde er von Hitler am 1.2.1944 seines Kommandos enthoben und nicht wieder eingesetzt. Im Oktober 1948 verurteilte ihn das Internationale Militärtribunal in Nürnberg zu 20 Jahren Haft; am 18.2.1953 wurde Küchler vorzeitig entlassen.

Kugelerlaß

Vermutlich Anfang 1944 erließ das OKW einen Befehl zur Behandlung von geflüchteten und wiederergriffenen Kriegsgefangenen (ausgenommen britische und amerikanische Soldaten), der als Kugelerlaß bekannt wurde. Mit Fernschreiben vom 4.3.1944 – der Originalbefehl ist nicht erhalten – wurde der Kugelerlaß vom Chef der Sicherheitspolizei und des SD (CSSD) den unterstellten Dienststellen mitgeteilt. Danach waren die fraglichen Gefangenen dem KZ Mauthausen unter dem Kennwort »Aktion Kugel« zu überstellen, wo sie getötet wurden. Die Beteiligten hatten über diese Maßnahmen strengstes Stillschweigen zu wahren.

Kulmhof
In Kulmhof (bei Culm, poln. Chełmno) im Wartheland unweit von Lodz (Litzmannstadt) wurde im Oktober/November 1941 das erste Vernichtungslager im Rahmen der *Judenverfolgung* errichtet. In Kulmhof kamen von Dezember 1941 bis März 1943 und von April bis August 1944 mindestens 155 000, nach polnischen Angaben sogar 300 000 Juden ums Leben.

Kunstraub
In den deutsch besetzten Ländern fand während des Krieges eine organisierte Plünderung der Kunstschätze statt. Heimgesucht wurde zunächst jüdischer Besitz, dann auch Sammlungen anderer »Reichsfeinde« (vor allem in Polen) und schließlich sogar öffentliche Museen. Die Beute des Kunstraubs, nach einer unvollständigen Zwischenbilanz vom 15.7.1944 rund 22 000 Kunstgegenstände, darunter 5281 Gemälde, war teils bestimmt für das nach dem »Endsieg« geplante »größte Museum der Welt« in Linz, teils wurde sie von Parteigrößen zu Repräsentationszwecken requiriert. Dabei tat sich besonders *Göring* hervor, der seinen Landsitz Karinhall mit Beutekunst bis unters Dach vollstopfte. Die Sieger ihrerseits bedienten sich in deutschen Sammlungen. In vielen Fällen konnte der Verbleib geraubter Kunstschätze nicht geklärt werden; in anderen gestaltete sich die Rückgabe schwierig.

Kurland
Die lettische Provinz Kurland zwischen Ostsee, Rigaer Meerbusen und Düna wurde im Juli/August 1941 von der deutschen 18. Armee (v. Küchler) besetzt. Sie geriet erst im Sommer 1944 wieder in Frontnähe, als die deutsche Heeresgruppe Nord (Frießner, später Schörner) von der Leningrader (Goworow) und den drei Baltischen Fronten (Bagramjan, Jeremenko, Maslennikow) aus Estland vertrieben und auf Riga/ostpreußische Grenze zurückgeworfen wurde und die Gefahr einer Abtrennung und Einschließung drohte. Hitler hörte nicht auf entsprechende War-

nungen von Generalstabschef *Guderian*, und so war der Heeresgruppe tatsächlich kein geordneter Rückzug mehr möglich. In sechs großen Abwehrschlachten behauptete sich der seit 26.1. 1945 Heeresgruppe Kurland genannte Verband noch bis Kriegsende in seinen Stellungen. Am 10.5.1945 ging der Heeresgruppen-OB Generaloberst Hilpert mit 208 000 Mann in sowjetische Gefangenschaft.

Kursk
Die russische Gebietshauptstadt Kursk auf der Mittelrussischen Platte mit 120 000 Einwohnern (1940) wurde im *Rußlandfeldzug* am 3.11.1941 vom deutschen XXXXVIII. Panzerkorps (Kempf) genommen und blieb bis Februar 1943 in deutscher Hand. Im Zuge der sowjetischen Winteroffensive 1942/43 wurde die Stadt am 8.2.1943 von der Roten Armee zurückerobert. Die Offensive ließ um Kursk einen weit nach Westen vorspringenden Frontbogen entstehen, den die deutschen Truppen beim Unternehmen *»Zitadelle«* im Juli 1943 vergeblich einzudrücken versuchten.

Laconia-Befehl
Am 12.9.1941 wurde der britische Truppentransporter Laconia mit 1800 italienischen Kriegsgefangenen an Bord nordöstlich der Insel Ascension im Südatlantik durch U 156 (Korvettenkapitän Hartenstein) versenkt. Der deutsche U-Boot-Kommandant begann sofort mit der Rettung der Schiffbrüchigen, weitere U-Boote kamen zu Hilfe. Am folgenden Tage griff ein amerikanischer Liberator-Bomber trotz der Rotkreuzflagge auf U 156 mehrfach an, so daß Hartenstein die Rettungsarbeiten einstellen mußte; auch U 506 mit 142 Geretteten wurde am 17.9. angegriffen. Daraufhin ordnete der Befehlshaber der U-Boote, *Dönitz*, an, daß künftig die Rettung Schiffbrüchiger von versenkten Schiffen zu unterbleiben habe, um die eigenen U-Boote nicht zu gefährden. Der Laconia-Befehl wurde im *Nürnberger Prozeß* gegen Dönitz verwendet, allerdings folgte das Gericht nicht der Auffassung der Anklage, die von einer Anstiftung zu »vorsätzlicher« Tötung von Schiffbrüchigen ausging.

Lancaster
Der britische schwere Bomber der Firma Avro, Erstflug 9.1.1941, ging 1941 in Serie und hatte seinen ersten operativen Einsatz am 3.3.1942 als Minenleger in der Deutschen Bucht. Insgesamt wurden 7796 Exemplare gebaut. Die Lancaster wurde bald zum Standardbomber der britischen Nachtangriffe auf Deutschland und bewährte sich in zahlreichen Spezialeinsätzen. So zerstörten Lancaster-Maschinen mit »Erdbebenbomben«, sogenannte Tallboys, in der Nacht vom 16./17.5.1943 die *Möhne-* und die *Edertalsperre*, versenkten am 12.11.1944 das Schlachtschiff *Tirpitz* im Tromsøfjord und schleppten das 10-t-Ungeheuer *Grand Slam*. Daten der Nachtbomber-Reihe Mk III: max. 435 km/h mit 4 V-Motoren Packard/Rolls-Royce Merlin 28 oder 32 von je 1390 PS, Bombenzuladung bis 6340 kg, 3600 km Reichweite, 8×7,7-mm-MG in 3 Drehtürmen, 7 Mann Besatzung.

La Rochelle →Rochelle, La

Lattre de Tassigny, Jean de
* Mouilleron-en-Pareds (bei La Châtaigneraie, Vendée) 2.2.1889, † Paris 11.1.1952

Der spätere Marschall von Frankreich (postum ernannt am 15.1. 1952) Lattre de Tassigny war im 1. Weltkrieg Hauptmann der Infanterie; 1921–26 versah er Kolonialdienst in Marokko. Bei Kriegsbeginn 1939 und während des *Sitzkriegs* 1939/40 war Lattre als Brigadegeneral Stabschef der 5. Armee (Bourret) im Elsaß und beim deutschen Angriff im Westen Kommandeur einer Infanteriedivision. Nach der alliierten Landung in Nordafrika (8.11.1942) versuchte er eine Widerstandsfront gegen die deutsche Besetzung von Südfrankreich aufzubauen, wurde aber verhaftet und zu zehn Jahren Haft verurteilt. Im September 1943 gelang ihm die Flucht nach England. Als OB der freifranzösischen Truppen nahm er im August 1944 an der Landung in Südfrankreich teil und befreite *Toulon* und Marseille. Im folgenden Monat wurden seine beiden AKs zur französischen 1. Armee zusammengefaßt, an deren Spitze er im März 1945 den Rhein südlich von Mannheim überschritt. Lattre nahm in Berlin-Karlshorst als Vertreter Frankreichs die deutsche Kapitulation entgegen. Er setzte nach dem Krieg seine Laufbahn als Generalinspekteur des französischen Heeres, OB der Landstreitkräfte der neugegründeten NATO (1949) und Hochkommissar und OB in Französisch-Indochina (1950) fort.

Laval, Pierre
* Châteldon (bei Vichy) 28.6.1883, † Paris 15.10.1945 (hingerichtet)
Der französische Politiker Laval, ursprünglich Sozialist, später parteilos, bis 1931 mehrfach Minister, 1931/32 und 1935/36 Ministerpräsident seines Landes, wurde nach der Niederlage Frankreichs im Juni 1940 von *Pétain* als stellvertretender Ministerpräsident ins Kabinett berufen. Allzu willfährig gegenüber der deutschen Besatzungsmacht, wurde er zwar von seinem Staatschef am 13.12.1940 entlassen, kam aber auf deutschen Druck am 17.4.1942 auf seinen Posten zurück. In der Folgezeit war Laval der eigentliche starke Mann in der Regierung von *Vichy*, die er, überzeugt von einem deutschen Sieg, in die nationalsozialistischen Verbrechen verstrickte. Im Mai 1945 gelang ihm die Flucht nach Spanien, doch ließ ihn *Franco* nach Österreich abschieben, von wo ihn die amerikanische Besatzungsmacht an Frankreich auslieferte. Als Symbolfigur der *Kollaboration*

wurde Laval am 9.10.1945 zum Tod verurteilt. Seine Hinrichtung sechs Tage später gestaltete sich zum »Meisterstück einer historischen Schauerszene« (R. Cartier): Laval hatte im Gefängnis eine Dosis Zyankali geschluckt und befand sich nach Aussage des herbeigerufenen Arztes unmittelbar vor dem Tod. Aber das Gericht ließ ihm den Selbstmord nicht durchgehen, es ordnete Wiederbelebung an, und nach 18 Magenspülungen war der Verurteilte soweit hergestellt, daß er ordnungsgemäß erschossen werden konnte.

Lebensmittelkarten
Im Deutschen Reich wurden die ersten Berechtigungsscheine für den Empfang von Nahrungsmitteln kurz vor Kriegsbeginn am 27.8.1939 ausgegeben. Anfangs genügte eine Karte für die verschiedenen Güter, später wurden zahlreiche Differenzierungen eingeführt nach Waren (Reichsbrot-, Reichsfettkarte u.a.), Zeitraum und Berechtigten (Schwerarbeiter, Fronturlauber, werdende Mütter u.a.). Juden und *Zwangsarbeiter* erhielten stark verringerte Zuteilungen. Insgesamt sanken die auf den Lebensmittelkarten ausgewiesenen Kontingente mit wachsender Kriegsdauer: 1945 erhielt ein Erwachsener wöchentlich 125 g Fett, 250 g Fleisch, 1700 g Brot. Die Rationierung von Lebensmitteln mußte noch bis 10.1.1950 in der Bundesrepublik beibehalten werden. In der DDR dauerte sie bis zum Mai 1958, und auch Großbritannien trennte sich erst Ende der 50er Jahre vom System der Lebensmittelkarten.

Leclerc de Hauteclocque, Philippe
* Belloy-Saint-Léonard (bei Amiens, Somme) 20.11.1902,
† bei Colomb-Béchar (Algerien) 27.11.1947
Der Berufsoffizier Leclerc war bei Beginn des deutschen Angriffs im Westen (10.5.1940) Chef des Stabes der 4. motorisierten Division in Belgien, die bei Lille eingekesselt wurde. Leclerc schlug sich zu den eigenen Linien durch und setzte sich nach der Niederlage Frankreichs nach London ab. De *Gaulle* sandte ihn nach Französisch-Äquatorialafrika zur Überführung der Kolonien ins freifranzösische Lager. Das gelang ihm in Kamerun und im Tschad. 1941/42 stieß er in einem abenteuerlichen Unternehmen mit einer motorisierten Marschkolonne quer durch die Sa-

hara bis nach Tripolis vor, wo er sich am 23.1.1943 der britischen 8. Armee anschloß. Als Divisionsgeneral beteiligte er sich mit der französischen 2. Panzerdivision im August 1944 an der Invasionsschlacht. Bei der Besetzung von Paris ließen die Amerikaner Leclerc den Vortritt, so daß er am 25.8.1944 die Kapitulation des deutschen Wehrmachtbefehlshabers v. *Choltitz* entgegennehmen konnte. Es folgten die Befreiung Straßburgs am 23.11.1944 und ein zügiger Vormarsch durch Süddeutschland bis Berchtesgaden (5.5.1945). Am 2.9.1945 unterzeichnete er für Frankreich die japanische Kapitulation. Seit Juli 1946 Generalinspekteur der französischen Streitkräfte in Nordafrika, kam Leclerc bei einem Flugzeugunfall in Algerien ums Leben. Postum wurde er 1952 zum Marschall von Frankreich ernannt.

Leeb, Wilhelm Ritter von
* Landsberg a. Lech 5.9.1876, † Hohenschwangau 29.4.1956
Der Generalstabsoffizier des 1. Weltkriegs Leeb, in der Reichswehr bis zum General der Artillerie aufgestiegen, wurde beim Revirement nach der *Fritsch*-Krise im März 1938 zunächst verabschiedet, nahm aber dann als Generaloberst im Oktober 1938 an der Besetzung des Sudetenlandes mit der Heeresgruppe 1 teil und übernahm am 26.8.1939 den Oberbefehl über die Heeresgruppe C am Oberrhein, mit der er im Juni 1940 die *Maginot-Linie* durchbrach. Am 19.7.1940 erfolgte die Ernennung zum Generalfeldmarschall. Im *Rußlandfeldzug* befehligte Leeb die Heeresgruppe Nord, die auf *Leningrad* vorstieß. Als im Dezember 1941 Verbände der 16. Armee bei Cholm und Demjansk eingekesselt zu werden drohten, befahl Leeb eigenmächtig den Rückzug. Daraufhin wurde er am 16.1.1942 von Hitler entlassen und fand keine Verwendung mehr. Am 22.10.1948 verurteilte ihn ein amerikanisches Militärgericht u.a. wegen Weitergabe des *Kommissarbefehls* zu drei Jahren Haft, die als verbüßt galten.

Le Havre →Havre, Le

Leibstandarte-SS »Adolf Hitler«
Am 17.3.1933 wurde aus 120 Mann der vorherigen Münchener Leibwache Hitlers eine SS-Stabswache Berlin gebildet, die dann Wachbataillon Berlin und seit September 1933 Leibstandarte-SS

»Adolf Hitler«, abgekürzt LAH, hieß und in der ehemaligen Kadettenanstalt Berlin-Lichterfelde kaserniert war. Kommandiert von *Dietrich* (bis Juli 1943), wurde die Leibstandarte am 9.11. 1933 auf Hitler persönlich vereidigt und so gegen die Verfassungsbestimmungen Privatarmee des Reichskanzlers. Mit Unterstützung der Reichswehr übernahm sie in der Röhm-Affäre 1934 die Hauptaufgaben bei der Verhaftung und Liquidierung der SA-Führer in Bayern und Berlin. Danach wurde sie mit den Politischen Bereitschaften in der SS-Verfügungstruppe zusammengeschlossen und nach dem *Polenfeldzug* in die *Waffen-SS* eingegliedert. Die Leibstandarte wuchs in den folgenden Jahren beständig, 1940 hatte sie Brigade-, 1941 Divisionsstärke. Sie galt in der Waffen-SS als Elitetruppe und machte durch oft überharte Kampfführung auf allen Kriegsschauplätzen von sich reden. 1945 ging sie in Österreich unter.

Leih- und Pachtgesetz

In Erweiterung der *Cash-and-carry-Klausel* verabschiedete der US-Kongreß am 11.3.1941 eine Ermächtigung für US-Präsident *Roosevelt* zur Lieferung kriegswichtiger Güter ohne Bezahlung an Staaten, deren Verteidigung für die USA als lebenswichtig anzusehen war. Das Leih- und Pachtgesetz (Lend-and-Lease-Act) wurde nach dem Zusammenbruch Frankreichs für Großbritannien zur Rettung. Bis 1945 erreichten die Lieferungen nach dem Leih- und Pachtgesetz ein Volumen von 50,6 Mrd. Dollar, von denen England 30 Mrd. und die Sowjetunion 11 Mrd. erhielten.

LeMay, Curtis E.

* Columbus (Ohio) 15.11.1906

Der amerikanische Fliegeroffizier LeMay war seit Januar 1937 mit der Einsatzplanung für die *Flying Fortress* betraut. Im Februar 1940 wurde er Kommandeur eines Aufklärungsgeschwaders. Bei Eintritt der USA in den Krieg (Dezember 1941) führte LeMay eine Bomberstaffel und wurde zur 8. Luftflotte nach England versetzt, wo er an der Spitze der 305. Bombardment Group zahlreiche Tagesangriffe gegen Deutschland flog. Auf ihn gehen Verbesserungen der Angriffs- und Abwehrtaktik der strategischen Bomberflotte zurück, u.a. die Einführung des nach Höhen gestaffelten Pulks von jeweils 18 Maschinen. Sein weiterer Aufstieg in der Heeresluftwaffe führte ihn nach Fernost (März 1944 OB der 20. Luftflotte), wo er die Einsätze der neuen B-29 *Superfortress* gegen Japan und die beiden Atomangriffe auf *Hiroshima* und *Nagasaki* koordinierte. Sein organisatorisches Genie bewährte er auch in Friedenszeiten: Legendär sein Ausspruch, mit dem er 1948 als Chef des Air-Force-Kommandos im besetzten Deutschland an die Aufgabe ging, im Rahmen der Luftbrücke Heizmaterial nach Berlin zu schaffen: »Die Air Force transportiert alles – auch Kohlen.«

Lemberg

Die polnische Stadt Lemberg (poln. Lwów, russ. Lwow, ukrain. Lwiw) lag in dem Gebiet, das von den Sowjets im *Polenfeldzug* (September 1939) besetzt wurde. Nach Beginn des *Rußlandfeldzugs* wurde die Stadt am 30.6.1941 von der deutschen 1. Gebirgsdivision (Lanz) der 17. Armee (v. Stülpnagel) erobert. Die deutschen Truppen fanden in Lemberg Spuren eines Massakers vor, das der sowjetische Geheimdienst vor seinem Abzug unter politischen Gefangenen, zumeist ukrainischen Nationalisten, veranstaltet hatte. Angesichts der antisowjetischen Stimmung im Land duldete Hitler zunächst die Bildung einer ukrainischen Regierung in Lemberg, ließ deren Führer jedoch schon wenig später verhaften und Selbständigkeitsbestrebungen unterdrücken. Fast alle Lemberger Juden (rund ein Drittel der Einwohnerschaft) wurden in die Vernichtungslager deportiert. Am 27.7. 1944 eroberten Einheiten der 1. Ukrainischen Front (Konjew) Lemberg zurück, die polnische Bevölkerung (1936 über 100 000 Einwohner) wurde später vertrieben.

Leningrad

Die sowjetische Gebietshauptstadt Leningrad (heute Petersburg) am östlichen Ufer des Finnischen Meerbusens (Kronstädter Bucht), mit 3,2 Mio. Einwohnern (1940) nach Moskau die zweitgrößte Stadt Rußlands und wichtigstes Kultur- und Wirtschaftszentrum, war im *Rußlandfeldzug* Operationsziel der deutschen Heeresgruppe Nord (v. Leeb), die Anfang September 1941 den Stadtrand erreichte und im Verein mit finnischen Truppen die einstige Hauptstadt des Zarenreichs von allen Landverbindungen abschnitt. Eine Versorgung der Millionenstadt blieb nur noch über das Wasser oder das Eis des südlichen Ladogasees möglich – auf einer ständig gefährdeten und nie hinreichend ergiebigen Route. Hitler, der zunächst die Wegnahme der Stadt angestrebt hatte, verzichtete bald darauf und begnügte sich mit einer Belagerung, der insgesamt ein Drittel der Einwohnerschaft durch Hunger, Erfrierungen, Krankheiten und Kriegseinwirkung (Artilleriebeschuß, Luftangriffe) zum Opfer fiel. Erst im Januar 1943 lockerte sich der Belagerungsring, befreit aber wurde die Stadt erst ein ganzes Jahr später nach 900 Tagen Belagerung: Am 14.1.1944 begann eine sowjetische Offensive, die die deutsche Heeresgruppe Nord (Küchler, später Model) auf den Peipussee zurückwarf.

Le Paradis →Paradis, Le

Leuna-Werke
Im Industrierevier von Leuna an der Saale befand sich Deutschlands größte Anlage zur Herstellung von synthetischem Benzin (aus Kohlehydrierung). Die Leuna-Werke wurden insgesamt 22mal von alliierten Bomberverbänden angegriffen, die über 18 000 t Bomben abwarfen. Trotzdem gelang es nie, die Produktion ganz zu unterbinden.

Lexington
Ursprünglich als Schlachtkreuzer geplant, wurde die Lexington zum Flugzeugträger umkonstruiert und der US-Pazifikflotte zugeteilt. 3.10.1925 Stapellauf, 14.12.1927 in Dienst gestellt; 33 000 t, 33 kn, 278,8 m lang, 32,2 m breit, bis 2951 Mann Besatzung; Bewaffnung: 10×12,7 cm sowie leichtere Fla-Waffen, max. 120 Flugzeuge. Nach Kriegsbeginn nahm die Lexington im Dezember 1941 an einem vergeblichen Versuch teil, die Insel Wake vor dem japanischen Zugriff zu retten, und wurde auch gegen andere japanische Landungen ohne größere Erfolge eingesetzt. In der Träger-Luft-Schlacht in der *Korallensee* wurde sie am 8.5.1942 von Flugzeugen der japanischen Träger Shokaku und Zuikaku schwer beschädigt und geriet in Brand. Captain Sherman gab sein Schiff auf. Die Mannschaft konnte vollzählig von Bord gehen, ein US-Zerstörer gab der Lexington den Fangschuß.

Ley, Robert
* Niederbreidenbach (heute zu Nümbrecht, Bergisches Land) 15.2.1890, † Nürnberg 25.10.1945
»Reichstrunkenbold« lautete sein wenig schmeichelhafter Spitzname: Der für seine Trinkfreudigkeit bekannte Ley hatte seit 1933 die Leitung der Deutschen Arbeitsfront (DAF) inne, die an die Stelle der aufgelösten Gewerkschaften gesetzt worden war. Mit der Umstellung der Wirtschaft auf Kriegsproduktion erreichte Ley als Mitglied des Generalrats der Wirtschaft den Höhepunkt seiner Karriere, die im Krieg von Rivalen wie *Todt* und *Speer* verdunkelt wurde. Auch *Sauckel* als Generalbevollmächtigter für den Arbeitseinsatz beschnitt Leys Kompetenzen; dieser versuchte durch brutale antisemitische Hetze seine Position zu halten. Nach Kriegsende von US-Truppen verhaftet, erhängte sich Ley vor Prozeßbeginn in seiner Zelle im Nürnberger Kriegsverbrechergefängnis.

Leyte
Die Philippineninsel Leyte (südöstlich von Luzon, 7250 km^2 groß) war seit Dezember 1941 von den Japanern besetzt. An der Ostküste von Leyte begann im *Pazifikkrieg* am 20.10.1944 mit der Landung der 6. US-Armee (Krueger) die Rückeroberung der Philippinen. 132 000 Mann und 200 000 t Material wurden ausgeschifft. Der Brückenkopf, den die Amerikaner errichteten, blieb auch beim japanischen Großangriff während der Schlacht im *Leytegolf* (22.–25.10.) stabil. Der weitere Vormarsch auf Leyte aber stockte, zum einen wegen des Monsunregens, zum andern, weil von Luzon 45 000 Mann Verstärkung für die verteidigende japanische 35. Armee (Suzuki) herankamen. Durch »überholende« Landungen gelang es den Amerikanern allmählich, die Japaner von ihren Hafenstützpunkten abzuschneiden und ihren Nachschub lahmzulegen. Am 25.12.1944 erlosch der letzte organisierte Widerstand, nur wenigen hundert Japanern gelang die Flucht von der Insel. Sechs Divisionen mit rund 67 000 Mann waren in den Kämpfen untergegangen. Die amerikanischen Verluste betrugen 3504 Gefallene und 11 991 Verwundete.

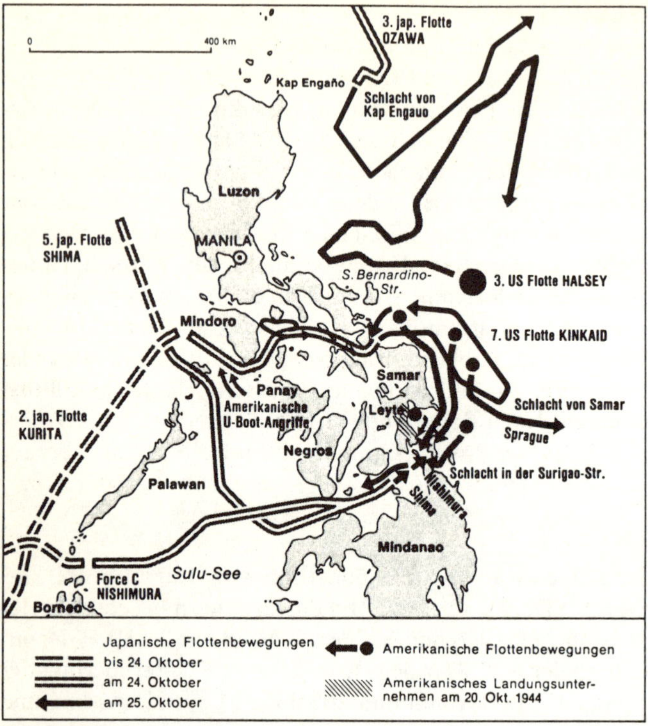

Die Seeschlacht im Leytegolf (Oktober 1944)

Leytegolf, Seeschlacht im

Der Leytegolf, das Seegebiet vor den mittleren Philippinen, wurde Ende Oktober 1944 Schauplatz der größten Seeschlacht der Geschichte. Gegen die am 20.10. zur Invasion der Insel *Leyte* anlaufende Armada der 7. US-Flotte (Kinkaid) warf der japanische Flottenchef Toyoda alle verfügbaren See- und Luftstreitkräfte in den Kampf, insgesamt standen 64 japanische gegen 218 alliierte Kriegsschiffe. Der japanische Plan sah vor, Teile der amerikanischen Sicherungsgruppen nach Norden abzulenken, dann in zwei Gruppen um die Inseln Samar und Leyte herum in den Leytegolf vorzustoßen, wo man hoffte, die Landungsflotte zerschlagen zu können. Der nördliche Kampfverband (Kurita) verlor schon auf dem Anmarsch von Borneo durch U-Boot- und

Luftangriffe zwei Kreuzer und das Schlachtschiff Musashi und machte zunächst kehrt. Admiral *Halsey* wandte sich deshalb voreilig mit der Task Force 38 (Mitscher) gegen eine von Nordost herankommende japanische Trägergruppe unter Admiral Ozawa, stellte sie bei Kap Engano an der Nordspitze der Philippinen und versenkte alle vier Träger sowie fünf andere Schiffe. Inzwischen war aber Kurita mit vier Schlachtschiffen, acht Kreuzern und elf Zerstörern erneut umgekehrt und hatte die San-Bernardino-Straße zwischen Samar und Luzon passiert. Als er von amerikanischen Trägermaschinen und Zerstörern angegriffen wurde, glaubte er die Task Force 38 vor sich zu haben und brach das Gefecht, in dem ein US-Geleitträger und drei Zerstörer versenkt worden waren, nach Verlust von drei Kreuzern ab. Der südliche japanische Angriffsverband (Nishimura) mit zwei Schlachtschiffen, einem Kreuzer und vier Zerstörern ging am Eingang des Leytegolfs der weit überlegenen Task Force 77 (Oldendorf) in die Falle und wurde in einem Nachtgefecht bis auf einen Zerstörer vernichtet. Eine Nachhut unter Vizeadmiral Shima büßte wenig später zwei ihrer drei Kreuzer ein. Die Katastrophe der kaiserlichen Marine: vier Träger, darunter die Zuikaku, letzter Veteran von Pearl Harbor, drei Schlachtschiffe, zehn Kreuzer, neun Zerstörer und 1500 Marineflugzeuge verloren, 10000 Mann gefallen. Die Amerikaner hatten dagegen nur vier kleine Träger und drei Zerstörer verloren. Wie verzweifelt die Lage war, zeigte die Bildung des *Kamikaze*-Korps, das hier erstmals in Aktion getreten war. Nach der verlorenen Seeschlacht von Leyte stellten die Selbstmordflieger Japans einzige Hoffnung dar.

Liberator

Der amerikanische Langstreckenbomber Consolidated B-24 mit dem Beinamen Liberator, Erstflug 29.12.1939, war mit 18188 Stück das am meisten gebaute Kampfflugzeug der USA im 2. Weltkrieg. Die Liberator zeichnete sich durch ihre extreme Reichweite (bis zu 7400 km) aus und wurde daher auch als Transporter, Aufklärer und Patrouillenbomber eingesetzt. Bekannt wurde die B-24 u.a. durch den Tiefflugangriff auf die rumänischen Ölfelder von Ploieşti am 1.8.1943. Im Fernen Osten flogen Liberator-Bomber die ersten Tagesangriffe gegen das japanische Mutterland. Daten der häufigsten Version B-24J:

4×1200 PS, 467 km/h Höchstgeschwindigkeit in 7620 m Höhe, 10×12,7-mm-MG als bewegliche Abwehrbewaffnung, 2270 kg Bombenzuladung, 10 Mann Besatzung.

Lidice

Am 27.5.1942 verübten tschechische Agenten, die von der RAF per Fallschirm abgesetzt worden waren, einen Anschlag auf *Heydrich*, an dessen Folgen der stellvertretende Reichsprotektor von Böhmen und Mähren eine Woche später starb. Die Vergeltung der Besatzungsmacht erfolgte rasch: Unter der Behauptung, die Attentäter hätten Verbindung zur Bergarbeitersiedlung Lidice gehabt (dabei kannten sie nicht einmal deren Namen), wurde der Ort bei Kladno westlich von Prag auf Hitlers Befehl am Abend des 9.6.1942 von deutscher Polizei, Wehrmacht und SD umstellt, die nach eigener Meldung »172 erwachsene Männer durch ein Exekutionskommando in Stärke von 1 Offizier, 2 Unterführern und 20 Mann« erschossen. Hinzu kamen in der Nacht noch 11 Arbeiter der Spätschicht und bereits inhaftierte 15 Angehörige von in England dienenden tschechischen Legionären, insgesamt also 198 unmittelbar Ermordete. Frauen und Kinder wurden abtransportiert und verschwanden im KZ Ravensbrück und in anderen Gefängnissen. Die von SS-Hauptsturmführer Rostock (1951 hingerichtet) geleitete Aktion endete mit der völligen Zerstörung von Lidice. Das Massaker verschärfte die Spannungen im Protektorat dramatisch; wie *Oradour* wurde Lidice zum Symbol der nationalsozialistischen Schreckensherrschaft. Nach dem Krieg wurde der Ort als Neu-Lidice in der Nähe wiederaufgebaut. Der Schauplatz der Mordaktion ist heute Gedenkstätte.

Lightning

Eine ungewöhnliche Konstruktion: Der Jagdeinsitzer P-38 der amerikanischen Firma Lockheed mit dem Beinamen Lightning war als Höhenabfangjäger vorgesehen. Die im Entwicklungsauftrag von 1937 geforderten Leistungen bedingten eine zweimotorige Bauweise, der Einbau von Abgasturboladern die Doppelrumpfanordnung. Lightnings tauchten zuerst 1942 auf dem fernöstlichen Kriegsschauplatz auf, Ende 1942 auch in Nordafrika. Seit Januar 1943 begleiteten sie die Bomber der US Air Force bei der strategischen Luftoffensive gegen das Reichsgebiet. In den Luftkämpfen mit den *Me 109* und *Fw 190* erwiesen sich allerdings die typischen Schwächen zweimotoriger Jäger, u.a. mangelnde Wendigkeit. Als Jagdbomber dagegen war die P-38 gefürchtet; »Gabelschwanzteufel« nannten sie die von den Tieffflugangriffen heimgesuchten Infanteristen und Panzermänner. Insgesamt wurden 9923 Lightnings gebaut. Daten der Baureihe P-38L: 2×1425 PS, Höchstgeschwindigkeit 630 km/h, Gipfelhöhe 12 200 m, normale Reichweite 3540 km; Bugbewaffnung 1×20-mm-Kanone und 4×12,7-mm-MG, max. Außenlasten 10×130-mm-Raketen oder 1916 kg Bomben.

»Lila«

Beim Unternehmen *»Anton«*, dem Einmarsch deutscher Truppen in die unbesetzte französische Südzone (8.11.1942) als Reaktion auf die alliierte Landung in Nordafrika *(»Torch«)*, war der Kriegshafen *Toulon* ausgespart worden; die dort seit 1940 liegende französische Mittelmeerflotte sollte zusammen mit der »Waffenstillstandsarmee« der *Vichy*-Regierung die Verteidigung von Stadt und Küste übernehmen. Angesichts der Entwicklungen in Nordafrika (die französischen Befehlshaber verständigten sich nach kurzer Gegenwehr mit den Alliierten) wuchs das deutsche Mißtrauen gegen die französische Admiralität, so daß der Plan »Lila« in Gang gesetzt wurde: Truppen des deutschen II. Panzerkorps (Hausser) drangen am 27.11.1942 in Toulon ein. Sie kamen jedoch zu spät, der OB der französischen Hochseeflotte, Admiral de Laborde, hatte, rechtzeitig gewarnt, noch die Selbstversenkung anordnen können. Sie gelang fast vollständig, die deutschen Verbände fanden nur noch Wracks vor: 3 Schlachtschiffe, 4 Schwere und 3 Leichte Kreuzer, 1 Flugzeugmutterschiff, 30 Zerstörer, 16 U-Boote, 11 Kanonen- und 3 Torpedoboote waren im Hafenbecken gesunken, 5 U-Boote hatten ungesehen auslaufen können. Die Waffenstillstandsarmee wurde aufgelöst.

List, Wilhelm

* Oberkirchberg (bei Ulm) 14.5.1880, † Garmisch-Partenkirchen 18.6.1971

1898 ins Heer eingetreten, wurde List am 1.10.1930 Generalmajor und führte als Generaloberst im *Polenfeldzug* die 14. Armee, im *Frankreichfeldzug* 1940 (Ernennung zum Generalfeldmarschall 19.7.) und auf dem Balkan 1941 die 12. Armee. List übernahm am 7.7.1942 die Heeresgruppe A in Rußland, mit der er die Operation gegen den *Kaukasus* führen sollte. Seine Warnungen vor einer Überdehnung der Kräfte stießen bei Hitler auf taube Ohren. Obwohl sich seine pessimistische Lagebeurteilung bald als richtig erweisen sollte, wurde er am 10.9.1942 abgelöst und erhielt keine weitere Verwendung mehr. Nach Kriegsende verhaftet, wurde List im Prozeß gegen die *Südostgeneräle* am 19.10.1948 zu lebenslanger Haft verurteilt, aus Krankheitsgründen aber Weihnachten 1952 aus dem Kriegsverbrechergefängnis in Landsberg entlassen.

»Little Boy«
Die ganze Ahnungslosigkeit, mit der die Militärs ihre Vernichtungswaffen betrachteten, enthüllt sich in den Beinamen, die sie den *Atombomben* gaben: »Fat Man« (Dicker Mann) hieß die Bombe, die auf *Nagasaki* geworfen wurde, »Little Boy« (Kleiner Junge) die etwas kleinere und schlankere Form, die am 6.8.1945 den Tod nach *Hiroshima* brachte. »Little Boy« wog bei 3,50 m Länge und 0,75 m Durchmesser 4,5 t und entwickelte eine Sprengkraft von 12,5 Kilotonnen (kt).

London
Als Herz des Empire, Schaltzentrale der Kriegführung und größter Ballungsraum des Landes (1940: rund 8,7 Mio. Einwohner) wurde London Hauptziel der deutschen Luftoperationen gegen die Britischen Inseln. Bis 18.4.1944 erlebte die Stadt an der Themse insgesamt 354 Luftangriffe, dann von Juni 1944 bis März 1945 noch den Beschuß mit V-Waffen. – Die ersten Bomben fielen am 23.8.1940 auf die Innenstadt und lösten einen Vergeltungsangriff der RAF gegen Berlin aus, was wiederum zu Hitlers Drohung führte, er werde »London vom Erdboden vertilgen«. Bei der folgenden, von den Briten »Blitz« genannten Angriffsserie fielen allein im September 1940 über 5300 t Sprengbomben und 7429 Brandschüttkästen auf die Stadt, allnächtlich suchten die Menschen Schutz in den U-Bahn-Schächten. Seit März 1941 folgten weitere deutsche Nachtangriffe, deren schwerster am 10./11.5.1941 mit 500 Maschinen

(711 t Spreng- und 87 000 Brandbomben) 1212 Einwohner Londons tötete und 1769 verletzte, 12 000 wurden obdachlos. Insgesamt vernichtete die deutsche Luftoffensive 1940/41 rund 84 000 Gebäude und beschädigte zahllose weitere, darunter Westminster Abbey und das House of Parliament. Anfang 1943 nahm die Luftwaffe die Nachtbombardements wieder auf und setzte sie im Frühjahr 1944 mit dem Unternehmen *»Steinbock«* fort. Der Beschuß mit der Robotbombe *V1* seit dem Sommer 1944 zerstörte 25 000 Häuser, tötete 6184 Menschen und verletzte 17 981, obwohl Flak, Jäger und Ballons die meisten der anfliegenden Projektile unschädlich machten. Die Fernraketen *V2*, gegen die es keine Abwehrmöglichkeit gab, erzielten vom 8.9.1944 bis 27.3.1945 insgesamt 518 Treffer in Groß-London. Nach britischen Quellen kamen dadurch 2274 Londoner ums Leben, 6523 wurden verletzt.

Lübeck

Die Hafenstadt Lübeck an der Trave mit 155 000 Einwohnern (1940) war in der Nacht vom 28./29.3.1942 Ziel eines verheerenden Angriffs von 234 britischen Wellington- und Stirling-Bombern, die bei diesem ersten »area bombing« (Flächenbombardement) 304 t Brand- und Sprengbomben warfen. 320 Zivilisten kamen ums Leben, 785 wurden zum Teil schwer verletzt, 1425 Gebäude gingen in Flammen auf, 1976 erlitten schwere Schäden. Die RAF verlor zwölf Maschinen. Da in Lübeck, wie auch beim Angriff auf die Hansestadt Rostock einen Monat später, unersetzliche Kulturgüter des Spätmittelalters zerstört wurden, faßte Hitler einen Vergeltungsbeschluß: Mit sogenannten *Baedeker-Angriffen* ließ er historische englische Städte wie Bath, Canterbury, Exeter bombardieren.

Lubliner Komitee

Die Anfang Juli 1944 von der Roten Armee eroberte Stadt Lublin in Galizien wurde am 25.7.1944 Sitz eines mit sowjetischer Hilfe ins Leben gerufenen Polnischen Komitees der Nationalen Befreiung, fortan bekannt als Lubliner Komitee. Es sollte als kommunistisches Gegengewicht gegen die bürgerliche Londoner Exilregierung *Stalins* Interessen bei der Neuordnung Polens durchsetzen. Zum Schein wurden Verhandlungen mit London geführt, doch änderte das nichts an der Bolschewisierung des Landes. Am 28.6.1945 wurde aus dem Komitee von Lublin die erste polnische Nachkriegsregierung gebildet.

Luftschlacht um England

Nach der Weigerung Londons, den »sinnlos gewordenen Kampf« (Hitler) nach dem Zusammenbruch Frankreichs aufzugeben, gab Hitler mit Weisung Nr. 16 vom 16.7.1940 das Unternehmen *»Seelöwe«* für eine Invasion Englands in Auftrag, das nur unter einem sicheren Luftschirm durchführbar war. Die Fliegertruppe erhielt am 1.8.1940 die Weisung, »die englische Luftwaffe möglichst bald niederzukämpfen«. Am 13.8.1940 (Deckname *»Adlertag«*) begann der Angriff. Die deutsche Luftwaffe bot dafür die Luftflotten 2 (Kesselring) in Belgien, 3 (Sperrle) in Nordfrankreich und 5 (Stumpff) in Norwegen mit 875 Bombern, 316 Sturzbombern, 45 Fernaufklärern, 702 Jägern und 227 Zerstörern, insgesamt also über 2355 Maschinen, auf. Bis 31.8.1940 wurden insgesamt 4779 Einsätze geflogen, bei denen 4638t Bomben auf militärische Ziele abgeworfen wurden. Es gelang nicht, die Jagdabwehr der RAF niederzukämpfen, die mit der Radar-Frühwarnkette an der englischen Südküste über ein bis dahin kaum wahrgenommenes vorzügliches Abwehrmittel verfügte und zudem »Heimvorteil« hatte: Anmarschwege entfielen, und ausgestiegene Besatzungen konnten mit neuen Maschinen mehrmals aufsteigen, während mit den deutschen Flugzeugen zumeist auch die Flieger verloren waren. Als anfällig erwiesen sich vor allem die ruhmbedeckten *Stukas*, die sich im Luftkampf mit den britischen Jägern nicht messen konnten. Ebensowenig zeigten sich die Zerstörer vom Typ *Me 110* ihren Aufgaben als Fernjäger gewachsen. Die Wirkung der nun folgenden Nachtangriffe gegen die britische Industrie wurde von deutscher Seite überschätzt. Selbst die Zerstörungen in *London* oder in *Coventry* (14./15.11.1940) konnten den Widerstandswillen der britischen Bevölkerung nicht brechen. Der Aufmarsch der deutschen Luftwaffe für den *Rußlandfeldzug* zwang zum Abbruch der Luftschlacht um England. Sie hatte zwar schwere Schäden angerichtet und (bis 31.5.1941) 41 294 britische Zivilisten getötet und 52 128 verletzt, aber das Ziel, England friedensbereit zu machen oder auch nur die Voraussetzungen für eine Landung zu schaffen, war nicht erreicht worden. »Seelöwe« wurde aufgegeben. Die deutsche Luftwaffe hatte 1142 Bomber, 802 Jäger, 330 Zerstörer, 128 Sturzbomber als Totalverluste abbuchen müssen. Es kam in den späteren Kriegsjahren zu weiteren Luftangriffen gegen London und andere Ziele in England (*Baedeker-Angriffe*, *»Steinbock«*, *V1*, *V2* u.a.), die eigentliche Luftschlacht um England aber war verloren.

Luftschutz
Im Deutschen Reich wurde schon am 29.4.1933 der Reichsluftschutzbund (RLB) gegründet, der dem Reichsminister für die Luftfahrt und OB der Luftwaffe unterstand und 1944 von der NSDAP übernommen wurde. Ihm oblag die Schulung der ehrenamtlichen Luftschutzwarte, die die sogenannten Luftschutzgemeinschaften in einzelnen Häusern oder Häuserblocks führten. Am 26.5.1935 wurde eine Luftschutzpflicht eingeführt, die eine Dienstpflicht (Fliegeralarm, Verdunklung, Brandbekämpfung, Erste Hilfe, Räumarbeiten u.a.) sowie eine Sachleistungspflicht (Bau von Schutzräumen, Bereitstellung von Gerät u.a.) für alle Deutschen vorsah. Der alliierte Luftkrieg zeigte nach 1942 die engen Grenzen des Luftschutzes im modernen Krieg auf, viele Luftschutzhelfer wurden Opfer ihres Dienstes, die Schutzräume nicht selten zu Fallen in den Feuerstürmen, die die deutschen Großstädte verheerten. Besseren Schutz boten die zu spät und in zu geringer Zahl errichteten öffentlichen Luftschutzbunker. Sie waren zuweilen so stabil, daß ihre Beseitigung, wo sie in Angriff genommen wird, auch mit modernen Abbruchgeräten noch monatelange Arbeit erfordern kann.

Luftwaffenhelfer
Offizielle Bezeichnung für die sonst allgemein *Flakhelfer* genannten Schüler im Kriegshilfseinsatz.

Lütjens, Günther
* Wiesbaden 25.5.1889, † im Nordatlantik 27.5.1941
1907 in die Marine eingetreten, im 1. Weltkrieg bei der Torpedowaffe, war Lütjens seit Oktober 1937 Konteradmiral und Führer der Torpedoboote. Beim Unternehmen *»Weserübung«* (April 1940) führte er die Aufklärungsstreitkräfte und leitete als Flot-

tenchef seit Juli 1940 die Einsätze der Schlachtschiffe *Scharnhorst* und *Gneisenau.* Höhepunkt und gleichzeitig Ende seiner militärischen Laufbahn wurde der Oberbefehl über das Unternehmen *»Rheinübung«*: Von Bord des Schlachtschiffes *Bismarck* aus führte Lütjens im Mai 1941 die Operation und befahl trotz der schweren Treffer im Gefecht mit dem britischen Schlachtkreuzer *Hood* die Fortsetzung gegen den Rat des Kommandanten E. Lindemann. Als die Bismarck drei Tage später von einem überlegenen britischen Verband gestellt wurde, ließ Lütjens »bis zur letzten Granate« kämpfen, wie er es in seinem letzten Funktelegramm an Hitler versprochen hatte, und ging mit seinem Schiff und fast 2000 Mann Besatzung unter.

Lützow
Angeblich weil Hitler Sorge hatte, in ausländischen Zeitungen könnte einmal stehen: »Deutschland untergegangen«, wurde das Panzerschiff *Deutschland* am 15.11.1939 in Lützow (nach dem preußischen Freiheitshelden Adolf Freiherrr von Lützow, 1782–1834) umbenannt. Im Februar 1940 erfolgte der Umbau zum Schweren Kreuzer. Die Lützow nahm am Unternehmen *»Weserübung«* teil und erhielt von einem britischen U-Boot auf dem Rückweg zwei Torpedotreffer, die Schrauben und Ruder zerstörten. Nach Kiel geschleppt, wurde das Schiff am 13.6.1941 erneut von britischen Bomben beschädigt und mußte bis Januar 1942 in Reparatur. Es folgten Einsätze von Norwegen aus u.a. gegen alliierte Geleitzüge. 1944 wurde die Lützow als Ausbildungsschiff in die Ostsee verlegt; bei Herannahen der Front griff sie mit ihrer Artillerie in die Landkämpfe bei Memel, Frauenburg, Gotenhafen und Danzig ein. Am 16.4.1945 setzten britische Bomber den Kreuzer bei Swinemünde auf Grund. 1947 wurde er gehoben und 1948/49 in Leningrad abgewrackt.

MacArthur, Douglas
* Little Rock (Arkansas) 26.1.1880, † Washington (D.C.) 5.4.1964

Der amerikanische Stabsoffizier des 1. Weltkriegs MacArthur wurde 1919 als bis dahin jüngster Offizier Chef der Militärakademie West Point und 1922 Brigadegeneral. Als Generalstabschef des US-Heeres (seit 1930) bemühte sich MacArthur um Modernisierung und Verstärkung der Armee, geriet aber bald in Konflikt mit Präsident *Roosevelt*, dessen Politik des New Deal klare Prioritäten auf wirtschaftlichem und sozialem Gebiet setzte. 1935 wurde er auf die Philippinen versetzt mit dem Auftrag, dort eine einheimische Armee aufzubauen. Er erhielt dafür allerdings kaum Unterstützung aus Washington. Unter diesen Umständen mußte er nach Kriegsbeginn seinen Plan, den Archipel insgesamt gegen eine japanische Invasion zu verteidigen, bald aufgeben und den Rückzug auf die Halbinsel *Bataan* antreten, von wo aus der Hafen von Manila blockiert werden sollte. Doch selbst dies war nach dem japanischen Angriff vom 8.12.1941 nur kurze Zeit möglich. Am 23.2.1942 wurde MacArthur abberufen und am 17.3.1942 zum OB der US-Streitkräfte im Südwestpazifik ernannt. Unermüdlich forderte er die Konzentration aller Kräfte gegen Japan, konnte sich aber gegen die »Germany first«-Strategie des Präsidenten nicht durchsetzen. Immerhin erhielt er so viele Mittel, daß er seine Offensive auf den Salomonen (bis Oktober 1943 in amerikanischer Hand) und auf Neuguinea (März 1944 erobert) erfolgreich fortsetzen konnte. Ende Februar 1945 zog er wieder in Manila ein. Am 6.4.1945 wurde er als Feldmarschall OB aller US-Streitkräfte im Pazifik und nahm in dieser Eigenschaft am 2.9.1945 auf dem Schlachtschiff *Missouri* die Kapitulation Japans entgegen. Als OB der UN-Truppen im Koreakrieg (1950) heftete er weiteren Feldherrnruhm an seine Fahnen, geriet aber wegen seiner Forderung, Atombomben einzusetzen, mit Präsident *Truman* aneinander, der ihn am 11.4.1951 entließ. Der Vorgang rief in der amerikanischen Öffentlichkeit ein ungeheures Echo hervor. Die Republikanische Partei versuchte, den Kriegshelden zu einer Präsidentschaftskandidatur zu bewegen, aber der winkte ab. In seiner Abschiedsrede zitierte er eine Sentenz aus einer Soldatenballade, die sprichwörtlich werden sollte: »Alte Soldaten sterben nicht, sie verschwinden nur.«

Maginot-Linie

Nach dem französischen Kriegsminister André Maginot (1877–1932) war der Befestigungsgürtel an der französisch-deutschen Grenze von Longwy bis Basel benannt, mit dem sich Frankreich gegen jeden deutschen Angriff gesichert glaubte. 1932 weitgehend fertiggestellt, bestand die fast 3 Mrd. Francs teure Maginot-Linie aus einem Geflecht von 150 km unterirdischer Gänge mit 39 Wehrgruppen, 70 Bunkern, 500 Artillerie- und Infanterieblöcken, 500 Kasematten, Unterständen und Beobachtungstürmen. Im Moment der Prüfung während des *Frankreichfeldzugs* versagte die Anlage völlig. Nachdem die deutschen Armeen zunächst die Befestigungslinie umgangen und das Gros der alliierten Kräfte in Nordfrankreich eingekesselt hatten, durchbrach am 16.6.1940 die Heeresgruppe C die Maginot-Linie auch im Frontalangriff.

Majdanek

Das nationalsozialistische *Konzentrationslager* Majdanek (am südwestlichen Stadtrand von Lublin) wurde im Oktober 1941 errichtet und ein Jahr später zum Vernichtungslager im Rahmen der Judenverfolgung erweitert. In Majdanek wurden über 200 000 Menschen in Gaskammern ermordet, zahlreiche weitere wurden erschossen oder erlagen den unmenschlichen Haft- und Arbeitsbedingungen. Im längsten Verfahren der deutschen Nachkriegs-Justizgeschichte (Ermittlungen seit Oktober 1960, Anklageerhebung 1974, Urteil 1981, Revision vor dem Bundesgerichtshof bis 1984) wurden gegen mehrere Angehörige der früheren Lagerkommandantur Freiheitsstrafen verhängt.

Malinowski, Rodion Jakowlewitsch

* Odessa 23.11.1898, † Moskau 31.3.1967

Der spätere sowjetische Marschall (Ernennung 10.9.1944) Malinowski erwarb sich erste militärische Meriten 1916/17 bei den russischen Truppen in Frankreich, danach in der Fremdenlegion. 1919 kehrte er nach Rußland zurück und trat in die Rote Armee ein. 1937/38 nahm er am *Spanischen Bürgerkrieg* teil. Bei Beginn der deutsch-sowjetischen Feindseligkeiten war Malinowski Generalmajor und Kommandeur des XXXXVIII. Schützenkorps an der Südfront, die er seit Dezember 1941 selbst führte. In der

Schlacht um *Stalingrad* wurde Malinowski als OB der 2. Gardearmee gegen den deutschen Entsatzvorstoß Mitte Dezember 1942 eingesetzt. Am 2.2.1943 übernahm er wieder die Südfront und eroberte *Rostow* zurück. Seit April 1943 OB der Südwestfront (Oktober 1943 umbenannt in 3. Ukrainische Front), gelang es Malinowski Ende 1943, die deutschen Truppen auf der Krim abzuschneiden und am 10.4.1944 seine Heimatstadt Odessa zu befreien. Mit der 2. Ukrainischen Front, die er von *Konjew* übernommen hatte, eroberte er am 31.8.1944 Bukarest, die Hauptstadt des mit dem Deutschen Reich verbündeten Rumänien. Beim weiteren Vormarsch fielen Budapest am 11.2. und Wien am 14.4.1945. im August/September 1945 war er OB der Transbaikal-Front im Kampf gegen Japan. Malinowski setzte seine Nachkriegskarriere als OB der sowjetischen Landstreitkräfte (1956/57) und Verteidigungsminister (seit 1957) fort.

Malmedy

In der Nähe der belgischen Kreisstadt Malmedy (südlich von Aachen) wurde während der *Ardennenoffensive* am 17.12.1944 eine amerikanische Abteilung durch die 1. SS-Panzerdivision *Leibstandarte-SS »Adolf Hitler«* abgeschnitten. Die GIs ergaben sich, doch eröffneten SS-Männer aus ungeklärten Gründen das Feuer aus Maschinenwaffen und töteten 71 der bereits gefangengenommenen Amerikaner. Das Massaker von Malmedy war nach dem Krieg Gegenstand eines vieldiskutierten Gerichtsverfahrens. 73 ehemalige Angehörige der SS-Division, darunter SS-Standartenführer *Peiper*, wurden in Dachau vor ein Militärtribunal gestellt. Die Anklage stützte sich auf Geständnisse der Angeklagten, doch behaupteten diese, zu ihren Aussagen durch physischen und psychischen Druck gezwungen worden zu sein. Das Gericht sprach 43 Todesurteile aus, 22 Angeklagte erhielten lebenslänglich, die übrigen zeitige Haftstrafen. Alle Strafen wurden später mehrfach herab- oder ausgesetzt.

Malta

Ursprünglich hatten die Briten gar nicht vor, ihre Kronkolonie Malta, eine Inselgruppe in der Straße von Sizilien zwischen westlichem und östlichem Mittelmeerbecken, bestehend aus der Hauptinsel Malta mit der Hauptstadt Valletta und zahlreichen kleineren Inseln, gegen einen Angriff Italiens zu verteidigen. Doch die Royal Navy hielt an Malta als ihrem wichtigsten Mittelmeerstützpunkt fest, und da Italien nach dem Kriegseintritt (10.6.1940) die Wegnahme versäumte, wurde das militärische Potential der Insel, insbesondere die Luftstreitkräfte, erfolgreich ausgebaut. Das machte sich bei Beginn des Krieges in Libyen durch hohe Nachschubverluste Italiens bemerkbar, die deutsche Hilfe *(Afrikafeldzug)* erforderlich machte. Das deutsche X. Fliegerkorps verlegte nach Süditalien und Sizilien und konnte zeitweise die Bedrohung durch Malta ausschalten. Im Sommer 1941 erzwang jedoch der *Rußlandfeldzug* den Abzug starker Fliegerkräfte – für die Briten eine Gelegenheit, auf Malta neue Flugfelder und Munitionsdepots anzulegen und weitere Bomberstaffeln und Kriegsschiffe zu stationieren. Prompt gingen wieder die Verlustziffern beim Nachschub für die deutsch-italienischen Verbände in Nordafrika in die Höhe, was auch wieder Auswirkungen auf das Kriegsgeschehen hatte: *Rommel* mußte die *Cyrenaika* preisgeben. Daraufhin verlegte Ende 1941 wiederum ein Luftwaffen-Großverband, die Luftflotte 2 (Kesselring), nach Süditalien. Bis in den Sommer 1942 hinein wurden Flugplätze und Hafenanlagen pausenlos bombardiert, unter schweren Verlusten mußten sich schließlich alle britischen Überwassereinheiten von Malta zurückziehen. Eine gleichzeitig erwogene Eroberung der Insel durch eine Luftlandung (Unternehmen *»Herkules«*) unterblieb jedoch; teils scheute Hitler die möglichen hohen Verluste, teils verließ er sich auf die Zusage Rommels nach der Einnahme von *Tobruk* (21.6.1942), den Feldzug in Nordafrika auch so erfolgreich zu Ende zu bringen. Dementsprechend wurden Luftwaffenverbände abgezogen. Mit dem Nachlassen des Drucks erholte sich Malta erneut, so daß der Nachschub für die Panzerarmee Afrika entscheidend gestört wurde: Von August bis Oktober 1942 gingen rund ein Drittel aller Transporte verloren. Die Niederlage von *El Alamein* im November 1942 war die Quittung für die Fehleinschätzung von Malta durch die Achsenmächte. Nach der alliierten Landung auf Sizilien (Juli 1943) geriet Malta an den Rand des Kriegsgeschehens. Die Insel hatte in drei Jahren des Kampfes 3215mal Luftalarm erlebt, 14000t Bomben waren niedergegangen, 1490 Zivilisten waren ums Leben gekommen und 35000 Wohnungen zerstört worden. Die deutsche Luftwaffe verlor insgesamt über 1000 Maschinen, die RAF bei der Verteidigung 568.

Manhattan Project

Die Aktivitäten zur Entwicklung einer amerikanischen *Atombombe* liefen unter der Sammelbezeichnung Manhattan Project (Manhattan Engineer District, MED). Federführend war das Heer, die Leitung hatte Brigadegeneral Groves. Aus Gründen der Geheimhaltung wurden die Mittel für das Projekt (schließlich über 2,5 Mrd. Dollar) ohne Konsultation des Kongresses bewilligt. Zeitweilig arbeiteten bis zu 300 000 Menschen daran, nur eine Handvoll jedoch war eingeweiht in die eigentlichen Ziele des Unternehmens, für das zwei riesige Produktionsstätten in Oak Ridge (Tennessee) und Hanford (Washington) geschaffen wurden. Für den Zusammenbau der Bombe und die Leitung der wissenschaftlichen Forschung schuf man in Los Alamos (New Mexico) ausgedehnte Laboranlagen und Werkstätten. Ganz in der Nähe bei Alamogordo wurde am 16.7.1945 die erste Atombombe gezündet.

Mannerheim, Carl Gustav Freiherr von

* Villnäs (bei Turku) 4.6.1867, † Lausanne 27.1.1951
Der finnische Berufsoffizier Mannerheim diente im 1. Weltkrieg bis 1917 als Offizier in der russischen Armee. 1917/18 führte er als OB die finnische »Weiße« Armee erfolgreich gegen die »Rote« der mit den Bolschewisten sympathisierenden finnischen Kommunisten. Als Reichsverweser konnte er 1918/19 die internationale Anerkennung der finnischen Unabhängigkeit durchsetzen. 1931–39 war Mannerheim Vorsitzender des Kriegsrats (1933 zum Marschall ernannt). In dieser Zeit wurde auf der 125 km breiten Karelischen Landenge zwischen Ladogasee und Finnischem Meerbusen (Ostsee) ein Befestigungsgürtel angelegt, die Mannerheim-Linie, die 1939/40 im finnisch-sowjetischen *Winterkrieg* zwei Monate lang vergeblich von den Sowjets berannt und erst im Februar 1940 erstmals durchbrochen wurde. In diesem Krieg wie auch in der Zeit, da Finnland an der Seite Deutschlands gegen die Sowjetunion kämpfte (1941–44), war Mannerheim OB der finnischen Streitkräfte. Als Staatspräsident (1944–46) führte Mannerheim durch den Abschluß eines Waf-

fenstillstands mit der Sowjetunion (19.9.1944) sein Land aus dem Krieg.

Mannheim/Ludwigshafen
Der industrielle Ballungsraum Mannheim/Ludwigshafen zu beiden Seiten des Rheins in Höhe des Neckarzuflusses mit 286 000 (Mannheim) und 145 000 (Ludwigshafen) Einwohnern (1940) erlebte zahlreiche Luftangriffe während der alliierten Bomberoffensive. Bevorzugtes Ziel waren die Werksanlagen der BASF. Schon 1941/42 kam es zu ersten Angriffen, die sich 1943 steigerten: Am 9./10.8. warfen 432 Maschinen 1684 t Bomben, am 5./6.9. waren es 546 RAF-Bomber, die bei 34 Verlusten 1463 t Bomben ausklinkten. Am 23./24.9. folgte ein Großangriff von ähnlicher Stärke. Das Zerstörungswerk ging 1944 weiter. Am schwersten war der Angriff der 8. US-Luftflotte am 29.1., der die BASF-Produktion weitgehend lahmlegte. Insgesamt fielen dem Bombenkrieg 53 % des Wohnraums zum Opfer. Ludwigshafen wurde am 25.3.1945 vom XX. US-Korps (Walker), Mannheim vier Tage später vom XV. US-Korps (Haislip) besetzt.

Manstein, Erich von
* Berlin 24.11.1887, † Irschenhausen (Isartal) 10.6.1973
Für den britischen Militärhistoriker Basil Liddell Hart war er der »gefährlichste Gegner der Alliierten«: Erich von Lewinski genannt von Manstein war der geistige Vater des Plans für den deutschen Vormarsch im Westen 1940, des *»Sichelschnitts«* durch die Ardennen und Belgien mit schnellen Panzerverbänden zur Kanalküste. Der vom OKH sehr skeptisch beurteilte Plan fand Hitlers Billigung und brachte nach dem Erfolg die Beförderung Mansteins zum General der Infanterie (19.7.1940). Im *Rußlandfeldzug* führte Manstein die 11. Armee, mit der er 1942 die *Krim* eroberte. Am 1.7.1942 zum Generalfeldmarschall ernannt, übernahm er den Oberbefehl über die Heeresgruppe Don (später Süd). Zwar konnte er den sowjetischen Kessel um die deutsche 6. Armee in *Stalingrad* nicht mehr sprengen, doch gelang ihm mit einem genialen Konzept, das er »Schlagen aus der Nachhand« nannte, die Rettung der Südfront in Rußland (u.a. Rückeroberung *Charkows* 16.3.1943). Nach Meinungsverschiedenheiten mit Hitler, der nun »nur noch Steher« haben wollte, wurde

Manstein am 30.3.1944 abgelöst und nicht wieder verwendet. Von den Briten gefangengenommen, wurde er am 19.12.1949 in Hamburg zu 18 Jahren Haft verurteilt, u.a. weil er den *Kommissarbefehl* weitergegeben und die *Einsatzgruppen* bei ihren Mordtaten hatte gewähren lassen. Aus Gesundheitsgründen im Mai 1953 freigelassen, schrieb Manstein seine Memoiren »Verlorene Siege« (1955). Sein Renommee bei den Westmächten reichte so weit, daß er als einziger Wehrmachtfeldmarschall beim Aufbau der Bundeswehr als Gutachter herangezogen wurde.

Maquis

Der dichte Buschwald des Mittelmeergebiets, französisch Maquis, bot verfolgten Partisanen guten Unterschlupf. Im übertragenen Sinn wurde daraus die Bezeichnung Maquis für die französische Untergrundbewegung *Résistance*, ihre Kämpfer nannte man entsprechend Maquisards.

Marauder

Als »Witwenmacher« war er bei unerfahrenen Piloten gefürchtet: Der mit rund 16 t Startgewicht extrem schwere zweimotorige amerikanische Bomber Martin B-26 mit dem Beinamen Marauder war schwer zu handhaben, davon zeugten zahlreiche Abstürze in der Erprobungsphase nach dem Erstflug (25.11.1940). Bei späteren Einsätzen erwiesen sich jedoch die besonderen Qualitäten des Flugzeugs, vor allem seine außergewöhnliche Strapazierfähigkeit. Bis 1945 wurden insgesamt 5157 Stück gebaut, 427 davon erhielt die RAF. Daten der letzten Baureihe B-26 G: 2×1920 PS, Höchstgeschwindigkeit 450 km/h, Bombenlast 2369 kg, bewegliche Abwehrbewaffnung 11×12,2-mm- und 2×7,62-mm-MG, 5 Mann Besatzung.

Mareth-Linie

Nach der alliierten Landung in Nordafrika im November 1942 (*»Torch«*) und der fast gleichzeitigen Niederlage *Rommels* bei *El Alamein* wurde die Mareth-Linie, eine französische Befestigungsanlage im östlichen Tunesien etwa auf der Höhe der Insel Djerba, hastig instand gesetzt und von der zurückgehenden deutsch-italienischen Panzerarmee Afrika bezogen. Von der Mareth-Linie aus startete Rommels letzte Offensive im Afrikafeldzug, ein Angriff gegen das X. und XXX. Korps der britischen 8. Armee (Montgomery). Der deutsche Vormarsch blieb im britischen Feuer liegen und kostete die mittlerweile gebildete deutsch-italienische Heeresgruppe Afrika ein Drittel der eingesetzten 150 Panzer. Rommel verließ daraufhin endgültig den nordafrikanischen Kriegsschauplatz. Den britischen Truppen gelang am 20./21.3. eine Umgehung der Befestigungsanlagen. Am 27.3. wurde die Mareth-Linie von den Achsentruppen geräumt, die im Wadi Akarit nördlich Gabès einen neuen Riegel bildeten (hielt bis 7.4.1943).

Marianen

Die Marianen, eine Inselgruppe im westlichen Pazifik mit den Hauptinseln Saipan, Tinian (beide seit 1920 japanisches Mandat) und *Guam* (seit 1898 amerikanisch; am 10.12.1941 von den Japanern besetzt) bildeten im *Pazifikkrieg* ein wichtiges strategisches Etappenziel beim Inselspringen Richtung Tokio. Für die Operation »Forager« zog Admiral *Nimitz* im Sommer 1944 die bis dahin größte amphibische Streitmacht von 540 Kriegs- und Hilfsschiffen zusammen. Admiral Turner erhielt den Auftrag, insgesamt 127 000 Mann zu landen. Fernsicherung übernahm die 5. Flotte (Spruance) mit 7 Schlachtschiffen und 15 Flugzeugträgern. Nach intensiver Vorbereitung durch Schiffsartillerie und Luftangriffe wurde zuerst Saipan (bis 9.7.), dann Tinian (bis 1.8.) und schließlich Guam (bis 10.8.) genommen. Der Widerstand der Japaner war stärker als erwartet, immer wieder kam es zu selbstmörderischen *Banzai*-Gegenangriffen. Nach dem Ende der Kämpfe wurden auf den Marianen Flugbasen für die Luftoffensive gegen das 2400 km entfernte japanische Mutterland errichtet. Von Tinian aus startete am 6.8.1945 das Flugzeug, das die Atombombe auf *Hiroshima* warf.

»Marita«

Die von Hitler mit Weisung Nr. 20 am 13.12.1940 angeordnete Planung eines Angriffs auf Griechenland von Bulgarien aus trug den Decknamen »Marita«. Ziel sollte die Inbesitznahme der Küste der Ägäis und des Beckens von Saloniki sein, um die in Albanien in Bedrängnis geratenen italienischen Streitkräfte zu entlasten. Nach dem Putsch deutschfeindlicher Kräfte in Jugoslawien (27.3.1941) wurde »Marita« durch einen weiteren Angriff aus Österreich Richtung Belgrad zum *Balkanfeldzug* ausgeweitet.

»Market Garden«

Unter der Codebezeichnung »Market Garden« (engl. Handelsgärtnerei) lief die Planung für ein Unternehmen, mit dem der britische OB *Montgomery* sich im Herbst 1944 durch eine Eroberung Hollands den Weg ins Deutsche Reich zu bahnen hoffte. Dabei sollten verschiedene Fluß- und Kanalübergänge u.a. bei Eindhoven, Veghel, Grave, Nimwegen und Arnheim von Luftlandestreitkräften eingenommen und gesichert werden. Angesetzt wurden zwei amerikanische und eine britische Luftlandedivision sowie eine polnische Fallschirmjägerbrigade. »Market Garden« begann am 17.9. und verlief nur zum Teil planmäßig. Vor allem die Landung der Briten bei *Arnheim* wurde zur Katastrophe.

Marseille, Hans-Joachim

* Berlin 13.12.1919, † Nordafrika 30.9.1942

Die deutsche Propaganda feierte ihn als »Stern von Afrika«: Marseille brachte es fertig, an einem einzigen Tag, dem 1.9.1942, 17 Maschinen des Gegners abzuschießen. Mit insgesamt 158 Luftsiegen war der im März 1941 nach Nordafrika versetzte Luftwaffenhauptmann erfolgreichster Jagdflieger der westlichen Kriegsschauplätze. Am 4.9.1942 erhielt er die Brillanten zum Ritterkreuz mit Eichenlaub und Schwertern, vier Wochen später kam er beim Absprung aus seiner brennenden Maschine ums Leben, weil sich der Fallschirm nicht öffnete.

Marshall, George Catlett

* Uniontown (Pennsylvania) 31.12.1880, † Washington (D.C.) 16.10.1959

Sein Name ist mit der amerikanischen Wirtschaftshilfe für das kriegszerstörte Europa verbunden: Seit 1901 Offizier, wurde Marshall im September 1939 Generalstabschef der amerikanischen Streitkräfte und war seit März 1942 nur dem Präsidenten verantwortlich. Er machte aus einem Heer von 60000 Berufssoldaten eine Armee, die beim Beginn des Pazifikkriegs (7.12. 1941) 1 Mio. und im August 1943 3 Mio. Mann zählte. Als oberster militärischer Berater *Roosevelts* nahm er an allen alliierten Gipfelkonferenzen teil und hatte großen Einfluß auf die strategischen Planungen. Nach dem Krieg begann Marshall eine Karriere als Politiker: als Sonderbotschafter von Präsident *Truman* in China, seit 21.1.1947 als Außenminister. Am 5.6.1947 verkündete er das European Rescue Programme (ERP) zur Linderung der Kriegsfolgen in Europa, den sogenannten Marshallplan. Aus gesundheitlichen Gründen trat er im Januar 1949 zurück, ließ sich aber während des Koreakriegs 1950/51 noch einmal zum Verteidigungsminister machen. Am 30.10.1953 erhielt er zusammen mit Albert Schweitzer den Friedensnobelpreis.

Marzabotto

Im August/September 1944 wurden das italienische Städtchen Marzabotto bei Bologna und einige westlicher liegende Bergdörfer wie Farnocchia und Sant'Anna di Stazzema Schauplatz von Kriegsverbrechen. Einheiten der 16. SS-Panzergrenadierdivision »Reichsführer-SS« zerstörten den Ort und die Dörfer als Antwort auf die Tätigkeit der Partisanen in der Region. Nach italienischen Angaben kamen 1830 Zivilisten (vor allem Frauen und Kinder) in den in Brand gesteckten Häusern um oder wurden erschossen; allein im mit Flüchtlingen überfüllten Sant'Anna wurden später über 400 Leichen identifiziert. Der Leiter der Aktion, SS-Sturmbannführer Walter Reder, wurde 1951 in Bologna zu lebenslanger Haft verurteilt, aber im Januar 1985 begnadigt.

Maschinengewehr MG 42

Als Ersatz für das MG 34, mit dem die Wehrmacht in den Krieg gezogen war, wurde ganz nach den Frontanforderungen ein neues MG entwickelt, das 1942 in Serie ging. Als »Hitler-Säge« oder »elektrisches MG« (so genannt wegen der schnellen Schußfolge) erwarb es sich einen legendären Ruf. Das neuartige Verschlußsystem des MG 42 basierte auf einem Patent von Eduard Strecke aus Warschau. Das MG wog mit Zweibein 11,6 kg, hatte eine Schußfolge von bis zu 1500 Schuß/min und verschoß die 7,92-mm-Mauserpatrone des deutschen Infanteriegewehrs 98k mit einer Mündungsgeschwindigkeit von 820 m/sek.

Matapan

Nach dem mißlungenen Überfall Italiens auf Griechenland (Ende Oktober 1940) und dem Eingreifen britischer Truppen entstand für die schon zum Angriff auf die Sowjetunion entschlossene deutsche Führung eine bedrohliche Lage an der Südflanke. Das OKW drängte daher den italienischen Bundesgenossen, mit seiner Flotte energisch gegen die englischen Konvois von Ägypten nach *Kreta* und zum griechischen Festland vorzugehen. Als am 16.3.1941 das deutsche X. Fliegerkorps meldete, zwei britische Schlachtschiffe seien durch Treffer von He-111-Torpedobombern außer Gefecht gesetzt (was sich später als Irrtum herausstellte), entschloß sich das *Comando Supremo* zum Handeln. Ein Kampfverband unter Admiral Iachino mit dem Schlachtschiff Vittorio Veneto, 9 Kreuzern und 13 Zerstörern ging am 26.3. in See mit dem Auftrag, vor Kreta britische Griechenland-Geleite zu stellen und zu vernichten. Die Briten hatten Kenntnis von der Operation; OB Mittelmeer Admiral *Cunningham* ließ am 27.3. ein Geschwader von 4 Kreuzern und 4 Zerstörern als Force B unter Vizeadmiral Pridham-Wippell aus Piräus auslaufen. Er selbst führte die Force A mit den Schlachtschiffen Warspite, Barham und Valiant, dem Träger Formidable und 4 Zerstörern, die sich von Alexandria aus in Marsch setzten. Bei Kap Matapan an der Südspitze Griechenlands kam es am 28./29.3. zu mehreren Seegefechten, die in jeder Hinsicht unglücklich für die Italiener verliefen. Ohne ausreichende Aufklärung und ohne Luftschirm (den das deutsche X. Fliegerkorps hatte stellen sollen, das aber zu spät kam) wurden ihre Schiffe von britischen Trägerflugzeugen und von Bombern, die auf Kreta stationiert waren, angegriffen. Das Schlachtschiff Vittorio Veneto erlitt Beschädigungen, konnte aber entkommen, die Kreuzer Pola, Zara und Fiume sowie zwei Zerstörer gingen im Feuer der britischen schweren Einheiten unter. Während die Briten nur ein Torpedoflugzeug einbüßten, hatten die Italiener mit ihren Schiffen 3000 Mann verloren, 905 Mann wurden von britischen und griechischen Schiffen gerettet und gingen in Gefangenschaft.

Mauthausen

Nationalsozialistisches *Konzentrationslager* 20 km östlich von Linz (Oberösterreich), das im August 1938 errichtet wurde. In

Mauthausen gab es bis 1945 über 71 000 beurkundete Todesopfer.

Me 109

Gemäß einer Ausschreibung des Luftfahrtministeriums, die eine Ablösung der herkömmlichen Doppeldecker forderte, entwickelte die Firma *Messerschmitt* 1934/35 aus ihrem schnellen Reiseflugzeug Me 108 Taifun eine militärische Variante, die Me 109. Als Ganzmetalleindecker mit einziehbarem Fahrwerk und verglaster Kabine wurde sie typenbildend für eine ganze Generation von Hochleistungsjagdflugzeugen. Die Me 109 war Standardjäger der Luftwaffe, flog aber auch bei allen europäischen Verbündeten Deutschlands. Vom ersten bis zum letzten Kriegstag war sie an allen Fronten eingesetzt und erfüllte Aufgaben nicht nur als Jäger, sondern auch – entsprechend umgerüstet – als Jagdbomber, Höhenjäger, Aufklärer, Pulkzerstörer, Nachtjäger, Trainer u.a. Insgesamt wurden rund 35 000 Maschinen gebaut. Daten der ersten Großserie E von 1939/40: 1×1100-PS-Reihenmotor, Höchstgeschwindigkeit 570 km/h, 2×20-mm-Kanonen und 2×7,9-mm-MG. Durch Entwicklung neuer Motoren konnten die Höchstgeschwindigkeiten auf 635 km/h in der G-Serie (1942) und 728 km/h in der K-Serie (1944) gesteigert werden. Nach dem Krieg setzte das Prager Flugzeugwerk Avia mit zurückgelassenen Montagebändern und Bauteilen die Produktion der Me 109 unter dem Namen Avia C 10 fort. Auf abenteuerlichen Wegen gelangten einige dieser Maschinen nach Israel, wo sie im Unabhängigkeitskrieg 1948/49 flogen und gegen die *Spitfires* der ägyptischen Luftwaffe die Duelle des 2. Weltkriegs wiederholten.

Me 110

Unter der Typenbezeichnung Me 110 entwickelten die *Messerschmitt*-Werke 1936 einen zweimotorigen Zerstörer. Bei Kriegsbeginn standen 68 Exemplare zur Verfügung. Das Flugzeug, bewaffnet mit 4×7,9-mm-MG und 2×20-mm-Kanonen im Bug, erwies sich 1939/40 in Polen und Frankreich als wirksame Waffe beim Tiefangriff auf Flugplätze und Kolonnen. Dagegen versagte die Me 110 als Begleitjäger wegen mangelnder Beweglichkeit bei der *Luftschlacht um England*. Im Osten und im Mittelmeerraum wurde die Me 110 hauptsächlich als Jagdbomber und Photoaufklärer eingesetzt. Weil das Nachfolgemuster Me 210 technische Unzulänglichkeiten zeigte, wurde die Me 110 bis März 1945 weitergebaut. Insgesamt kamen 6150 Stück zur Truppe. Eine bedeutende Rolle spielte die Me 110 bei der Reichsverteidigung. Bis zum Auftauchen amerikanischer Begleitjäger über Deutschland operierten Zerstörergeschwader, deren Maschinen mit Werferraketen ausgestattet waren, erfolgreich gegen die Flying Fortresses der US Air Force. Mit »Lichtenstein«-Funkmeßgeräten ausgerüstet, flogen sie in der Nachtjagd gegen die Bomber der RAF; dabei sollen ihnen nach britischen Schätzungen 4200 Abschüsse gelungen sein. Daten der Baureihe G-4: 2×1475 PS, max. 547 km/h in 7600 m Höhe, Reichweite rund 2000 km mit Zusatztanks, 2×30-mm- und 2×20-mm-Kanonen im Bug, 2×7,9-mm-MG als bewegliche Abwehrbewaffnung nach hinten, 2–3 Mann Besatzung.

Me 262 →Schwalbe

»Merkur«

Nach dem Überfall Italiens auf Griechenland im Oktober 1940 war *Kreta* von britischen Truppen besetzt worden, deren Zahl sich im Laufe des britischen Rückzugs vom Festland gegen Ende des *Balkanfeldzugs* im April 1941 noch verstärkte. Die deutsche Führung befürchtete, daß von Kreta aus die deutsche Position auf dem Balkan gefährdet werden könnte. Daher schlug General *Student* am 21.4.1941 Hitler eine großangelegte Operation gegen die Insel vor, die angesichts der britischen Seeherrschaft im Mittelmeer als Luftlandeunternehmen vonstatten gehen sollte. Mit Führerweisung Nr. 28 wurde sie am 25.4. angeordnet. Für »Merkur«, so der Deckname des Unternehmens, wurden 15 000 Mann der 7. Fallschirmdivision (Generalleutnant Süssmann), 8500 Mann der 5. Gebirgsdivision (Generalmajor Ringel) und 700 Kradschützen der 5. Panzerdivision bereitgestellt. Sie sollten mit 539 Ju 52 und 300 Lastenseglern, gedeckt von 270 Bombern, 150 Stukas, 90 Jägern, 90 Zerstörern und 60 Aufklärern, auf die Insel gebracht werden. Diese war inzwischen von den Briten mit starken Befestigungen versehen worden, von deren Existenz die Angreifer wenig wußten, so wie sie auch die Zahl der Verteidiger falsch einschätzten. Dadurch kam es bei der Auslösung von »Merkur« am 20.5.1941 zu blutigen Überraschungen.

Mers el-Kebir

Im französischen Kriegshafen Mers el-Kebir bei Oran in Algerien lag bei Ende des *Frankreichfeldzugs* ein großer Teil der französischen Kriegsflotte: die Schlachtschiffe Dunkerque, Strasbourg, Provence und Bretagne, das Flugzeugmutterschiff Commandant Teste sowie eine Flottille von sechs Zerstörern. Im Rahmen des Unternehmens *»Catapult«*, mit dem das britische Kriegskabinett verhindern wollte, daß die französische Flotte den Deutschen in die Hände fiel, erschien am 3.7.1940 die Force H (Admiral Somerville) mit den Schlachtschiffen *Hood*, Resolution und Valiant, dem Träger *Ark Royal*, zwei Kreuzern und elf Zerstörern vor Mers el-Kebir. Der französische Befehlshaber, Vizeadmiral Gensoul, wurde ultimativ aufgefordert, seine Schiffe an die Navy anzuschließen und sie in britische Häfen – notfalls auch in die USA – zu verlegen oder sie zu versenken. Als die französische Führung dies verweigerte, ließ Somerville das Feuer auf die vor Anker liegenden und kaum gefechtsbereiten Schiffe eröffnen. Dabei wurden Bretagne mit 977 Mann und ein Zerstörer (42 Tote) versenkt, Provence und Dunkerque (210 Tote) schwer getroffen, während es der Strasbourg mit fünf Zerstörern glückte, nach *Toulon* zu entkommen. Am 6.7. wurde Mers el-Kebir noch einmal von britischen Torpedoflugzeugen angegriffen; die Gesamtzahl der französischen Opfer erhöhte sich dadurch auf 1297 Mann. In Frankreich löste der Überfall des einstigen Verbündeten einen tiefen Schock aus; die Regierung von *Vichy* brach die Beziehungen zu London ab, bei der Bevölkerung wuchs die Bereitschaft zur *Kollaboration*.

Messerschmitt AG

1938 wurden die Bayerischen Flugzeugwerke (Stammsitz Augsburg) des Konstrukteurs Willy Messerschmitt (1898–1978) zur Messerschmitt AG umgewandelt. Daher waren für die Baumuster des Konzerns zeitweilig die Typenabkürzungen Bf und Me in Gebrauch. Mit der Entwicklung des Jagdeinsitzers *Me 109* (aus dem schnellen Reiseflugzeug Me 108 Taifun) ab 1934 verschrieb sich die Messerschmitt AG der militärischen Produktion und wurde zu einer der führenden Firmen auf diesem Sektor. Es folgten seit 1938 der zweimotorige Zerstörer *Me 110* und dessen Nachfolgemodelle Me 210 und Me 410 Hornisse. Ab 1942 wurde der sechsmotorige Großraumtransporter Me 323 *Gigant* ausgeliefert. Dazu kamen als revolutionäre Neuerungen seit 1943 der Raketenjäger Me 163 *Komet* (von der Truppe mit dem Spitznamen »Kraftei« bedacht) und seit 1944 der erste operationsreife Düsenjäger der Welt, die Me 262 *Schwalbe*. Das Projekt eines vier- bis sechsmotorigen »Amerikabombers« Me 264 gelangte nicht über zwei Prototypen hinaus. Nach dem Krieg verlegte sich die Messerschmitt AG auf die Herstellung von Nähmaschinen und Kleinwagen; mit dem Kabinenroller KR 200, als »Schneewittchensarg« und »Schlaglochsuchgerät« verulkt, stieg der ehemalige Flugzeugproduzent in die Motorisierungswelle der 50er Jahre ein. 1969 fusionierte Messerschmitt mit mehreren traditionsreichen Flugzeugfirmen zur MBB GmbH und beteiligte sich wieder am Flugzeugbau.

Meteor

Die Firma Gloster Aircraft Co. entwickelte mit der Meteor das erste und einzige Strahlflugzeug, das auf alliierter Seite noch zum Einsatz kam. Seit Juli 1944 wurden 16 Einsatzmuster Meteor I an die RAF geliefert; ihnen gelang am 4.8.1944 der Abschuß von zwei *V1*-Flugbomben. Bei Kriegsende operierten zwei Staffeln auf dem Kontinent, es kam jedoch nicht mehr zu Luftkämpfen. Daten der Version Meteor III: 2 Strahlturbinen Rolls-Royce Derwent mit je 907 kp Schub, Höchstgeschwindigkeit 793 km/h in 9150 m Höhe, Reichweite 2150 km, 4×20-mm-Kanonen in der Rumpfnase.

»Michael«

Im Oktober 1943 drohte die Abschnürung der deutschen 17. Armee auf der *Krim* durch die 4. Ukrainische Front (Tolbuchin). Das daraufhin vom deutschen OB General der Pioniere Jaenecke zur Räumung der Halbinsel ausgelöste Unternehmen »Michael« wurde jedoch von Hitler am 28.10. angehalten. Am 1.11. brachen die Sowjets bis zum Dnjepr durch. Sie riegelten die Landenge von Perekop ab und trennten damit den deutschen Verband auf der Krim von allen Landverbindungen. Er konnte nur noch aus der Luft und über See versorgt werden. Bis April 1944 wurde die 17. Armee auf die Seefestung Sewastopol zurückgedrängt. Dennoch war Hitler erst am 8.5. bereit, die Räumung zu genehmigen. Es gelang Luftwaffe und Kriegsmarine nur noch, 37000 Mann, darunter 10000 Verwundete, nach Rumänien zu überführen, 31700 Deutsche und 25000 Rumänen waren gefallen oder vermißt, das Schicksal von 20000 Mann blieb ungeklärt.

Midway

Eine winzige Inselgruppe im mittleren Pazifik nordwestlich von Hawaii, bestehend aus zwei Atollen mit zusammen 5,2 km^2, bildete zu Beginn des *Pazifikkriegs* den wichtigsten Außenposten der USA: Auf den Inselchen von Midway unterhielten sie Flugfelder, eine Seefliegerstation, Funkanlagen und umfangreiche Treibstoff- und Munitionsdepots. Gegen diesen Stützpunkt richtete sich im Juni 1942 ein japanisches Unternehmen, aus dem sich eine der Entscheidungsschlachten des 2. Weltkriegs entwickelte. Mit der Einnahme von Midway hoffte die japanische Führung die Bedrohung ihres Mutterlandes durch amerikanische Langstreckenbomber loszuwerden und gleichzeitig selbst eine Basis für Vorstöße gegen die amerikanische Westküste und den Panamakanal zu gewinnen. Man nahm in Tokio auch an, daß sich bei dieser Gelegenheit die seit *Pearl Harbor* (7.12.1941) noch geschwächte US-Pazifikflotte zu einer Seeschlacht stellen ließe, bei der man ihr ganz den Garaus machen könne. Der japanische Flottenchef *Yamamoto* setzte daher fast seine gesamten Überwasserstreitkräfte in Marsch: 8 Träger mit 407 Maschinen, 11 Schlachtschiffe, 22 Kreuzer und 65 Zerstörer. Er verteilte aber die Trägerstaffeln auf mehrere getrennt operierende Kampfgruppen – ein Fehler, wie sich zeigen sollte. Ein Verband (Kakuta, Landungsgruppe unter Hisogaya) führte einen Ablenkungsangriff gegen die Aleuten, doch die amerikanische Aufklärung hatte den japanischen Funkcode geknackt und ließ sich nicht täuschen. Admiral *Nimitz* legte seine beiden Trägergruppen nordöstlich von Midway auf die Lauer: Task Force 16 (Spruance) mit sechs Kreuzern und neun Zerstörern gruppierte sich um die Träger Hornet und *Enterprise*, Task Force 17 (Fletcher) mit zwei Kreuzern und sechs Zerstörern um die *Yorktown*,

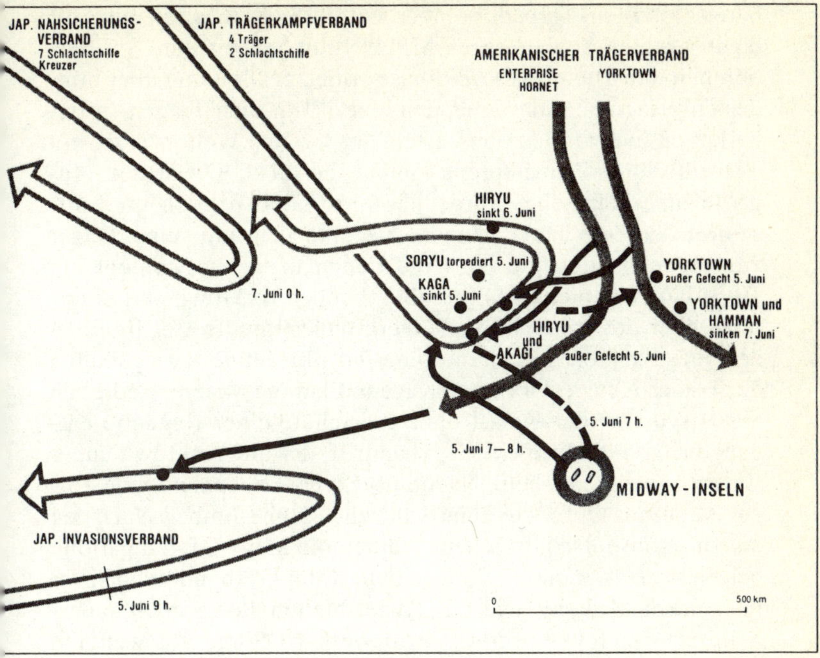

Die Schlacht bei den Midwayinseln (Juni 1942)

die nach der Schlacht in der *Korallensee* binnen kürzester Frist wieder instandgesetzt worden war. Die drei amerikanischen Träger mit ihren Flugzeugen waren es dann auch, die die Schlacht ausfochten, wie auf japanischer Seite die vier schnellen Träger des Vizeadmirals *Nagumo* mit der 1. Marineluftflotte. Schlachtschiffe und Kreuzer blieben Statisten des Geschehens. Im »Kampf über den Horizont« kam es darauf an, zu wissen, wo der Gegner stand, was er vorhatte und wie es mit seiner jeweiligen Kampfbereitschaft bestellt war. Hierbei lagen die Vorteile auf seiten der Amerikaner. Sie fanden die Japaner eher als diese sie. – Die Schlacht von Midway begann am frühen Morgen des 4.6.1942 mit einem Angriff der japanischen Trägerflugzeuge, die von einer Position 400 km von der Insel entfernt aufgestiegen waren. Der Formationsführer meldete beim Rückflug, die Insel sei weiter kampffähig. Nagumo ließ daher die gegen Schiffsziele bereitgestellten Torpedobomber unter Deck schaffen und für einen zweiten Schlag gegen Midway mit Spreng- und Splitterbomben umrüsten. In dieser Phase erhielt er Meldung über mindestens einen herankommenden amerikanischen Träger. In fieberhafter Eile wurden die Staffeln der zweiten Welle wieder mit Torpedos und Panzersprengbomben bestückt. Die ersten Angriffe amerikanischer Torpedobomber blieben noch im Luftschirm der *Zero*-Jäger hängen. Nagumo ließ nun seine Träger zum eigenen Angriff in den Wind drehen. In diesem Moment, um 10.28 Uhr, erschienen 34 Sturzbomber der Yorktown und Enterprise über der japanischen Trägergruppe. Ihre Treffer inmitten der aufgetankten und munitionierten Flugzeuge verwandelten die Träger Akagi, Soryu und Kaga in Flammenmeere. Lediglich die Hiryu war der Katastrophe im Schutz einer Regenbö entgangen. Von ihr kam ein Gegenangriff, der die Yorktown außer Gefecht setzte. Doch am Nachmittag wurde auch der letzte Träger Nagumos Opfer der amerikanischen Sturzbomber. Nach den ersten Hiobsbotschaften hatte Yamamoto seine Landungsflotte beidrehen lassen und lief mit seinem Kampfverband in höchster Fahrt nach Midway. Die US-Träger hielten sich jedoch außerhalb der Reichweite seiner Artillerie. Aus Sorge vor weiteren Luftangriffen zogen die Japaner am Morgen des 5.6. endgültig ab, wobei es zu weiteren Verlusten durch Angriffe von Trägermaschinen und Kollisionen kam. – Die Schlacht von Midway läutete das Ende von Japans Seeherrschaft ein, die Initiative ging nun an die Amerikaner über, die sie bis zum Kriegsende nicht mehr abgaben.

Mihailović, Dragojub

* Ivanjica (bei Kraljevo, Engeres Serbien) 27.4.1893, † Belgrad 17.7.1946 (hingerichtet)

Er war *Titos* großer Konkurrent: Oberst »Draža« Mihailović zog sich nach der Kapitulation Jugoslawiens (17.4.1941) mit anderen versprengten Soldaten in die Berge zurück und baute die Partisanenorganisation der sogenannten Četnici (Name einer Truppe in den Türkenkriegen des 17./18. Jahrhunderts) auf. Im Sommer 1941 von der jugoslawischen Exilregierung in London zum General und OB der Truppen in der Heimat ernannt, erhielt er bevorzugt alliierte Hilfe, verlor diese aber, als er zeitweilig gemeinsame Sache mit den Deutschen gegen die kommunistischen Partisanen Titos machte. Im Juni 1944 ließ ihn die Exilregierung fallen und forderte ihre Landsleute zum Anschluß an Tito auf. Mihailović tauchte gegen Kriegsende unter, wurde aber im März 1946 verhaftet und von den Kommunisten vor Gericht gestellt und zum Tod verurteilt.

Milch, Erhard
* Wilhelmshaven 30.3.1892, † Wuppertal 25.1.1972
Seine jüdische Abstammung war kein Hindernis; mit dem Wort: »Wer Jude ist, bestimme ich« fegte *Göring* alle Bedenken beiseite: Der Kampfpilot des 1. Weltkriegs und Manager der Deutschen Lufthansa Milch wurde 1933 zum Reichskommissar für die deutsche Luftfahrt ernannt. Als General der Flieger (seit 1935) und Generalinspekteur der Luftwaffe (seit 1938) hatte Milch eine Schlüsselposition beim Aufbau der Luftwaffe und bei deren Vorbereitung auf den Kriegseinsatz. Am 19.7.1940 wurde Milch zum Generalfeldmarschall ernannt. Nach dem Selbstmord *Udets* übernahm er auch die Aufgaben des Generalluftzeugmeisters. Er verfolgte das Konzept, angesichts der immer mehr anwachsenden alliierten Bomberströme die deutschen Luftstreitkräfte auf die Reichsverteidigung umzustellen, drang jedoch bei Hitler und Göring nicht durch. Im Gegenteil: Die Mißerfolge der Luftwaffe 1943/44 wurden Milch zur Last gelegt; im Januar 1945 hatte er sämtliche Funktionen verloren. Im Nürnberger Prozeß gegen die Hauptkriegsverbrecher trat er als Zeuge gegen Göring auf; in einem eigenen Verfahren, dem sogenannten Milch-Prozeß, wurde er am 17.7.1947 zu lebenslanger Haft verurteilt, 1951 zu 15 Jahren begnadigt und 1954 freigelassen. Danach arbeitete er als Industrieberater.

Militärgerichtsbarkeit
Im 1. Weltkrieg hatte es 148 Todesurteile gegen Soldaten gegeben, von denen 32 vollstreckt wurden. Im 2. Weltkrieg ging die deutsche Militärjustiz weit massiver vor: Sie fällte mindestens 40000 Todesurteile gegen Angehörige der Wehrmacht und andere Militärpersonen (für SS und Polizeiangehörige gab es eine Sondergerichtsbarkeit), und von diesen Urteilen wurden anfangs 90%, später wenigstens 70% auch tatsächlich vollstreckt. Da-

hinter stand die – durch nichts begründete – Überzeugung, der 1. Weltkrieg sei nur verlorengegangen, weil die Gerichte nicht scharf genug durchgegriffen hätten. Nach der Militärstrafgerichtsordnung vom 4.11.1933 waren Feldkriegsgerichte für die Ahndung von Delikten im militärischen Bereich zuständig, sie bestanden aus einem Kriegsrichter, der auch die Anklage führte. Rechtsmittel wurden durch Nachprüfverfahren beim militärischen OB ersetzt. Rund 3000 Juristen übten die Militärjustiz nach dem *Kriegssonderstrafrecht* bei den Divisionen, den Feldkommandanturen und auf Kriegsschiffen aus. Selbst wo sie nur Zeitstrafen verhängten, konnte das für die Verurteilten den Tod bedeuten, da sie in *Konzentrationslager* eingeliefert oder in *Bewährungseinheiten* gesteckt und zu »Himmelfahrtskommandos« eingesetzt wurden. Vollends zum Terrorinstrument wurde die Militärgerichtsbarkeit gegen Kriegsende, als Standgerichte zur »Sicherung der Disziplin« an der Tagesordnung waren. Wie geölt die Maschinerie lief, zeigen Beispiele aus deutschen Gefangenenlagern in Norwegen: Auch Tage und Wochen nach der Kapitulation (8.5.1945) wurden dort noch Ermittlungen geführt und Todesurteile ausgesprochen. Die Angehörigen der Militärjustiz kamen nach dem Krieg glimpflich davon; niemand wurde zur Rechenschaft gezogen, mit der Rehabilitierung ihrer Opfer tun sich die Behörden bis heute schwer.

»Millenium«

Der britische Tausend-Bomber-Schlag gegen Köln (30./31.5. 1942) trug die Codebezeichnung »Millenium«: Mit diesem »Jahrtausend«-Angriff demonstrierte der neue OB des Bomber Command *Harris* erstmals die neue Strategie des Flächenbombardements, bei dem durch die Zerstörung ganzer Wohnviertel hauptsächlich die Moral der Zivilbevölkerung getroffen werden sollte. Eigentlich standen nur 457 Maschinen und Besatzungen für den Angriff zur Verfügung. Um die propagandistische Zahl 1000 zu erreichen, wurden alle irgendwie geeigneten Flugzeuge von Ausbildungs- und Umschulungseinheiten zusammengezogen. So stiegen schließlich von 52 Flugfeldern 1046 Maschinen auf. Mindestens 898 von ihnen entluden innerhalb von 90 Minuten 1455 t Bomben über Köln, davon zwei Drittel Brandbomben. 240 Hektar Stadtfläche, davon die Hälfte im Zentrum, mit insgesamt 14500 Wohn- und Geschäftshäusern wurden zerstört, 6630 Häuser schwer beschädigt und mehr als 300 Betriebe getroffen. Nach örtlichen Unterlagen kamen 486 Zivilisten ums Leben, 5027 wurden verletzt, 45000 obdachlos und 140000 evakuiert. Die RAF büßte 44 Flugzeuge ein. Weitere Tausend-Bomber-Schläge gegen *Essen* und Bremen im Juni 1942 hatten wegen schlechten Wetters geringere Wirkung.

Minsk

Im *Rußlandfeldzug* erreichte am 27.6.1941 das deutsche XXXXVII. Panzerkorps (Kempf) den Südrand von Minsk, der Hauptstadt der Weißrussischen Sowjetrepublik mit 240000 Einwohnern (1940), und stellte die Verbindung zu dem von Norden kommenden LVII. Panzerkorps (Kuntzen) her. Dadurch wurden Teile der sowjetischen Westfront (Timoschenko) westlich der Stadt eingeschlossen. Minsk selbst fiel am folgenden Tag; bis zum 9.7. wurde der Kessel zerschlagen: 332898 Rotarmisten gerieten in Gefangenschaft, 1809 Geschütze und 3332 Panzerfahrzeuge wurden zerstört oder erbeutet. Minsk wurde am 3.7.1944 im Zuge der Offensive gegen die deutsche Heeresgruppe Mitte von den Sowjets zurückerobert.

Missouri

Auf ihrem Deck wurde Weltgeschichte gemacht: Die Missouri war der Ort, an dem General *MacArthur* am 2.9.1945 die japanische Kapitulation entgegennahm. Am 29.1.1944 vom Stapel gelaufen und am 11.6.1944 in Dienst gestellt, kam das hochmoderne Schlachtschiff (45000t, 33kn, 270,5m lang, 33m breit, bis 2978 Mann Besatzung; Bewaffnung: 9×40,6cm, 20×12,7cm, 128 kleinere Rohre) im Februar/März 1945 beim großen Trägerraid gegen Tokio und andere Landziele auf den japanischen Hauptinseln erstmals in Einsatz und gehörte dann zu den Dekkungsgruppen vor *Okinawa*, wo es am 11.4. und am 17.4.1945 leichte *Kamikaze*-Treffer erhielt. Die Missouri kämpfte später im Koreakrieg; am 26.8.1955 wurde sie außer Dienst gestellt.

Mistel

Der Name war von der Schmarotzerpflanze Mistel abgeleitet, es gab auch die Tarnbezeichnung »Beethoven«, die Truppe aber nannte das sonderbare Gespann »Huckepack« oder »Vater und Sohn«: Auf einer *Ju 88* saß, mit Streben verbunden, ein Jagdflugzeug vom Typ *Me 109* oder *Fw 190*. Der Bomber war unbemannt, in der Kanzel befand sich eine 1,5-t- oder 3,5-t-Hohlladung. Gelenkt wurde das Ganze vom Jäger aus. Während des Anflugs liefen nur die Motoren der Ju, bis der Jäger kurz vorm Ziel das eigene Triebwerk anließ, die Verbindung zum »Wirtsflugzeug« löste und dieses ins Ziel gleiten ließ. Mit eigener Kraft konnte er dann den Rückflug bewerkstelligen. Der bizarren Erfindung lag die Idee zugrunde, weit entfernte Ziele mit geringen Mitteln anzugreifen und genau zu treffen. Erste Mistel-Flüge richteten sich Ende Juni 1944 gegen die Invasionsflotte in der Seinebucht. Die geplanten Großeinsätze gegen die britische Home Fleet in *Scapa Flow* Ende 1944 und gegen Kraftwerke bei Moskau (Unternehmen »Eisenhammer«) kamen jedoch nicht zustande. Bis Kriegsende wurden schätzungsweise 250 Ju-88-Zellen zu sogenannten Verbrauchsgeräten für die Mistel-Gespanne umgebaut, über 50 fielen den Alliierten allein im Raum Merseburg in die Hände.

»Mittelbau«

Nach dem britischen Bombenangriff auf die Raketenversuchsanstalt *Peenemünde* im August 1943 *(»Hydra«)* wurde im Raum Nordhausen (Südharz) ein unterirdisches Rüstungszentrum eingerichtet. Die Anlage erhielt den Decknamen »Mittelbau« (auch »Dora-Mittelbau«). In ihren bombensicheren Stollen und Schächten sollte die Massenfertigung der künftigen »Vergeltungswaffen« *(V1, V2)* anlaufen. Bei Kriegsende waren im sogenannten Mittelraum rund 30000 Menschen, zum größten Teil *Zwangsarbeiter* und KZ-Häftlinge aus *Buchenwald*, zur Geheimwaffenproduktion eingesetzt. Als die Amerikaner im April 1945 Thüringen besetzten, fiel ihnen »Mittelbau« fast unversehrt in die Hände. Die Produktionseinrichtungen wurden nach Ausschlachtung am 1.7.1945 den Sowjets übergeben, die die verbliebenen deutschen Spezialisten – soweit sie sich nicht schon den Amerikanern zur Verfügung gestellt hatten – samt ihren Familien in die UdSSR abtransportierten.

Mittelmeer
In den deutschen Plänen vor und zu Beginn des Krieges spielte das Mittelmeer kaum eine Rolle. Auch die britische Führung betrachtete das Gebiet zunächst nicht als einen möglichen Kriegsschauplatz. Das änderte sich erst, als Italien am 10.6.1940 in den Krieg eintrat und *Mussolinis* schon länger bekannte Parole vom Mittelmeer als »mare nostro« (unser Meer) bedrohliche Wirklichkeit zu werden begann. London, das eigentlich das Mittelmeer der italienischen Flotte hatte überlassen und für seine Transporte nach Fernost auf die Kaproute hatte ausweichen wollen, ging nun auf Konfrontationskurs. Um das wenig günstige Kräfteverhältnis zu ihren Gunsten zu verbessern, schalteten die Briten zunächst in der Operation *»Catapult«* (Juni/Juli 1940) die in *Mers el-Kebir* und Alexandria liegenden französischen Kriegsschiffe aus. Da die italienische Flotte jedes Risiko scheute, ging die Initiative im Mittelmeer bald an die Royal Navy über. Mussolinis Fiasko in den »Parallelkriegen« in Nordafrika (seit 13.9.1940) und Griechenland (seit 28.10.1940) rief die Deutschen auf den Plan: Das X. Fliegerkorps verlegte nach Sizilien, das *Deutsche Afrika-Korps* nach Libyen, Griechenland und Jugoslawien wurden im April/Mai 1941 überrannt und die Briten vom Festland und wenig später auch von der Mittelmeerinsel *Kreta* vertrieben. Die Briten spielten ihre See-Luft-Herrschaft gegenüber den Italienern jedoch souverän aus: Nach einem Trägerangriff auf *Tarent* (13.11.1940) und einer Seeschlacht bei Kap *Matapan* (März 1941) war die italienische Flotte dermaßen dezimiert, daß sie nicht einmal mehr die nötigsten Sicherungsaufgaben wahrnehmen konnte. Entlastung brachte eine Verlegung deutscher U-Boote ins Mittelmeer: Ihnen gelang u.a. die Beschädigung des Trägers Illustrious (Januar 1941), die Versenkung des Trägers *Ark Royal* (13.11.1941) und des Schlachtschiffs Barham (25.11.1941). Die Lage für Großbritannien im Mittelmeer und im Nahen Osten gestaltete sich durch das deutsche Engagement bedrohlich, zumal im britischen Mandatsgebiet Irak im April 1941 ein Aufruhr ausgebrochen war. Er wurde durch die Besetzung Syriens und des Libanon gemeistert. Ein ständiges Problem für die deutsche Führung blieb *Malta*, das die Nachschubwege zwischen Italien und Nordafrika beherrschte und dessen Wegnahme versäumt worden war. Wenn auch durch

Luftangriffe zeitweilig niedergehalten, vermochten die auf der Insel stationierten britischen Luft- und Seestreitkräfte den Nachschub für *Rommels* Truppen in der entscheidenden Phase des *Afrikafeldzugs* (vor der Schlacht von *El Alamein*, November 1942) nachhaltig zu schwächen. Zur gleichen Zeit erschienen auch die Amerikaner im Mittelmeer. Ihre Landungen in Marokko und Algerien *(»Torch«)* läuteten das Ende der deutsch-italienischen Heeresgruppe Afrika ein. Nach der Landung der Alliierten in *Sizilien* (10.7.1943) und auf dem italienischen Festland (September 1943) sowie dem Ausscheiden Italiens aus dem Krieg (8.9.1943) verlor der Mittelmeerraum als Kriegsschauplatz an Bedeutung. *Churchill* gelang es nicht, seine Strategie des Angriffs auf den »weichen Bauch Europas«, das heißt Südosteuropa, durchzusetzen. Für die Errichtung einer *Zweiten Front* wurde Nordwestfrankreich ausersehen.

Model, Walter

* Genthin (bei Magdeburg) 24.1.1891, † bei Lintorf (bei Duisburg) 21.4.1945

In Militärkreisen galt er als »Meister der Defensive«: Der Generalstabsoffizier des 1. Weltkriegs Model bewährte sich im *Polen-* und im *Frankreichfeldzug*, führte im *Rußlandfeldzug* das XXXXI. Panzerkorps bis in die Nähe von Moskau und war OB der 9. Armee in der letzten deutschen Offensive im Osten bei Kursk (Juli 1943). Am 9.1.1944 wurde er Heeresgruppenchef, zunächst Nord (Ernennung zum Generalfeldmarschall 1.3. 1944), seit 31.3.1944 Nordukraine, am 28.6.1944 Mitte und als Nachfolger *Kluges* am 17.8.1944 im Westen der Heeresgruppe B. Im April 1945 im Ruhrkessel eingeschlossen, gab er seinen restlichen Verbänden (zirka 300 000 Mann) den Befehl, sich aufzulösen, und nahm sich das Leben.

Möhnetalsperre

Wie die *Edertalsperre* war die Möhnetalsperre, ein Stausee im Sauerland, am 16./17.5.1943 kurz nach 2 Uhr Ziel eines Angriffs der RAF-Sonderstaffel 617 unter Oberstleutnant Gibson. Die ersten Anflüge mißlangen im Abwehrfeuer der Flak, erst der fünfte hatte Erfolg: Die 45 m hohe Staumauer barst auf 75 m Breite, eine gewaltige Flutwelle schoß zu Tal. Ein Lager mit 324

Zwangsarbeiterinnen wurde sofort weggeschwemmt, allein im Ort Neheim kamen über 600 Menschen ums Leben, die Gesamtzahl der Opfer wurde auf 1200 geschätzt. Die Lähmung der Wirtschaft im Ruhrgebiet, die mit der Bombardierung der Talsperren hatte erreicht werden sollen, trat jedoch nicht ein. Wegen landschaftlicher Gegebenheiten fiel die Überflutung nicht weiträumig genug aus, und die Wasserversorgung des Ruhrgebiets konnte aus anderen Quellen gedeckt werden.

Mölders, Werner

* Gelsenkirchen 18.3.1913, † Breslau 22.11.1941

Bereits in der Legion Condor war er Rekordhalter: Der Jagdflieger Mölders erzielte im *Spanischen Bürgerkrieg* 14 Abschüsse. Im 2. Weltkrieg errang er 115 Luftsiege und bekam am 16.7.1941 als erster deutscher Soldat die Brillanten zum Ritterkreuz mit Eichenlaub und Schwertern. Nach seinem tödlichen Absturz beim Flug zur Beerdigung von *Udet* entfaltete die Propaganda um Mölders einen beispiellosen Heldenkult. Dabei verschwieg sie geflissentlich, daß der Nationalheld inzwischen Partei für den Münsteraner Bischof Clemens August Graf von Galen und dessen Proteste gegen das Euthanasie-Programm, die massenhafte Tötung von Geisteskranken, ergriffen hatte und Hitler drauf und dran war, das »Vorbild der Jugend« zu maßregeln. Die Alliierten dagegen griffen gerade Mölders' Religiosität auf: Im Januar 1942 wurden über Deutschland Flugblätter abgeworfen mit einem gefälschten Schreiben des Fliegers an einen Stettiner Geistlichen, worin er sich klar zum katholischen Glauben bekannte. Das gab den Gerüchten neue Nahrung, beim Absturz des Jugendidols sei »von oben« nachgeholfen worden.

Molotow, Wjatscheslaw Michailowitsch

* Nolinsk (heute Sowjetsk, Gebiet Kirow) 9.3.1890,
† Moskau 8.11.1986

Eigentlich hieß er Skrjabin, das Pseudonym Molotow (der Hammer) legte er sich zu, als er 1906 die Redaktion der bolschewistischen Parteizeitung »Prawda« übernahm: Molotow wurde 1921 Mitglied des ZK, 1926 des Politbüros der KPdSU und 1939 Außenminister der Sowjetunion. Der *Deutsch-Sowjetische Nichtangriffsvertrag* vom 23.8.1939 und sein geheimes Zusatzprotokoll waren nicht zuletzt Molotows Werk. *Stalin* treu ergeben, bewährte er sich als musterhafter Helfer des Sowjetdiktators auf allen alliierten Gipfelkonferenzen von *Teheran* bis *Potsdam*. Auch nach Stalins Tod 1953 gestaltete er die nun eingeleitete Politik der Entspannung mit, die von Nikita Chruschtschow 1956 geforderte Entstalinisierung traf jedoch auch ihn. Bis 1962 verlor er alle Ämter, schließlich stieß man ihn sogar aus der Partei aus. Erst 1984, zwei Jahre vor seinem Tod, wurde er rehabilitiert.

Monte Cassino

Herzstück der »*Gustav-Linie*«, an der die deutsche Führung nach der Kapitulation Italiens (8.9.1943) den Vormarsch der Alliierten nach Rom aufzuhalten hoffte, war der Berg Monte Cassino (519 m) im mittelitalienischen Latium mit der Gründungsabtei des Benediktinerordens auf dem Gipfel. Wegen Wetter-, Nachschub- und Geländeschwierigkeiten, vor allem aber wegen des geschickten Widerstands der 10. deutschen Armee (v. Vietinghoff), erreichten die amerikanische 5. (Clark) und die britische 8. Armee (Montgomery) erst im Januar 1944 die »Gustav-Linie« in voller Länge und versuchten in mehreren Schlachten, den Riegel am Monte Cassino zu durchbrechen; das gelang nach verlustreichen, erbitterten Kämpfen (manche Stellungen wechselten viermal den Besitzer) erst Mitte Mai 1944. Eine Landung im Rücken der deutschen Verteidiger bei *Anzio* (22.1.1944) hatte nichts an der Lage ändern können. Das Kloster war von den deutschen Verteidigern zunächst bewußt aus dem Kampfraum ausgespart und seine Kunstschätze nach Rom ausgelagert worden. Nachdem aber 142 *Flying Fortresses* und 87 weitere Maschinen am 15.2. die Abtei in einen Trümmerhaufen verwandelt hatten, setzten sich auch dort Fallschirmjägereinheiten fest. Ständig erneuerte Luftangriffe und Beschießungen durch Artillerie machten das Kampfgebiet zur Mondlandschaft. Die Alliierten verloren bei Monte Cassino insgesamt 12 000 Mann, die Wehrmacht büßte über 20 000 Mann an Gefallenen, Vermißten und Gefangenen ein.

Montgomery, Bernard Law

* Kensington (heute zu London) 17.11.1887, † Islington Mill (bei London) 24.3.1976

Als Kommandeur der 3. Division erlebte Montgomery das Desaster der britischen Expeditionsstreitkräfte in Frankreich 1940. Er löste am 13.8.1942 den glücklosen *Auchinleck* als OB der britischen 8. Armee in Ägypten ab und konnte nach dem Sieg bei *El Alamein* (November 1942) den *Afrikafeldzug* erfolgreich beenden. 1944 war er OB der britischen Truppen bei der *Invasion* (1.9.1944 zum Feldmarschall ernannt) und befehligte nach dem deutschen *Zusammenbruch* die britischen Besatzungstruppen in Deutschland (bis 26.6.1946). Danach war Montgomery Chef des Empire-Generalstabs und seit März 1952 stellvertretender NATO-OB. Für seine Verdienste wurde er zum Viscount of Alamein and Hindstead ernannt.

Montoire
Nach seinem enttäuschenden Gespräch mit dem spanischen Diktator *Franco* in *Hendaye* (23.10.1940) erlebte Hitler bei der Begegnung mit dem französischen Marschall *Pétain* in Montoire, einer Kleinstadt bei Tours im Departement Loir-et-Cher, am 24.10.1940 eine zweite Abfuhr: Der Präsident *Vichy*-Frankreichs wich der deutschen Forderung nach Beteiligung am Kampf gegen England aus, u.a. auch, weil Hitler nicht bereit war, Zusagen über friedensvertragliche Regelungen und die Rückkehr der französischen Kriegsgefangenen zu machen.

Morgenthauplan
Nach dem Auftraggeber, US-Finanzminister Henry Morgenthau jr. (1891–1967), war ein Programm der USA zur Behandlung Deutschlands nach Kriegsende benannt, das im September 1944 formuliert wurde: Der 14-Punkte-Plan sah die Aufteilung des deutschen Großgrundbesitzes und die Umwandlung des Deutschen Reiches in einen Agrarstaat, völlige Entmilitarisierung, Internationalisierung des Ruhrgebiets, des Rheinlands, Westfalens, der Nordseeküste und des Nord-Ostsee-Kanals, Abtretung Ostpreußens, Oberschlesiens, der Saar und der an sie angrenzenden Gebiete (bis Mosel und Rhein), Teilung von Rest-Deutschland in zwei autonome Staaten, Bestrafung der Kriegsverbrecher und Neuordnung des Erziehungs- und Bildungswesens durch die Alliierten vor. Der Morgenthauplan wurde – nach anfänglicher Billigung – auf Protest mehrerer US-Minister

hin von *Roosevelt* und *Churchill* abgelehnt, er beeinflußte dennoch die amerikanische Deutschlandpolitik in der Nachkriegszeit.

Moskau

Als Hauptstadt der Sowjetunion mit fast 4,2 Mio. Einwohnern (1940) gehörte Moskau zunächst zu den Hauptangriffszielen der Wehrmacht im *Rußlandfeldzug*. Im Juli 1941 verschob Hitler jedoch die Eroberung zugunsten der Einschließung der sowjetischen Armeen in der *Ukraine* und der Wegnahme des dortigen Industriereviers. Erst am 6.9.1941 erging Weisung Nr. 35 zur Offensive Richtung Moskau (Unternehmen »Taifun«) an die Heeresgruppe Mitte (Bock). Diese verfügte über die Panzergruppen 2, 3 und 4 sowie die 2., 4. und 9. Armee mit 14 Panzer-, 8 motorisierten und 56 Infanteriedivisionen, unterstützt durch die Luftflotte 2 (Kesselring). Der Generalangriff begann am 2.10. In einer bis 20.10. andauernden Doppelschlacht bei *Brjansk* und *Wjasma* wurden sieben sowjetische Armeen vernichtet und zwei weitere weitgehend aufgerieben, 673 000 Rotarmisten gerieten in Gefangenschaft. Die sowjetische Regierung verließ Moskau am 16.10., der Weg für die deutschen Truppen schien frei. Kurz darauf aber setzte die Schlammperiode ein, die Offensivbewegungen unmöglich machte, so daß der Angriff erst am 15.11. wiederaufgenommen werden konnte. Er kam erneut rasch voran, und am 27.11. erreichte ein Erkundungstrupp den Ort Chimki, 20 km vom Moskauer Stadtzentrum entfernt. Dann aber versteifte sich der russische Widerstand; frische sibirische Truppen trafen ein, am 5./6.12. traten die sowjetische Kalininfront (Konjew) und die Westfront (Schukow) mit 14 Armeen vor Moskau zur Gegenoffensive an. Hitler befahl »Halten um jeden Preis«; die Fronten konnten trotz weiterer Angriffe bis zum Ende des Winters stabilisiert werden.

Mosquito

»Hölzernes Wunder« hieß er bei der Truppe: Der Schnellbomber der britischen Firma De Havilland mit dem Namen Mosquito war fast gänzlich aus Balsaholz, das gab der Konstruktion ein geringes Gewicht und eine besonders hohe Geschwindigkeit. Als erste kamen 1941/42 die Photoaufklärer- und Bombervarianten

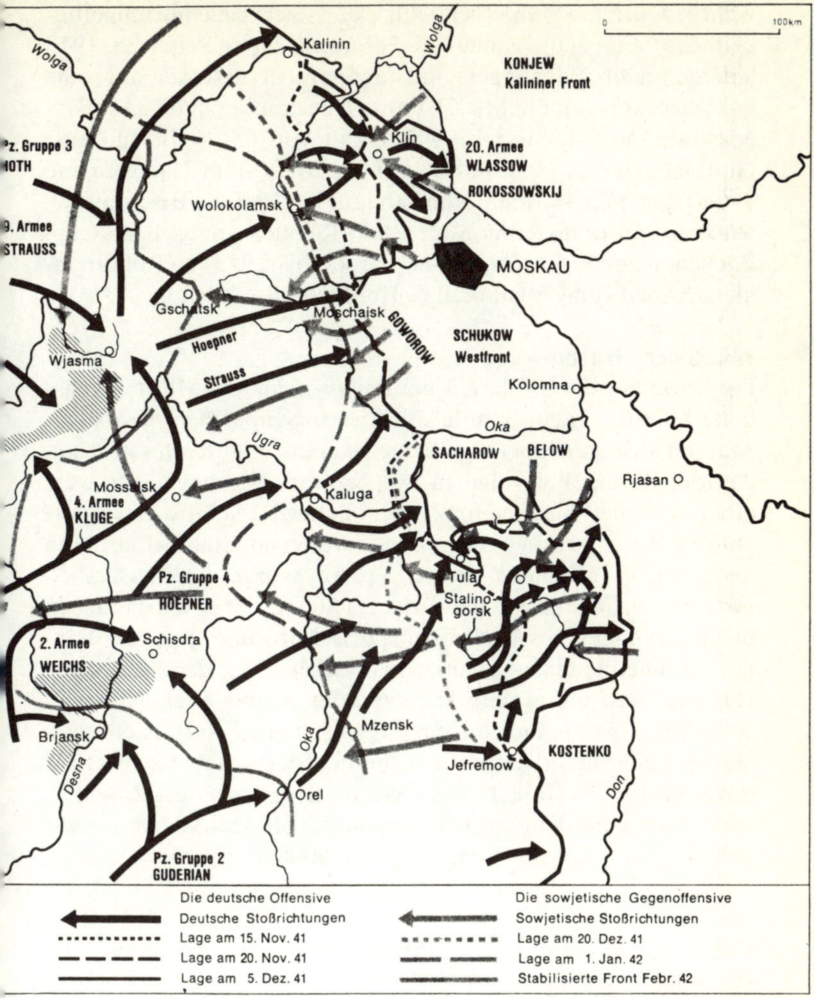

Der deutsche Angriff auf Moskau und die russische Gegenoffensive (Winter 1941/42)

MkI bzw. MkIV zu den Staffeln der RAF. Ihre Daten: 2×1230 PS, max. 611 km/h in 5200 m Höhe, 900 kg Bomben, 3280 km Reichweite, 10600 m Dienstgipfelhöhe; auf eine Abwehrbewaffnung wurde verzichtet, da die überlegene Schnelligkeit dem Flugzeug genügend Schutz verlieh. Seit Mai 1943 tauchten auch Nachtjäger- und Jagdbomberversionen auf, eine Langstreckenvariante Mk XVI mit Druckkabine und 2×1680 PS erreichte eine Höchstgeschwindigkeit von 656 km/h und eine Gipfelhöhe von 12 000 m. Bewaffnung: 4×20-mm-Kanonen und 4×7,7-mm-MG starr im Rumpfbug. Zur U-Boot-Bekämpfung wurden Mosquitos mit 8×27,2-cm-Raketen unter den Tragflächen ausgerüstet. Insgesamt wurden bis 1945 in Großbritannien, Kanada und Australien 6710 Mosquitos gebaut.

»Mulberry Harbor«
Das Problem der Alliierten bei der *Invasion*, 20 Mio. t Kriegsmaterial auszuladen, wurde mit künstlichen Häfen, den sogenannten »Mulberries« (Maulbeeren), gelöst. *Churchill* selbst soll die Idee dazu geliefert haben. An der französischen Küste wurden mit schnell bindendem Zement beladene Schiffe als improvisierte Wellenbrecher versenkt. Sie waren mit Stahlbetonrohren miteinander verbunden. Dieses System wurde dann zusätzlich mit riesigen Senkkästen verstärkt. Im Schutz der so entstandenen Deiche konnten bis zu 7 Transportschiffe und etwa 30 Landungsboote gleichzeitig entladen werden. Über den »Mulberry Harbor«, den die Amerikaner vor dem Landekopf »Omaha« errichteten, wurden nach zehn Tagen schon 14 000 t Nachschub täglich gelöscht, doch zerstörte ihn ein Sturm wenig später; der britische beim »Gold Beach« wurde langsamer fertig, widerstand aber dafür dem Sturm und ermöglichte nach Reparatur seit 8.7.1944 täglich einen Umschlag von 6000 t.

München
Die nationalsozialistische Propaganda hatte München, die Hauptstadt Bayerns mit 818 000 Einwohnern (1939), zur »Hauptstadt der Bewegung« ausgerufen. Als Ausgangsort der Karriere Hitlers und wegen der dortigen Parteizentrale (»Braunes Haus«) war München alljährlich am 8./9.11. Schauplatz der Feiern zum Gedenken an den Hitler-Putsch von 1923. Bei diesem Anlaß unternahm der Schreiner Georg Elser im Bürgerbräukeller 1939 ein Attentat auf Hitler, dem dieser knapp entging. Während des Krieges war München mehrfach Ziel alliier-

ter Luftangriffe, so im September 1942, im September/Oktober 1943 und im November/Dezember 1944. Die schwersten Schäden richteten britische Verbände in der Nacht vom 7./8.1.1945 an, als rund 750 Maschinen die Innenstadt mit 2175 t Bomben belegten. Insgesamt wurden zirka 82000 Wohnungen (33%) zerstört. Am 30.4.1945 nahmen Einheiten der 7. US-Armee (Patch) die Stadt ein.

Münchener Abkommen

Nach dem »Anschluß« Österreichs (März 1938) war die Angliederung des ehemals zu Österreich-Ungarn, seit 1918 zur Tschechoslowakei gehörenden Sudetenlandes nächstes Ziel der Hitlerschen Außenpolitik. Nach einem beispiellosen Nervenkrieg mit unverhüllten Kriegsdrohungen Hitlers fanden sich die Regierungschefs Frankreichs und Großbritanniens, *Daladier* und *Chamberlain*, auf Vorschlag *Mussolinis* bereit, mit dem deutschen Diktator zu verhandeln. Ohne tschechoslowakische Vertreter hinzuzuziehen, wurde am 30.9.1938 in München ein Abkommen geschlossen, das die Tschechoslowakei zur Abtretung eines Gebietes von zirka 29000 km^2 mit bedeutender Industrie und rund 3,6 Mio. Einwohnern zwang. Mit ihrem Einlenken in letzter Minute glaubten die europäischen Großmächte den Frieden gesichert, Hitler jedoch bestärkte ihre Nachgiebigkeit nur in der Überzeugung, daß die »verweichlichten Demokratien« seinen weiteren Plänen, die auf Zerschlagung der »Resttschechei« und Zurückdrängung Polens zielten, genausowenig Widerstand entgegensetzen würden. Dadurch wurde »München« zu einer wichtigen Etappe auf dem Weg in den Krieg.

Murmansk

Als ganzjährig eisfreier Hafen, über den ein wesentlicher Teil der sowjetischen Importe und später der alliierten Hilfslieferungen für die Rote Armee lief, war Murmansk am *Nordpolarmeer* auf der Halbinsel Kola nach Beginn des *Rußlandfeldzugs* (22.6. 1941) und der finnischen Kriegserklärung (26.6.1941) Ziel von deutschen Luftangriffen und einer Offensive der deutschen Norwegenarmee (v. Falkenhorst) aus dem Raum *Petsamo*, die aber nicht durchdrang. Mit Bombardements durch die Luftflotte 5 (Stumpff) wurde danach weiter versucht, den Hafen auszuschalten, was aber nur ansatzweise gelang. Im Sommer 1944 eröffnete die Rote Armee vor Murmansk eine Offensive gegen die deutsche 20. Gebirgsarmee (Rendulic), die im Oktober 1944 Petsamo aufgeben und schließlich ganz Finnland räumen mußte.

Musashi
Mit der *Yamato* war die Musashi, am 5.8.1942 von der japanischen Marine in Dienst gestellt, das größte Schlachtschiff der Welt: 69 100 t, 27 kn, 263 m lang, 38,9 m breit, 2500 Mann Besatzung; Bewaffnung: 9×45,6 cm, 6×15,5 cm, 24×12,7 cm, 113 kleinere Rohre. Sie erhielt gleich beim ersten größeren Einsatz bei Palau (29.3.1944) einen Torpedotreffer, nahm dann Mitte Juni 1944 an der Schlacht in der *Philippinensee* teil und kämpfte mit der Zentralgruppe (Kurita) in der Schlacht im *Leytegolf* im Oktober 1944. Dabei wurde die japanische Gruppe in vier Wellen von amerikanischen Trägerflugzeugen der Task Force 38 (Mitscher) angegriffen, die Musashi erhielt zahlreiche Bomben- und Torpedotreffer und sank am Abend des 24.10.1944.

Mussert, Anton Adriaan
* Werkendam (Nordbrabant) 11.5.1894, † Den Haag 7.5.1946 (hingerichtet)
Der niederländische Politiker Mussert gründete im Dezember 1931 nach deutschem Vorbild die Nationaal-Socialistische Beweging (NSB) und errang 1937 einige Parlamentssitze. Nach dem deutschen Einmarsch 1940 wurde die NSB von Reichsstatthalter *Seyß-Inquart* zur einzigen niederländischen politischen Partei erklärt und Mussert, der Hitler »als germanischem Führer Treue bis in den Tod« schwor, 1942 zum »Leiter des niederländischen Volkes« ernannt. Viel Einfluß hatte er nicht, konnte aber Pläne eines Anschlusses der Niederlande an das Deutsche Reich durchkreuzen; die Judendeportationen ließ er geschehen. Als Vertreter der *Kollaboration* wurde Mussert nach Kriegsende verhaftet und zum Tod verurteilt.

Mussolini, Benito
* Predappio (bei Forlì) 29.7.1883, † Giulino di Mezzegra (bei Como) 28.4.1945
Nach dem Bruch mit der Sozialistischen Partei (PSI), der er seit

1900 angehörte, wurde Mussolini während des 1. Weltkriegs militanter Nationalist und gründete 1919 die Kampforganisation »Fasci di Combattimento« und 1921 die Faschistische Partei (PNF), mit der er nach einem Marsch seiner »Schwarzhemden« auf Rom am 28.10.1922 an die Macht kam. Vom König Viktor Emanuel III. mit der Bildung einer Koalitionsregierung beauftragt, drängte Mussolini bald seine Partner beiseite und errichtete eine faschistische Diktatur. Von der Notwendigkeit außenpolitischer Erfolge zur Erhaltung seiner Macht überzeugt, schloß sich der »Duce« (Führer) nach der Eroberung Abessiniens (1935/36) Hitler an. Es entwickelte sich die »Achse Berlin–Rom«, wobei Mussolini allerdings zusehends zum Juniorpartner herabsank. Im sogenannten *Stahlpakt* (Mai 1939) versprach er seinem deutschen Diktatorkollegen Beistand in künftigen kriegerischen Verwicklungen. Zwar rückte Mussolini beim *Polenfeldzug* (September 1939) von seinen Zusagen wieder ab, stürzte sich aber am 10.6.1940 übereilt in den Kampf gegen Frankreich, da er bei der Verteilung der Beute nicht zu spät kommen wollte. Mißerfolge in den darauf von ihm angezettelten »Parallelkriegen« in Albanien, Griechenland und Libyen *(Balkanfeldzug, Afrikafeldzug)* schwächten seine Position in Italien erheblich. Am 25.7.1943 wurde Mussolini vom Faschistischen Großrat entmachtet und in Haft genommen. Zwar befreiten ihn am 12.9.1943 deutsche Fallschirmjäger aus einem Hotel auf dem Gran Sasso, doch fristete Mussolini fortan als Chef einer »Repubblica Sociale Italiana« in Norditalien *(Saló)* das Dasein einer Marionette von deutschen Gnaden. Bei Kriegsende versuchte er sich in die Schweiz abzusetzen, wurde aber von Partisanen ergriffen und zusammen mit seiner Geliebten Clara Petacci erschossen.

Mustang

Am 26.10.1940 absolvierte ein Flugzeug in den USA seinen Erstflug, das kriegsentscheidende Bedeutung erlangen sollte: der Jagdeinsitzer North American P-51 Mustang. Nachdem erste Schwächen der in Rekordzeit von nur 117 Tagen entwickelten Maschine beseitigt und die Motorleistung auf 1700 PS gesteigert worden war, erreichte die Mustang mit ihrer Vierblattschraube 710 km/h (die Baureihe H schließlich sogar 784 km/h). Bewaffnet mit zuletzt sechs 12,7-mm-MG, tauchte der Jäger im

Dezember 1943 erstmals über *Kiel* auf, seine durch Zusatztanks auf 2750 km erhöhte Reichweite erlaubte den Einsatz als Langstreckenbegleitjäger bis Berlin oder quer über das Reichsgebiet hinter die Ostfront sowie Einsätze von Italien aus. Statt wie bisher nur die Bomberpulks zu schützen, gingen die Mustangs nun zum Angriff auf die deutschen Jagdmaschinen über: Rund die Hälfte der über 10 000 Abschüsse über Europa durch US-Flugzeuge erzielten Mustangs, von denen insgesamt 16 575 gebaut wurden. Bei Kriegsende flogen sie auch Tiefeinsätze als Jagdbomber, ausgerüstet mit zwei 454-kg-Bomben oder zehn 125-mm-Raketen. In Fernost operierten die Mustangs als Begleitjäger für die B-29 *Superfortress*.

Nacht-und-Nebel-Erlaß

Eine am 7.12.1941 von OKW-Chef *Keitel* auf Befehl Hitlers herausgegebene Anordnung verfügte, daß in den besetzten Gebieten Personen, denen »Straftaten gegen das Deutsche Reich« vorgeworfen wurden, bei »Nacht und Nebel« nach Deutschland zu verbringen seien, sofern nicht die Todesstrafe vor Kriegsgerichten sichergestellt war. Die sogenannten NN-Häftlinge, bis Kriegsende zirka 7000 Menschen, wurden von Sondergerichten abgeurteilt. Bei Freispruch oder nach Verbüßung ihrer Strafen wurden sie in *Konzentrationslager*, vor allem Natzweiler und Groß-Rosen, eingeliefert. Aus »Abschreckungsgründen« war ihnen jeder Kontakt mit der Heimat verwehrt.

Nagasaki

Die japanische Hafenstadt mit 250000 Einwohnern (1942) auf Kiuschu, Marinestützpunkt und Industriezentrum mit den größten Werftanlagen Ostasiens, wurde drei Tage nach *Hiroshima* am 9.8.1945 Opfer eines amerikanischen Atombombenangriffs – eher zufällig, denn eigentlich war die ebenfalls auf Kiuschu gelegene Stadt Kokura als Ziel ausersehen. Aber diese lag unter einer dichten Wolkendecke. Deswegen wich die von Tinian anfliegende B-29 unter dem Kommando von Major Charles W. Sweeney auf das Ersatzziel Nagasaki aus, das besser zu erkennen war. Die Detonation der Plutoniumbombe *»Fat Man«* in 500 m Höhe über der Stadt vernichtete ein Areal von 4,5 km^2 vollständig. Der Ablauf war wie in Hiroshima: Lichtblitz, Feuersturm, Druckwelle und radioaktive Strahlung. Der Stadtteil Urakami verschwand gänzlich vom Erdboden, im Hafen explodierten die Schiffe, die Werftanlagen schmolzen. Ein Höhenzug verhinderte die Vernichtung auch der westlichen Stadtteile. Zerstörungen und Opferzahlen blieben dadurch geringer als beim vorangegangenen Uranblitz von Hiroshima. Nach einer japanischen Studie (1960) starben in Nagasaki am 9.8. und in den Wochen danach 20000 Menschen, 50000 erlitten meist schwere Verletzungen.

Nagumo, Chuichi

* Yamagata 1887, † Saipan (Marianen) 6.7.1944
Als »Held von Pearl Harbor« feierte ihn die japanische Propa-

ganda: Nagumo, Vizeadmiral der kaiserlichen Marine, befehligte den Trägerangriff gegen den amerikanischen Flottenstützpunkt auf Hawaii, der den Krieg im Pazifik auslöste (7.12.1941). Er kämpfte mit weniger Glück bei *Midway* (4.6.1942), konnte seine Schlappe aber in der Schlacht bei den Santa-Cruz-Inseln (26.10.1942) teilweise wettmachen. Im März 1944 OB im Zentralpazifik geworden, versuchte Nagumo vergeblich, die amerikanische Offensive u.a. gegen die *Marianen* zu stoppen. Nach der Landung der Amerikaner auf Saipan (15.6.1944) die Niederlage vor Augen, beging er rituellen Selbstmord.

Narvik
Der ganzjährig eisfreie Hafen Narvik in Nordnorwegen mit knapp 10000 Einwohnern (1940), Verladestelle für das schwedische Erz aus den Gruben bei Kiruna und Gällivare, spielte in den alliierten Planungen seit Januar 1940 eine wesentliche Rolle, zunächst als Basis für ein (mögliches) Eingreifen in den finnisch-sowjetischen *Winterkrieg*, dann, weil hier der deutsche Erznachschub zu unterbinden war. Einer Besetzung Narviks durch die Westmächte kamen jedoch deutsche Truppen zuvor: Im Rahmen des Unternehmens *»Weserübung«* landeten am 9.4. 1940 2000 Mann Gebirgstruppen unter Generalmajor *Dietl*, die mit der aus zehn Zerstörern gebildeten Kriegsschiffgruppe 1 (Bonte) gekommen waren. Am nächsten Tag griff die britische 2. Zerstörerflottille an und versenkte zwei deutsche Zerstörer, die übrigen acht sanken am 13.4. nach erneutem britischen Angriff, an dem sich auch das Schlachtschiff Warspite beteiligte. Die überlebenden Marinemannschaften (zirka 2100 Mann) schlossen sich Dietls Verband an, dessen Lage nach Landung der britischen 24. Brigade nördlich von Narvik bald kritisch wurde. Die Deutschen zogen sich aus der Stadt zurück, bezogen Stellung an der Erzbahn und konnten sich dort halten, bis die katastrophale Entwicklung in Frankreich den Abzug der alliierten Truppen bewirkte. Am 8.6. zogen Dietls Gebirgsjäger wieder in Narvik ein. Es blieb bis Kriegsende in deutscher Hand.

Nationalkomitee Freies Deutschland (NKFD)
Unmittelbar nach der deutschen Niederlage in der Schlacht von *Kursk* schlossen sich am 13.7.1943 in Krasnogorsk bei Moskau

kommunistische Emigranten und deutsche Gefangene in der UdSSR unter sowjetischer Aufsicht zusammen, um gemeinsam für eine Beendigung des Krieges bei den deutschen Kameraden zu werben. Das so entstandene Nationalkomitee Freies Deutschland versuchte mit einer eigenen Zeitung (»Freies Deutschland«, schwarz-weiß-rot umrandet und in insgesamt 120 Nummern verbreitet), Flugblättern, Grabenlautsprechern und Radiosendungen die deutschen Soldaten von der Aussichtslosigkeit des Kampfes zu überzeugen und zum Überlaufen zu bewegen. In Zusammenarbeit mit dem *Bund Deutscher Offiziere* (gegründet 11./12.9.1943) nutzte man auch die Autorität prominenter Truppenführer wie Generalfeldmarschall *Paulus* und General v. *Seydlitz-Kurzbach*, die schonungslos die militärische Lage schilderten. Die zunehmend sozialistisch gefärbte Agitation des NKFD verfehlte weitgehend ihre Wirkung auf die deutschen Soldaten, auch ein »Aufruf der 250 Generale an Volk und Wehrmacht« (8.12.1944) blieb nahezu unbeachtet. Nach dem Krieg verloren die Sowjets das Interesse am NKFD, es wurde am 2.11.1945 aufgelöst.

Natzweiler

Bei Natzweiler (frz. Natzwiller; in französischen Quellen auch Struthof, nach einem Gehöft in der Nähe), einem elsässischen Dorf in den nördlichen Vogesen bei Molsheim, wurde 1941 ein *Konzentrationslager* für anfänglich 1500 Häftlinge errichtet, deren Zahl mit Außenkommandos bis 1944 auf 20 000 bis 25 000 anstieg. In Natzweiler kamen 5000–6000, nach anderen Schätzungen 12 000 Menschen ums Leben.

Nebe, Arthur

* Berlin 13.11.1894, † ebd. 4.3.1945 (hingerichtet)

Der Polizeioffizier Nebe war seit 1.7.1937 Reichskriminaldirektor. Nach Bildung des *Reichssicherheitshauptamts* wurde er Chef des Amtes V und lieferte dem militärischen Widerstand um Generaloberst *Beck*, mit dem er seit 1938 befreundet war, wertvolle Informationen aus dem Zentrum der nationalsozialistischen Macht. Im *Rußlandfeldzug* kommandierte er die *Einsatzgruppe* B, ließ sich aber angesichts der Massenmorde (45 467 ermordete Juden während seiner Führung) ablösen. Danach in der alten Stellung, floh er nach dem Scheitern des Attentats vom 20.7.1944. Am 16.1.1945 verhaftet, wurde Nebe am 2.3.1945 zum Tod verurteilt.

»Neptune«

Die alliierten Marineoperationen während der *Invasion* liefen unter der Codebezeichnung »Neptune«. Dazu wurden eine US-(Kirk) und eine britische Kampfgruppe (Vian) gebildet, bestehend aus 7 Schlachtschiffen, 2 Monitoren, 23 Kreuzern, 105 Zerstörern und 1076 kleineren Kriegsschiffen, die 4126 Landungsfahrzeuge deckten. Sie konnten am *D-Day* (6.6.1944) fast ungehindert vor der Normandie operieren und künstliche Häfen *(»Mulberry Harbors«)* einrichten, da die deutsche Luftwaffe so gut wie ausgeschaltet war und die Kriegsmarine nur über fünf Zerstörer und knapp 500 kleinere Einheiten verfügte, denen kaum Erfolge gegen die alliierte Übermacht glückten.

Nero-Befehl

Am 19.3.1945 erließ Hitler die Anordnung, alle irgendwie vom Feind zu nutzenden Einrichtungen in Deutschland beim Rückzug zu zerstören. Der Befehl ist seitdem als Nero-Befehl (nach Kaiser Nero, der Rom in Brand setzen ließ) oder auch Verbrannte-Erde-Befehl bekannt. Rüstungsminister *Speer*, dem die entsprechenden Befugnisse übertragen wurden, gelang es in Zusammenarbeit mit Wehrmacht und Verwaltung, den Zerstörungsbefehl weitgehend zu unterlaufen.

Neuengamme

Dorf etwa 30 km östlich von Hamburg, seit Dezember 1938 Standort eines nationalsozialistischen *Konzentrationslagers*, in dem bis Kriegsende etwa 56 000 Menschen umkamen.

Nimitz, Chester William

* Fredericksburg (Texas) 24.2.1885, † Insel Yerba Buena (bei San Francisco) 20.2.1966

Der amerikanische Seeoffizier des 1. Weltkriegs Nimitz wurde 1938 zum Konteradmiral ernannt und erhielt nach Kriegseintritt der USA das Oberkommando über die Pazifikflotte. Seit Oktober 1943 war er OB der Zentralpazifischen See-, Land- und Luftstreitkräfte. Durch geschickte Führung der Mitarbeiter wie der Operationen hatte er an allen Siegen der US-Flotte gegen Japan entscheidenden Anteil. Seit Dezember 1944 Flottenadmiral, gehörte er am 2.9.1945 zu den Unterzeichnern der japanischen Kapitulationsurkunden. Im Dezember 1945 wurde Nimitz Nachfolger von *King* als OB der amerikanischen Kriegsmarine; 15.12. 1947 Ruhestand.

Nordpolarmeer
Seit Mitte 1940 wurde auch ein Seegebiet ins Kriegsgeschehen einbezogen, das fast ständig mit Treibeisfeldern bedeckt und im Winter völlig zugefroren ist: das Nordpolarmeer, ein Nebenmeer des Atlantiks zwischen Nordnorwegen, Spitzbergen, Grönland, Kanada, den USA und der UdSSR. Nach der Besetzung Norwegens durch deutsche Truppen erfolgte ein erster Vorstoß der Kriegsmarine mit schweren Überwassereinheiten. Nach Beginn des *Rußlandfeldzugs* kam es im Juli 1941 zur Stationierung stärkerer deutscher Seestreitkräfte in Nordnorwegen. Sie sollten die Nachschublinien des Gebirgskorps Norwegen sichern, das an der *Murmansk*-Front angriff. Murmansk und die Fischerhalbinsel aber blieben in sowjetischer Hand, so daß durch das Nordpolarmeer Geleitzüge für die Rote Armee laufen konnten. Gegen diese Lebensader der sowjetischen Kriegführung entbrannte ein Zufuhrkrieg, in dem die deutsche Kriegsmarine über Wasser einige Erfolge erzielte, aber vor allem mit U-Booten den alliierten Geleitzügen schwer zu schaffen machte. Auch die Luftwaffe griff mit erheblicher Wirkung ein. Nach dem Rückzug der deutschen Truppen aus Finnland im November 1944 wurde, abgesehen von kleineren Vorstößen, der Kampf gegen die Nordpolarmeer-Konvois abgebrochen.

Nordsee
Der Krieg in der Nordsee, dem Seegebiet zwischen Großbritannien im Westen und der belgisch/niederländisch/deutschen Küste im Süden und Südosten sowie Dänemark und Norwegen im Osten und Nordosten, ließ sich 1939 nach dem Muster des 1. Weltkriegs an: mit einer *Blockade* durch die Royal Navy. Trotz gleicher Ausgangslage wie 1914 konnten die deutschen Überwasserstreitkräfte jedoch durch waghalsigere Führung und

höhere Geschwindigkeit und Reichweite ihre Operationen aus der Nordsee hinaustragen. Regelrechte Seeschlachten fanden in der Nordsee nicht statt. Von einigen spektakulären U-Boot-Einsätzen wie dem von Kapitänleutnant *Prien* gegen die britische Home Fleet in *Scapa Flow* (14.10.1939) abgesehen, blieb es zunächst bei Handels- und Minenkrieg, an dem sich auch die Luftwaffen beider Seiten beteiligten. Beim Unternehmen *»Weserübung«* zur Besetzung Dänemarks und Norwegens kam es erstmals zu schweren Seegefechten wie dem Kampf der Zerstörer in *Narvik* (8.–13.4.1940). Die Ausweitung der deutschen Operationsbasen auf die Westküsten Skandinaviens und weiter der Gewinn der französischen Atlantikhäfen im Juni 1940 sorgten für ein Abflauen der Kampftätigkeit in der Nordsee bis Kriegsende. Mit Luftangriffen versuchte die RAF, später unterstützt von der 8. US-Luftflotte, in der Folgezeit die deutsche »Erzstraße« nach Norwegen zu unterbrechen. Das blieb weitgehend wirkungslos, auch die Bombardierung der deutschen Hafenstädte und Schiffswerften konnte den Nachschub an U-Booten für die *Atlantikschlacht* zunächst noch kaum vermindern. Zu den wenigen alliierten Erfolgen in der Nordsee zählten allenfalls die Kommandounternehmen gegen Ziele in Norwegen, u.a. gegen das für die Produktion einer (möglichen) deutschen Atombombe wichtige Schwerwasserwerk von Norsk Hydro in Rjukan (Februar 1943). Der wachsenden Luftüberlegenheit der Alliierten begegnete man auf deutscher Seite mit der Einführung des Konvoisystems. Die Versorgung über See wurde so im wesentlichen aufrechterhalten, noch im Januar 1945 lag die Verlustrate der deutschen Skandinavien-Transporter bei nur 0,5 und selbst im April 1945 erst bei 10 %.

Nürnberg

Als »Stadt der Reichsparteitage« spielte Nürnberg in Mittelfranken mit 431 000 Einwohnern (1940) eine bedeutende Rolle bei der Selbstdarstellung des nationalsozialistischen Regimes und war schon deswegen und wegen seiner Industriebetriebe eines der bevorzugten Ziele der alliierten Luftoffensive gegen Deutschland. Es geriet wegen der großen Entfernung jedoch erst relativ spät (ab März 1943) in den Aktionsradius des britischen Bomber Command. Bis Kriegsende wurden in Nürnberg 61 200

Wohnungen (50 %) zerstört; unersetzliche Kulturdenkmäler gingen durch die Angriffe verloren. Am 20.4.1945 – pünktlich zu Hitlers Geburtstag – besetzten Einheiten der 7. US-Armee (Patch) die Stadt. Sie war später Schauplatz der alliierten Kriegsverbrecherprozesse (siehe folgenden Artikel).

Nürnberger Prozesse

In *Nürnberg* wurden in der Nachkriegszeit 13 Prozesse gegen führende Persönlichkeiten des Dritten Reiches aus Politik, Wirtschaft, SS, Polizei, Ärzteschaft und Wehrmacht vor dem Internationalen Militär-Tribunal (IMT) sowie amerikanischen Gerichten geführt, für die sich die Sammelbezeichnung Nürnberger Prozesse einbürgerte. Sie stellten den neuartigen Versuch dar, mit juristischen Mitteln die Taten eines Kriegsgegners zu ahnden, die nach dem Verständnis der Sieger als Verbrechen gegen den Frieden, Kriegsverbrechen, Verbrechen gegen die Menschlichkeit und Mitgliedschaft in verbrecherischen Organisationen einzustufen waren. Im Mittelpunkt stand das Verfahren gegen *Göring* und 23 weitere Hauptkriegsverbrecher und sechs Organisationen. Am 6.10.1945 wurde Anklage erhoben, am 20.11. 1945 begann der Prozeß, und am 1.10.1946 ergingen die Urteile: zwölfmal Todesstrafe (*Göring*, *Ribbentrop*, *Keitel*, *Kaltenbrunner*, *Rosenberg*, *Frank*, *Frick*, Julius Streicher, *Sauckel*, *Jodl*, *Seyß-Inquart*, *Bormann* in Abwesenheit), drei lebenslänglich (*Heß*, *Funk*, *Raeder*) und vier zeitige Haftstrafen (*Dönitz*, Baldur von Schirach, *Speer*, Konstantin von Neurath), drei Freisprüche (Franz von Papen, Hans Fritzsche, Hjalmar Schacht). Ein Angeklagter *(Ley)* hatte zu Prozeßbeginn Selbstmord begangen, ein weiterer (Alfried Krupp von Bohlen und Halbach) galt als verhandlungsunfähig. Außer Göring (Giftselbstmord) und Bormann (verschollen) wurden alle zum Tod verurteilten Täter am 16.10.1946 hingerichtet.

Oberkommando der Wehrmacht (OKW)

Im Gefolge der *Fritsch*-Krise wurde am 4.2.1938 eine oberste Verwaltungs- und Kommandobehörde der deutschen Streitkräfte gebildet. Chef dieses Oberkommandos der Wehrmacht war *Keitel*, der wiederum Hitler als Oberstem Befehlshaber der Wehrmacht direkt unterstellt war. Vier Ämter bildeten die Organisation des OKW: das Wehrmachtführungsamt (seit 1940 Wehrmachtführungsstab) unter *Jodl* als militärische Stabsabteilung Hitlers, das Amt Ausland/*Abwehr*, bis Februar 1944 unter *Canaris*, und die verwaltenden Abteilungen Allgemeines Wehrmachtsamt sowie Wehrwirtschafts- und Rüstungsamt. Das OKW arbeitete Hitlers »Weisungen für die Kriegsführung« aus und gab seine Befehle an die Teilstreitkräfte weiter, allerdings ohne direkte Kommandobefugnis. In den *Nürnberger Prozessen* war das OKW zunächst u.a. wegen der Weitergabe des *Kommissarbefehls* und des *Kugelerlasses* als verbrecherische Organisation eingereiht, wurde aber doch nicht als solche verurteilt, da das Gericht wie beim Generalstab den Organisationscharakter verneinte.

Office of Strategic Services (OSS)

Unter dem Namen Office of Strategic Services wurde am 13.7. 1942 ein geheimer militärischer und politischer Auslandsnachrichtendienst der USA gegründet. Er unterstand dem Generalstab und wurde von Generalmajor William Joseph (»Wild Bill«) Donovan geleitet, der, im Zivilberuf Anwalt, schon seit Juli 1941 im Auftrag Präsident *Roosevelts* die Arbeit der verschiedenen amerikanischen Nachrichtendienste koordinierte. Aufgaben des Dienstes waren: Beschaffung von Feindnachrichten, Organisation von Aktionen und Sabotageakten in Feindländern, Förderung von Zersetzung und Partisanentätigkeit in den vom Gegner besetzten Gebieten. Das Hauptquartier in Europa residierte in London, wichtige Stützpunkte wurden in den US-Botschaften in den neutralen Ländern eingerichtet (z. B. *Dulles* in Bern). Insgesamt arbeiteten für den OSS über 12000 Personen. Der Dienst wurde am 20.9.1945 aufgelöst, erstand aber mit vielen der alten Mitarbeiter am 26.7.1947 neu als Central Intelligence Agency (CIA).

Ohka

Für das *Kamikaze*-Korps der japanischen Marineluftwaffe wurde im August 1944 als Spezialwaffe zur Bekämpfung amerikanischer Flottenverbände eine bemannte Bombe mit dem poetischen Namen Ohka (= Kirschblüte) entwickelt. Die Ohka wurde im offenen Bombenschacht zweimotoriger Mitsubishi G4M-Bomber ins Zielgebiet getragen und in 6000–8000 m Höhe zum Angriff ausgeklinkt. Ein Feststoff-Raketenmotor von 800 kp Schub gab dem Selbstmordgeschoß mit seinem Gefechtskopf von 1200 kg Sprengstoff im Horizontalflug eine Geschwindigkeit von max. 860 km/h und im Sturzflug über 1000 km/h. Die Einsätze der Ohka standen unter einem schlechten Stern. Die ersten 50 Exemplare wurden Ende Dezember 1944 beim Schiffstransport auf die Philippinen versenkt. Beim ersten Gefechtsstart gegen einen US-Flottenverband 480 km vor Kiuschu am 21.3.1945 wurden alle 16 Mutterflugzeuge schon beim Anflug abgeschossen. Auch die zahlreichen Ohka-Angriffe gegen die Invasionsflotte bei *Okinawa* zeitigten nur wenige Erfolge. – In Deutschland wurden von der Firma Bachem seit Sommer 1944 ähnliche Raketenflugzeuge unter der Bezeichnung Natter entwickelt. Sie waren jedoch als Abfangjäger konzipiert, der Pilot sollte sich nach dem Angriff mit dem Fallschirm retten, der abgesprengte Heckteil mit dem Raketenmotor an einem zweiten Fallschirm heil den Boden erreichen. Zu Einsätzen kam es allerdings nicht mehr.

Ohlendorf, Otto

* Hoheneggelsen (bei Hildesheim) 4.2.1907, † Landsberg (Lech) 7.6.1951 (hingerichtet)

Der Jurist Ohlendorf leitete bei Kriegsbeginn den Sicherheitsdienst (SD) im Amt III des *Reichssicherheitshauptamts* und rückte im Juni 1941 als Chef der *Einsatzgruppe* D in Rußland ein, wo seinen Kommandos rund 90 000 Zivilisten, meist jüdische Bürger, zum Opfer fielen. Seine Aussagen vor dem Nürnberger Gerichtshof, zunächst als Zeuge im Prozeß gegen die Hauptkriegsverbrecher, dann in eigener Sache, dem sogenannten Einsatzgruppenprozeß (gegen Ohlendorf und 23 weitere frühere Mitglieder der Einsatzgruppen), spiegeln die Mentalität der nationalsozialistischen Führungsschicht wider, die an der Ausrottung Zehntausender Menschen nichts fand, solange nur alles

»ordnungsgemäß« ablief und »unnötige Erregung der Opfer« vermieden wurde. Wegen Verbrechen gegen die Menschlichkeit, Kriegsverbrechen und Mitgliedschaft in einer verbrecherischen Organisation wurde Ohlendorf am 10.4.1948 in Nürnberg vom amerikanischen Militärgerichtshof II zum Tod verurteilt.

Okinawa

Das letzte Ziel beim amerikanischen *Inselspringen* im mittleren Pazifik hieß Okinawa. Die Hauptinsel der japanischen Riukiugruppe mit 1220 km^2 und rund 450000 Einwohnern (1941) liegt nur knapp 600 km von der japanischen Hauptinsel Kiuschu entfernt. Der Angriff begann am 23.3.1945 mit einem tagelangen Luft- und Artilleriebombardement. Am 1.4. landete die 10. US-Armee unter Generalleutnant Buckner mit dem 3. Amphibischen Korps (Geiger) und dem 14. AK (Hodges). Die Landungsflotte unter Admiral Turner umfaßte 1300 Schiffe, darunter 18 Geleitträger und 10 ältere Schlachtschiffe. Dazu kamen die Task Force 58 (Mitscher) mit 18 schnellen Trägern und eine britische Trägergruppe (Rawlings). Okinawa wurde von rund 130000 Mann unter Generalleutnant Ushijima verteidigt. Die Amerikaner blieben bei der Landung noch einigermaßen ungestört, der Widerstand setzte erst ein, als die Marines versuchten, die ganze Insel in Besitz zu nehmen. Vor allem im Süden an der sogenannten Shuri-Linie stießen sie auf erbitterte Gegenwehr. Ushijima hatte sich hier mit seinen Truppen in gut getarnten Bunkern und Höhlen eingegraben, die mit Flammenwerfern und Handgranaten regelrecht ausgeräuchert werden mußten. Erst am 21.5. durchbrachen die Amerikaner die Befestigungslinie, und erst am 24.6. waren die Kämpfe beendet; Ushijima und sein Stab hatten Harakiri verübt. Von Formosa und vom japanischen Mutterland her erfolgten zahlreiche Versuche, die US-Pazifikflotte vor Okinawa anzugreifen, denen aber wenig materieller Erfolg beschieden war. Am 6.4. unternahmen 355 *Kamikaze*-Maschinen den ersten von insgesamt zehn Masseneinsätzen, 341 andere Flugzeuge wurden zu konventionellen Bomben- und Torpedoangriffen angesetzt. Ein Verband, bestehend aus dem Riesenschlachtschiff *Yamato*, einem Kreuzer und acht Zerstörern, wurde schon beim Anmarsch am 7.4. von der amerikanischen Aufklärung erfaßt, von 280 Trägerflugzeugen angegriffen und bis auf vier Zerstörer vernichtet. Insgesamt versenkten Kamikazeflieger bei einem Verlust von 930 Selbstmord-Maschinen und Begleitjägern 16 amerikanische Schiffe, keines größer als ein Zerstörer, und beschädigten 185, darunter sieben Träger und zehn Schlachtschiffe. Verheerender war die moralische Wirkung auf die US-Soldaten, von denen viele zermürbt aus dem Kampf genommen werden mußten. Die 10. US-Armee zählte 7613 Gefallene, darunter OB Buckner, und 31 807 Verwundete; die US-Flotte hatte 4907 Tote und 4824 Verwundete. Von den japanischen Verteidigern überlebte bis auf 7400 Gefangene niemand, die Zivilbevölkerung beklagte 26 000 Opfer.

Olbricht, Friedrich
* Leisnig (bei Döbeln) 4.10.1888, † Berlin 20.7.1944
Er entwickelte den Plan *»Walküre«*, die Grundlage für den *Zwanzigsten Juli*: General der Infanterie Olbricht stand seit 1938 in Verbindung mit dem militärischen Widerstand um Generaloberst *Beck*. Seit 15.2.1940 war er Chef des Allgemeinen Heeresamts im OKH und besaß damit die Möglichkeit, den Sturz des nationalsozialistischen Regimes planerisch vorzubereiten. Beim Scheitern des Putsches am Abend des 20.7.1944 wurde Olbricht zusammen mit *Stauffenberg* und weiteren Verschwörern standrechtlich erschossen.

Oradour
Die französische Ortschaft Oradour-sur-Glane bei Limoges wurde am 10.6.1944 Schauplatz eines Kriegsverbrechens: Die 3. Kompanie des 1. Bataillons des Regiments »Der Führer« der 2. SS-Panzerdivision »Das Reich« rückte in Oradour ein und trieb die Bewohner zusammen. Die Männer wurden in Häusern und Scheunen erschossen, Frauen und Kinder in der Kirche eingesperrt. Dann zündeten die Soldaten das Gebäude wie alle übrigen des Ortes an. Dem Massaker entkamen nur 36 Personen, 642 verloren ihr Leben im Feuer oder Kugelhagel. Die Mordaktion wurde offiziell als »Vergeltungsmaßnahme« für Partisanenangriffe hingestellt, unter denen die von Toulouse an die Invasionsfront marschierende Division zu leiden gehabt hätte. Hitler verhinderte eine gerichtliche Verfolgung. Da die 3. Kompanie bald darauf im Kampf unterging, waren auch die späteren Er-

mittlungen erschwert. Erst 1953 mußten sich 21 ehemalige Angehörige der SS-Einheit vor einem Militärtribunal in Bordeaux verantworten. Dabei wurden zwei Todesurteile, 18 Haftstrafen und ein Freispruch verkündet; eine Amnestie milderte unmittelbar darauf die Strafen. 1983 fand in Ost-Berlin noch ein Verfahren gegen einen ehemaligen Zugführer der 3. Kompanie statt; es endete mit einem Urteil auf lebenslange Haft. Die Ruinen von Oradour blieben als Mahnmal stehen, der Ort wurde in der Nähe neu aufgebaut.

Organisation Todt (O.T.)

Nach ihrem Leiter *Todt* hieß die 1938 für den Bau militärischer Anlagen gegründete Truppe Organisation Todt. Zunächst am *Westwall* eingesetzt, war die O.T. nach Kriegsbeginn vor allem mit der Instandsetzung zerstörter Brücken, Eisenbahnlinien und Straßen im Reich und in den besetzten Gebieten sowie mit weiteren Befestigungsarbeiten (u.a. *Atlantikwall*) beschäftigt. Die Arbeiter der O.T. waren mit Gasmaske und Stahlhelm ausgerüstet und trugen erdbraune Uniformen. Ihre Zahl betrug Ende 1944 über 1,36 Mio. Es handelte sich teils um Zivil-, teils um *Zwangsarbeiter*; zusätzlich wurden auch Häftlinge der KZ und Kriegsgefangene herangezogen.

Oslo

Norwegens Hauptstadt Oslo mit 250 000 Einwohnern (1940) wurde am 9.4.1940 im Rahmen des Unternehmens *»Weserübung«* von deutschen Luftlandetruppen besetzt. Gleichzeitig näherte sich die Kriegsschiffgruppe 5 von See her, wobei der Schwere Kreuzer *Blücher* im Oslofjord durch Feuer der Küstenbatterien und Torpedotreffer verlorenging. Oslo war in der Folgezeit Sitz des deutschen »Reichskommissars für die besetzten norwegischen Gebiete« *Terboven*. Nach der deutschen Kapitulation im Nordwestraum (4.5.1945) wurde die Besetzung aufgegeben, die norwegische Exilregierung kehrte am 31.5.1945 nach Oslo zurück.

Oster, Hans

* Dresden 9.8.1888, † KZ Flossenbürg 9.4.1945

Der Generalstabsoffizier des 1. Weltkriegs Oster kam 1933 zur

Abwehr im Reichswehrministerium (später OKW) und wurde 1939 Leiter von deren Zentralabteilung. 1941 wurde er zum Generalmajor ernannt. Seit der Ermordung seines einstigen Chefs General Schleicher während der sogenannten Röhm-Affäre (30.6.1934) war er erbitterter Gegner des Nationalsozialismus. Seine Schlüsselstellung im Geheimdienst nutzte er, um Verbindungen zwischen zivilen und militärischen Widerstandsgruppen herzustellen. Er verriet u.a. den Beginn des deutschen Angriffs im Westen den Holländern, fand jedoch, als der Termin immer wieder verschoben wurde, bald keinen Glauben mehr. Oster besorgte für verschiedene Attentatsversuche Sprengstoff, half beim Ausschleusen von Verfolgten ins Ausland und hielt Kontakt zu alliierten Geheimdiensten (u.a. *Dulles* in der Schweiz). Bei der Verhaftung seines Mitarbeiters Hans von Dohnányi am 5.4.1943 fand die Gestapo Belastungsmaterial auch gegen Oster; daraufhin wurde er am 31.3.1944 entlassen. Von den Verschwörern des *Zwanzigsten Juli* als Präsident des Reichskriegsgerichts vorgesehen, geriet Oster in die Verhaftungswelle nach dem Scheitern des Umsturzes und wurde kurz vor Eintreffen amerikanischer Truppen nach Standgericht gehängt.

Ostsee

Die Ostsee, das nordeuropäische Binnenmeer, spielte in den Planungen der deutschen Kriegsmarine eine wesentliche Rolle als Ausbildungs- und Schulgebiet. Die potentiellen gegnerischen Kräfte wurden als gering veranschlagt. In der Tat konnte die Kriegsmarine nach Ausschaltung der polnischen Streitkräfte im September 1939 und der Besetzung Dänemarks im April 1940 bis zum *Rußlandfeldzug* ungehindert in der Ostsee operieren und auch nach dem deutschen Angriff auf die UdSSR (22.6.1941) eine Bedrohung durch sowjetische Seestreitkräfte gering halten. Zusammen mit der finnischen Flotte legten deutsche Minenschiffe umfangreiche Sperren, die den Finnischen Meerbusen abriegelten, in dem die Sowjetflotte lag. Nach der Eroberung der Baltischen Inseln (u.a. Dagö und Ösel) und dem Erreichen *Leningrads* wanderten die Minensperren weiter nach Osten und schnürten die Rote Flotte gänzlich in der Kronstädter Bucht ein. Luftangriffe dezimierten sie weiter. Mit zunehmenden Erfolgen der Sowjets im Landkrieg verschlechterte sich aber die deutsche

Situation in der Ostsee. Die sowjetische Flotte konnte im Herbst 1944 ausbrechen und die durch Nachschub- und Truppentransportaufgaben für abgeschnittene Verbände (z.B. die *Kurland*-Armee) überlastete Kriegsmarine in Bedrängnis bringen. Diese fand sich in ihren Operationen zunehmend durch ihre eigenen früheren Minensperren sowie neue, von sowjetischen und britischen Flugzeugen abgeworfene Minen behindert. Es blieben als letzte Aufgaben der Transport von Flüchtlingen aus den bedrohten Ostgebieten und das Eingreifen in die Landkämpfe von See aus. Dafür zog das OKM alle verfügbaren Einheiten in der Ostsee zusammen, darunter »Dickschiffe« wie die *Lützow*, *Admiral Scheer* und *Prinz Eugen*, die mit präzisem Artilleriefeuer Landziele belegten. Die Seeherrschaft der Kriegsmarine in der Ostsee wurde fast bis Kriegsende aufrechterhalten. So gelang es, rund 2,2 Mio. Flüchtlinge über See zu retten. Die Verluste blieben trotz tragischer Fälle wie der der *Wilhelm Gustloff* insgesamt gering.

»Overlord«

Die Planungen der Westalliierten für eine *Invasion* auf dem europäischen Festland liefen unter dem Codenamen »Overlord« (engl. Lehnsherr). *Roosevelt* kam damit dem sowjetischen Wunsch nach einer *Zweiten Front* zur Entlastung der Roten Armee entgegen. Der erste Auftrag von 1942 lautete über eine Landung mit sechs Divisionen im April 1943 zwischen Le Havre und Boulogne-sur-Mer. Der britische Premier *Churchill* jedoch sperrte sich zunächst, da er den frontalen Angriff auf den deutsch besetzten Kontinent für zu riskant hielt und eine »Strategie der Peripherie« mit einem Angriff auf den »weichen Bauch Europas« vorzog. Die Westalliierten entschlossen sich daher zur Landung *(»Torch«)* in Nordafrika (8.11.1942) und zum Sprung nach *Sizilien* (10.7.1943) und aufs italienische Festland (3.9.1943). Erst bei der *»Trident«*-Konferenz in Washington im Mai 1943 gewann der Invasionsplan feste Gestalt. Für »Overlord« wurde eine Streitmacht von 3 Mio. Mann unter General *Eisenhower* aufgestellt, deren Gros als 21. Heeresgruppe (Montgomery) mit der 1. US-Armee (Bradley) auf dem rechten und der britischen 2. Armee (Dempsey) auf dem linken Flügel an Land gehen sollte, wo kurz vorher Luftlandetruppen erste Stützpunkte bilden würden. Massive Unterstützung der Landung durch Luft- (Leigh Mallory) und Seestreitkräfte (Ramsay) sollte die deutsche Abwehr niederhalten. Als Landeraum wurde die Normandie zwischen Cherbourg und Le Havre bestimmt. Zwar lag dieses Gebiet weiter entfernt von den Ausgangshäfen der Landungsflotte, bot aber günstigere Bedingungen als die der englischen Küste direkt gegenüberliegenden Uferstreifen etwa um Boulogne und Calais, an denen die Deutschen mit einer Landung rechneten. Die am *D-Day* (6.6.1944) beginnende Invasion traf dann auch auf einen überraschten und schlecht vorbereiteten Gegner.

Panther
Als Antwort auf den bis dahin überlegenen sowjetischen *T-34* wurde von MAN und Daimler-Benz der Panzerwagen V mit dem Beinamen Panther entwickelt, der im November 1942 in Serie ging. Von Februar 1943 an beteiligten sich auch die *Henschel-Werke* an der Produktion, so daß 1943 schon 1845 Panther gebaut werden konnten. Insgesamt wurden bis 1945 5966 Stück ausgeliefert, wozu noch 341 Jagdpanther mit 8,8-cm-Pak L/71 kamen. Die 7,5-cm-Kampfwagenkanone 42 L/70 vermochte bei einer Mündungsgeschwindigkeit bis zu 1120 m/sek die Panzerung des T-34 auf jede Entfernung im Schußbereich zu durchschlagen, der mitgeführte Vorrat betrug 79 Granaten. Mit einem 600-PS-(Dauerleistung-)Maybach-Motor erreichte der 45,5 t schwere Panzer auf der Straße 55 km/h, im Gelände 24 km/h, der Kraftstoffvorrat von 730 l reichte für 177 km auf der Straße und 89 km im Gelände, Straßenverbrauch 412 l/100 km. Gepanzert war der Panther an der Fahrerfront bis 80 mm, an der Turmfront mit 110 mm. Wie der *Tiger I* wurde der Panther zu früh ins Gefecht geschickt, erstmals beim Unternehmen *»Zitadelle«* Anfang Juli 1943. Zum großen Teil fielen die Wagen schon beim Anmarsch aus. Später wurde der Panther ein zuverlässiges Kampffahrzeug, das sich fast allen Panzern der Gegner überlegen zeigte.

Panzer(kampfwagen) I
Die Panzerdivisionen, die im Deutschen Reich seit 1934 aufgestellt wurden, erhielten als Erstausstattung den leichten Panzerkampfwagen I, ein Gefährt, das gemäß Entwicklungsauftrag des Heereswaffenamtes von 1933 entwickelt worden war. Daten der Ausführung A: 5,4 t, 3,96 m lang, 2,06 m breit und 1,70 m hoch. Mit einem 60-PS-Motor erreichte der Panzer 39 km/h, sein Fahrbereich betrug im Gelände 97 km, auf der Straße 145 km; 2 Mann Besatzung. Die Bewaffnung bestand lediglich aus 2 MG in einem Drehturm, die Panzerung war mit 15 mm recht gering. Die verbesserte Ausführung B hatte einen 100-PS-Motor und größeren Fahrbereich (123 bzw. 153 km). Bei Kriegsbeginn waren 1445 Panzer I bei der Truppe.

Panzer(kampfwagen) II
Hauptsächlich bei den Panzeraufklärungsabteilungen, bei den

leichten Divisionen und bei der Kavallerie wurde der leichte Panzerkampfwagen II verwendet, den die Firmen Krupp, Henschel und MAN seit 1934 entwickelten. Die Großserienfertigung lief 1937 an, bei Kriegsbeginn standen 1223 Panzer II zur Verfügung. Daten der Typen A bis E: 8,6 t, 4,64 m lang, 2,30 m breit, 2,02 m hoch, 140 PS, max. 48 km/h auf der Straße und 19 km/h im Gelände bei einem Fahrbereich von 260 km (Gelände 105 km), 3 Mann Besatzung, 20-mm-Kanone MK 30 L/55 und 1×7,92-mm-MG. Die letzte Version L hatte einen 180-PS-Motor und kam auf max. 64 km/h. 1942 wurden noch einige Exemplare mit einer 50-mm-Kanone gebaut.

Panzer(kampfwagen) III
Als Ersatz für die leichten und schwach bewaffneten *Panzer I* und *II* wurde 1937 der mittlere deutsche Panzerkampfwagen III eingeführt, der zunächst mit einer 3,7-cm-Kanone, später auch mit 5,0- bzw. 7,5-cm-Kanone ausgerüstet war. Weitere Daten: 22,3 t, 5 Mann Besatzung, 5,41 m lang (ohne Rohr), 2,92 m breit, 2,51 m hoch, 300 PS, max. 39 km/h auf der Straße und 18 km/h im Gelände, die Versionen J und L etwas schneller. Der Panzer III bildete 1940–42 die Hauptausstattung der Panzerregimenter. Insgesamt wurden 5572 Exemplare an die Truppe geliefert. Das Fahrgestell des Panzer III wurde auch für Sturmgeschütze, Bergepanzer und Werferbatterien verwendet.

Panzer(kampfwagen) IV
Der mittlere deutsche Panzerkampfwagen IV ging auf einen Entwurf der Firma Krupp von 1935 zurück. Gewicht 17,3–25 t, 250–320 PS, max. 30–42 km/h, 150–300 km Fahrbereich, 5 Mann Besatzung, 7,5-cm-Kanone. Bis Kriegsende wurden insgesamt 8003 Exemplare gebaut. Die ersten Ausführungen hatten eine Panzerung von 30 mm und waren mit einer 75-mm-Kurzrohrkanone und einem Koaxial-MG 7,62 mm bewaffnet. Von Version D an wurde der Panzer IV an der Stirnseite mit einer zusätzlich aufgenieteten Panzerung von 30 mm und an den Seiten von 20 mm versehen. Außerdem erhielt er Walzenblenden mit 30 mm starkem Panzerschild und ein weiteres, kardanisch aufgehängtes MG 7,62 mm. Im *Frankreichfeldzug* noch Herr der Schlachtfelder, erwies sich der Panzer IV im *Rußlandfeldzug* an

Feuerkraft den sowjetischen Tanks *T-34* und KW-1 *(Kliment Woroschilow)* unterlegen. Daraufhin wurde er mit der 7,5-cm-Langrohrkanone L48 ausgerüstet, um den Rückstand in der Feuerkraft auszugleichen. Seit 1942 lösten *Tiger I* und *Panther* den Panzer IV allmählich ab; allerdings blieb dieser an allen Fronten Standardpanzer, da die neuen Modelle wegen der alliierten Luftangriffe und zunehmender Rohstoffknappheit nicht mehr in der nötigen Stückzahl gefertigt werden konnten. Auf dem robusten Fahrgestell des Panzer IV bauten zahlreiche Panzerfahrzeuge auf, u.a. die Selbstfahrlafetten »Nashorn« und »Heuschrecke«, die Flakpanzer »Möbelwagen« und »Wirbelwind« und das Sturmgeschütz IV.

Panzer(kampfwagen) V →Panther

Panzer(kampfwagen) VI →Tiger I

Panzer(kampfwagen) VII →Tiger II (Königstiger)

Panzerfaust
Bei den schweren Abwehrkämpfen seit Sommer 1944 gewann eine Waffe Bedeutung, die im Jahr zuvor beim deutschen Heer eingeführt worden war: die Panzerfaust, eine rückstoßfreie Schulterwaffe mit nach hinten offenem Rohr zum Verfeuern von Hohlladungsgeschossen. Erste Versionen (Panzerfaust klein 30) hatten noch geringes Kaliber (4,5 cm) und Gewicht (3 kg), später folgten die 6,1 kg schwere Panzerfaust 60 mit Kaliber 5 cm und schließlich die Panzerfaust 100, die bei einem Kaliber von 6 cm 6,8 kg wog und deren Rohr 1,5 m lang war. Erst mit dieser größeren Version wurde eine Reichweite von 150–200 m erreicht. Im Juli 1944 wurden 120000 Stück gefertigt, im Januar 1945 sogar 1,25 Mio. Als Handicap dieser Waffe blieb aber bestehen, daß sie nur in deckungsreichem Gelände eingesetzt werden konnte und angesichts der immer noch geringen Reichweite nur in der Hand von absolut furchtlosen und nervenstarken Schützen Wirkung entfalten konnte.

Panzerschreck
Die deutsche Raketenpanzerbüchse 44 mit dem Beinamen Pan-

zerschreck war eine vergrößerte *Panzerfaust* mit einem Kaliber von 8,8 cm und einem Gewicht von 9,5 kg bei 1,64 m Länge. Der Panzerschreck, bei der Truppe auch Ofenrohr genannt, verschoß 3,3-kg-Hohlladungen, die elektrisch gezündet wurden; Stabilisierungsflächen sorgten für gerade Flugbahn. Die vergrößerte Version mit Kaliber 10 cm und 2 m Rohrlänge erzielte eine hohe Durchschlagskraft; die Reichweite (bis zu 500 m, sichere Treffer bis 200 m) machte den Panzerschreck zu einer gefährlichen Waffe. Wegen des starken Feuerstrahls und der damit schnell auszumachenden Position des Schützen war aber auch ihr Einsatz, genau wie der der Panzerfaust, an günstige Geländeverhältnisse gebunden.

Paradis, Le

Bei der nordfranzösischen Ortschaft Le Paradis kam es im Westfeldzug am 27.5.1940 zu einem Kriegsverbrechen: Etwa 100 britische Gefangene, die sich den deutschen Truppen ergeben hatte, wurden von Angehörigen des 2. SS-Totenkopfregiments an der Scheunenwand eines Bauernhofes mit MG niedergeschossen; Überlebende wurden durch Genickschuß oder mit dem Bajonett getötet. Der für das Massaker verantwortliche Offizier, SS-Obersturmführer Fritz Knöchlein, wurde nach dem Krieg von einem britischen Militärgericht zum Tod verurteilt und am 21.1.1949 in Hameln hingerichtet.

Paris

Paris, die Hauptstadt Frankreichs an der Seine mit rund 2,9 Mio. Einwohnern (1940), war eines der Hauptziele der zweiten Phase des deutschen *Frankreichfeldzugs* (Fall »Rot«). Am 3.6.1940 bombardierte die Luftwaffe Bahnhöfe, Flugplätze und Industrieanlagen im Raum Paris. Dabei gab es 254 Todesopfer, 26 deutsche Maschinen wurden abgeschossen. Nach dem Zusammenbruch der Front an der Aisne erklärte das französische Oberkommando Paris zur offenen Stadt, am 14.6. rückte die deutsche 87. Infanteriedivision ein. Neun Tage später (23.6.) erschien Hitler zu einem Blitzbesuch, von dem kaum ein Pariser etwas mitbekam, weil der »Führer« die frühen Morgenstunden für seine Besichtigungstour wählte. In der folgenden Besatzungszeit war Paris, in dem trotz aller Einschränkungen das kulturelle und gesellschaftliche Leben pulsierte, ein beliebter Standort deutscher Etappensoldaten. Mit dem guten Leben war es vorbei, als sich im August 1944 die alliierten Truppen näherten. Hitler befahl die Verteidigung bis zum letzten Mann unter Sprengung sämtlicher Seinebrücken. Entgegen der deutschen Annahme planten die Allierten jedoch zunächst keine Einnahme der Stadt, ihr OB *Eisenhower* scheute das Risiko von Straßenkämpfen. Als aber in Paris Unruhen ausbrachen und die *Résistance*-Führer den bewaffneten Aufstand proklamierten, drängte de *Gaulle*, der den wachsenden kommunistischen Einfluß in der Hauptstadt fürchtete, zum Handeln. Daraufhin wurde die französische 2. Panzerdivision unter *Leclerc* zum Eilmarsch auf Paris freigegeben. Die Vorhut traf am 24.8. ein, das Gros folgte am nächsten Tag unter dem Jubel der Bevölkerung, während zugleich die 4. US-Infanteriedivision die Vorstädte erreichte. Der deutsche Stadtkommandant von Paris, General *Choltitz*, verstand es, Hitlers Zerstörungsbefehle unwirksam zu machen; er verabredete mit den Aufständischen Waffenruhe und übergab Leclerc am 25.8. eine nahezu unversehrte Hauptstadt. 12 800 seiner Soldaten gingen in Gefangenschaft, 3200 waren gefallen. Die Verluste der regulären französischen Truppen beliefen sich auf 310 Gefallene und 319 Verwundete, während die Freischärler der Résistance 1000 Tote und 1500 Verletzte verloren hatten, hinzu kamen 582 tote und 2000 verwundete Zivilisten.

Partisanen

Im 2. Weltkrieg mußte sich die deutsche Wehrmacht in den besetzten Gebieten der Aktionen von Partisanen erwehren. Der Kampf wurde auf beiden Seiten mit großer Erbitterung und Grausamkeit geführt und zog häufig barbarische Vergeltungsaktionen gegen die Bevölkerung nach sich. Nach der Haager Landkriegsordnung galten Partisanen nur dann als reguläre Kombattanten – die bei Gefangennahme Anspruch auf die Behandlung als Kriegsgefangene besaßen –, wenn sie einen verantwortlichen Führer hatten, sichtbare Abzeichen trugen und ihre Waffen offen führten. Das war im Partisanenkrieg selten der Fall. – Anfang 1943 kämpften in Weißrußland 57 500 Partisanen, bis zum November desselben Jahres stieg ihre Zahl auf 122 600. Für 1943 meldeten die sowjetischen Partisanen 11 000 Sprengungen von Bahnlinien und 9000 zum Entgleisen gebrachte Transportzüge, wobei rund 6000 Lokomotiven und 40 000 Waggons zerstört oder beschädigt wurden, sowie die Zerstörung von 22 000 deutschen Kfz. Zu Beginn des Jahres 1944 operierten hinter den deutschen Linien über 250 000 sowjetische Partisanen, die vor allem beim Zusammenbruch der Heeresgruppe Mitte im Sommer 1944 eine bedeutende Rolle spielten. – Auf dem Balkan verfügte *Tito* im März 1944 nach deutschen Schätzungen über eine Streitmacht, die in 11 Korps mit 31 Divisionen zu je 2000–4000 Mann aufgeteilt war. Die Tito-Partisanen wurden von den Alliierten versorgt, holten sich aber auch viele Waffen von den italienischen Besatzungstruppen oder erbeuteten sie im Kampf gegen die kroatische Wehrmacht. Nach jugoslawischen Angaben sollen sie 1099 Züge zum Entgleisen gebracht, 1918 Loks, 19 759 Waggons und 22 022 Kfz vernichtet sowie 1077 Eisenbahn- und 2148 sonstige Brücken zerstört haben; 447 000 deutsche Soldaten und jugoslawische »Verräter« seien getötet worden. – In Frankreich und Belgien wurden nach deutschen Angaben in den Kämpfen während der *Invasion* (Sommer 1944) 11 086 »Terroristen« im Kampf »niedergemacht« und 4700 gefangengenommen. Die Versorgung mit Waffen für die Kämpfer der *Résistance* erfolgte aus der Luft durch alliierte Flugzeuge. Zum Partisanenkrieg kam es auch in Italien nach dessen Ausscheiden aus dem Krieg im Sommer 1943. Nach deutschen Quellen wurden allein zwischen dem 12.5. und dem 30.9.1944 in Italien 12 582 »Banditen« getötet und 8500 gefangengenommen. Ein gnadenloser Kleinkrieg tobte ebenso in Griechenland, wo die stärkste Kraft die über 22 000 Kämpfer der kommunistischen ELAS waren. – In Deutschland riefen die nationalsozialistischen Machthaber kurz vor Kriegsende noch zur Bildung einer Partisanenbewegung auf: Der *Werwolf* fand unter der kriegsmüden Bevölkerung allerdings kaum Mitglieder.

Patton, George Smith

* San Gabriel (Kalifornien) 11.11.1885, † Mannheim 21.12.1945

Ein unbekümmerter Draufgänger, sozusagen der amerikanische *Rommel*: Der Berufsoffizier Patton, Absolvent der Militärakademie West Point, sammelte seine ersten Erfahrungen im motorisierten Krieg 1917 als Kommandeur einer Tankbrigade in Frankreich. Bei Beginn des 2. Weltkriegs war Patton Oberst, im Juli 1940 wurde er zum Brigadegeneral befördert und kommandierte seit April 1941 die 2. US-Panzerdivision. Mit der Western Task Force landete er beim Unternehmen *»Torch«* am 8.11.1942 mit 35 000 Mann in Marokko und löste nach der Schlacht von Kasserine (Februar 1942) Generalmajor Fredendall als OB des II. US-Korps ab. Bei der Landung auf Sizilien (10.7.1943) führte Patton, inzwischen Generalmajor, die 7. US-Armee und nach der *Invasion* in der Normandie seit 1.8.1944 die 3. US-Armee. Bei *Avranches* gelang ihm der Durchbruch, dem ein Vormarsch bis zur Mosel folgte. Nach einer Verzögerung durch die deutsche *Ardennenoffensive* erreichte sein Verband am 17.3.1945 bei Koblenz den Rhein, überschritt den Fluß sechs Tage später und stellte die Offensive erst kurz vor Prag ein. Nach dem Krieg war Patton Militärgouverneur in Bayern, verlor seinen Posten aber bald wieder, als er gegen die Politik der Entnazifizierung auftrat und eine mildere Behandlung ehemaliger Nationalsozialisten forderte. Er kam bei einem Autounfall ums Leben.

»Paukenschlag«

Nach der deutschen Kriegserklärung an die USA (11.12.1941) lief unter dem Decknamen »Paukenschlag« eine deutsche U-Boot-Offensive gegen den Schiffsverkehr vor der Ostküste Nordamerikas an. Da die Entwicklung des *Afrikafeldzugs* zur Abgabe von Kräften ins Mittelmeer zwang, standen für das Unternehmen zunächst nur fünf Boote bereit, denen im Gebiet zwischen Kap Hatteras und der Mündung des St.-Lorenz-Stroms bis 7.2.1942 die Versenkung von 26 Frachtern mit 163 021 BRT gelang. Schon während der Offensive trafen weitere Boote vor der amerikanischen Küste ein, mit denen das Operationsgebiet bis in die Karibik ausgedehnt werden konnte, um vor allem den Öltransport aus Venezuela zu stören.

Paulus, Friedrich

* Breitenau (bei Melsungen) 23.9.1890, † Dresden 1.2.1957

Seit 1910 Berufsoffizier, machte Paulus in der Reichswehr Karriere. Im September 1940 wurde er zum Oberquartiermeister I des Generalstabs des Heeres ernannt und war in dieser Eigenschaft maßgeblich an der Planung des *Rußlandfeldzugs* beteiligt, in dem er den Oberbefehl über die 6. Armee übernahm. Mit ihr stieß Paulus im Sommer 1942 zur Wolga und auf *Stalingrad* vor und wurde dort mit seinen Soldaten Opfer einer sowjetischen Zangenoffensive (November 1942) und des Starrsinns seines Obersten Befehlshabers Hitler, der jeden Ausbruch aus dem Kessel verbot. Als Paulus am 2.2.1943 kapitulierte und mit dem Rest seiner Armee (zirka 90000 Mann) in Gefangenschaft ging, wurde er von Hitler der Feigheit bezichtigt. Dieser hatte ihn drei Tage zuvor noch zum Generalfeldmarschall ernannt, in der Hoffnung, daß der so Geehrte eher Selbstmord begehen als den Kampf aufgeben würde. Paulus beteiligte sich am Aufbau des *Nationalkomitees Freies Deutschland* und rief die deutschen Truppen der Ostfront zum Überlaufen auf. 1953 aus der Gefangenschaft entlassen, nahm er Wohnsitz in der DDR. 1960 erschien seine Rechtfertigungsschrift »Ich stehe hier auf Befehl«.

Pavelić, Ante
* Bradina (bei Sarajevo) 14.7.1889, † Madrid 28.12.1959
Der kroatische Jurist Pavelić vertrat als Abgeordneter der Partei des Rechts eine gegen den jugoslawischen Staat gerichtete nationalistische Politik. Seit 1929 im Exil in Italien, ließ er seine kroatische Unabhängigkeitsbewegung Ustascha, für die er Hilfe beim faschistischen Italien fand, mit Terror und Agitation gegen die Belgrader Regierung arbeiten. Nach dem Zusammenbruch Jugoslawiens (17.4.1941) im *Balkanfeldzug* konnte Pavelić seinen bereits am 10.4.1941 ausgerufenen »Unabhängigen Staat Kroatien« aufbauen, den er als Staatschef (Poglavnik) im Sinne seiner faschistischen und nationalsozialistischen Protektoren führte: Errichtung von KZ für politische Gegner (u.a. *Jasenovac*), Verfolgung von Serben und Moslems, Ermordung oder Auslieferung der Juden an die SS. Während viele seiner Anhänger bei Kriegsende der Rache der *Tito*-Partisanen zum Opfer fielen, entkam Pavelić über Österreich und Italien nach Argentinien, wo er eine bedeutungslose Exilregierung gründete.

Pazifikkrieg
1931 annektierte Japan die Mandschurei (jap. Mandschukuo), 1937 griff es China an, 1940 nahm es den durch die Niederlage

gegen die Wehrmacht geschwächten Franzosen Indochina ab. Dahinter stand ein »Lebensraum«-Programm, das dem nationalsozialistischen Modell durch Züge rassistischen Sendungsbewußtseins (»Volk der Götter«) ähnelte. Auch die innere Situation Japans bot Parallelen zu Deutschland: Eine nach preußischem Vorbild aufgebaute Armee propagierte die »nationale Wiedergeburt« und beeinflußte zunehmend die Politik, die einen autoritären Kurs einschlug und die Massen mobilisierte und radikalisierte. Durch seine Expansion auf dem asiatischen Festland geriet Japan in Konfrontation mit den USA, die dort ihre Wirtschaftsinteressen verletzt sahen. Am 26.7.1941 froren die USA, Großbritannien und die Niederlande alle japanischen Guthaben ein und verhängten ein Öl- und Schrottembargo, das Japans Industrie im Lebensnerv traf. Damit erhielt die Kriegspartei in Japan Auftrieb; sie ging aufs Ganze: Am 7.12.1941 versuchte sie mit dem Angriff auf *Pearl Harbor* die amerikanische Pazifikflotte auszuschalten. Fast gleichzeitig brach eine japanische Offensive im Süden los, wo Malaya (mit *Singapur*), Sumatra, Borneo, *Hongkong* und die Philippinen fielen. Birma wurde von den Japanern überrannt, im Pazifik gingen Guam, Wake, Gilbertinseln, Bismarckinseln und der Norden von Neuguinea verloren. Günstig für die Japaner wirkte sich dabei vor allem in den britischen und niederländischen Gebieten der Haß der einheimischen Bevölkerungen auf die europäischen Kolonialherren aus. Die relativ leichten Siege führten jedoch andererseits zu verhängnisvoller Überschätzung des eigenen Potentials, die sich in überdimensionierten Planungen niederschlug. So machte dann auch Japan keine Anstalten, seine Kriegführung mit der des Deutschen Reichs zu koordinieren, obwohl dieses am 11.12.1941 gleichfalls in den Krieg mit den USA eintrat. – Hatten die Japaner noch die Schlacht in der *Javasee* gegen Briten und Niederländer (27.2.1942) für sich entschieden, gingen die folgenden See-Luft-Schlachten in der *Korallensee* (7./8.5.) und bei *Midway* (4.6.1942) schlecht für sie aus. Eine Gegenoffensive der Amerikaner setzte ein. Auch wenn die »Germany first«-Strategie keinen vollen Einsatz erlaubte, standen doch genügend Mittel zur Verfügung, um sowohl im Zentralpazifik (Kommando: Admiral *Nimitz*) als auch im Südwestpazifik (Kommando: General *MacArthur*) vorzugehen. Das *Inselspringen* begann mit der Lan-

Die strategische Lage im Pazifik zur Zeit des japanischen Überfalls auf Pearl Harbor (7.12.1941)

dung auf *Guadalcanal* (7.8.1942), es setzte sich fort mit einer Serie von amphibischen Operationen, wobei systematisch die Außenbastionen des japanischen Reiches zerstört wurden, bis nach der Eroberung der Inseln Saipan, Tinian und *Guam* (Juli/August 1944) das Mutterland selbst in die Reichweite der amerikanischen Langstreckenbomber kam. In der Trägerschlacht in der *Philippinensee* (19./20.6.1944) und in der dreitägigen Seeschlacht im *Leytegolf* (Ende Oktober 1944) wurde die kaiserliche Marine weiter dezimiert. Am 9.1.1945 landeten die Amerikaner auf Luzon, im März 1945 zogen sie in der Philippinenhauptstadt Manila ein. – Auch in Birma blieb den Japanern 1944/45 nur noch die Defensive gegen die vom Westen angreifenden Briten und die im Norden operierenden, von den Amerikanern beratenen und versorgten chinesischen Truppen, zumal hier, wie überall, wo die brutale japanische Militärverwaltung die besetzten Länder im Griff hielt, der »Befreiungseffekt« der Anfangsjahre längst verpufft war. Mit der Eroberung von *Iwo Jima* und *Okinawa* (März bzw. Juni 1945) war die Voraussetzung für eine Landung auf den japanischen Hauptinseln geschaffen (Plan *»Coronet«*). Dazu kam es jedoch nicht. Eine neue Waffe der Amerikaner, die *Atombombe* (Abwürfe auf *Hiroshima* und *Nagasaki* 6.8. bzw. 9.8.1945), machte die japanische Führung kapitulationsbereit. Entscheidend war dabei das Eingreifen des Tenno *Hirohito*, der die Säbelraßler im Kriegsrat erstmals in die Schranken wies. Am 2.9.1945 wurde auf dem Schlachtschiff *Missouri* in der Bucht von Tokio die Kapitulation Japans unterzeichnet. Um bei der Verteilung der Beute dabeizusein, hatte *Stalin* noch am 8.8.1945 Japan den Krieg erklärt. Sowjettruppen besetzten die Mandschurei und Nordkorea.

Pearl Harbor

Die Hafenstadt Pearl Harbor auf der Hawaii-Insel Oahu war (und ist noch heute) ein Hauptstützpunkt der US-Pazifikflotte. Am 7.12.1941 griffen 355 Maschinen der japanischen Marine-Luft-

Der Angriff der japanischen Torpedobomber auf die Reede von Pearl Harbor

waffe Pearl Harbor an, versenkten fünf Schlachtschiffe, beschädigten drei weitere und vernichteten außerdem zahlreiche Schiffe, Flugzeuge und Militäreinrichtungen. Die USA verloren 2403 Tote und 1178 Verwundete, die Angreifer kostete der Luftschlag 29 Maschinen mit 55 Mann Besatzung. Der japanische Kampfverband, der noch vor Abgabe einer Kriegserklärung den Hafen überfiel, bestand aus sechs Flottenträgern, die von zwei schnellen Schlachtschiffen, drei Kreuzern und neun Zerstörern gesichert waren. Die Idee zu dem Unternehmen stammte von Japans Flottenchef *Yamamoto*, die Leitung der Operationen hatte Vizeadmiral *Nagumo*. Das Hauptziel wurde nicht erreicht: Die drei modernen, kampfstarken US-Träger, auf deren Ausschaltung es der japanischen Führung besonders ankam, befanden sich am Angriffstag zu Übungen auf See und entgingen so der Zerstörung. Drei Schlachtschiffe konnten wieder instand gesetzt werden, auch die riesigen Treibstofflager und die Marinewerften waren intakt geblieben. Pearl Harbor wurde zum Auslöser des amerikanisch-japanischen Krieges und der deutschen Kriegserklärung an die USA (11.12.1941). US-Präsident *Roosevelt* fand nun volle Zustimmung in der Öffentlichkeit für ein aktives Eingreifen Amerikas in den Krieg gegen die Achsenmächte. Daß er zu diesem Zweck Pearl Harbor absichtlich preisgegeben habe, bleibt Spekulation.

Peenemünde

Im Fischerdorf Peenemünde auf der Halbinsel Usedom vor der Odermündung begann das Heereswaffenamt 1936 mit dem Aufbau der Raketenversuchsanstalt unter Leitung von General Dornberger und Wernher v. *Braun*. Hier wurde die Fernrakete A-4 (bekannt unter dem Propagandanamen *V2*) entwickelt, die zum Arsenal der sogenannten *Wunderwaffen* im 2. Weltkrieg gehörte, aber erst nach dem Krieg in amerikanischer Weiterentwicklung militärische und raumfahrttechnische Bedeutung gewann. Gegen Peenemünde richtete sich in der Nacht vom 17./18.8.1943 ein britischer Bombenangriff *(»Hydra«)*; daraufhin wurde die Fertigung der Raketen in unterirdische Schachtanlagen im Harz *(»Mittelbau«)* verlegt.

Peiper, Joachim
* Berlin 30.1.1915, † Traves (bei Vesoul, Haute-Saône) 13.7.1976
SS-Standartenführer Peiper kommandierte während der *Ardennenoffensive* eine gepanzerte Kampfgruppe der 1. SS-Panzerdivision »Leibstandarte Adolf Hitler«, der nach dem Krieg die Ermordung von amerikanischen Gefangenen bei *Malmedy* zur Last gelegt wurde. Peiper wurde am 16.7.1946 zum Tod verurteilt, später zu lebenslänglicher Freiheitsstrafe begnadigt und Ende 1956 vorzeitig entlassen. 1970 ließ er sich zunächst unbehelligt in Frankreich nieder; doch begann, ausgehend vom kommunistischen Blatt »L'Humanité«, eine Pressekampagne gegen ihn mit dem Ziel der sofortigen Ausweisung. Nach Morddrohungen wurde sein Haus am Vorabend des französischen Nationalfeiertags 1976 angezündet, in den Trümmern fand man Peipers verkohlte Leiche.

Pétain, Philippe
* Cauchy-à-la-Tour (bei Béthune, Pas-de-Calais) 24.4.1856, † Port-Joinville (auf der Insel Yeu, Vendée) 23.7.1951
Als Verteidiger Verduns genoß der im November 1918 zum Marschall ernannte Pétain bedeutendes Ansehen in Frankreich. Nach dem deutschen Angriff (10.5.1940) berief *Reynaud* ihn als nationale Symbolfigur ins Kabinett. Zunächst stellvertretender Ministerpräsident, übernahm Pétain nach dem Fall von Paris am 16.6.1940 selbst das Amt des Regierungschefs. Er schloß am 22.–24.6. Waffenstillstand mit Deutschland und Italien und wurde am 10.7. von der französischen Nationalversammlung in *Vichy* zum Oberhaupt des »État Français« berufen und mit diktatorischen Vollmachten ausgestattet. Pétain verfolgte einen Doppelkurs der begrenzten Zusammenarbeit mit der deutschen Besatzungsmacht und der gleichzeitigen Verweigerung. So gelang es ihm, Frankreich aus Hitlers Kriegsplänen herauszuhalten; andererseits ließ er die Werbung von Freiwilligen »gegen den Bolschewismus«, Geiselerschießungen und Judendeportationen geschehen. Unter der Parole »Travaille, Famille, Patrie« (Arbeit, Familie, Vaterland) versuchte er einen Ständestaat aufzubauen; er entließ alle einstigen Repräsentanten der III. Republik, suchte die wirtschaftlichen Folgen des Krieges zu mildern

und kämpfte vergeblich um die Freilassung der französischen Kriegsgefangenen in Deutschland. Pétains Doppelspiel war seinen Landsleuten nicht durchsichtig, viele zogen aus der Politik des Marschalls den Schluß, *Kollaboration* sei angesagt. Entsprechend das Rachebedürfnis nach Kriegsende. Pétain, der von den Deutschen am 20.8.1944 nach Belfort und am 8.9. nach Sigmaringen verbracht worden war, stellte sich am 24.4.1945 den französischen Behörden. Dem greisen Nationalheros wurde ein Prozeß gemacht, das Todesurteil (15.8.1945) jedoch nicht vollstreckt. In Festungshaft auf der Insel Yeu verbrachte Pétain seine letzten Jahre.

Petsamo

Im *Winterkrieg* 1939/40 wurde Petsamo, eine Hafenstadt in Nordfinnland mit 7600 Einwohnern (1940), von der Roten Armee erobert, aber im Frieden von Moskau (12.3.1940) wieder zurückgegeben. Nach der deutschen Besetzung Norwegens (April 1940) spielte Petsamo als ganzjährig eisfreier Hafen und Umschlagplatz für die nahe gelegenen Kupfer- und Nickelgruben eine wichtige Rolle für die deutsche Rohstoffversorgung. Der Flugplatz diente zudem der Luftwaffe als Basis für die Angriffe auf *Murmansk*. Nach dem Ausscheiden Finnlands aus dem Krieg (September 1944) versammelte sich die deutsche 20. Gebirgsarmee (Rendulic) im Raum Petsamo zum Rückzug. Dabei mußte sie sich einer Offensive der sowjetischen 14. Armee (Tscherbakow) erwehren, die am 15.10.1944 die Stadt besetzte. Im Vertrag von Paris (17.1.1947) trat Finnland das Gebiet um Petsamo an die Sowjetunion ab.

Philippinensee

Im Zusammenhang mit den US-Landungen auf den *Marianen* kam es in der Philippinensee, einem Nebenmeer des Pazifiks zwischen den Philippinen und der Marianen-Inselgruppe, am 19./20.6.1944 zur letzten großen Trägerschlacht im *Pazifikkrieg*. Beteiligt waren die US-Task Force 58 (Mitscher) mit 15 und die japanische 1. Flotte (Ozawa) mit 9 Trägern. Im Plan des japanischen Flottenchefs Toyoda war die Mitwirkung landgestützter Bomber vorgesehen, doch wurden sie größtenteils schon am Boden ausgeschaltet. Am Morgen des 19.6. erfuhr Ozawa, der mit seiner Streitmacht – zu der auch fünf Schlachtschiffe gehörten – südwestlich *Guam* stand, daß der US-Kampfverband bereits in Reichweite seiner leichten Trägerflugzeuge lag, während er selbst noch für den Gegner unerreichbar war. Er ließ 372 Maschinen in vier Wellen starten. Sie wurden schon über See vom amerikanischen Radar erfaßt und von *Hellcat*-Jägern abgefangen, nur wenigen Maschinen gelang es, den Flakgürtel zu durchbrechen. Das Schlachtschiff South Dakota erhielt einen direkten Bombentreffer (27 Tote), einige Einheiten wurden leicht beschädigt. Die japanische Marineluftwaffe verlor bei diesem Angriff 272 Maschinen, die US-Piloten sprachen danach vom »Truthahnschießen bei den Marianen«. Noch am selben Tag sanken nach Torpedoangriffen der US-U-Boote Albacore und Carvallo die japanischen Träger Taiho und Shokaku. Ozawa zog sich nach Nordwesten zurück, seine Schiffe wurden aber am Nachmittag des 20.6. erneut von US-Aufklärern erfaßt. Mitscher ließ 77 Sturz- und 54 Torpedobomber aufsteigen, die kurz vor Sonnenuntergang den Träger Hiyo versenkten und zwei weitere in Brand schossen. Bei der Rückkehr in der Dunkelheit mußten 80 US-Maschinen notwassern, die Besatzungen konnten zum großen Teil gerettet werden. Die Schlacht in der Philippinensee bedeutete das endgültige Aus für die japanische Trägerluftwaffe.

Pius XII.
* Rom 2.3.1876, † Castel Candolfo (bei Rom) 9.10.1958
Er trat sein Amt als Oberhaupt der katholischen Kirche im Vorfeld des Krieges an: Eugenio Pacelli, der 1920–29 Nuntius bei der deutschen Reichsregierung gewesen war, wurde am 2.3.1939 zum Papst gewählt und nahm den Namen Pius XII. an. Er versuchte vergeblich, durch Vermittlungsangebote den Frieden zu retten. Auch seine Bemühungen um Hilfe für die Verfolgten und die Opfer des Krieges blieben weithin erfolglos. Pius XII. mied die Konfrontation mit den Machthabern im faschistischen und später nationalsozialistisch kontrollierten Italien und riet, obwohl selbst über den Völkermord der deutschen *Judenverfolgung* unterrichtet, seinen Bischöfen von offenen Anklagen ab. Die politische Zurückhaltung des Papstes, sein Schweigen zum Massenmord ist Thema in Rolf Hochhuths Drama »Der Stellvertreter« (1963).

Ploieşti
Das Erdölgebiet von Ploieşti in Rumänien war die wichtigste Quelle für Deutschlands Treibstoffversorgung. 1940 wurde Ploieşti auf Wunsch von Staatschef *Antonescu* von der deutschen 16. Panzerdivision besetzt. Nach der deutsch-italienischen Niederlage in Nordafrika 1943 geriet es in den Operationsbereich der viermotorigen Bomber der 9. US-Luftflotte. Am 1.8.1943 flogen B-24 *Liberator* von Derna (Libyen) aus den ersten Großangriff (Operation »Tidalwave«), der allerdings wenig ausrichtete und mit großen Verlusten der Angreifer endete: Die Flak schoß 54 Bomber ab, weitere stürzten beim Rückflug ab oder mußten in der Türkei notlanden, von 178 gestarteten Maschinen kamen nur elf zurück. Am 5.4.1944 wurden die Erdölfelder erneut angegriffen, diesmal durch die 15. US-Luftflotte. Am 30.8.1944 besetzte die Rote Armee die Stadt.

»Pointblank«
Die auf der *Casablanca-Konferenz* im Januar 1943 beschlossene alliierte Bomberoffensive gegen Deutschland trug die Codebezeichnung »Pointblank« (engl. direkt, frontal). Dabei sollte die RAF die nächtlichen Flächenbombardements weiterführen, während die US-Bomber Punktziele angreifen sollten: Flugplätze, Verkehrsknoten, Betriebe der Rüstungsindustrie, Versorgungseinrichtungen u.a. »Pointblank« lief am 10.6.1943 an.

Polenfeldzug
Mit dem östlichen Nachbarn Polen hatte das Deutsche Reich 1934 einen Nichtangriffspakt geschlossen. Hitler kündigte diesen im Frühjahr 1939, als Polen seine Forderungen auf Rückgabe *Danzigs* ablehnte. Eine Phase hektischer diplomatischer Vermittlungsversuche folgte, die letztlich an Hitlers Willen zur gewaltsamen Lösung der sogenannten Raumfrage scheiterten. Am 31.8.1939 löste er Fall *»Weiß«* aus, den Angriff auf Polen, der sich zum 2. Weltkrieg ausweiten sollte. Den propagandistischen Vorwand lieferte der SD mit der vorgetäuschten polnischen Besetzung des Reichssenders *Gleiwitz*. – Am 1.9. setzten sich zwei Angriffskeile – das Gros des aktiven deutschen Heeres (57 Divisionen) – in Bewegung: aus Pommern und Ostpreußen die Heeresgruppe Nord (v. Bock), aus Schlesien und der Slowakei die

Heresgruppe Süd (v. Rundstedt). Sie verfügten über zirka 2500 Panzer und wurden unterstützt von den Luftflotten 1 und 4 mit insgesamt 1107 Maschinen. Polen besaß 40 Divisionen und 16 Brigaden mit 1132 leichten Panzerfahrzeugen, 745 Flugzeuge standen bereit. Die polnische Heeresleitung (Marschall *Rydz-Smigly*) hatte das Gros ihrer Kräfte (26 Divisionen, 10 Brigaden) entlang der 1900 km langen Grenze aufmarschieren lassen. Dafür gab es psychologische und wehrwirtschaftliche Gründe, aber es war die ungünstigste Position. – Bis zum 7.9 waren alle polnischen Armeen im Grenzgebiet entweder durchbrochen, angeschlagen oder zum Rückzug gezwungen. Aus dem Westen kam nicht die erhoffte Hilfe. Zwar erklärten England und Frankreich dem Deutschen Reich den Krieg (3.9.), aber wirksame Entlastungsangriffe waren so schnell nicht zu bewerkstelligen. Am 5.9. befahl Rydz-Smigly den Rückzug hinter die Weichsel. Zwischen dem 8. und 13.9. kam es bei Radom zur ersten Kesselschlacht, 65 000 Polen wurden gefangengenommen. Bereits am 11.9. hatte das deutsche I. Korps Warschau von seinen östlichen Verbindungen abgeschnitten. Vom 17. bis 20.9. brachte die Heeresgruppe Süd bei Lublin 60 000 Gefangene ein. Zugleich vollzog sich der Untergang der polnischen Armeen »Posen« und »Pomerellen«; 170 000 Polen gingen in Gefangenschaft. Die polnischen Luftstreitkräfte verloren in den ersten beiden Kriegswochen 330 Maschinen, davon die meisten im Luftkampf. Am 17.9. griff von Osten her die Rote Armee ein. Zwei Heeresgruppen marschierten in die Gebiete ein, die der UdSSR im *Deutsch-Sowjetischen Nichtangriffsvertrag* zugesprochen worden waren. Die polnische Regierung floh am selben Tag nach Rumänien, die Reste der Luftstreitkräfte folgten (116 Maschinen). Der Zusammenbruch vollzog sich unaufhaltsam. Polens seit dem 19.9. eingeschlossene, von 120 000 Soldaten verteidigte Hauptstadt *Warschau* kapitulierte am 28.9. nach Beschießung und schweren Luftangriffen. Mit der Kapitulation von 16 857 polnischen Soldaten bei Kock (östlich von Dęblin) am 6.10. erlosch der letzte Widerstand. Die polnische Armee verlor gegen Deutschland 70 000 Tote, 133 000 Verwundete und 700 000 Gefangene, die Rote Armee meldete zudem 217 000 gefangene Polen bei 737 eigenen Toten und 1859 Verwundeten. Die Wehrmacht hatte an Verlusten: 10 572 Tote, 3409 Vermißte und 30 322 Verwundete.

Noch während des Feldzuges begann der Terror der deutschen *Einsatzgruppen* – eine Vorahnung der Leiden der kommenden Besatzungspolitik. Polen wurde zwischen Deutschland und der Sowjetunion geteilt (im sowjetischen Teil setzte sogleich die Schreckensherrschaft der NKWD-Geheimpolizei ein). Die deutsch besetzten Gebiete wurden zum Teil dem Reich einverleibt (Danzig-Westpreußen, Warthegau, zirka 90 000 km^2 mit 10 Mio. Einwohnern), der Rest am 26.10.1939 zum *Generalgouvernement* zusammengefaßt.

Polikarpow I-16 →Rata

Potsdamer Abkommen
Um zu einer Regelung der Behandlung des besiegten Deutschlands zu kommen, trafen sich die Regierungschefs der »Großen Drei« USA *(Truman)*, UdSSR *(Stalin)* und Großbritannien (*Churchill*, später Clement Attlee) in Potsdam bei Berlin vom 17.7. bis 2.8.1945 zu einer Konferenz. Deren Abschlußkommuniqué, das Potsdamer Abkommen, legte für den politischen Bereich fest: völlige Abrüstung und Entmilitarisierung Deutschlands; Auflösung der NSDAP und Entfernung aller ihrer Mitglieder aus öffentlichen Ämtern sowie Aburteilung der Kriegsverbrecher; Demokratisierung; Dezentralisierung der deutschen Verwaltung. Die wirtschaftlichen Beschlüsse lauteten: Verbot der Rüstungsproduktion; Demontage von Produktionsanlagen; Förderung einer Friedensindustrie; alliierte Kontrolle der Wirtschaft; Wiederaufbau; Behandlung Deutschlands als wirtschaftliche Einheit; Reparationsleistungen. Vorbehaltlich einer endgültigen friedensvertraglichen Regelung wurde das nördliche Ostpreußen an die UdSSR übergeben, die anderen Gebiete östlich der Oder-Neiße-Linie kamen unter polnische Verwaltung; die Ausweisung der deutschen Bevölkerung aus Osteuropa und den deutschen Ostgebieten wurde sanktioniert. Das Potsdamer Abkommen, dem die provisorische französische Regierung am 4.8. im wesentlichen zustimmte, bildete die rechtliche Grundlage für die gemeinsame Verantwortung der Siegermächte gegenüber Deutschland als Ganzem. Es wurde aber infolge des Ost-West-Konflikts und der deutschen Teilung bald bedeutungslos.

PQ 17

Ende Juni / Anfang Juli 1942 startete eine alliierte Konvoioperation im *Nordpolarmeer* unter der Codebezeichnung PQ 17. Ziel war der russische Hafen Archangelsk. Das Unternehmen, eine Gefälligkeit für *Stalin*, der das Ausbleiben von Hilfslieferungen beklagt hatte, wurde zur Katastrophe. Der Geleitzug wurde am 1.7. von der deutschen Aufklärung erfaßt. Die Kriegsmarine zog daraufhin schwere Überwassereinheiten zusammen, deren Anmarsch wiederum den Briten nicht verborgen blieb. In dieser Situation befahl der 1. Seelord, Admiral Pound, die Sicherungskräfte vom Konvoi abzuziehen und den Geleitzug – 36 Frachter, einen Tanker, drei Rettungsschiffe – zu zerstreuen. Dadurch gelang am 5.7. der deutschen Kampfgruppe, bestehend aus dem Schlachtschiff Tirpitz, den Schweren Kreuzern *Admiral Hipper* und *Admiral Scheer*, sieben Zerstörern und zwei Torpedobooten, sechs Frachter zu versenken, weitere wurden beschädigt und zum Teil durch Fangschuß von U-Booten versenkt. Der Flottenverband zog sich anschließend zurück und überließ die weitere Bekämpfung von PQ 17 der Luftwaffe und den U-Booten. Insgesamt verlor der Konvoi 24 Schiffe mit 143 977 BRT, wobei 3350 Kfz, 430 Panzer, 210 Flugzeuge und 99 316 t sonstiges für die Sowjetunion bestimmtes Kriegsmaterial versanken.

Prag

Seit der deutschen Besetzung (15.3.1939) war Prag, die Hauptstadt der Tschechoslowakei mit rund 1 Mio. Einwohnern (1939), Sitz des Reichsprotektors für Böhmen und Mähren. Wegen seiner Lage blieb es lange von direkter Kriegseinwirkung verschont. Das änderte sich nach dem Attentat auf den stellvertretenden Reichsprotektor *Heydrich* (27.5.1942). Die bis dahin relativ vorsichtige Behandlung der für die deutsche Rüstungsindustrie wichtigen Bevölkerung (u.a. Hydrieranlagen in Brüx, Škoda-Werke) schlug abrupt in brutale Unterdrückung um (z. B. *Lidice)* und führte bei Herannahen der Roten Armee am 5.5.1945 zur Erhebung tschechischer Nationalisten in Prag. Die Aufständischen wollten durch Selbstbefreiung den sowjetischen Truppen zuvorkommen und hofften dabei auf die 3. US-Armee (Patton), die sich der Hauptstadt auf 60 km genähert hatte. Der OB im Raum Prag, Generalfeldmarschall *Schörner*, ließ angreifen, so daß es vor allem am 7./8.5. zu schweren Straßenkämpfen kam. *Patton*, der bereit war, den Widerstandskämpfern zu Hilfe zu kommen, wurde von *Eisenhower* mit Rücksicht auf den sowjetischen Verbündeten zurückgehalten. Am 9.5. drangen Einheiten der sowjetischen 3. Gardepanzerarmee (Rybalko) in Prag ein, die deutschen Truppen kapitulierten einen Tag später.

Prien, Günther

* Osterfeld (bei Naumburg/Saale) 16.1.1908, † im Nordatlantik 7.3.1941

Er lieferte der Propaganda in Deutschland die erste Sensation: Kapitänleutnant Prien drang am 14.10.1939 mit U 47 in den vielfach gesicherten Ankerplatz der britischen Home Fleet in *Scapa Flow* ein und versenkte das Schlachtschiff Royal Oak. Sein Husarenstück wurde 1940 zu einem Buch verarbeitet (»Mein Weg nach Scapa Flow«, 1940), das in Deutschland Riesenauflagen erlebte und nach dem Krieg auch noch den Weg nach England fand und dort zum Erfolg wurde (»I sank the Royal Oak«). Prien versenkte 1940/41 weitere Schiffe mit insgesamt 160 935 BRT und wurde schließlich während einer Geleitzugschlacht südlich von Island mit allen Besatzungsmitgliedern Opfer der Wasserbomben des britischen Zerstörers Wolverine.

Prince of Wales

Das britische Schlachtschiff Prince of Wales gehörte wie sein Schwesterschiff King George V zur Klasse schneller Großkampfschiffe, mit denen Großbritannien Ende der 30er Jahre auf die Entwicklungen in Deutschland *(Gneisenau, Scharnhorst)* und Italien (Vittorio Veneto, Littorio) reagierte: 3.5.1939 Stapellauf, 31.3.1941 in Dienst gestellt, 36 750 t, 27 kn, 227,1 m lang, 31,4 m breit, bis 2000 Mann Besatzung; Bewaffnung: 10×35,6 cm, 16×13,2 cm, 96 kleinere Rohre. Obwohl noch im Probefahrt-Stadium, wurde die Prince of Wales im Mai 1941 der Kampfgruppe von Vizeadmiral Holland zugeteilt, die am 24.5. auf das deutsche Schlachtschiff *Bismarck* und den Schweren Kreuzer *Prinz Eugen* traf. Im Gefecht, das dem Schlachtkreuzer *Hood* den Untergang brachte, erhielt auch die Prince of Wales schwere Treffer und mußte abdrehen. Im August 1941 reiste Premierminister *Churchill* an Bord des Schlachtschiffs zum Treffen mit US-Präsident *Roosevelt*, bei dem die beiden Staatsmänner die *Atlantik-Charta* verkündeten. Nach Einsätzen im *Mittelmeer* wurde die Prince of Wales im November 1941 nach *Singapur* verlegt. Dort bildete sie zusammen mit dem Schlachtkreuzer *Repulse* die Force Z, die die japanischen Landungen in Malaya bekämpfen sollte. Ihr Ende kam am 10.12.1941: Vom japanischen 22. Marine-Fliegergeschwader erfaßt, wurde sie wie der begleitende Schlachtkreuzer durch Bomben und Torpedos versenkt. 796 Mann der Besatzung wurden von Zerstörern gerettet.

Prinz Eugen
Nach dem Feldherrn der Türkenkriege und des Spanischen Erbfolgekriegs Eugen von Savoyen (1663–1736) war der deutsche Schwere Kreuzer benannt, der am 22.8.1938 vom Stapel lief und zwei Jahre später, am 1.8.1940, in Dienst gestellt wurde; 18400 t, 207,7 m lang, 21,9 m breit, 32 kn, bis 1599 Mann Besatzung; Bewaffnung: 8×20,3 cm, 12×10,5 cm, zahlreiche kleinere Rohre Flak, 12 Torpedorohre, 3 Bordflugzeuge Arado Ar 196. Die Prinz Eugen lief nach Ausbildungsfahrten zum Handelskrieg aus und war mit der *Bismarck* am Unternehmen *»Rheinübung«* beteiligt, wurde aber nach dem siegreichen Gefecht mit dem britischen Schlachtkreuzer *Hood* (24.5.1941) zu selbständigem Operieren entlassen. Auf diese Weise kam sie davon, während die Bismarck gestellt und versenkt wurde. Zur Reparatur eines Maschinenschadens in *Brest* eingelaufen, wurde die Prinz Eugen dort mehrfach Ziel britischer Luftangriffe, konnte aber am 12./13.2.1942 beim *Kanaldurchbruch* in Sicherheit gebracht werden. Beim anschließenden Marsch nach Norwegen erhielt sie am 23.2.1942 schwere Torpedotreffer vom britischen U-Boot Trident und wurde nach Reparatur im Mai 1943 dem Ausbildungsverband in der Ostsee zugeteilt, wo sie, als die Front näherrückte, mit ihrer Artillerie in die Kämpfe im Küstenbereich eingriff. Bei Kriegsende befand sich die Prinz Eugen in Norwegen, sie wurde am 14.12.1945 an die USA ausgeliefert, die sie in den Pazifik verlegten. Als Testobjekt für Kernwaffenversuche sank der Kreuzer am 17.12.1946 im Bikiniatoll.

Propagandakompanien (PK)
Bereits 1938 wurden bei den deutschen Armeegeneralkommandos, nach Kriegsbeginn auch bei Marine und Luftwaffe, Sondereinheiten aus militärischem und fachlichem Personal aufgestellt, um das »Zusammenwirken zwischen Propaganda- und Waffenkrieg im Operationsgebiet« sicherzustellen. Erstmals wurden die Propagandakompanien zur Kriegsberichterstattung beim Einmarsch der deutschen Truppen ins Sudetenland (Oktober 1938) eingesetzt. Sie waren gegliedert in Troß, Arbeitsstaffel, Lautsprecherzug und drei Kriegsberichterzüge, die jeweils aus Wort-, Film-, Bild- und Rundfunktrupp bestanden. In allen Sparten litt die Kriegsberichterstattung an Überproduktion. Während des Feldzugs im Westen 1940 drehten die Filmberichter für die Wochenschauen 600 000 m Film, die in den Kinos der Heimat überhaupt nicht unterzubringen waren. Insgesamt produzierten die Kriegsberichter etwa 80 000 Wortbeiträge und lieferten über 2 Mio. Einzelphotos. Zunächst den Nachrichtentruppen unterstellt, wurden die PKs 1943 eine eigene Truppe. Ihre Personalstärke betrug 15 000 Mann, von denen bis Kriegsende etwa 1000 fielen.

Protektorat Böhmen und Mähren
Nach dem deutschen Einmarsch in die Tschechoslowakei (15.3. 1939) wurde der tschechische Teil des Landes mit 48 900 km^2 und 7,5 Mio. Einwohnern (1940) dem Deutschen Reich als »Schutzgebiet« angegliedert. In die Hauptstadt Prag zog ein Reichsprotektor ein (zunächst der ehemalige Außenminister Konstantin von Neurath, seit August 1943 *Frick*). Die eigentliche Macht aber übte der Stellvertreter aus (bis Mai 1942 *Heydrich*, dann SS-Oberstgrupp enführer Kurt Daluege und seit August 1943 SS-Obergruppenführer Karl Hermann Frank). Im Protektorat Böhmen und Mähren verfolgten die nationalsozialistischen Machthaber einen konsequenten Kurs der Eindeutschung, Ausbeutung und Herabstufung der Tschechen zu Bürgern zweiter Klasse. Dennoch bemühte man sich anfangs um relativ korrekte Behandlung, da die Arbeiterschaft für die Rüstungsproduktion gebraucht wurde. Erst nach dem Attentat auf Heydrich (27.5. 1942) gingen die Behörden zu Terrormethoden über *(Lidice)*. Die u.a. wegen der *Judenverfolgung* ohnehin gespannte

Lage verschärfte sich dadurch weiter. Rund 65 000 Juden und 40 000 Tschechen wurden Opfer der nationalsozialistischen Schreckensherrschaft. Bei Näherrücken der Fronten kam es Anfang Mai 1945 in Prag zum Aufstand und nach Kriegsende zu Vergeltungsmaßnahmen der Tschechen.

Psychologische Kriegführung

Der 2. Weltkrieg verlangte in einem bisher unbekannten Ausmaß den totalen Einsatz aller Kräfte. Kein Bereich des gesellschaftlichen Lebens blieb verschont, die Front war überall, nicht nur draußen bei den kämpfenden Heeren, sondern auch in jeder Stadt und in jedem Dorf in der Heimat. Die psychologische Kriegführung mit ihrer Propaganda wurde daher zu einem wichtigen Element der Gesamtkriegführung. Nach innen gerichtet, versuchte sie Moral und Widerstandswillen zu stärken; auf den Gegner gerichtet, war ihr Ziel, Verwirrung und Verunsicherung zu stiften. – Nach Mustern, die in Großbritannien entwickelt wurden, klassifizierten die Propagandisten ihre Erzeugnisse in »weiße«, »graue« oder »schwarze« Propaganda. Die weiße nannte klar und erkennbar Auftraggeber oder Produzenten. Dazu gehörten die »Passierscheine«, die von militärischen Behörden ausgegeben wurden und *Überläufern* gute Behandlung versprachen – eine Form der Propaganda, die in Deutschland erfunden worden war, deren sich aber bald auch alle anderen kriegführenden Mächte bedienten. Graue Propaganda ließ sich ihrer Herkunft nach nicht sofort identifizieren, da sie keinen eindeutig bestimmbaren Hersteller oder Produzenten nannte. Beispiel dafür waren die »Nachrichten für die Truppe«, eine anglo-amerikanische Flugblattzeitung, die vorgab, von der deutschen Wehrmacht zu stammen, deren Charakter als Feindpropaganda jedoch leicht zu durchschauen war. Schwarze Propaganda schließlich arbeitete mit allen Mitteln der Täuschung. So enthielt ein britisches Flugblatt einen gefälschten Brief des Obersten *Mölders*, in dem der populäre Kriegsheld seinen christlichen Glauben und seine Gegnerschaft zum Hitler-Regime bekannte. Das Falsifikat war so gelungen, daß weite Kreise der deutschen Bevölkerung es für echt hielten. – Neben der Arbeit mit Flugblättern, die es im 1. Weltkrieg (und den Kriegen davor, zum Beispiel im Dreißigjährigen Krieg) auch schon gegeben hatte, fand die Propaganda ein weiteres Betätigungsfeld in einem neuen Medium, dem Rundfunk. Der »Krieg der Ätherwellen« entwickelte sich zu einer Spitzendomäne der psychologischen Kriegführung, deutsche und englische Rundfunkpropagandisten brachten es zu bemerkenswerter Perfektion, so zum Beispiel auf englischer Seite *Delmer* oder auf deutscher der als Lord »Haw-Haw« berüchtigte *Joyce*. Nach einer Zusammenstellung des Auswärtigen Amtes gab es im Februar 1944 insgesamt 55 Geheimsender der Feindmächte, die ihre Programme in 16 Sprachen ausstrahlten; als die gefährlichsten galten »Gustav Siegfried I«, »Deutscher Kurzwellensender Atlantik« und *»Soldatensender Calais«*. Die deutschen Geheimsender erreichten ihre Höhepunkte vor dem Hintergrund der »Blitzsiege« der deutschen Wehrmacht. »Radio Humanité« und »Voix de la Paix« erzeugten mit Greuelpropaganda Panik unter der französischen Bevölkerung und lösten ein Flüchtlingschaos aus, das für die Operationsfreiheit der alliierten Verbände im Frankreichfeldzug zum bedeutenden Hindernis werden sollte. – Ob und wieweit psychologische Kriegführung über kurzzeitig gelungene Desinformation hinaus auch langfristig wirklich erfolgreich war, ist schwer zu sagen. Besonders über die Wirkung von Rundfunkpropaganda, deren Abhören in Deutschland verboten war, liegt wenig empirisches Material vor. Auf den Kriegsausgang im Großen hatte jedenfalls die Propaganda keinen Einfluß. Der von den Alliierten erhoffte psychische Kollaps der deutschen Zivilbevölkerung trat trotz aller englischen und sowjetischen Rundfunksendungen und trotz des Abwurfes von Milliarden von Flugblättern nicht ein. Nach dem Krieg resümierte ein amerikanischer Propagandist: »Die Kapitulation der deutschen Armeen war nicht das Ergebnis einer inneren Revolution noch das Ergebnis eines moralischen Zusammenbruchs der Heimat, sondern die Folge einer totalen Niederlage auf dem Gefechtsfeld.« Die Tatsachen sprachen in diesem Fall die klarste und deutlichste Sprache, eindringlicher als alle Propaganda.

Putten

Die Ortschaft Putten in den Niederlanden wurde im Oktober 1944 Schauplatz einer deutschen Terroraktion. Als Vergeltung für einen Anschlag auf ein mit Wehrmachtangehörigen besetztes

Auto, wobei ein Offizier getötet und ein anderer verletzt und entführt worden war, ließen die Besatzungsbehörden einen Teil des Dorfes niederbrennen und alle männlichen Bewohner zwischen 18 und 50 Jahren zum Arbeitseinsatz nach Deutschland transportieren. Die meisten von ihnen sind vermutlich im KZ *Neuengamme* und seinen Außenlagern umgekommen. Das Verbrechen von Putten war im August 1948 Gegenstand eines Strafverfahrens vor dem niederländischen Sondergerichtshof in Arnheim: Der verantwortliche Wehrmachtbefehlshaber der Niederlande, General der Flieger Friedrich Christiansen, wurde zu zwölf Jahren Haft verurteilt (1951 begnadigt).

Quebec-Konferenzen
Zweimal trafen sich alliierte Politiker während des 2. Weltkriegs in der kanadischen Provinzhauptstadt Quebec. Die 1. Quebec-Konferenz (Codebezeichnung »Quadrant«) vom 17. bis 24.8. 1943 mit *Churchill*, *Roosevelt*, ihren Außenministern, dem kanadischen Premier und dem chinesischen Außenminister beschloß die »Germany first«-Strategie, die vorrangige Bekämpfung Deutschlands. – Bei der 2. Quebec-Konferenz vom 11. bis 16.9.1944 besprachen Roosevelt und Churchill Fragen der Niederwerfung Japans und der Besetzung Deutschlands (u.a. *Morgenthauplan*).

Quisling, Vidkun
* Fyresdal (Telemark) 18.7.1887, † Oslo 24.10.1945 (hingerichtet)
Sein Name wurde Synonym für Kollaboration und Landesverrat: »Quisling« gewesen zu sein war der schlimmste Vorwurf, den man jemandem nach dem Krieg in den zuvor deutsch besetzten Ländern machen konnte. Der norwegische Politiker Quisling gründete 1933 die faschistische »Nasjonal Samling«, die es aber nicht zu einem Sitz im Parlament brachte. Nach der deutschen Landung (9.4.1940) rief er zur Beendigung des Widerstands auf und stellte sich dem Reichskommissar Josef Terboven zur Verfügung. Seine Partei wurde zur einzig zugelassenen erklärt und Quisling 1942 zum Ministerpräsidenten einer »nationalen Regierung« gemacht; gleichwohl hatte er im besetzten Norwegen nicht viel zu sagen. Am 9.5.1945 wurde er festgenommen und am 10.9. zum Tod verurteilt.

Radar

Bei den Deutschen hieß es *Funkmeß*, die Briten nannten es Radar (Kurzwort aus **ra**dio **d**etecting **a**nd **r**anging): das mit elektromagnetischen Wellen arbeitende Verfahren zur Ortung von Flugzeugen, Schiffen u.a., das auch als Navigationshilfe verwendet wurde. Die Briten setzten wegen ihrer insularen Lage die Radartechnik vorrangig in der Luftverteidigung ein. Bei Kriegsbeginn verfügten sie über ein funktionsfähiges Frühwarnsystem, das 18 Stationen entlang der Süd- und Ostküste zwischen Portsmouth und Aberdeen umfaßte. Sie meldeten schon auf 160 km Entfernung anfliegende Maschinen, was zusammen mit dem *»Ultra«*-Entschlüsselungsverfahren dem Fighter Command in der *Luftschlacht um England* einen entscheidenden taktischen Vorsprung gegenüber den deutschen Bombern sicherte. Vom bodenständigen Luftwarnraum weitete sich die Radartechnik auf immer neue Anwendungsgebiete aus: Feuerleitsysteme, boden- oder bordgestützte Navigation für Flugzeuge, U-Boot-Ortung, Nachtjagd u.a. Während die Briten im Sommer 1941 noch kein dem deutschen »Seetaktgerät« (das im Dezimeterwellenbereich arbeitete) gleichwertiges Ortungsmittel besaßen, gelang ihren Wissenschaftlern bald darauf der Durchbruch: Das Magnetron, eine leistungsstarke Senderöhre für scharf gebündelte Zentimeterwellen, verhalf den Anglo-Amerikanern seit 1942/43 in allen Bereichen des Radars zu einer klaren Überlegenheit und führte u.a. zur siegreichen Wende in der *Atlantikschlacht.* Weiterentwicklungen wie das H2S-Navigations- und Zielfindungsradar ermöglichten den alliierten Bomberflotten bei Tag und Nacht das Operieren über dem Reichsgebiet, unabhängig von elektronischen Leitstrahlen. Auch im Pazifik signalisierte der wachsende Antennenwald auf den Einheiten der US-Navy den Siegeszug der lautlosen Waffe; die japanische Ortungstechnik befand sich dagegen in hoffnungslosem Rückstand. Mit der Verbesserung und Verfeinerung des Radars vervollkommneten sich auch die Gegenmittel. Deutsche wie anglo-amerikanische Wissenschaftler arbeiteten unablässig an immer neuen Verfahren zur Blendung der elektronischen Augen des Gegners (u.a. *Window*) oder zur Nutzung der feindlichen Radarimpulse für die eigene Abwehr. So entwickelte sich seit 1943 ein regelrechter Hochfrequenzkrieg, der die Perfektionierung des Radars enorm beschleunigte. Davon profitierte die Nachkriegsnutzung in Meteorologie, Astronomie, Flugsicherung, Verkehr u.a.

Raeder, Erich

* Wandsbek (heute zu Hamburg) 24.4.1876, † Lippstadt 6.11.1960

1894 trat Raeder in die kaiserliche Marine ein, wurde Berufsoffizier und 1928 zum Admiral ernannt. Seit 1.10.1928 Chef der Marineleitung (1.1.1935 OB der Kriegsmarine), hatte er entscheidenden Einfluß auf den Ausbau der deutschen Seestreitkräfte. Er begrüßte Hitlers Aufrüstungspolitik, warnte aber vor einem Konflikt mit der britischen Seemacht. Verbittert stellte er daher 1939 bei Kriegsbeginn fest, nun könne die völlig unzureichend gerüstete deutsche Kriegsmarine nur noch »in Ehren untergehen«. Der Konflikt mit Hitler war programmiert, zumal Raeder (seit 1.4.1939 Großadmiral) sich mit der Beibehaltung der Militärseelsorge in der Kriegsmarine ideologisch verdächtig machte. Zum Bruch kam es, als Hitler die Abwrackung der großen Überwassereinheiten zugunsten der U-Boot-Waffe anordnete. Raeder widersetzte sich und wurde am 31.3.1943 von *Dönitz* als OB der Kriegsmarine abgelöst. Das bewahrte ihn nicht vor der Anklagebank in Nürnberg, wo er wegen der Teilnahme an der Planung eines Angriffskriegs (Verbrechen gegen den Frieden) am 1.10.1946 zu lebenslanger Haft verurteilt wurde; schon 1955 aber kam er aus Gesundheitsgründen frei.

Rangun

Als Ausgangspunkt der Birmastraße, der strategischen Hochgebirgsstraße zwischen Südwestchina und dem Golf von Bengalen, und als Einfallstor nach Indien hatte die britische Kronkolonie Birma eine Schlüsselrolle in den japanischen Offensivplänen im 2. Weltkrieg. Im Dezember 1941 begann die japanische 15. Armee ihren Angriff, am 8.3.1942 fiel die Hauptstadt Rangun mit rund 1 Mio. Einwohnern (1941), bedeutsam als Nachschubhafen. Das Roll-back der Briten und Amerikaner erfolgte ab Herbst 1943. Nach den Schlachten von Kohima und Imphal und dem Vorstoß auf Mandalay und Meiktila standen die Alliierten Ende April 1945 100 km vor Rangun. Unternehmen »Dracula«, eine Landung der 26. indischen Division beiderseits der

Bucht von Rangun am 2.5., beschleunigte den Zusammenbruch der japanischen Verteidigung; kampflos wurden deren Stellungen eingenommen, am 3.5.1945 zogen die Briten in der Hauptstadt ein. An eine Verfolgung des in Richtung Thailand weichenden Feindes war allerdings nicht zu denken; der gleichzeitig einsetzende Monsunregen machte alle Straßen unpassierbar. Bis zum Ende des Krieges kam es in Birma nicht mehr zu größeren Kampfhandlungen.

Rata

Der sowjetische Konstrukteur Nikolai Nikolajewitsch Polikarpow (1892–1944) entwarf in den 20er und 30er Jahren die ersten Jagdflugzeuge sowjetischer Bauart, so den Doppeldecker Polikarpow I-15 von 1933. Bekanntestes Modell jedoch wurde die I-16, Erstflug 31.12.1933, bei ihrem Einsatz im *Spanischen Bürgerkrieg* wegen ihrer kurzen, gedrungenen Form »Rata« (Ratte) getauft (während sie in Rußland »Ischak« = Eselein hieß). Sie verkörperte den technischen Durchbruch vom drahtbespannten Doppeldecker zum freitragenden Jagdeindecker mit einziehbarem Fahrwerk. Beim Beginn des Rußlandfeldzugs 1941 bildete die Rata immer noch das Rückgrat der sowjetischen Fliegertruppe. Die technische Unterlegenheit gegenüber den modernen deutschen Jägern (z. B. *Me 109*) versuchten sowjetische Piloten dadurch wettzumachen, daß sie einzeln fliegende *He 111* oder *Ju 88* per Rammstoß vom Himmel holten. Daten der letzten Standardserie Type 24: 1×1000-PS-Sternmotor Schezow M 62, max. 525 km/h auf Meereshöhe, 2×20-mm-Kanonen und 2×7,62-mm-MG, bis zu drei 82-mm-Raketen RS-82 unter jeder Tragfläche, Reichweite 400 km; insgesamt wurden rund 20 000 Rata gebaut.

Ratschbumm

Die sowjetische Divisionskanone 7,62 cm hieß im Landserjargon Ratschbumm. Sie war gefürchtet, weil das Abschußgeräusch fast mit dem Geschoßeinschlag zusammenfiel. Trotz der deutlich schwächeren technischen Leistungen wurde die Ratschbumm daher wegen der psychologischen Wirkung oft mit der deutschen 8,8-cm-*Flak* verglichen. Daten des Modells 1939: 1040 kg in Feuerstellung, 7,45-kg-Granaten, 8750 m Schußweite.

Reichenau, Walter von
* Karlsruhe 8.10.1884, † Poltawa (Ukraine) 17.1.1942
1903 trat Reichenau ins Heer ein und machte in der Reichswehr Karriere (1.10.1936 General der Artillerie). Bei Kriegsbeginn war er OB der 10. Armee, die er schon beim Einmarsch in die Tschechoslowakei (März 1939) geführt hatte. Er stieß mit ihr im Zentrum der Heeresgruppe Süd im *Polenfeldzug* Richtung *Warschau* vor, das am 27.9.1939 kapitulierte. Am 1.10.1939 zum Generaloberst ernannt, führte Reichenau im Westen die 6. Armee am Südflügel der Heeresgruppe B und nahm am 28.5.1940 die belgische Kapitulation entgegen. Mit der 6. Armee zog er auch gegen die Sowjetunion (22.6.1941) und erreichte am 24.10.1941 *Charkow* und *Belgorod*. Nach dem Rückschlag bei *Rostow* löste Reichenau v. *Rundstedt* als OB der Heeresgruppe Süd ab, konnte die Stadt aber auch nicht halten. In stärkerem Maße als die meisten seiner Standesgenossen engagierte sich Reichenau für den Nationalsozialismus; davon zeugt u.a. sein Tagesbefehl vom 10.10.1941, in dem er die *Judenverfolgung* als »harte, aber gerechte Sühne am jüdischen Untermenschtum« bezeichnet. Der hochdekorierte Heerführer (Ernennung zum Generalfeldmarschall 19.7.1940) starb an den Folgen eines Schlaganfalls.

»Reichenberg«
Tarnname für die bemannte Version der Flugbombe Fieseler Fi 103; →V 1.

Reichsministerium für Bewaffnung und Munition
Am 17.3.1940 wurde unter *Todt* ein Wirtschaftsressort geschaffen, das für Rationalisierung, Kostenminderung und Senkung des Rohstoffverbrauchs sorgen sollte. Die Betriebe der Rüstungsindustrie wurden zu Produktionsausschüssen zusammengefaßt. Unter Einschluß kompetenter Industrie- und Wehrmachtvertreter wurden die Kapazitäten erfaßt, Planungen abgestimmt, Aufträge nach wirtschaftlichen Kriterien vergeben und strenge Rohstoffkontingentierungen festgelegt. Daneben arbeiteten Entwicklungsausschüsse an der Standardisierung von Waffentypen und rationelleren Fertigungstechniken. Das System trieb die Konzentration der Wirtschaft voran und förderte die Verschmelzung von nationalsozialistischem Regime und Industrie. Mit

einem Ende 1941 eingeführten »Festpreissystem« konnten deutliche Erfolge auf dem Rationalisierungs- und Kostensektor erzielt werden. Auch der Übergang zur »Tiefenrüstung« nach Kriegseintritt der USA und ersten Rückschlägen für die deutsche Wehrmacht im Osten wurde noch von Todt in Angriff genommen. Bevor er jedoch sein System ausweiten konnte, kam er unter mysteriösen Umständen bei einem Flugzeugabsturz ums Leben. Zwar besaß sein Ministerium noch nicht die Kompetenzen, die *Speer* später erhielt, doch stellte Todt die Weichen entscheidend.

Reichssicherheitshauptamt (RSHA)
Als »Zusammenfassung der zentralen Ämter der Sicherheitspolizei und des Sicherheitsdienstes des Reichsführers-SS« wurde am 27.9.1939 das Reichssicherheitshauptamt geschaffen. Damit war der vor allem von *Himmler* angestrebte Verschmelzungsprozeß von Ämtern aus dem staatlichen Bereich mit Ämtern aus der nationalsozialistischen Bewegung abgeschlossen. Das RSHA war Himmler unterstellt und wurde zuerst von *Heydrich*, später von *Kaltenbrunner* geleitet. Seit Kriegsbeginn fungierte es als Zentrale der außergerichtlichen nationalsozialistischen Repressionsmaßnahmen. Insbesondere die Ämter III (Inlandsnachrichtendienst unter *Ohlendorf*) und IV (*Geheime Staatspolizei* unter H. Müller) waren berüchtigt für den Terror im Innern und in den besetzten Gebieten. Dort setzte das RSHA zur »Gegnerbekämpfung« u.a. mobile *Einsatzgruppen* ein. Mitte 1941 wurde dem RSHA die »technische Durchführung« der *Endlösung* übertragen. Seit September 1942 konnte das RSHA Gerichtsurteile »durch Sonderbehandlung korrigieren«, das heißt die Betreffenden liquidieren. Es griff in die Zuständigkeitsbereiche der Justiz, zum Beispiel in schwebende Verfahren, ein und übte seit November 1942 die gesamte Strafrechtspflege gegenüber Polen und Juden aus, von Sommer 1943 an auch im Reich.

Reitsch, Hanna
* Hirschberg i. Rsgb. (Niederschlesien) 29.3.1912, † Frankfurt am Main 24.8.1979
Frauen im Männersport der Fliegerei waren selten, um so mehr

Aufsehen erregte in den 30er Jahren Hanna Reitsch, die nicht nur mitmachte, sondern mehrere Segelflugrekorde aufstellte und 1937 zum ersten weiblichen Flugkapitän ernannt wurde. Sie wurde Testpilotin, flog 1938 in der Deutschlandhalle den ersten ausgereiften Hubschrauber, ging dann zur Luftwaffe und erprobte Militärmaschinen wie den Raketenjäger Me 163, das Großraumflugzeug Me 363 *Gigant* und die bemannte Version der Flugbombe *V1*. Die junge Frau war eine glühende Bewunderin Hitlers, der ihr 1942 das Eiserne Kreuz I. Klasse verlieh. Sie flog noch in den letzten Tagen des Dritten Reiches in das umkämpfte Berlin, um Hitler im Bunker unter der Reichskanzlei aufzusuchen, und startete ihre Maschine zum Rückflug am 29.4.1945 mitten im russischen Flakfeuer. Nach dem Krieg widmete sich Hanna Reitsch wieder dem Segelflug. »Das Unzerstörbare in meinem Leben« nannte sie 1975 ihre Memoiren, in denen sie zu kritischer Sicht der Hitler-Zeit fand.

Remagen

Bei Remagen, einer Stadt nördlich von Koblenz am linken Rheinufer mit 5500 Einwohnern (1939), fiel den Amerikanern beim Vormarsch nach Deutschland am 7.3.1945 eine unzerstörte Eisenbahnbrücke in die Hand. Den deutschen Pionieren war die rechtzeitige Sprengung mißlungen, so daß die 9. US-Armee innerhalb von 24 Stunden 8000 Mann ans Ostufer des Rheins bringen und den Brückenkopf mit Flak und Jagdmaschinen erfolgreich gegen deutsche Luftangriffe sichern konnte. Am 17.3.1945 brach die Brücke von Remagen unter Transportbelastung und Bombentreffern zusammen, aber da hatten schon 18 Bataillone übergesetzt. Der deutsche *Zusammenbruch* wurde so um mehrere Wochen beschleunigt. Hitler ließ von einem »Fliegenden Standgericht« fünf im Brückenbereich eingesetzte Offiziere zum Tod verurteilen, vier Urteile wurden vollstreckt.

Remer, Otto-Ernst

* Neubrandenburg 18.8.1912, † Marbella (bei Málaga) 4.10.1997

Dem Kommandeur des Wachbataillons Berlin, Major Remer, war von den Verschwörern des *Zwanzigsten Juli* eine wichtige Rolle zugedacht: Er sollte mit seiner Truppe das Regierungsviertel absperren und das Zentrum der Verschwörung in der Bendlerstraße sichern. Eingeweiht war er nicht, man verließ sich auf seinen soldatischen Gehorsam. Am Abend des 20.7.1944 mit der Verhaftung von *Goebbels* beauftragt, ließ er sich von diesem zu einem Telephonat mit dem Führerhauptquartier überreden und konnte sich so von Hitlers Überleben überzeugen. Er übernahm nun umgekehrt die Verhaftung der Widerstandskämpfer und wurde unter Überspringung eines Ranges zum Oberst befördert. Nach dem Krieg gehörte Remer zu den Mitbegründern der später verbotenen rechtsradikalen Sozialistischen Reichspartei (SRP) und machte bis in die 80er Jahre als rechtsextremistischer Agitator von sich reden.

Repulse

Wie sein Schwesterschiff *Renown* war der britische Schlachtkreuzer Repulse ein Veteran aus dem 1. Weltkrieg: 8.1.1916 Stapellauf, 18.8.1916 in Dienst gestellt, 31 500 t, 29 kn, 242,4 m lang, 31,3 m breit, bis 1205 Mann Besatzung; Bewaffnung: 6×38,1 cm, 9×10,2 cm, 40 kleinere Rohre. 1939 gehörte die Repulse zur Home Fleet, die in der Nordsee die britische Seeblockade sicherte und bei der Landung alliierter Truppen in Norwegen im April 1940 *(»Weserübung«)* Deckungsaufgaben wahrnahm. Im Mai 1941 war sie an der erfolgreichen Jagd britischer Kriegsschiffe auf die *Bismarck* beteiligt. Am 2.12.1941 traf die Repulse zur Verstärkung in *Singapur* ein und wurde zur Bekämpfung japanischer Landungen in Malaya angesetzt. Dabei wurde sie am 10.12.1941 zusammen mit dem Schlachtschiff *Prince of Wales* von japanischen Trägerflugzeugen angegriffen und versenkt. 327 Mann kamen ums Leben, die anderen, darunter auch Captain Tennant, wurden von Zerstörern gerettet.

Résistance

Die französische Widerstandsbewegung gegen die deutschen Besatzer, unter der Sammelbezeichnung »Résistance« zusammengefaßt, entwickelte sich nach dem Aufruf von General de *Gaulle* am 18.6.1940 aus seinem Londoner Exil, den Kampf gegen die Deutschen trotz der militärischen Niederlage fortzusetzen. Das war anfangs kaum möglich, und erst 1941/42 bildete sich eine regional organisierte, parteiübergreifende, von inneren

Spannungen allerdings nicht freie Untergrundbewegung in der besetzten Nordzone Frankreichs, wo es zu Zwangsrekrutierungen für die deutsche Industrie, wirtschaftlicher Ausplünderung und Geiselerschießungen kam. Auch gegen die *Kollaboration* der französischen Regierung in Vichy mit den Deutschen regte sich Widerstand. Hemmend wirkte sich zunächst aus, daß die Kommunisten vom Hitler-Stalin-Pakt irritiert waren; erst nach dem deutschen Überfall auf die Sowjetunion am 22.6.1941 stießen auch sie zur Résistance und verliehen ihr mit ihren bewaffneten Einheiten (»Franc-Tireurs Partisans Français«, FTPF) erheblich mehr Schlagkraft. Offener Kampf war zwar auch dann nicht möglich, doch nahmen die Attentate, Sabotageakte, Informationen für die Alliierten, bewaffnete Überfälle, Fluchtaktionen u.a. ständig zu, was in wachsendem Maß deutsche Kräfte band und »Vergeltungsmaßnahmen« wie in *Oradour* auslöste. – Obwohl die Résistance ursprünglich von Intellektuellen, einstigen Politikern und Offizieren ausging, strömten mit der Zeit Menschen aller Bevölkerungsschichten in ihre Gruppen. Am 27.5.1943 gelang J. Moulin, dem Gesandten de Gaulles, der Zusammenschluß der diversen Widerstandsgruppierungen im »Conseil National de la Résistance« (CNR). Die bewaffneten Einheiten verschmolzen am 1.2.1944 zu den »Forces Françaises de l'Intérieur« (FFI), deren Kampfwert der amerikanische Oberkommandierende *Eisenhower* auf 15 Divisionen schätzte. Als mit den Alliierten am 6.6.1944 freifranzösische Truppen landeten, stellten die FFI-Einheiten eine wertvolle Verstärkung dar und unterstrichen den französischen Anspruch auf internationale Mitsprache bei der Nachkriegsordnung. De Gaulle nahm als Chef der provisorischen Regierung am 9.9.1944 mehrere Mitglieder der Résistance in sein Kabinett auf. Sie repräsentierten das »geistige Gewissen der Nation« und gaben der politischen Erneuerung Frankreichs in der nun beginnenden IV. Republik entscheidende Impulse. – Genaue Opferzahlen der Résistance sind kaum zu ermitteln. Schätzungen sprechen von bis zu 30000 Hingerichteten und weiteren etwa 75000 Deportierten, die die Haft in deutschen KZs nicht überlebten. Sie fielen nicht nur deutschen Schergen zum Opfer, sondern in großer Zahl auch den Milizen der mit der Besatzungsmacht zusammenarbeitenden Vichy-Regierung. Darin wurde der Riß deutlich, der durch die französische Gesellschaft ging und der nach dem Abzug der Deutschen zu blutiger Abrechnung mit tatsächlichen oder vermeintlichen Kollaborateuren führte. Sie kostete weitere 10000 Franzosen und besonders auch Französinnen das Leben, die bezichtigt wurden, den Besatzern zu Diensten und zu Willen gewesen zu sein.

Reynaud, Paul
* Barcelonnette (Alpes-de-Haute-Provence) 15.10.1878,
† Paris 21.9.1966
Der französische Politiker und Jurist Reynaud wurde im März 1940 Ministerpräsident, konnte aber nach dem deutschen Angriff (10.5.1940) die Katastrophe nicht abwenden. Nach der Flucht seines Kabinetts nach Bordeaux plädierte er vergeblich für eine Fortsetzung des Kampfes von den Kolonien aus. Am 16.6.1940 mußte Reynaud dem populären Marschall *Pétain* weichen. Er wurde 1942 an Deutschland ausgeliefert und blieb bis Kriegsende in KZ-Haft. 1946–62 war er erneut Abgeordneter.

»Rheinübung«
Unter dem Decknamen »Rheinübung« plante die deutsche Seekriegsleitung im Frühjahr 1941 einen Atlantik-Raid, an dem ursprünglich drei Schlachtschiffe teilnehmen sollten. Da aber *Gneisenau* und *Scharnhorst* nicht einsatzfähig waren und die Zeit drängte, bestand die Kampfgruppe, die am 18.5.1941 unter Vizeadmiral *Lütjens* auslief, nur aus dem Schlachtschiff *Bismarck* und dem Schweren Kreuzer *Prinz Eugen*. Obwohl »Rheinübung« letztlich scheiterte (zum Ablauf siehe *Bismarck*), wurde ein Ziel erreicht: die Bindung starker britischer Kräfte und damit die vorübergehende Entlastung der Afrikageleite der Achsenmächte.

Rheinwiesenlager
Nach Überschreiten des Rheins 1945 fielen den amerikanischen Truppen Massen von deutschen Kriegsgefangenen in die Hand, für die es zunächst keine passenden Unterbringungsmöglichkeiten gab. In aller Eile wurden Prisoner of War Transient Enclosures (PWTE) errichtet, Gefangenenlager mit einer Aufnahmekapazität von 1,3 Mio. Mann, die umgangssprachlich Rhein-

wiesenlager hießen. Unterkünfte fehlten darin, den einrückenden Kompanien wurde »mit einer Armbewegung« ein Stück freies Gelände zugewiesen, das mit Stacheldraht umzäunt war oder wurde. Die Gefangenen gruben sich Erdlöcher, die bei anhaltendem Regen oft einstürzten. Verpflegung gab es in den ersten Tagen nicht, erst nach einiger Zeit wurden karge Brotrationen verteilt. Durch Korruption der deutschen Lagerverwaltung und des amerikanischen Aufsichtspersonals verschwanden öfter ganze Wagenladungen mit Lebensmitteln. Die Amerikaner versuchten ohne Erfolg, das Ernährungsproblem in den Rheinwiesenlagern durch Entlassung von Kranken, Verwundeten und Jugendlichen zu lösen. Erst nach Wochen besserten sich die Lebensverhältnisse, Zelte wurden als Unterkünfte zur Verfügung gestellt, und die Verpflegungssätze stiegen. Am 12.6.1945 wurden die Lager Rheinberg (94 788 Mann) sowie Wickrathberg (84 370) den Briten und am 10.7.1945 Sinzig (25 200), Andernach (16 600), Siershahn (25 000), Bretzenheim (17 200), Dietersheim (33 600), Koblenz (21 600) sowie Dietz (22 000) den Franzosen übergeben. Nach Aufzeichnungen der Besatzungsmächte und Mitteilungen der deutschen Gemeindeverwaltungen betrug die Zahl der Todesopfer in den Rheinwiesenlagern etwa 5300 Mann.

Ribbentrop, Joachim von

* Wesel 30.4.1893, † Nürnberg 16.10.1946 (hingerichtet)

Wegen seiner Heirat mit einer schwerreichen Erbin aus dem Hause Henkell hieß er im Volksmund »der Weinreisende«: Ribbentrop strebte nach seinem Eintritt in die NSDAP (1932) in die Nähe Hitlers, den er unterwürfig bewunderte. Hitler betraute den Karrieristen mit außenpolitischen Missionen, die er hinter dem Rücken des Auswärtigen Amtes (*Deutsch-Britisches Flottenabkommen* 1935), dann auch offiziell als Botschafter in London (seit 1936) und Reichsaußenminister (seit 4.2.1938) abwickelte. Am 23.8.1939 schloß Ribbentrop in Moskau den *Deutsch-Sowjetischen Nichtangriffsvertrag* und flankierte Hitlers aggressive und imperialistische Politik mit weiteren Vertragswerken wie *Stahlpakt* und *Dreimächtepakt*. Der Krieg ließ allerdings seinen Spielraum immer weiter schrumpfen. Um nicht den Anschluß zu verlieren, stellte er sein Amt ganz in den Dienst der *Ju-*

denverfolgung, indem er auf abhängige und verbündete Länder Druck ausübte, ihre jüdischen Bürger an die SS auszuliefern. Am 14.6.1945 verhaftet, wurde Ribbentrop vom Internationalen Militärtribunal in Nürnberg am 1.10.1946 zum Tod verurteilt.

Richthofen, Wolfram Freiherr von

* Barzdorf (bei Striegau, Niederschlesien) 10.10.1895,
† Lüneburg 12.7.1945

1917 kam er als Jagdflieger zum Geschwader seines Vetters Manfred, des »roten Barons« (gefallen 1918): Richthofen machte in der Reichswehr Karriere und wurde 1933 Leiter der Erprobungsabteilung im Reichsluftfahrtministerium. Im *Spanischen Bürgerkrieg* kommandierte er seit November 1938 die deutsche Legion Condor. Zu Beginn des 2. Weltkriegs war Richthofen Fliegerführer z.b.V. (Stuka-Verbände) und übernahm nach dem *Polenfeldzug* das VIII. Fliegerkorps, mit dem er als General der Flieger (19.7.1940) in Frankreich, auf dem Balkan und in Rußland kämpfte. Am 1.3.1942 zum Generaloberst befördert, wurde Richthofen am 24.6.1942 OB der Luftflotte 4 im Osten und führte vom 12.6.1943 bis zum 27.10.1944 die Luftflotte 2 in Italien. Der hochdekorierte Offizier (Ernennung zum Generalfeldmarschall 16.2.1943) starb an einem Gehirntumor.

Riga

Im *Rußlandfeldzug* lag Riga, die Hauptstadt Lettlands mit knapp 400 000 Einwohnern (1940), im Angriffskorridor der deutschen Heeresgruppe Nord (v. Leeb); es wurde am 12.6.1941 von einer Kampfgruppe des I. AK erreicht und bis 1.7. erobert. In Kaiserwald bei Riga richteten die nationalsozialistischen Besatzungsbehörden noch im selben Jahr ein *Konzentrationslager* ein, in dem über 10 000 lettische und deportierte deutsche Juden ermordet wurden und das später als Lager für Zwangsarbeiter fungierte. Bei Näherrücken der Roten Armee bildete die Heeresgruppe Nord (Schörner) im September 1944 vor Riga Auffangstellungen, die jedoch bald von den sowjetischen Baltischen Fronten 2 und 3 durchbrochen wurden. Am 13.10.1944 räumten die deutschen Truppen die Stadt und zogen sich nach *Kurland* zurück.

Rochelle, La

Die französische Hafenstadt La Rochelle an der Atlantikküste mit 48000 Einwohnern (1940) wurde am 23.6.1940 von deutschen Truppen besetzt und war in der Folgezeit einer der Stützpunkte der deutschen U-Boote. Die Stadt blieb bis zur Kapitulation am 9.5.1945 in deutscher Hand. Ihre Besatzung stellte am 30.1.1945 das Premierenpublikum für den Durchhaltefilm »Kolberg«, dessen Kopie am Fallschirm über der Stadt abgeworfen wurde.

Rokossowski, Konstantin Konstantinowitsch

* Warschau 21.12.1896, † Moskau 3.8.1968

Der spätere sowjetische Marschall (19.6.1944) Rokossowski erwarb seine ersten militärischen Meriten im russischen Bürgerkrieg bei der Roten Armee. Bei Beginn des deutschen Angriffs kommandierte er als Generalmajor im Juni 1941 das IX. mechanisierte Korps, seit 7.8.1941 die 16. Armee, mit der er an der Schlacht um *Moskau* teilnahm und bei der sowjetischen Winteroffensive erhebliche Geländegewinne erzielte. Im März 1942 schwer verwundet, erhielt Rokossowski am 13.7.1942 als Generalleutnant den Oberbefehl über die Brjansker Front, am 30.9. 1942 über die Donfront, mit der er entscheidenden Anteil am sowjetischen Erfolg bei *Stalingrad* hatte. Am 15.1.1943 wurde er dafür zum Generaloberst befördert. Im Februar 1943 wurde sein Großverband in Zentralfront umbenannt und nordwestlich von *Kursk* eingesetzt. In der Schlacht um Weißrußland führte Rokossowski die 1. Weißrussische Front, befreite am 3.7.1944 *Minsk* und zeichnete sich bei der Zerschlagung der deutschen Heeresgruppe Mitte (Busch) bis Ende Juli 1944 aus. Im November 1944 wurde er OB der 2. Weißrussischen Front, die im März 1945 Ostpreußen vom Restreich abschnitt. In der Schlacht um *Berlin* führte Rokossowski den rechten sowjetischen Flügel. Den Höhepunkt seiner Kriegslaufbahn erlebte er am 24.6.1945 als Kommandeur der großen Siegesparade der Roten Armee in Moskau. In der Nachkriegszeit war er zunächst stellvertretender sowjetischer Verteidigungsminister, 1949–56 »auf Bitten der polnischen Regierung« Verteidigungsminister Polens.

Rom

Italiens Hauptstadt Rom am Tiber mit 1,36 Mio. Einwohnern (1940) wurde am 19.7.1943 nach der Landung der Anglo-Amerikaner auf *Sizilien* erstmals Ziel eines alliierten Luftangriffs mit 270 Viermotorigen, die 166 Zivilisten töteten und 1659 verwundeten. Nach dem italienischen Sonderwaffenstillstand (3.9. 1943) besetzten im Rahmen des Unternehmens *»Achse«* am 10.9.1943 die deutsche 3. Panzergrenadierdivision und die 2. Fallschirmjägerdivision Rom. Wegen des zähen Widerstands der deutschen Verteidiger am *Monte Cassino* blieb die Stadt noch bis zum Sommer 1944 in deutscher Hand. Erst am 4.6. räumte die deutsche 14. Armee (v. Mackensen) das zur »Offenen Stadt« erklärte Rom, in das Einheiten der 5. US-Armee (Clark) einzogen. Danach nahm die Regierung *Badoglio* hier ihren Sitz.

Rommel, Erwin

* Heidenheim an der Brenz 15.11.1891, † in der Nähe von Herrlingen (bei Ulm) 14.10.1944

1910 trat Rommel ins kaiserliche Heer ein, war im Ersten Weltkrieg bei der Infanterie und erhielt die höchste deutsche Tapferkeitsauszeichnung, den Pour le mérite. Er blieb nach Kriegsende bei der Reichswehr, war 1929–33 Taktiklehrer an der Infanterieschule Dresden, wurde 1935 Verbindungsoffizier zur Reichsjugendführung und fungierte 1938/39 als Kommandant des Führerhauptquartiers, seit 1.8.1939 im Rang eines Generalmajors. Rommel erhielt am 5.2.1940 das Kommando über die 7. Panzerdivision, die sich im *Frankreichfeldzug* durch ihr stets völlig unvermutetes Auftauchen an den Brennpunkten der Kämpfe den Beinamen »Gespensterdivision« erwarb. – Am 1.1.1941 zum Generalleutnant befördert, wurde Rommel am 14.2.1941 Kommandierender General des *Deutschen Afrika-Korps*, das den in Libyen bedrängten italienischen Verbündeten zur Hilfe kam. Als »General in der Sonne« brachte der wegen seiner listenreichen Kampfführung auch »Wüstenfuchs« genannte Rommel, der am 1.7.1941 General der Panzertruppen und am 30.1.1942 Generaloberst wurde, die britische 8. Armee an den Rand einer Niederlage. Am 21.6.1942 fiel ihm *Tobruk* in die Hände, was ihm am nächsten Tag die Beförderung zum Generalfeldmarschall einbrachte, und am 30.6.1942 stand er mit seiner Panzerarmee

Afrika bei *El Alamein*, nur 80 km westlich von Alexandria. Wegen der von Hitler und *Mussolini* versäumten Wegnahme *Maltas* wuchsen jedoch die Nachschubprobleme, so daß Rommel Anfang November 1942 vor den angreifenden Briten unter *Montgomery* den Rückzug antreten mußte, zumal er nun durch die alliierte Landung *»Torch«* in Marokko und Algerien (8.11. 1942) auch im Rücken bedroht war. Vergeblich forderte er in den folgenden Wochen die noch mögliche Rettung der deutsch-italienischen Heeresgruppe Afrika. – Hitler berief Rommel am 9.3. 1943, kurz vor der endgültigen Niederlage in Tunesien (13.5. 1943), zurück und beauftragte ihn als OB der Heeresgruppe B mit der Organisation der Verteidigung Italiens und am 1.12.1943 mit den Vorbereitungen zur Abwehr der in Nordfrankreich erwarteten alliierten *Invasion*. Dabei kam es immer wieder zu Reibungen mit dem OB West *Rundstedt*. Am 15.7. 1944 beschwor Rommel Hitler brieflich, den sinnlosen Kampf zu beenden. Zwei Tage später wurde er bei einem Fliegerangriff schwer verwundet und fiel dadurch als militärische Integrationsfigur des Widerstands aus (die Verschwörer des *Zwanzigsten Juli* hatten ihn zum OB des Heeres machen wollen). Seine Kenntnis der Umsturzpläne jedoch wurde ihm zum Verhängnis; man zwang ihn zum Selbstmord. Zur Bemäntelung ordnete Hitler für den wohl populärsten deutschen Heerführer des Krieges ein Staatsbegräbnis an.

Roosevelt, Franklin Delano

* Hyde Park (New York) 30.1.1882, † Warm Springs (Georgia) 12.4.1945

Bei den amerikanischen Präsidentschaftswahlen 1932 siegte der Demokrat Roosevelt über den amtierenden republikanischen Präsidenten Hoover. Binnen kurzem erwies sich Roosevelt als einer der »stärksten« Präsidenten der USA, der mit seinem intellektuellen Beraterkreis (»Braintrust«) und seinen Rundfunkreden in Form privater »Kaminplaudereien« einen modernen Regierungsstil einführte. Mit dem Programm des »New Deal« (Neuverteilung) gelang ihm ein allmählicher Kurswechsel vom totalen Wirtschaftsliberalismus zum Sozialstaat (Arbeitslosenunterstützung, Altersversorgung u.a.), der die gesellschaftlichen Widersprüche dämpfte und Roosevelts Popularität sicherte

(Wiederwahl 1936, 1940, 1944). Dadurch konnte er zunehmend Front machen gegen die Expansionspolitik Deutschlands, Italiens und Japans und nach Kriegsbeginn England großzügig unterstützen *(Leih- und Pachtgesetz)*. Das schlug sich auch in der *Atlantik-Charta* nieder und mündete in den Kriegseintritt der USA nach dem japanischen Überfall auf *Pearl Harbor*. Die Mobilisierung der amerikanischen Wirtschaftskraft für Zwecke der Rüstung entschied letztlich den 2. Weltkrieg zugunsten der Alliierten. – Auf Roosevelt ging die auf den Konferenzen von *Casablanca*, *Teheran* und *Jalta* verabredete »Germany first«-Strategie zurück, ebenso die Forderung nach *bedingungsloser Kapitulation* der Achsenmächte. Roosevelt war es auch, der entgegen den Warnungen *Churchills* der Roten Armee Osteuropa überließ, weil er *Stalin* für ein Engagement gegen Japan gewinnen wollte. Daß er sowjetische Hilfe beim Niederwerfen Japans gar nicht brauchen würde, ahnte Roosevelt nicht. Als die *Atombombe* auf *Hiroshima* fiel, war er schon nicht mehr am Leben. Sein früher Tod weckte im untergehenden Berlin noch einmal Hoffnungen auf einen Zerfall der alliierten Kriegskoalition – jedoch vergebens.

Rosenberg, Alfred

* Reval 12.1.1893, † Nürnberg 16.10.1946 (hingerichtet)

Ursprünglich Architekt, gelangte Rosenberg bereits früh in den Kreis um Hitler, an dessen Putsch er 1923 teilnahm. Mit seinem Buch »Der Mythus des 20. Jahrhunderts« (1930) versuchte er dem Nationalsozialismus ein wissenschaftliches Fundament zu geben. 1933 wurde er Leiter des Außenpolitischen Amtes der Partei, im folgenden Jahr »Beauftragter des Führers für die Überwachung der gesamten geistigen und weltanschaulichen Schulung und Erziehung der NSDAP«. Der in der Partei wenig geschätzte Ideologe (*Goebbels* verspottete ihn als »Moralathleten«) wurde von Hitler am 17.11.1941 zum Reichsminister für die besetzten Ostgebiete berufen und geriet dadurch in weitere Konflikte mit Auswärtigem Amt, Wehrmacht und SS, zumal er deren Terror in Rußland für falsch hielt. Er konnte jedoch seine Vorstellungen von einer Förderung der kleineren Völker gegen die Russen und die bolschewistische Herrschaft nicht durchsetzen. Bei Kriegsende verhaftet, wurde Rosenberg am 1.10.

1946 als einer der Hauptkriegsverbrecher vom Internationalen Militärtribunal in Nürnberg zum Tod verurteilt.

Rostow

Das sowjetische Industriezentrum Rostow am Don (48 km oberhalb der Mündung ins Asowsche Meer) mit 510 000 Einwohnern (1939) war im *Rußlandfeldzug* nach der Eroberung der *Ukraine* Ziel der deutschen Heeresgruppe Süd und konnte am 20.11.1941 von der 1. Panzerarmee (v. Kleist) gegen den heftigen Widerstand der sowjetischen 56. Armee (Remisow) genommen werden. Nach Gegenangriffen der sowjetischen 37. (Lopatin) und der 9. Armee (Charitonow) mußte die Panzerarmee am 28.11. den Rückzug antreten. Rostow wurde erst im Rahmen der deutschen Sommeroffensive *»Blau«* am 23.7.1942 vom deutschen LVII. Panzerkorps und der 125. Infanteriedivision der Armeegruppe Ruoff erneut erobert. Kurz nach der deutschen Niederlage in *Stalingrad* erreichte am 9.2.1943 die sowjetische 28. Armee (Gerassimenko) das brennende Rostow, das am 14.2. von den deutschen Truppen endgültig aufgegeben werden mußte.

»Rot«

Am 5.6.1940 um 5 Uhr begann unter dem Decknamen »Rot« die zweite und entscheidende Phase des *Frankreichfeldzugs*. Die Heeresgruppe B (v. Bock) durchbrach die an der Somme improvisierte sogenannte Weygand-Linie und erreichte am 9.6. die untere Seine. An diesem Tag folgte die Offensive der Heeresgruppe A (v. Rundstedt) an der oberen Aisne und der Maas in südöstlicher Richtung zur Einschließung der französischen Kräfte hinter der *Maginot-Linie*. Deren Befestigungswerke am Oberrhein wurden am 14.6. frontal von der Heeresgruppe C (v. Leeb) angegriffen und wenig später durchbrochen. Am 14.6. zogen deutsche Truppen in Paris ein. »Rot« endete am 22.6. mit der Unterzeichnung des Waffenstillstands in *Compiègne*.

Rote Kapelle

Seit 1938 war in Frankreich eine Spionageorganisation für die Sowjets tätig, Zweigstellen bestanden in Brüssel, Den Haag, Marseille, Nizza, Genf, Bern, Basel und in Schweden. Geleitet wurde die Organisation von dem polnischen Juden Leo Trepper (1904–1982). Verbindungen gab es auch nach Deutschland. Trepper hielt über Mittelsmänner Kontakt zu einer Gruppe deutscher Gegner des Nationalsozialismus um den Offizier im Luftfahrtministerium Harro Schulze-Boysen (1909–1942) und den Oberregierungsrat im Wirtschaftsministerium Arvid Harnack (1901–1942), die Nachrichten für die UdSSR beschafften. Insgesamt wurden rund 1500 Funksprüche über Aufmarschpläne, neue Waffen u.a. abgesetzt. Im Dezember 1941 peilten die Deutschen Treppers Funkzentrale in Brüssel an, die Abwehr hob den Stützpunkt aus und gab der Gruppe den Namen »Rote Kapelle«. Auch die deutsche Sektion flog auf, nach Folterungen wurden ihre Mitglieder fast ausnahmslos als »Volksverräter« zum Tod verurteilt und hingerichtet. In der Schweiz arbeitete ein Zweig der Roten Kapelle noch bis Herbst 1943. Der »Grand chef« Trepper wurde Ende 1942 gefaßt, konnte aber im folgenden Jahr fliehen. 1944 wurde er nach Rußland beordert. Er kam vom Regen in die Traufe: *Stalin* ließ ihn verhaften. Erst 1954 kam er wieder frei.

Rotes Kreuz →Internationales Komitee vom Roten Kreuz

Rotterdam
Der deutsche Luftangriff auf Rotterdam sollte die Niederländer kapitulationsbereit machen. Als die Bomber des KG 54 am 14.5. 1940 anflogen, waren jedoch die Kapitulationsverhandlungen bereits im Gange. Davon wußten die Flugzeugführer nichts, und Versuche, den Angriff zu stoppen, schlugen fehl. Das militärisch sinnlose Bombardement kostete 900 Menschen das Leben, die historische Altstadt wurde völlig zerstört. Rotterdam wurde wie *Coventry* zum Symbol einer Luftkriegführung auch gegen die Zivilbevölkerung.

Rudel, Hans-Ulrich
* Konradswaldau (Schlesien) 2.7.1916, † Rosenheim 18.12.1982
Er war der am höchsten dekorierte Soldat der Wehrmacht: Der Stuka-Flieger Rudel erhielt für seine phänomenalen Schießleistungen das Goldene Eichenlaub mit Schwertern und Brillan-

ten zum Ritterkreuz. Mit seiner besonders bewaffneten Ju 87 schoß er bis Kriegsende bei 2530 Einsätzen 519 Panzer ab. Hinzu kamen 800 zerstörte Fahrzeuge, ein versenkter Kreuzer und ein schwer beschädigtes Schlachtschiff. Rudel entkam im März 1944 sowjetischer Gefangenschaft, verlor im Februar 1945 sein rechtes Bein und geriet am 8.5.1945 in amerikanische Gefangenschaft. Nach dem Krieg lebte er lange in Argentinien und setzte sich später in der Bundesrepublik für rechtsextremistische Organisationen ein.

Rudeltaktik
Schon im 1. Weltkrieg vereinzelt angewandt, kam die Rudeltaktik, die von *Dönitz* entwickelte und perfektionierte Angriffstechnik der U-Boote nach Art eines Wolfsrudels, durch die modernen Nachrichtenmittel erst im Krieg 1939–45 zum Tragen. Sie war die Antwort auf das System der Geleitzüge, deren Bekämpfung auch die Zusammenfassung der U-Boot-Kräfte erforderte. Von Land aus wurden die Boote an die Konvois herangeführt, wo dann ein Führer den weiteren Kampf leitete, von Land kontinuierlich mit Lagedaten versorgt. Die Rudeltaktik entfaltete ihre volle Wirksamkeit 1941/42, als U-Boote in genügend großer Zahl zur Verfügung standen. Mit Verbesserung der alliierten Abwehrmittel durch *Radar* und Einbruch in den deutschen Code mit Hilfe von *»Ultra«* wurden die Erfolgsaussichten von Massenangriffen wieder geringer, und im Mai 1943 gab man die Rudeltaktik wegen zu hoher Verluste ganz auf.

Ruhrgebiet
Als Zentrum der Steinkohleförderung, Stahlerzeugung und Rüstungsproduktion (Krupp u.a.) war das Ruhrgebiet neben der Reichshauptstadt das Hauptziel der alliierten Bomberoffensive gegen Deutschland. Am 17.5.1940 griffen erstmals 99 britische Bomber Öllager und Eisenbahnanlagen im Ruhrgebiet an. Am 5.3.1943 eröffnete die RAF die »Battle of the Ruhr«, in deren Verlauf bis 28.6.1943 rund 22000 t Bomben abgeworfen wurden. Die erhoffte tödliche Wirkung auf die deutsche Kriegsproduktion blieb jedoch aus, die meisten Betriebe erreichten schon nach kurzer Pause wieder die alten Produktionsziffern. Schwer getroffen wurde dagegen die Zivilbevölkerung in den

großen Städten wie *Essen*, *Duisburg*, Bochum, Gelsenkirchen, *Dortmund*, wo über 32 000 Menschen bis Kriegsende ums Leben kamen.

Ruhrkessel

Durch Zusammentreffen der aus dem Raum *Remagen*–Andernach vorstoßenden amerikanischen 1. Armee (Hodges) mit der über Wesel und Hamm herankommenden 9. US-Armee (Simpson) schloß sich am 1.4.1945 bei Lippstadt ein Kessel um die deutsche Heeresgruppe B *(Model)* zwischen Rhein, Ruhr und Sieg. Den amerikanischen Verbänden gelang am 14.4. die Aufsplitterung des Ruhrkessels in zwei Teile, die am 16./17.4. kapitulierten. 325 000 deutsche Soldaten der 5. Panzerarmee (Harpe), der 15. Armee (v. Zangen), der Armeeabteilung Lüttwitz und des III. Flak-Korps (v. Rantzau) gingen in Gefangenschaft. Der Heeresgruppen-OB Model beging nach der Niederlage Selbstmord.

Rundstedt, Gerd von

* Aschersleben 12.12.1875, † Hannover 24.2.1953

Der Generalstabsoffizier des 1. Weltkriegs Rundstedt befand sich 1938 bereits im Ruhestand (letzter Rang Generaloberst). Er wurde bei Beginn des 2. Weltkriegs reaktiviert und führte im *Polenfeldzug* die Heeresgruppe Süd, in Frankreich die Heeresgruppe A, die den siegbringenden Stoß durch die Ardennen zum Ärmelkanal unternahm (Ernennung zum Generalfeldmarschall 19.7.1940), und im Osten wieder die Heeresgruppe Süd. Angesichts starker sowjetischer Bedrohung seines rechten Flügels nahm Rundstedt die Front bei *Rostow* im November 1941 zurück und wurde daraufhin von Hitler am 28.11. abgelöst und durch v. *Reichenau* ersetzt. Am 1.3.1942 zum OB West ernannt, blieb Rundstedt in diesem Amt bis zum 10.3.1945 – allerdings mit einer Unterbrechung: Nach der *Invasion* der Alliierten in der Normandie zog er sich Hitlers Unwillen wegen Drängens auf Beendigung des Krieges zu und wurde ins Reich zurückbeordert. Dort leitete er vom 2.7. bis 5.9.1944 u.a. den »Ehrenhof« der Wehrmacht zur Maßregelung von Offizieren, die der Verbindung zu den Verschwörern des *Zwanzigsten Juli* verdächtig waren. Als den Amerikanern bei *Remagen* der Übergang über den Rhein gelang, fiel Rundstedt endgültig in Ungnade. Nach Kriegsende kam er erst in amerikanische, dann in britische Gefangenschaft. Im Mai 1949 wurde er schwerkrank entlassen.

Rußlandfeldzug
Als England nicht zu bezwingen war, sollte der Feldzug gegen Rußland die Kriegsentscheidung bringen und zudem das Lebensraum-Konzept verwirklichen, das Hitler als »heiligste Mission meines Lebens« bezeichnete. Er deklarierte daher das dazu entworfene Unternehmen *»Barbarossa«* als »Krieg zweier Weltanschauungen«, in dem Ritterlichkeit und traditionelle soldatische Ehrbegriffe nur Hemmnisse seien. Ziel der Eroberung sollte die Dezimierung der slawischen Bevölkerung und die »rücksichtslose Germanisierung« sein, von der Hitler schon am 3.2. 1933 vor hohen Militärs gesprochen hatte. Über den *Deutsch-Sowjetischen Nichtangriffsvertrag* setzte sich Hitler bedenkenlos hinweg. Nach Abschluß des *Balkanfeldzugs* (Mai 1941), der Hitlers Zeitplan für 1941 durcheinandergebracht hatte, kamen die seit Juni 1940 vorbereiteten Maßnahmen für einen Angriff auf die UdSSR zu ihrem Höhepunkt. Absicht der Operationsplanung (Weisung Nr. 21 vom 18.12.1940) war, »Sowjetrußland in einem schnellen Feldzug niederzuwerfen« und dazu bis zur Linie Archangelsk–Astrachan vorzustoßen, ehe die UdSSR ihre riesigen Reserven von 12 Mio. Soldaten mobilisieren konnte. – Zum Angriff ohne Kriegserklärung traten am 22.6.1941 rund 75% des deutschen Feldheeres (3 Mio. Mann mit 3580 Panzern und Sturmgeschützen) in drei Heeresgruppen mit insgesamt 152 Divisionen an: Nord (v. Leeb) mit Stoßrichtung baltische Länder und *Leningrad*, Mitte (v. Bock) in Richtung Minsk–Smolensk–Moskau und Süd (v. Rundstedt) in Richtung Kiew–Dnjeprbogen. Dazu kamen finnische, ungarische, slowakische, rumänische und italienische Verbände. Der deutsche Angriff traf auf 5 sowjetische Heeresgruppen, formiert in 15 Armeen mit 149 Divisionen. Die deutsche Luftwaffe bot mit den Luftflotten 1, 2, 4 und 5 insgesamt 1945 Bomber, Stukas, Zerstörer und Jäger auf, die Sowjetunion verfügte in den westlichen Militärbezirken über 8000 Maschinen. – Der Sommerfeldzug brachte den deutschen Armeen große Landgewinne: Baltikum, Weißrußland, *Ukraine*. In der Kesselschlacht von *Białystok* und *Minsk* (bis 9.7.) gingen

324000 sowjetische Soldaten in Gefangenschaft, bei *Smolensk* (bis 5.8.) weitere 310000, bei *Kiew* (bis 26.9.) 655000 und in der Doppelschlacht von *Wjasma* und *Brjansk* (bis 15.10.) 673000. Die Erfolge verleiteten Hitler früh zur Annahme, der Rußlandfeldzug sei bereits gewonnen. Vorsorge für einen Winterfeldzug hielt er nicht für nötig. Am 2.10. trat die Heeresgruppe Mitte zum Angriff auf *Moskau* an und kam so gut voran, daß die sowjetische Regierung am 16.10. die Stadt verließ und nach Kuibyschew ging. Da brachte erst die Schlammperiode, dann ein Kälteeinbruch mit Temperaturen unter minus 30 Grad den Vormarsch zum Stehen. Sowjetische Gegenoffensiven mit frischen Kräften aus Sibirien setzten ein. Gut funktionierende Spionage in Tokio *(Sorge)* hatte signalisiert, daß von seiten Japans kein Angriff auf die Sowjets zu befürchten war; also wurden Divisionen aus Fernost abgezogen und auf den Kriegsschauplatz bei Moskau geworfen. Sie retteten die Hauptstadt und zwangen die Deutschen zur Aufgabe weiter Gebiete. – Der Feldzug des Jahres 1942 begann mit dem Entsatz der Kessel von *Cholm* und *Demjansk*. Es folgten die Kesselschlacht südlich von *Charkow* (17.–26.5.) und die Zerschlagung der sowjetischen Stellungen auf der *Krim*. Dann trat das deutsche Heer am 28.6. im Süden zur Sommeroffensive an: Die Heeresgruppe B erreichte am 3.7. den Don bei Woronesch; auf der Krim gelang die Eroberung von *Sewastopol*. Aber die nun erheblich niedrigeren Gefangenenzahlen zeigten, daß der Gegner nicht geschlagen war. In einer zweiten Operationsphase wurde am 23.7. *Rostow* erobert. Entgegen der bisherigen Planung befahl Hitler Operationen, die sich zugleich gegen *Stalingrad* und gegen den *Kaukasus* richten sollten. Damit waren die deutschen Kräfte überfordert, die Heeresgruppe A blieb am Terek stecken, die Heeresgruppe B erreichte Mitte September Stalingrad und wurde in wochenlange verlustreiche Häuserkämpfe verwickelt. Die Front dort bot sich der Roten Armee für eine großangelegte Zangenoperation an. Am 19.11. brach sie über die italienischen, ungarischen und rumänischen Divisionen herein, die nördlich und südlich von Stalingrad zur Flankensicherung eingeteilt waren. Die deutsche 6. Armee wurde mit 250000 Mann abgeschnitten. Hitler untersagte, nicht zuletzt von *Görings* Versprechungen einer Luftversorgung verleitet, den noch möglichen Ausbruch. Am 2.2.1943 kapitulierten die Verteidiger in Stalingrad. 91 000 gerieten in sowjetische Gefangenschaft, nur 6000 kehrten später heim. – Die Rote Armee drang im Winter 1942/43 überall weit nach Westen vor. In den deutsch besetzten Gebieten führten zudem die Unterdrückung und Ausbeutung der Bevölkerung durch die nationalsozialistische Verwaltung zu lawinenartig anwachsenden Angriffen von Partisanen. Der letzte Versuch einer deutschen Offensive fand im Gebiet von *Kursk* statt, wo man einen großen sowjetischen Frontbogen mit 33 Divisionen, 2000 Panzern und 1800 Flugzeugen abschneiden wollte *(»Zitadelle«)*. Die Absicht war dem Gegner weitgehend bekannt, entsprechend gut waren seine Abwehrmaßnahmen disponiert: Der deutsche Angriff blieb nach Anfangserfolgen am 12.7. liegen. Im Herbst mußte der *Kuban-Brückenkopf* über See geräumt werden (7.9.–9.10.) Zu Beginn des Jahres 1944 überschritt die Rote Armee bei Sarny (Wolhynien) die ehemals polnisch-sowjetische Grenze. Zugleich brach sie endgültig den deutschen Blockadering um das seit August 1941 eingeschlossene *Leningrad* und trat am 4.3. in der Ukraine zur Offensive an. Die deutsche Front wich über den Pruth bis weit nach Rumänien, an die Karpaten und nach Ostgalizien zurück. Bis 12.5.1944 vernichteten sowjetische Truppen die abgeschnittene deutsche 17. Armee auf der Krim, deren rechtzeitige Räumung Hitler verboten hatte. Im Juni/Juli 1944 ging die deutsche Heeresgruppe Mitte (28 Divisionen mit 350 000 Mann) unter – eine Katastrophe, weit größer als die von Stalingrad. Auch im Norden drang die Rote Armee weiter vor, nahm Estland und den größten Teil von Lettland und Litauen und erreichte am 29.7.1944 die Rigaer Bucht. Der nächste Schlag fiel im Süden gegen die deutsche Heeresgruppe Südukraine. In wenigen Tagen wurde die neu aufgestellte deutsche 6. Armee mit 18 Divisionen zerschlagen, am 25.8. erklärte der frühere Bundesgenosse Rumänien Deutschland den Krieg, das Ölgebiet von *Ploieşti* ging verloren (30.8.), am 31.8. fiel Bukarest. – Südosteuropa wurde schrittweise aufgegeben. Am 16.9.1944 besetzten sowjetische Truppen Sofia, neben der rumänischen nahm nun auch die bulgarische Armee den Kampf gegen die Wehrmacht auf. Nach dem Ausscheiden Finnlands aus dem Krieg (4.9.) blieb Ungarn, seit 19.3.1944 deutsch besetzt, als letzter Bundesgenosse des Reiches übrig. Im Oktober drang die Rote Armee auch auf ungarisches Gebiet vor und eroberte einen Teil Jugoslawiens. Zwischen 12. und 14.1.1945 traten vier sowjetische Heeresgruppen mit 25 Armeen zur Großoffensive auf das Reich an. Die deutsche Front zerbrach, am 17.1. zog die Rote Armee in *Warschau* ein, am 19.1. in Krakau und Lodz und erreichte am 22.1. die Oder nördlich und südlich von *Breslau*. Das oberschlesische Industrierevier ging verloren, und am 26.1. riß die Landverbindung zu Ostpreußen ab. Zahllose Flüchtlingstrecks in Schlesien und Ostpreußen gerieten in das Inferno des *Zusammenbruchs*. Die deutsche Kriegsmarine konnte über die Ostsee noch über 2 Mio. Menschen nach Westen retten. Am 16.4. eröffneten zwei sowjetische Heeresgruppen aus den Oderbrückenköpfen heraus die Schlacht um Berlin. Die Reichshauptstadt kapitulierte am 2.5., und in Berlin-Karlshorst unterzeichnete Generalfeldmarschall *Keitel* am 8.5. die *bedingungslose Kapitulation* vor der siegreichen Roten Armee.

Rüstungsproduktion
Die deutsche Industrie brauchte lange, bis sie sich voll auf Rüstungsproduktion umgestellt hatte. In der sogenannten Blitzkriegphase 1939–41 herrschte noch eine »friedensähnliche Kriegswirtschaft«, die Konsumgüterindustrie erlitt kaum Einbußen. Von 1942 bis Sommer 1944 wurde die Rüstungsproduktion beträchtlich gesteigert mittels zentraler Lenkung, immer stärkerer Konzentrierung der industriellen Ressourcen auf die Herstellung von Waffen, Gerät und Munition, Rationalisierung der Fertigung, Standardisierung der Produkte usw. Im Juli 1944 erreichte die deutsche Rüstungsproduktion ihren Höhepunkt; erst danach ging sie – zunächst allmählich, seit Dezember 1944 beschleunigt – zurück. Ursache waren die Zerstörungen durch Luftangriffe und die Verluste von Produktionskapazitäten und Rohstoffquellen in Gebieten, die inzwischen vom Feind besetzt waren, sowie Nachschub- und Versorgungsstockungen. Trotz ihrer zeitweiligen Erfolge blieb die deutsche Rüstung gegenüber der der Alliierten stets zurück. Sie betrug 1939 noch 67 %, schwand 1942 auf 25 % und kam 1944 auf 30 % der angloamerikanischen und sowjetischen Produktion.

Rydz-Śmigły, Edward
* Brzeżany (heute Bereschany, Ukraine) 11.3.1886,
† Warschau 2.12.1941
Ursprünglich Kunstmaler, schlug Rydz-Śmigły (eigtl. Rydz) später die Militärlaufbahn ein. Er kommandierte eine Armee im polnisch-sowjetischen Krieg (1919–21), war enger Mitarbeiter des Staatschefs Józef Piłsudski und wurde nach dessen Tod (1935) Generalinspekteur und Oberster Befehlshaber der polnischen Streitkräfte. Als sich im *Polenfeldzug* im September 1939 die Niederlage abzeichnete, setzte sich Rydz-Smigly nach Rumänien ab. Er kehrte 1940 heimlich nach Polen zurück, um den Widerstand gegen die deutsche Besatzung zu organisieren. Dabei kam er unter ungeklärten Umständen ums Leben.

Sachsenhausen
In der Nähe von Sachsenhausen, einer Gemeinde im Bezirk Potsdam, wurde im August/September 1936 ein nationalsozialistisches *Konzentrationslager* errichtet. Insgesamt durchliefen das Lager 140 000 registrierte Häftlinge, vermutlich aber betrug die Gesamtzahl der dorthin Deportierten mehr als 200 000. In Sachsenhausen kamen zirka 30 000 Menschen ums Leben, u.a. wurden allein im Herbst 1941 über 11 000 sowjetische Kriegsgefangene durch Genickschuß und bei der Erprobung des sogenannten Gaswagens ermordet.

Saint-Nazaire
Die westfranzösische Hafenstadt Saint-Nazaire am rechten Ufer der Loiremündung mit 46 000 Einwohnern (1939) wurde im *Frankreichfeldzug* am 21.6.1940 von der deutschen 11. Schützenbrigade besetzt und in der Folgezeit zu einem der bedeutendsten deutschen U-Boot-Stützpunkte ausgebaut. Die Werftanlagen dienten der Kriegsmarine als Reparatur- und Neubaubetriebe, das sogenannte Normandie-Dock (benannt nach dem dort gebauten französischen Luxusliner) konnte Schlachtschiffe der Tirpitz-Klasse aufnehmen. Gegen Saint-Nazaire richtete sich in der Nacht vom 27./28.3.1942 das britische Kommandounternehmen »Chariot«: Ein Konvoi mit dem Zerstörer Campbeltown, der eine Zeitzünder-Sprengladung mit sich führte, und zwei Begleitzerstörern sowie 16 Vorpostenbooten mit insgesamt 353 Mann Besatzung und 258 Kommandosoldaten drang in den Hafen ein, erlitt aber schon im Anlaufen schwere Verluste. Dennoch gelangen das Rammen der äußeren Dockschleuse durch den Sprengzerstörer und das Ausschiffen der meisten Kommandos. Sie wurden aber von den deutschen Batterien an der Alten Mole und am Bassineingang unter schweres Feuer genommen, so daß die meisten fielen oder in Gefangenschaft gerieten. Nur vier Vorpostenboote kehrten nach England zurück. Die Campbeltown explodierte am Vormittag des 28.3., gerade während eine deutsche Expertenkommission das Schiff besichtigte. Die erfolgreiche Zerstörung des Docks hatte jedoch wenig Auswirkungen, da eine Atlantikkriegführung mit Überwasserstreitkräften nicht mehr vorgesehen war. Als U-Boot-Basis dagegen blieb Saint-Nazaire erhalten. Nach der Invasion wurde es zur *At-*

lantikfestung erklärt und erst am 8.5.1945 den Alliierten übergeben.

Salerno
Am 9.9.1943, einen Tag nach dem Inkrafttreten des Waffenstillstands mit Italien, landeten Verbände der 5. US-Armee (Clark) im Golf von Salerno südöstlich von Neapel. Die Landungsflotte, geführt vom amerikanischen Vizeadmiral Hewitt, unterstützt von 7 Kreuzern, 2 Monitoren und 34 Zerstörern, wurde gedeckt von 2 Schlachtschiffen, 2 Trägern, 5 Geleitträgern, 3 Leichten Kreuzern und 29 Zerstörern. Ziel des Unternehmens (Codebezeichnung »Avalanche«) war, möglichst rasch die Höhenzüge um die Bucht, insbesondere auf der Halbinsel von Sorrent, zu gewinnen, den Weg ins Hinterland zu öffnen und auf Neapel vorzustoßen, möglicherweise sogar die deutschen Truppen im »Fuß des italienischen Stiefels« abzuschneiden. Das scheiterte an der Gegenwehr durch die deutsche 10. Armee (v. Vietinghoff). Die Anglo-Amerikaner wurden stellenweise bis auf 3 km an den Strand zurückgedrängt. Die Krise konnte durch geballte Artillerie der um zwei weitere Schlachtschiffe verstärkten Flotte und pausenlose Luftangriffe überwunden werden. Ganz bereinigt war sie erst, als am 16.9. die Spitzen der von Kalabrien anrückenden britischen 8. Armee (Montgomery) auftauchten. Daraufhin zogen die deutschen Verteidiger unter hinhaltendem Widerstand nach Norden auf die *»Gustav-Linie«* zurück.

Salò
In dem italienischen Ort Salò am Gardasee (Provinz Brescia) befand sich seit 15.9.1943 der Regierungssitz der von *Mussolini* gegründeten »Repubblica Sociale Italiana«. Die Republik von Salò war eine deutsche Schöpfung und stand unter Aufsicht deutscher Behörden. Der gestürzte und wieder eingesetzte italienische Diktator fristete hier ein Marionettendasein, lieferte den deutschen Terrormaßnahmen gegen die wachsende Partisanenbewegung den Deckmantel der Legalität und bescherte Italien einen blutigen Bürgerkrieg, dem er schließlich selbst zum Opfer fiel.

Sant'Anna di Stazzema →Marzabotto

Sauckel, Fritz

* Haßfurt (Unterfranken) 27.10.1894, † Nürnberg 16.10.1946 (hingerichtet)

Seit 1923 Mitglied der NSDAP, wurde Sauckel 1927 Gauleiter und 1932 Ministerpräsident von Thüringen. Nach Kriegsbeginn erfolgte die Ernennung zum Reichsverteidigungskommissar für den Wehrkreis IX (Kassel). Seine eigentliche Bedeutung gewann Sauckel aber erst seit 21.3.1942 als Generalbevollmächtigter für den Arbeitseinsatz. Als solcher war er verantwortlich für die Verschleppung und den Tod von Millionen *Zwangsarbeitern*. Das trug ihm die Anklage vor dem Internationalen Militärtribunal ein. Am 1.10.1946 wurde er als einer der Hauptkriegsverbrecher zum Tod verurteilt.

Scapa Flow

Der Name Scapa Flow war Fanal in der Propaganda des Dritten Reiches: In Scapa Flow, dem Stützpunkt der britischen Home Fleet auf den Orkneyinseln, hatte sich die deutsche Hochseeflotte am 21.6.1919 selbst versenkt, um der Auslieferung an die Sieger des 1. Weltkriegs zu entgehen. 1939 entwarf *Dönitz* als Führer (später Befehlshaber) der U-Boote einen Plan zum Angriff auf die in Scapa Flow vor Anker liegenden britischen Großkampfschiffe und betraute Kapitänleutnant *Prien* mit der Durchführung. Mit U 47 drang Prien in der Nacht des 14.10.1939 durch den Holmsund in den mit U-Boot-Fangnetzen, Minensperren und Blockadeschiffen gesicherten Hafen ein, torpedierte nach mehreren Fehlschüssen das Schlachtschiff Royal Oak und entkam wieder in die Nordsee. Das Bravourstück hatte militärisch wenig Bedeutung, löste aber in Großbritannien einen tiefen Schock aus.

Scharnhorst

Nach dem preußischen Heeresreformer Gerhard von Scharnhorst (1755–1813) war das deutsche Schlachtschiff benannt, das am 3.10.1936 vom Stapel lief und am 7.1.1939 in Dienst gestellt wurde; 38 900 t, Länge 234,9 m, Breite 30 m, 31,5 kn, bis zu 1840 Mann Besatzung; Bewaffnung: 9×28 cm, 12×15 cm, 14 Flak 10,5 cm und zahlreiche kleinere Rohre, 6 Torpedorohre (seit 1941), 4 Bordflugzeuge Arado 196. Die Scharnhorst nahm im

April 1940 am Unternehmen *»Weserübung«* gegen Norwegen teil und lief dann mit dem Schwesterschiff *Gneisenau* zur Bekämpfung von Geleitzügen in den Nordatlantik aus, wobei im Juni 1940 u.a. die Versenkung des britischen Trägers Glorious gelang. Beim Unternehmen »Berlin« (22.1.–23.3.1941) fielen den beiden Schlachtschiffen im Atlantik 22 Schiffe mit insgesamt 115 622 BRT zum Opfer. Danach in *Brest* stationiert, wurde die Scharnhorst mehrfach von der RAF bombardiert und durch Treffer beschädigt, konnte aber beim *Kanaldurchbruch* im Februar 1942 in Sicherheit gebracht werden. In Kiel wurde die Scharnhorst repariert und überholt, verlegte dann nach Nordnorwegen und unternahm von dort Vorstöße gegen alliierte Nordmeer-Geleite. Bei einem dieser Unternehmen fand das Schlachtschiff sein Ende: Am 25.12.1943 zur Bekämpfung des Konvois JW 55B ausgelaufen, konnte die Scharnhorst aber keine Fühlung mit dem Geleitzug gewinnen, kehrte um und stieß beim Rückmarsch in Höhe des Nordkaps am folgenden Tag auf das britische Schlachtschiff Duke of York und drei Kreuzer. Zielgenaues radargelenktes Artilleriefeuer machte das deutsche Schiff in Kürze kampfunfähig. Nach 15 Torpedotreffern ging die Scharnhorst unter. Bis auf 36 Gerettete kam die gesamte Besatzung ums Leben.

Schenk von Stauffenberg, Claus Graf →Stauffenberg

Schleswig-Holstein

Von den sechs alten Linienschiffen, die der Vertrag von Versailles dem Deutschen Reich zur Küstenverteidigung zugestanden hatte, war 1939 nur noch eines übrig: die Schleswig-Holstein; 7.12.1906 Stapellauf, 6.7.1908 in Dienst gestellt, 14 218 t, Länge 127,6 m, Breite 22,2 m, rund 750 Mann Besatzung, 18 kn; Bewaffnung: 4×28 cm, 10×15 cm, 4×8,8-cm-Flak, zahlreiche kleinere Rohre. Mit der Beschießung der Westerplatte bei Danzig am 1.9.1939 um 4.45 Uhr eröffnete die Schleswig-Holstein den *Polenfeldzug* und damit den 2. Weltkrieg. Sie nahm danach am Unternehmen *»Weserübung«* gegen Norwegen teil, fuhr bis 1941 Sicherung in der Ostsee und diente dann als Wohnschiff in *Gotenhafen* (Gdingen). Am 18.12.1944 erhielt sie dort schwere Bombentreffer und brannte aus. Kurz vor dem Eintreffen der

Roten Armee in Gotenhafen wurde die Schleswig-Holstein am 21.3.1945 durch Sprengung zerstört.

Schnorchel

Er war auf erbeuteten niederländischen U-Booten entdeckt worden, wurde aber erst 1943 von der deutschen Kriegsmarine erprobt: der Schnorchel, ein klappbares Zuluft- und Abgasrohr mit Kugelschwimmerverschluß, das Unterwasserfahrten mit Diesel- statt Elektroantrieb ermöglichte, so daß auch das riskante Auftauchen zum Aufladen der Akkus entfiel. Die ersten deutschen Schnorchelboote kamen im Frühjahr 1944 zum Einsatz; vom 1.6.1944 an durften überhaupt nur noch Boote mit Schnorchel in den Atlantik auslaufen. Durch die erschwerte Ortung gingen die Verluste der U-Boot-Waffe deutlich zurück.

Schörner, Ferdinand

* München 12.6.1892, † ebd. 2.7.1973

Im 1. Weltkrieg mit dem Pour le mérite ausgezeichnet, wurde Schörner 1939 zum Oberst befördert und kämpfte im *Frankreichfeldzug* 1940 als Kommandeur der 6. Gebirgsdivision. Am 1.6.1942 wurde er zum General der Gebirgstruppen ernannt. Seine eigentliche Karriere aber begann nach der Kriegswende 1942/43, als Hitler »Steher« suchte, die sein starres Verteidigungskonzept mit der nötigen Härte durchsetzen konnten. Als Heeresgruppen-OB (31.3.1944 Süd, 20.7.1944 Nord, 18.1.1945 Mitte) hatte der fanatische Nationalsozialist Schörner mit seinen brutalen Disziplinierungsmaßnahmen (Erschießungen, Himmelfahrtskommandos u.a.) zunächst »Erfolg«, verheizte dann aber vielfach sinnlos seine zusammenschmelzenden Verbände. Sein Gönner Hitler hatte nach der Ernennung zum Generalfeldmarschall (5.4.1945) noch eine letzte Erhöhung für ihn parat: Testamentarisch bestimmte er ihn zum OB des Heeres. Schörner verließ am 11.5.1945 seine Truppen in Böhmen und setzte sich in Zivil nach Österreich ab. Schon Ende Mai wurde er von den Amerikanern ergriffen und an die Sowjetunion ausgeliefert, wo er bis 1955 in Gefängnissen und Kriegsverbrecherlagern festgehalten wurde. Nach Deutschland zurückgekehrt, wurde Schörner im Oktober 1957 wegen Totschlags zu viereinhalb Jahren Haft verurteilt, 1960 aber bereits aus Gesundheitsgründen entlassen.

Schukow, Georgi Konstantinowitsch

* Strelkowa (bei Kaluga) 1.12.1896, † Moskau 18.6.1974

Nach Eintritt ins zaristische Heer (1915) kämpfte Schukow 1919 bei der Roten Armee im russischen Bürgerkrieg, wurde 1932 Kommandeur der 4. Donkosakendivision, 1937 Kommandierender General eines AK und war 1939/40 OB einer Armeegruppe, die die 6. japanische Armee aus der Mongolei vertrieb. Im Februar 1941 zum Chef des Generalstabs der Roten Armee ernannt, führten nach dem deutschen Überfall Konflikte mit *Stalin* am 27.9.1941, kurz vor Beginn der deutschen Offensive gegen *Moskau*, zur Ablösung Schukows. Schon am 5.10. jedoch mußte Stalin ihn wieder in die bedrohte Hauptstadt holen und ihm deren Verteidigung übertragen. Nach Stabilisierung der Lage in der Mitte wurde Schukow während des deutschen Angriffs auf *Stalingrad* am 26.8.1942 zum stellvertretenden OB aller sowjetischen Streitkräfte ernannt und hatte maßgeblichen Anteil an den Planungen zur Abwehr der deutschen Offensive und für den Gegenangriff, dessen Erfolg ihm am 18.1.1943 den Marschallstab einbrachte. Schukow koordinierte seit Mitte 1943 den weiteren Vormarsch im Mittelabschnitt und konnte am 23.8.1943 die Stadt *Charkow* endgültig befreien. Nach einer Verwundung am 29.2.1944 war Schukow im folgenden Sommer beteiligt an der Großoffensive gegen die deutsche Heeresgruppe Mitte. Im Endkampf führte er dann selbst die 1. Weißrussische Front, die am 31.1.1945 die Oder erreichte. Am 16.4. nahm Schukow von hier aus an der Schlacht um *Berlin* teil. In seinem Hauptquartier in Karlshorst fand am 8.5.1945 die Unterzeichnung der *bedingungslosen Kapitulation* der Wehrmacht durch *Keitel* statt. Nach dem Krieg zunächst OB der Heeresgruppe Deutschland und damit Chef der Sowjetischen Militäradministration (SMAD) in der Ostzone, wurde Schukow im April 1946 OB der sowjetischen Landstreitkräfte. 1955–57 war er Verteidigungsminister, ehe er von Nikita Chruschtschow aller Ämter enthoben wurde. Seine Memoiren, die er unter bewußter Anlehnung an Bismarcks Lebensbericht »Erinnerungen und Gedanken« (1969) nannte, wurden ein internationaler Bestseller.

Schwalbe

»Als ob ein Engel schiebt«, sagte Fliegeras *Galland* nach seinem ersten Flug mit der Me 262: Der Düsenjäger mit dem Beinamen Schwalbe kam mühelos auf Geschwindigkeiten über 800 km/h. Die Entwicklung eines zweistrahligen »Verfolgungs-Jagdflugzeugs« hatte bei *Messerschmitt* bereits im Juni 1939 begonnen. Danach dauerte es bis zum 18.7.1942, daß ein erster Erprobungsflug stattfinden konnte. Erst Anfang 1943 erhielt das Entwicklungsprogramm erhöhte Dringlichkeitsstufe. Hitler wurde die Maschine am 26.11.1943 in Insterburg (Ostpreußen) vorgeführt. Er forderte jedoch sofort, aus der Schwalbe seinen lang ersehnten »Blitzbomber« zu machen, so daß eine Variante als Bombenträger unter dem Namen Sturmvogel entwickelt wurde (mit 2×250-kg-Bomben bestückt und deutlich langsamer). Dadurch verzögerte sich wiederum der Einsatz des Düsenflugzeugs als Jäger. Im Oktober 1944 flogen die ersten Maschinen gegen Verbände amerikanischer Viermotoriger, wobei durch Unfälle und Feindverluste 26 Maschinen verlorengingen. Bei späteren Einsätzen zeigten sich jedoch die Qualitäten des Jägers. Insgesamt wurden 1433 Me 262 gebaut, von denen allerdings nur ein Viertel zum Fronteinsatz kam. Daten der Version Me 262 A-1a: 2×900-kp-Strahlturbinen Jumo 004-B1, Höchstgeschwindigkeit 870 km/h, max. Reichweite 1050 km, Startgewicht 6,4 t; Bewaffnung: 4×30-mm-Kanonen in der Rumpfnase, Abschußroste für 24×5-cm-R4M-Raketen unter den Tragflächen.

Schwarzes Meer

Im Schwarzen Meer, dem nordöstlichen Randmeer des *Mittelmeers*, mit diesem durch Bosporus und Dardanellen verbunden, hatte die Sowjetunion 1 Schlachtschiff, 6 Kreuzer, 21 Zerstörer, 47 U-Boote, zahlreiche Räum- und Torpedoboote sowie 650 Maschinen der Marineluftwaffe stationiert. Dagegen nahmen sich die Seestreitkräfte des mit Deutschland verbündeten Rumänien und die Einheiten, die das Reich über die Donau heranführen konnte, vergleichsweise kümmerlich aus. Dennoch übten die Achsenmächte bald nach Beginn des *Rußlandfeldzugs* im Schwarzen Meer die Seeherrschaft aus, bedingt durch den raschen Vormarsch ihrer Truppen zu Lande, der die Sowjetflotte um die meisten ihrer Küstenbasen brachte. In der Winterkrise 1941/42 wurde bei den deutschen Truppen der Ruf nach mehr Seeunterstützung laut, vor allem bei der Lösung der Nachschubprobleme. Es wurden daher 16 Schnell-, 23 Räum- und 6 U-Boote sowie 50 Fährprahme, 26 U-Jäger und 200 kleinere Einheiten ins Schwarze Meer überführt, hinzu kamen seit Mitte 1942 einige italienische Boote und Neubauten aus Werften in Rumänien und im eroberten Rußland. Nach der Kriegswende bei *Stalingrad* wurden die verbliebenen sowjetischen Überwasser-Einheiten, außer dem Schlachtschiff nur noch vier Kreuzer und neun Zerstörer, aktiver, konnten aber zum Beispiel die Rückführung der deutschen Truppen aus dem *Kuban-Brückenkopf* nicht verhindern. Selbst als sich das Kräfteverhältnis in der Luft allmählich zugunsten der Sowjets wandelte, blieben ihre Seeoperationen weitgehend erfolglos, u.a. beim Versuch, die Räumung der *Krim* durch die deutsche 17. Armee zu unterbinden (Mai 1944). Mit dem Frontwechsel Rumäniens und dem Kriegseintritt Bulgariens auf sowjetischer Seite (August/September 1944) kam das Ende für die deutschen Seestreitkräfte im Schwarzen Meer, die U-Boote versenkten sich selbst, die flußgängigen Einheiten traten den Rückmarsch auf der Donau an, wobei hohe Verluste entstanden.

Schweinfurt

Als Zentrum der deutschen Kugellagerindustrie erlebte die Stadt Schweinfurt in Unterfranken am Main mit 49 000 Einwohnern (1940) mehrere schwere Luftangriffe, so im August und Oktober 1943 und im Februar, März, April und Juli 1944. 33 % der Wohnungen wurden zerstört. Jedoch gelang es den Alliierten nie, die Kugellagerproduktion gänzlich zu unterbinden. Schweinfurt wurde zum Alptraum der US-Luftwaffe, die bei ihren Tagesangriffen auf das tief im deutschen Binnenland gelegene Ziel schwere Verluste durch die Jagdabwehr und die um Schweinfurt massierte Flak (über 300 Geschütze) hinnehmen mußte. Zur Katastrophe wurde besonders der Raid vom 14.10.1943, als von 291 eingesetzten Viermotorigen 60 über Deutschland abgeschossen wurden, 17 über See und über England verlorengingen und 121 beschädigt heimkamen. Am 5.4.1945 besetzten Einheiten der 7. US-Armee (Patch) die Stadt.

Secret Intelligence Service (SIS)

Der britische geheime Nachrichtendienst hieß Secret Intelligence Service. Als Abteilung Military Intelligence MI6 des

Intelligence Service (IS) war er zuständig für die Auslandsspionage. Im September 1939 verlegte der SIS sein Hauptquartier von London aufs Land nach Bletchley Park. Dort konnte seit Sommer 1940 in der »Code and Cypher School« der deutsche Funkverkehr mitgelesen werden *(»Ultra«)*, das britische Oberkommando war über deutsche Truppenbewegungen und Operationsplanungen immer gut informiert. Entgegen allen Behauptungen der nationalsozialistischen Propaganda hatte der Dienst mit dem Bürgerbräu-Attentat auf Hitler (8.11.1939) nichts zu tun. Dafür ging der Anschlag auf *Heydrich* am 27.5.1942 auf sein Konto, ebenso die Irreführung der deutschen *Abwehr* im Vorfeld der alliierten Landung auf Sizilien und in der Normandie.

»Seelöwe«

Nach dem Zusammenbruch Frankreichs im Juni 1940 rechnete Hitler mit einem Einlenken Englands. Als dieses ausblieb, wurde am 2.7.1940 der Befehl zu Vorbereitungen und am 16.7. mit Weisung Nr. 16 das Unternehmen »Seelöwe«, die Landung von Wehrmachttruppen in Großbritannien, in Auftrag gegeben: Bis zum 15.8. sollte in den Kanalhäfen »Transportraum für 260400 Mann, 61983 Pferde, 34200 Fahrzeuge, darunter Panzer, Artillerie und 52 leichte Flakbatterien der Luftwaffe« bereitgestellt werden. Die dafür erforderliche Flotte sollte die deutschen Armeen 9 (Strauß) und 16 (Busch) in drei »Treffen« übersetzen, wozu allerdings zuvor die Luftherrschaft über dem *Ärmelkanal* zu erringen und die britische Flotte durch Minensperren und geeignete Ablenkungsangriffe fernzuhalten war. Weder die Truppenmassierung von 40 Divisionen (später auf 25 reduziert) noch das Zusammenziehen der zahllosen, größtenteils im französischen Hinterland requirierten Transportmittel ließ sich verheimlichen. Mit Luftangriffen dezimierten die Briten die Schlepperflotte. Der Angriffstermin wurde daher mehrfach verschoben, bis die Herbststürme einen Beginn noch im Jahr 1940 nicht mehr ratsam erscheinen ließen. Entscheidend aber wirkte sich die Entwicklung der *Luftschlacht um England* aus. Da es der Luftwaffe nicht gelang, der britischen Abwehr Herr zu werden, wurde »Seelöwe« erst aufs nächste Jahr vertagt, dann (10.1.1941) endgültig aufgegeben.

Seelower Höhen

Bei den Seelower Höhen, einer Hügelkette in Ostbrandenburg westlich von Küstrin, kam es während der Berliner Operation der Roten Armee im April 1945 zur einzigen schwereren Schlappe der Sowjets: Der OB der deutschen Heeresgruppe Weichsel, Generaloberst *Heinrici*, wendete hier mit durchschlagendem Erfolg sein scherzhaft »Schlittenfahrt« genanntes Verteidigungskonzept an: Da die Rote Armee alle Angriffe mit vernichtenden Feuerschlägen im gesamten Frontabschnitt zu eröffnen pflegte, ließ Heinrici beim ersten Anzeichen für einen Großangriff die vordersten Linien räumen. Die russische Artillerie (20000 Rohre) beschoß am Morgen des 16.4. ein menschenleeres Gebiet, dafür gerieten die anschließend vorstürmenden Rotarmisten der 1. Weißrussischen Front (Schukow) in mörderisches Feuer der Deutschen von den Höhen her. Erst als Munitionsmangel und sowjetische Luftangriffe weiteren Widerstand unmöglich machten, mußte Heinrici nach drei Tagen aufgeben.

Sewastopol

Bereits im Krimkrieg (1853–55) war um die Festung Sewastopol monatelang gekämpft worden; die Historiker sprechen in diesem Zusammenhang vom ersten Stellungskrieg der Militär-

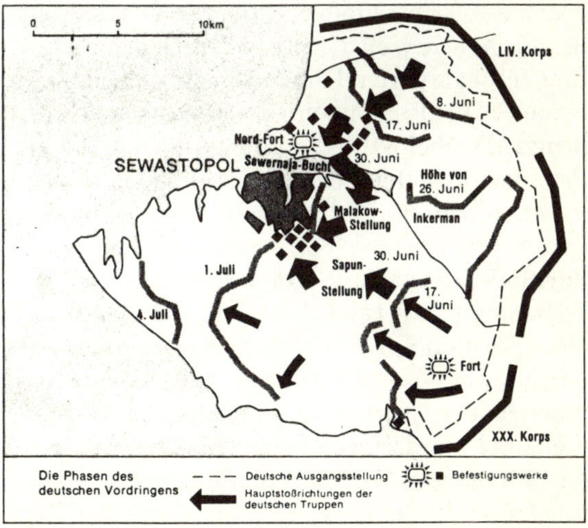

Eroberung Sewastopols (Juni bis Juli 1942)

geschichte. Im 2. Weltkrieg rückte die Hafenstadt und Seefestung auf der *Krim* mit rund 110 000 Einwohnern (1939) abermals ins Kriegsgeschehen, als die Halbinsel im Herbst 1941 von der deutschen 11. Armee (v. Manstein) erobert wurde und nur Sewastopol als Hauptstützpunkt der sowjetischen Schwarzmeerflotte in der Hand der Roten Armee blieb. Versuche, die von See versorgte Festung im Sturm zu nehmen, scheiterten. *Manstein* mußte zur Belagerung übergehen und weitere Kräfte heranziehen. Luftwaffe (VIII. Fliegerkorps unter Generaloberst v. Richthofen) und schwere Artillerie (insgesamt 600 Rohre, darunter das Eisenbahngeschütz *Dora*) nahmen die Befestigungswerke seit 7.6.1942 unter Dauerfeuer bzw. -bombardement (Unternehmen »Störfang«). Nach 250 Tagen Belagerung mußten die sowjetischen Verteidiger unter General Petrow und Vizeadmiral Oktjabrski am 1.7. kapitulieren; rund 100 000 Rotarmisten gingen in deutsche Gefangenschaft. Belagerung und Erstürmung wiederholten sich 1944 mit umgekehrten Vorzeichen: Nachdem die deutsche 17. Armee (Jaenecke) im Dezember 1943 auf der Krim abgeschnitten worden war und Hitler eine rechtzeitige Räumung untersagt hatte, begann am 8.4.1944 eine Offensive der sowjetischen 2. Gardearmee (Sacharow), der 51. Armee (Kreïzer) und der selbständigen Küstenarmee (Jeremenko) gegen die auf Sewastopol zurückgehenden deutschen Truppen. Erst am 8.5. genehmigte Hitler die Evakuierung, so daß ein Teil der 17. Armee (seit 1.5. unter OB General Allmendinger) in Gefangenschaft geriet. Unter schweren sowjetischen Luftangriffen gelang es bis 13.5., noch 37 500 Mann aus Sewastopol herauszubringen, wobei 8100 der eingeschifften Soldaten mit Transportern und Kleinfahrzeugen untergingen. Am 12.5.1944 befand sich Sewastopol wieder in sowjetischer Hand.

Seydlitz-Kurzbach, Walther von

* Hamburg 22.8.1888, † Bremen 28.4.1976

Der Artillerieoffizier Seydlitz-Kurzbach, bei Kriegsbeginn Oberst, war vom 10.3.1940 bis 1.1.1942 als Generalmajor Kommandeur der 12. Infanteriedivision. Am 1.12.1941 zum Generalleutnant befördert, zeichnete sich Seydlitz-Kurzbach als Führer des Sonderkorps zur Entsetzung des Kessels von *Demjansk* aus und wurde am 8.5.1942 Kommandierender General des LI. AK, mit dem er in *Stalingrad* kämpfte und am 31.1.1943 in Gefangenschaft ging. Schon länger ein Gegner von Hitlers unverantwortlicher Kriegführung, übernahm er den Vorsitz im *Bund Deutscher Offiziere* und die Vizepräsidentschaft im *Nationalkomitee Freies Deutschland*, wofür er vom Reichskriegsgericht in Abwesenheit zum Tod verurteilt wurde. Da er aber aus seiner Abneigung gegen den Kommunismus gleichfalls keinen Hehl machte und nach Kriegsende eine Mitarbeit am »Aufbau des Sozialismus« in der sowjetischen Besatzungszone ablehnte, sprach auch ein Gericht der Sowjetunion ein Todesurteil gegen ihn aus, das in 25 Jahre Haft umgewandelt wurde. Am 7.10.1955 kehrte Seydlitz-Kurzbach in die Bundesrepublik zurück.

Seyß-Inquart, Arthur
* Stannern (bei Iglau, Südmähren) 22.7.1892, † Nürnberg 16.10.1946 (hingerichtet)
Der österreichische Nationalsozialist Seyß-Inquart, seit 12.2. 1938 Innenminister, war die Schlüsselfigur beim Anschluß Österreichs im März 1938. Auf deutschen Druck wurde er Bundeskanzler, rief die deutschen Truppen ins Land und fungierte seit 16.3.1938 als Reichsstatthalter (bis 30.4.1939). Im Mai 1939 zum Reichsminister ohne Geschäftsbereich ernannt und nach dem *Polenfeldzug* zum stellvertretenden Generalgouverneur, wurde Seyß-Inquart im Mai 1940 Reichskommissar für die besetzten Niederlande. Hier regierte er bis Kriegsende und war mitverantwortlich für die Judendeportationen in die *Vernichtungslager*, für Geiselerschießungen, Ausbeutung der niederländischen Wirtschaft, Verschleppung von *Zwangsarbeitern* und Unterdrückung aller politischen Gruppierungen außer der faschistischen »Beweging« *Musserts*. Er wurde nach Kriegsende verhaftet und vom Internationalen Militärtribunal am 1.10.1946 als einer der Hauptkriegsverbrecher zum Tod verurteilt.

Sherman
Nach dem Bürgerkriegsgeneral William Tecumseh Sherman (1820–1891) war der amerikanische Kampfpanzer benannt, der im Juli 1942 in Serie ging. Vom Sherman gab es sieben Hauptversionen und zahlreiche Abarten, sein Fahrgestell diente zudem als Basis für Sondermodelle wie Panzerjäger, Sturmpanzer,

Brücken- und Artilleriepanzer. Daten der Version M4 A3 E8: 5,98 m lang, 2,99 m breit, 2,99 hoch, 33,6 t, 450-PS-Ford-GAA-III-Reihenmotor, Geschwindigkeit 42 km/h, Fahrbereich 161 km, 1 7,5-cm-Kanone, 2 7,7-mm-MG, Besatzung 5 Mann. Als der Sherman im Oktober 1942 an der Front in Nordafrika auftauchte, war er allen Gegnern in Bewaffnung und Panzerung überlegen, verlor aber seine Vorteile bereits im Juni 1944 gegen die deutschen *Tiger* und *Panther*. Insgesamt wurden 49 234 Shermans gebaut, ein beträchtlicher Teil davon wurde an die UdSSR geliefert.

»Sichelschnitt«

Churchill prägte das Wort »Sichelschnitt« als Bezeichnung für den Operationsentwurf *Mansteins*, nach dem der deutsche Angriff im Westen (Fall *»Gelb«*) ablief. »Sichelschnitt« sah den Vorstoß starker Panzerverbände durch die als unwegsam geltenden Ardennen und den Durchbruch durch die alliierte Front zwischen Sedan und Namur Richtung Ärmelkanal vor. Damit sollten die in Belgien gemäß dem *Dijle-Plan* aufmarschierten alliierten Kräfte abgeschnitten und im Zusammenwirken mit einer von Norden herankommenden Heeresgruppe vernichtet werden. Das Konzept, im deutschen Aufmarschplan vom 24.2.1940 fixiert, ging im *Frankreichfeldzug* weitgehend auf.

Sikorski, Władysław

* Tuszów Narodowy (bei Mielec) 20.5.1881, † bei Gibraltar 4.7.1943

Der polnische General und Politiker Sikorski, ein ehemaliger Mitarbeiter des Diktators Józef Piłsudski, emigrierte 1939 nach Frankreich, bildete noch während des *Polenfeldzugs* eine polnische Exilregierung, die er als Ministerpräsident führte, und ging nach London. Unter britischem Druck schloß er am 30.7.1941 ein russisch-polnisches Militärabkommen und verhandelte im Dezember 1941 erfolglos mit *Stalin* um das Schicksal der polnischen Bevölkerung im sowjetisch besetzten Ostpolen. Nach Entdeckung der Massengräber von *Katyn* gab Sikorski das Bündnis mit Moskau wieder auf. Sein Tod bald darauf bei einem Flugzeugabsturz hat Mordgerüchte bis heute nicht verstummen lassen.

Singapur
Die britische Inselkolonie Singapur an der Südspitze der Halbinsel Malaya mit 581 km^2 und 1 Mio. Einwohner (1941) wurde Ende Januar 1942 zur letzten Zuflucht für die britischen Truppen, die sich gegen die japanische Invasion Malayas nicht mehr halten konnten. Singapur galt als stärkste Seefestung der Welt, es war jedoch auf einen Angriff von Land her in keiner Weise vorbereitet, und eben von dort her näherten sich die japanischen Angriffstruppen unter Generalleutnant *Yamashita*. Sie überquerten in der Nacht zum 8.2.1942 mit zwei Divisionen die schlecht gesicherte Meerenge und stürmten nach Zuzug einer weiteren Division, darunter Elitesoldaten der Kaiserlichen Garde, am 10.2. die Anhöhe von Bukit Timah, das letzte natürliche Hindernis vor der Stadt. Gegenangriffe der britischen Garnison scheiterten unter hohen Verlusten. Als Munition und Wasser knapp wurden, entschloß sich der OB in Singapur, Generalleutnant Percival, am 15.2. zur Kapitulation. Die Japaner verlangten, daß er auf dem Weg durch die Linien neben der weißen auch die britische Fahne tragen müsse, und sie sorgten dafür, daß Photos von dieser Szene bei den Völkern Südostasiens verbreitet wurden – als Beleg für die endgültige Niederlage des weißen Mannes. Die britische Armee verlor in Singapur 9000 Tote und Verwundete, der Rest der Garnison

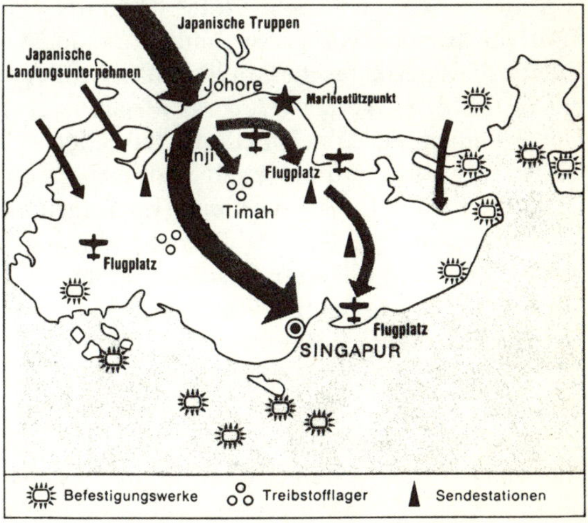

Eroberung Singapurs durch die Japaner (Februar 1942)

geriet in Gefangenschaft. Die japanischen Verluste von 3000 Toten und 6500 Verwundeten bezeugen die Härte der Kämpfe. Zu einer – seit 1944 geplanten – Rückeroberung kam es wegen der japanischen Gesamtkapitulation am 2.9.1945 nicht mehr.

Sitzkrieg

In den Wintermonaten 1939/40 lagen sich an der deutsch-französischen Grenze die Truppen untätig gegenüber. Außer einigen Erkundungsvorstößen, Flugblattabwürfen und gelegentlichen Artillerieduellen geschah vorerst überhaupt nichts. Zwischen den Bunkern flatterte Wäsche an der Leine, und vor den Unterständen wurde Gemüse gezogen. Diese Phase vor dem deutschen Angriff im Westen (10.5.1940) wurde in Deutschland »Sitzkrieg« genannt. Dem entsprach auf der französischen Seite die Bezeichnung »drôle de guerre« (komischer Krieg) und auf der britischen »phoney war« (Scheinkrieg).

Sizilien

Die süditalienische Insel Sizilien im zentralen *Mittelmeer* mit 25 709 km² und rund 4,1 Mio. Einwohnern (1940) spielte während des *Afrikafeldzugs* eine entscheidende Rolle als Ausgangsbasis für Nachschubgeleite. Nach dem Ende der Kämpfe in Nordafrika war sie Ziel der alliierten Landungsoperation *»Husky«*: Am 10.7.1943 setzte eine Flotte (Admiral Cunningham) von 320 Transportern, 900 großen und 1125 kleinen Landungsfahrzeugen die amerikanische 7. Armee (Generalleutnant Patton) und die britische 8. Armee (General Montgomery) an Land. Das Unternehmen wurde gedeckt von 280 Kriegsschiffen und einer Luftstreitmacht (Luftmarschall Tedder) von 3680 Maschinen. Der Versuch, mit Luftlandetruppen im Vorgriff strategisch wichtige Punkte zu besetzen, schlug wegen des stürmischen Wetters weitgehend fehl; die amphibischen Verbände kamen aber ohne größere Schwierigkeiten an die Küste, die Amerikaner im Golf von Gela, die Briten zwischen der Halbinsel von Pachino an der Südostspitze der Insel und Syrakus, dessen Hafen bis zum Abend genommen war und eine wichtige Nachschubbasis wurde. Die auf der Insel stationierte italienische 6. Armee (Armeegeneral Guzzoni) mit vier Infanterie- und fünf Küstenschutzdivisionen lief nach wenigen Tagen auseinander. Um so verbissener wehrten

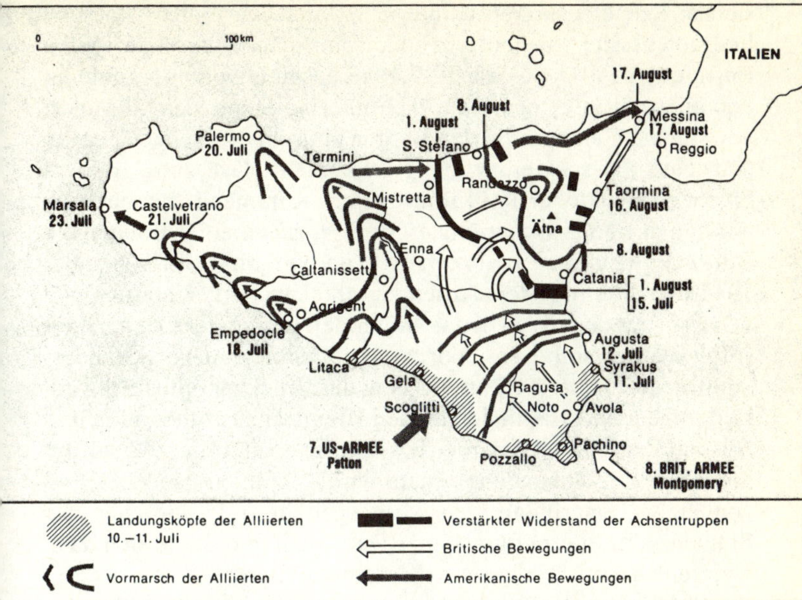

Die Eroberung Siziliens durch die alliierten Truppen (Juli/August 1943)

sich die deutschen Truppen, die Panzerdivision »Hermann Göring« und die 15. Panzergrenadierdivision, die Verstärkung durch das XIV. Panzerkorps (General Hube) erhielten. Die Attacken insbesondere der Panzer von »Hermann Göring« führten zeitweilig zu Panik bei den Amerikanern. Dennoch befanden sich die Verteidiger bald in aussichtsloser Lage, da der Nachschub für die Invasoren ungehindert heranfloß. Nach der Entmachtung *Mussolinis* (25.7.) konnte es daher nur noch um geordnete Rückführung aufs italienische Festland gehen. Am 12.8. lief das Unternehmen »Lehrgang« zur Räumung von Sizilien an, das am 17.8. ohne wesentliche Verluste abgeschlossen werden konnte. Am selben Tag nahmen die Alliierten Messina.

Skorzeny, Otto
* Wien 12.6.1908, † Madrid 6.7.1975
Bekannt wurde er als »*Mussolini*-Befreier«, obwohl er bei dem Unternehmen eigentlich nur Statist war, sich aber medienwirk-

sam in Szene zu setzen wußte: SS-Unterscharführer Skorzeny ließ sich bei der von deutschen Fallschirmjägern durchgeführten Befreiung des »Duce« am 12.9.1943 ausgiebig photographieren und quetschte sich dann mit ins Flugzeug hinein, das Mussolini von seinem Gefängnis in den Bergen hinab ins Tal schaffen sollte und das der schwergewichtige Skorzeny fast zum Absturz brachte. Im Oktober 1944 führte er das Kommando bei der Verhaftung des ungarischen Staatschefs *Horthy* auf der Budapester Burg (Unternehmen »Panzerfaust«) und befehligte im Dezember 1944 bei Beginn der Ardennenoffensive das Unternehmen *»Greif«*, mit dem Verwirrung hinter den Linien des Gegners gestiftet werden sollte. Im Februar 1945 leitete er als SS-Standartenführer (Oberst) die Verteidigung des Brückenkopfes Schwedt an der Oder und war in den letzten Kriegstagen mit Planung und Ausbau der *»Alpenfestung«* beschäftigt. Am 15.5.1945 in der Steiermark gefangengenommen, wurde Skorzeny am 9.8.1947 von einem amerikanischen Militärgericht freigesprochen. Er floh aus dem Internierungslager Darmstadt und setzte sich nach Spanien ab.

Skytrain

Der deutschen *Ju 52* entsprach auf alliierter Seite das Transportflugzeug Douglas C-47 Skytrain als vielseitiges Arbeitspferd, nur war die militärische Version des berühmten Verkehrsflugzeugs Douglas DC-3 (Erstflug 17.12.1935) technisch und aerodynamisch ein ganzes Stück moderner. Mehr als 10000 Stück wurden in den USA ab 1941 gebaut. Bei der Truppe nach einem schwerfälligen Entenvogel »Gooney Bird« genannt, diente die Skytrain auf allen Kriegsschauplätzen. Sie schleppte Nachschub über den Himalaja, Lastensegler nach *Arnheim* und setzte Agenten hinter den feindlichen Linien ab. Die alliierten OBs nutzten sie als elegant eingerichtetes Stabsflugzeug. Die Skytrain beförderte bis zu 3 t Fracht oder 21 Personen, ihre 2 Pratt-&-Whitney-Sternmotoren leisteten je 1200 PS, die Reisegeschwindigkeit lag bei 298 km/h, die Reichweite bei max. 3420 km, das Startgewicht betrug max. 14,9 t. Eine Sondervariante für die Luftlandetruppe (Skytrooper) war zum Transport von 28 ausgerüsteten Soldaten ausgelegt. Bei der britischen RAF waren rund 2000 Maschinen unter dem Namen Dakota im Einsatz, rund 700 Stück wurden an die UdSSR geliefert, die etwa 2000 unter der Typenbezeichnung Li-2 nachbaute. Tausende von überschüssigen Skytrains wurden nach Kriegsende an zivile Interessenten abgegeben; auch als die Lufthansa 1955 ihren Liniendienst wiederaufnahm, gehörten die unverwüstlichen Transporter mit zum Bestand.

Slowakei
Die Slowakei war im März 1938 aus dem tschechoslowakischen Staatsverband ausgeschieden und hatte sich unter deutschen Schutz gestellt. Sie beteiligte sich unter (Minister-)Präsident Tiso auf deutscher Seite am *Polenfeldzug*, trat am 24.11.1940 dem *Dreimächte-* und einen Tag später dem *Antikominternpakt* bei, erklärte zwei Tage nach dem deutschen Angriff am 24.6. 1941 der UdSSR den Krieg und ließ sich – wenn auch widerstrebend – in das nationalsozialistische Programm der *Judenverfolgung* einspannen. Bei Herannahen der Roten Armee brach am 29.8.1944 ein Aufstand gegen die Deutschen aus, der im September/Oktober 1944 von Wehrmacht und SS niedergeschlagen wurde. Im Mai 1945 proklamierte ein slowakischer Nationalrat wieder die Zusammengehörigkeit mit dem tschechischen Volk und Staat.

Smolensk
Die russische Gebietshauptstadt Smolensk an der »Moskauer Rollbahn« (370 km vor der Hauptstadt) mit 157 000 Einwohnern (1939) wurde während des Rußlandfeldzugs am 16.7.1941 von der 29. motorisierten Division (Boltenstern) erobert. Wenig später schloß sich hinter der Stadt die Zange der deutschen Panzergruppen 4 (Hoepner) und 2 (Guderian) um die sowjetische 16. (Lukin), 19. (Konjew) und 20. Armee (Kurotschkin). Nach dem Ende der Kesselschlacht (5.8.1941) gingen 310 000 Rotarmisten in Gefangenschaft, 3205 Panzer und 3120 Geschütze fielen den Deutschen in die Hände. Über zwei Jahre später mußte die deutsche Heeresgruppe Mitte (v. Kluge) Smolensk am 24.9.1943 vor der heranrückenden Roten Armee räumen.

Smolensker Komitee
Im September 1941 fanden sich sowjetische Militärs und Politiker in Smolensk zu einem Komitee zusammen und boten Zu-

sammenarbeit mit der Wehrmacht an. Trotz Hitlers Ablehnung, dessen Besatzungspolitik ganz andere Ziele in der Sowjetunion verfolgte, förderten hohe deutsche Offiziere (u.a. *Tresckow*) die Bildung russischer Freiwilligenverbände. Der im Juli 1942 gefangengenommene General *Wlassow* machte sich die Vorschläge des Smolensker Komitees zu eigen und ließ im Frühjahr 1943 ein »Smolensker Manifest« hinter den sowjetischen Linien abwerfen. Es rief zum Kampf gegen *Stalin* auf und versprach einen ehrenvollen Frieden mit Deutschland. Auch das war nicht im Sinne Hitlers; am 8.6.1943 verbot er endgültig alle weiteren Aktivitäten des Komitees.

Sobibór
Bei Sobibór im Distrikt Lublin (Polen) wurde im Frühjahr 1942 ein nationalsozialistisches *Vernichtungslager* errichtet, in dem im Rahmen der *Judenverfolgung* mindestens 150000, wahrscheinlich aber über 250000 Menschen ermordet wurden. Nach einem Häftlingsaufstand im Oktober 1943 wurde das Lager aufgelöst.

Sokolowski, Wassili Danilowitsch
* Koźliki (bei Byałistok) 21.7.1897, † Moskau 10.5.1968
1918 in die Rote Armee eingetreten, machte Sokolowski unter *Stalin* Karriere. Bei Beginn des deutschen Angriffs (22.6.1941) war er Generalleutnant. Als Chef des Stabes der Westfront (Timoschenko, später Schukow) hatte er maßgeblichen Anteil an den Planungen für die sowjetische Gegenoffensive vor Moskau. Anfang 1942 übernahm er selbst als OB die Westfront und wurde im Juni 1942 zum Generaloberst befördert. Nach der deutschen Niederlage vor *Kursk* im Juli 1943 führte Sokolowski eine erfolgreiche Offensive gegen die deutsche Heeresgruppe Mitte (v. Kluge) und wurde am 23.8.1943 zum Armeegeneral befördert. Ende September 1943 eroberte er Smolensk zurück. Im April 1945 zum Stellvertreter *Schukows* als OB der 1. Weißrussischen Front ernannt, nahm er an der Eroberung Berlins teil. Am 4.6.1946 erhielt er den Titel Marschall der Sowjetunion. In der Nachkriegszeit war er OB der sowjetischen Truppen in Deutschland (1946–49) und Chef des Generalstabs (1952–60).

»Soldatensender Calais«
Bekanntester englischer Propagandasender war der »Soldatensender Calais«, der anderthalb Jahre lang, vom 14.11.1943 bis zum 14.4.1945, von der britischen Insel aus ein Programm für die deutschen Soldaten auf Mittelwelle ausstrahlte. Die Redaktion bestand aus deutschen Emigranten und britischen Journalisten unter der Leitung von Sefton *Delmer*. »Calais« brachte geschickt sortierte und redigierte Nachrichten sowie gelungene Unterhaltungssendungen und mischte dabei raffiniert wahre Informationen mit Desinformation und Lüge. Der Sender wurde damit zu einer der wirkungsvollsten Waffen in der psychologischen Kriegführung der Alliierten, denn trotz scharfer Strafandrohung für »Feindhörer« wuchs die »Gemeinde« des Senders unvermindert bis Kriegsende und brachte eine ständige Beunruhigung für die deutschen Überwachungsorgane.

Somerville, James Fownes
* Weybridge (Surrey) 17.7.1882, † Dinder House (Somerset) 19.3.1949
Der britische Vizeadmiral Somerville erhielt im Juni 1940 das Kommando über die Force H (Gibraltargeschwader), die er u.a. beim Überfall auf die französische Schlachtflotte in *Mers el-Kebir* (Juli 1940), im Gefecht bei Kap Teulada (November 1940) gegen die italienische Flotte und bei der Beschießung von Genua (Februar 1941) einsetzte. Im Mai 1941 beteiligte er sich an der Jagd auf die *Bismarck*, danach folgten Aufgaben der Konvoisicherung im Mittelmeer. Nach Beginn des Krieges in Fernost übernahm Somerville das Kommando über die britische Eastern Fleet; im April 1942 wurde er zum Admiral befördert. Seit 23.8.1944 war er Delegierter der Royal Navy in Washington, von wo er im Oktober 1945 in den Ruhestand heimkehrte.

Sonderkommando »Elbe«
Die japanischen *Kamikaze*-Flieger fanden Nachahmer im Deutschen Reich: Unter dem Tarnnamen »Elbe« wurde im Frühjahr 1945 im Raum Magdeburg ein Rammverband der Luftwaffe zusammengezogen, der alliierte Bomber notfalls durch Selbstaufopferung bekämpfen sollte. Obwohl von vielen Kommandeuren scharf abgelehnt, kam es am 7.4.1945 zu einem ersten Einsatz im

Rahmen des Unternehmens »Werwolf«: Unter dem Begleitschutz von Düsenjägern des JG 7 flogen 183 Maschinen des Sonderkommandos gegen den Bomberstrom der 8. US-Luftflotte und vernichteten über dem Steinhuder Meer bei 133 eigenen Totalverlusten und 77 gefallenen Piloten 23 Viermotorige; die Düsenjäger meldeten 28 weitere Abschüsse.

Sorge, Richard
* bei Baku (Aserbaidschan) 4.10.1895, † Tokio 9.7.1944 (hingerichtet)
In der Geschichte der Spionage einer der ganz Großen: Der Journalist Sorge ging 1929 als Korrespondent der »Frankfurter Zeitung« nach Fernost. Seit 1933 war er damit beschäftigt, ein sowjetisches Agentennetz aufzubauen. Dabei blieb er zunächst unbehelligt; nicht einmal die Tatsache, daß er 1919 Mitglied der KPD und 1925 sowjetischer Staatsbürger geworden war, ließ die hohen japanischen und deutschen Funktionsträger, die er aushorchte, Verdacht schöpfen. Seine Meldungen über den geplanten deutschen Angriff auf die UdSSR ließ *Stalin* allerdings ebenso unbeachtet wie die Nachricht vom bevorstehenden japanischen Überfall auf *Pearl Harbor*. Dagegen drangen Sorges Berichte über die mangelnde japanische Bereitschaft, sich in den Krieg Deutschlands mit der Sowjetunion einzumischen, bis in den Kreml vor; sie gaben Stalin die Sicherheit, daß ihm kein Angriff in Fernost drohe, so daß er gefahrlos Truppen aus Fernost abziehen und in die Schlacht um *Moskau* werfen konnte. Am 16.10.1941 wurde Sorge verhaftet, mit Rücksicht auf den japanisch-sowjetischen Nichtangriffsvertrag vom April 1941 aber erst 1944 vor Gericht gestellt und zum Tod verurteilt. Die Sowjets ehrten ihn 1964 postum als »Helden der Sowjetunion«; noch heute erinnert in Moskau ein Denkmal an den deutschen Spion.

Sowjetisch-Finnischer Krieg 1939/40 →Winterkrieg

Spanischer Bürgerkrieg
Im Vorfeld des 2. Weltkriegs kam es in Spanien zur ersten Kraftprobe zwischen den faschistischen und demokratischen Kräften in Europa. Anlaß war der 1936–39 gewaltsam ausgetragene

Konflikt zwischen der konservativ-klerikalen Rechten und den Anhängern der Volksfront im Spanischen Bürgerkrieg. Italienische Truppen und deutsche Luftstreitkräfte (Legion Condor), die die Gelegenheit zu Waffenerprobungen wahrnahmen, griffen auf seiten der von *Franco* geführten faschistischen Falange ein, während internationale Brigaden, unterstützt von der UdSSR, der Republik zur Hilfe kamen. Nach dem Bürgerkrieg, der mit Francos Sieg endete, hoffte Hitler, Spanien zum Eintritt in den Krieg gegen England bewegen zu können. Dem versagte sich der spanische General allerdings beim Treffen in *Hendaye* (23.10. 1940); lediglich zur Entsendung der *»Blauen Division«* und eines Jagdfliegerverbands gegen Rußland zeigte er sich später bereit.

Special Operations Executive (SOE)
Der britische Geheimdienst schuf sich in der Special Operations Executive eine Sonderabteilung für Sabotage und subversive Kriegführung in den deutsch besetzten Ländern. Im Februar 1941 nahm die SOE unter dem Befehl von General Colin Gubbins, einem Spezialisten des Guerillakriegs, ihre Tätigkeit auf. Die britischen SOE-Offiziere arbeiteten mit den jeweiligen Exilregierungen zusammen und gewannen Flüchtlinge der verschiedenen Nationen als Saboteure, Attentäter oder Kuriere. Mit der Zeit gelang es, in nahezu allen von der Wehrmacht besetzten Gebieten bewaffnete Widerstandsgruppen und geheime Nachrichtennetze aufzubauen, die von London kontrolliert und versorgt wurden. Rund 10000 Personen arbeiteten für die Organisation. Auf das Konto der SOE gingen zahlreiche Anschläge auf Verkehrsanlagen und Rüstungsfabriken wie zum Beispiel die für den möglichen Bau einer deutschen *Atombombe* wichtigen Norsk-Hydro-Werke in Rjukan (Februar 1943). Mit Hilfe polnischer Agenten konnten im Juli 1944 Teile der *V2* vom Versuchsgelände Blizna zur technischen Untersuchung nach England geschafft werden. Im Januar 1946 wurde die SOE aufgelöst.

Speer, Albert
* Mannheim 19.3.1905, † London 1.9.1981
Während des Architekturstudiums war Speer Mitglied einer völkischen Gruppe und wurde nach einer fast »magisch« erlebten

Begegnung mit Hitler 1931 Mitglied der NSDAP. Aus der Bekanntschaft wurde schließlich Freundschaft. Speer entwarf für den schwärmerisch verehrten »Führer« gigantische Parteitagskulissen mit »Lichtdomen« und Repräsentationsbauten im »Pharaonenstil«. Im Januar 1939 konnte er nach Rekordbauzeit Hitler die Neue Reichskanzlei übergeben. Vieles blieb jedoch wegen des Kriegsbeginns im Planungsstadium stecken, darunter die Neugestaltung Berlins als »Welthauptstadt Germania«. Beeindruckt vom Organisationstalent Speers, berief ihn Hitler am 18.2.1942 zum Nachfolger des verunglückten *Todt* als Minister für Bewaffnung und Munition (am 2.9.1943 erweitert zum Ressort Rüstung und Kriegsproduktion). Bis 1944 gelang Speer eine erhebliche Steigerung des Ausstoßes von Waffen und Gerät. Mit der »Zentralen Planung«, einer Art Verbundsystem, steuerte er die Rüstungsindustrie durch Rationalisierung, Kontingentierung der Rohstoffe, Zuteilung von Arbeitskräften und technische Innovationen. Im Zuge der »Totalisierung« des Krieges seit Frühjahr 1943 übernahm das »Ministerium Speer« auch die *Rüstungsproduktion* von Marine und – später (1944) – Luftwaffe und erweiterte seinen Einfluß durch immer neue Rekordergebnisse bei immer schlechteren äußeren Bedingungen (Rückzüge, Bombenkrieg u.a.). Neben der Mobilisierung des Durchhaltewillens mit Hilfe massiver Propaganda basierten diese »Erfolge« auf der gnadenlosen Ausbeutung der zu Millionen rekrutierten *Zwangsarbeiter*. Als Speer Ende 1944 erkannte, daß die Niederlage dennoch unvermeidlich war, ging er auf Distanz zu Hitler, sabotierte den *Nero-Befehl* (19.3.1945) zur Zerstörung der gesamten Infrastruktur des Reiches und erwog sogar – nach eigener Aussage – ein Giftgas-Attentat. Wegen Verbrechen gegen die Menschlichkeit im Nürnberger Prozeß verurteilt, erhielt Speer eine 20jährige Haftstrafe, die er in Spandau verbüßte. Als einer der wenigen Angeklagten hatte er vor Gericht eine »Mitverantwortung« an den nationalsozialistischen Greueln eingeräumt, wozu er auch in den »Erinnerungen« (1969) und in den »Spandauer Tagebüchern« (1975) stand.

Sperrle, Hugo

* Ludwigsburg 7.2.1885, † bei Landsberg a. Lech 2.4.1953

Der Fliegeroffizier des 1. Weltkriegs Sperrle hatte wesentlichen

Anteil an der getarnten Luftrüstung der Reichswehr. 1935 wurde er Befehlshaber im Luftgau V (München) und führte 1936/37 im *Spanischen Bürgerkrieg* die Legion Condor. Am 1.7.1938 erhielt er das Kommando über die Luftflotte 3, die er auch im *Frankreichfeldzug* befehligte (Ernennung zum Generalfeldmarschall 19.7.1940). 1944 leitete Sperrle die Operationen der Luftwaffe zur Abwehr der Invasion der Alliierten in Frankreich. Nach deren Scheitern wurde er am 23.8.1944 abgelöst und verabschiedet. Im Prozeß gegen das *Oberkommando der Wehrmacht* gehörte Sperrle zu den Angeklagten, wurde aber am 22.10.1948 in allen Punkten freigesprochen.

Spitfire

Alljährlich am 15.9., dem Battle of Britain Day, feiert die RAF ihren Sieg in der *Luftschlacht um England* mit einem Vorbeiflug von Spitfire-Veteranen: Das in den 30er Jahren entwickelte Jagdflugzeug der Firma Vickers Supermarine mit dem Beinamen Spitfire trug seinerzeit die Hauptlast des Kampfes. Am 8.8.1940 verfügte das Fighter Commmand über 370 Spitfire in 19 Staffeln, die über ganz Großbritannien verteilt waren. In der Bewaffnung war die Spitfire ihrem Hauptgegner, der *Me 109*, zwar unterlegen, war jedoch steigfreudiger und wendiger. Daten der Version MkIA: 1×1030PS, max. 583km/h in 5600m Höhe, Reichweite 630km, 2,4t Startgewicht, Bewaffnung 8×7,7-mm-MG. Die Entwicklung der Spitfire ging während des gesamten Krieges weiter, die Großserie MkV, die 1941 an der Kanalfront eingesetzt wurde, zog durch ihre variable Flügelbewaffnung (4×20-mm- oder 2×20-mm-Kanonen und 4×7,7-mm-MG) mit der Me 109 gleich. Hauptmuster an allen Fronten war in den letzten drei Kriegsjahren die Baureihe MkIX mit Vierblattpropeller für den 1665-PS-Merlin-Motor; max. 658km/h in 7626m Höhe, 2×20-mm-Kanonen und 4×7,7-mm- oder 2×12,7-mm-MG. Die Reihe MkXIV mit Fünfblattpropeller und Tropfenhaube erreichte mit einem 2050-PS-Griffon-Motor max. 717km/h in 8000m Höhe. Bis zum Oktober 1947 wurden insgesamt 20351 Spitfire gebaut, wozu auch Versionen als Höhenjäger, Photoaufklärer, Jagdbomber und Tiefangriffsflugzeug gehörten. Die Sowjetunion erhielt 1331 Stück.

Sponeck, Hans Graf von

* Düsseldorf 12.2.1888, † Festung Germersheim 23.7.1944

Bei Kriegsbeginn befehligte Sponeck als Generalmajor die 22. Infanteriedivision. Im *Rußlandfeldzug* übernahm er am 10.10.1941 das XXXXII. AK, das er bei der Eroberung der *Krim* führte. Im Dezember 1941 sah sich Sponeck auf der Halbinsel Kertsch dem Angriff von zwei sowjetischen Armeen gegenüber, die unter dem Schutz starker Seestreitkräfte gelandet waren. Um einer drohenden Einschließung zu entgehen, befahl er am 29.12. 1941 trotz gegenteiliger Weisungen seiner Vorgesetzten die Räumung von Kertsch. Dafür wurde er am 31.12. seines Kommandos enthoben und vor ein Kriegsgericht gestellt, das ihn am 23.1. 1942 wegen »fahrlässigen Ungehorsams im Felde« zum Tod verurteilte und am 22.2.1942 zu sechs Jahren Festungshaft begnadigte. Die Rache der nationalsozialistischen Machthaber folgte ihm auch dorthin: Unter der Beschuldigung, mit dem Widerstand zu konspirieren (obwohl Sponeck in der Haft jede Möglichkeit dazu fehlte), ließ *Himmler* ihn nach dem Attentat vom 20.7.1944 als Mitverschwörer erschießen.

Spruance, Raymond Ames

* Baltimore (Maryland) 3.7.1886, † Monterey (Kalifornien) 13.12.1969

Auf ihn geht der amerikanische Erfolg bei *Midway* hauptsächlich zurück: In der See-Luft-Schlacht am 4.6.1942 wußte Spruance als Befehlshaber der Task Force 16 seine Träger äußerst geschickt einzusetzen. Nach über einjährigem Stabsdienst bei *Nimitz* auf Hawaii führte Spruance die 5. Flotte bei den Landungen auf den Gilbert- (November 1943) und Marshallinseln (Januar 1944), beim Raid gegen Truk (Februar 1944), bei der Eroberung der *Marianen* und – inzwischen zum Admiral ernannt – in der Seeschlacht in der *Philippinensee* (Juni 1944). Von August 1944 bis Januar 1945 plante er in Pearl Harbor die weiteren Operationen seiner Flotte, die dann an den Landungen auf *Iwo Jima* und *Okinawa* teilnahm. Von *Halsey* abgelöst, war Spruance an den Planungen für eine Invasion Japans beteiligt, wurde nach Kriegsende Nachfolger von Nimitz als OB der Pazifikflotte und ging am 1.7.1948 in Ruhestand.

Stahlpakt

Am 22.5.1939 schlossen Italien und das Deutsche Reich einen Vertrag, den *Mussolini* »Stahlpakt« nannte – zur Kennzeichnung der »ehernen« Solidarität zwischen Rom und Berlin. Der Vertrag, auf zehn Jahre terminiert, sah die Anerkennung der gemeinsamen Grenze (deutscher Verzicht auf Südtirol), eine Konsultationspflicht, die gegenseitige politische und militärische Unterstützung bei Bedrohung von außen, die uneingeschränkte und unbedingte militärische Hilfeleistung bei »kriegerischen Verwicklungen mit einer anderen Macht oder mit anderen Mächten« (also auch bei Angriffskriegen), die Einrichtung von Kommissionen für die militärische und kriegswirtschaftliche Zusammenarbeit sowie im Kriegsfall den Verzicht auf einseitigen Sonderfrieden vor. Die Parteien hatten durchaus unterschiedliche Vorstellungen von den Vertragsinhalten. Hitler glaubte, Mussolini ohne weiteres als Verbündeten seiner Risikopolitik gewonnen zu haben, während der Italiener mit dem Stahlpakt eher den Frieden zumindest bis 1942/43 sichern wollte. So blieb Italien dem *Polenfeldzug* mit Hinweis auf nicht ausreichende Rüstung fern. Auch später gewann der Stahlpakt kaum Bedeutung, zu einer Institutionalisierung der gemeinsamen Kriegführung kam es nicht. Mit dem einseitigen Waffenstillstand der Italiener am 3.9.1943 wurde der Vertrag schließlich gegenstandslos.

Stalin, Josef

* Gori (Georgien) 21.12.1879, † Kunzewo (heute zu Moskau) 5.3.1953

Eigentlich hieß er Iossif Wissarionowitsch Dschugaschwili, den Namen Stalin (= der Stählerne) legte er sich zu, als er 1912 ins Zentralkomitee der Bolschewisten-Partei aufgenommen wurde. Nach der Oktoberrevolution (1917) stieg der georgische Politiker Stalin zum Generalsekretär des ZK auf, und nach dem Tod seines Ziehvaters Wladimir Iljitsch Lenin (1924) verstand er es, alle Rivalen zu überspielen und in den 30er Jahren eine persönliche Diktatur zu errichten. Mit Zwangskollektivierung der Landwirtschaft und einem aufwendigen Industrialisierungsprogramm versuchte er zugleich, die außenpolitische Unabhängigkeit durch wirtschaftliche Gesundung und Aufrüstung zu sichern. *Spanischer Bürgerkrieg* und *Münchener Abkommen* machten jedoch die Gefährdung der jungen Sowjetunion deutlich. Stalin verschaffte sich mit dem *Deutsch-Sowjetischen Nichtangriffsvertrag* vom 23.8.1939 Zeitgewinn und konnte mit Hitlers Billigung seine territoriale Basis durch Annexionen (Ostpolen, Bessarabien, baltische Staaten) und den *Winterkrieg* gegen Finnland ausbauen. Zwar brachte der von Stalin noch nicht vermutete deutsche Angriff (22.6.1941) im *Rußlandfeldzug* dennoch die Sowjetunion an den Rand des Zusammenbruchs, doch Stalins Nichtangriffspakt mit Japan (April 1941) hielt, ein Bündnis mit England (und damit den USA, die großzügig Kriegsmaterial lieferten) half, und der Appell an den russischen Patriotismus bewirkte militärische Wunder. Auf den Konferenzen von *Teheran*, *Jalta* und *Potsdam* erwies sich der Sowjetdiktator als der geschickteste Verhandler; seine gewonnenen Positionen sicherte er durch eine Politik der vollendeten Tatsachen. Das im Krieg gewaltig angewachsene Potential der Roten Armee erlaubte ihm einen Konfliktkurs, der zum kalten Krieg mit seinen einstigen Verbündeten und zur Abschottung durch einen Eisernen Vorhang führte, hinter dem Stalin das Programm der Bolschewisierung Ost- und Südosteuropas ungestört vorantreiben konnte.

Stalingrad

Das bis 1925 Zarizyn, seit 1961 Wolgograd genannte Stalingrad war seit den 30er Jahren eine bedeutende sowjetische Industrie- und Handelsstadt am hohen Westufer der unteren Wolga in flacher, karger Steppenlandschaft. Die Stadt mit ihren etwa 600 000 Einwohnern (1942) spielte im *Rußlandfeldzug* eine Schlüsselrolle. Ursprünglich gar nicht in der Zielplanung, schien Stalingrad im Sommer 1942 plötzlich erreichbar, als Hitler die Rote Armee durch die ersten Erfolge der deutschen Sommeroffensive für so weit geschwächt hielt, daß er nun beide Ziele: *Kaukasus* und Stalingrad, erreichen wollte. Richtung Stalingrad ließ er die 6. Armee (Paulus) aus Nordwesten und die 4. Panzerarmee (Hoth) aus Südwesten angreifen. Die Luftunterstützung übernahm das VIII. Fliegerkorps (Fiebig). – Stalingrad wurde damit zum Angelpunkt der Gesamtoffensive, was das sowjetische Oberkommando erkannte und mit dem Ausbau dieser Zone zum Verteidigungsschwerpunkt beantwortete. Unter Generaloberst Jeremenko und Politkommissar Nikita Chruschtschow wurden vor Stalingrad vier Stellungsbögen ausgebaut und sechs Armeen, zwei Panzerarmeen sowie eine Luftarmee konzentriert. Diese Massierung konnte den deutschen Einbruch in das Vorfeld von Stalingrad, den die sehr starke 6. Armee bei Kalatsch (7.–14.8.) erkämpfte, empfindlich hemmen, aber nicht verhindern; immerhin vermochten die sowjetischen Armeen die 4. Panzerarmee bei Tinguta zu stoppen und den größeren Teil der 6. Armee in ihrer linken Flanke durch Brückenköpfe zu binden. Das deutsche XIV. Panzerkorps (v. Wietersheim), das am 23.8. die Wolga und Stalingrad erreichte, wurde sogar vorübergehend in zwei Teile zerbrochen und teilweise eingeschlossen. Wegen der sowjetischen Gegenstöße aus den Don-Brückenköpfen gelang es der 6. Armee nicht, im Verein mit der 4. Panzerarmee die sowjetische 62. und 64. Armee vor Stalingrad zu fassen. Die Verteidiger mußten im frontalen Angriff verdrängt oder vernichtet werden. Von Ende August bis Mitte November kämpften sich die Deutschen in mehreren Angriffen durch die Trümmer des zerbombten Stalingrad zur Wolga durch, an der die sowjetische 62. Armee zuletzt nur noch wenige Brückenköpfe hielt, aber die deutschen Hauptkräfte band und verschliß. – Spätestens seit dem 12.9. bereitete *Stalin* die Einschließung der von 250 000 auf 140 000 Mann zusammengeschmolzenen deutschen 6. Armee vor; dazu warf er sieben weitere Armeen und vier Luftarmeen an die Stalingradfront. Hitler seinerseits verstärkte die Donlinie im Oktober mit der rumänischen 4., der italienischen 8. Armee und dem XXXXVIII. Panzerkorps als Rückhalt. Doch schon im ersten Anrennen durchbrachen oder vertrieben die sowjetischen Truppen am 19./20.11. die rumänischen Verbände an beiden deutschen Flanken. Die wegen ungenügender Zufuhr in der Beweglichkeit sehr eingeschränkte 6. Armee vermochte nur noch ihre Aufrollung, aber nicht mehr ihre Einschließung zu verhindern. Bereits früher hatte Hitler Anträge des OB *Paulus*, die zur Abnutzungsschlacht degenerierte Operation abzubrechen und die exponierte Armee aus Stalingrad zurückzuziehen, kategorisch abgelehnt. So verbot er auch jetzt den Ausbruch, den Paulus vorschlug. Hitler verließ sich auf Versprechungen *Görings*, der behauptete, die Armee aus der Luft versorgen zu können, und ließ 13 der 23 eingeschlossenen Divisionen der 6. Armee und eines Korps der 4. Panzerarmee den Angriff wolgawärts fort-

Stalingrad: erste Phase der sowjetischen Offensive (19.–23.11.1942)

setzen. Das verbrauchte die letzten Kräfte; Winterwetter und ungenügender Luftnachschub taten ein übriges, die Bewegungsfähigkeit der 6. Armee immer weiter einzuschränken, so daß sie sich der Entsatzoperation der 4. Panzerarmee (»Wintergewitter«) im Dezember nicht mehr entgegenzukämpfen vermochte. – Nach weiteren Operationen der Roten Armee, die seit 16.12. die italienische 8. Armee und seit 24.12. die deutsche 4. Panzerarmee trafen, fand die deutsche Front erst nahe der Ausgangslinie vom Juli wieder Halt. Das Kaukasusgebiet mußte geräumt werden. Dennoch beharrte Hitler auf dem Halten des Stalingrad-Kessels als vorgeschobene Offensivbasis für 1943. Das Verlöschen der 6. Armee – deren Moral seit der Jahreswende ins Wanken geriet – durch Kälte, Hunger, Krankheit und Kampf

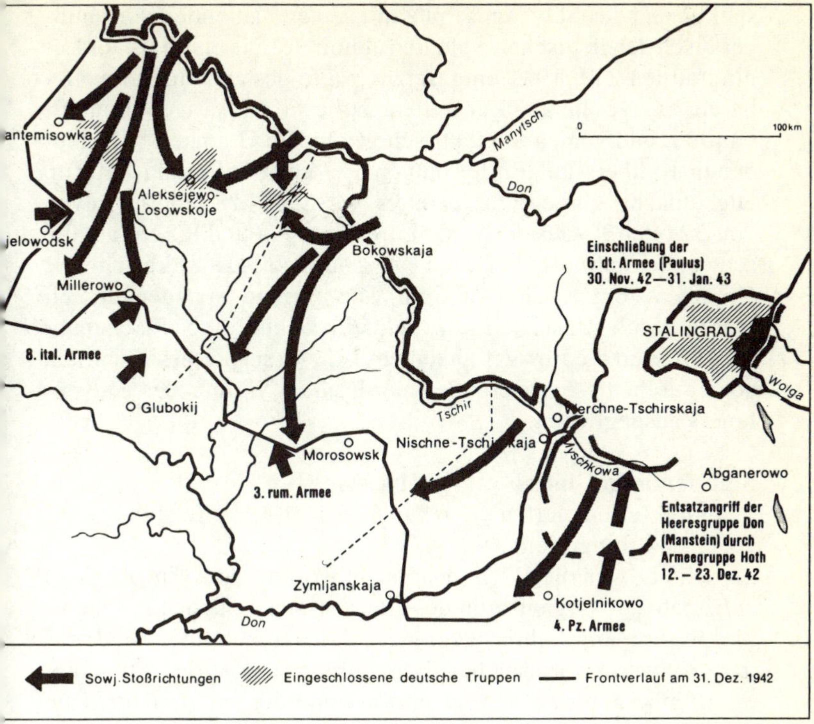

Stalingrad: zweite Phase der sowjetischen Offensive (30.11.–31.12.1942)

(Gefechtsverluste durchschnittlich bis 10.1.1943 rund 650 Mann/Tag), nahm der Oberste Befehlshaber nicht zur Kenntnis. Am 31.1./2.2.1943 ergaben sich die letzten Verteidiger im Kessel. Die sowjetischen Verluste in der Schlacht um Stalingrad sind unbekannt, auf deutscher Seite fielen 58 000 Mann; nur 6000 der in Stalingrad in Gefangenschaft geratenen 201 000 Soldaten kehrten später heim. Die deutsche Niederlage beendete den Vormarsch der Wehrmacht im Rußlandfeldzug und wurde allgemein als Wendepunkt des Krieges empfunden.

Stalinorgel

Der sowjetische Raketenwerfer Katjuscha erhielt im deutschen Landserjargon die Bezeichnung »Stalinorgel« – Reflex des Respekts, den das Salvengeschütz mit seinem jaulenden Abschußgeräusch den deutschen Soldaten abnötigte. Die erstmals vor Leningrad am 21.9.1941 eingesetzte Waffe bestand aus schwenkbaren 2,5–5 m langen Leitschienen, die auf Lastwagen montiert wurden, und verschoß elektrisch gezündete Granaten verschiedenen Kalibers auf Entfernungen zwischen 2500 und 8400 m. Die zunächst eingesetzte leichtere Version BM 8 feuerte Salven von 32 oder 36 Geschossen vom Kaliber 7,5 und 8,2 cm ab, die schwerste Stalinorgel brachte es bis auf 54 bis zu 80 kg schwere Granaten vom Kaliber 40,6 cm. Die geringe Treffgenauigkeit wurde durch Masseneinsatz, schnelle Schußfolge, Flächenabdeckung und die Beweglichkeit des Lkw-Transporters, vor allem aber durch die verheerende moralische Wirkung des Salvenfeuers ausgeglichen.

Stauffenberg, Claus Graf Schenk von
* Schloß Jettingen (bei Günzburg) 15.11.1907, † Berlin 20.7.1944 (hingerichtet)
So schmal war die Basis der Verschwörung vom *Zwanzigsten Juli*, daß der Organisator des Staatsstreichs auch noch selbst die Bombe im Führerhauptquartier legen mußte – und das trotz schwerer körperlicher Behinderung: Der Hitler-Attentäter Stauffenberg besaß seit einer Verwundung im *Afrikafeldzug* (7.4.1943) nur noch ein Auge und eine Hand (und an dieser nur noch drei Finger). Als Stabsoffizier im OKH erlebte er in Rußland den nationalsozialistischen Terror gegen die Zivilbevölkerung und wurde zum geschworenen Feind Hitlers. Er ließ sich im Oktober 1943 zu General *Olbricht* ins Allgemeine Heeresamt versetzen und fand Kontakt zur militärischen Widerstandsbewegung, die er mit starkem Willen vorantrieb. Zögernden Mitverschwörern, die noch hofften, Hitler durch ungeschminkte Lageberichte beeinflussen zu können, erklärte er: »Es kommt nicht darauf an, ihm die Wahrheit zu sagen, sondern es kommt darauf an, ihn umzubringen.« Gelegenheit dazu erhielt Stauffenberg, als er am 1.7.1944 als Oberst Stabschef des Befehlshabers des *Ersatzheeres* wurde und damit Zutritt zu den Lagebesprechungen im Führerhauptquartier hatte. Am 20.7.1944 stellte er eine Zeitzünderbombe in der Lagebaracke ab, flog in der Annahme, Hitler getötet zu haben, nach Berlin, um dort den Umsturz zu leiten,

mußte aber aufgeben, als die Nachricht vom Überleben des Diktators bekannt wurde und alle Planungen der Verschwörer *(»Walküre«)* zunichte machte. Sein Vorgesetzter Generaloberst *Fromm* ließ ihn mit weiteren Widerstandskämpfern zur Bemäntelung eigener Verstrickung in den Putschversuch noch am Abend desselben Tages standrechtlich erschießen.

»Steinbock«
Die letzte deutsche Bomberoffensive gegen Großbritannien trug den Decknamen »Steinbock«. Sie begann in der Nacht vom 21./22.1.1944 mit einem Großangriff auf London, das mit insgesamt 17 Bombardements bis 18./19.4. Hauptziel blieb. Danach wurden noch bis Mitte Mai mit schwächeren Kräften Hull, Bristol und Portsmouth angegriffen. Für die Operation standen dem »Angriffsführer England«, Generalmajor Peltz, 524 Maschinen (462 einsatzbereit) zur Verfügung, darunter erstmals der strategische Fernbomber He 177 *Greif*. Bei den »Steinbock«-Angriffen wurden 1556 Menschen getötet und 2916 schwer verletzt; 329 deutsche Maschinen gingen aufgrund der seit 1941 stark verbesserten Luftabwehr *(Radar)* verloren.

Steiner, Felix
* Stallupönen (heute Ebenrode, Ostpreußen) 23.5.1896,
† München 17.5.1966
Der fähige Troupier Steiner stieg in der *Waffen-SS* bis zum Rang eines Obergruppenführers (= General) auf und versuchte dort sein Konzept einer modernen Elitetruppe zu verwirklichen. Im November 1940 wurde er Kommandeur der 5. SS-Panzergrenadierdivision »Wiking«, die aus europäischen Freiwilligen (Flamen, Wallonen, Niederländern, Dänen, Norwegern, Finnen) bestand. Im November 1942 übernahm Steiner das III. Panzerkorps des Heeres, im Mai 1943 das III. SS-Panzerkorps. Von Ende Januar bis 25.3.1945 war er OB der neu gebildeten 11. Panzerarmee in Pommern und danach bis 3.5.1945 einer nach ihm benannten Armeegruppe. Am 21.4.1945 erging an ihn aus dem Führerbunker in Berlin der Befehl, die Hauptstadt zu entsetzen, was angesichts der tatsächlichen Kräfteverhältnisse völlig utopisch war. Steiner geriet am 3.5.1945 in britische Gefangenschaft, aus der er am 27.4.1948 entlassen wurde.

Stilwell, Joseph Warren

* Palatka (Florida) 19.3.1883, † San Francisco 12.10.1946
Bei seinen Untergebenen hieß er »Vinegar Joe« (Essig-Joe): Der amerikanische General Stilwell wurde bei Beginn des Krieges in Fernost Stabschef beim chinesischen Diktator Chiang Kai-shek und nach Eintritt der USA in den Krieg OB der amerikanischen Streitkräfte im Bereich China–Birma–Indien. Es gelang ihm unter ungünstigsten Umständen, seine Verbände vor den Japanern aus Birma nach Indien und Südchina zu retten und Kräfte für eine Gegenoffensive zu sammeln. Trotz beginnender Erfolge wurde Stilwell schließlich im Oktober 1944 in die USA zurückberufen, da er mit seiner Kompromißlosigkeit andere Befehlshaber, vor allem die britischen, verärgerte. Er war danach OB der 10. US-Armee und seit 1946 der 6. US-Armee in San Francisco.

Stirling

Der schwere britische Bomber der Firma Short mit dem Beinamen Stirling (Erstflug 14.5.1939) kam als erstes viermotoriges Baumuster des RAF Bomber Command über dem Kontinent zum Einsatz. Seit Februar 1941 waren Stirlings in wachsender Zahl an der Nachtbomberoffensive beteiligt. Von 1943 an wurden sie durch *Halifax* und *Lancaster* abgelöst. Insgesamt erhielt die RAF 2383 Exemplare verschiedener Bauserien, wobei die Stirling zuletzt als Minenleger, Transporter und vor allem als Schleppflugzeug für Lastensegler diente. Daten der Version B Mk. III: 4×1635 PS, max. 435 km/h in 4400 m Höhe, 3100 km Reichweite, 8×7,7-mm-MG als bewegliche Bewaffnung, 6340 kg Bombenzuladung, 7 Mann Besatzung.

Storch

Das deutsche Kurzstartflugzeug Fieseler Fi 56 Storch, von der Truppe »fliegender Kübelwagen« getauft, diente im Krieg an allen Fronten als Nahaufklärer sowie als Stabs-, Verbindungs- und Sanitätsflugzeug. Das dreisitzige Kabinenflugzeug mit dem langbeinigen Fahrwerk und einem 24-PS-Argus-AS-10-Reihenmotor verfügte über die Fähigkeit, extrem langsam (38–51 km/h) zu fliegen, es brauchte daher nur 65 m Anlauf beim Start und 20 m beim Landen. Die *Fieseler Flugzeugbau* fertigte während des Krieges 2549 Maschinen der militärischen Version Fi 156 C, die mit einem 7,92-mm-MG zur Verteidigung nach rückwärts ausgerüstet war. Im tschechoslowakischen Zweigwerk Beneš-Mraz lief die Serienfertigung nach Kriegsende noch einige Jahre weiter.

Stroop, Jürgen

* Detmold 26.9.1895, † Warschau 6.3.1952 (hingerichtet)

Bereits seit längerem in der »Bandenbekämpfung« versiert, wurde SS-Gruppenführer Stroop am 19.4.1943 mit der Aufgabe betraut, den *Warschauer Getto-Aufstand* niederzuschlagen. Nach dem »erfolgreichen Abschluß« der Aktion am 16.5. ließ Stroop ein Photoalbum mit dem Titel »Es gibt keinen jüdischen Wohnbezirk Warschau mehr!« anlegen, mit dem er bei seinem Chef *Himmler* glänzen wollte. Im Nürnberger Prozeß war dann der »Stroop-Bericht« eines der wichtigen Anklagedokumente. Stroop wurde am 21.3.1947 durch ein amerikanisches Militärgericht zum Tod verurteilt, dann aber nach Polen ausgeliefert, wo er ebenfalls zum Tod verurteilt wurde.

Student, Kurt

* Birkholz (bei Züllichau, Ostbrandenburg) 12.5.1890, † Bad Salzuflen 1.7.1978

Bereits im 1. Weltkrieg bei den Fliegern, war Student danach Referent für Flugtechnik und beteiligt an der heimlichen Luftrüstung der Reichswehr. 1933 wurde er Kommandeur der Technischen Schulen, später der Erprobungsstelle Rechlin, Inspekteur der Fliegerschulen und Höherer Fliegerkommandeur 3. Bei Kriegsbeginn war Student Kommandeur der 7. Fliegerdivision, deren Fallschirmjäger beim Feldzug im Westen zur Wegnahme strategisch wichtiger Brücken und Stellungen eingesetzt wurde. Am 29.5.1940 zum General der Flieger ernannt, wurde er im folgenden Jahr als Kommandierender General des XI. Fliegerkorps mit der Eroberung *Kretas* aus der Luft beauftragt. Seine Fallschirmjäger hatten nur noch einmal einen spektakulären Luftlandeeinsatz, als sie am 12.9.1943 *Mussolini* aus der Haft auf dem Gran Sasso befreiten (Unternehmen »Eiche«). Student führte danach im Rang eines Generaloberst die 1. Fallschirmarmee. Wenige Tage vor Kriegsende (28.4.1945) wurde er noch OB der Heeresgruppe Weichsel. Ein amerikanisches Militärgericht verurteilte ihn nach dem Krieg zu fünf Jahren Haft, er wurde aber schon wenig später nach einer erfolgreichen Berufung freigelassen.

Stuka
Als »fliegende Artillerie« war das zweisitzige Sturzkampfflugzeug Junkers Ju 87, kurz Stuka genannt, wesentlicher Bestandteil der *Blitzkrieg*-Strategie der ersten Kriegsjahre. Stukas vermochten Ziele mit größerer Genauigkeit zu treffen als gewöhnliche Bomber, im Zusammenwirken mit den Bodentruppen bekämpften sie Bunker, Artilleriestellungen, Panzeransammlungen und strategisch wichtige Ziele wie Brücken und Bahnanlagen; ebenso vielseitig waren ihre Einsatzmöglichkeiten im Seekrieg. Die Wirkung der Bombenangriffe wurde noch verstärkt durch das infernalische Geheul einer Propellersirene, die am linken Radbein des Sturzkampfflugzeugs angebracht war. Die in Dreierketten anfliegenden, aus 3000–5000 m Höhe über die Tragfläche abkippenden und fast senkrecht auf ihr Ziel zurasenden Maschinen mit den häßlichen Knickflügeln, dem Hängekühler unter der Motorschnauze und dem klobigen Fahrwerk wurden so zum Schrecken der Marschkolonnen auf den Straßen und der Zivilbevölkerung in den Kampfgebieten. Erste Kampfeinsätze flog die Ju 87 bei der Legion Condor im *Spanischen Bürgerkrieg*. Für den Überfall auf Polen zog die Luftwaffe neun Gruppen und eine Staffel mit 348 Stukas zusammen; etwa ebenso viele unterstützten den Panzerdurchbruch im *Frankreichfeldzug*. – Der Stuka verlor seinen Nimbus in der *Luftschlacht um England*. Voraussetzung erfolgreicher Einsätze war der ungehinderte Anflug, und der war hier nicht mehr gegeben. Britische Spitfires schossen die langsamen und wenig wendigen Bomber in Massen ab. Ähnlich die Erfahrungen im Mittelmeerraum und Nordafrika: Nur solange sich die Achsenmächte der Luftüberlegenheit erfreuten, ließen sich Stukas mit einigem Erfolg einsetzen. In Rußland operierten die Stuka-Verbände anfangs noch einmal nach dem bewährten Blitzkriegskonzept, bald jedoch wurden sie als »Feuerwehr der Luft« bei den immer härteren Schlachten verschlissen. 1943 kam die letzte und zahlenmäßig bedeutendste Großserie an die Front: 1×1420 PS, 410 km/h Höchstgeschwindigkeit in 4200 m Höhe, 830 km

Reichweite, 2×7,7-mm-MG als bewegliche Bewaffnung nach hinten, 2×20-mm-Kanonen oder 2×7,9-mm-MG starr in den Flügeln, Gehänge für 1800 kg Bombenlast. Im Osten wurde in den letzten Kriegsjahren eine neue Taktik für die Ju 87 entwickelt: Die Version G, als »Panzerknacker« konzipiert, trug zwei automatische 3,7-cm-Flak 18 mit je einem 12-Schuß-Magazin unter den Tragflächen. Mit einer solchen Maschine erzielte Oberst *Rudel* seine legendären Abschußserien. Insgesamt wurden 5709 Stukas gebaut.

Stülpnagel, Karl-Heinrich von
* Darmstadt 2.1.1886, † Berlin-Plötzensee 30.8.1944 (hingerichtet)
Seit 13.2.1942 Militärbefehlshaber Frankreich, saß der in die Verschwörung des *Zwanzigsten Juli* eingeweihte General der Infanterie Stülpnagel an einer wichtigen Stelle: Von einer Machtübernahme der hitlerfeindlichen Militärs im Westen hing für das Gelingen des Umsturzes viel ab. Gemäß Plan *»Walküre«* ließ Stülpnagel am Abend des 20.7.1944 die SS-, SD- und Gestapo-Führer, insgesamt etwa 1200 Personen, in Paris festnehmen, mußte sie aber am nächsten Tag wieder freilassen und wurde nach Deutschland zurückbeordert. Bei Verdun, wo er 1916 gekämpft hatte, versuchte er sich das Leben zu nehmen, schoß sich aber nur blind und wurde vom Volksgerichtshof zum Tod verurteilt.

Sturmowik
Bei der deutschen Truppe war es als »Eiserner Gustav«, »Fliegender Panzer« oder »Schwarzer Tod« bekannt und gefürchtet: Das sowjetische Schlachtflugzeug Il-2 Sturmowik, eine Konstruktion von Sergei Wladimirowitsch Iljuschin (1894–1977), tauchte bereits bei den Kämpfen im Mittelabschnitt 1941 auf, wurde in großen Stückzahlen aber erst nach Verlagerung der Flugzeugfabriken aus Moskau, Fili und Woronesch in den Osten gebaut und ausgeliefert. Ihr massenhaftes Auftreten seit August 1942 hatte ebenso wie das des Panzers *T-34* bedeutende Auswirkungen auf das Kriegsgeschehen. Für ihre Aufgaben als Tiefangriffsbomber war die Il-2 bis zu 13 mm Stärke gepanzert und damit gegen Infanteriebeschuß praktisch immun. Daten der

Hauptvariante Il-2M3: 1×1350 PS, Höchstgeschwindigkeit 404 km/h, 2 Mann Besatzung, 1 rückwärts feuerndes 12,7-mm-MG, 2×23-mm-Kanonen in den Tragflächen sowie 2×7,62-mm-MG in der Motorhaube, 600 kg Bomben oder 8 Raketen. Für die Bekämpfung der deutschen Kampfwagen *Tiger* und *Panther* wurde die Sturmowik auch mit 2×37-mm-Kanonen ausgerüstet. Eine modernisierte Serie Il-10 kam seit Ende 1944 zum Einsatz. Von dieser Serie wurden 5027 Stück gebaut, von der Il-2 insgesamt 31136.

Stuttgart
Mit dem Titel »Stadt der Auslandsdeutschen« (wegen des dortigen Sitzes entsprechender Institutionen) schmückte die NS-Propaganda Stuttgart, die Hauptstadt Württembergs, die 1940 rund 460000 Einwohner hatte. Diese litten besonders unter der alliierten Luftoffensive, da hier so wichtige Rüstungsschmieden wie Daimler-Benz und Bosch beheimatet waren. Seit November 1942 rissen die Großangriffe nicht mehr ab, besonders schwere Schäden richteten Angriffe am 11./12.3.1943 (267 Maschinen, 801 t Bomben, 112 Tote), am 14./15.4.1943 (365 Angreifer, 800 t Bomben, 619 Tote) und am 15./16.3.1944 (813 RAF-Bomber, 2609 t Bomben, über 1000 Tote) an. Im Juli 1944 machten drei britische Flächenbombardements über 100000 Menschen in der Stuttgarter Innenstadt obdachlos, rund 900 kamen in den Flammen um, fast 2000 Verletzte wurden gezählt. Am 22.4.1945 erreichten Einheiten der französischen 1. Armee (Lattre de Tassigny) die Stadt, in der 42000 Wohnungen (fast ein Drittel des Bestands) völlig zerstört und zahlreiche weitere schwer beschädigt waren.

Stutthof
Das nationalsozialistische *Konzentrationslager* Stutthof bei Danzig wurde im September 1939 als Zivilgefangenenlager gegründet, seit 13.1.1942 war es offizielles KZ. Während Ende Mai 1944 die Häftlingszahl noch 8000 betrug, schwoll sie im Winter 1944/45 durch die ankommenden Transporte jüdischer Deportierter auf 52000 an. Im Januar 1945 begann die SS mit der Evakuierung, der Marsch der Gefangenen ins Reich kostete Tausende das Leben.

Südostgeneräle
Sammelbezeichnung für die Wehrmachtbefehlshaber in Südosteuropa, die im sogenannten Geiselprozeß 1947/48 für die in diesem Gebiet während des Krieges begangenen Kriegsverbrechen zur Verantwortung gezogen wurden. Angeklagt wurden u.a. die Generalfeldmarschälle *List* und v. *Weichs*.

Suezkanal
Durch den Suezkanal, die Schiffahrtsstraße zwischen Mittel- und Rotem Meer / Indischem Ozean, gelangten große Teile des Nachschubs für die britische 8. Armee in Nordafrika. Daher war der Kanal häufiges Ziel deutscher Luftangriffe, wie er auch Fernziel der Offensiven *Rommels* war. Es gelang jedoch weder der Luftwaffe noch der Panzerarmee Afrika, diese Lebensader der britischen Land- und Seestreitkräfte im Mittelmeerraum zu unterbrechen.

Sunderland
Dem RAF-Küstenkommando stand bei Kriegsausbruch für Fernaufklärung, Geleitzugsicherung und U-Boot-Jagd nur das viermotorige Flugboot Sunderland der Firma Short zur Verfügung. 1940 wurde die Sunderland mit dem neuen ASV-Suchradar ausgerüstet. Weil sie geradezu gespickt mit Abwehrwaffen war (insgesamt 8×7,7-mm-MG), hieß sie bei der Luftwaffe »Fliegendes Stachelschwein«. Insgesamt wurden 749 Maschinen gebaut. Daten der Serie Mk II: 4×1010-PS-Bristol-Pegasus-Sternmotoren, max. 338 km/h, Reichweite 2856 km, max. Bombenzuladung 907 kg, Besatzung 10 Mann. Eine Transportversion der Sunderland beteiligte sich 1948/49 an der Berliner Luftbrücke und wasserte auf der Havel.

Superfortress
Rückgrat des strategischen Luftkriegs gegen Japan war der amerikanische schwere Langstreckenbomber Boeing B-29 mit dem Beinamen Superfortress, mit 43 m Spannweite, 30 m Länge und 61 t Abfluggewicht der größte viermotorige Bomber des Krieges; 4×2200-PS-Wright-Cyclone-Sternmotoren, max. 575 km/h in 9150 m Höhe, Reichweite 5230 km mit 4536 kg Bombenzuladung, Bombenhöchstlast 9 t, Dienstgipfelhöhe 10 200 m,

Abwehrbewaffnung 1×20 mm-Kanone, 12×12,7-mm-MG, Besatzung 8 Mann. Erstflug des Prototyps war am 21.9.1942. Insgesamt liefen 3970 Exemplare vom Band. Ihre ersten Kampfeinsätze flogen Superfortresses im Juni 1944 von China aus gegen Eisenbahnanlagen in Bangkok. Kurze Zeit später begannen Nachtangriffe gegen Japan. Nach der Eroberung der *Marianen* wurden auf *Guam*, Saipan und Tinian Stützpunkte der 20. US-Luftflotte (Le May) mit fünf Flugfeldern für je 180 Superfortresses ausgebaut. Von dort aus starteten die Maschinen seit März 1945 zu Flächenangriffen gegen die japanischen Großstädte. Ausreichend geschützt durch Langstreckenjäger (*Thunderbolt* und *Mustang*), konnten die Bomber bald auf Abwehrbewaffnung verzichten und ihre Angriffe auch bei Tage in Massenformationen fliegen. Von den 177 841 t Bomben, die das japanische Mutterland trafen, wurden mehr als 95 % von B-29 transportiert. Auch für den geplanten Abwurf der *Atombombe* fiel die Wahl auf dieses Flugzeug. Im Dezember 1944 stellte Oberst Tibbets eine Sondereinheit von 15 Superfortresses auf; vom Stützpunkt Tinian starteten am 6.8. die *»Enola Gay«* und am 9.8.1945 eine Maschine namens »Bock's Car« mit ihrer nuklearen Fracht nach *Hiroshima* bzw. *Nagasaki*.

Swordfish

Bei der Truppe hieß er »Stringbag« (Einkaufsnetz), aber das altertümliche Erscheinungsbild des draht- und stoffbespannten Doppeldeckers täuschte: Der britische Torpedobomber und Seeaufklärer der Firma Fairey mit dem Beinamen Swordfish konnte überragende Erfolge als Trägerflugzeug und U-Boot-Jäger aufweisen, u.a. den Torpedotreffer, der den Untergang der *Bismarck* einleitete. Der Prototyp flog erstmals am 17.4.1934. Bei Kriegsbeginn waren 13 Staffeln der Marineluftwaffe mit diesem Trägerflugzeug ausgerüstet; mit Schwimmern war es auch als Katapultmaschine bei den schweren Überwassereinheiten der Royal Navy anzutreffen. Bis August 1944 wurden insgesamt 2391 Swordfish gebaut. Daten der Baureihe Mk I: 1×690 PS, max. 248 km/h, Reichweite 880 km, 2–3 Mann Besatzung; 2×7,7-mm-MG, ein 46-cm-Torpedo oder 6×12-kg-Bomben unter Rumpf und Tragflächen.

T-34
Als der mittelschwere Panzerkampfwagen T-34 erstmals im August 1941 vor den deutschen Linien auftauchte, bedeutete er eine böse Überraschung: An Feuerkraft und Beweglichkeit war das sowjetische Fahrzeug den deutschen *Panzern III* und *IV* weit überlegen. Sein trapezförmiger Aufbau und die starke Panzerung boten Schutz gegen Direktbeschuß, breite Ketten sorgten für geringen Bodendruck und Geländegängigkeit auch in Schnee und Schlamm. Dazu kamen gute Manövrierfähigkeit, hohe Geschwindigkeit und sparsamer Verbrauch seines Dieselmotors. Der T-34 wurde 1939 entwickelt und ging im Juni 1940 in Serie. Insgesamt wurden rund 40000 Stück gebaut. Daten: Gewicht 26,3–32 t, 500 PS, 53 km/h Höchstgeschwindigkeit, 300–450 km Fahrbereich (Straße), 7,62-cm-Feldkanone (seit Sommer 1944 8,5-cm-Fla-Kanone), 2×7,62-mm-MG, 4 Mann Besatzung. Mit dem T-34/85 kam 1943/44 die letzte Version zum Einsatz, die 5 Mann Besatzung hatte und bis in die 50er Jahre Standardpanzer der Warschauer-Pakt-Staaten blieb.

»Taifun«
Deckname der Offensive der deutschen Heeresgruppe Mitte (v. Bock) gegen *Moskau* seit 2.10.1941 mit den Panzergruppen 2, 3 und 4 sowie der 2., 4. und 9. Armee aus dem Raum nordöstlich von Smolensk.

»Tannenberg«
Unter dem Decknamen »Tannenberg« starteten die Mordaktionen der *Einsatzgruppen* im *Polenfeldzug* und in den Wochen danach (bis 20.11.1939). Für das Unternehmen waren 2700 Mann eingesetzt, die durch summarische Erschießungen u.a. von Intellektuellen *(Intelligenz-Aktion)*, Geistlichen, politischen Führern und Juden die von Hitler gewünschte »Flurbereinigung« vornahmen. Proteste der Wehrmacht gegen die Mordkommandos blieben wirkungslos.

Tarent
Die italienische Hafenstadt Tarent in Apulien mit 159000 Einwohnern (1939) war ein wichtiger Stützpunkt der italienischen Kriegsflotte. Gegen Tarent richtete sich am 11./12.11.1940 ein

Angriff britischer Trägerflugzeuge (Unternehmen »Judgement«): In zwei Wellen griffen Bomber und Torpedoflieger des Trägers Illustrious während der Nacht die vor Anker liegenden schweren Überwassereinheiten an und erzielten trotz massiven Flakfeuers und dichter Sperrballonkette bei nur zwei Verlusten mehrere Treffer auf dem modernen Schlachtschiff Littorio (späterer Name Italia) und auf den älteren Großkampfschiffen Caio Duilio und Conte di Cavour, letzteres sank auf Grund; ein Kreuzer und ein Zerstörer wurden beschädigt. Der Raid schaltete auf längere Zeit die Hälfte der italienischen Schlachtflotte aus, zwang den Rest zum Rückzug nach Neapel und sicherte die britische Seeherrschaft im zentralen Mittelmeer. – Während des deutschen Engagements in Nordafrika (seit Januar 1941) erhielt Tarent neue Bedeutung als Nachschubhafen für das *Deutsche Afrika-Korps*. Am 9.9.1943 wurde die Stadt im Rahmen des Unternehmens »Slapstick« von der 1. Luftlandedivision der britischen 8. Armee besetzt.

Teheran, Konferenz von

In Teheran, der Hauptstadt des Iran, fand vom 28.11. bis 1.12. 1943 eine Konferenz statt, bei der sich *Roosevelt* und *Churchill* erstmals mit *Stalin* trafen. Themen waren die Neuordnung Europas nach dem Krieg, die Behandlung des besiegten Deutschlands, die Beendigung des Pazifikkriegs und die Errichtung einer Weltfriedensorganisation. Die deutsche Frage wurde an eine Europäische Beratende Kommission überwiesen, eine Westverschiebung Polens aber schon definitiv beschlossen. Zur Entlastung der UdSSR sagten die Westmächte eine *Invasion* in Nordfrankreich für Mai 1944 zu.

Tempest

Der britische Jagdeinsitzer und Jagdbomber der Firma Hawker Aircraft mit dem Beinamen Tempest war im Krieg der modernste Jäger der RAF (Erstflug 2.9.1942, Einsätze seit Juni 1944). Die Tempest wurde dank ihrer hohen Geschwindigkeit von max. 697 km/h erfolgreich zur Bekämpfung der *V1* eingesetzt; von insgesamt 1771 abgeschossenen Flugbomben gingen 638 auf das Konto von Tempest-Piloten. Daten der Version V: 1×2180 PS, Reichweite 1200 km, Dienstgipfelhöhe 1100 m,

4×20-mm-Kanonen in den Tragflächen, 2×54 kg Bomben oder 8×27 kg Raketengeschosse als Außenlast.

Texel

Die mit 184 km^2 und 8000 Einwohnern (1939) größte der niederländischen Westfriesischen Inseln, Texel, wurde im Juni 1940 von deutschen Truppen besetzt. Von Kriegshandlungen weitgehend verschont, wurde die Insel dennoch aufwendig befestigt und in den *Atlantikwall* einbezogen. Als deutsche Soldaten immer knapper wurden, verstärkte man im Januar 1945 die Besatzung von Texel durch das georgische Infanterieregiment 822, bestehend vornehmlich aus im Osten gefangenen georgischen Rotarmisten, die sich »freiwillig« zur Wehrmacht gemeldet hatten, insgesamt 800 Mann. Bei Nahen der Alliierten kam es Mitte April 1945 zum Aufstand gegen die Deutschen, deren Hauptquartier zwar genommen werden konnte, die aber auch rasch Verstärkungen heranführten mit dem Auftrag aus dem Führerhauptquartier: »Alle Georgier sofort liquidieren!« Es folgte ein wochenlanger Rachefeldzug, der fast die gesamte Insel verwüstete und in dem zahlreiche Höfe von angeblichen oder tatsächlichen niederländischen »Komplizen« der Georgier in Flammen aufgingen. Er endete auch nicht mit der deutschen Kapitulation in den Niederlanden am 5.5.1945, da alliierte Truppen ausblieben. Erst am 20.5. hörte das Gemetzel auf, als kanadische Soldaten erschienen und die Deutschen entwaffneten. Insgesamt waren 470 Georgier und 2347 Soldaten der Wehrmacht umgekommen.

Theresienstadt

Die Garnisonstadt Theresienstadt (tschechisch Terezín) 60 km nördlich von Prag mit rund 7000 Einwohnern (1939) wurde am 24.11.1941 nach Evakuierung der Bevölkerung in ein nationalsozialistisches *Konzentrationslager* umgewandelt, das als »Altersgetto« für die deutschen Juden ausgegeben wurde. Tatsächlich war es jedoch nur Station auf dem Weg der *Judenverfolgung*. Nach Theresienstadt wurden zunächst praktisch alle böhmischen und mährischen Juden (76 000) eingeliefert, danach folgten 41 900 aus dem Reich, 15 300 aus Österreich und 4900 aus den Niederlanden. 88 000 Menschen wurden in die Vernichtungslager weitergeleitet, 34000 Insassen starben in Theresienstadt selbst. Bei der Befreiung durch die Rote Armee am 8.5.1945 waren noch 17000 am Leben.

Thor
Seit 1937 liefen in Deutschland Entwicklungen für einen Mörser, mit dem Festungen bekämpft werden konnten. Insgesamt wurden sieben Exemplare des offiziell als Gerät 040 bezeichneten Artilleriegiganten hergestellt. Einer von ihnen mit dem Namen Thor kam 1941/42 bei *Brest-Litowsk* und *Sewastopol* zu spektakulären und höchst wirksamen Einsätzen; Kaliber 60 cm, Gewicht in Feuerstellung 68 t, Geschoßgewicht 2,2 t, Rohrlänge 5,07 m, 12 Schuß/h, 6800 m Schußweite. Der Transport erfolgte in vier Lasten auf Schwerlastfahrzeugen mit Vollkettenantrieb, der Aufbau wie die Munitionierung mit Spezialkränen.

Thunderbolt
Der amerikanische Jagdeinsitzer und Jagdbomber Republic P-47 mit dem Beinamen Thunderbolt war mit anfangs 6 t, zuletzt 9 t Abfluggewicht der schwerste einmotorige Kolbenjäger des Krieges. Die Serienproduktion begann im März 1942, ein Jahr später tauchten die ersten Thunderbolts über Europa auf. Als Höhenjäger begleiteten sie, mit Zusatztanks versehen, die Bomber der 8. US-Luftflotte bis Berlin. Als Jagdbomber mit Raketen ausgerüstet, wurden sie zum Schrecken der deutschen Bodentruppen. Daten der P-47 D: 1×2000 PS, max. 693 km/h in 9150 m Höhe; normale Reichweite 1530 km/h, Dienstgipfelhöhe 12000 m, 6× oder 8×12,7-mm-MG, 1130 kg Bomben oder 10×125-mm-Raketen unter den Tragflächen. Eine Variante, der Hochgeschwindigkeitsjäger P-47 M, der mit einem 2800-PS-Motor max. 752 km/h erreichte, wurde von der RAF zur Bekämpfung der *V 1* eingesetzt. Die Gesamtproduktion betrug 15683 Maschinen, 803 davon gingen an die RAF, 203 an die UdSSR.

Tiger I
Als Antwort auf den sowjetischen *T-34* wurde in Deutschland der schwere Panzerkampfwagen VI entwickelt, bei der Truppe bekannt als Tiger I; 55 t, 6,20 m lang (mit Rohr 8,56 m), 3,54 m breit,

2,88 m hoch, Panzerung bis 110 mm. Mit einem 700-PS-Maybach-Motor erreichte der Koloß 37 km/h auf der Straße und noch 20 km/h im Gelände, Verbrauch 486 l/100 km. Bewaffnung: 8,8-cm-Kampfwagenkanone L/56, 2×7,92-mm-MG. Der Tiger, eine Entwicklung der Firma *Henschel*, ging im August 1942 in Serie. Der erste Einsatz im Herbst 1942 am Wolchow südlich von *Leningrad* stand unter einem schlechten Stern: Noch war der Kampfwagen allzu störanfällig. Dafür sorgte sein Auftauchen auf dem nordafrikanischen Kriegsschauplatz (Tunesien) seit November 1942 für erheblichen Schrecken unter den US-Truppen. Wenn der Tiger auch an Panzerung und Feuerkraft fast allen Panzertypen der Gegner überlegen war, machten ihn doch die ungünstige Formgebung und die geringe Beweglichkeit verwundbar; dazu kam die Wehrlosigkeit gegenüber raketenbewaffneten Jagdbombern. Von den insgesamt 1343 bis August 1944 (Ablösung durch den *Tiger II*) gebauten Tiger I waren 1162 bis Januar 1945 außer Gefecht.

Tiger II
Die verbesserte Version des *Tiger I* war der schwere Panzerkampfwagen VII, auch Tiger II oder Königstiger genannt; 69,7 t, 7,26 m (mit Rohr 10,26 m) lang, 3,75 m breit und 3,09 m hoch, Panzerung 150 mm (Fahrerfront) bis 185 mm (Turmfront). Mit einem 600-PS-Motor erreichte der Tiger II auf der Straße max. 41 km/h und im Gelände 17 km/h bei einem Fahrbereich von 170 bzw. 121 km, Kraftstoffverbrauch 500 l/100 km Straße, Bewaffnung: 8,8-cm-Kampfwagenkanone 43 L/71, 2×7,92-mm-MG. Im Oktober 1943 fuhr der Prototyp bei der Firma Henschel in Kassel, im Januar 1944 kamen die ersten Exemplare an die Truppe. Wegen der ständigen Luftangriffe auf die Fertigungsstätten wurden aber insgesamt nur 459 Stück gebaut. Der Tiger II war der am besten gepanzerte und feuerstärkste Panzer des Krieges.

Timoschenko, Semjon Konstantinowitsch
* Furmanowka (Bessarabien) 6.2.1895, † Moskau 1.4.1970
Im russischen Bürgerkrieg (1918–21) Regiments- bzw. Divisionskommandeur, hatte Timoschenko danach als Gehilfe *Woroschilows* maßgeblichen Anteil am Aufbau der Roten Armee. Bei

Ausbruch des 2. Weltkriegs war er Befehlshaber im Militärbezirk Kiew. Am 17.9.1939 marschierte er mit seinen Truppen in Ostpolen ein. Als OB der Nordwestfront nahm Timoschenko am *Winterkrieg* gegen Finnland teil und wurde am 6.5.1940 Marschall der Sowjetunion und Volkskommissar für Verteidigung. Am 2.7.1941, nach dem deutschen Angriff, löste er Armeegeneral Pawlow als OB der Westfront ab, wechselte am 20.9. zur Südwestfront und konnte den deutschen Vormarsch erst am Don zum Stehen bringen. Bei den Kämpfen um *Charkow* seit 12.5.1942 erlitt Timoschenko eine schwere Niederlage, 240000 Rotarmisten gerieten in deutsche Gefangenschaft. Im Juli 1942 zeitweise OB der Stalingradfront, übernahm Timoschenko am 23.7.1942 die Nordwestfront, die er bis November 1943 führte, ehe er mit der Koordinierung des Einsatzes der 2. und 3. Ukrainischen Front betraut wurde. Nach dem Krieg war er zehn Jahre lang Befehlshaber im Militärbezirk Weißrußland und ging 1960 in den Ruhestand.

Tirpitz

Das letzte in Deutschland gebaute Schlachtschiff war nach dem Kaiserlichen Generaladmiral Alfred von Tirpitz (1849–1930) benannt; Stapellauf 1.4.1939, in Dienst gestellt 25.2.1941, 42900t, 251m lang, 36m breit, max. 30,8kn, 2600 Mann Besatzung; Bewaffnung: 8×38cm, 12×15cm, 16×10,5-, 16×3,7- und bis 58×2-cm-Flak, 8 Torpedorohre, 6 Bordflugzeuge Arado Ar196. Die Tirpitz wurde im Januar 1942 nach Norwegen verlegt und unternahm von dort aus Vorstöße gegen den alliierten Konvoiverkehr im *Nordpolarmeer* und gegen Landziele wie zum Beispiel im September 1943 beim Unternehmen »Sizilien« gegen Spitzbergen. Bedeutender als die tatsächlichen Einsätze war ihre Rolle als »fleet in being«, als ständige Bedrohung des Nachschubs. Wegen der Tirpitz war die britische Admiralität gezwungen, einen Teil ihrer Flotte mit nichts als Wachdienst im Nordatlantik zu beschäftigen. Entsprechend intensiv die Versuche, das deutsche Schlachtschiff auszuschalten: Am 21./22.9. 1943 drangen britische Kleinst-U-Boote in den Netzkasten der bei Narvik liegenden Tirpitz ein und richteten mit Grundminen erhebliche Schäden an. Danach richteten sich zahlreiche Luftangriffe gegen das inzwischen in den Altafjord verlegte Schiff, das u.a. am 3.4.1944 getroffen wurde. Am 12.11.1944 warfen britische Maschinen 6-t-Spezialbomben auf die Tirpitz, der Turm flog in die Luft, die Backbordseite wurde völlig eingedrückt, so daß das Schlachtschiff kenterte und 1204 Seeleute mit in die Tiefe riß. Nach dem Krieg wurde das Wrack verschrottet.

Tito, Josip
* Kumrovec (Kroatien) 25.5.1892, † Ljubljana 4.5.1980
Hitler nannte ihn den »Schlawiner vom Balkan« und wurde damit der historischen Bedeutung des Mannes keineswegs gerecht: Josip Broz, der sich als Agent der Komintern Tito nannte, Mitbegründer der kommunistischen Partei Jugoslawiens (1923), hatte einen Ruf als Frauenheld und Liebhaber maßgeschneiderter Uniformen; er sollte sich aber im Partisanenkampf, der nach dem *Balkanfeldzug* einsetzte, als gefährlichster Gegner der Deutschen erweisen. Tito arbeitete dabei zunächst mit den Četnici seines bürgerlichen Rivalen *Mihailović* zusammen, löste dann aber seine Partisanen aus der Verbindung und konnte allmählich neben der sowjetischen auch britische Hilfe gewinnen. Seine Verbände schwollen auf Armeegröße an, bald kontrollierten sie bis auf die Städte das gesamte Landesinnere. Alle Versuche der Besatzer, des Partisanenführers habhaft zu werden, scheiterten. Nach dem Krieg und blutiger Abrechnung mit den Kollaborateuren sowie politischen Feinden wurde Tito am 29.11.1945 Ministerpräsident der Volksrepublik Jugoslawien, brach 1948 mit *Stalin*, wurde 1953 Staatspräsident (seit 1963 auf Lebenszeit) und hielt den Vielvölkerstaat dank seiner großen Autorität und dem Nimbus des Befreiers von der faschistischen Fremdherrschaft zusammen.

Tobruk
Die libysche Hafenstadt Tobruk mit 1600 Einwohnern (1936), von der italienischen Kolonialmacht zur Festung ausgebaut, war während des *Afrikafeldzugs* mehrmals Schauplatz schwerer Kämpfe. Am 22.1.1941 gelangen dem britischen XIII. Korps (O'Connor) die Eroberung der Stadt und die Gefangennahme der 25 000 italienischen Verteidiger. Weiter befestigt und mit tiefen Minengürteln abgeriegelt, behauptete sich Tobruk gegen die Angriffe des *Deutschen Afrika-Korps* (14.4.–30.4.1941) und blieb

bei der ersten Offensive *Rommels* zur ägyptischen Grenze im Frühjahr 1941 als britisches Bollwerk im Rücken der deutsch-italienischen Front zurück. Die Einschließung dauerte bis Jahresende; erst im Rahmen des Unternehmens *»Crusader«* konnte die britische 8. Armee (Cunningham) Tobruk am 10.12.1941 entsetzen. Im Mai 1942 wurde es erneut Ziel einer deutsch-italienischen Offensive. Rommel durchbrach die Abwehr von Südosten her und nahm am 21.6. die Kapitulation der Besatzung (2. südafrikanische Division und andere Kolonialtruppen unter General Klopper) entgegen. 32 200 Mann gerieten in Gefangenschaft, den deutsch-italienischen Truppen fielen 5000 t Versorgungsgüter und 10 000 t Treibstoff in die Hände. Rommel wurde zum Generalfeldmarschall ernannt. Die reiche Beute und der Gewinn eines günstig gelegenen Nachschubhafens verleiteten die deutsche Führung zu einer Überschätzung der eigenen Möglichkeiten und zum Verzicht auf die Wegnahme *Maltas*. Der Nachschub über Tobruk erreichte jedoch nie die erforderlichen Mengen, wodurch der Vormarsch auf Ägypten ins Stocken kam. Nach der Niederlage von *El Alamein* mußte Tobruk am 13.11.1942 endgültig aufgegeben werden.

Todesmärsche

Als gegen Ende des Krieges die Fronten näher aufs Reich rückten, ergingen in den *Konzentrationslagern* Evakuierungsbefehle: Die Gefangenen sollten den alliierten Truppen nicht in die Hände fallen. Sie wurden in Güter- und Viehwagen gepfercht oder in endlosen Fußmärschen ins Reichsinnere getrieben. Dabei grassierten Seuchen; erschöpfte Häftlinge wurden am Weg erschossen. Noch in den letzten Tagen des Krieges kamen dabei Tausende um. Doch selbst im Reich waren die Transporte nicht sicher vor dem Wahnwitz der nationalsozialistischen Machthaber. So trieben Wachmannschaften des Lagers *Dachau* einen Teil der Häftlinge vor den amerikanischen Panzern her in Richtung einer angeblichen *Alpenfestung*, so wurden 5000 Häftlinge des Lagers *Neuengamme* in Lübeck auf die *Cap Arkona* verladen, wo sie fast alle bei einem britischen Bombenangriff ums Leben kamen. In *Bergen-Belsen* fanden die Briten bei der Befreiung am 15.4.1945 ein mit 60 000 Menschen überfülltes Lager vor; zumeist handelte es sich bei den Häftlingen um Überlebende von Transporten. In den nächsten Wochen starben noch 13 000 der völlig erschöpften und kranken Opfer.

Todt, Fritz

* Pforzheim 4.9.1891, † bei Rastenburg (Ostpreußen) 8.2.1942
Nach dem Tiefbaustudium war Todt im 1. Weltkrieg Offizier. Am 5.1.1922 der NSDAP beigetreten, entwickelte er sich zu einem Exponenten des linken, sozialrevolutionären Parteiflügels und sah als eine der Hauptaufgaben der Technik die Lösung der sozialen Frage. Hitler berief ihn am 5.7.1933 zum Generalinspektor für das deutsche Straßenwesen. Todts Erfolge beim Autobahnbau brachten ihm immer neue Aufgaben: Leiter des Hauptamtes Technik der NSDAP (1933), Generalbevollmächtigter für die Regelung der Bauwirtschaft im Rahmen des Vierjahresplans (Dezember 1938), Chef der nach ihm benannten *Organisation Todt*, Minister für Bewaffnung und Munition (17.3. 1940), Generalinspektor für Wasser und Energie (1941). Der von Hitler als »Organisationsgenie« bewunderte Todt erfüllte allerdings auf dem Rüstungssektor nicht die Erwartungen, die er als Koordinator der Bauwirtschaft geweckt hatte. Auch wurde seine kritische Beurteilung der Kriegslage spätestens seit Herbst 1941 von Hitler ärgerlich registriert. Als Todt unmittelbar nach einem Besuch in Hitlers Führerhauptquartier »Wolfsschanze« bei einem Flugzeugabsturz ums Leben kam, wollten daher Gerüchte über »Nachhilfe von oben« nicht verstummen.

Tojo, Hideki

* Tokio 30.12.1884, † ebd. 23.12.1948 (hingerichtet)
Der japanische General und Politiker Tojo wurde im Mai 1938 stellvertretender Kriegsminister und im Dezember desselben Jahres Generalstabschef des Heeres. Im Juli 1940 übernahm er selbst das Kriegsministerium und stieg am 16.10.1941 zum Ministerpräsidenten auf. Dabei half ihm, der als Vertreter des harten Kurses gegenüber den USA galt, die Unterstützung durch die hohen Militärs. Unter seiner Führung fiel die Entscheidung zum Angriff auf *Pearl Harbor* und damit zum Entscheidungskampf gegen die USA. Bei sich abzeichnender Kriegswende im Pazifik übernahm Tojo zusätzlich die Ämter des Kriegsministers und des Generalstabschefs, konnte aber weitere Rückschläge nicht ver-

meiden. Nach dem Verlust der *Marianen* trat er am 18.7.1944 als Regierungschef zurück, behielt aber den Posten des Generalstabschefs. Als einer der Hauptkriegsverbrecher wurde er am 12.11.1948 von einem Internationalen Militärtribunal in Tokio zum Tod verurteilt.

Tokio

Ähnlich wie Warschau, London, Hamburg, Berlin und Dresden war auch Tokio, die Hauptstadt des Kaiserreichs Japan mit 6,8 Mio. Einwohnern (1940), Ziel verheerender Luftangriffe. Nach dem eher symbolischen *Doolittle-Raid* (18.4.1942) griffen seit November 1944 die viermotorigen B-29 *Superfortresses* des amerikanischen strategischen Bomberkommandos von den *Marianen* aus die Stadt an. General *LeMay* stellte im Januar 1945 die Bomberoffensive gegen Japan auf nächtliche Flächenbombardements mit der dreifachen Ladung von Phosphorbrandbomben um: Am 9./10.3.1945 forderte der erste Brandangriff auf Tokio durch 279 B-29 nach japanischen Angaben 83 783 Tote und mehr als 100 000 Verwundete unter der Zivilbevölkerung; rund 25 km^2 Stadtgebiet mit einem Viertel aller Gebäude, die wegen ihrer Leichtbauweise aus Holz und Papier wie Zunder brannten, wurden eingeäschert. Die Offensive eskalierte von Mitte April bis Mai 1945; rund 1000 B-29 flogen in den Nächten zum 24. und zum 26.5. die letzten großen Brandangriffe. Tokio bot danach das Bild einer über weite Strecken zerstörten Stadt, ähnlich wie später *Hiroshima* nach dem Abwurf der Atombombe aussehen sollte.

»Torch«

Im Sommer 1942 nahmen die alliierten Stäbe die Planungen für eine Landung in Nordafrika auf; die Codebezeichnung des Unternehmens lautete zunächst »Gymnast«, dann »Torch« (Fackel). In den Augen der US-Militärs war das ein Umweg, aber nach den Erfahrungen von *Dieppe* (19.8.1942) schien eine Invasion des europäischen Festlandes auf dem direkten Weg von England aus vorerst nicht ratsam. Zudem war nach dem Fall von *Tobruk* (21.6.1942) der *Suezkanal* akut gefährdet. Mit »Torch« wollte man nun *Rommels* Position im Rücken bedrohen, eine Basis für Angriffe gegen Italien, den schwächeren Bundesgenossen der Achse, gewinnen, die scheinbar dem Zusammenbruch nahe Rote Armee möglichst rasch entlasten, das faschistische Spanien vom Kriegseintritt auf seiten Deutschlands abschrecken und auch einem deutschen Zugriff auf die französischen Besitzungen in Nordafrika zuvorkommen. Ein Risiko bestand darin, daß *Pétain* Weisung erlassen hatte, Französisch-Nordafrika gegen jeglichen Angriff mit Waffengewalt zu verteidigen. Die Alliierten versicherten sich daher über Geheimdienstkontakte der Kooperation zahlreicher französischer Offiziere. Dennoch kam es zu erheblicher Gegenwehr der französischen Streitkräfte, als die Landungen am 8.11.1942 begannen. – Für »Torch« waren angesetzt: Western Task Force (Hewitt) aus den USA, gesichert durch 2 Schlachtschiffe, 1 Träger, 4 Geleitträger, 3 Schwere und 4 Leichte Kreuzer, 38 Zerstörer und zahlreiche andere Einheiten, mit 35 000 Amerikanern (Patton), die an der marokkanischen Küste an Land gehen und *Casablanca* nehmen sollten; aus Großbritannien die Center Task Force (Troubridge), gesichert durch 1 Führungsschiff, 2 Geleitträger, 2 Leichte Kreuzer, 1 Flakkreuzer, 13 Zerstörer und diverse kleinere Einheiten, mit 39 000 Mann US-Landungstruppen (Fredendall), die im Raum Oran an der algerischen Küste abgesetzt werden sollten, und ebenfalls aus Großbritannien die Eastern Task Force (Burrough), gesichert durch 1 Führungsschiff, 1 Monitor, 3 Flakschiffe, 8 Zerstörer und weitere Kriegsschiffe sowie die britische »Force O« mit 1 Träger, 1 Geleitträger, 3 Leichten Kreuzern und 5 Zerstörern, mit 23 000 Briten und 10 000 GIs (Ryder), die Algier nehmen sollten. – Zwar gelang überall die völlige Überraschung der Verteidiger, doch kam es danach an allen Landeköpfen zu Gefechten, bei denen die französische Marine 1 Kreuzer, 9 Zerstörer und 8 U-Boote einbüßte, 803 Mann fielen, rund 1000 wurden verwundet. Die Alliierten verloren beim Versuch, in den Hafen von Algier einzudringen, 1 Zerstörer, in Oran 2 Sloops, außerdem vor allem durch deutsche Luft- und U-Boot-Angriffe (bis 16.11.) 1 Geleitträger, 1 Flakschiff, 3 Zerstörer, 6 kleinere Kriegsschiffe und 18 Transporter, 700 Angreifer waren gefallen. Erst am 10.11. um 11.20 Uhr fand sich der französische OB *Darlan* zum Waffenstillstand bereit; in Casablanca schwiegen die Waffen erst gegen Abend. Als Reaktion auf »Torch« wurden ab 9.11. deutsche Truppen von

Sizilien aus nach Tunesien verlegt. Der alliierte Plan, Rommels Armee nach der Niederlage von *El Alamein* in Libyen einzuschließen, wurde damit vereitelt, obwohl die gelandeten Verbände rasch vorstießen und durch Luftlandungen u.a. bei Bône (12.11.) und Souk el-Arba (16.11.) der deutschen Besetzung zuvorzukommen versuchten. Der Krieg in Tunesien zog sich noch bis Mai 1943 hin. Eine weitere deutsche Antwort auf »Torch« war Unternehmen *»Anton«*, der Einmarsch in die bisher unbesetzte Zone im Süden Frankreichs (10./11.11.).

Torgau

Bei der Kreisstadt Torgau an der Elbe kam es am Nachmittag des 25.4.1945 zu einer höchst symbolischen Szene: Truppen der sowjetischen 58. Garde-Schützendivision der 5. Gardearmee (Schadow) trafen mit Teilen der 68. US-Division (Reinhardt) der 1. US-Armee (Hodges) zusammen, und GIs stellten sich Arm in Arm mit Rotarmisten den Kameras der Kriegsberichterstatter. »Torgau« wurde in der Nachkriegszeit zum Mythos, mit dem – zunehmend vergeblich – die amerikanisch-sowjetische Waffenbrüderschaft beschworen wurde.

Totaler Krieg

Ein Begriff, den die Nationalsozialisten nicht erfanden – bereits der Heros des 1. Weltkriegs, Erich Ludendorff (1865–1937), sprach vom totalen Krieg als der Mobilisierung »buchstäblich der gesamten Kraft eines Volkes«. Durch *Goebbels'* Sportpalastrede nach der Katastrophe von *Stalingrad* am 18.2.1943 (»Wollt ihr den totalen Krieg?« schrie er der fanatisierten Menge zu) bekam das Schlagwort allerdings einen weit umfassenderen Sinn: Das Programm des totalen Krieges ging von der Einführung einer allgemeinen Dienstpflicht über die Rekrutierung von *Zwangsarbeitern* und Betriebsschließungen bis hin zur Aufstellung des *Volkssturms* (25.9.1944). Verschärfungen des *Kriegssonderstrafrechts* sollten für den nötigen Nachdruck sorgen. Goebbels wurde im Juli 1944 zum Generalbevollmächtigten für den totalen Kriegseinsatz ernannt; mit einer Mischung aus (Ver-)Tröstungen und Drohungen preßte er die letzte Kraft aus dem Volk.

Totenkopfverbände

Aus Wachtruppen der KZ formte SS-Gruppenführer *Eicke* zunächst im Lager Dachau eine Sondereinheit, die sich schon äußerlich vom schwarzen Orden der SS abzuheben suchte. Die Totenkopfverbände trugen als Abzeichen einen Totenkopf auf dem rechten Kragenspiegel der dunklen, erdbraunen Uniform. Sie sollten rücksichtslos gehorchende, mitleidlose Vollstrecker des Führerwillens sein. Ihre »Feuertaufe« erhielten sie bei den organisierten Morden der sogenannten Röhm-Affäre am 30.6. 1934. Eickes brutalisierte Verbände wuchsen bis Ende 1938 auf vier Standarten mit zirka 9000 Mann an. Sie spielten eine bedeutende Rolle, als es darum ging, die militärischen Verbände der SS-Verfügungstruppe (VT) aufzustocken. Teile der Totenkopfverbände wurden aus dem KZ-Dienst gelöst, Polizeiverstärkungen aus der Allgemeinen SS traten an ihre Stelle, und die Totenkopfverbände bildeten nun mit VT und Junkerschulen die *Waffen-SS*. Nach dem *Polenfeldzug* schuf Eicke die SS-Division »Totenkopf«. Sie zeichnete sich in der ohnehin nicht zimperlichen Waffen-SS durch überharte, inhumane Kriegführung aus; auf ihr Konto gingen neben unbestritten großen soldatischen Leistungen wie etwa der Sprengung des Kessels von *Demjansk* im Frühjahr 1942 auch zahlreiche Kriegsverbrechen.

Toulon

Die Hafenstadt Toulon mit rund 150000 Einwohnern (1941), Basis der französischen Mittelmeerflotte, gehörte nach der Kapitulation Frankreichs zum unbesetzten Teil des Landes. Beim deutschen Unternehmen *»Anton«* zur Besetzung von Rest-Frankreich Anfang November 1942 zunächst ausgespart, wurde die Stadt im Rahmen des Unternehmens *»Lila«* am 27.11.1942 dann doch eingenommen, was zur Selbstversenkung der Kriegsflotte führte. Zwischen Toulon und Cannes landete beim alliierten Unternehmen *»Dragoon«* seit 15.8.1944 mit dem VI. US-Korps das freifranzösische II. Korps (Lattre de Tassigny), dessen 1. Division und 3. algerische Division am 23.8. die von 18000 Mann verteidigte Stadt eroberten.

»Trappenjagd«

Der Deckname für die am 8.5.1942 beginnende Offensive der

deutschen 11. Armee (v. Manstein) auf der Halbinsel Kertsch gegen die sowjetische Krimfront (Koslow) lautete »Trappenjagd«. Bis zum 18.5. war das Gros der sowjetischen Heeresgruppe zerschlagen und zwei – die 44. und 47. – von drei Armeen fast völlig vernichtet. Die 11. Armee meldete 169 198 Gefangene; sie erbeutete oder zerstörte 284 Panzer und 1397 Geschütze. Nach »Trappenjagd« befand sich auf der Krim allein *Sewastopol* noch in sowjetischer Hand. Es wurde im Juni 1942 *Mansteins* nächstes Ziel.

Treblinka

Die polnische Ortschaft Treblinka nördlich von Warschau war seit Sommer 1942 Standort eines nationalsozialistischen *Vernichtungslagers*, in dem bis zu seiner Schließung Ende November 1943 im Rahmen der *Judenverfolgung* mindestens 700 000 Menschen ermordet wurden.

Tresckow, Henning von

* Magdeburg 10.1.1901, † bei Białystok 21.7.1944

»Ich halte Hitler nicht nur für den Erzfeind Deutschlands, sondern auch für den Erzfeind der Welt.« Von dieser Überzeugung geleitet, schloß sich der Generalstabsoffizier Tresckow schon früh dem militärischen Widerstand an. Bei Kriegsbeginn Chef des Stabes der 221. Infanteriedivision, später in gleicher Funktion u.a. bei der Heeresgruppe Mitte in Rußland, bemühte er sich vergeblich, den OB v. *Kluge* für einen Putsch gegen Hitler zu gewinnen. Immerhin verriet ihn dieser nicht, so daß Tresckow am 13.3.1943 ein Sprengstoffattentat auf Hitler organisieren konnte, das aber wegen Versagens des Zeitzünders scheiterte. Er war maßgeblich an den Staatsstreichplänen *Stauffenbergs (»Walküre«)* beteiligt; nach deren Scheitern (mißlungenes Attentat am 20.7.1944) nahm er sich das Leben.

»Trident«

In Washington fand vom 11. bis 26.5.1943 unter der Codebezeichnung »Trident« (Dreizack) eine angloamerikanische Konferenz zur Fortführung des Krieges gegen die Achsenmächte und Japan statt. Da sich ein Sieg der Alliierten in Nordafrika abzeichnete, stand die schon auf der *Casablanca-Konferenz* strittige Frage an, ob die von *Stalin* geforderte *Zweite Front* mit einer Landung in Nordfrankreich oder – wie *Churchill* wünschte – an den Südküsten des deutsch beherrschten Kontinents eröffnet werden sollte. Im einzelnen wurde beschlossen: Planung einer Großlandung *»Overlord«* in der Normandie für den 1.5.1944; Vorbereitung für eine baldige Wegnahme Siziliens *(»Husky«)* und Landungen auf dem italienischen Festland; Verhandlungen mit Portugal über alliierte Stützpunkte auf den Azoren (Operation »Lifebelt«); Ausweitung des Bombenkriegs gegen Deutschland durch RAF und 8. US-Luftflotte sowie Luftangriffe auf die rumänische Ölförderung bei Ploieşti; Fortsetzung des *Inselspringens* im Pazifik; Verstärkung der Luftoperationen in China und Birma, wo auch eine Landung vorbereitet werden sollte (Unternehmen »Anakim«).

Truman, Harry Spencer

* Lamar (Missouri) 8.5.1884, † Kansas City 26.12.1972

Der amerikanische Offizier des 1. Weltkriegs Truman wurde 1935 demokratischer Senator seines Heimatstaats Missouri (1940 wiedergewählt) und leitete seit 1941 das nach ihm benannte Komitee zur Kontrolle der amerikanischen Kriegsausgaben. Am 7.11.1944 nominierten die Demokraten Truman zum Vizepräsidenten. Gemäß Verfassung trat er nach dem Tod Präsident *Roosevelts* am 12.4.1945 dessen Nachfolge an (1948 wiedergewählt). Das schwächte die Position der USA beim *Potsdamer Abkommen* trotz der gelungenen Premiere der *Atombombe*, deren Abwurf auf *Hiroshima* und *Nagasaki* Truman im August 1945 anordnete. Im anschließenden kalten Krieg verfolgte der 33. Präsident der USA einen Kurs des Containment (Eindämmung) des sowjetischen Expansionismus und stärkte durch Wirtschaftshilfe (Marshallplan) und NATO-Gründung (1949) die westeuropäischen Staaten.

Tschuikow, Wassili Iwanowitsch

* Serebrjanyje Prudy (bei Tula) 12.2.1900, † Moskau 18.3.1982

Der spätere Marschall der Sowjetunion (11.3.1955) Tschuikow trat 1918 in die Rote Armee ein. Beim sowjetischen Einmarsch in Polen (17.9.1939) wie auch im *Winterkrieg* gegen Finnland befehligte er die 4. sowjetische Armee. Danach Militärattaché in China, wurde er im Juli 1942 zum Generalleutnant befördert und am 10.9.1942 OB der 62. Armee (später 8. Gardearmee), die er in der Schlacht um *Stalingrad* kommandierte und die im Herbst 1943 den Dnjepr erreichte. Am 29.1.1945 überschritt Tschuikows Armee die deutsche Grenze und nahm im April 1945 an der Operation teil, die mit der Eroberung *Berlins* endete. In der Nachkriegszeit war Tschuikow zunächst OB der sowjetischen Besatzungstruppen in Thüringen, seit 1.4.1949 der sowjetischen Heeresgruppe Deutschland. Nach 1953 setzte er seine Karriere in der Sowjetunion über verschiedene Stationen bis zum stellvertretenden Verteidigungsminister (1960–64) fort.

Überläufer

Soldaten, die zum Gegner überliefen, hatten meist den Status von Kriegsgefangenen, wurden aber in der Regel besser behandelt als die gefangengenommenen Kameraden. Oft bildeten sie eigene Organisationen, deren Aktivitäten von Propaganda (z. B. *Nationalkomitee Freies Deutschland*) bis hin zum bewaffneten Kampf gegen die ehemals eigenen Streitkräfte reichten (z. B. *Wlassow*-Armee). Zur Gewinnung von Überläufern verwendete die deutsche Kriegspropaganda vielfach Lautsprecheraufrufe und Flugblätter, die mit Versprechungen lockten. Nennenswerte Erfolge wurden jedoch nur gegen die Rote Armee erzielt: Allein von Mai bis Oktober 1942 registrierte die Wehrmacht 79 319 übergelaufene sowjetische Soldaten.

Udet, Ernst

* Frankfurt am Main 24.6.1896, † Berlin 17.11.1941

Der Jagdflieger des 1. Weltkriegs (62 Abschüsse) und Pour-le-mérite-Träger Udet wurde im Rang eines Obersts im Februar 1936 Inspekteur der Jagd- und Sturzkampfflieger und im Juni desselben Jahres Chef des Technischen Amtes der Luftwaffe. Am 1.12.1939 zum Generalluftzeugmeister ernannt (19.7.1940 Generaloberst), war Udet damit für das Konzept der Luftrüstung verantwortlich. Es bewährte sich zwar in der ersten Kriegsphase, als vor allem taktische Aufgaben zu lösen waren, zeigte aber schon während der *Luftschlacht um England* 1940/41 ernste Mängel. Als sich im Feldzug gegen Rußland die Probleme der Luftwaffe verschärften, nahm sich Udet das Leben. Aspekte seiner Person gingen in die Figur des Generals Harras in Carl Zuckmayers Drama »Des Teufels General« (1946) ein.

Ukraine

Die Ukraine, das Gebiet in der südlichen Sowjetunion beiderseits des Dnjepr und Dnjestr bis zum Schwarzen und zum Asowschen Meer mit rund 900 000 km^2 und 45 Mio. Einwohnern (1940), galt Hitler als Industrie- und Landwirtschaftsbasis, die sich das Reich unbedingt sichern müßte. Nach den großen Anfangserfolgen im *Rußlandfeldzug* ordnete er deshalb das Einschwenken der auf Moskau vorstoßenden Panzerverbände in Richtung auf die ukrainische Hauptstadt *Kiew* an. Nach der Eroberung im September 1941 wurde die Ukraine zu einem Reichskommissariat unter *Koch* zusammengefaßt. *Rosenbergs* Vorschlag eines selbständigen ukrainischen Satellitenstaats wurde von Hitler aus rassistischen (»Untermenschen«) und ökonomischen (ungehinderte Ausbeutung) Gründen verworfen. Die im *Generalplan Ost* vorgesehene Ansiedlung von Deutschen (u.a. Südtiroler) kam über winzige Ansätze nicht hinaus. Im Herbst/Winter 1943/44 eroberte die Rote Armee das Land wieder zurück.

»Ultra«

Die Einzelheiten kamen erst 1974 heraus: Die Abhörzentrale des britischen *Secret Intelligence Service* (SIS) in Bletchley Park besaß seit April 1940 die Möglichkeit, den deutschen Funkverkehr trotz der Verschlüsselung durch den Chiffrierautomaten *»Enigma«* mitzulesen. Der Einbruch in das deutsche System war in der Operation »Ultra« mit Hilfe eines Simultanrechners gelungen. Das dadurch gewonnene klare Lagebild trug zum Gelingen vieler alliierter Operationen bei, angefangen bei der *Luftschlacht um England* über die erfolgreiche Jagd auf die *Bismarck*, den Sieg in der *Atlantikschlacht* bis hin zum Durchbruch bei *El Alamein*, der *Invasion* in der Normandie und zum Rheinübergang 1945. An manchen Tagen wurden bis zu 2000 Funksprüche aufgefangen und von den rund 6000 »Ultra«-Mitarbeitern in aller Welt ausgewertet. Besondere Verbindungsgruppen (Special Liaison Units) sorgten für die Weitergabe der »Ultra«-Meldungen; nur wenige Eingeweihte aber wußten, woher die Nachrichten über die Absichten der Feinde stammten. Großbritannien teilte das »Ultra«-Geheimnis mit den Amerikanern, die ihrerseits unter dem Decknamen »Magic« die Geheimcodes des japanischen Außenamtes und der kaiserlichen Marine geknackt hatten, die ebenfalls auf »Enigma«-Basis arbeiteten. Daß »Enigma« längst entschlüsselt war, blieb in Deutschland bis Kriegsende unbekannt. Es dauerte auch noch bis 1974, daß der Leiter der Operation, Squadron Leader Frederic Winterbotham, sein Schweigen brechen durfte.

Unruh, Walter von

* Tillendorf (bei Bunzlau, Niederschlesien) 30.12.1877, † Bad Berneck 1956

Als »Heldenklau« war er bei der Truppe verschrien: General der Infanterie Unruh, Pour-le-mérite-Träger des 1. Weltkriegs, durchkämmte als »Sonderbeauftragter für die Überprüfung des zweckmäßigen Kriegseinsatzes« Heimat und Etappe nach den letzten tauglichen Männern. Am 23.7.1944 schied er aus dem Heeresdienst aus.

V 1

Wie die *V 2* gehörte die V 1 (Abkürzung für **V**ergeltungswaffe **1**; weitere Namen waren »Kirschkern« und Flakzielgerät FZG 76) zu den vielbeschworenen *»Wunderwaffen«*, die dem Deutschen Reich in letzter Minute die Kriegswende und damit den »Endsieg« bringen sollten. Bei der V 1 handelte es sich um den unbemannten Flugkörper Fieseler Fi 103, der bei einem Gesamtgewicht von 2180 kg einen 850-kg-Gefechtskopf bis zu 370 km weit transportieren konnte. Ein Argus-AS-014-Staudruckrohr über dem Heck entwickelte 335 kp Schub; das Stummelflügelgeschoß flog mit einer Geschwindigkeit von 480–640 km/h. Der Kurs wurde von einem automatischen Kreiselkompaß vorgegeben, ein eingebautes Zählwerk löste den Absturz über dem Ziel durch Abschalten der Brennstoffzufuhr aus. Die Großserienproduktion lief im März 1944 an; insgesamt wurden 30 329 Exemplare zum Stückpreis von 5060 RM gebaut. – Die Luftwaffe, unter deren Hoheit die V 1 entwickelt wurde, dachte hauptsächlich an einen Einsatz gegen *London*. Entsprechend wurde das Gerät vom Flakregiment 155 (W) unter Oberst Wachtel an der Kanalküste erprobt. Am 12./13.6.1944 flog die erste V 1 in Richtung auf die britische Hauptstadt. Danach lag London den ganzen Sommer unter Dauerbeschuß. Erst als die Alliierten die letzten Feuerstellungen in Nordfrankreich besetzt hatten, war die akute Gefahr für die Themsestadt gebannt, doch blieb Südostengland noch bis Ende März 1945 Ziel der V 1, zum Beispiel beim Abwurf von 1776 Geschossen von Bombern des Typs He 111 aus, wobei 77 Maschinen verlorengingen. Von insgesamt 22 679 eingesetzten Flugbomben versagten 1052 beim Start, viele gingen in offenem Gelände nieder, 1871 wurden Opfer britischer Jäger, 4061 wurden durch die Flak mit Hilfe eines neuen Annäherungszünders zur Strecke gebracht. Insgesamt wurden 5823 Einschläge in England gezählt. Seit Herbst 1944 rückten auch Festlandziele, zum Beispiel Antwerpen und Lüttich, ins Visier der V-1-Offensive. Dort richteten die Geschosse zwar beträchtliche Schäden an, aber das hatte militärisch keinerlei Bedeutung mehr. – Eine bemannte V-1-Version »Reichenberg« war als sogenanntes Verlustgerät für »Totaleinsätze« gegen Punktziele bestimmt. Etwa 100 Freiwillige befanden sich noch in der Ausbildung, als Hitler das Selbstmordprojekt Ende Februar 1945 aus Sorge um die öffentliche Wirkung verbot. Rund 1000 »Reichenbergs« wurden bei Kriegsende von den Alliierten in einer unterirdischen Fertigungsstätte bei Hamburg entdeckt.

V 2

Mit der ballistischen Fernrakete A-4, bekannter unter dem Propagandanamen V 2 (Abkürzung für Vergeltungswaffe 2), leiteten deutsche Ingenieure das Zeitalter der Weltraum- und Interkontinentalraketen ein. Die militärische und psychologische Wirkung dieser *»Wunderwaffe«* blieb jedoch hinter den Hoffnungen der nationalsozialistischen Führung zurück. Die Entwicklungen unter v. *Braun* begannen Anfang der 30er Jahre auf dem Versuchsgelände des Heereswaffenamts in Kummersdorf bei Berlin und wurden seit 1937 in *Peenemünde* fortgesetzt. Am 3.10.1942 glückte dort der erste 120-km-Probeflug. Das Projekt erhielt darauf höchste Dringlichkeitsstufe. Anders als bei der relativ langsam fliegenden *V 1* war eine direkte Abwehr der Fernrakete nicht möglich. Die V 2 flog schneller als der Schall und zudem, von einem Leitstrahl gelenkt, in einer Höhe von 29 km. Das 14 m lange Projektil wog unbetankt etwa 4 t, der Motor für flüssigen Sauerstoff und ein Äthylalkohol-Wasser-Gemisch entwickelte 25 t Startschub. Die Reichweite betrug max. 340 km, der Gefechtskopf wog fast 1 t. Die Serienfertigung wurde mehrfach durch alliierte Luftangriffe (u.a. *»Hydra«*) verzögert und schließlich in den unterirdischen *Mittelbau* verlegt. Bis April 1945 wurden 5940 Exemplare zum Stückpreis (ohne Sprengkopf) von 119 600 RM geliefert. Da die für den Beschuß *Londons* in den Niederlanden errichteten Riesenbunker vor ihrer Fertigstellung von der RAF zerbombt wurden, begann die V-2-Offensive am 8.9.1944 durch mobile Heeresartillerie aus dem Raum Den Haag. Von den insgesamt 1269 Raketen, die auf England abgefeuert wurden, trafen keineswegs alle ins vorgesehene Ziel, über ein Drittel ging schon während des Fluges verloren. Auch *Paris* wurde beschossen. Die meisten V 2 (1539) flogen gegen *Antwerpen*, wo am 16.12.1944 ein Volltreffer 567 Besucher eines Kinos, darunter 490 britische Soldaten, tötete. Insgesamt 6448 Menschen fielen in Belgien den V-Waffen zum Opfer, 22 524 wurden verletzt.

Vercors

Im Vercors, einem Gebirgskessel in den französischen Voralpen südwestlich von Grenoble, besaß die *Résistance* seit Anfang 1943 einen ihrer bedeutendsten Schlupfwinkel. Das dichtbewaldete, rund 950 km^2 große Hochplateau wirkte mit den bis zu 2000 m hohen Bergen ringsum wie eine natürliche Festung. Beabsichtigt war, von hier aus den Guerillakampf gegen die deutschen Verbindungslinien im Rhônetal und in den Alpen zu eröffnen. Nach der alliierten Landung in der Normandie versammelte die Résistance bis Mitte Juli 1944 rund 4000 Mann der Forces Françaises de l'Intérieur (FFI) im Vercors, ließ Flugfelder planieren und rief die Republik aus in Erwartung alliierter Luftlandetruppen, die aber ausblieben. Statt dessen kamen am 19.7. Lastensegler mit 400 Mann Waffen-SS, während Gebirgstruppen der Wehrmacht aus den Tälern heraus zum Sturm auf die Felspässe antraten. Die deutschen Verbände brannten zwei Dörfer nieder, erschossen Gefangene und »Verdächtige«. Insgesamt starben 639 Widerstandskämpfer und 231 Zivilisten, während die deutschen Angreifer rund 150 Mann verloren.

Vereinte Nationen

Auf der Konferenz von San Francisco wurde am 26.6.1945 von 50 Kriegsgegnern Deutschlands die Charta der Vereinten Nationen (United Nations/UN) beschlossen. Die Bildung der Weltorganisation ging auf eine Initiative von US-Präsident *Roosevelt* zurück. Im Sinne der *Atlantik-Charta* sollten die Vereinten Nationen Frieden und internationale Sicherheit fördern, freundschaftliche Beziehungen zwischen den Völkern stiften, den Menschenrechten Achtung verschaffen und zur Lösung internationaler Probleme beitragen. Ursprünglich eine antideutsche Gründung, ausgedrückt in den sogenannten Feindstaatenklauseln, überwanden die UN dieses Kriegserbe spätestens seit Aufnahme der Bundesrepublik und der DDR 1972.

Vernichtungslager

Im Rahmen der *Judenverfolgung* seit 1941 im besetzten Polen errichtete nationalsozialistische *Konzentrationslager* vor allem oder ausschließlich zur Tötung von Juden. Reine Vernichtungslager waren *Kulmhof*, *Belzec*, *Sobibór* und *Treblinka*. *Auschwitz* und *Majdanek* waren sowohl Vernichtungslager wie KZ. In den Lagern mit Doppelfunktion fand nach Ankunft eines Transports im allgemeinen eine Selektion statt. Die Arbeitsunfähigen wurden in die Gaskammern getrieben, die Arbeitsfähigen kamen zum Arbeitseinsatz in private oder SS-eigene Betriebe und wurden erst nach Ausschöpfung ihrer Arbeitskraft getötet.

Verschollenheit
Im Vorfeld des Krieges traf die deutsche Justiz Regelungen für den Fall, daß deutsche Staatsbürger verschollen blieben: Nach einem am 4.7.1939 erlassenen Gesetz war im allgemeinen nach zehnjähriger Verschollenheitsfrist einer Person die Todeserklärung möglich, die im Fall von Gefahr- oder Kriegsverschollenheit auf minimal ein Jahr gesenkt werden konnte. Diese Regelung betraf vor allem vermißte Soldaten, deren Ehefrauen man eine raschere Wiederverheiratung ermöglichen wollte. Die Todeserklärung war auf Antrag der Angehörigen oder der Staatsanwaltschaft nach einer Aufgebotsfrist vom Amtsgericht im Wohnbezirk des Betreffenden auszustellen. Tauchte der Verschollene wieder auf, mußte die Todeserklärung in einem eigens zu beantragenden Verfahren wieder annulliert werden. Verfahren wegen Kriegsverschollenheit waren im Unterschied zu anderen Fällen gebührenfrei.

Versorgungslage
Aus Furcht vor einer Wiederholung der nicht zuletzt durch Lebensmittelknappheit ausgelösten Revolution von 1918/19 unternahm die deutsche Führung nach Kriegsbeginn 1939 erhebliche Anstrengungen zur Sicherung einer befriedigenden Versorgung der Zivilbevölkerung mit Lebensmitteln und Konsumgütern. Zwar mußten die Rationen *(Lebensmittelkarten)* mit wachsender Kriegsdauer gekürzt und vielfach Ersatzstoffe angeboten werden, doch war eine ausreichende Ernährung der Bevölkerung mit Ausnahme der *Zwangsarbeiter* vor allem aus dem Osten bis 1944 gewährleistet. Ermöglicht wurde das hauptsächlich durch die Plünderung der besetzten Gebiete, wo Hungersnöte in Kauf genommen wurden. Weniger günstig gestaltete sich die Versorgungslage bei den Konsumgütern. Die Produktion für den zivilen Bedarf ging bis 1941 (Phase der *Blitzkriege*) langsam, dann

beschleunigt zurück. Hinzu kamen auch hier qualitative Verschlechterungen. Auch wurden die Fertigungskapazitäten zunehmend beansprucht für die Ausstattung von Ausgebombten. Eine dramatische Verschlechterung der Versorgungslage trat aber erst in den letzten Kriegswochen und vor allem in den ersten Nachkriegsjahren ein.

Vertreibung
Die Ausweisung der Bevölkerung aus den deutschen Ostgebieten und aus Ost- und Ostmitteleuropa war von den Alliierten bereits auf den Konferenzen von *Teheran* und *Jalta* ins Auge gefaßt worden, doch entsprach ihre Verwirklichung in keiner Weise der vorgesehenen »humanen« Durchführung. Von den insgesamt 19,7 Mio. Deutschen, die östlich der Oder-Neiße-Linie und in Osteuropa ansässig waren, kamen bis 1950 fast 12 Mio. nach Westdeutschland und 4,4 Mio. in die DDR (von wo sie meist als Sowjetzonenflüchtlinge nach Westen weiterzogen). Sie hatten zumeist ihre gesamte Habe verloren, 2 Mio. weitere verloren auch ihr Leben während der Vertreibung, in der sich aufgestauter Haß der lange von den Deutschen unterdrückten Völker entlud, aber auch planmäßig mit tödlicher Brutalität zur Abschrekkung von Rückkehrwilligen vorgegangen wurde.

Vichy
In Vichy, einem französischen Kurort nordöstlich von Clermont-Ferrand mit 45 000 Einwohnern (1940), nahm nach der Niederlage Frankreichs im Juli 1940 die Regierung *Pétain* ihren Sitz. Obwohl rechtmäßig von einer Nationalverwaltung gewählt, stand »Vichy« bald als Synonym für *Kollaboration*. Entsprechend verhaßt war die Regierung in den Kreisen der *Résistance*. Von Anfang an auf das Wohlwollen Berlins angewiesen (was u.a. mit Beihilfe bei der *Judenverfolgung* bezahlt werden mußte), verlor Vichy nach der Besetzung von Südfrankreich *(»Anton«)* im November 1942 vollends jeden politischen Handlungsspielraum und folgte nur noch allein deutschen Anweisungen. Bei Herannahen der Alliierten wurde die Stadt geräumt und die Regierung über Belfort (26.8.1944) nach Sigmaringen (7.9.1944) verbracht, wo sie ihre Tätigkeit ganz einstellte.

Vietinghoff, Heinrich von

* Mainz 6.12.1887, † Pfronten (Allgäu) 23.2.1952

Bei Kriegsbeginn war Vietinghoff Generalleutnant und Kommandeur der 5. Panzerdivision, mit der er am *Polenfeldzug* teilnahm. Seit 26.10.1939 Kommandierender General des XIII. AK, seit 1.11.1940 des XXXXVI. Panzerkorps, kämpfte Vietinghoff im Westen, auf dem Balkan und im Rußlandfeldzug. Vom 1.9. bis 1.12.1942 war er vertretungsweise Führer der 9. Armee, übernahm dann den Oberbefehl über die 15. Armee im Westen und am 15.8.1943 über die 10. Armee in Italien, wo er *Kesselring* nach dessen schwerem Unfall vom 23.10.1944 bis zum 15.1.1945 als OB Südwest vertrat. Nach einem Intermezzo als OB der Heeresgruppe Kurland führte Vietinghoff seit 10.3. die Heeresgruppe C in Italien und war zugleich OB Südwest. Ende April 1945 nahm er Verbindung zu den Alliierten auf und unterzeichnete am 29.4. in *Caserta* die Kapitulation seiner Truppen, die am 2.5. um 14 Uhr in Kraft trat.

Volkssturm

Am 25.9.1944 befahl Hitler in einem Erlaß, »zur Verstärkung der aktiven Kräfte unserer Wehrmacht ... aus allen waffenfähigen Männern im Alter von 16 bis 60 Jahren« den deutschen Volkssturm zu bilden. *Himmler* als Befehlshaber des Ersatzheeres leitete den Volkssturm militärisch, *Bormann* als Leiter der Parteikanzlei war für die Organisation zuständig. Betroffen waren rund 6 Mio. Männer, die aus beruflichen, Alters- oder Gesundheitsgründen bisher freigestellt waren; es wurde jedoch nur ein kleiner Teil eingezogen. Die Volkssturm-Einheiten erreichten bei bereits empfindlichem Material- und Munitionsmangel keinen befriedigenden Kampfwert mehr, erlitten aber vor allem bei der erbitterten Verteidigung im Osten gegen die Rote Armee erhebliche Verluste und wurden nicht selten in ihren feldgrau umgefärbten Parteiuniformen vom Gegner als Partisanen behandelt. Nach dem Krieg wurden 175 000 Volkssturm-Männer als vermißt angegeben, genaue Angaben über die Zahl der Gefallenen fehlen.

»Wacht am Rhein«

Nach stürmischem Vormarsch im Sommer 1944 mußte die Rote Armee zunächst pausieren, die britische Niederlage nach der Luftlandung bei *Arnheim* und die Verluste der Amerikaner beim Kampf um *Aachen* ließen einen angeschlagenen Gegner vermuten, der zudem mit einem deutschen Gegenschlag am allerwenigsten rechnete: Diese Situation gedachte Hitler für eine Offensive im Westen zu nutzen. Am 12.10.1944 legte der Wehrmachtführungsstab einen ersten Operationsentwurf vor. Wie beim *»Sichelschnitt«* 1940 sollten starke gepanzerte Verbände durch die Ardennen zur Maas vorstoßen und am siebten Tag *Antwerpen* nehmen. Damit wären 30 alliierte Divisionen in Nordbelgien und Südholland abgeschnitten und könnten wie einst bei Dünkirchen vernichtet oder wenigstens vertrieben werden. »Wacht am Rhein«, so der Deckname der geplanten Operation, unterlag strengster Geheimhaltung, die Armeebefehlshaber mußten unter Androhung der Todesstrafe schriftlich Stillschweigen geloben. Wegen zahlreicher Transportprobleme der von allen Fronten dafür abgezogenen Verbände ließ sich der vorgesehene Angriffstermin (27.11.) nicht halten. Erst am 16.12. konnte »Wacht am Rhein« ausgelöst werden und die *Ardennenoffensive*, die letzte größere Angriffsoperation der Wehrmacht, beginnen.

Waffen-SS

Seit November 1939 war »Waffen-SS« die gebräuchliche Sammelbezeichnung für die bewaffneten Verbände der SS und Polizei. Die Waffen-SS umfaßte zu dieser Zeit die bisherige Verfügungstruppe *(Leibstandarte-SS »Adolf Hitler«)*, die *Totenkopfverbände* und die Junkerschulen, ferner die aus Kräften der Ordnungspolizei neu aufgestellte Polizeidivision sowie die Angehörigen der zuständigen Zentraldienststellen. Sie war als allein Hitler zur Verfügung stehend deklariert und der Wehrgerichtsbarkeit entzogen. Bereits die ersten Einsätze in Polen und im Westfeldzug offenbarten die Züge, die für das Bild der selbsternannten Elitetruppe bestimmend sein sollten: todesverachtende Einsatzbereitschaft auf der einen, Härte und Grausamkeit auf der anderen Seite. In steter Rivalität zur Wehrmacht drängte sich die Waffen-SS immer nach den gefahrvollsten

Einsätzen, daneben zog sie eine blutige Spur von Kriegsverbrechen (u.a. *Le Paradis*, *Oradour*) durch Europa. Obendrein war sie durch personellen Austausch der Mannschaften mit dem System der KZs und der Vernichtungslager verbunden. Der Umfang der Waffen-SS nahm während des Krieges immer weiter zu, 1944 zählte sie 900000 Mann in 38 Divisionen, davon 19, in denen Ausländer dienten, freiwillige »Kämpfer gegen den Bolschewismus« aus den besetzten Ländern Europas, bis hin zu exotischen Verbänden wie der Division »Skanderbeg« (Muslime aus Albanien) und der »Indischen Legion« (britische Kriegsgefangene indischer Herkunft). Ab 1943 wurden auch noch Wehrpflichtige von der Waffen-SS vereinnahmt. Der Nürnberger Gerichtshof erklärte die Waffen-SS als Bestandteil der SS zur verbrecherischen Organisation. 1961 dagegen bekamen ihre ehemaligen Mitglieder den Status von Wehrmachtsangehörigen (mit allen Rechtsfolgen) zugesprochen.

»Walküre«
Unter dem Decknamen »Walküre« waren die am 31.7.1943 erlassenen Bestimmungen für Gegenmaßnahmen im Fall innerer Unruhen in Deutschland zusammengefaßt. Sie sahen Bildung von Kampfgruppen aus dem Ersatzheer vor, die durch die Wehrkreiskommandos zum Objektschutz herangezogen werden sollten. Der militärische Widerstand gegen Hitler versuchte mit Hilfe von »Walküre« am 20.7.1944 die Kontrolle über Berlin und das Reich zu gewinnen *(Zwanzigster Juli)*.

Wannsee-Konferenz
Am 20.1.1942 fand im Berliner Kripo-Gebäude Am Großen Wannsee 56–58 eine Besprechung von hohen Vertretern der Reichs- und Parteibehörden unter Leitung von *Heydrich* statt. In weniger als zwei Stunden wurde »Klarheit in grundsätzlichen Fragen« der weiteren *Judenverfolgung* erzielt: Anstelle der bisher praktizierten Auswanderung der Juden sollte die Evakuierung in den Osten treten (»Im Zuge der politischen Durchführung der Endlösung wird Europa von Westen nach Osten durchgekämmt«). Die Wannsee-Konferenz gilt als Ausgangspunkt für den systematischen Völkermord an den Juden.

Warhawk →Curtiss P-40

Warschau
Die polnische Hauptstadt Warschau mit 1,3 Mio. Einwohnern (1939) wurde im *Polenfeldzug* am 8.9.1939 von den deutschen Panzerspitzen erreicht, am 19.9. war die Einschließung vollendet. Da die 120000 Verteidiger unter General J. Rómmel die Übergabe verweigerten, kam es zu schweren Luftangriffen auf die Stadt. Erst nach erheblichen Zerstörungen streckten die Polen am 28.9. die Waffen. In Warschau wurden von den nationalsozialistischen Besatzungsbehörden rund 400000 Juden in einem Getto zusammengepfercht, in dem viele bei elendesten Lebensbedingungen starben und von wo bis Oktober 1942 rund 300000 zur Tötung in Vernichtungslager deportiert wurden. Im *Warschauer Getto-Aufstand* versuchten im April 1943 jüdische Kampfgruppen vergeblich das Räderwerk der Vernichtung aufzuhalten. Im August 1944 erhob sich dann die polnische Heimatarmee zum *Warschauer Aufstand* gegen die Besatzer, der aber ebenfalls scheiterte. Am 17.1.1945 wurde die Stadt von der deutschen 9. Armee (Busse) geräumt.

Warschauer Aufstand
Im Sommer 1944 näherte sich die Rote Armee Warschau. Dadurch wuchs in Kreisen der polnischen *Heimatarmee* die Hoffnung auf Hilfe bei einem Aufstand gegen die Besatzungsmacht; andererseits auch die Sorge, die nationalen Interessen nicht mehr glaubwürdig vertreten zu können, wenn die Befreiung der Hauptstadt allein durch den unheimlichen sowjetischen Nachbarn bewerkstelligt würde. Unter Führung von *Bór-Komorowski* begann daher am 1.8.1944 der Aufstand gegen die deutschen Besatzer. Mit zunächst 14000, später 36000 völlig unzureichend bewaffneten Kämpfern versuchten die Polen die deutsche 9. Armee und die Polizei- und SS-Kräfte unter v. d. *Bach-Zelewski* zu vertreiben, erlitten aber in langen, erbitterten Kämpfen schwere Niederlagen und mußten am 2.10.1944 kapitulieren. Weite Teile der Stadt wurden verwüstet; vor allem von der auf deutscher Seite eingesetzten Wilddiebbrigade von *Dirlewanger* und der Nationalrussen-Brigade von W. B. Kaminski wurden Greueltaten an der Zivilbevölkerung verübt. Die Rote Armee, die

seit 14.9. die Weichsel und die Vorstadt Praga erreicht hatte, sah dem Untergang der Heimatarmee tatenlos zu. Die Aufständischen verloren 16000 Gefallene und 6000 Verwundete, auf deutscher Seite kamen 2000 Mann ums Leben, 9000 wurden verwundet, 166000 Zivilisten sollen Opfer der Kämpfe geworden sein, 70000 Polen wurden zur Zwangsarbeit in KZs verschleppt.

Warschauer Getto-Aufstand

Nach der Deportation von über 300000 Juden aus *Warschau* in die Vernichtungslager beschloß die SS im Frühjahr 1943 die endgültige Räumung des Gettos. Ihr Einrücken in das jüdische Wohngebiet löste am 19.4.1943 eine Aktion jüdischer Widerstandskämpfer aus, die sich trotz spärlicher Bewaffnung mehrere Wochen gegen SS-Einheiten unter Brigadeführer *Stroop* halten konnten. Erst als die unterirdischen Kanäle überflutet und Häuserblocks systematisch niedergebrannt wurden, gaben die Juden Mitte Mai 1943 auf. Stroop meldete die Erfassung und »nachweisliche« Vernichtung von »56065 Stück Juden«. Die deutschen Verluste betrugen 16 Tote und 90 Verwundete. Der Aufstand im Warschauer Getto markiert für die Juden den Abschied von einer Jahrhunderte klaglos ertragenen Leidensgeschichte; auf das kämpferische Selbstverständnis des heutigen Staates Israel hatte er den größten Einfluß.

Wassilewski, Alexandr Michailowitsch

* Nowaja Golschika (Gebiet Kostroma) 30.9.1895, † Moskau 5.12.1977

Im April 1919 in die Rote Armee eingetreten, erwarb Wassilewski seine ersten militärischen Erfahrungen im russischen Bürgerkrieg. Bei Beginn des deutschen Angriffs auf die UdSSR war er als Generalmajor Chef der Abteilung Operative Verwaltung im Generalstab und wurde am 26.6.1942 Generalstabschef. Auf Planungen Wassilewskis gingen u.a. die sowjetische Gegenoffensive bei *Stalingrad* und die erfolgreiche Abwehr des deutschen Unternehmens *»Zitadelle«* bei Kursk zurück. Am 16.2. 1943 wurde er zum Marschall der Sowjetunion ernannt. Als der OB der 3. Weißrussischen Front, Tschernjachowski, im Februar 1945 fiel, übernahm Wassilewski selbst die Führung dieser Heeresgruppe und schloß die Eroberung Ostpreußens ab. Im August

1945 war er OB in Fernost, 1949–53 sowjetischer Kriegsminister.

Wavell, Archibald

* Colchester (Essex) 5.5.1883, † London 24.5.1950

Generalleutnant Wavell, der am 2.8.1939 zum OB aller britischen Landstreitkräfte im Nahen Osten ernannt wurde, hatte bereits eine lange Karriere mit zahlreichen Auslandsaufenthalten hinter sich (u.a. im 1. Weltkrieg Militärattaché in Rußland, 1919/20 in Ägypten, 1937 OB in Palästina). Im Herbst 1940 konnte er erfolgreich die italienische Offensive gegen Ägypten abwehren und seinerseits zum Angriff auf Libyen übergehen. Nach Eingreifen des *Deutschen Afrika-Korps* jedoch erlitten seine Truppen schwere Niederlagen; am 5.7.1941 wurde Wavell durch *Auchinleck* ersetzt. Danach OB in Südostasien, vermochte er genausowenig die im Dezember 1941 losbrechende japanische Offensive gegen Malaya und Niederländisch-Indien aufzuhalten und mußte auch Birma räumen. Er wurde schließlich am 18.6.1943 bei gleichzeitiger Ernennung zum Feldmarschall auf den Posten des Vizekönigs in Neu-Delhi weggelobt; 1946 durch *Mountbatten* ersetzt.

Wehrmachthelferinnen

Das weibliche Hilfspersonal bei Heer, Marine und Luftwaffe wurde unter der Bezeichnung Wehrmachthelferinnen zusammengefaßt. Die Frauen und Mädchen waren Zivilangestellte der Wehrmacht und hatten trotz Uniformierung keinen militärischen Status. Im Heer waren bei Kriegsausbruch bereits 140000 Frauen beschäftigt, im Bereich des Ersatzheeres waren es 1943/44 etwa 300000, davon die Hälfte Dienstverpflichtete. Beim Feldheer und in den besetzten Gebieten dienten 1943/44 rund 20000 Frauen. Die Luftwaffe beschäftigte während des Krieges etwa 130000 Frauen als Flakhelferinnen und im Flugmeldedienst. Das Schicksal der Wehrmachthelferinnen bei Kriegsende war oft nicht weniger hart als das der Soldaten: Gefangenschaft, Deportation zur Zwangsarbeit u.a. Über die nicht unerhebliche Zahl der Opfer unter dem »Weiblichen Wehrmachtgefolge« fehlen genaue Angaben.

Weichs, Maximilian Freiherr von

* Dessau 12.11.1881, † Gut Rösberg (bei Bonn) 27.9.1954
1902 ins Heer eingetreten, machte Weichs nach dem 1. Weltkrieg in der Reichswehr und in der Wehrmacht Karriere. Am 1.10. 1937 wurde er Kommandierender General des XIII. AK, mit dem er in Polen kämpfte, und am 20.10.1939 OB der 2. Armee, mit der er am Angriff im Westen beteiligt war. Weichs führte dann seine Armee im *Balkanfeldzug* (April 1941) und zu Beginn des *Rußlandfeldzugs*. Für die deutsche Sommeroffensive 1942 *(»Blau«)* bildete er eine nach ihm benannte Armeegruppe, kurz darauf löste er am 15.7.1942 v. *Bock* als OB der Heeresgruppe B ab. Am 1.2.1943 wurde er zum Generalfeldmarschall ernannt. Seit 26.8.1943 OB Südost und der Heeresgruppe F, befehligte er den Großverband bis zur Auflösung am 25.3.1945. Eine Verwendung als OB der Heeresgruppe Weichsel scheiterte am Mißtrauen Hitlers dem praktizierenden Katholiken Weichs gegenüber. Im Nachkriegsprozeß gegen die *Südostgeneräle* gehörte er zu den Angeklagten, wurde aber wegen schlechten Gesundheitszustands noch vor Eröffnung des Verfahrens gegen ihn am 3.11.1948 freigelassen.

»Weiß«

Unter dem Decknamen »Weiß« liefen die Planungen für den deutschen Angriff auf Polen. Die erste Weisung erfolgte schon am 3.4.1939, drei Wochen nach dem Einmarsch der deutschen Truppen in die »Resttschechei«. Sie beauftragte die deutschen Streitkräfte, »die polnische Wehrmacht zu vernichten ... Hierzu ist ein überraschender Angriffsbeginn anzustreben und vorzubereiten.« Am 31.8.1939 löste Hitler Fall »Weiß« aus, der *Polenfeldzug* begann am nächsten Morgen.

Wellington

Der britische Mittelstreckenbomber der Firma Vickers-Armstrong mit dem Beinamen Wellington, Erstflug 15.6.1936, war zu Kriegsbeginn der schwerste unter den zweimotorigen Standardbombern der RAF. Wegen ihrer geodätischen Bauweise aus freitragenden Leichtmetallverstrebungen nach Art eines Luftschiffs galt die Wellington als besonders beschußfest. Dennoch wurde der erste größere Tageseinsatz gegen Schiffsziele in der

Deutschen Bucht am 18.12.1939 zur Katastrophe: Von 22 gestarteten Maschinen kehrten mehr als zwei Drittel nicht zurück. Das Debakel veranlaßte das Bomberkommando, seine Strategie auf Nachtangriffe zu verlegen. Wellington-Bomber trugen 1941/42 die Hauptlast der Offensive, beim ersten Tausend-Bomber-Schlag gegen Köln am 30./31.3.1942 bestand das Gros der Armada aus rund 600 Wellingtons. 1943 wurden sie von den strategischen Bomberverbänden abgezogen, blieben jedoch über dem Mittelmeerraum und beim RAF-Küstenkommando als Minensucher, Torpedoflugzeuge und U-Boot-Jäger weiter im Einsatz. Insgesamt wurden 11461 Stück bis 1945 gebaut. Daten der Nachtbomberversion Mk X: 2×1585-PS-Doppelsternmotoren Bristol Hercules, max. 412 km/h in 4400 m Höhe, 2170 km Reichweite, 2720 kg Bombenzuladung, 2×7,7-mm-MG und 4×7,7-mm-MG als Abwehrbewaffnung in Drehtürmen am Bug und am Heck, 6 Mann Besatzung.

Wenck, Walther

* Wittenberg 18.9.1900, † Bad Rothenfelde (bei Osnabrück) 1.5.1982

»Wo stehen die Spitzen von Wenck? Wann greifen sie weiter an?« heißt es in einem Funkspruch, den Hitlers Hauptquartier im eingeschlossenen *Berlin* am 29.4.1945, einen Tag vor dem Selbstmord des Diktators, hinausjagte. General der Panzertruppen Wenck, nach Teilnahme am *Polen-* und am *Frankreichfeldzug* auf verschiedenen Stabsstellen bei Heeres-Großverbänden, zuletzt Chef der Operationsabteilung im Generalstab des Heeres, hatte am 10.4. das Kommando über die hastig aus neuformierten, unfertigen Divisionen aufgestellte 12. Armee erhalten. Hitler erhoffte von ihm nichts Geringeres als eine Sprengung des Ringes um das belagerte Berlin – ursprünglich hatte Wenck sogar mit seiner Armee die im *Ruhrkessel* eingeschlossene Heeresgruppe Model entsetzen sollen. Wenck konnte die eine Aufgabe sowenig lösen wie die andere. Das einzige, was er unternahm, war, südlich von Berlin für kurze Zeit einen Korridor zu öffnen, durch den Teile der deutschen 9. Armee (Busse) noch nach Westen gelangen konnten.

Werwolf

In der germanischen Sage sind Werwölfe Menschen von besonderer Kraft und Wildheit, die sich in Wölfe verwandeln können. Unter dem Namen Werwolf riefen *Himmler* und *Goebbels* in der Endphase des Krieges zu einer Partisanenbewegung auf, die hinter den Linien der vorrückenden Alliierten operieren sollte. Sie fanden damit im abgekämpften Volk allerdings keinen Widerhall, nur einige jugendliche Fanatiker ließen sich zu Aktionen hinreißen, deren spektakulärste die Ermordung des Aachener Oberbürgermeisters Franz Oppenhoff am 25.3.1945 war. Die Tat wurde von einem Kommando verübt, das von Hildesheim aus mit einer Beute-B-17-Flying-Fortress gestartet und bei Aachen abgesprungen war. Zu weiteren Werwolf-Anschlägen kam es u.a. in Penzberg (Oberbayern) und im Wiesental (Schwarzwald), wo acht russische Zwangsarbeiter erschossen wurden.

»Weserübung«

Im Februar 1940 planten die Allierten, mit vier Divisionen in den finnisch-sowjetischen *Winterkrieg* einzugreifen, und bereiteten dazu eine Landung in Norwegen vor. Zwar durchkreuzte der Moskauer Friede vom 12.3.1940 dieses Vorhaben, doch wurde die alliierte Operation neu angesetzt für den 8.4. Hitler sah darin eine Gefährdung sowohl der Ostseezugänge als auch der schwedischen Erzlieferungen, die über den nordnorwegischen Hafen *Narvik* liefen. Er gab daher am 1.3.1940 Weisung für das Unternehmen »Weserübung«, die Besetzung von Norwegen und Dänemark. Am 7.4. begannen die Operationen, die die Alliierten völlig überraschten, obwohl ihnen kurz zuvor der Einbruch in den deutschen *»Enigma«*-Funkschlüssel gelungen war. Aber zu dieser Zeit richtete sich ihre ganze Aufmerksamkeit bereits auf den deutschen Aufmarsch im Westen, wo man den nächsten Angriff erwartete. Für »Weserübung« setzte die Kriegsmarine zur Sicherung alle fahrbereiten Einheiten ein: 2 Schlachtschiffe, 7 Kreuzer, 14 Zerstörer, 8 Torpedoboote, 12 Schnellboote, 31 U-Boote sowie zahlreiche kleinere Schiffe. Die Luftsicherung übernahm das X. Fliegerkorps mit 430 Maschinen, davon 220 Bomber. Als Gruppe XXI (Falkenhorst) wurden nach und nach sieben deutsche Divisionen auf dem See- und Luftweg in Oslo, Kristiansand, Stavanger, Bergen und Narvik gelandet. Die

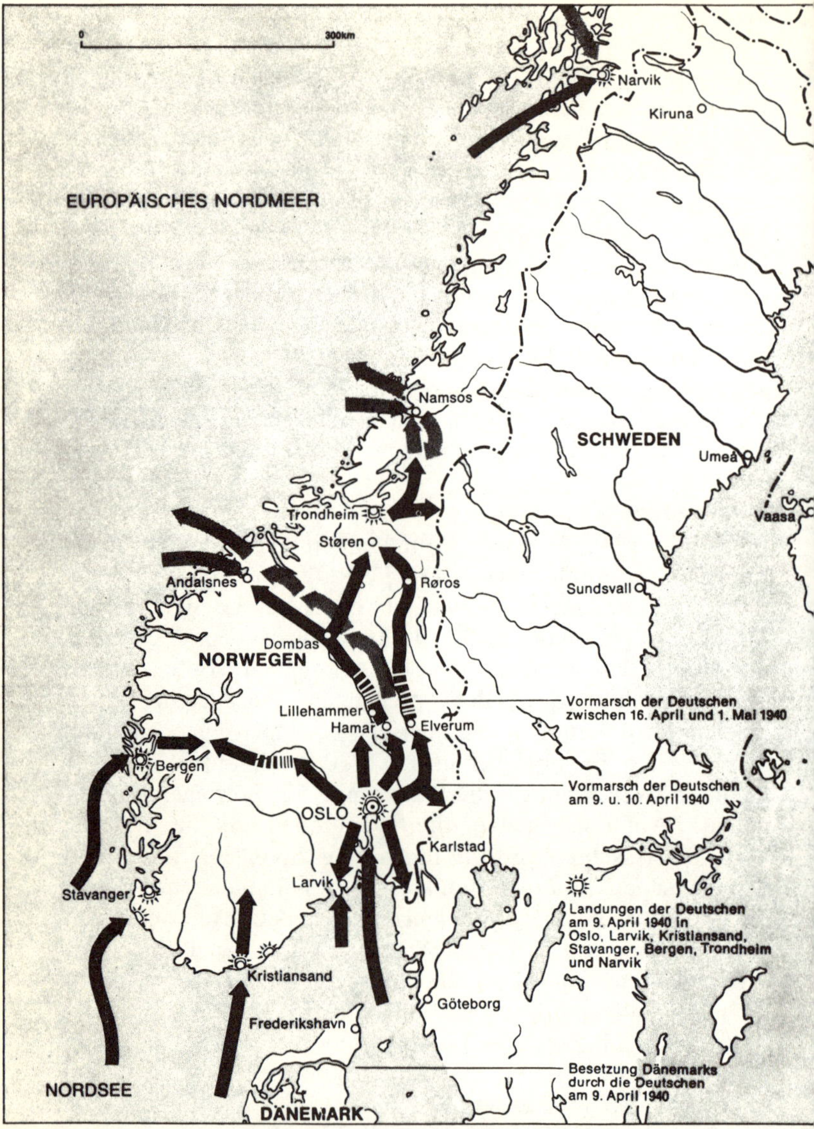

Unternehmen »Weserübung«. Schwarze Pfeile: deutsche Truppenbewegungen; graue Pfeile: alliierte Truppenbewegungen

Besetzung Dänemarks gelang fast kampflos, Norwegen aber setzte sich mit sechs Divisionen und der Flotte zur Wehr und bekam Hilfe von britischen, französischen und polnischen Truppen, die zwischen dem 14. und 18.4. bei Harstad, Namsos, Åndalsnes und Narvik landeten. Hier kamen die deutschen Gebirgsjäger und Besatzungen von zehn versenkten Zerstörern unter General *Dietl* in schwere Bedrängnis. Sie hielten sich aber gegen überlegene alliierte Kräfte, bis diese aufgrund des *Frankreichfeldzugs* vom 3.6. an zurückgezogen wurden. Am 9.6. ordnete König Håkon VII. die Einstellung der Feindseligkeiten an. Die deutsche Kriegsmarine hatte 3 Kreuzer, 10 Zerstörer, 1 Torpedoboot und 6 U-Boote verloren, ihre beiden Schlachtschiffe sowie 3 Kreuzer waren beschädigt worden. Alliierte Schiffsverluste: 1 Träger, 2 Kreuzer, 9 Zerstörer und U-Boote, dazu einige norwegische Einheiten, darunter 2 Panzerschiffe, 1 Zerstörer, 2 Torpedoboote und 3 U-Boote. Deutschland beklagte 3692 Tote, Großbritannien 3349, Norwegen 1355, Frankreich und Polen 530.

Westfeldzug

Bezeichnung für die militärischen Operationen der deutschen Wehrmacht gegen die Niederlande, Belgien und Frankreich im Mai/Juni 1940; siehe *Frankreichfeldzug*.

Westwall

3,5 Mrd. Mark hatte das Bauwerk gekostet, 4,5 Mio. t Material waren hineinverbaut worden: Der Westwall, eine Befestigungslinie entlang der deutschen Westgrenze auf 630 km Länge von der Südwestecke bis in den Raum Aachen, bestand aus 14 000 Bunkern, Kampfanlagen und Unterständen sowie Betonigeln zur Panzerabwehr. Mit großem Propagandaaufwand gefeiert und als unüberwindlich dargestellt, erfüllte er während des *Sitzkriegs* 1939/40 tatsächlich eine gewisse Abschreckungsfunktion gegenüber den Westmächten, bestand aber seine Bewährungsprobe 1944/45 nirgendwo. Bei den Engländern hieß der Westwall nach der Antwerpen-Maas-Stellung des 1. Weltkriegs Siegfried-Linie; daher das Soldaten-Spottlied »We're gonna hang out the washing on the Siegfried line« (Wir hängen unsere Wäsche auf der Siegfried-Leine/Linie auf).

Weygand, Maxime

* Brüssel 21.1.1867, † Paris 28.1.1965

Der französische Generalstabsoffizier des 1. Weltkriegs Weygand befand sich seit 1935 im Ruhestand. Er wurde bei Kriegsbeginn reaktiviert und löste nach dem katastrophalen Verlauf der alliierten Operationen im *Frankreichfeldzug* am 19.5. *Gamelin* als OB der französisch-britischen Streitkräfte ab. Doch selbst mit dem hastigen Aufbau einer nach ihm benannten Auffangstellung an der Somme war der Zusammenbruch nicht aufzuhalten, so daß Weygand schon am 12.6.1940 Verhandlungen über einen Waffenstillstand empfahl. Von der Regierung *Pétain* als Kriegsminister übernommen, hatte Weygand wesentlichen Anteil an der Aufgabe des Kampfes am 22.6.1940. Am 6.9.1940 ernannte ihn der Staatschef von *Vichy*-Frankreich zum Generalgouverneur in Französisch-Nordafrika mit Sitz in Algier, wo er im Februar 1941 mit US-Diplomaten ein Abkommen über wirtschaftliche Zusammenarbeit schloß (Weygand-Murphy-Abkommen), das nebenbei den Amerikanern den Aufbau eines Nachrichtendienstes in Nordafrika ermöglichte. Auf deutschen Druck wurde Weygand am 20.11.1941 abberufen. Ein Jahr später wurde er verhaftet und kam erst im Mai 1945 aus deutscher Gefangenschaft frei. Der *Kollaboration* verdächtig, kam er nun in ein französisches Gefängnis, wurde aber am 6.5.1948 vom Obersten Gerichtshof rehabilitiert.

Whitley

Bei der Truppe hieß er wegen seines klobigen Aussehens »Fliegendes Scheunentor«: Der britische mittelschwere Nachtbomber und Küstenaufklärer der Firma Armstrong Withworth mit dem Beinamen Whitley, Erstflug 17.3.1936, war der älteste unter den Standardbombern der RAF von 1939. Schon am Abend nach der britischen Kriegserklärung (3.9.1939) starteten Whitleys zum ersten Feindflug des britischen Bomber Command: Sie warfen 6 Mio. Flugblätter über Nordwestdeutschland und dem Ruhrgebiet ab. Die nächtlichen Propagandaflüge wurden während des *Sitzkriegs* bis nach Berlin, Prag und Warschau ausgedehnt. In der Nacht vom 19./20.3.1940 griffen Whitleys als erstes Ziel auf deutschem Boden den Seefliegerhorst in Hörnum auf Sylt an. Bis Ende 1942 flogen sie im strategischen Einsatz, danach leisteten sie beim RAF-Küstenschutzkommando als Seeaufklärer gute Dienste und fanden auch als Transporter Verwendung. Insgesamt wurden 1814 Exemplare gebaut. Daten der Serie Mk V: 2×1075-PS-Triebwerke Rolls-Royce Merlin, 367 km/h Höchstgeschwindigkeit in 5400 m Höhe, Reichweite 2410 km, Abwehrbewaffnung 5×7,7-mm-MG, max. Bombenzuladung 3150 kg, 5 Mann Besatzung.

Wiking

Das Riesen-Flugboot Blohm & Voß Bv 222 Wiking, Erstflug 7.9.1940, war eigentlich für den zivilen Transatlantikverkehr entwickelt worden. Aber statt der Lufthansa übernahm die Luftwaffe den Koloß von 46 m Spannweite und 49 t Fluggewicht und setzte ihn als strategischen Großraumtransporter ein. Insgesamt wurden 13 Exemplare gebaut, von denen bei Kriegsende noch vier übrig waren. Zwei davon gingen als Beutestücke in die USA. Daten der Standardversion Bv 222 C: 6×1000-PS-Dieselmotoren Bramo Fafnir oder Jumo 207 C; Höchstgeschwindigkeit (ohne Bewaffnung) 390 km/h; max. Reichweite bei 28 Stunden Flugdauer 6100 km; Bewaffnung je nach Einsatztyp von 1×7,92-mm-MG bis zu 6 MG-Ständen; 11 Mann Besatzung; Unterbringungskapazität für 110 voll ausgerüstete Soldaten. Eine für »Fernstaufklärung und Fernst-Kampfaufgaben« bestimmte Weiterentwicklung Bv 238 war mit 60 m Spannweite und 94 t Startgewicht das zu seiner Zeit größte Flugzeug der Welt. Das einzige Versuchsmuster (Erstflug 10.3.1944) wurde kurz vor Kriegsende auf einem See in Mecklenburg zerstört.

Wildcat

Der amerikanische Jagdeinsitzer Grumman F4F mit dem Beinamen Wildcat, Erstflug 2.9.1937, trug bis zur Einführung der leistungsfähigeren *Hellcat* im Sommer 1943 die Hauptlast beim Luftkrieg über dem Pazifik. Die ersten Serienmuster aus einer französischen Bestellung gingen im Sommer 1940 als Grumman Martlet an die britische Marineluftwaffe; die Masse aller rund 8000 Wildcats flog bei der US-Navy und beim Marinekorps. Daten: max. 528 km/h in 6400 m Höhe, 1420 km Reichweite, 4×12,7-mm-MG in den Tragflächen, Gehänge für 2×45-kg-Bomben.

»Wilde Sau«

Die Tarnbezeichnung der deutschen Luftwaffe für wetterabhängige helle Objektnachtjagd lautete »Wilde Sau«, im Gegensatz zum bodengelenkten *»Himmelbett«*-Verfahren oder der weiträumigen Verfolgungsnachtjagd (»Zahme Sau«). Seit Sommer 1943 wurden vor allem Me 109 und Fw 190 mit Zusatztanks eingesetzt. Sie versammelten sich im hell erleuchteten Zielgebiet (Brände, Scheinwerfer, Markierungswürfe) der feindlichen Bomber und griffen auf Sichtweite an. Bei schlechtem Wetter im Herbst und Winter häuften sich jedoch die eigenen Ausfälle, so daß »Wilde Sau« im März 1944 eingestellt wurde.

Wilhelm Gustloff

Benannt nach dem am 4.2.1936 ermordeten Schweizer NSDAP-Funktionär, wurde der KdF-Dampfer Wilhelm Gustloff (Stapellauf 5.7.1937, 25484 BRT, 208,5 m lang, 23,5 m breit, zehn Decks, 417 Mann Besatzung, Kapazität für 1465 Passagiere) im Krieg als Lazarett- und Wohnschiff der Kriegsmarine in *Gotenhafen* benutzt. Am 30.1.1945 ging die Wilhelm Gustloff mit 6600 Menschen, zumeist Flüchtlingen, an Bord bei minus 18 Grad in See, Ziel Kiel–Flensburg. Um 21.08 Uhr wurde sie vor Stolpmünde vom sowjetischen U-Boot S 13 torpediert und sank innerhalb einer Stunde; 5348 Menschen kamen ums Leben.

Wilna

Gemäß den geheimen Zusatzvereinbarungen zum *Deutsch-Sowjetischen Nichtangriffsvertrag* wurde Wilna (lit. Vilnius), die Hauptstadt Litauens mit 209000 Einwohnern (1939), am 16.6. 1940 von der Roten Armee besetzt, die nach Beginn des *Rußlandfeldzugs* am 24.6.1941 die Stadt wieder räumte. Die nationalsozialistischen Behörden richteten in Wilna ein Getto ein, das immer wieder durch Massenerschießungen (wöchentlich bis zu 1000 Menschen) dezimiert wurde. Die Massaker steigerten sich im Herbst, Mitte Oktober 1941 fielen ihnen 15000 Insassen, am 24.10. rund 7000 und am 5.11. 3000 Insassen zum Opfer. Bis Herbst 1943 wurden die meisten der überlebenden jüdischen Einwohner in die baltischen Staaten deportiert. SS-Kommandos erschossen die verbleibenden rund 3000 Juden im Juli 1944. Wenige Tage später traten vier sowjetische Fronten (= Heeresgruppen) zum Vorstoß Richtung Wilna an und eroberten die Stadt am 13.7.1944.

»Window«

Beim Großangriff *»Gomorrha«* auf Hamburg in der Nacht zum 25.7.1943 wurde das Verfahren zum erstenmal mit durchschlagendem Erfolg praktiziert: Aluminiumstreifen von 30 cm Länge und 1,5 cm Breite, in Massen abgeworfen, blendeten das im Dezimeterwellenbereich arbeitende »Würzburg«- und »Lichtenstein«-Radar der deutschen Bodenabwehr und Nachtjagd. »Windows«, so der Codename, war beiden Seiten schon seit über einem Jahr bekannt, bei der deutschen Luftwaffe hieß es »Düppel«. Man verzichtete jedoch zunächst auf den Einsatz aus Sorge, der Gegner könne nach dem gleichen Muster das eigene Radar mattsetzen. Nach der Katastrophe von Hamburg wurden Gegenmaßnahmen entwickelt, u.a. Entstörgeräte wie »Würzlaus« oder Ausweichen auf störungsfreie Radarfrequenzen im Zentimeterwellenbereich.

Winterkrieg

Während an der Front zwischen Deutschland und Frankreich noch die (trügerische) Ruhe des *Sitzkriegs* herrschte, fand am nördlichen Rand Europas ein grimmiger Waffengang statt, der sogenannte Winterkrieg zwischen Finnland und der Sowjetunion. Helsinki hatte die ultimativ geforderten sowjetischen Stützpunkte auf finnischem Staatsgebiet ebenso wie die »Korrektur« der Grenze in Karelien verweigert. Mit 450 000 Mann griff daraufhin am 30.11.1939 die Rote Armee die weit unterlegenen finnischen Streitkräfte an, scheiterte aber zunächst an der von Generalfeldmarschall *Mannerheim* geschickt organisierten Verteidigung. Erst der Einsatz weiterer 500 000 Rotarmisten unter *Timoschenko* brachte den sowjetischen Sieg. Wegen drohender Intervention der Westmächte konnte *Stalin* diesen nicht wie gewünscht ausnutzen und mußte sich bei einem Verlust von 207 000 Gefallenen und Verwundeten im Frieden von Moskau (12.3.1940) mit Gebietsgewinnen von 35 000 km², einigen Stützpunkten und dem Abschluß eines Nichtangriffsvertrags zufriedengeben. Um eine Revision der Friedensbedingungen zu er-

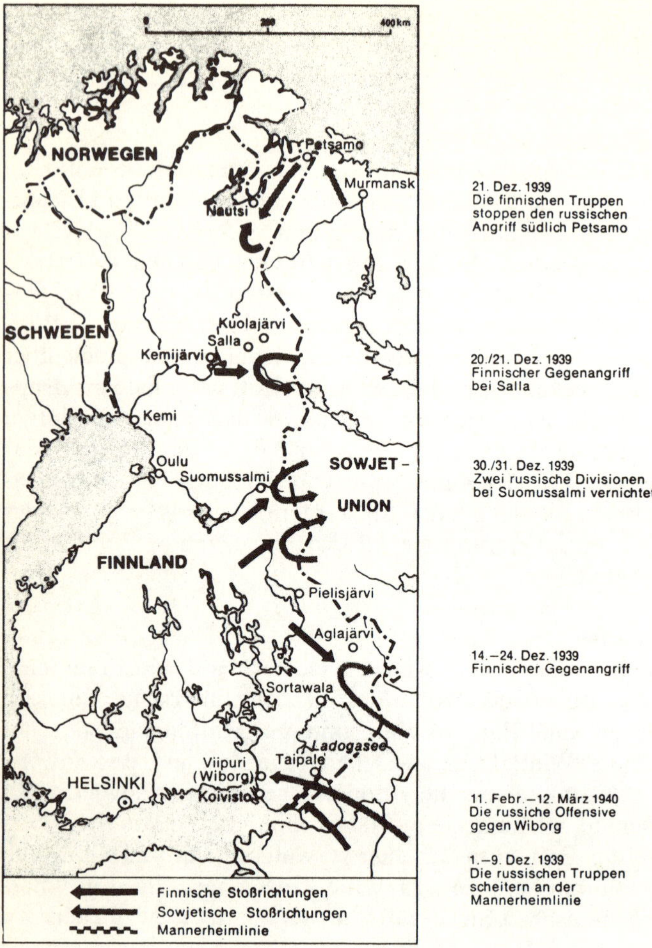

Der finnisch-sowjetische Winterkrieg 1939/40

langen, schloß sich Finnland am 26.6.1941 dem Krieg Deutschlands gegen die Sowjetunion an.

Witzleben, Erwin von

* Breslau 4.12.1881, † Berlin-Plötzensee 8.8.1944 (hingerichtet)

Der Berufsoffizier Witzleben wurde als OB der deutschen 1. Armee am 1.11.1939 zum Generaloberst ernannt. Er führte seinen Verband auch im Westen, wurde nach dem *Frankreichfeldzug* zum Generalfeldmarschall ernannt und am 26.10.1940 OB der Heeresgruppe D, am 1.5.1941 OB West. Im März 1942 schied er aus gesundheitlichen Gründen aus dem Dienst aus. – In der Sudetenkrise 1938 gehörte Witzleben zur Offiziersfronde, die Hitler entmachten wollte; dem Verschwörer *Oster* erklärte er in soldatischer Geradlinigkeit: »Ich verstehe nichts von Politik, aber das brauche ich ja nicht, um zu wissen, was da zu tun ist.« An den Vorbereitungen zum Umsturz vom *Zwanzigsten Juli* war der pensionierte Generalfeldmarschall gleichfalls beteiligt. Er sollte in einer künftigen Regierung OB der Wehrmacht werden. Nach Scheitern des Umsturzversuchs am 20.7.1944 wurde Witzleben am nächsten Tag verhaftet und am 8.8.1944 vom Volksgerichtshof zum Tod verurteilt.

Wjasma

Die russische Stadt Wjasma an der »Rollbahn« Smolensk–Moskau mit 25 000 Einwohnern (1941) wurde am 7.10.1941 von der deutschen 7. Panzerdivision (v. Funck) der Panzergruppe 2 (Guderian) erobert, die im Rahmen des Unternehmens »Taifun« auf Moskau vorstieß. Im Raum Wjasma und *Brjansk* entspann sich eine Doppelschlacht, in der die deutschen Truppen bis zum 15.10.1941 mehrere sowjetische Armeen vernichteten und 673 000 Gefangene einbrachten. Während der sowjetischen Gegenoffensive im Winter 1941/42 erreichte das 1. Garde-Kavallerie-Korps den südlichen Stadtrand von Wjasma, konnte es aber nicht nehmen. Erst am 12.3.1943 gab die deutsche 4. Armee (Heinrici) die Stadt auf.

Wlassow, Andrei Andrejewitsch

* Lomakino (bei Nischni Nowgorod) 1.9.1900, † Moskau 2.8.1946 (hingerichtet)

Nach dem von der Familie gewünschten Besuch eines Priesterseminars fand Wlassow 1919 zur Roten Armee. 1939 wurde er Kommandeur der 99. Schützendivision. Im Januar 1941 zum Kommandierenden General des IV. mechanisierten Korps ernannt, nahm Wlassow nach dem deutschen Angriff bei *Lemberg* an den ersten Kämpfen teil. Im September 1941 wurde er OB der 37. Armee, verteidigte Kiew, übernahm am 30.11.1941 die Führung der 20. Armee und hatte entscheidenden Anteil am Abwehrsieg vor *Moskau*. Im März 1942 wurde Wlassow, kurz zuvor zum Generalleutnant befördert, als OB der 2. Stoßarmee in den Wolchow-Kessel eingeflogen, wo er am 12.7.1942 in deutsche Gefangenschaft geriet. Er stellte sich der antibolschewistischen Propaganda zur Verfügung, unterzeichnete am 19.9.1942 sein erstes Flugblatt, das die Rotarmisten zum Überlaufen aufforderte, und stellte sich dem *Smolensker Komitee* zur Verfügung. Sein Plan, aus sowjetischen Hilfswilligen und Kriegsgefangenen eine Freiwilligenarmee zur Befreiung Rußlands von der Sowjetdiktatur zu bilden, wurde von Hitler lange blockiert, weil dieser »Untermenschen« auch als Verbündete nur widerwillig akzeptierte. So konnte Wlassow erst am 10.11.1944 mit der Bildung der ersten Division beginnen und am 10.2.1945 auf dem Truppenübungsplatz Münsingen als »Oberbefehlshaber der russischen Streitkräfte« (28.1.1945) die Wlassow-Armee übernehmen. Südwestlich von Prag in US-Gefangenschaft geraten, wurde er am 12.5.1945 an die Sowjets ausgeliefert, die ihn mit neun seiner Generäle zum Tod verurteilten.

Wolff, Karl

* Darmstadt 13.5.1900, † Rosenheim 15.7.1984

Seit Juli 1933 persönlicher Adjutant *Himmlers* und 1939 als Verbindungsmann zum Führerhauptquartier abgeordnet, hatte Wolff eine wichtige Position im Machtgefüge der SS. Am 30.1.1942 wurde er zum SS-Obergruppenführer und General der Waffen-SS ernannt. Im Herbst 1943 ging er als Höchster SS- und Polizeiführer nach Italien, wo er *Mussolinis* Schattenregierung in *Salò* kontrollierte. Bei sich abzeichnender deutscher Niederlage knüpfte Wolff Kontakte zum US-Geheimdienst in der Schweiz und erreichte eine vorzeitige Waffenstreckung am 29.4.1945 (in Kraft 2.5.). Im Nürnberger Prozeß gegen die Hauptkriegsverbrecher trat er als Zeuge auf. 1949 verurteilte ihn eine deutsche Spruchkammer zu vier Jahren Gefängnis. Wegen Beihilfe zum Mord in mindestens 300 000 Fällen (Judendeportationen) wurde er am 30.9.1964 zu 15 Jahren Zuchthaus verurteilt; 1971 aus Gesundheitsgründen freigelassen.

Woroschilow, Kliment Jefremowitsch
* Werchneje (heute zu Lissitschansk, Ukraine) 4.2.1881,
† Moskau 2.12.1969
1935 zum Marschall der Sowjetunion ernannt, war Woroschilow bis Mai 1940 Mitglied des Verteidigungsrats. Nach dem deutschen Angriff (22.6.1941) gehörte er zum Stawka, dem Oberkommando der Roten Armee. Im September 1941 führte Woroschilow die Leningrad-Front, wurde nach den katastrophalen Niederlagen von *Schukow* abgelöst und mit der Unterstützung der Partisanenbewegung betraut. Nach *Stalins* Tod (1953) wurde er sowjetisches Staatsoberhaupt (bis 1960).

Wunderwaffen
Zu *Goebbels'* Durchhaltepropaganda in den Kriegsjahren 1943–45 gehörte der ständige Verweis auf »Wunderwaffen«, mit denen deutscher Erfindergeist die Materialüberlegenheit der Alliierten aufheben würde. In erster Linie verstand man darunter die Flugbombe *V1*, eingesetzt seit Juni 1944, und die Fernrakete *V2*, die Anfang September 1944 erstmals gegen England abgeschossen wurde und gegen die es wegen ihrer Überschallgeschwindigkeit keine Abwehrmöglichkeit gab. Als Wunderwaffen apostrophiert wurden zudem die Düsenjager Me 262 *Schwalbe* und der »Volksjäger« Heinkel He 162, der ebenfalls mit Düsentriebwerk arbeitete, Kleinkampfmittel der Kriegsmarine wie Sprengboote, Einmanntorpedos, Kleinst-U-Boote, dazu Ferngeschütze wie die *Hochdruckpumpe* (150 km Reichweite), die Rammjäger des *Sonderkommandos »Elbe«* nach dem Vorbild der japanischen Kamikaze u.a. Selbst die *Panzerfaust* wurde als »Volkswunderwaffe« angepriesen. Das Kriegsglück jedoch war mit allen diesen Waffen nicht zu wenden.

Yamamoto, Isoroku

* Nagaoka (Hondo) 4.4.1884, † Salomonen 18.4.1943
Seine ersten militärischen Meriten sammelte er in der legendären Seeschlacht von Tsushima im Russisch-Japanischen Krieg (1905). Yamamoto wurde nach einer Karriere im Marineministerium 1940 OB der japanischen Vereinigten Flotte. Zusammen mit *Nagumo* setzte er vor allem auf den Ausbau der Trägerflotte, mit der er in einem Konflikt mit den USA die weit verstreuten Ziele im Pazifik erreichen wollte. Auf Yamamoto ging auch der Plan zur Ausschaltung der amerikanischen Pazifikflotte in *Pearl Harbor* (7.12.1941) zurück. Er leitete weitere Trägerraids mit großen Anfangserfolgen, bis am 4.6.1942 in der See-Luft-Schlacht bei *Midway* der erste große Rückschlag folgte. Die katastrophalen Folgen für die japanische Kriegführung erlebte Yamamoto nur noch in Ansätzen: Mitte April 1943 zu einer Inspektionsreise auf die Insel Bougainville unterwegs, wurde sein von einer Gruppe Zero-Jäger geschützter Bomber beim Anflug auf den Flugplatz von Kaihili von amerikanischen Langstreckenjägern P-38 *Lightning* abgeschossen. Den Amerikanern war gelungen, den japanischen Code zu entschlüsseln. So konnten sie auf die Minute Yamamotos Ankunftszeit bestimmen. Der Marinechef wurde postum zum Großadmiral ernannt.

Yamashita, Tomoyuki

* Kochi 1885, † Manila 27.2.1946 (hingerichtet)
Nach dem Studium an der japanischen Kriegsakademie fand Yamashita seit 1917 in verschiedenen Stabsstellungen Verwendung. 1937 zum Divisionsgeneral befördert, war er seit 1938 Generalstabschef der japanischen Expeditionsarmee in China und erhielt bei Beginn des *Pazifikkriegs* im Dezember 1941 den Auftrag, die Malaiische Halbinsel mit *Singapur* zu erobern. Das gelang ihm fast ohne eigene Verluste bis zum 15.2.1942. Nach einer Zeit als Oberkommandierender in der Mandschurei sah sich der 1943 zum Armeegeneral ernannte Yamashita 1944 vor die Aufgabe gestellt, die Philippinen vor amerikanischen Landungen zu schützen. Er bildete aus der dort stationierten zusammengewürfelten Truppe von 262 000 Mann die japanische 14. Armee, deren Nordflügel er persönlich befehligte. Fast von jedem Nachschub abgeschnitten, gelang es ihm jedoch nicht, die Landung der

6. US-Armee (Krueger) im Lingayengolf am 9.1.1945 zu verhindern, so daß er sich auf Manila zurückziehen mußte. Obwohl er die Verteidigung der Stadt verbot, kam es im Februar/März 1945 zu erbitterten Gefechten, bei denen Manila schwer zerstört wurde. Bis zur japanischen Kapitulation leistete Yamashita mit versprengten Resten seiner Truppen in den Bergen von Luzon Widerstand, dann ging er in Gefangenschaft. In einem Prozeß wegen angeblicher Mißhandlung und Ermordung von Gefangenen wurde er zum Tod verurteilt.

Yamato

Das japanische Schlachtschiff Yamato lief am 8.8.1940 vom Stapel und wurde am 16.12.1941 in Dienst gestellt; 69 100 t, 27 kn, 263 m lang, 38,9 m breit, 2500 Mann Besatzung; Bewaffnung: 9×45,6 cm (wie beim Schwesterschiff *Musashi* die schwersten je auf einem Schiff installierten Geschütze), 6×15,5 cm, 24×12,7 cm, 113 kleinere Rohre. In der Seeschlacht bei *Midway* Anfang Juni 1942 war die Yamato Flaggschiff des japanischen OB Admiral *Yamamoto.* Sie nahm im Juni 1944 an der Schlacht in der *Philippinensee* und im Oktober 1944 an den Gefechten im *Leytegolf* teil. Bei einem Werftaufenthalt in Kure am 19.3.1945 von amerikanischen Bombern beschädigt, lief die Yamato dennoch am 6.4.1945 zum Angriff auf die US-Landung auf *Okinawa* aus. Die amerikanische Aufklärung erfaßte den Riesen beim Anmarsch. Am 7.4. griffen 280 Trägerflugzeuge die Yamato-Kampfgruppe an und erzielten zwei Bomben- und einen Torpedotreffer auf dem Schlachtschiff. Eine zweite Welle mit 100 US-Maschinen verwandelte mit neun weiteren Torpedo- und drei Bombentreffern die Yamato in ein Wrack, das schließlich explodierte und 2498 Mann, darunter den OB der Flotte, Vizeadmiral Ito, und den Kommandanten, Konteradmiral Ariaga, mit sich in die Tiefe riß.

Yorktown

Der amerikanische Flugzeugträger Yorktown gehörte ins Bauprogramm der 30er Jahre, mit dem die USA auf die Entwicklung der japanischen Trägerluftwaffe reagierte: 4.4.1936 Stapellauf, 30.9.1937 in Dienst gestellt, 20 000 t, 34 kn, 246,9 m lang, 25,3 m breit, bis 2919 Mann Besatzung; Bewaffnung: 8×12,7 cm, zahlreiche kleinere Fla-Rohre, bis 90 Flugzeuge. Die Yorktown operierte nach Kriegsbeginn bis Mitte 1941 im Atlantik und verlegte im Dezember 1941 in den Pazifik, wo sie an mehreren Trägerraids teilnahm. Während der Trägerluftschlacht in der *Korallensee* kämpfte sie mit der US-Task Force 17 (Fletcher) und wurde am 8.5.1942 durch Bombentreffer beschädigt. Dennoch konnte der Träger im folgenden Monat in der See-Luft-Schlacht bei *Midway* eingesetzt werden. Dabei erhielt die Yorktown drei Bomben- und zwei Torpedotreffer von Flugzeugen des japanischen Trägers Hiryu und geriet in Brand. Die Mannschaft ging von Bord. Abschleppversuche des hilflos in der See treibenden Schiffes scheiterten. Nach einem Torpedotreffer durch das japanische U-Boot I-168 wurde die Yorktown am 7.6. aufgegeben.

Zero-Sen
Am 1.4.1939 hob in Japan erstmals ein Jagdeinsitzer ab, der bis Ende 1942 den Himmel über dem Pazifik beherrschen sollte: die Mitsubishi A6M, bekannter unter ihrem Beinamen Zero-Sen. Nach ersten Einsätzen über China gehörten 73 Zero-Sen zu den Geschwadern, die beim Angriff auf *Pearl Harbor* den Pazifikkrieg eröffneten. Die Konstrukteure hatten auf Wunsch der Piloten auf jegliche Panzerung verzichtet und alles für größtmögliche Wendigkeit und Schnelligkeit (maximal 500 km/h) getan. Damit und mit ihren 2×10-mm-Kanonen in den Flügeln war der trägergestützte Jäger anfangs allen alliierten Baumustern überlegen, konnte aber diesen Vorsprung nicht halten. Amerikanische Neuentwicklungen wie die P-38 *Lightning* übernahmen 1943 die Luftherrschaft, obwohl die Zero-Sen mehrmals mit stärkeren Triebwerken ausgerüstet wurde und auch eine zusätzliche MG-Bewaffnung erhielt. Die Höchstgeschwindigkeit wurde trotz nun unumgänglicher Panzerung durch einen Motor von schließlich 1560 PS auf über 565 km/h gesteigert bei einer Reichweite von fast 2000 km. Doch die US-Luftwaffe hatte in den letzten beiden Kriegsjahren immer die bessere Antwort, zuletzt in Gestalt des Langstreckenjägers P-51 *Mustang*. Die Zero-Sen kam daher in Luftkämpfen immer weniger zum Zuge und wurde nun verstärkt als Sturzbomber und Kamikaze-Flugzeug eingesetzt. Insgesamt ließ die japanische Marineluftwaffe knapp 11 000 Zero-Jäger aller Baureihen produzieren.

»Zitadelle«
Mit einer Offensivoperation gegen den weit nach Westen vorspringenden Frontbogen vor *Kursk* wollte die deutsche Führung Mitte 1943 noch einmal die Initiative im Krieg gegen die Sowjetunion an sich reißen. Für das am 5.7.1943 ausgelöste Unternehmen »Zitadelle« traten an: im Süden bei *Belgorod* die Armeeabteilung Kempf und die 4. Panzerarmee (Hoth) mit 7 Infanterie- und 11 Panzerdivisionen sowie 3 Sturmbrigaden, im Norden bei Orel die 9. Armee (Model) mit 7 Infanterie-, 6 Panzer- und 2 Panzergrenadierdivisionen. Insgesamt setzte die Wehrmacht 2000 Panzer, darunter erstmals 90 schwere *Tiger I* sowie *Panther*, und 1800 Flugzeuge der Luftflotten 4 (Deßloch) und 6 (v. Greim) ein. Die deutschen Angriffsabsichten waren den

Stäben der Roten Armee längst durch den langwierigen Aufmarsch und die ständige Unterrichtung durch Partisanen in allen Details bekannt. Entsprechend konzentrierten sich die Kräfte an den Einbruchstellen. Den nördlichen deutschen Vorstoß sollte die Zentralfront (Rokossowski) auffangen, die dafür über 37 Schützendivisionen, 6 Panzerkorps und 3 motorisierte Brigaden verfügte; im Süden verteidigte die Woronesch-Front (Watutin) mit 30 Schützendivisionen, 8 Panzerkorps und 13 motorisierten Brigaden. Insgesamt nahmen fast 2 Mio. Mann an dieser größten Panzerschlacht des Krieges teil. – Gegen die geballte Streitmacht hinter tiefgestaffelten Abwehrstellungen kam der deutsche Angriff nur schwer voran, im Norden blieb er am 10.7. nach einem Geländegewinn von 15 km liegen, im Süden gelang den deutschen Truppen, 35 km vorzudringen, bis auch hier nach dem Eintreffen sowjetischer Verstärkungen das Halt für die Angreifer kam. Vollends gescheitert war das Unternehmen im Kursker Bogen spätestens am 12.7., als nördlich von Orel eine sowjetische Gegenoffensive der West- (Sokolowski) und der Brjansker Front (Popow) gegen die deutsche 2. Panzerarmee (Schmidt) losbrach. Obendrein erforderte die krisenhafte Entwicklung auf Sizilien die Abgabe von Kräften an den italienischen Bundesgenossen. Am 13.7. gab Hitler daher Befehl zur Einstellung des Angriffs. Fortan diktierte die Rote Armee das Kriegsgeschehen im Osten, auch wenn ihre Verluste in der Operation »Zitadelle« höher lagen als bei der Wehrmacht: Die Sowjets zählten 17 000 gefallene und 34 000 gefangene Rotarmisten, auf deutscher Seite waren 3300 Mann gefallen und 17 420 in Gefangenschaft geraten.

Zufuhrkrieg

Bei sich abzeichnendem Konflikt mit Großbritannien zielten die Planungen der deutschen Kriegsmarine auf die Störung der Zufuhren des Gegners zur See. Eine direkte Konfrontation der Flotten war angesichts des Kräfteverhältnisses unmöglich; die empfindliche Störung oder gar die Unterbrechung der »Western Approaches«, über die fast der gesamte Nachschub für die Britischen Inseln lief, schien jedoch möglich. Zwar kam der Krieg weit schneller, als Hitler dies dem OB der Kriegsmarine gegenüber versichert hatte (1943), doch gelangen vor allem den

U-Booten mit ihrer *Rudeltaktik* anfangs so große Erfolge, daß ein Sieg in diesem Zufuhrkrieg für die Kriegsmarine 1941/42 in greifbare Nähe rückte. Die schweren Überwassereinheiten vermochten jedoch nach Verlust der *Admiral Graf Spee* und der *Bismarck* ihren Part nicht zu spielen. Beim *Kanaldurchbruch* mußten sie schließlich ganz zurückgezogen werden. Die *Hilfskreuzer* konnten das nicht ausgleichen, ihre Zahl verringerte sich nach Ausfällen ohnehin rasch. Hinzu kam, daß auch der U-Boot-Neubau nicht die nötigen Stückzahlen erreichte, so daß die Westmächte Zeit gewannen, sich auf die Unterwassergefahr einzustellen. Ein ausgeklügeltes Geleitzugsystem, Luftüberwachung vor allem durch Trägerflugzeuge, Peilortung und schließlich der Ausbau des *Radars* machten Versenkungserfolge immer schwerer. Seit Januar 1943 lasen die Alliierten zudem den deutschen Funkverkehr fast ohne Verzögerung mit, so daß die Bootsverluste unvertretbare Ausmaße annahmen. Der Zufuhrkrieg war daher spätestens im Mai 1943 auch unter Wasser verloren und beschränkte sich in den letzten beiden Kriegsjahren auf Minenunternehmen, Luftangriffe in der *Nordsee* und im *Ärmelkanal* sowie auf den Einsatz von Kleinkampfmitteln (Sprengboote, Einmann-Torpedos, Kleinst-U-Boote u.a.). Nennenswert zu stören war damit die Zufuhr von Versorgungsgütern und militärischem Gerät nicht mehr.

Zusammenbruch
1944/45 vollzog sich der Zusammenbruch des Deutschen Reiches; das Wort meint die militärische Niederlage der Wehrmacht genauso wie den politisch-moralischen Kollaps der nationalsozialistischen Herrschaft. – An der Ostfront war die Rote Armee Ende Januar 1945 an der Oder stehengeblieben und rüstete sich für den letzten Schlag. Im Südosten mußte die ungarische Hauptstadt Budapest am 13.2. nach vergeblichen Entsatzversuchen kapitulieren. Breslau war seit dem 15.2. eingeschlossen und mußte aus der Luft versorgt werden. Schwache deutsche Gegenangriffe in Pommern (Februar) und Niederschlesien (März) scheiterten ebenso wie sowjetische Versuche, den seit 10.10.1944 von allen Landverbindungen abgeschnittenen Kurlandbrückenkopf zu zerschlagen. *Königsberg* kapitulierte am 9.4., Wien fiel am 13.4., zwei Tage später stellte die Rote Armee im Südosten bei Sankt

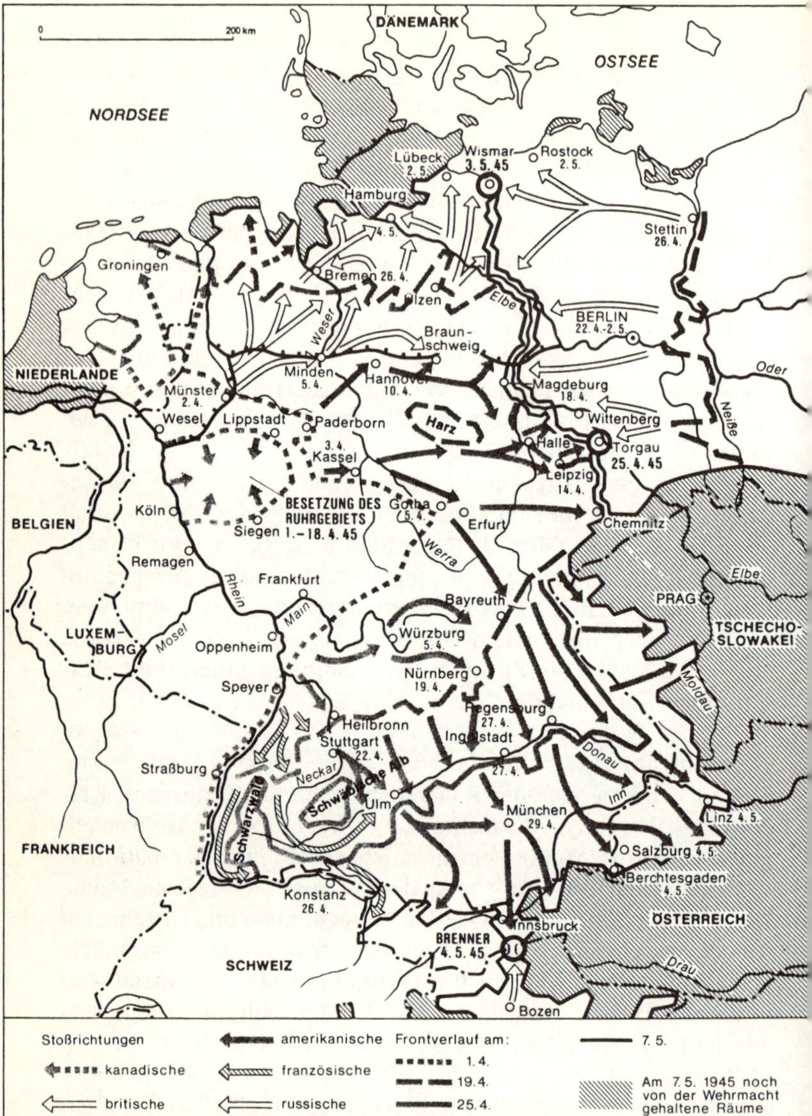

Die Eroberung Deutschlands 1945

Pölten ihren Vormarsch ein. Nach Eroberung von Pommern und Abschnürung der Danziger Bucht traten die Sowjets am 16.4. an der Neiße und aus den Oderbrückenköpfen zur Schlußoffensive an, am 20.4. auch an der unteren Oder zur Eroberung Mecklenburgs. Am selben Tag begannen sie mit der Beschießung des Zentrums von *Berlin*. Fünf Tage später vollendeten sowjetische Panzerverbände die Einschließung der Reichshauptstadt. Ein Entsatzversuch von Westen her durch die 12. Armee (Wenck) scheiterte. Hitler war im Bunker unter der Reichskanzlei geblieben, wo er am 30.4. Selbstmord beging, nachdem er Großadmiral *Dönitz* zu seinem Nachfolger ernannt hatte. Berlin kapitulierte am 2.5., *Breslau* hielt noch bis zum 6.5. Als letzter Großverband der Wehrmacht kapitulierte die Heeresgruppe Kurland am 10.5. 1945. – An der Südfront erreichten die Alliierten am 21.4.1945 Bologna. Damit war der Weg in die Poebene frei. Am 29.4. kapitulierte die deutsche Heeresgruppe C. Der Abwehrkampf in Italien hatte 47 000 Gefallene und 170 000 Verwundete gekostet. – Im Westen kamen die Alliierten nach dem Schock der deutschen *Ardennenoffensive* nur schwerfällig wieder in Gang. Am 7.3. fiel *Köln*. Bei *Remagen* überschritt die 1. US-Armee den Rhein, am 24.3. folgte ein britischer Übergang bei Wesel. Bis 25.3. hatten die Alliierten das gesamte linke Rheinufer erobert. Vom 1.4. an schlossen sie im Ruhrgebiet die Heeresgruppe B (Model) ein, deren Kampf am 17.4. endete. Vier Tage später überschritt die 3. US-Armee die tschechische Grenze, am 30.4. rückte die 7. US-Armee in München ein. Bereits am 25.4. waren amerikanische und sowjetische Einheiten bei *Torgau* an der Elbe zusammengetroffen. Am 4.5. kapitulierten die deutschen Streitkräfte in Nordwestdeutschland und in den Niederlanden. Drei Tage später unterzeichneten Dönitz' Emissäre im Hauptquartier *Eisenhowers* in Reims und am 8.5. im sowjetischen Hauptquartier in Berlin-Karlshorst die *bedingungslose Kapitulation*: Der 2. Weltkrieg war in Europa zu Ende. Nach Verhaftung der Regierung Dönitz (23.5.) und dem Erlaß der sogenannten Juni-Deklaration (5.6.) zur Übernahme der obersten Regierungsgewalt in Deutschland errichteten die Alliierten ein System der Viermächtekontrolle über Gesamtdeutschland. Dessen künftiges Schicksal sollte zwar einem Friedensvertrag vorbehalten sein, de facto wurde es aber im *Potsdamer Abkommen* (2.8.) bereits auf Dauer geregelt.

Zwangsarbeiter

Nach der Definition der Internationalen Arbeitsorganisation (IAO) von 1930 war Zwangsarbeit »jede Art von Arbeit oder Dienstleistung, die von einer Person unter Androhung irgendeiner Strafe verlangt wird und für die sie sich nicht freiwillig zur Verfügung gestellt hat«. Im 2. Weltkrieg konnte die deutsche Rüstungsindustrie ihre erstaunlichen Leistungen nur durch die Beschäftigung von Millionen von Zwangsarbeitern erbringen. Bei diesen handelte es sich vornehmlich um Polen, Russen, Franzosen, Belgier und Niederländer. Nachdem man zunächst versucht hatte, Arbeitskräfte anzuwerben (»Fremdarbeiter«), wurde mit wachsender Kriegsdauer die Maske der Freiwilligkeit fallengelassen, der schon von Anfang an mit Drohung (Entzug der Lebensmittelkarten u.a.) nachgeholfen worden war. Am 22.8.1942 genehmigte ein Erlaß die Zwangsverpflichtung von Arbeitern in allen besetzten Gebieten und in den Gefangenenlagern, am 15.4. 1943 sprach der Generalbevollmächtigte für den Arbeitseinsatz *Sauckel* in seiner ersten Jahresbilanz von 3638056 »neuen fremdvölkischen Arbeitskräften« und 1622829 Kriegsgefangenen, die der deutschen Kriegswirtschaft »zugeführt« worden seien. Beim Nürnberger Prozeß wurde von einer Gesamtzahl von 12 Mio. Zwangsarbeitern ausgegangen, von denen die überwältigende Mehrheit mit oft brutaler Gewalt von SS- und SD-unterstützten Einsatzkommandos zum Dienst in Deutschland gepreßt wurde. Die Industriebetriebe, die vom Einsatz der Zwangsarbeiter profitierten, haben nach dem Krieg im allgemeinen Entschädigungen für die Opfer abgelehnt und sich auf ihre angebliche Ohnmacht gegenüber den Forderungen des nationalsozialistischen Staates nach Produktionssteigerungen berufen. Erst Ende der 90er Jahre kam eine Initiative großer deutscher Unternehmen in Gang, die sich bereit erklärten, einen Fonds zur Abgeltung von Entschädigungsansprüchen einzurichten.

Zwanzigster Juli

Am 20.7.1944 explodierte im Führerhauptquartier in Rastenburg (Ostpreußen) eine für Hitler bestimmte Bombe, die den Diktator jedoch nur leicht verletzte. Dieser Tag markierte den Höhepunkt und gleichzeitig das Ende der militärischen Widerstandsbewegung in Deutschland. – Seit den Tagen der Sudetenkrise 1938 trugen sich deutsche Offiziere mit dem Gedanken, ihren Obersten Kriegsherrn auszuschalten. Aber es dauerte lange, bis ein regelrechtes Attentat geplant wurde. Nach mehreren vergeblichen Anläufen verdichteten sich im Herbst 1943 unter der tatkräftigen Koordination und generalstabsmäßigen Planung durch Oberstleutnant i. G. *Stauffenberg* (seit 1.7.1944 Oberst und Stabschef beim Befehlshaber des *Ersatzheeres* in Berlin) die Vorbereitungen höherer Militärs, ehemaliger Politiker, Gewerkschaftler und Diplomaten zum Staatsstreich. Unmittelbares Ziel der Verschwörer waren Beseitigung Hitlers, Übernahme der Gewalt im Reich durch die Wehrmacht nach Auslösung des Befehls *»Walküre«*, Festsetzung der Staats-, Partei-, SS-, SD- und Gestapoführung, Wiederherstellung von Recht und Freiheit, Unterstellung der KZ unter eigene Hoheit, Einsetzung einer vorläufigen Staatsgewalt und sofortige Einleitung von Sonderfriedensverhandlungen im Westen. Die dramatisch schnelle Einengung des militärisch-politischen Handlungsspielraums nach der alliierten Landung in der Normandie (6.6.1944) und dem Zusammenbruch der Heeresgruppe Mitte an der Ostfront (Juni/Juli 1944) zwang die Verschwörer nach zwei Aufschüben am 11. und 15.7. schließlich am 20.7. zum Losschlagen. Dabei übernahm Stauffenberg die überaus schwierige Doppelrolle als Attentäter und Leiter des Staatsstreichs in Berlin. Widrige Umstände im Führerhauptquartier (Lagebesprechung in einer Holzbaracke statt, wie üblich, in einem Bunker, ungünstige Plazierung der Aktentasche mit der Zeitzünderbombe) führten dazu, daß Hitler beim Attentat nicht getötet wurde. Dies hatte verhängnisvolle Folgen für die Berliner Leitzentrale des Staatsstreichs im Gebäude des OKH in der Bendlerstraße (heute Stauffenbergstraße). Hier lag die Initiative bei *Beck*, Generaloberst *Hoepner*, General *Olbricht* (Chef des Heeresamtes) und nach seiner Rückkehr aus Rastenburg vor allem bei Stauffenberg. Nach Ausgabe des Stichworts »Walküre« um 16 Uhr formierten sich jedoch auf die Nachricht vom Überleben Hitlers regimetreue Gegenkräfte um das Berliner Wachbataillon unter Major *Remer*. Gegen 23 Uhr war der Putsch in Berlin gescheitert; der von den Verschwörern kurzzeitig festgesetzte Befehlshaber des Ersatzheeres, Generaloberst *Fromm*, nahm das Heft wieder in die Hand. Stauffenberg, Olbricht, Oberleutnant Werner von Haeften und Oberst Albrecht Mertz von

Quirnheim wurden noch in derselben Nacht »standgerichtlich« erschossen; auch Beck wurde nach vergeblichem Selbstmordversuch getötet. Zeitweilig erfolgreich war der Staatsstreich dagegen in Paris, wo der Militärbefehlshaber Frankreich, General *Stülpnagel*, rund 1200 Angehörige von SS, SD und Gestapo verhaften ließ. Der Blutjustiz des Volksgerichtshofes fielen in den folgenden Monaten etwa 200 Verschwörer zum Opfer, etwa 7000 wurden verhaftet. – Trotz seines Scheiterns hat der Zwanzigste Juli (die Bezeichnung wurde bald auf den gesamten militärischen Widerstand übertragen) durch den hohen Mut seiner Opfer und ihre moralische Integrität ein Zeugnis für das »andere Deutschland« hinterlassen, das zur Grundlage für den demokratischen Wiederaufbau nach 1945 wurde.

Zweite Front

Der bedrängte *Stalin* forderte schon 1941 angesichts des drohenden Zusammenbruchs der Sowjetunion von den Westmächten die Errichtung einer Zweiten Front in Europa und fand in Washington und London auch Verständnis. Uneins blieb man sich aber darüber, wo eine solche Front zu errichten sei. Für Stalin kam nur der direkte Stoß über den *Ärmelkanal* in Frage, *Churchill* favorisierte dagegen im Rahmen seiner »Strategie der Peripherie« den Angriff von Süden her gegen den »weichen Bauch Europas«, weil hier, an der italienischen Flanke, mit weniger Widerstand zu rechnen war als an der Kanalküste, wie das Scheitern des Kommandounternehmens gegen *Dieppe* 1942 bewies. Mit dieser Haltung setzte sich der Britenpremier zunächst durch, was Stalin mit tiefem Mißtrauen erfüllte, auch als die unmittelbare Gefahr für die Rote Armee abgewandt war. Nun nämlich sah er in der westalliierten Haltung durchaus richtig einen Versuch, den russischen Vormarsch durch Südosteuropa abzuschneiden. Die Spannungen zwischen den Partnern wuchsen daher, bis *Roosevelt* schließlich auf der Konferenz von *Teheran* eine Zweite Front für Nordfrankreich zusagte. Sie verzögerte sich freilich noch mehrmals, und erst am 6.6.1944 schuf die *Invasion* der Anglo-Amerikaner in der Normandie diese Front, die eigentlich schon die dritte war, denn seit Juli 1943 rückten westalliierte Truppen in Italien vor.

Abkürzungen

AK	Armeekorps
BBC	British Broadcasting Company
BRT	Bruttoregistertonnen
HJ	Hitlerjugend
KdF	Kraft durch Freude (Freizeitwerk der DAF)
Kfz	Kraftfahrzeug
KG	Kampfgeschwader
KZ	Konzentrationslager
max.	maximal
MG	Maschinengewehr
Mio.	Millionen
Mrd.	Milliarden
NKFD	Nationalkomitee Freies Deutschland
NSDAP	Nationalsozialistische Deutsche Arbeiterpartei
OB	Oberbefehlshaber
OKH	Oberkommando des Heeres
OKL	Oberkommando der Luftwaffe
OKM	Oberkommando der Marine
OKW	Oberkommando der Wehrmacht
RAF	Royal Air Force
SA	Sturmabteilung (der NSDAP)
SD	Sicherheitsdienst des Reichsführers-SS
SS	Schutzstaffeln (der NSDAP)
USAAF	United States Army Air Force

Zeittafel

1939

1.9.	Kriegsausbruch. Deutsche Truppen überschreiten die polnische Grenze. In Deutschland Beginn der Kriegswirtschaft.
3.9.	England und Frankreich erklären Deutschland den Krieg.
10.–19.9.	Schlacht im Weichselbogen und Einschließung Warschaus.
17.9.	Sowjettruppen marschieren in Ostpolen ein.
27.9.	Warschau kapituliert.
2.10.	Kapitulation von Hela beendet den Polenfeldzug.
9.10.	In der OKW-Weisung »Gelb« wird der Angriff auf Frankreich, Belgien, Luxemburg und die Niederlande festgelegt.
12.10.	Polen wird deutsches »Generalgouvernement«. Beginn der Judendeportationen aus Österreich und dem Protektorat.
14.10.	Das deutsche U-Boot U 47 unter Kapitänleutnant Prien versenkt das britische Schlachtschiff Royal Oak in Scapa Flow.
7.11.	Der Angriffstermin für die Westoffensive wird zum erstenmal verschoben, vom 12.11. auf den 15.11., danach bis zum 10.5.1940 noch weitere 28mal.
8.11.	Fehlgeschlagenes Sprengstoff-Attentat auf Hitler im Münchner Bürgerbräukeller.
30.11.	Sowjettruppen fallen in Finnland ein. Beginn des »Winterkriegs«.
13.12.	Seegefecht zwischen dem Panzerschiff Graf Spee und britischen Kreuzern im Südatlantik. Graf Spee läuft Montevideo an und wird am 17.12. von der Besatzung versenkt.

1940

10.1.	»Mechelen-Zwischenfall«. Bei Notlandung eines deutschen Flugzeugs auf belgischem Gebiet fallen den dortigen Behörden Unterlagen über die geplante Westoffensive in die Hände.
16.2.	Der britische Zerstörer Cossack kapert das deutsche Transportschiff Altmark in norwegischen Gewässern.
1.3.	Hitler unterzeichnet Weisung für das Unternehmen »Weserübung« (Besetzung Dänemarks und Norwegens).
12.3.	Unterzeichnung des sowjetisch-finnischen Friedensvertrags in Moskau.
28.3.	Der alliierte Kriegsrat in London beschließt die Landung in Norwegen.
7.4.	Beginn des Unternehmens »Weserübung«.

9.4. Deutsche Truppen besetzen Dänemark und landen in Norwegen bei Oslo, Kristiansand, Stavanger, Bergen, Trondheim und Narvik.

1.5. Kapitulation der norwegischen Streitkräfte bei Trondheim.

10.5. »Fall Gelb«. Der deutsche Angriff im Westen beginnt mit Luftlandungen in Holland und Belgien.

11.5. Sperrfort Eben Emael in deutscher Hand.

13.5. Entscheidender Durchbruch der deutschen Panzertruppen an der Maas zwischen Sedan und Dinant.

14.5. Kapitulation der niederländischen Streitkräfte.

19.5. Deutsche Panzer erreichen Abbeville. General Weygand löst den alliierten Oberbefehlshaber Gamelin ab.

24.5. Die Panzergruppe Kleist wird vor Dünkirchen angehalten.

27.5. Operation »Dynamo«. Beginn der Einschiffung britischer Truppen bei Dünkirchen.

28.5. Kapitulation der belgischen Armee.

3.6. Alliierte Verbände verlassen Norwegen.

4.6. Dünkirchen fällt. Bis dahin jedoch ist rund 338 000 Mann die Einschiffung gelungen.

5.6. Beginn der Schlacht um Frankreich (»Fall Rot«).

10.6. Italien tritt in den Krieg ein.

14.6. Paris wird besetzt. Die französische Regierung geht nach Bordeaux.

16.6. Durchbruch durch die Maginot-Linie. Marschall Pétain wird zum Nachfolger Reynauds berufen.

22.6. Unterzeichnung des deutsch-französischen Waffenstillstandsvertrags in Compiègne.

3.7. Aktionen der britischen Marine gegen die französische in Mers el-Kebir, Alexandria und in englischen Häfen, um die französische Kriegsflotte nicht in deutsche Hände fallen zu lassen.

11.7. Marschall Pétain bezieht mit seinem Kabinett den Badeort Vichy als Regierungssitz.

16.7. Weisung Hitlers für den Angriff auf England (Unternehmen »Seelöwe«).

19.7. Reichstagsrede Hitlers mit »Siegerehrung«: Göring wird »Reichsmarschall«, zwölf Generäle und Generalobersten werden zu Generalfeldmarschällen ernannt.

13.8. »Adlertag« – Beginn des verschärften Luftkriegs gegen Großbritannien.

7.9. Schwere deutsche Luftangriffe auf London und britische Flugplätze. Es folgen 65 Tage lang Nachtangriffe gegen die britische Hauptstadt.

12.–18.9.	Italienische Offensive gegen Sidi Barani.
17.9.	Hitler verschiebt das Unternehmen »Seelöwe« wegen der fehlenden deutschen Luftherrschaft »bis auf weiteres«.
23./25.9.	Britischer Landungsversuch in Dakar.
23./24.10.	Bei Zusammenkünften mit Spaniens Regierungschef Franco in Hendaye und mit Marschall Pétain in Montoire versucht Hitler vergeblich, diese in seinen Krieg gegen England hineinzuziehen.
28.10.	Italienischer Überfall auf Griechenland.
12.–14.11.	Besuch des sowjetischen Außenministers Molotow in Berlin. Unterredungen mit Hitler und Ribbentrop über den Beitritt der UdSSR zum Dreimächtepakt und die Aufteilung der Welt in Interessensphären nach der Niederlage Englands.
14./15.11.	Luftangriff auf Coventry: 554 Tote und 865 Schwerverletzte.
7./8.12.	Beginn der britischen Offensive in Ägypten (Sidi Barani, Sollum, Bardia).
13.12.	Weisung des OKW zum Überfall auf Griechenland (»Marita«).

1941

19.1.	Beginn der britischen Offensive in Ostafrika.
21.1.	Britische Truppen erobern Tobruk.
11.2.	Landung deutscher Truppen in Libyen.
2.3.	Einmarsch deutscher Truppen in Bulgarien. Beitritt Bulgariens zum Dreierpakt.
11.3.	Leih- und Pachtgesetz der USA tritt in Kraft.
27.3.	Staatsstreich in Jugoslawien. Abdankung des Prinzregenten Paul von Jugoslawien. Weisung des OKW zum Überfall auf Jugoslawien.
28./29.3.	Britisch-italienische Seeschlacht bei Kap Matapan.
31.3.	Angriff Rommels in der Cyrenaika.
6.4.	Beginn des Feldzugs gegen Jugoslawien und Griechenland. Bombenangriff auf Belgrad.
17.4.	Kapitulation Jugoslawiens.
19.4.	Aufstand El Gailanis im Irak. Anfang Juni bis 12.6. Besetzung Syriens durch die Engländer.
23.4.	Kapitulation Griechenlands.
11.5.	Heß fliegt nach England.
20.5.–1.6.	Eroberung von Kreta.
27.5.	Untergang des Schlachtschiffs Bismarck.
22.6.	Deutscher Überfall auf Rußland.

7.7.	Besetzung Islands durch die USA.
8./9.7.	Doppelschlacht bei Białystok/Minsk abgeschlossen.
18.7.	Landung japanischer Truppen in Südindochina.
31.7.	Göring beauftragt Heydrich mit der restlosen Evakuierung der europäischen Juden.
5.8.	Kesselschlacht bei Smolensk abgeschlossen.
12.–15.8.	Treffen Roosevelt–Churchill. Unterzeichnung der Atlantik-Charta.
1.9.	Polizeiverordnung über Kennzeichnung der Juden durch den »Judenstern«.
3.9.	Erste Massenvergasung in Auschwitz.
8.9.	Einschließung von Leningrad.
26.9.	Eroberung von Kiew.
29./30.9.	Judenmassaker von Babi Jar bei Kiew (34 000 Tote).
2.10.	Beginn der deutschen Offensive gegen Moskau.
14.10.	Erste Deportationen von Juden aus dem Reich angeordnet.
15./16.10.	Rücktritt des japanischen Ministerpräsidenten Konoye, Militärkabinett Tojo.
16.10.	Räumung Odessas durch die Rote Armee. – Beginn der systematischen Judendeportationen aus Polen und Osteuropa.
7.11.	Stalin ruft den »Großen Vaterländischen Krieg« aus.
15.11.	Fortsetzung der deutschen Offensive gegen Moskau.
18.11.	Beginn der britischen Offensive in Libyen.
5./6.12.	Beginn der sowjetischen Gegenoffensive vor Moskau.
7.12.	Japanischer Überfall auf Pearl Harbor.
8.12.	Kriegserklärung USA–Japan. Ende Dezember: Erste Konferenz zwischen Roosevelt und Churchill in Washington.
10.12.	Versenkung der britischen Schlachtschiffe Repulse und Prince of Wales durch japanische Bomber und Torpedoflieger.
11.12.	Deutschland und Italien erklären den USA den Krieg.
19.12.	Entlassung Brauchitschs. Hitler übernimmt den Oberbefehl über das Heer.

1942

ab 1942	Planmäßige Partisanenoperationen in Jugoslawien.
2.1.	Japanische Truppen erobern Manila.
11.1.	Japanische Landungen in Indonesien. – Beginn des U-Bootkriegs vor der Küste der USA.
20.1.	Wannsee-Besprechung über die »Endlösung der Judenfrage«.

21.1. Japanische Truppen dringen in Birma ein. – Beginn der deutschen Gegenoffensive in Nordafrika.
7.2. Ende der deutschen Offensive in Libyen.
12.2. Ernennung Speers zum Reichsminister für Bewaffnung und Munition.
12./13.2. Kanaldurchbruch der Schlachtschiffe Scharnhorst und Gneisenau sowie des Schweren Kreuzers Prinz Eugen.
15.2. Japanische Truppen erobern Singapur.
8.3. Japanische Truppen besetzen Rangun.
17.3. General MacArthur alliierter Oberbefehlshaber im Pazifik.
5.4. Weisung des OKW für Sommeroffensive in Richtung Kaukasus (»Blau«).
4.–8.5. See-Luft-Schlacht im Korallenmeer.
8./9.5. Abwehrkämpfe sowjetischer Truppen auf der Halbinsel Kertsch.
12.5. Beginn der sowjetischen Offensive in Richtung Charkow.
17.5. Beginn der deutschen Gegenoffensive bei Charkow.
26.5. Beginn der deutschen Offensive in Nordafrika.
27.5. Attentat auf Heydrich, den stellvertretenden Reichsprotektor von Böhmen und Mähren, durch tschechische Nationalisten.
30.5. Zentraler Stab der Partisanenbewegung beim sowjetischen Oberkommando gebildet.
30./31.5. »Tausend-Bomber-Angriff« der RAF auf Köln.
Juni Zweite Konferenz Roosevelts und Churchills in Washington. Beschluß für Mittelmeeroperation gefaßt (Operation »Torch«).
4./5.6. See-Luft-Schlacht bei den Midwayinseln.
10.6. Vernichtung der tschechischen Ortschaft Lidice.
20./21.6. Deutsche Truppen erobern Tobruk.
28.6. Beginn der deutschen Offensive im Südabschnitt der Ostfront.
30.6. Deutsch-italienische Truppen vor El Alamein.
3.7. Räumung von Sewastopol durch die Sowjetarmee.
17.7. Kämpfe im großen Donbogen. Beginn der Schlacht an der Wolga.
25.7. Beginn der Schlacht um den Kaukasus.
7.8. Amerikanische Landung auf Guadalcanal (Salomonen).
8.8. Einnahme des Ölgebiets um Maikop.
18./19.8. Alliierter Landungsversuch bei Dieppe.
21.8. Übergang über den Don bei Kalatsch. Gebirgsjäger auf dem Elbrus.

Aug./Sept. Die Gestapo verhaftet die meisten Mitglieder des Widerstandskreises »Rote Kapelle«.
23.8. Wolga nördlich von Stalingrad erreicht.
23.–25.8. See-Luft-Schlacht östlich der Salomonen.
17.10. Beginn des letzten deutschen Angriffs auf Stalingrad.
23.10. Beginn der alliierten Offensive bei El Alamein.
26./27.10. See-Luft-Schlacht bei den Santa-Cruz-Inseln.
2.11. Britischer Durchbruch bei El Alamein.
7./8.11. Alliierte Landung in Französisch-Nordafrika.
10.11. Deutsche Luftlandung in Tunis.
11.11. Deutsche Truppen besetzen Südfrankreich.
12.11. Alliierte Truppen erobern Tobruk zurück.
12.–15.11. Seeschlachten bei Guadalcanal.
19./20.11. Beginn der sowjetischen Gegenoffensive an der Wolga.
23.11. Einschließung von Stalingrad.
27.11. Selbstversenkung der französischen Flotte in Toulon.
9.–25.12. Deutscher Entsatzversuch für die 6. Armee.
22.12. Beginn der sowjetischen Offensive am Kaukasus.

1943
11.1. Deutsche Blockade von Leningrad teilweise gesprengt.
14.–26.1. Konferenz zwischen Roosevelt und Churchill in Casablanca. Proklamation der Forderung nach bedingungsloser Kapitulation. Operation gegen Sizilien beschlossen.
30.1. Einnahme von Maikop durch Sowjets. – Dönitz wird Oberbefehlshaber der Kriegsmarine.
2.2. Kapitulation der letzten deutschen Truppen in Stalingrad.
8.2. Einnahme von Kursk durch Sowjets. – Japanische Truppen räumen Guadalcanal.
14.2. Einnahme von Rostow und Woroschilowgrad durch Sowjets. – Beginn des deutschen Gegenangriffs in Tunesien.
18.2. Goebbels verkündet im Berliner Sportpalast den »Totalen Krieg«.
19.2. Hans und Sophie Scholl und andere Mitglieder der studentischen Widerstandsgruppe »Weiße Rose« in München verhaftet. – Beginn des deutschen Gegenangriffs bei Charkow.
2.3. Einnahme von Demjansk durch Sowjets, am 3.3. Einnahme von Rschew, am 12.3. Einnahme von Wjasma.
20./21.3. Beginn der alliierten Offensive in Tunesien.
27.3. Einnahme der Mareth-Stellung durch die Engländer.

19.4.	Beginn des Aufstands im Warschauer Getto. Endet am 15.5. mit der völligen Vernichtung der Juden.
Mai	Konferenz Roosevelts und Churchills in Washington. Invasion in Frankreich im Sommer 1944 beschlossen (Operation »Overlord«).
13.5.	Kapitulation der deutschen Truppen in Tunesien.
19.–21.6.	See-Luft-Schlacht bei den Marianen.
5.7.	Beginn der deutschen Offensive bei Kursk.
10.7.	Landung alliierter Truppen auf Sizilien.
12.7.	Beginn der sowjetischen Gegenoffensive bei Kursk/Orel gegen die Heeresgruppe Süd.
20.7.	Manifest des »Nationalkomitees Freies Deutschland« im Moskauer Radio.
24.7.–3.8.	Schwere Luftangriffe auf Hamburg (»Unternehmen Gomorrha«).
25.7.	Sturz Mussolinis und des faschistischen Regimes in Italien.
17.–24.8.	Konferenz zwischen Roosevelt und Churchill in Quebec. Beschluß der Invasion in Italien (Operation »Avalanche«).
3.8.	Beginn der sowjetischen Offensive in Richtung Charkow.
5.8.	Einnahme von Belgorod und Orel durch Sowjets.
11.8.	Beginn der sowjetischen Offensive an der Mittelfront gegen Smolensk.
23.8.	Einnahme von Charkow durch Sowjets.
Anf. Sept.	Sowjetischer Durchbruch zwischen Heeresgruppe Mitte und Süd.
3.9.	Alliierte Landung in Kalabrien.
8.9.	Kapitulation Italiens.
9.9.	Alliierte Landung bei Salerno. Deutsche Truppen besetzen Italien.
12.9.	Mussolini auf Hitlers Befehl befreit und in das Hauptquartier Rastenburg gebracht.
18.9.	Das von deutschen Truppen besetzte Italien wird eine faschistische sozialistische Republik.
22.9.–1.10.	Sowjetische Truppen überschreiten den Dnjepr.
1.10.	Die Alliierten besetzen Neapel.
6.10.	Beginn der sowjetischen Herbst- und Winteroffensive vom Schwarzen Meer bis Witebsk.
13.10.	Italienische Kriegserklärung an Deutschland.
1.11.	Amerikanische Truppen landen auf den Salomonen.
1.–3.11.	Landungen sowjetischer Truppen auf der Krim.
November	Konferenz zwischen Roosevelt, Churchill und Chiang Kaishek in Kairo.

26.11.–3.12. Konferenz von Roosevelt, Churchill und Stalin in Teheran.

25./26.12. Untergang des Schlachtschiffs Scharnhorst im nördlichen Eismeer.

1944

Januar Prozeß von Verona, in dem Mussolini politische Gegner zum Tod verurteilen läßt, darunter auch seinen Schwiegersohn Ciano.

14.1. Beginn der sowjetischen Offensive gegen die Heeresgruppe Nord.

22.1. Alliierte Landung bei Anzio und Nettuno.

Februar Zerschlagung der Widerstandsgruppe Abwehr. Canaris entlassen.

5.2. Alliierte Landung auf den Marshallinseln.

8.4. Beginn der sowjetischen Offensive zur Befreiung der Krim.

9.5. Einnahme von Sewastopol durch Sowjets.

11.5. Beginn der alliierten Offensive gegen Rom.

12.5. Endgültige Einnahme der Krim durch Sowjets. – Beginn der Angriffe der 8. USAAF gegen die deutschen Hydrierwerke.

18.5. Räumung von Monte Cassino.

6.6. Alliierte Landung in der Normandie. Eröffnung der Zweiten Front in Europa.

13.6. Erster Einsatz der V 1 (»Vergeltungswaffe«).

19.–21.6. See-Luft-Schlacht bei den Marianen.

22.6. Beginn der sowjetischen Offensive gegen die Heeresgruppe Mitte.

26.6. Kapitulation der Festung Cherbourg. – Einnahme von Witebsk durch Sowjets.

20.7. Putsch und Attentat auf Hitler fehlgeschlagen. Himmler wird Befehlshaber des Ersatzheeres.

21.7. Alliierte Landung auf Guam.

1.8. Beginn des Warschauer Aufstands. – Alliierte Truppen besetzen Florenz. – Majdanek als erstes KZ befreit. – Durchbruch der Amerikaner bei Avranches.

4.8. Ehrengericht zur Ausstoßung von Verschwörern aus der Wehrmacht.

7./8.8. Prozeß gegen die erste Gruppe von Verschwörern vor dem »Volksgerichtshof«. Acht Offiziere hingerichtet.

15.8. Landung alliierter Truppen in Südfrankreich.

18.8. Beginn der Befreiungskämpfe in Paris.

24./25.8.	Staatsstreich in Rumänien. Kriegserklärung an Deutschland.
25.8.	Einmarsch französischer und alliierter Truppen in Paris.
30.8.	Sowjets besetzen Ölgebiet von Ploieşti.
4.9.	Austritt Finnlands aus dem Krieg gegen die Sowjetunion.
8.9.	Erste V-2-Raketen gegen London abgeschossen.
9.9.	Rußland erklärt Bulgarien den Krieg. Beginn des Volksaufstands in Bulgarien.
11.9.	US-Truppen erreichen Reichsgrenze bei Trier.
12.9.	Marschall Tito wird alleiniger Führer des jugoslawischen Widerstands.
15.9.	4. Konferenz zwischen Roosevelt und Churchill in Quebec (Beschluß über Besetzung Deutschlands).
17.–26.9.	Schlacht bei Arnheim.
25.9.	Veröffentlichung des »Morgenthauplans«. – Hitler befiehlt Bildung des »Volkssturms«.
28.9.	KZ Theresienstadt liquidiert. – Beginn der neuen sowjetischen Offensive in Südosteuropa.
2.10.	Ende des Warschauer Aufstands.
10.10.	Einschließung der Heeresgruppe Nord in Kurland durch Sowjets.
15.10.	Horthy versucht Friedensverhandlungen, wird aber verhaftet, neue Regierung unter Szálasi gebildet.
20.10.	Sowjets erobern Belgrad.
21.10.	Amerikanische Truppen nehmen Aachen ein.
23.–26.10.	See-Luft-Schlacht bei Leyte.
2.11.	Griechenland von alliierten Truppen und Partisanen befreit.
12.11.	RAF vernichtet das Schlachtschiff Tirpitz bei Tromsö.
16.–26.12.	Deutsche Gegenoffensive in den Ardennen.
26.12.	Einschließung von Budapest.
28.12.	Ungarische Kriegserklärung an Deutschland.

1945

1.1.	Letzter deutscher Großluftangriff auf alliierte Flugbasen in Belgien und Nordfrankreich (»Bodenplatte«).
9.1.	Landung alliierter Truppen auf Luzon.
12.1.	Beginn der sowjetischen Weichsel-Oder-Offensive. (Großangriff aus dem Baranów-Brückenkopf.)
13.1.	Sowjetischer Durchbruch nach Ostpreußen.
17.1.	Besetzung Warschaus durch Sowjets.
23.1.	Sowjetische Truppen erreichen die Oder in Niederschlesien.

30.1.	Letzte Rundfunkrede Hitlers.
4.2.	Einnahme Manilas.
8.2.	Beginn der britischen Offensive am Unterrhein.
11.2.	Konferenz Roosevelts, Churchills und Stalins in Jalta. Beschlüsse über Besetzung ganz Deutschlands, Reparationen usw. Sowjetunion erklärt sich bereit, drei Monate nach dem Sieg in Europa in den Krieg gegen Japan einzutreten.
13.–15.2.	Alliierte Luftangriffe auf Dresden.
15.2.	Breslau eingeschlossen.
19.2.	Landung alliierter Truppen auf Iwo Jima.
6.3.	Beginn der deutschen Gegenoffensive am Plattensee.
7.3.	Kolberg eingeschlossen. Amerikanische Truppen besetzen Köln. Bildung des Brückenkopfes von Remagen.
9./10.3.	Schwerer Brandbombenangriff der USAAF gegen Tokio.
19.3.	Hitler erläßt »Nero-Befehl«.
23.3.	Rheinübergang alliierter Truppen bei Wesel. – Amerikanische Landung auf Okinawa.
30.3.	Einnahme Danzigs durch sowjetische Truppen.
2.4.	Guerilla-Organisation »Werwolf« bekanntgegeben. – Wien zum Verteidigungsgebiet erklärt.
13.4.	Einnahme Wiens durch sowjetische Truppen. US-Truppen an der Elbe. – Präsident Roosevelt stirbt. Nachfolger Truman.
16.4.	Beginn der sowjetischen Offensive gegen Berlin.
17.4.	Ende des deutschen Widerstands im Ruhrkessel. – Alliierte stoßen in die Poebene vor.
24.4.	Einschließung Berlins.
25.4.	Amerikanische und sowjetische Truppen treffen sich bei Torgau.
25.4.	Eröffnung der Konferenz der Vereinten Nationen in San Francisco.
28.4.	Alliierte Truppen besetzen Münster und Augsburg, in Italien Genua und Mailand. Mussolini von Partisanen erschossen.
30.4.	Selbstmord Hitlers.
1.5.	Dönitz übernimmt Leitung der deutschen Regierung.
2.5.	Einstellung der Kämpfe in Italien. Kapitulation der deutschen Truppen in Berlin.
3.5.	Alliierte Truppen besetzen Rangun.
7.5.	Unterzeichnung der deutschen Gesamtkapitulation in Reims.
8.5.	Unterzeichnung der deutschen Gesamtkapitulation in Karlshorst.

23.5.	Regierung Dönitz verhaftet.
25.5.	Annahme der Charta der Vereinten Nationen in San Francisco.
26.5.–2.8.	Treffen Trumans, Churchills, Attlees und Stalins in Potsdam.
6.8.	Atombombenabwurf auf Hiroshima.
8.8.	Kriegserklärung der Sowjetunion an Japan. Einmarsch in die Mandschurei.
9.8.	Atombombenabwurf auf Nagasaki.
2.9.	Unterzeichnung der japanischen Kapitulation.

Literatur

Arnold-Forster, Mark: Die Welt im Krieg. Zug 1975

Bähr, Hans Walther (Hrsg.): Die Stimme des Menschen. Briefe und Aufzeichnungen aus der ganzen Welt 1939–1945. München 1962

Boberach, Heinz (Hrsg.): Meldungen aus dem Reich. Auswahl aus den geheimen Lageberichten des Sicherheitsdienstes der SS 1939–1944. Neuwied/Berlin 1965

Carr, William: Von Polen bis Pearl Harbor. Zur Entwicklung des 2. Weltkrieges. Hamburg 1987

Cartier, Raymond: Der Zweite Weltkrieg. 2 Bände. München 1974 (auch = Serie Piper 281–283)

Churchill, Winston S.: Der Zweite Weltkrieg. München 1995

Dear, Ian / Foot, M. R. D. (Hrsg.): The Oxford Companion to the Second World War. Oxford 1998

Deist, Wilhelm / Messerschmidt, Manfred / Volkmann, Hans E. / Wette, Wolfram: Das Deutsche Reich und der Zweite Weltkrieg. Stuttgart 1979ff.

Dollinger, Hans / Lesaar, Susanne: Ploetz Weltgeschichte 1939–1945 auf einen Blick. Würzburg 1989

Dülffer, Jost: Deutsche Geschichte 1933–1945. Führerglaube und Vernichtungskrieg. Stuttgart/Berlin/Köln 1992

Enzyklopädie des Holocaust. Die Verfolgung und Ermordung der europäischen Juden. 3 Bände. Berlin 1993 (auch = Serie Piper 2700)

Fest, Joachim C.: Staatsstreich. Der lange Weg zum 20. Juli. Berlin 1994

Gilbert, Martin: Der Zweite Weltkrieg. Eine chronologische Gesamtdarstellung. München 1991

Gruchmann, Lothar: Totaler Krieg. Vom Blitzkrieg zur bedingungslosen Kapitulation. München 1991

Gruchmann, Lothar: Der Zweite Weltkrieg. Kriegführung und Politik. München 1967

Heer, Hannes / Naumann, Klaus (Hrsg.): Vernichtungskrieg. Verbrechen der Wehrmacht 1941–1944. Hamburg 1995

Hildebrand, Klaus: Das vergangene Reich. Deutsche Außenpolitik von Bismarck bis Hitler. Stuttgart 1995

Hillgruber, Andreas: Der Zweite Weltkrieg 1939–1945. Kriegsziele und Strategie der großen Mächte. 2., verbesserte Auflage Stuttgart 1983

Hillgruber, Andreas / Hümmelchen, Gerhard: Chronik des Zweiten Weltkrieges. Düsseldorf 1978

Hoffmann, Peter: Widerstand – Staatsstreich – Attentat. Der Kampf der Opposition gegen Hitler. München 1985 (= Serie Piper 418)

Holmsteen, Georg: Kriegsalltag 1939–1945 in Deutschland. Düsseldorf

1982
Jacobsen, Hans-Adolf (Hrsg.): 1939–1945. Der Zweite Weltkrieg in Chronik und Dokumenten. Darmstadt 1961
Jacobsen, Hans-Adolf / Rohwer, Jürgen (Hrsg.): Entscheidungsschlachten des Zweiten Weltkrieges. Frankfurt a. M. 1960
Keegan, John: The Second World War. London 1990
Klessmann, Christoph (Hrsg.): Nicht nur Hitlers Krieg. Der Zweite Weltkrieg und die Deutschen. Düsseldorf 1989
Latzel, Klaus: Deutsche Soldaten – nationalsozialistischer Krieg? Kriegserlebnis – Kriegserfahrung 1939–1945. Paderborn 1998
Macdonald, John: Great Battles of World War II. New York 1986
Mason, Timothy: Arbeiterklasse und Volksgemeinschaft. Opladen 1975
Mayer, Arno J.: Der Krieg als Kreuzzug. Das Deutsche Reich, Hitlers Wehrmacht und die »Endlösung«. Reinbek 1989
Mehner, K. (Hrsg.): Die Geheimen Tagesberichte der deutschen Wehrmachtführung im 2. Weltkrieg 1939–45. 12 Bände. Osnabrück 1984ff.
Messerschmidt, Manfred / Wüllner, Fritz: Die Wehrmacht im Dienste des Nationalsozialismus. Zerstörung einer Legende. Frankfurt a. M. 1987
Michalka, Wolfgang (Hrsg.): Der Zweite Weltkrieg. Analysen, Grundzüge, Forschungsbilanz. München 1989
Nürnberger Prozesse. Der Prozeß gegen die Hauptkriegsverbrecher vor dem Internationalen Militärgerichtshof. 42 Bde. Nürnberg 1947–49. Studienausgabe der Verhandlungsniederschriften. 13 Bände. München/Zürich 1984
Overesch, Manfred: Das Dritte Reich 1939–1945. Chronik deutscher Zeitgeschichte. Düsseldorf 1983 (= Droste Geschichtskalendarium 2/II)
Piekalkiewicz, Janusz: Der Zweite Weltkrieg. Düsseldorf 1985
Rauh, Manfred: Geschichte des Zweiten Weltkrieges. 3 Bände. Berlin 1991–98
Schramm, Percy Ernst (Hrsg.): Kriegstagebuch des Oberkommandos der Wehrmacht 1940–45. 4 Bände. Frankfurt a. M. 1961–65 (Studienausgabe, 8 Bände, Herrsching 1982)
Steiner, Marlies: Hitlers Krieg und die Deutschen. Düsseldorf/Wien 1970
Szepansky, Gerda: »Blitzmädel«, »Heldenmutter«, »Kriegerwitwe«. Frauenleben im Zweiten Weltkrieg. Frankfurt a. M. 1993
Ueberschär, Gerd R. (Hrsg.): Hitlers militärische Elite. 2 Bände. Darmstadt 1998
Ueberschär, Gerd R. / Wette, Wolfram (Hrsg.): Unternehmen »Barbarossa« 1941. Der Überfall auf die Sowjetunion. Paderborn 1984

Wegner, Bernd: Hitlers Politische Soldaten: Die Waffen-SS 1933–1945. Studien zu Leitbild und Funktion einer nationalsozialistischen Elite. Paderborn 1982

Weltgeschichte und Revolutionen 1914–1945. München 1961 (= Geschichte in Quellen 5)

Wendt, Bernd-Jürgen: Großdeutschland. Außenpolitik und Kriegsvorbereitung des Hitler-Regimes. München 1993

Zentner, Christian / Bedürftig, Friedemann (Hrsg.): Das große Lexikon des Dritten Reiches. München 1985

Zentner, Christian / Bedürftig, Friedemann (Hrsg.): Das große Lexikon des Zweiten Weltkrieges. München 1988

Der Zweite Weltkrieg. Texte – Bilder – Dokumente – Karten – Chronik. München 1985

Sach- und Personenregister

Zur Erhöhung der Fundstellenzahl folgt ein Register der Stichwörter, die keinen eigenen Eintrag (Verweis oder Artikel) im Lexikon haben. Aufgenommen wurden alle themenrelevanten Sachwörter und Personen, die den Stoff weiter erschließen helfen können. Statt der sonst üblichen Seitenzahlen verweist das Register auf die Artikel, in denen das jeweilige Stichwort zu finden ist.

SERIE PIPER

Reinhard Barth

Taschenlexikon Kreuzzüge

263 Seiten mit acht Karten. SP 2794

»Gott will es!« war die Parole, als vor 900 Jahren am 15. Juli 1099 ein europäischer Ritter auf den Mauern von Jerusalem sein Banner aufpflanzte: Der erste Kreuzzug war nach drei Jahren an sein Ziel gelangt, ein Unternehmen von riesigem Ausmaß, bei dem sich naive Frömmigkeit und Leidensfähigkeit mit Abenteuerlust, Beutegier und Brutalität vermischten. Die »Befreiung des Heiligen Grabes« firmierte als »göttlicher Auftrag« und diente der Ausdehnung der römischen Kirche. Vielfältige politische, wirtschaftliche und kulturelle Interessen standen hinter dem Kampf gegen die »Heiden«, dem fanatischen Gaubenskrieg gegen den Islam.

Dieses Taschenlexikon von A bis Z gibt profunde Einblicke und straffe Übersichten über das dramatische Geschehen, seine Akteure, die Schauplätze und die Ereignisse.

Friedemann Bedürftig

Taschenlexikon Dreißigjähriger Krieg

264 Seiten mit vier farbigen Karten. SP 2668

Am 24. Oktober im Jahr des Herrn 1648 hatten die Unterhändler der kriegführenden Mächte in Münster ihre Unterschriften unter dem Westfälischen Frieden gesetzt. Er beendete den bis dahin furchtbarsten Krieg und eine ganze Epoche der Glaubenskämpfe. Und er schuf eine Ordnung in Mitteleuropa, die anderthalb Jahrhunderte Bestand haben sollte. Dreißig Jahre hatte Waffenlärm Deutschland erfüllt, nachdem mit dem Prager Fenstersturz 1618 der kalte Krieg der Konfessionen in einen heißen umgeschlagen war. Er brachte glänzende Siege wie den der Schweden bei Breitenfeld 1631 und entsetzliche Greuel wie beim Untergang Magdeburgs im gleichen Jahr. Schlachten und Feldherren, Verträge und Herrscher, Kriegswesen und Waffen sind die Stichwörter dieses Taschenlexikons. Seine Beiträge erschließen das dramatische Geschehen alphabetisch und bieten ein umfassendes Gesamtbild.

SERIE PIPER

Friedemann Bedürftig

Taschenlexikon Karl V.

247 Seiten. SP 2870

In seinem Reich ging die Sonne nicht unter: Karl V. (1500–1558) ist eine Schlüsselfigur am Ausgang des Mittelalters. Als Kaiser verkörperte er das Ringen zwischen Beharrung und Aufbruch und brachte die Kaisermacht noch einmal zu ungeahnter Entfaltung.

Taschenlexikon Bismarck

240 Seiten. SP 2593

Hundert Jahre nach dem Tod des »Eisernen Kanzlers« hat seine Figur nichts an Faszination verloren. Freilich stellen wir Bismarck nicht mehr auf den Sockel, wie es zu seiner Zeit üblich war. Und doch bewundert jede Generation erneut Weitsicht, Energie und politisches Gespür dieses Geschichte-Machers. Seine Gestaltungskraft, sein souveränes Jonglieren mit den Mächten, aber auch sein entschiedener Wille zum Frieden sichern ihm ungebrochenes Interesse.

Taschenlexikon Drittes Reich

400 Seiten. SP 2369

»Großes Lob verdienen die etwa tausend Artikel über Begriffe und Namen von ›Abessinien‹ bis ›Zyklon B‹. Der Text ist sachlich und klar, für lexikalische Sprache geradezu lebendig und immer zuverlässig. Fazit: ein hilfreiches, wichtiges Buch, das nachdrückliche Empfehlung verdient.«

Frankfurter Allgemeine

Taschenlexikon Deutschland nach 1945

Mit einem Vorwort von Kurt Sontheimer. 459 Seiten mit zahlreichen Abbildungen. SP 2495

»Dieser enzyklopädisch erfahrene Publizist gibt hier begrifflich genau und biographisch anschaulich Auskunft über die vergangenen fünf Jahrzehnte. Sein Rückblick reicht von der Besatzungszeit bis hin zur Wiedervereinigung samt ihren Folgen.«

Frankfurter Allgemeine Zeitung